Richard Chaim Schneider

Wir sind da!
Die Geschichte der Juden
in Deutschland von 1945 bis heute

Richard Chaim Schneider

Wir sind da!

Die Geschichte der Juden
in Deutschland von 1945 bis heute

ULLSTEIN
BERLIN

INHALT

Vorwort   9

Wir sind da!
Gedanken zur Geschichte der Juden
in Deutschland nach 1945   13

Ernest Landau:
»Es wurden wieder Familien gegründet.«   52

Max Mannheimer:
»Geschrien aus dem Schlaf«   64

Zev Birger:
»Es war schon eine große Wut.«   80

Leni Yahil:
»Ich bin in ein Land gekommen,
dessen Sprache ich zufällig kenne.«   88

Lili Marx:
»Wie können Sie nur in Deutschland leben?«   97

Norbert Wollheim
»Wir haben Stellung bezogen.«   108

Rabbi Israel Miller und Saul Kagan:
»Nur wenn man es zusammenzählt,
scheint es eine Menge Geld zu sein.« 121

Benjamin Ferencz:
»Was verlangt man für sechs Millionen Tote?« 136

Eli Natan:
»Die Beziehungen waren sehr formell.« 154

Ralph Giordano:
»Es war ja kein anderes Volk da.« 160

Inge Deutschkron:
»Ich mache weiter!« 177

Shimon Peres:
»Wir tranken Wein und Bier.« 194

Esther Herlitz:
»Es ist ein Prozeß,
der sich langsam einordnete.« 200

Asher Ben Nathan:
»Wir benahmen uns,
als wären wir die Besatzungsarmee.« 208

Yohanan Meroz:
»Es war ein inzestuöses Leben.« 220

Dan Diner:
»Man hat mit der Sache
eigentlich nichts mehr zu tun.« 233

Micha Brumlik:
»Ich will mich als einen Teil
dieser Gesellschaft sehen.« 253

Cilly Kugelmann:
»Kindergartensandkastenperspektive
vom polnischen Stetl« 276

Ignatz Bubis:
»Das war das einzige Mal,
daß ich ernsthaft gedacht habe,
ob ich nicht auswandern soll.« 296

Salomea Genin:
»Ich fühle mich zutiefst schuldig.« 306

Anetta Kahane:
»Manche Dinge brauchen eben Zeit.« 324

Vincent von Wroblewsky:
»Wie lebt man mit solchen Lügen und Zumutungen?« 341

Irene Runge:
»Wir waren eine lose Gruppe.« 358

Rabbi Isaac Neuman:
»Wenn man in einem totalitären Staat
zur Persona non grata wird, spürt man das überall.« 367

Eva Neuman:
»Er ist auch kein Franzose!« 384

Elan Steinberg:
»Es ging darum,
wie wir mit der Vereinigung umgehen wollen.« 399

Andreas Nachama:
»Wir bewegen uns auf einer dünnen Eisdecke.« 409

Moishe Waks:
»Unsere nichtjüdischen Partner
in der Stadt haben Orientierungsschwierigkeiten.« 423

Y. Michal Bodeman:
»Weshalb hat eine winzige Minorität
diesen enormen Status?« 431

Julius Schoeps:
»Es wird zu neuen Diskursen kommen.« 448

Daniel Libeskind:
»Die gegenseitige Verflechtung
der Kulturen zeigen« 461

Hanno Loewy:
»Einen Ort in der Gesellschaft suchen« 470

Joel Levy:
»Eine Renaissance jüdischen Lebens« 484

Paul Spiegel:
»Das ist ein Wunder.« 491

Glossar 495

Dieses Buch entstand im Zusammenhang mit einer vierteiligen Dokumentationsreihe für das Fernsehen über die Geschichte der Juden in Deutschland von 1945 bis heute. Eine solche Serie zu produzieren ist ein ehrgeiziges und von Anfang an schwieriges Unterfangen. Als wir, der Produzent Janusch Kozminski und ich als Regisseur und Autor, uns vor sechs Jahren aufmachten, dieses Projekt zu realisieren, durchliefen wir viele Stadien der Hoffnung und Enttäuschung, auch der inhaltlichen Neukonzeptionen – ein Vorgang, der jedem Filmschaffenden und Buchautor bestens bekannt ist.

Zugleich aber liefen wir gegen die Zeit an. Wir wußten, daß die Zeitzeugen der frühen Jahre bald nicht mehr leben würden; wir wußten auch, daß viele potentielle Zeitzeugen sich bei diesem Thema weigern würden zu sprechen: aus Angst, aus Unsicherheit oder einfach nur, um die schlimme Zeit von damals nicht wieder aufleben zu lassen.

Wir wußten natürlich auch, daß wir nicht in der Lage sein würden, die gesamte Geschichte zu erzählen, sondern daß eine repräsentative Auswahl ein Gesamtbild der jüdischen Geschichte in Nachkriegsdeutschland liefern muß. Dabei konnte ich als der Verantwortliche für Inhalt und Umsetzung mich nur auf meinen eigenen, inneren Kompaß verlassen, auf Fragen und Themenkomplexe, die mein eigenes Leben als Jude in diesem Land am meisten geprägt haben. Deswegen gibt es in der Fernsehdokumentation eine persönliche Erzählebene, die ich in veränderter Form auch in diesem Buch zu Papier zu bringen versuche.

Die »Unvollständigkeit« gilt natürlich auch für dieses Buch. Ich bin kein Historiker, sondern Journalist, dies ist kein historisches, sondern ein journalistisches Werk. Viele Themen, die so manchem Leser einfallen mögen, wird er in dieser Sammlung von Interviews vermissen, andere werden ihm zu stark betont erscheinen. Hinzu kommt, daß ich natürlich nicht alle der rund 70 Interviews von insgesamt 450 Stunden Länge hier veröffentlichen kann. Ich habe eine Auswahl der, wie mir scheint, interessantesten Gespräche getroffen und ganz bewußt auf Interviews, die ich mit nichtjüdischen Gesprächspartnern geführt habe, für das Buch verzichtet. Dieses Buch ist eine Art Stoffsammlung jüdischen Lebens in Nachkriegsdeutschland, eine Anregung auf mehr – hoffentlich. Doch was vielleicht im Vergleich zu einem wissenschaftlichen, historischen Werk sein Nachteil sein könnte, wird hier durch eine Lebendigkeit ausgeglichen, die kein Wissenschaftler erzeugen kann. Hier kommen viele Menschen zu Wort, die die Geschichte selbst erlebt haben. »Oral History« wird diese Art der Geschichtsschreibung genannt und im Grunde sind wir hier an einer Quelle, die im Falle unseres Themas noch spannender wird als sonst, weil das Thema bis heute und wohl auch noch in Zukunft so emotionsbeladen ist. Das wird durch die einzelnen Interviewpartner deutlich, aber wohl auch durch mich, den Fragenden. Ich war und bin bei diesem Thema ein »teilnehmender Beobachter«, wie die Soziologie meine Position bezeichnen würde: teilnehmend, weil ich ein Teil der jüdischen Geschichte und somit emotional involviert bin; beobachtend, weil ich als Journalist immer wieder auf Distanz zu gehen vermochte und Meinungen und Urteile, die meinen eigenen eventuell völlig widersprachen, ebenso in diese Arbeit mitaufnehmen konnte und mußte.

Der Vorteil, ein »jüdischer« Journalist zu sein, liegt auf der Hand: Viele nichtjüdischen Journalisten in Deutschland haben ein gerüttelt Maß an Hemmungen gegenüber jüdischen Interviewpartnern, noch dazu, wenn es sich um Überlebende des Holocaust handelt. Diese Hemmungen habe ich nicht. Ich konnte also einerseits unbequeme Fragen stellen, die die Kriegsgeneration in Bedrängnis brachte, andererseits konnte ich die emotionalen Ausbrüche mancher Interviewpartner gut ertragen, wenn sie, wie beispielsweise der Chefankläger im Nürnberger Einsatzgruppenprozeß, Benjamin Ferencz, immer wieder in Weinkrämpfen ausbrachen. Ferencz, der als GI nach Deutschland gekommen war, erzählte uns über seine Erlebnisse als Soldat, als sein US-Korps Konzentrationslager der Nazis befreite. Bewegende, eindrucksvolle Momente, die vor allem durch das Schweigen zwischen den Antworten getragen wurden.

Die Auswahl der Interviewpartner war nicht immer leicht. Wer sollte beispielsweise zum Thema »Wiederaufbau der Gemeinde« befragt werden? Der Versuch, eine »gesamtdeutsche« Geschichte zu erzählen, führte uns bei diesem Thema etwa nach Nordrhein-Westfalen und nicht, wie es vielleicht naheliegen würde, in die drei größten Gemeinden Berlin, Frankfurt oder München. Berlin hat eine besondere Gewichtung zur Gegenwartssituation der Juden in Deutschland bekommen, München war wichtig für den Anfang der jüdischen Geschichte in Nachkriegsdeutschland im Zusammenhang mit den Displaced Persons, von denen immerhin nach 1945 rund 200 000 in Bayern lebten, Frankfurt hat eine besondere Rolle bei der Auseinandersetzung mit der deutschen Linken, dem Häuserkampf der siebziger Jahre und der Fassbinder-Affäre 1985. Insofern ist die Auswahl der Gesprächspartner ganz bewußt geschehen, selbst wenn man vielleicht die eine oder andere bekannte Stimme vermissen wird.

Daß ich auch die Anfänge der israelisch-deutschen Beziehungen in diesen Themenkanon mitaufgenommen habe, mag auf den ersten Blick befremdlich erscheinen. Doch der Einfluß der Geschichte Israels und vor allem der vordiplomatischen und schließlich diplomatischen Beziehungen hatte eine enorme Auswirkung auf die Situation der Juden in Deutschland. Sei es, daß Israel als Rückversicherung für das eigene Leben hier angesehen wurde, sei es, daß die Politik Israels und die deutsche Kritik daran sich auf die Juden in Deutschland übertrug. Wie oft wurde ich beschimpft für das, »was *ihr* mit den Palästinensern macht«. Und erst mein Hinweis, daß ich deutscher Staatsbürger sei, hier lebe und hier in Deutschland, und nicht in Israel wähle, machte den einen oder anderen Kritiker zumindest für eine Augenblick stutzig.

Meine Odyssee durch die Geschichte der Juden in Deutschland führte mich durch die gesamte Republik, nach Israel und auch in die USA, bis nach Los Angeles. Einige der Interviewpartner sind inzwischen gestorben, und ich konnte mit ihnen buchstäblich das allerletzte Interview machen. Andere, wie der Rabbiner Zvi Helfgott Asaria, der nach dem Krieg Bedeutendes für die jüdischen Gemeinden in NRW geleistet hatte, verweigerten sich – leider. Mehrfach hatte ich Kontakt mit ihm, hatte bereits einen ganz konkreten Termin für ein Interview bei ihm zu Hause in Israel, flog hin – um dann vor einer verschlossenen Türe zu stehen. Solche Situationen waren nicht nur für mich schlimm, ganz abgesehen von den Kosten und den Mühen, die in solche Versuche gesteckt wurden; diese Stimmen sind für die Nachkommenschaft, für die nächste Generation unwiederbringlich verloren.

Dieses Projekt hätte ohne die vielen nichtjüdischen Mitarbeiter, die mich über all die Jahre unterstützten, nicht realisiert werden können. In diesem Zusammenhang muß ich vor allem Marieke Schroeder nennen, die mich als Regieassistentin auf fast allen Reisen begleitete und mit der ich über knapp zwei Jahre eine überaus intensive und fruchtvolle Zusammenarbeit erlebte. Die Erfahrungen, die wir hierbei miteinander machten, der Jude und die Nichtjüdin aus Deutschland, prägen wesentlich das Ergebnis dieses Projektes.

Zum Entstehen dieses Buches trugen aber auch noch einige andere Personen bei. Bei ihnen möchte ich mich bedanken: bei Nanna Gehrlein, Lianne Kolf, Nirit Sommerfeld, Natascha Wolf, den Übersetzern, und meiner Lektorin Ilka Heinemann, die einen großen Anteil am Gelingen dieses Buches hat. Und natürlich bei meinem Produzenten und Freund Janusch Kozminski. Ohne ihn wäre gar nichts möglich gewesen. Und schließlich bei Sabine Herting. Sie war zur Stelle, als ich sie im Laufe dieser Arbeit dringend brauchte.

Eine sechsjährige Reise findet in diesem Buch ihr Ende. Ein wenig Trauer ist damit verbunden, ein klein wenig Stolz auch. Und die Hoffnung, hier vielleicht einen kleinen Beitrag zur deutsch-jüdischen Geschichte geleistet zu haben, der das Verständnis füreinander fördert. Einen Beitrag vor allem, der den nichtjüdischen Deutschen klar macht, daß es sich hier auch um einen Teilaspekt *deutscher* Nachkriegsgeschichte handelt. Das wäre viel.

Richard Chaim Schneider   München, im Januar 2000

Wir sind da!

GEDANKEN ZUR GESCHICHTE DER JUDEN IN DEUTSCHLAND NACH 1945

von
Richard Chaim Schneider

Wir sind da! Wie einfach klingen diese drei Wörter, und wie schwer kommen sie den meisten Juden in Deutschland immer noch über die Lippen. Es ist ein moderner Satz, ein junger Satz, der erst jetzt, in den letzten zehn Jahren, zunehmend zu hören ist. Von einer jüngeren, einer Zweiten und auch schon Dritten Generation und natürlich von den Einwanderern aus der ehemaligen Sowjetunion, die froh sind, im demokratischen, friedlichen, wirtschaftlich stabilen Deutschland angekommen zu sein.

Doch für die ältere Generation, die den Holocaust erlebt, überlebt hat, war es kaum möglich, diesen an sich scheinbar lapidaren Satz, diese drei winzigen Wörter so ohne weiteres auszusprechen: Wir sind da. Es ist eine Feststellung und ein Bekenntnis zugleich, eine Anerkennung der Tatsachen, der Realität: Juden leben in Deutschland, in jenem Land also, das sechs Millionen ermordet hat.

Wir sind da – unter welchen Bedingungen jedoch?

Deutsch-jüdische Nachkriegsgeschichte ist keine Selbstverständlichkeit. Und sie entstand durch Zufall: Die Alliierten hatten die Menschen aus den KZs auf deutschem Boden befreit, aus Ravensbrück, aus Dachau, aus Bergen-Belsen. Diese Menschen wußten nicht mehr, wohin. Sie waren ohne Heimat, ohne Familie, ohne Hoffnung. Zunächst. Sie waren DPs. Displaced Persons. Die Briten, die Amerikaner, sie steckten diese Menschen erneut in Lager – doch waren es denn überhaupt Menschen, diese Haufen von Knochen mit ein wenig Haut darüber? Diese Wesen, die den *anus*

13

mundi gesehen, erfahren, geschmeckt hatten? Muselmanen wurden sie auch genannt. Apathisch warteten viele auf ihren Tod, unfähig zu agieren, zu reagieren. Die Überlebenden – sie waren ein Wunder.

Aber sie wußten nicht, wohin. Sie blieben – erneut in Lagern. Zusammengepfercht mit anderen DPs, nichtjüdischen DPs, von denen so manche selber auf seiten der Nazis gewesen waren, ihnen als Kapos und Kollaborateure geholfen hatten, das grausame Werk an den Juden zu verrichten.

Die überlebenden Juden wollten als eigene Nation, als eigenes Volk anerkannt und deshalb in eigenen Camps untergebracht werden. Und sie wollten nicht mehr mit ihren Peinigern zusammenleben. Nie mehr. Sie protestierten gegen diese Behandlung, wehrten sich gegen den antisemitischen US-General Patton, der kein Verständnis für die Juden aufbringen wollte. Präsident Truman verlangte einen Bericht über die Zustände in der amerikanischen Zone. Er bekam ihn – er war niederschmetternd. Die US-Truppen würden die Juden wie die SS behandeln, hieß es darin – allerdings mit der Ausnahme, daß sie die Juden nicht ermordeten.

Endlich bekamen die jüdischen DPs ihre eigenen Lager. Sie hießen Feldafing und Pocking, Landsberg am Lech und Föhrenwald …

Lagerleben. Das war bekannt. Man versuchte einen Neuanfang. Man organisierte sich. Zentralkomitees wurden geschaffen, eigene Lagerverwaltungen, die den Alliierten unterstanden. Irgendwie mußte es weitergehen. Und man wollte nur weg, weg aus Deutschland, weg aus dem Schlachthaus.

Das Jahr 1946 führte noch viel mehr Juden nach Deutschland. Fast 200 000 kamen aus Osteuropa. Dort herrschte wieder einmal Pogromstimmung. Auschwitz hatte den Slawen nicht gereicht, es mußten noch mehr Juden ermordet werden, nachdem sie aus den Lagern zurück in ihre alten Heimatorte gekommen waren. Im polnischen Kielce waren es an einem einzigen Tag 46 Tote. 46 Juden, die die Vernichtungslager überlebt hatten, wurden nun, ein Jahr nach Ende des großen Schlachtens, von den Polen ermordet …

Man floh – nach Deutschland. In die amerikanische Zone. Zionistische Untergrundorganisationen halfen dabei, die »Brichah«

unter der Leitung eines Wiener Juden namens Ascher Ben Nathan allen voran. Ja, es war der gleiche Ben Nathan, der rund 20 Jahre später als erster Botschafter Israels in Bonn landen sollte, dieser Mann, den die Deutschen dann so verehrten, sah er doch so aus wie ein Bruder des »normannischen Kleiderschranks« Curd Jürgens. Der Plan war, ein Massenproblem zu provozieren. Die Amerikaner sollten mit den vielen, vielen Juden in ihrer Zone nicht mehr zurechtkommen und deshalb die Briten unter Druck setzen, so daß diese die Juden nach Palästina ließen. Doch den Briten waren die Juden in der amerikanischen Zone herzlich egal. Sie reagierten nicht. Und so versuchten viele Juden, illegal nach Palästina zu gelangen. Die Geschichte der »Exodus« ist nur eine von vielen. Und wer auf hoher See von den Briten erwischt wurde, wurde wieder in ein Lager gebracht, ein Internierungslager – diesmal auf Zypern. Oder gar zurück nach Deutschland. Von Lager zu Lager zu Lager …

In den DP-Camps bemühte man sich, allmählich zur Zivilisation zurückzufinden. Man begann Theater zu spielen, Musikaufführungen zu organisieren, man lernte Thora und Talmud, gründete Zeitungen, veranstaltete Leseabende – alles nur, um endlich wieder Mensch zu werden. Man schaute nach vorne, schöpfte Hoffnung, wartete auf die Möglichkeit auszuwandern. Und heiratete … Neue Familien wurden gegründet als Ersatz für die alten, für die ermordeten Familien. Kein Ersatz … aber dennoch. Und Kinder, Kinder waren wichtig. Sie waren die Hoffnung, die Zukunft, das Leben. In den Jahren '45, '46, '47 vermehrte sich nirgendwo auf der Welt eine jüdische Gemeinschaft schneller als in Deutschland. In den DP-Lagern kamen über 2000 Kinder in kürzester Zeit zur Welt. Welche Kraft! Welcher Lebenswille!
Diese Kinder wuchsen in einer überwiegend jiddischen Welt auf, in der Welt der Camps, diesem letzten Abglanz des einstigen osteuropäischen Stetls. Schulen wurden in den Lagern errichtet, die Kindern lernten auf Jiddisch und Hebräisch, ein bißchen Deutsch war wohl auch dabei.
Die Jahre gingen ins Land, und die meisten hatten das Glück, Deutschland verlassen zu können. Viele wanderten in die USA oder nach Israel aus, bereits 1948 war das Gros der mehr als 200 000

DPs aus Deutschland wieder verschwunden. Lediglich ein »harter Kern« blieb zurück, etwa 12 000 Menschen. Sie waren der Nukleus dessen, was heute als jüdische Gemeinschaft in Deutschland verstanden wird. Aber warum waren sie geblieben? Warum blieben sie im Lande der Mörder?

Krankheit war *ein* Grund. Viele waren immer noch von der Zeit im KZ gezeichnet. Tuberkulose, Herz-Kreislaufstörungen, Depressionen – woran auch immer sie im einzelnen litten, diese Menschen hatten einfach keine Kraft mehr, woanders hinzugehen. Andere wiederum blieben, weil sie merkten, daß sie im zerstörten Deutschland am schnellsten zu wirtschaftlichem Erfolg kommen könnten, wieder andere – vornehmlich deutsche Juden – wollten in ihrer alten Heimat, ihrem Kultur- und Sprachraum bleiben. Und dann gab es die Gruppe überzeugter Kommunisten, die in die SBZ ging, und schließlich einen Haufen, der keinerlei Gründe dafür hatte, warum er blieb. Er blieb. So einfach war das. Es gab keinen Grund, keine Ausreden, keine Argumente. Nach Auschwitz und Treblinka, nach Majdanek und Sobibor machte es keinen Unterschied mehr, wo man war, wie man lebte. Man war Strandgut, das an irgendein Ufer gespült worden war.

Die DP-Camps wurden inzwischen aufgelöst, nur das Lager Föhrenwald bei Wolfratshausen existierte noch. Es war das letzte DP-Camp in Deutschland und wurde erst 1956 geschlossen.

Die Juden waren in die Städte gezogen und damit zum ersten Mal in engem Kontakt mit der deutschen Umwelt. In den Camps hatten sie mit den Deutschen nur wenig zu tun gehabt – und wenn, waren es meist unangenehme Situationen. Natürlich blühte der Schwarzhandel in Deutschland, wie konnte es nach einem solch verheerenden Krieg auch anders sein. Und natürlich waren auch Juden am Schwarzhandel beteiligt. Sie hatten einen großen Vorteil: Sie bekamen Hilfsgüter von jüdischen Organisationen aus den USA, aus England und konnten diese Waren eintauschen. Die deutsche Bevölkerung war froh darüber. Es war ein Geben und Nehmen, jeder holte sich, was er brauchte. Auf die Schwarzmarkthändler wurde allerdings von seiten der deutschen Behörden und der Polizei wilde Jagd gemacht. Am heftigsten gegen die jüdischen Schwarzmarkthändler. Die Razzien in der Münchner

Möhlstraße waren berüchtigt. Die Polizei wußte, daß sich dort besonders viele Juden aufhielten. Und so sah man in den fünfziger Jahren schon wieder das »vertraute« Bild: Deutsche Polizisten jagen Juden. Ganz legal, ganz offiziell. Sie jagten sie allerdings auch in den DP-Camps. Man stürmte die Lager, um angebliche oder tatsächliche Schwarzhändler dingfest zu machen. In Stuttgart erschoß die Polizei einen jüdischen KZ-Überlebenden, in Föhrenwald kam sie mit Sturmtrupp und schweren Waffen an, riegelte das Lager ab, so lange, bis die amerikanische Militärpolizei eingriff und dem Spuk ein Ende bereitete – bis zum nächsten Mal.

Das Gros der ostjüdischen Überlebenden waren Kleinhändler und Handwerker. Man machte in »Schmattes«, in Klamotten, man eröffnete Bars, Restaurants, auch Kneipen im Rotlichtmilieu. Man handelte mit Steinen (Edelsteinen, versteht sich), manche waren geschickt genug, in kürzester Zeit ein kleines Vermögen zu erwirtschaften und in »Immobilien« zu investieren. Frankfurt sollte diesbezüglich in den siebziger Jahren ein berühmtes heißes Pflaster werden.

Eine Gruppe deutscher Juden hatte mittlerweile den »Zentralrat der Juden in Deutschland« gegründet. Es war der erste Schritt, der ahnen ließ, daß man sich aufs Bleiben einrichtete. Diesen »Jeckes« war das nur recht. Es war ja mal ihre Heimat gewesen, dieses Deutschland, sie hofften oder wollten glauben, daß nun endlich alles anders würde. Die Ostjuden wußten mit dieser Haltung wenig anzufangen. Zumeist kapselten sie sich in ihrem Privatleben von der deutschen Umwelt völlig ab. Man verkehrte fast nur mit Juden und hatte nur selten das Bedürfnis, Kontakt mit der deutschen Umwelt aufzunehmen. Wozu auch? Man wollte das Land ja irgendwann doch noch verlassen, man saß auf den später sprichwörtlich gewordenen »gepackten Koffern«.

Die junge Bundesrepublik machte es den mittlerweile rund 20 000 Juden – etliche waren unterdessen aus Israel und anderen Ländern zurückgekehrt, weil sie dort nicht Fuß fassen konnten oder weil sie sich erhofften, in Deutschland zumindest wirtschaftlich eine bessere Zukunft zu haben – nicht schwer, sich fremd zu fühlen. Die sogenannte Entnazifizierung, die Kriegsverbrecherprozesse, die schnelle Wiedereingliederung von Nazis, die angeblich nur harmlose Mitläufer gewesen waren, und dann – Symbol dieser politischen Haltung – die Einsetzung des ehemaligen Kommentators der Nürnberger Rassengesetze, Hans Globke, zum engsten Mitarbeiter Bundeskanzler Adenauers waren Zeichen genug, daß man glauben konnte, dieses Land wird sich nie ändern, es wird immer ein Volk von Antisemiten bleiben.

Aber der Alltag ging weiter. Allenthalben wurden Jüdische Gemeinden neu- und wiedergegründet, Synagogen restauriert und wiedereingeweiht. Es begann erneut ein religiöses jüdisches Leben in Deutschland, schließlich hielt man an seinen Traditionen fest, und die Kinder, ja die Kinder mußten doch das Erbe weitertragen lernen. Sie waren die Zukunft, und wenn sie nicht als ordentliche jüdische Kinder erzogen würden, was dann? Wozu dann weiterleben? Wie das Erbe, das vernichtete Erbe weiterbewahren, wenn nicht über die Kinder? Und die Kinder wuchsen heran in einer doppelten, in einer gespaltenen Welt: in deutschen Schulen lernen, aber nur mit jüdischen Kindern befreundet sein. Nicht auffallen, sich anpassen, damit niemand merkt, daß man Jude ist, aber dennoch seine Jiddischkeit nicht aufgeben, Jude bleiben, Jude sein – was immer das im einzelnen bedeutete.

Das Gemeindeleben wurde großgeschrieben. Man ging in die Synagoge, aber man besuchte auch alle gesellschaftlichen Anlässe, die es nur gab. Die Gemeinden organisierten Purim- und Chanukka-Bälle, man veranstaltete Musikabende, zionistische Vortragsreihen, gesellige Nachmittage bei Kaffee und Kuchen. Hauptsache, man war zusammen. Das hielt die Seele in diesem kalten, feindlichen Deutschland ein wenig warm. Fern einer Heimat, die es längst nicht mehr gab, versuchten die Überlebenden eine Normalität zu leben, die im Abnormen zu Hause war.

Die Juden auf der Welt verachteten diesen Haufen. Die Jewish Agency hatte noch Ende der vierziger Jahre gedroht, daß alle Juden, die nicht innerhalb von sechs Wochen Deutschland verließen, später nicht mehr als Juden anerkannt würden und deswegen nicht mehr nach Israel einwandern könnten. Auch der World Jewish Congress wollte zunächst mit diesen Verrätern, diesem jüdischen »Abschaum«, wie er häufig genannt wurde, nichts zu tun haben. Eine Delegation aus Deutschland wurde in seinen Reihen zunächst nicht geduldet. Es gab damals eine Rangordnung innerhalb der jüdischen Welt. Ganz oben, auf Platz 1, auf der höchsten Sprosse der Leiter, stand der Israeli, der furchtlos mit der Waffe sein Land, sein Volk und sein eigenes Leben verteidigte. Ganz unten, ganz am Ende der Leiter, war der Platz, den die Juden in aller Welt den Überlebenden, die in Deutschland geblieben waren, zubilligten. Mehr war nicht drin. Und die Juden in Deutschland wußten das. Und schämten sich. Und wurden mit dieser Scham nicht fertig. Und suchten Ausreden. Und fanden sie – häufig in einer leidenschaftlichen Unterstützung des Staates Israel, der lange Zeit für sie das heißersehnte »Utopia« war. Dorthin wollte man eines Tages auswandern. Eines Tages, nicht heute, aber morgen …

Deutschland, die Bundesrepublik, bemühte sich inzwischen, sich von ihrer besten Seite zu zeigen. Man gründete christlich-jüdische Gesellschaften, Bundes- und Landespolitiker versäumten nicht, zu den jüdischen Feiertagen Grußbotschaften an die Gemeinden zu schicken, überhaupt wurde jede Gelegenheit wahrgenommen, sich und der Welt zu beweisen, daß man gelernt hatte aus der Vergangenheit. Gleichzeitig und parallel herrschte die Phase der völligen Verdrängung. Niemand war Nazi gewesen, fast niemand hatte etwas gewußt, jeder war eigentlich dagegen gewesen. Und so mancher entdeckte schlagartig eine jüdische Großmutter im eigenen Stammbaum, und wenn es dazu nicht reichte, so gab es zumindest zwei Juden, die im eigenen Keller versteckt worden waren …

Es gab keine gemeinsame Sprache zwischen Juden und Deutschen in diesen frühen Jahren. Der Haß, die Angst, die Scham, die Scheu, der Ekel, die Wut – sie waren zu groß, noch.

Doch nein, es gab eine Gemeinsamkeit. Juden und Deutsche – sie wollten nur eines: nach vorne schauen, das Leben genießen – wenngleich auch aus völlig unterschiedlichen Gründen. Das deutsche Wirtschaftswunder kam den Juden in diesem Lande nicht ungelegen. Man nahm teil an diesem wirtschaftlichen Aufstieg, das erste Auto, der erste Nierentisch, der erste Urlaub in Milano Marittima. In diesem unersättlichen Bemühen, das Leben in vollen Zügen zu genießen, sich so ganz den materiellen Werten dieser Existenz zu verschreiben, waren die Juden den meisten Deutschen nicht ganz unähnlich. Es wurde gelebt, es wurde gepraßt, es wurde gefeiert. Doch die Vergangenheit fand immer wieder einen Weg nach oben, ins Bewußtsein der Überlebenden. Denn das Feiern geschah mit schlechtem Gewissen gegenüber den Toten, und es geschah fast immer im Abseits, in der Abgeschiedenheit geschlossener Räume, so daß die Deutschen die Juden nicht sehen konnten. Sie waren ohnehin so wenige, aber darüber hinaus waren sie meist noch unsichtbar.

Und wurden sie sichtbar, dann kam es auch gleich zu Skandalen. Philipp Auerbach war solch ein sichtbarer Jude. Zunächst war er in Düsseldorf politisch tätig, dann in Bayern. Dort machte man ihn zum Staatskommissar für die rassisch, religiös und politisch Verfolgten und schließlich zum Generalanwalt für die Wiedergutmachung sowie später zum kommissarischen Präsidenten des Landesentschädigungsamtes. Ein deutscher Jude, der das KZ Buchenwald überlebt hatte. Ein unangenehmer Zeitgenosse, eitel, arrogant, laut, rechthaberisch, kurzum: einer, der sich schnell viele Feinde machte. Aber ein Mann mit einem guten Kern, einem guten Herz. Er wollte seinen ehemaligen Leidensgenossen, die es nicht so gut hatten wie er, helfen. Er haßte die Bürokratie, er konnte nicht einsehen, warum Überlebende, die kaum Deutsch sprachen, zunächst Fragebogen ausfüllen sollten, warum sie den Deutschen überhaupt erst einmal beweisen mußten, daß sie von ihnen gequält und gepeinigt worden waren, ehe sie von ihnen irgendeine Form von Entschädigung erhielten. Was waren schon Gesetze angesichts der Leiden dieser Menschen? Auerbach mochte keine Gesetze. Er machte die Gesetze selbst, er war das Gesetz – dachte er. Und versuchte zu helfen. Unbürokratisch, ungesetzlich, illegal.

Joseph Müller, der »Ochsensepp«, Mitbegründer der CSU und selbst Häftling in Dachau gewesen, hatte diesen »jüdischen König von Bayern«, wie er ihn in bester antijüdischer Tradition öffentlich betitelte, im Visier. Müller war bayerischer Justizminister, ihm waren die Gesetze heilig. Wider besseren Wissens um die Nachkriegssituation, um die Unregelmäßigkeiten, die überall – überall! – vorkamen, wurde Jagd gemacht auf den Juden Dr. Phi-

lipp Auerbach. Es kam zum Prozeß. 1952. Der Richter war ein ehemaliges Mitglied der NSDAP, der Angeklagte ein ehemaliger
Häftling des KZ Buchenwald. Es kam, wie es kommen mußte: Auerbach wurde in allen Punkten verurteilt. Er sollte für zwei Jahre
ins Gefängnis. Doch daraus wurde nichts. Gleich nach seinem
Prozeß beging er in seiner Zelle Selbstmord. Ein Skandal – der erste öffentliche Skandal in einer langen Reihe von Skandalen in
der deutsch-jüdischen Nachkriegsgeschichte. Jahre später wurde
Auerbach rehabilitiert. Ein einziger Anklagepunkt blieb gültig: Er
hatte sich seinen Doktortitel erschwindelt und ergaunert …

Bundeskanzler Konrad Adenauer verfolgte ein klares Ziel mit seiner Politik: Er wollte sein Land fest im westlichen Bündnis verankern. Die politische Großwetterlage kam ihm dabei zugute. Im
Kalten Krieg war die Bundesrepublik quasi Frontstaat. Der Westen brauchte die Bundesdeutschen, auch wenn sie mißtrauisch
beäugt wurden. Adenauer war klar, daß er – wenn er sein Land in
die Völkergemeinschaft zurückführen wollte – deutliche Signale
setzen mußte. Signale, die ihm gewiß moralisch wichtig waren.
Doch der alte Herr vom Rhein war pragmatisch genug, um zu
wissen, daß seine moralischen Überlegungen einige praktische
Vorteile mit sich bringen würden. Er suchte die Aussöhnung mit
den Juden, mit dem Staat Israel zumal. Formell wurde diese
schnell vollzogen, obwohl man bereits das Jahr 1951 schrieb, als
Adenauer endlich zum ersten Mal im Bundestag von Schuld und
Verantwortung sprach.
   Die Juden in den USA beeindruckte dies dennoch, und sie
brauchte man schließlich, um die Regierung in Washington posi-
tiv zu beeinflussen. So dachte Adenauer. Und so sollte Erich
Honecker in den achtziger Jahren auch wieder denken.
   Im holländischen Wassenaar wurden geheime, aber offizielle
Verhandlungen zwischen Juden und Deutschen aufgenommen.
Es ging um Entschädigungszahlungen. Der Staat Israel, die
Claims Conference – all die großen jüdischen Organe waren ver-
treten, um mit der deutschen Delegation auszuhandeln, was das
Land der Täter dem Volk der Opfer zu zahlen habe. Schwierige
Verhandlungen. Man gab sich anfangs nicht die Hand. Und doch:
Aus Mördern und Opfern, aus Juden und Deutschen wurden im

Laufe der Verhandlungen Individuen. Man kam sich näher und erarbeite Verträge – vor allem das Luxemburger Abkommen, das Moshe Sharett, der israelische Außenminister, und Konrad Adenauer unterschrieben. Die Deutschen nannten das: »Wiedergutmachung«, ein Begriff, der bis heute zynisch ist und sich doch im deutschen Sprachgebrauch erhalten hat.

Die Summe, die in dem Abkommen festgelegt wurde, errechnete sich aus den Kosten, die der Staat Israel für die Eingliederung der Holocaust-Überlebenden aufbringen mußte. Es war keine Abschlagszahlung für die sechs Millionen Toten, es waren Zahlungen zur Integration des letzten Rests der ehemaligen KZ-Häftlinge.

Schon bald reiste Shimon Peres heimlich nach Bayern. Als engster Mitarbeiter von Ministerpräsident David Ben Gurion sollte er das Terrain erkundigen. Israel brauchte Waffen, wenn es überleben wollte. Und wenn die Waffen von den Deutschen stammten: umso besser. Sollten sie doch zur Abwechslung diesmal etwas tun, um jüdisches Leben zu schützen. Der Linke Shimon Peres trifft in Rott am Inn auf den CSU-Bundesverteidigungsminister Franz-Josef Strauß. Eine Mesalliance? Mitnichten. Ein herzliches, lebenslanges Verhältnis nimmt in Rott seinen Anfang. Man versteht sich, sieht die Welt ganz ähnlich. Und Strauß verspricht dem Israeli Waffen. Sie wurden auch geliefert, jahrelang – so lange, bis der Coup aufflog, denn offiziell durfte Deutschland keine Waffen in Krisengebiete liefern, und außerdem hatten die beiden Staaten ja noch längst keine diplomatischen Beziehungen zueinander aufgenommen …

Warum eigentlich nicht? In den frühen fünfziger Jahren war dies von seiten der Israelis noch ein Ding der Unmöglichkeit. David Ben Gurion hätte schon gerne gewollt, doch er mußte – zu Recht – seinen oppositionellen Widersacher Menachem Begin fürchten. Der hätte alles getan, um Ben Gurion zu stürzen. Und die Stimmung im Lande – wen wundert's – war wahrlich noch nicht soweit, mit dem Nachfolgerstaat des Dritten Reiches diplomatische Beziehungen aufzunehmen. Viele Israelis waren wütend und protestierten gegen die Annahme des »Blutgeldes«, wie sie die deutschen Zahlungen nannten. Ben Gurion hatte wahrlich keinen leichten Stand. Doch er wußte: Deutschland wird bald wieder ein mächtiger Staat in der Mitte Europas sein, und sein kleines Land brauchte dringend Waffen und Geld, um die ersten Jahre seiner Existenz einigermaßen sicher zu überstehen.

Als dann Ende der fünfziger, Anfang der sechziger Jahre die Israelis allmählich die Bereitschaft signalisierten, diplomatische Beziehungen mit der Bundesrepublik aufzunehmen, winkten die Deutschen ihrerseits zunächst ab. Einem solchen Schritt stand die »Hallstein-Doktrin« entgegen. Sie besagte, daß nichts geschehen dürfe, was die deutsche Einheit gefährden könne. Im Klartext hieß das: Wenn Deutschland diplomatische Beziehungen mit Israel aufnähme, würden zahlreiche arabische Staaten die DDR diplomatisch anerkennen. Für die deutsche Wirtschaft hätte das verheerende Folgen gehabt. Das kleine Israel war natürlich nicht in der Lage, das Kaufvermögen der Araber bei den deutschen Industriefirmen zu ersetzen. Und dann war da noch ein gewisser Gerhard Schröder (CDU), der damalige Außenminister, der so gänzlich gegen Israel war.

Doch Adenauer war ein Pragmatiker, ein Realpolitiker. Also traf er sich 1960 heimlich mit David Ben Gurion im New Yorker Waldorf Astoria Hotel. Diese Begegnung war so »geheim«, daß die gesamte Weltpresse auf die beiden alten Männer wartete, um die Sensation nach Hause berichten zu können: Der Ministerpräsident Israels und der deutsche Bundeskanzler reichten sich die Hände. Sie mochten sich, die beiden, sie waren aus dem gleichen Holz geschnitzt und hatten jeweils nur das Wohl ihres Landes vor Augen. Das vereinte sie. Und es kam zu weiteren, nun wirklich geheimen Abmachungen in Sachen Waffenlieferung.

Adenauers Realpolitik stand ein reales Problem gegenüber: Es gab zahlreiche deutsche Techniker in Ägypten, die diesem Land fleißig dabei halfen, gegen Israel aufzurüsten.

Der Schwebezustand zwischen Israel und der Bundesrepublik wurde im Laufe der Jahre immer unerträglicher. Rainer Barzel, damals Fraktionsvorsitzender der CDU/CSU im Bundestag, war Mitte der sechziger Jahre in die USA gereist, wo er sich einiges anhören mußte. Warum denn Deutschland nicht endlich diplomatische Beziehungen zum jüdischen Staat aufnehme? Jüdische

Funktionäre, amerikanische Politiker, ja selbst der Manager der Lufthansa von ganz Amerika redeten Barzel ins Gewissen.

Barzel ließ sich das nicht zweimal sagen. Der moralische Druck einerseits, der wirtschaftliche Druck andererseits veranlaßten ihn nach seiner Rückkehr, Bundeskanzler Erhard Mut zu einer großen Geste zu machen. Der Vater des Wirtschaftswunders, sonst nicht gerade mit überragendem politischen Geschick gesegnet, machte das längst Überfällige zur Realität: Er bot Israel 1965 offiziell diplomatische Beziehungen an, obwohl der ägyptische Präsident Gamal ab-del Nasser kurz zuvor Walter Ulbricht demonstrativ mit einem rotem Teppich in Kairo empfangen hatte.

Gesagt, getan – ganz schnell wurden die Botschafter ausgetauscht. Auf israelischer Seite war dies Ascher – genannt Arthur – Ben Nathan, der nach seiner Untergrundtätigkeit den Mossad mit aufgebaut hatte und als enger Mitarbeiter von Shimon Peres bei den Waffenkäufen und dem Aufbau des israelischen Außenministeriums maßgeblich mitgewirkt hatte. Wie gesagt, er war ein normannischer Kleiderschrank, kein Stetl-Jude, und die Deutschen liebten ihn dafür, daß er so aussah wie sie …

In Jerusalem war die Lage anders. Da kam ein gewisser Rolf Pauls aus Bonn, ein Mann, der im Weltkrieg als hochdekorierter Wehrmachtsoffizier einen Arm verloren hatte. Wütende Proteste begleiteten seine Fahrt ins Haus des israelischen Präsidenten, wo er sein Beglaubigungsschreiben übergeben sollte. Es kam zu handgreiflichen Ausschreitungen mit der israelischen Polizei. Anführer der Demonstrationen: Menachem Begin.

Die Überreichung des Schreibens ist eine denkbar gequälte Szene. Alle sind sich der Schwere dieses Augenblicks bewußt. Golda Meïr gelingt es nur mit Mühe, Rolf Pauls die Hand zu reichen, sie kann ihm dabei kaum in die Augen schauen. Dieser Moment erinnert an einen anderen, fast 40 Jahre später, als Itzhak Rabin im September 1993 in Washington Jasir Arafat das erste Mal die Hand reicht. Sein gequälter Gesichtsausdruck ähnelte dem von Golda Meïr, doch beide gaben sich einen Ruck, sie 1965, er 1993 – zum Wohl ihres Landes.

Pauls hatte Charme, war offen und leugnete die Vergangenheit nicht. In kürzester Zeit flog ihm die Sympathie der Israelis zu.

Daß der zweite Mann in der deutschen Botschaft ein ehemaliger ungarischer Pfeilkreuzler war, geriet zwar zu einem Skandal, doch es schmälerte die Beliebtheit von Rolf Pauls nicht.

Was hat die Geschichte der deutsch-israelischen Beziehungen aber mit den Juden in Deutschland zu tun? Diese Frage drängt sich an dieser Stelle natürlich auf. Eine Menge! Alles! Denn Israel war die Hoffnung der Juden in Deutschland, die Heimat »to be …«, die Rückversicherung für das Leben in der Bundesrepublik. Solange es Israel geben würde, konnte den Juden nichts Ernsthaftes geschehen. Diesmal hatte man eine Fluchtmöglichkeit. Dieses Wissen verankerte sich tief in den Seelen der Überlebenden, aber auch derer Kinder, von denen so manche in den sechziger Jahren ihren Weg nach Israel suchten. Israel war der Stolz der Juden hierzulande. Es waren ja »unsere Jungs«, die für Israel kämpften. Stellvertretend für die 20 bis 30 000 Juden in Deutschland bewies die israelische Armee den Deutschen, daß Juden doch kein Ungeziefer, keine Untermenschen sind, selbst wenn viele Überlebende dieses Bild immer noch allzutief in ihrem Unbewußten verwahrt hatten und darunter litten.

Ab 1965 sollte alles, was in Israel geschah, einen unmittelbaren Einfluß auf die Juden in Deutschland haben. Denn die Deutschen haben bis heute Mühe zu begreifen, daß ein Jude in diesem Land noch lange kein Israeli ist, daß er ein deutscher, aber keineswegs ein israelischer Staatsbürger ist. Daß er, wenn überhaupt, in Deutschland zu Wahl geht, aber nicht in Jerusalem, Tel Aviv oder Haifa.

Als die Israelis triumphal im Sechs-Tage-Krieg die vereinten arabischen Armeen schlugen, waren selbst alte SS-Männer beeindruckt. Die Euphorie in Deutschland und die schlagartige Wertschätzung Israels übertrugen sich unmittelbar auf das Verhalten der Deutschen gegenüber den Juden im eigenen Land. Die Verknüpfung von israelischer Politik und der Haltung gegenüber den Juden in Deutschland blieb bestehen – natürlich auch 1982, nach dem Einmarsch der Israelis im Libanon, während der Intifada in den achtziger Jahren und so fort. Allerdings war die Stimmung mittlerweile umgeschlagen und so mancher Jude in Berlin, Frankfurt oder München durfte sich nicht nur einmal einen berühmt gewordenen Satz anhören: »Also, was *ihr* mit den Palästinensern macht ...«

Die Deutschen brauchten das böse, das brutale Israel auch, um sich von der Singularität ihrer eigenen Verbrechen zu distanzieren. Die Zahal, das israelische Militär, wurde dazu gerne mit der SS verglichen, die israelischen Gefängnisse mit Konzentrationslagern, die Übergriffe und Brutalitäten gegenüber Palästinensern mit dem Massenmord in den deutschen Vernichtungslagern: Wenn die Juden so schlimm sind, dann können sie uns Deutschen doch nichts mehr vorwerfen ... Dieses politische Klima mußten die Juden in Deutschland ausbaden. Den Israelis war dies gleichgültig. Sie orientierten sich sowieso lieber in Richtung Washington. Nur einmal, ein einziges Mal, nahm die israelische Öffentlichkeit Deutschland wahr: 1991, während des Golfkrieges, als man die irakischen Scud-Raketen Nacht für Nacht erwartete und nicht wußte, ob die Trägerköpfe deutsches Giftgas enthielten ...

Es gab allerdings noch einen weiteren Aspekt im deutsch-israelischen Verhältnis, der für die Juden in Deutschland von großer Wichtigkeit war. Vor allem die frühen Mitglieder des Zentralrates, Werner Nachmann etwa oder Alexander Ginsburg, beeilten sich, ihr eigenes Image aufzupolieren, indem sie sich gerne als »flankierende« Helfer im deutsch-israelischen Gespräch präsentierten. Sie, und nur sie, seien das Verbindungsglied zwischen Bonn und Jerusalem. Wie lächerlich diese Behauptung war, wird deutlich, wenn man die israelischen Botschafter von einst dazu befragt. Und Moshe Dajan hatte in Bonn deswegen höchstpersönlich Werner Nachmann wie einen Schuljungen abgekanzelt. Das mangelnde Selbstbewußtsein der Juden in der Bundesrepublik – das war nicht das Problem der Israelis. Ihnen mangelte es weiß Gott nicht an Selbstbewußtsein.

Womit waren Juden in Deutschland in diesen Jahren beschäftigt? Zunächst einmal mit ihrem eigenen wirtschaftlichen Fortkommen. Ihr materieller Wohlstand war ihnen äußerst wichtig. Er erlaubte es ihnen, das Land, das sie doch so sehr haßten, häufig zu verlassen, es erlaubte ihnen auch, ihre Kinder zum Studium ins Ausland zu schicken, damit sie nur ja nicht in Deutschland blieben, eine Praxis, die heute auch noch von der Zweiten und Dritten

Generation so gehandhabt wird. Tatsächlich verlassen immer noch viele junge Juden Deutschland.

Die jüdischen Gemeinden reagierten reflexartig auf die politische Situation. Einerseits biederten sich die Gemeindevorsitzenden bei den deutschen Politikern an. Sie wollten es zumindest auf diesem Wege zu gesellschaftlichem Status und Anerkennung bringen. Man wollte von den ehemaligen Verfechtern des deutschen »Herrenmenschentums« hören, daß man zu ihnen gehöre, daß man gleichwertig sei, keine »Ratten«, wie Joseph Goebbels gemeint hatte. Gleichzeitig suchten sie das deutsche schlechte Gewissen zu fördern, allen voran Heinz Galinski, der ermahnte und warnte. Es geschah ja auch genug in Deutschland, was einen KZ-Überlebenden in den Wahnsinn treiben mußte. Der Aufstieg der NPD in die Parlamente, die Auschwitz-Prozesse und die demütigende Behandlung der jüdischen Zeugen durch Anwälte und Richter, die Freilassung Albert Speers aus dem Gefängnis in Spandau und seine rasche Wiedereingliederung in die deutsche Gesellschaft. Selbst Willy Brandt hatte der Familie Speer zur Feier des Tages einen Blumenstrauß schicken lassen. Die ewige Forderung, Rudolf Heß doch endlich freizulassen, die Verjährungsdebatte, bei der so mancher rechtskonservative Politiker sich auf die germanische Rechtstradition berufen wollte, daß selbst Mord verjähren kann, weil sich doch die Zeugen nach 20, 30 Jahren nicht mehr so richtig erinnern können.

Die Notwendigkeit zu mahnen und zu warnen entsprang allerdings nicht nur dem Bedürfnis, den Deutschen beim Aufbau ihrer Demokratie hilfreich zur Seite zu stehen. Nein, es war auch ein Reflex auf das schlechte Gewissen, das die Juden hatten, weil sie in Deutschland geblieben waren. Sie mußten ganz laut rufen – damit die Juden in der restlichen Welt sahen, welch wichtige Funktion sie in der Bundesrepublik übernommen hatten, ja, daß man eigentlich in Deutschland sein mußte, um Schlimmes zu verhüten.

Die Auschwitz-Prozesse. Nach dem berühmten Eichmann-Prozeß in Jerusalem war Deutschland offensichtlich endlich soweit, sich nach den von den Amerikanern geführten Nürnberger Prozessen seiner Kriegsverbrecher anzunehmen. Die Wirkung dieser Gerichtsverhandlungen auf die deutsche Öffentlichkeit war immens. Viele Menschen der Kriegsgeneration wollten nichts mehr mit der Vergangenheit zu tun haben, man solle doch endlich einen Schlußstrich ziehen, hieß es immerzu, man habe selber doch auch gelitten, gewußt habe man von allem sowieso nicht und schließlich gäbe es da auch noch die Vertreibung der Sudetendeutschen und die Bombardierung von Dresden … Verteidigungsgirlanden, Fehleinschätzungen von Ursache und Wirkung, die bis heute in die aktuelle Vergangenheitsdiskussion reichen und immer wieder aus der Mottenkiste der deutschen Verdrängung gezogen werden. Die Haltung der deutschen Gerichte war bei weitem nicht so, wie sie hätte sein müssen. Selbst in den sechziger Jahren spürte man allzudeutlich, in welcher Tradition so mancher deutsche Richter noch stand. Jetzt rächte es sich, daß etliche Nazi-Richter in das bundesdeutsche Justizwesen übernommen worden waren. Einer konnte sogar Ministerpräsident werden, sein Name: Filbinger.

Die Reaktion auf die muffige Restaurationsatmosphäre der jungen Bundesrepublik folgte auf dem Fuß. Eine junge Generation ertrug das Schweigen, das Verdrängen nicht mehr. Sie ertrug die Strukturen nicht, die nicht aus dem Jahre 1949 stammten, sondern sehr viel älter waren als die Bundesrepublik. Die 68er gingen auf die Straße.

Die Studenten-Revolte war ein Hoffnungsschimmer für viele Juden der gleichen, der Zweiten Generation. Viele ihrer Eltern hatten Angst vor diesen langhaarigen »Kommunisten«. Es war fatal – die osteuropäischen Juden, die nach dem Krieg aus ihren Heimatländern durch antisemitische, oftmals von Kommunisten angezettelte Pogrome ausgerechnet nach Deutschland geflohen waren, haßten und fürchteten die »Bolschewisten« mehr als die Altnazis im Land. In dieser Hinsicht hatten sie sich ganz ihren Emotionen, aber auch der westlichen Ideologie des Kalten Krieges hingegeben. Und so war es nur logisch, daß für viele jüdische Überlebende die CDU/CSU trotz der rechtslastigen Anteile in ihrer Weltanschauung näher lag als die SPD. Denn die CDU schien der Garant für das Westbündnis zu sein. Und das Westbündnis – das waren in erster Linie die Amerikaner. Und Amerika bedeutete Freiheit, Sicherheit, Demokratie und Liberalität.

Da waren sie nun jedoch, die wilden Studenten. Und protestierten, gingen auf die Straße, wollten den Muff von 1000 Jahren aus den Talaren schütteln. Sie erhoben sich gegen die Generation der Täter, gegen ihre Väter, die die martialischen deutschen Werte so unreflektiert in die neue Gesellschaftsordnung übernommen hatten.

Für viele junge Juden war diese Revolte ein Hoffnungsschimmer. Links zu sein bedeutete, oftmals unbewußt, eine säkulare Verlängerung der jüdischen Geschichte im allgemeinen und der Geschichte der Eltern im besonderen. Die Eltern waren Emigranten, Fremde. Man war nicht deutsch, man war mindestens bi-kulturell, um nicht zu sagen: kosmopolitisch. Das universalistische Ideal der sozialistischen Gesellschaft und das Messianische der sozialistischen Idee – beide Elemente hatten unmittelbar mit dem Kern jüdischer Weltvorstellung zu tun, wie sie in den vergangenen zwei Jahrhunderten vor allem in aufklärerischen Kreisen geprägt wurde.

Zum ersten Mal in der Geschichte der Bundesrepublik konnten Juden und Deutsche gemeinsam auf die Straße gehen. Ihre gesellschaftspolitischen Ziele waren identisch: die Vergangenheit aufarbeiten, die Reste der Nazi-Zeit überwinden, die Väter »töten«, die Gesellschaft gerechter machen. In dieser Revolte sahen viele junge Juden die Chance, daß Deutschland bald ihre Heimat, ihr reales, aber auch inneres Zuhause werden könnte.

Viele deutsche Linke mühten sich redlich. Doch ebensoviele – oder waren es noch mehr? – kippten allzubald um. Der Sechs-Tage-Krieg im Juni 1967 führte zum Stimmungsumschwung. Keine Linke in Europa war vor 1967 so Israel-freundlich wie die deutsche – und keine war nach 1967 so Israel-feindlich wie die deutsche. Der Sieg der Israelis und die plötzliche Rolle als Besatzungsmacht gegenüber der palästinensischen Bevölkerung in den eroberten Gebieten zwang – so glaubten viele Linke – die jungen Deutschen, ihre Solidarität mit den Opfern auch weiterhin zu beweisen. Nur daß die Opfer jetzt nicht mehr die Juden waren, sondern die Palästinenser. Bereits 1967 hatte der SDS auf einer Sitzung all die antiisraelischen Slogans ausgegeben, die bis heute in der öffentlichen Diskussion virulent geblieben sind. Man war »anti-zionistisch«, weil die Sowjetunion dies auch war, man war auch »anti-zionistisch«, weil man ja schlecht antisemitisch sein konnte – das waren doch die Väter gewesen, gegen die man sich auflehnte. Daß die antizionistische Ideologie sich in ihrer Argumentation der gleichen antisemitischen Bilder, Mythen und Symbole bediente wie der uralte christlich-nazistisch-europäische Antijudaismus war den meisten nicht bewußt. Die deutsche Linke trieb den Teufel mit dem Beelzebub aus. Sie sprach den Israelis gar das Existenzrecht ab, mancher deutsche Linke solidarisierte sich im bewaffneten Kampf mit den arabischen Terroristen. Bei der Entführung einer Air-France-Maschine nach Entebbe in Uganda kam es tatsächlich zu einer Selektion der jüdischen und nichtjüdischen Passagiere durch den deutschen Terroristen Wilfried Böse. Schon einmal im 20. Jahrhundert waren Juden von Deutschen selektiert worden. Das war an der berüchtigten Rampe von Auschwitz, wo der Daumen eines Herrn Mengele über Leben und Tod entschied. Und nun wieder eine Selektion. Wieder durch einen Deutschen. Und das wurde auch auch noch von vielen deutschen Linken befürwortet.

Die Linke begriff nicht, was da eigentlich geschah. Sie war so unsensibel wie ihre Väter. Die jüdischen Linken wandten sich mit Schaudern von ihren »Genossen« ab. Sie merkten, daß es doch keine Gemeinsamkeiten gab. Dieser Schock war tiefer, demoralisierender, verstörender als die Fremdheit, die die Eltern gegenüber den Deutschen verspürten. Die Eltern waren sich ihrer Identität völlig klar: Sie waren Juden, von wo auch immer, und hatten mit den Deutschen nichts zu tun. Die Kinder aber, ja, was waren sie eigentlich? Deutsche? Dieses Wort brachten sie kaum über ihre Lippen, dieses Selbstverständnis war Ende der sechziger, Anfang der siebziger Jahre einfach noch nicht vorhanden. Und doch waren sie in Deutschland geboren oder zumindest aufgewachsen, sie hatten mit denselben Deutschen, mit denen sie gerade noch gemeinsam auf der Straße demonstrierten, die Schulbank gedrückt, hatten mit ihnen Fußball gespielt, waren auf Partys gegangen, ins Kino, hatten das eine oder andere Mal durchaus auch einen »arischen« Klassenkameraden geküßt, besuchten gemeinsam die Vorlesungen an den Universitäten und diskutierten bis spät in die Nacht die Frage der sozialistischen Weltrevolution. Und nun – eine Mauer, Fremdheit, Distanz, Kälte. Die Prophezeiungen der jüdischen Eltern hatten sich bewahrheitet: Vertraue keinem Goj, schon gar keinem Deutschen, sie sind alle gleich, sie sind alle Antisemiten, am Schluß wollen sie uns ja doch nur umbringen.

Die Reaktion der jüdischen Linken war unterschiedlich, doch von der stets selben Verzweiflung darüber geprägt, daß sie ihre vermeintliche geistige Heimat verloren hatte. Manche verließen im Zorn das Land, andere zogen sich ins Schweigen zurück, begannen woanders zu publizieren oder folgten dem Ruf einer ausländischen Universität. Andere traten den schwierigsten Weg überhaupt an. Sie stellten sich der Situation und forderten eine Auseinandersetzung von ihren nichtjüdischen Gegenparts. Der Erfolg war ungenügend, oft waren es nur einzelne Deutsche, die sich darauf einließen, den jüdischen Intellektuellen folgten auf diesem komplizierten, schmerzhaften Weg der Selbstkritik und Selbstschau, der Konfrontation und Konsolidierung. Noch in den neunziger Jahren mußte Micha Brumlik, Wissenschaftler und Vertreter der Grünen im Frankfurter Römer, mit seinem Austritt aus der Partei drohen, weil die Grünen sich zunächst weigerten, den Israelis im Golfkrieg Patriot-Abwehrraketen aus Bundeswehrbeständen zu schicken. Seine Drohung beeinflußte zwar die Abstimmung in seinem Sinne. Dennoch verließ Brumlik die Partei für einige Zeit – die Enttäuschung war zu groß …

Es ist kein Wunder, daß die Hoffnungen der Linken sich schnell verflüchtigten. Die sozialliberale Koalition war 1969 bereits unter denkbar schlechten Voraussetzungen angetreten. Ausgerechnet Willy Brandt, der Exilant, der von den Nazis Verfolgte, ausgerechnet er hatte zuvor in einer großen Koalition gesessen, deren Kanzler Kurt-Georg Kiesinger war, ein Mann mit NSDAP-Vergangenheit. Wie war das möglich? War diese große Koalition der Versuch gewesen, die unterschiedlichen gesellschaftlichen Strömungen in Deutschland miteinander zu versöhnen? Oder war es, viel pragmatischer, nur der Wille zur Macht, der Brandt dazu verführt hatte, Seite an Seite, Schulter an Schulter mit Kiesinger dieser Republik vorzustehen? Die Ohrfeige, die Kiesinger von Beate Klarsfeld erhielt, schallte auf jeden Fall so laut in der Öffentlichkeit, daß sie zumindest für die Juden in Deutschland eine gewisse

Genugtuung bedeutete. Diese mutige Frau hatte das getan, was sich die meisten Juden insgeheim gewünscht hatten.

Brandt wollte mehr Demokratie wagen. Sein Kniefall in Warschau war einzigartig, eindrucksvoll und bewegend. Ganz gewiß eine ehrliche, eine emotionale Geste. Ganz anders dagegen seine politische Haltung gegenüber Israel. Er versuchte zum ersten Mal »Normalität« in den Beziehungen durchzusetzen. Diese Haltung war zum damaligen Zeitpunkt nicht nur zu früh und allzu unsensibel, sie war auch unklug und verunsichernd.

Und während Brandt sich mit seiner Ostpolitik mehr und mehr den Polen zuwandte und die Juden in der öffentlichen Aufmerksamkeit vernachlässigte, brach im Frankfurt der siebziger Jahre ein Skandal los, von dem sich die Bundesrepublik länger als ein Jahrzehnt nicht erholen sollte: Das Westend wurde »kaputt saniert«. Spekulanten, Immobilienhaie hatten sich das idyllische Westend ausgesucht, um es aufzukaufen, die Mieter aus ihren alten Häusern und Villen zu vertreiben, diese dann niederreißen zu lassen und schließlich gigantische Wolkenkratzer hochzuziehen, die der Stadt am Main später den Namen »Mainhattan« geben sollten.

Unter den Spekulanten: einige Juden, besonders prominent damals ein gewisser Ignatz Bubis. Gegen ihn richtete sich der »Volkszorn« am heftigsten. Die linke Szene wurde zu Hausbesetzern. Unter den Agitprop-Aktivisten: Joschka Fischer, aber auch der Jude Daniel Cohn-Bendit, der »rote Danny«.

Der Zorn, der Haß der Linken richtete sich mehr und mehr auf Bubis und seine jüdischen Spezln. Kaum ein Wort davon, daß der SPD-Magistrat diese Sanierung befürwortete und unterstützte; kaum ein Wort davon, daß die Banken und Baufirmen, die in die Hochhäuser einziehen sollten, das Unterfangen politisch durchgesetzt hatten; erst recht kein Wort über die nichtjüdischen, deutschen Spekulanten – und absolutes Schweigen über die Geschichte der Häuser, die da abgerissen werden sollten: Viele gehörten früher Juden. Das war allerdings vor 1938 ...

Nein, der Haß richtete sich gegen »den Juden«. Und die unglückliche Verknüpfung von Kapital, Spekulation und Verschlagenheit, dieses uralte antisemitische Klischee, feierte plötzlich wieder fröhliche Urständ.

So negativ war die Stimmung in Deutschland. Wirklich? War sie tatsächlich so schlecht? Beinahe programmatisch erscheint der Titel einer Essay-Sammlung, die Ende der siebziger Jahre erschien: *Fremd im eigenen Land*. Juden jeglichen Alters und verschiedenster politischer Couleur beschrieben darin ihre Probleme mit diesem Deutschland, in dem sie lebten. Gut, sie fühlten sich »fremd«, aber immerhin wurde hier zum ersten Mal andeutungsweise vom »eigenen Land« gesprochen. Die metaphorischen »gepackten Koffer« waren zwar noch nicht ausgepackt, aber immerhin schon mal in den Keller gebracht. So ganz aktuell war die Auswanderung nun nicht mehr. Man ging nicht mehr »morgen«, sondern frühestens »bald«, »demnächst«, »irgendwann« oder »so bald wie möglich«.

Die siebziger Jahre waren eine ruhige Zeit für Juden. Die Gemeinden hatten sich etabliert. Sie funktionierten, selbst wenn aus ihnen keine wirklichen religiösen, gesellschaftlichen oder gar kulturellen Impulse hervorgingen. Sie waren Verwaltungen, die sich auf die Gegebenheiten eingespielt hatten. Viel war nicht zu tun, es gab wenig Überraschungen, weder jüdischer, noch nichtjüdischer Art. Die Ermordung der israelischen Sportler bei den Olympischen Spielen in München 1972 – das war der Nahostkonflikt mitten in der Bundesrepublik, das hatte mit den Deutschen nur wenig zu tun.

Auch das Brandattentat auf die Israelitische Kultusgemeinde in München oder die Anschläge auf die Gemeinde in Berlin waren nur kurze Zwischenfälle, wenngleich mit tödlichem Ausgang, die das ansonsten abgeschottete Leben der Juden in Deutschland wenig irritierten. Sie wußten ja, wo sie lebten. Sie waren über solche Vorfälle keineswegs überrascht. Aus diesem relativen Dornröschenschlaf der Siebziger erwachte man erst 1982. Helmut Kohl wurde Bundeskanzler. Mit seinem Amtsantritt verkündete er die »geistig-moralische« Wende, die mit seiner konservativ-liberalen Koalition einsetzen sollte. Alles sollte besser werden, besser als zu Zeiten der sozialliberalen Ära der siebziger Jahre. Kohl, der sich gerne als Enkel Adenauers apostrophieren ließ, griff auf eine Sprache zurück, die weit in die restaurative Phase der Bundesrepublik zurückwies. Begriffe wie »Volk«, »Heimat«, »Nation«, »dieses, unser Land« u.ä. wurden von ihm ohne Scham und Angst

33

vor Nationalismus und überfrachteter NS-Konnotationen verwendet.

Besonders zu Beginn seiner sechzehnjährigen Amtszeit trat Kohl in etliche Fettnäpfchen der deutsch-jüdischen beziehungsweise deutsch-israelischen Sensibilitäten. 1983 reiste er das erste Mal nach Israel – eine Reise, die vor ungeschickten Fehltritten nur so strotzte. Nicht genug, daß sein Pressesprecher, Peter Boehnisch, ausgerechnet im Ledermantel durch Israel lief – ein Kleidungsstück, das bei vielen Menschen Assoziationen mit der Gestapo auslöste –, Kohl selbst gelang es, mit seiner derben Art allerhand Porzellan zu zerschlagen. Als er die Holocaust-Gedenkstätte Yad Vashem besuchte und er durch das Museum mit Fotos und Ausstellungsstücken vom Holocaust geführt werden sollte, reagierte er unwirsch, eilte durch die Ausstellungshallen und meinte nur lapidar: »Ich kenne die deutsche Geschichte.«

Bei einem Gespräch in der Knesseth kam es dann zu jener unglücklichen Formulierung, die ihm in der Bundesrepublik die nächsten zehn Jahre vorgehalten werden sollte: »die Gnade der späten Geburt« – ein Zitat, das nicht von ihm selbst stammte, das ihn jedoch als einen Mann erscheinen ließ, der sich der deutschen Verantwortung entziehen wollte, obwohl er – das muß zu seiner Verteidigung gesagt werden – es in dieser Form gar nicht gemeint hatte.

Bei der jüdischen Bevölkerung Deutschlands löste der neue Umgangston des Kanzlers Irritation aus. Das Nationale – in Deutschland seit jeher ein ausgrenzender, weil völkisch definierter Begriff – ließ Unruhe aufkommen. Quo vadis, Deutschland? Mit einem Salto rückwärts in jene Zeit, die man für überwunden hielt?

Kohls Sinn für theatralisch-historische Gesten taten ein übriges, die Unsicherheit der Juden noch zu befördern. Das demonstrative Händchenhalten zwischen Kohl und Mitterand in Verdun, diese Zeremonie der »Aussöhnung« (mit Frankreich? mit der Geschichte?) war nur ein Vorspiel für das, was kurz danach folgte: Kohl besuchte mit dem US-Präsidenten Ronald Reagan einen Friedhof in Bitburg, wo sie sich vor den Opfern des Kriegs verneigten und ebenfalls als Nationen »ihren Frieden« machten. Die hier begrabenen »Opfer« waren SS-Soldaten!

Kein Protest im Vorfeld konnte diese Geste verhindern. Weder Israel noch die jüdischen Organisationen in den USA, auch nicht der Zentralrat der Juden in Deutschland vermochten den Kanzler von diesem Schritt abzuhalten. Faktisch wurde in diesem Augenblick deutlich, wie machtlos die jüdische Welt tatsächlich ist. Begleitet wurden diese Aktionen Kohls von antisemitischen Ausfällen konservativer Politiker, wie man sie so schon lange nicht mehr gehört hatte.

Parallel zu diesen innerdeutschen Dissonanzen wuchs eine immer stärker werdende Abneigung und Aggression gegenüber Israel. Der Streit zwischen Menachem Begin und Helmut Schmidt hatte die Atmosphäre zwischen beiden Staaten zumindest in der Öffentlichkeit schwer gestört. Helmut Schmidt hatte sich unbedacht für die Lieferung von Leopard-Panzern an Saudi-Arabien ausgesprochen, an ein Land also, das zu diesem Zeitpunkt noch ein Todfeind Israels war. Menachem Begin sah sich daher veranlaßt, Schmidt und die Deutschen in ihrer Gesamtheit mit verbalen Ausfällen zu überschütten – ein Verhalten, das man zwischen zwei befreundeten Staaten nicht gewohnt war. Begin, ein Deutschenhasser par excellence, ging sogar so weit, Schmidt persönlich zu attackieren und zu desavouieren. Soweit das Vorspiel …

1982 begann Israel einen fatalen Feldzug gegen den Libanon. Die israelische Armee fiel in das nördlich benachbarte arabische Land ein und marschierte bis nach Beirut. »Sh'lom Hagalil« – Frieden für Galiläa – nannte man zynisch diesen aggressiven Vormarsch. Ihren Ausgangspunkt hatte diese kriegerische Auseinandersetzung in den ständigen Katjuscha-Angriffen auf Dörfer und Städte im Norden Israels, die von libanesischem Boden ausgingen. Arik Sharon, der Befehlshaber der Truppen, wollte mehr als nur Frieden für Galiläa, er wollte der PLO und Arafat ein für allemal den Garaus machen. Dazu mußte er nach Beirut, denn dort saß der Feind. Im Zuge dieses Krieges kam es zu einem entsetzlichen Massaker in den palästinensischen Flüchtlingslagern von Sabra und Shatila. Christliche Falangisten waren in die Lager eingedrungen und brachten Hunderte von Männern, Frauen und Kindern um – unter den Augen der israelischen Armee, die sich zwar an diesem Massaker nicht beteiligte, die Falangisten aber gewähren ließ. Der Skandal in Israel war groß. Es kam zu den größten Protestdemonstrationen in der Geschichte des Landes. Bei Auseinandersetzungen zwischen Linken und Rechten wurde ein Israeli von Rechten getötet. Dieser Protest spielte jedoch für die Stimmung in Deutschland keine Rolle mehr. Israel hatte nach Meinung der Deutschen Massenmord begangen – wie die Nazis. Von diesem Tag an bis zum berühmten Friedensschluß von Oslo war Israel, wie Umfragen deutlich belegten, das unbeliebteste Land in Deutschland. Diese Haltung hatte auch Konsequenzen für die Juden in Deutschland, für diese »fünfte Kolonne« im eigenen Land.

»Die Schonzeit der Juden ist zu Ende« – wer diesen Satz wirklich gesagt hat, wird wohl nicht mehr zu klären sein. Günther Rühle, 1985 Intendant des Frankfurter Schauspiels, soll diesen Satz ausgesprochen haben, doch war es ihm durch eine gerichtliche Entscheidung gelungen, eine Unterlassungsverpflichtung zu erreichen, die den jüdischen Journalisten Henryk M. Broder traf, der Rühle dieser Äußerung zieh. Doch unabhängig davon, wer diesen Satz von sich gab, er entsprach dem Zeitgeist. *Der Müll, die Stadt und der Tod*, so hieß ein umstrittenes und noch nie aufgeführtes Theaterstück des 1982 verstorbenen Regisseurs Rainer Werner Fassbinder. In diesem Stück hatte Fassbinder die Auseinandersetzungen um das Frankfurter Westend aus den siebziger Jahren thematisiert und einen »Reichen Juden«, wie die Rolle hieß, zum Mittelpunkt des Geschehens gemacht. Dieses Stück, so lautete die Verfügung Fassbinders, durfte seine Uraufführung nur in Frankfurt erleben. Schon mehrfach waren Versuche unternommen worden, das Stück zu spielen. Doch noch jedesmal hatten heftige Diskussionen im Vorfeld der Premiere die jeweilige Aufführung verhindert. Nun aber, 1985, schien es endlich soweit. Rühle wollte seine erste Saison als Intendant in Frankfurt mit diesem »Knüller« eröffnen. Was folgte, war ein Skandal, der die Nation erschütterte und die jüdische Gemeinschaft in Deutschland aus ihrem langgehegten Versteck mitten hinein in die Öffentlichkeit bugsierte, wo sie von nun an für immer bleiben sollte. Mitglieder der Frankfurter Jüdischen Gemeinde, allen voran ihr Vorsitzender Ignatz Bubis, derselbe Mann also, gegen den die Linke in den siebziger Jahren wütend gehetzt hatte, besetzten am Premierenabend die Bühne der Frankfurter Kammerspiele und ließen eine Aufführung nicht zu, weil sie der festen Überzeugung waren, das Stück sei antisemitisch. Ein einzigartiger, ein unerhörter Vorgang! Juden wagten es, die Freiheit der Kunst zu beschneiden. So und ähnlich lauteten die Vorwürfe zahlreicher Feuilletonisten, die diesen Vorgang als empörend empfanden.

Die Befindlichkeiten der Überlebenden spielten kaum eine Rolle in der darauffolgenden wochenlangen Diskussion, vielmehr wurde die moralische und juristische Seite des Vorgehens der Juden diskutiert, ebenso die Frage, ob das Stück nun tatsächlich antisemitisch sei oder nicht.

Die Schonzeit war tatsächlich zu Ende. Noch wenige Jahre zuvor hatte die gesamte deutsche Nation sich die Augen ausgeweint über das tragische Schicksal der jüdischen Familie Weiss aus Berlin, die in der US-Soap »Holocaust« ihr Ende in den Gaskammern der Nazis fand. Eine Nation war 1979 schlagartig aufgewacht. Als ob die Geschichte nicht bekannt gewesen wäre, stand die ganze BRD angesichts dieser amerikanischen TV-Serie unter Schock. Der simple dramaturgische Trick, nicht das Schicksal von sechs Millionen, sondern lediglich einer einzigen Familie zu erzählen, machte den Mord an den europäischen Juden – damals erst, aufgrund dieser Serie, bürgerte sich im deutschen Sprachgebrauch der Terminus »Holocaust« ein – faßbar. Sechs Jahre später war von diesem Schock, diesem Mitleiden am Schicksal der Familie Weiss nichts mehr zu spüren. Da standen die echten »Weiss'« auf der Bühne und wehrten sich. Doch nur wenige deutsche Intellektuelle sahen sich da noch imstande, mitzuleiden, mitzufühlen, denn jetzt ging es um hehre Dinge, um die »Freiheit der Kunst«. In solchen Dingen ist mit den Deutschen nicht zu spaßen.

Auch die eindrucksvolle Rede Richard von Weizsäckers am 8. Mai 1985 hat da nichts bewirken können. Gleich nach der Fassbinder-Affäre nahm der sogenannte »Historikerstreit« seinen Anfang, ausgelöst durch den Historiker Ernst Nolte und der rechtskonservativen *FAZ*. Der Historikerstreit muß als der erste Versuch gesehen werden, die eigene Schuld zu relativieren, ein Versuch, der bis heute in manchen öffentlichen Diskussionen immer wieder gemacht wird.

Insgesamt war die Stimmung in den achtziger Jahren nicht gut für die Juden. Und doch zeugt gerade ihre Demonstration in Frankfurt von einer paradoxen Reaktion: Man hatte sich entschieden, in Deutschland zu bleiben. Nur wer sich niedergelassen hat, protestiert und geht an die Öffentlichkeit. Die Mär von den gepackten Koffern gehörte spätestens seit 1985 auf die Müllhalde deutsch-jüdischer Mythologien. Juden muckten auf und bekundeten vor den Augen aller Deutschen ihre politischen Interessen. Sie hatten Selbstbewußtsein errungen in den vergangenen Jahrzehnten, die jüngeren unter ihnen waren längst Teil der deutschen Gesellschaft, selbst wenn sie mit dieser immer noch ihre emotionalen und manchmal auch politischen Schwierigkeiten hatten. Doch sie ließen sich nicht mehr so ohne weiteres gängeln. Juden wurden schlagartig zu einer politischen Größe in Deutschland, und nun nicht mehr, weil sie als Beweis für die Demokratiefähigkeit der Bundesrepublik herhalten mußten, sondern weil sie eigene Interessen und Ansprüche anmeldeten. Das war neu in Deutschland. Vielen Juden war jedoch 1985 noch nicht nachhaltig klargeworden, welcher Paradigmenwechsel da soeben durch eine kleine Bühnenbesetzung erzielt worden war.

Selbst Henryk M. Broder war still und leise nach Deutschland zurückgekehrt, nachdem er sich 1981 mit einem Artikel in der *ZEIT*, in dem er gegen die deutsche Linke eiferte, mit großem Getöse in Richtung Israel verabschiedet hatte. Es war nicht sehr gemütlich für die Juden in Deutschland, aber man war mittlerweile in diesem Land zu Hause.

Auf die Frage, zu welchem Zeitpunkt er denn Deutschland tatsächlich verlassen würde, erwiderte ein jüdischer Intellektueller: »In dem Augenblick, wo es ein gemeinsames Denkmal für Opfer und Täter im Zweiten Weltkrieg geben wird.« Es gibt dieses Denkmal längst. Es ist die – ebenfalls von Kohl mit pompöser Theatralik eingerichtete – »Neue Wache«, in der erst nach gutem Zureden eine Extratafel errichtet wurde, die der Opfer des Nationalsozialismus noch einmal gesondert gedenkt. Doch das ist nur Augenwischerei. Und der jüdische Intellektuelle saß nach wie vor in der Bundesrepublik und schrieb gegen die Ungerechtigkeiten und den Irrsinn in diesem, seinem Lande an. Da konnte auch der erneute Aufstieg der NPD, das Erstarken der »Republikaner« und der DVU Ende der achtziger Jahre niemanden mehr so recht erschüttern, ebensowenig die verunglückte Rede des Bundestagspräsidenten Philipp Jenninger zum 50. Jahrestag der »Reichskristallnacht«, in der er vergaß, die Anführungszeichen mitzulesen, und sich somit, dümmlicherweise, scheinbar den Thesen der Hitlerdiktatur anschloß …

In den jüdischen Gemeinden war in den achtziger Jahren ein merkwürdiger Stillstand eingetreten. Das Gros der Gemeinden, vor allem in Kleinstädten und auf dem Land, war überaltert, man konnte absehen, wann sich die Tore vieler Synagogen und Betstuben endgültig schließen würden – gut besucht waren sie schon lange nicht mehr. Die Kinder der Zweiten Generation brachen oftmals ins Ausland auf, zum Teil, weil sie mit ihrem Geburtsland nichts zu tun haben wollten, zum Teil aber auch, weil die wachsende Globalisierung – dieses Modewort der späten Neunziger – für sie bereits Realität war, eine Realität, die immer schon jüdisches Diasporaleben bestimmt hatte. Die deutsche Öffentlichkeit nahm sich in zahlreichen Gedenkfeiern plötzlich ihrer Vergangenheit an, das Interesse an jüdischer Kultur oder das, was man dafür hielt, erwachte plötzlich. Deutsche Klezmer-Bands kamen in Mode, jiddisches Theater war in, und wer konnte, suchte in seiner Nähe ein jüdisches Restaurant auf, um endlich einmal »Gefilte Fisch« zu essen.

Die Stimme der jüdischen Intellektuellen gehörte mittlerweile zum Medienzirkus. Jüdische Schriftsteller, Journalisten oder Regisseure tauchten immer häufiger in den Medien und in der öffentlichen Diskussion auf. Allmählich wurde dieser Zustand selbstverständlich, wenngleich noch lange nicht normal. Doch dann kamen Glasnost und Perestrojka, und schließlich der Fall der Mauer. Alles war anders geworden, plötzlich, wieder einmal. Für die Deutschen ohnehin, aber ebenso für die Juden in diesem Land …

Großdeutschland drohte wieder Wirklichkeit zu werden. Den meisten Juden war der 9. November 1989 kein Freudentag, sondern ein Tag voll Schrecken und dumpfer, irrationaler Ängste. Geht jetzt wieder alles von vorne los? Diese Frage stellten sich wohl Juden in der ganzen Welt. Den Juden in West-Deutschland aber präsentierte sich eine völlig neue, eine völlig fremde jüdische Welt: Die Juden aus der DDR traten in die Geschichte der Bundesrepublik ein.

Offiziell gab es 1989 rund 630 Juden in der DDR. 630 Menschen hatten sich im anderen Deutschland als Juden bekannt und sich in Gemeinden organisiert, um irgendeine Form jüdischen Lebens zu führen. Doch es gab natürlich viel, viel mehr Juden in der ehemaligen »Zone«. Die meisten waren als Kommunisten in das sozialistische Deutschland zurückgekehrt. Sie waren Juden, doch als überzeugte Internationalisten und Atheisten interessierte sie ihre Herkunft nicht. Viele andere wußten zwar sehr wohl, daß sie Juden waren, wollten sich aber aus unterschiedlichen Gründen nicht den offiziellen Gemeinden anschließen.

Diese Menschen waren der eigentliche Kern des deutschen Judentums, das vor 1933 existiert hatte. Diese Juden waren weder Ostjuden noch Orthodoxe noch DPs, sondern deutsche Juden, die den Krieg auf mannigfaltigste Weise überlebt hatten, sei es im KZ, wie so viele andere, sei es aber auch im Exil, da sie Nazi-Deutschland schon früh als politische, sprich: kommunistische Gegner Hitlers verlassen mußten. Sie alle waren in den Osten Deutschlands zurückgekehrt, um dort eine bessere, demokratische, sozialistische Gesellschaft aufzubauen. Die meisten von ihnen waren Idealisten, die fest daran glaubten, man könne eine Ideologie durch eine andere ersetzen. Insofern mußte die Geschichte dieser Juden eine völlig andere Wendung nehmen als im Westen. Ihr deutscher kultureller Hintergrund machte sie zu überzeugten Bürgern, nein, Genossen ihrer Gesellschaft. Es ging sogar so weit, daß jüdische Funktionäre der SED ihr Judesein vollständig ignorierten, wenn nicht gar verleugneten. Es gab Dutzende jüdischer Funktionäre. Ob Alexander Abusch oder Klaus Gysi, ob Hermann Axen, Alfred Norden oder Herbert Grünstein – es gab sie und doch verstanden sie sich in erster Linie als deutsche Kommunisten. Und sie machten mit bei dieser wundersamen Metamorphose der 16 Millionen Deutschen im Osten in der Nachkriegszeit: denn schlagartig verwandelte sich dieser Teil des Volkes der Täter in 16 Millionen Antifaschisten. Es gab keine Schuld, keine Täterschaft und somit auch keine Verantwortung gegenüber den Juden

– im Gegenteil. Man hatte mit einer »kleinen« Neudefinition 16 Millionen Menschen ent-schuldigt, unschuldig gemacht und somit den Opfern gleichgestellt. Daß so mancher Genosse vor kurzem noch ein Nazi gewesen war, schien die jüdischen Funktionäre nicht zu stören. Als »Genossen« waren offensichtlich alle gleich. Der Traum von der gerechten Gesellschaft schien sich zu verwirklichen ...

Gleichzeitig zu diesem Vorgang begannen zunächst die Sowjets, später die SED, die »wahren« Täter zu verfolgen und ihnen den Prozeß zu machen. In der sowjetischen Besatzungszone wurden ebenso wie im Westen gleich nach dem Krieg die ersten Kriegsverbrecherprozesse abgehalten. Tatsächlich waren sie im Osten effektiver. Tausende von Nazis und Mitläufern wurden verurteilt. Dies vermittelte der Sowjetunion und der langsam wachsenden sozialistischen Gemeinschaft in Ostdeutschland das überlegene Gefühl, mit der Vergangenheit besser umzugehen als der Westen. Doch dieses Gefühl täuscht – schon gleich nach dem Krieg wurden Systemgegner vom sowjetischen Geheimdienst NKWD systematisch verfolgt und in Lager gebracht. Und so mancher Jude kam erneut ins Lager Sachsenhausen, einfach weil er Jude war. Antisemitismus war auch den Kommunisten kein Fremdwort. Und die antijüdischen Hetzkampagnen in der UdSSR während der Stalin-Ära hatten ihre Auswirkungen natürlich auch auf die DDR. Der Fall Merker hätte die Juden in der DDR wachrütteln müssen, doch sie wollten sich nicht aus ihren Träumen reißen lassen. Paul Merker, ein Nichtjude, hatte sich stets tatkräftig für jüdische Interessen eingesetzt. Das sollte ihm zum Verhängnis werden. 1952 wurde er Opfer eines Schauprozesses, der in der DDR als Folge der antijüdischen und antizionistischen Propaganda Stalins in eine Reihe zu stellen ist mit den Ärzte-Prozessen in Moskau oder dem Slansky-Prozeß in der Tschechoslowakei. Und die Ablehnung jeglicher Form von Entschädigungszahlungen hätte die Juden in der DDR ebenso stutzig werden lassen müssen. Doch sie wurden nicht stutzig, waren sie doch selber als Opfer des Faschismus durchaus in den Genuß von Privilegien gelangt, wenngleich ihre Privilegien nicht so weit reichten wie die der kämpfenden Genossen, die unter Hitler zu Opfern geworden waren.

Nur einmal, Mitte der siebziger Jahre, war es der Jewish Claims Conference gelungen, mit der Regierung in Ostberlin Kontakt aufzunehmen. Damals begannen informelle, inoffizielle Verhandlungen – doch was war in einem totalitären Staat schon »inoffiziell«? Genosse Honecker und seine Gefolgsleute wollten der Claims Conference einen Scheck über eine Million Dollar zukommen lassen. Als symbolische Geste. Allerdings bestanden sie darauf, daß dieses Geld nur für Überlebende in den USA, nirgendwo sonst, verwendet werden durfte. Der Scheck kam in New York an, doch die Claims Conference schickte ihn umgehend zurück. Mit solch lächerlichen Beträgen wollte man sich nicht abspeisen lassen. Es ging um mehr, um viel mehr. Es ging vor allem und zuerst um die moralische Anerkennung der Verantwortung. Doch das widersprach der Doktrin des SED-Staates. Und so gab es schließlich nichts: weder Verantwortung noch Geld.

Ähnlich wie in Westdeutschland wurden auch die wenigen jüdischen Gemeinden in der DDR gleich nach der Staatsgründung in die politische Pflicht genommen. Die Wiedereröffnung von Synagogen wurde öffentlich gefeiert, und stets betonte man, daß das Geld für den Wiederaufbau von der sozialistischen Regierung käme. Hüben wie drüben wurden die Juden als Alibi benutzt, um zu beweisen, daß man nun wirklich der bessere Staat sei, daß man mit der ganzen Hitlerei nichts zu tun habe. Das verschonte die Juden keineswegs vor einer Unterwanderung durch die Stasi, durch das MfS, das Ministerium für Staatssicherheit. Warum sollte ausgerechnet diese gesellschaftliche Gruppe geschont werden? Und so verwundert es nicht, daß zahlreiche jüdische Funktionäre entweder brave Lakaien ihrer Regierung oder sogar IM waren, »informelle Mitarbeiter« der Stasi.

Als der ungarische Rabbiner Ödön Singer nach dem Tod des Rabbiners Martin Riesenburger in Ostberlin sein Amt antrat, konnte er nicht umhin, den Juden zu raten, sie mögen sich doch an die Seite derer gesellen, die gerade dabei seien, eine »schöne, neue Welt« aufzubauen. Singer wurde ein wichtiger und geschätzter Mitarbeiter des MfS ...

Als Satellitenstaat der UdSSR machte die DDR die meisten außen- und innenpolitischen Entwicklungen des Warschauer Pakts mit. Nach dem Sechs-Tage-Krieg im Nahen Osten brach in Osteuropa eine von oben gesteuerte anti-israelische Welle aus: der Antizionismus. Viele Ostblockstaaten brachen die diplomatischen Beziehungen zu Israel ab, die Hetzkampagnen gegen die »zionistischen Aggressoren«, gegen den westlichen, »imperialistischen« Judenstaat, hörten nicht mehr auf. Und die DDR stimmte in diesen Chor ein. Entsprechend war die Berichterstattung in Zeitung und Fernsehen. Für viele Juden stellte diese anti-israelische Kampagne ein Problem dar. Manche hatten Verwandte in Israel, viele fühlten sich, trotz sozialistischer Ideologien, verbunden mit dem Staat der Überlebenden. Der Anti-Zionismus hatte aber auch innenpolitische Konsequenzen. Wann immer es dem SED-Staat paßte, wurden Juden in der DDR als Zionisten beschimpft, schikaniert, verhaftet. Die palästinensischen Befreiungs- oder Terrorbewegungen – ganz nach der jeweiligen Lesart – hingegen wurden massiv unterstützt. Jasir Arafat war ein gerngesehener Gast in Ostberlin, Honecker schickte den Palästinensern Waffen und Munition und ließ palästinensische Terroristen in der DDR ausbilden. So mancher Ostdeutscher fand sich dann auch als »Freiheitskämpfer« in der PLO, der Fatah, der PFLP oder in anderen Gruppierungen wieder. Der »Deutschen Demokratischen Republik« war es gleichgültig, daß nun erneut Deutsche dazu beitrugen, Juden zu töten. Ironischerweise war diese Zeit für die Juden in der DDR eine sichere Zeit. Während arabischer Terror in der ganzen Welt jüdische Gemeinden in Angst und Schrecken versetzte, konnten die Juden in der DDR gewiß sein, daß ihnen nichts geschehen würde. Welche Ironie: Kein einziger Palästinenser hätte es gewagt, im Lande des Bündnispartners einen Anschlag auf eine Synagoge oder ein jüdisches Gemeindezentrum zu verüben.

In den achtziger Jahren vollzog sich jedoch eine Kehrtwende in der Politik Ostberlins. Die Wirtschaft war am Ende. Wer dies sehen wollte, konnte es sehen. Honecker wußte, daß irgend etwas geschehen mußte. Der große Bruder Sowjetunion konnte nicht helfen, da er selbst im wirtschaftlichen Koma lag. Blieb nur der Klassenfeind: die USA. Von ihm wollte man die »Meistbegünstigungsklausel« erhalten, die der ostdeutschen Wirtschaft wieder einen Schub gegeben und den Staat am Leben erhalten hätte. Doch wie das Vertrauen der US-Regierung gewinnen? Honecker wäre kein echter deutscher Politiker, wenn er nicht alten antijudaistischen Klischees aufgesessen wäre: Der Weg nach Washington führe über Jerusalem, wurde ihm von allen Seiten zugeraunt. Die Juden seien mächtig in den USA. Nur sie könnten etwas bewirken.

Gesagt, getan. Von nun ab wurden Juden auf allen Ebenen hofiert. Man ließ einen Rabbiner aus den USA nach Ostberlin kommen, um die jüdische Gemeinde zu betreuen. Daß dieser Rabbiner Isaac Neuman bespitzelt wurde, gehörte zu den Selbstverständlichkeiten des Staates, daß jener sich das aber nicht gefallen ließ und die DDR nach einem knappen Jahr bereits wieder verließ – und die Gründe für seinen Weggang einer interessierten westlichen Öffentlichkeit bereitwillig verkündete –, konnte Honecker nicht ins Kalkül passen. Es wurde weiter geklotzt: Edgar Bronfman, Präsident des World Jewish Congress, wurde nach Ostberlin eingeladen und gleich mit dem höchsten Zivilorden, den die DDR zu vergeben hatte, versehen. Bronfman ließ sich auf diese Posse ein, schließlich hatte der WJC seine Hoffnungen, von der DDR letztendlich doch noch Entschädigungsgelder zu erhalten, nicht aufgegeben. Außerdem sah man eine Chance, den Juden in der DDR durch diese Kontakte das Leben zu erleichtern.

Die Ordensverleihung schien Honecker eine gute Idee zu sein, um die Juden für seine Ziele einzuspannen. In einem einzigartigen Staatsakt verlieh Honecker 1988 auf einem Schlag Dutzenden von Juden aus der DDR Orden. An dieser Aktion nahm auch Heinz Galinski teil, der Vorsitzende der Jüdischen Gemeinde Westberlin und gleichzeitig Vorsitzender des Zentralrats der Juden. Auch er erhielt einen Orden, in Absprache mit der Bundesregierung, die die Beziehungen mit der SED-Regierung nicht gefährden wollte.

Krönung dieser neuentdeckten Liebe für die Juden in der DDR war die Gründung des Centrum Judaicum und die 1988 beginnende Restaurierung der Synagoge in der Oranienburger Straße, die die SED über Jahrzehnte als Ruine hatte verkommen lassen. Die DDR brauchte plötzlich ein leuchtendes Signal für die Juden in aller Welt, vornehmlich in den USA: Schaut her, was wir für euch tun! Sind wir nicht wunderbar? Darum gebt uns die Meistbegünstigungsklausel – und zwar schnellstens.

Honecker schreckte nicht einmal vor dem Kotau beim israelischen Erzfeind zurück. Der Nachfolger von Klaus Gysi als Staatssekretär für Kirchenfragen, Kurt Löffler, reiste 1988 zum zionistisch-imperialistischen Feind, um sich dort mit dem orthodoxen Religionsminister Zvulun Hammer zu treffen. Sie tauschten Nettigkeiten aus und versprachen sich alles mögliche für die Zukunft …

Inzwischen hatte sich 1986 in Ostberlin eine Gruppe gebildet, die sich »Wir für uns« nannte. Die Jüdin Irene Runge hatte sie gegründet, aus dieser Gruppe entstand der bis heute existierende Jüdische Kulturverein in Berlin Mitte. In Absprache mit den Vorsitzenden der Jüdischen Gemeinde Ostberlin, Peter Kirchner und Hermann Simon, und mit dem Wohlwollen der SED – Irene Runge hatte lange Jahre für die Stasi gearbeitet – sorgte Runge dafür, daß rund 70, 80 junge Intellektuelle zusammenkamen, von denen sich die meisten kannten, einige allerdings sich erst jetzt bewußt wurden, daß ihre Bekanntschaft und Freundschaft untereinander einen Grund hatte: Man war aus dem gleichen Holz geschnitzt, man war Jude, die Eltern waren im Exil gewesen, es hatte da irgendeine Form von gemeinsamer Mentalität, gemeinsamer Geschichte gegeben, die vielen nicht bewußt war. Jetzt allerdings wurde sie ihnen bewußt. Viele Kinder prominenter DDR-Juden waren anwesend: Gregor Gysi etwa und Eva Grünstein, um nur zwei zu nennen. Sie sprachen über sich und die DDR, sie versuchten, etwas über das Judentum zu erfahren, wollten lernen, wer man ist, woher man eigentlich kommt. Bedeutete die Suche nach der eigenen Identität zugleich eine Abkehr von der DDR? In mancher Hinsicht wohl auch. Dabei ging es nicht grundsätzlich um eine Abkehr vom Sozialismus. Viele Teilnehmer der Gruppe blieben überzeugte Sozialisten, doch sie machten sich mittlerweile keine Illusionen mehr über den wahren Charakter ihres Staates. Sie wollten einen Sozialismus mit menschlichem Antlitz … und ein wenig jüdisch durfte es dabei auch zugehen.

Es kam kein neuer Sozialismus mehr zustande, statt dessen fiel die Mauer. Und mit ihr die Geheimnisse der Gemeinden, oder besser gesagt: ihrer Funktionäre und Mitglieder. Viele von ihnen hatten mit der Stasi zusammengearbeitet, waren willfährige Diener ihres Herren gewesen und hatten in einem totalitären deutschen Staat gemeinsame Sache mit den Herrschern gemacht. Warum? Aus Überzeugung? Zu Anfang vielleicht. Aus Angst? Um sich ein paar Privilegien zu verschaffen? Aus Machtgier? Auch das ist wahrscheinlich. Warum sollten Juden bessere Menschen sein als andere? Dennoch, Entsetzen breitete sich unter den Juden aus dem Westen Deutschlands aus. Hatten diese DDR-Juden etwa vergessen, wo sie lebten? Waren sie so sehr Kommunisten, so sehr Deutsche, daß sie einfach verdrängen konnten, daß sie hier gemeinsame Sache machten mit dem anderen – totalitären – Nachfolgestaat des Dritten Reiches? Nicht Haß und Häme gegenüber diesen Menschen ist angesagt, aber Verwunderung und Irritation, und die Forderung, daß diese Menschen nicht weniger unter die Lupe genommen werden als alle anderen Deutschen auch. Sie sollten sich jetzt nicht auf einmal wie Markus Wolf, der Geheimdienstchef der DDR, auf ihre jüdischen Wurzeln berufen können, nur weil sie Angst vor juristischer Verfolgung hatten. Daß sie Juden waren, schien doch vielen von ihnen bis zum 9. November 1989 völlig egal gewesen zu sein …

Die Wiedervereinigung brachte kein neues, nazistisches Großdeutschland hervor. Diese Angst der Juden erwies sich als unbegründet. Im Gegenteil: Seitdem Deutschland wieder eine ungeteilte Nation ist und sich der Frage seiner nationalen Identität mit großer Lust, Verve und Intensität hingibt, sind die NS-Vergangenheit und der Holocaust in der öffentlichen Diskussion präsenter denn je. Ob *Schindlers Liste* oder Daniel Goldhagens Buch über *Hitlers willige Vollstrecker*, ob Brandanschläge in Rostock, Mölln, Solingen und auf die Synagoge in Lübeck oder der 50. Jahrestag des Kriegsendes, ob Jüdisches Museum oder Holocaust-Mahnmal in Berlin, ob Walser-Bubis-Streit oder die mediale Hetzjagd auf Marcel Reich-Ranicki – die Vergangenheit ist gegenwärtig und haftet zäh an Deutschland und den Deutschen.
    Die neunziger Jahre sind ein eigenartiges Jahrzehnt, was die Si-

tuation der Juden in Deutschland angeht. Glasnost und Perestrojka sowie die erste und letzte frei gewählte Volkskammer der DDR setzten eine Entwicklung in Gang, die noch vor wenigen Jahren von niemandem für möglich gehalten worden wäre. Neben Israel und Kanada ist die jüdische Gemeinschaft in Deutschland die dritte Gemeinschaft weltweit, die noch wächst! Hatte sich die offizielle Zahl der Juden in Deutschland bis etwa 1989 bei rund 30 000 gemeldeten Gemeindemitgliedern gehalten, so beträgt sie nun, zu Beginn des neuen Jahrtausends, rund 100 000. Michail Gorbatschow ließ die Juden der Sowjetunion ziehen. Mehr als eine halbe Million machten sich daraufhin auf den Weg nach Israel. Doch nicht alle sowjetischen Juden wollten in das kleine, heiße Land im Nahen Osten. Die meisten der sowjetischen Juden wären ohnehin viel lieber in die USA emigriert. Doch dieser Weg war ihnen durch die Zionisten versperrt worden. In den achtziger Jahren hatte noch der damalige israelische Ministerpräsident Itzhak Shamir dafür gesorgt, daß die USA keine – oder zumindest nur wenige – Juden aus der UdSSR aufnehmen. Israel brauchte dringend einen Bevölkerungszuwachs. Die demographischen Analysen Mitte der Achtziger sahen voraus, daß bereits im Jahre 2004 eine israelische Minderheit über eine palästinensische Mehrheit herrschen würde – eine Apartheid-Situation war abzusehen. Die Öffnung der Sowjetunion durch Gorbatschow und der damit einsetzende Exodus der Juden war die Chance für Israel, diese Entwicklung aufzuhalten. Die USA spielten mit und ließen so gut wie keine russischen Juden ins Land. Nolens volens zogen sie ins Heilige Land.

Anders die Entwicklung in Deutschland. Die Volkskammer unter Ministerpräsident Lothar de Maizière nahm – nach 40 Jahren – endlich für die DDR die Verantwortung für die nazistische Vergangenheit Deutschlands an. Und erklärte, daß Juden, die aus der Sowjetunion vor dem Antisemitismus fliehen – und dies war der Fall – in Deutschland jederzeit willkommen seien. Die DDR gab's nach dieser Erklärung nicht mehr lange, doch die nun größer gewordene BRD stand mit diesem Wort in der Pflicht. Es konnte nicht sein, daß ausgerechnet Deutschland mit seiner Vergangenheit Juden, die vor Verfolgung auf der Flucht waren, die Tür versperrten. Die Israelis wollten dies im eigenen Interesse erreichen, doch die Bundesregierung – auch durch Heinz Galinski unter

Druck gesetzt – widersetzte sich den Wünschen Jerusalems mit dem Hinweis auf die deutsche Vergangenheit. Und so strömten sowjetische Juden zu Zehntausenden nach Deutschland. Knapp 50 Jahre nach dem Holocaust vertrauten Juden diesem demokratischen Deutschland. Daß es obendrein eine wirtschaftliche Großmacht war, machte dieses »Land der Täter« nur noch attraktiver.

»Die Russen« kamen also – und die jüdischen Gemeinden platzten bald aus allen Nähten. Auf diesen Zuwachs war man weder personell noch räumlich vorbereitet. Nach einem Verteilerschlüssel der Bundesländer wurden diese »Kontingentflüchtlinge« über ganz Deutschland verteilt. Kleine und kleinste Gemeinden, die auf das Ableben ihrer letzten wenigen Mitglieder warteten, um ihre Tore für immer zu verschließen, schwollen plötzlich ins Unermeßliche an. Eine jüdische Gemeinde wie etwa in Weiden in der Oberpfalz hatte gerade noch 25 Mitglieder, die alle weit über 60 Jahre alt waren. Mittlerweile leben in Weiden rund 400 Juden und der Vorstand hat alle Hände voll zu tun, um wenigstens die Hauptbedürfnisse der russischen Juden einigermaßen zu erfüllen: Deutschunterricht, Hilfe bei der beruflichen Eingliederung, Amtsgänge mit den sprachunsicheren Russen, Religionsunterricht für die Kleinen, Hilfe bei der Wohnungssuche, psychologische Betreuung …

Während Deutschland um seine neue Identität ringt, der Antisemitismus zunimmt, im Osten der Republik immer mehr »national befreite Zonen« existieren, Ausländer oder Menschen, die für solche gehalten werden, tagtäglich von Neo-Nazis angegriffen, verfolgt, verprügelt oder gar getötet werden – und dies häufig unter wohlwollendem Zuschauen einer dumpfen, stumpfen Bevölkerung – während die deutschen Politiker jeglicher Couleur die wachsende, aggressive Xenophobie weiterhin leugnen und sie als »Randproblem« abtun, etabliert sich die jüdische Gemeinschaft stärker denn je. Mit dem Einfluß der sowjetischen Juden beginnt allerdings auch eine unmerkliche Veränderung in der Haltung gegenüber Deutschland und dem Judentum. Für diese Juden ist Deutschland ein sicherer Hafen geworden, nicht mehr das Land der Shoah, die für sie nie eine Realität war wie für die Überlebenden. Denn die älteren Menschen, die jetzt in Deutschland gelandet sind, hatten die Shoah nicht durchmachen müssen.

Diese sowjetischen Juden hatten entweder hinter den Linien der Roten Armee gelebt oder gar in der Roten Armee gegen Hitlerdeutschland gekämpft. Der Holocaust war für sie kein Trauma! Und das ist der entscheidende Unterschied zu den meisten Juden, die in den vergangenen 50 Jahren diesseits oder jenseits der Mauer gelebt hatten!

Eine weitere Entwicklung der neunziger Jahre: ein wachsender Pluralismus. Hatte noch Heinz Galinski als »die« Stimme der Juden in Deutschland gegolten, so traf das auf seinen überaus beliebten und erfolgreichen Nachfolger Ignatz Bubis nicht mehr zu. Bubis, ein Energiebündel und Phänomen, überragte bald die Autorität seines verstorbenen Vorgängers um Längen. Denn er stellte sich der Öffentlichkeit, wie man das vorher in Deutschland noch nicht erlebt hatte: Ob Podiumsdiskussionen oder TV-Talkshows, ob religiöse, politische oder gesellschaftliche Veranstaltungen, Ignatz Bubis war immer und überall dabei. Er äußerte sich nicht nur zu jüdischen Themen und Belangen, sondern mischte sich ein in die öffentliche Diskussion dieser Republik. Als »deutschen Staatsbürger jüdischen Glaubens« bezeichnete er sich und griff damit eine alte Formel aus dem wilhelminischen Zeitalter wieder auf. Bubis stand zu dieser Republik und verteidigte ihre demokratischen Werte mit aller Kraft im Inland, aber auch im Ausland. In den dunklen Jahren 1992 bis 1994, als täglich Asylbewerberheime brannten und mehr als 150 Menschen vom rechtsradikalen Mob ermordet wurden, verteidigte ausgerechnet Ignatz Bubis die Bundesrepublik gegenüber Israel und den USA. Anders als Galinski, hatte Bubis einen Ton getroffen, den die Mehrheit der Deutschen liebte: Er wollte Brücken bauen, keine Gräben vertiefen. Er wollte Verständnis füreinander erreichen, keine Feindschaften zementieren. Seine joviale Art wurde angenommen. Da war endlich ein Jude, der den Deutschen Auschwitz nicht immerzu vorhielt. Selbst wenn Bubis nicht weniger mahnte und warnte als Galinski. Sein Ton war anders und das steigerte seine Beliebtheit in ungeahnte Höhen … bis zum Herbst 1998, als der Schriftsteller Martin Walser bei seiner Rede in der Frankfurter Paulskirche, anläßlich der Verleihung des Friedenspreises des deutschen Buchhandels an ihn, eine revisionistische, revanchistische Rede hielt, in der er von »Moralkeulen« sprach und von seinem Bedürfnis, bei »Auschwitz« wegzuhören und wegzusehen. Er habe einfach keine Lust und Fähigkeit mehr, immer mit dieser Vergangenheit konfrontiert zu werden. All die Honoratioren, die Bubis in den vergangenen Jahren bei jeder Gelegenheit geschmeichelt, umgarnt und zugelächelt hatten, waren aufgesprungen, um diesem Blick vom Bodensee begeistert zu applaudieren. Nur Bubis und seine Frau blieben starr vor Entsetzen auf ihren Plätzen sitzen. Der Walser-Bubis-Streit begann und wurde allzu jäh durch den plötzlichen Tod des Zentralratsvorsitzenden abgebrochen. Bubis hatte diese Auseinandersetzung moralisch gebrochen. Schon vorher, in den vergangenen Jahren, hatte er angesichts der politischen Entwicklung immer öfter seine Zweifel und Skepsis über sein Wirken öffentlich geäußert. Doch erst dieser demonstrative Akt der Zuspruchs der deutschen Elite für Walsers Thesen brachten diesen Überlebenden aus der Fassung und ließen ihn an Deutschland und an sich und seiner Lebensgeschichte verzweifeln. Sein Begräbnis in Israel war ein tiefer Einschnitt in die deutsch-jüdische Nachkriegsgeschichte. Sein Nachfolger, Paul Spiegel, der am 9. Januar 2000 zum neuen Vorsitzenden des Zentralrats gewählt wurde, wird es nicht leichthaben, in seinem Schatten weiterzuwirken, aber auch nicht , sich gegenüber der deutschen Öffentlichkeit mit entsprechender Autorität Gehör zu verschaffen …

Ungeachtet dieser Entwicklung macht sich aber ein Pluralismus breit, der selbst einem Bubis als Stimme innerhalb des Judentums nicht mehr das gleiche Gewicht zuspricht wie noch Heinz Galinski. Mittlerweile gibt es zahlreiche jüdische Stimmen, die sich öffentlich und in der innerjüdischen Diskussion zu Wort melden und die – nach guter jüdischer Tradition – natürlich fast nie einer Meinung sind. Jüdische Intellektuelle und Politiker, Gemeindevorstände und religiöse Führer haben genug Selbstbewußtsein gegenüber ihrer nichtjüdischen Umwelt entwickelt, daß sie es wagen können, ihre unterschiedlichen Meinungen in die öffentliche Diskussion einzubringen. Vorbei die Zeiten, als die Juden in Deutschland meinten, man müsse mit einer Stimme sprechen, sonst würde man gegenüber den Deutschen allzu schwach sein. Vorbei aber auch die Zeiten, wo orthodoxe Rabbiner in Nachkriegsdeutschland allein das Sagen hatte. In der ganzen Republik wurden in den vergangenen Jahren liberale Jüdische Gemeinden gegründet, die an die alte deutsche Tradition des Reformjudentums anknüpfen und sich dem Diktat der schwarzgekleideten, bärtigen, schläfengelockten Rabbiner nicht mehr unterwerfen wollen. Dieser neu gewachsene Pluralismus ist einerseits ein Zeichen des lebendigen Wachstums der jüdischen Gemeinschaft, andererseits auch ein Zeichen der Furchtlosigkeit gegenüber der deutschen Umwelt. Trotz oder gerade wegen der politischen Entwicklung, die für das neue Jahrtausend nicht immer nur Gutes ahnen läßt. Das Signal, das von den Juden heute in das Land, in die Welt hinausgeht, ist klar und deutlich: Wir sind da! Mit uns müßt ihr rechnen, wir aber müssen längst keine Rechenschaft mehr ablegen für unser Leben im einstigen Land der Täter. Wir sind da, weil wir hier sind und hier bleiben wollen. Wir sind da, selbst wenn wir diesem Land gegenüber ambivalent bleiben. Wir sind da! Eine Haltung des Trotzes, des Stolzes, des Selbstbewußtseins. Wir sind da! Deutschland ist unsere Realität, die Koffer sind ausgepackt. Ob dies allerdings für immer so sein wird, das wird dieses Land entscheiden müssen. Nicht für die Juden. Sondern für sich selbst. Denn wenn wir Juden eines Tages doch unsere Koffer packen sollten, dann gewiß nur, weil dieses Deutschland seine Demokratie aufgibt. Den Preis hierfür würden diesmal aber nicht mehr wir Juden bezahlen, sondern all die Deutschen, die ihr Land dann nicht mehr verlassen könnten.

Ernest Landau

»Es wurden wieder Familien gegründet.«

Als mein Vater noch lebte, ging ich mit ihm als Jugendlicher in die Synagoge in der Possartstraße in München. Eine Reihe vor uns saß stets Ernest Landau, der in unserer Gemeinde etwas Besonderes war. Er stammt aus Wien, seine Muttersprache ist Deutsch und das war in unserer Gemeinde, die zu 95 Prozent aus Ostjuden bestand, ungewöhnlich. Außerdem war Landau Journalist beim Bayerischen Rundfunk, hatte also einen »intellektuellen« Beruf – auch das war für die Generation der Überlebenden, die die Münchner Gemeinde wieder aufgebaut hatte, eher ungewöhnlich. Landau war von den US-Truppen in Bayern befreit worden, er war Häftling in Dachau gewesen, wo er Max Mannheimer kennengelernt hatte. Ein gemeinsam geteilter Teller Suppe – eine Kostbarkeit im KZ – machte beide zu lebenslangen Freunden. Landau hatte beim Aufbau und der Verwaltung der DP-Camps in Bayern bald eine führende Rolle, da er des Deutschen mächtig und ein Organisationstalent war. Ich besuchte Landau für dieses Interview 1996 in seiner Wohnung in München. Er lebt zwar immer noch in der bayerischen Landeshauptstadt, verbringt mittlerweile aber auch einen Teil des Jahres in Israel. Seine Frau, mit der er bis heute glücklich verheiratet ist, hat er noch im Lager kennengelernt.

Herr Landau, wie wurden Sie 1945 befreit?

Wir waren vom Lager aus auf einem Evakuierungs- oder auch To-
desmarsch, der uns in eine Gegend in Tirol führen sollte, die wir
nicht kannten. Man sprach immer vom »Werwolf«, der habe die
deutschen Stellungen aufgebaut. Was wir tun sollten, wurde uns
nicht gesagt, außer, daß wir schwer arbeiten müßten. Die SS kom-
munizierte nicht mit uns, wir waren nur Befehlsempfänger, vielleicht auch, damit wir keinen Aufstand wagen würden. Sie hatten
ja schon Erfahrungen damit in Treblinka und Warschau und anderen Gegenden, wo sie Lager errichtet hatten.

Wir wußten also nur, daß wir in eine Werwolfstellung in Tirol
kommen sollten, wo wir aber nie ankamen. Zwischen Feldafing
und Tutzing wurden wir von den einrückenden Amerikanern am
2. Mai 1945 befreit. Wir hatten keine Uhr, es war wohl zwischen
fünf und sechs Uhr früh.

Am Abend zuvor war ein abgedunkeltes Auto zu unserer La-
gerstelle raufgekommen. Wir befanden uns in einem Zug mit
Viehwaggons, die waren voll mit Häftlingen. Der SS muß damals
ziemlich mulmig gewesen sein, denn es hatte vorher ein alliierter
Luftangriff stattgefunden; die alliierten Flieger sahen einen Zug
und am Ende dessen ein Geschütz, ich weiß nicht mehr was für
eins. Sie dachten, das könnten deutsche Truppen sein und bom-
bardierten uns. Der Zug kam zu stehen und die Alliierten flogen
wieder ab. Nicht jedoch, ohne 60 Tote bei uns hinterlassen zu haben. Als der Zug zu stehen kam, merkten wir, wir müssen uns vor
den Alliierten schützen. Das Nächstliegende war, unsere gestreif-
ten KZ-Jacken auszuziehen und sie auf den Dächern der Waggons
festzubinden. Gleichzeitig begann eine Gruppe inhaftierter Jungen aus Litauen, den Waggon, auf dem sich das Geschütz befand,
abzukoppeln.

Es gelang uns dann ein bis zwei Stunden lang eine Pause einzu-
legen und dort stehen zu bleiben, die Leichen, die in den einzelnen
Waggons lagen – die Decken und Wände der Waggons waren
durchschossen worden –, herauszuholen, auf eine Wiese entlang
des Bahndamms zu legen. Wir versuchten von der SS die Erlaubnis zu bekommen, diese bestatten zu können. Das Palaver zwischen dem Lagerältesten, einem Häftling, und dem zuständigen
SS-Transportführer, einem Sturmscharführer, zog sich lange hin.

Die Sonne ging unter, und wir hörten aus der Ferne ein Motorengeräusch. Ein abgedunkeltes Auto kam näher, heraus stiegen zwei Zivilisten, einer ging auf uns zu. Der andere blieb beim Auto zurück. Der erste fragte: »Wer ist denn hier der Verantwortliche?« Der Sturmscharführer sagte: »Ich bin der Transportleiter«, und da sagt er: »Sie sind doch ein SS-Mann, mit ihnen will ich gar nicht reden.« Das war der nicht gewöhnt. Der andere sagte weiter: »Ich bin der Schweizer Konsul. Ich komme aus Leoni herauf, um mit den Häftlingen zu sprechen.« Der Sturmscharführer merkte, daß sich der Wind gedreht hatte und machte kehrt, ging auf den Lagerältesten zu, das war Alfons Bär, und sagte: »Geh du, sprich mit ihm.« Der Alfons ging zu dem Konsul, stellte sich vor. »Wer hat sie zum Lagerältesten gemacht, die SS?« »Ja.« Dann sagt der Konsul: »Nein, mit ihnen wollen wir auch nicht reden, wir wollen einen Vertrauensmann.« Ich stand ganz in der Nähe und hörte das ganze Palaver an. Ein Dialog war das nicht, alle riefen durcheinander und sagten schließlich zu mir: »Geh du hin, rede du mit ihm.« Ich ging also vor und ich bot ihm an, französisch zu sprechen, statt deutsch. Das hat ihn irgendwie berührt, dann begann er mich auszufragen, woher wir kommen, und so weiter. Dann sagte er: »Morgen früh spätestens sind die Amerikaner da, versucht die Nacht über durchzuhalten, sie sind jetzt nur noch 16 Kilometer entfernt.« Man muß wissen, das war am Starnberger See, etwa 30 Kilometer von München, wir wußten natürlich nicht, was sich da abspielte, aber man merkte, die SS war ziemlich erschrocken.

Eine Gruppe Litauer näherte sich immer mehr den SS-Posten. Die waren es nicht gewöhnt, daß Häftlinge auf sie losgingen. Einen haben die Litauer mit seinem eigenen Bajonett niedergestochen. Dann forderten wir die SS auf, die Waffen abzugeben. Die wurden auf einen Waggon geworfen. Sie hatten Gewehre, Maschinenpistolen. Wir stellten eine Bewachung zu den Waffen.

Es sind immer mehr SS-Männer geflüchtet, plötzlich waren wir mit dem toten SS-Mann allein. Unter den Geflüchteten war auch Leon Bachmair, der Transportleiter. Nach dem Besuch des Schweizer Konsuls fühlten wir uns natürlich besser. Die Angst, die wir hatten – natürlich hatten wir immer noch Angst, ob noch Deutsche oder SS-Männer kamen, die uns niedermachten, auch wenn die Amerikaner nur noch 15 Kilometer entfernt waren. Der Konsul hatte zum Abschied gesagt: »Ich schaue, daß ihr etwas zu Essen bekommt.« Er hielt sein Versprechen. Heraufgeschickt wurde ein deutscher Sanitätstrupp, der unten in Possenhofen in einem Kriegslazarett tätig war. Sie brachten uns Brot, heiße Suppe, Übriggebliebenes und so. Um die Suppe gab es fast eine Schlägerei, es wurde mehr Suppe verschüttet als gegessen werden konnte. Leider. Gut, es war zu dieser Zeit ein hungriger, durstiger und logischerweise nicht disziplinierter Haufen. Mit dem Brot war es etwas besser, denn die Kommißbrotwecken wurden so ausgegeben, daß jeder mindestens eine Scheibe bekam. Wir haben schnell eine kleine Ordnungstruppe aufgestellt, an der mußte jeder vorbei, der ein Stück Brot haben wollte. Es war nicht viel, aber es half weiter.

Die Suppe und das Brot wurden verteilt, die deutschen Sanitäter zogen wieder ab. Sie waren alle unbewaffnet. Das hatten wir uns von den Schweizern erbeten, nicht daß man uns da mit Brot und Suppe ein Kuckucksei ins Nest legt und Waffen gegen uns benutzt. Die Schweizer haben ihr Wort gehalten. Die Nacht verging in ziemlicher Aufregung, wie man sich denken kann. Am frühen Morgen, dem 2. Mai, stand die Sonne am Himmel. Es war ein heller Tag. Aus der Ferne bemerkten wir eine Staubwolke, wir hörten das Geräusch von Motoren, und es dauerte nicht lange, da kam ein Jeep herauf mit einer langen Antenne, so eine lange hatten wir noch nie gesehen. Wir sahen auch zum erstenmal die Sprechfunkanlagen der Amerikaner. Die Jeeps waren natürlich mit Maschinengewehr und ähnlichem ausgerüstet. Da kam ein Sergeant, der fragte, ob jemand Englisch könne. Ein Litauer, ein Pole, ein Ungar und ich sagten, daß wir Englisch konnten. Ich ging auf ihn zu, die anderen auch auf andere amerikanische Soldaten. Es kamen die üblichen Fragen, und dann sagte er, wir bräuchten nichts zu befürchten, es würde in kurzer Zeit ein Transport vom »American Red Cross« kommen und uns Lebensmittel bringen. Inzwischen kam ein Lieutenant, der ging zwischen den Leichen der Häftlinge hindurch und sagte etwas, gab einen Befehl. Daraufhin schwirrten seine Soldaten mit ihren Jeeps aus und brachten Bewohner der Umgebung, von Feldafing und Tutzing und denen wurde befohlen, Spaten mitzubringen. Unter Aufsicht wurden dann am Bahngelände, der heutigen S-Bahn-Linie zwischen München und Tutzing, die Leichen bestattet.

Machen wir einen Zeitsprung in die Zeit der DP-Camps. Wie entstanden sie, wie sah das Leben in den Lagern aus?

Nein, das wurde erst durch uns zum DP-Camp. Die Amerikaner überlegten, was sie mit uns tun sollten. Dort befand sich eine Napola, eine Nationalpolitische Lehranstalt, eine Kaderschmiede der Nazis. Hitlerjungen, die zur SS kommen sollten, bzw. in die Wehrmacht, waren da. Diese Napola wurde geräumt, ruckzuck alle rausgeworfen und wir zogen ein, nicht allerdings ohne vorher desinfiziert worden zu sein, mit riesigen Mengen DDT wurde jeder von uns abgespritzt. Wir waren natürlich alle voller Ungeziefer, hauptsächlich verlaust. Ich hatte vorher noch, mit einem anderen und mit meiner zukünftigen Frau Lydia, gehört, daß sich ein Kloster in der Nähe von Possenhofen, in Pöcking, befand. Wir sind zum Nonnenkloster runtergelaufen und baten: »Gebt uns eine Möglichkeit, uns zu waschen.« Da brachten uns die Nonnen Tröge, in denen früher Wäsche gewaschen wurde, die lang genug waren, um behelfsmäßig ein Bad zu nehmen, und Schmierseife, so konnten wir uns notdürftig waschen. Ich bekam eine viel zu weite Hose von ihnen, Lydia ein Flanellnachthemd, wir konnten uns säubern. Wir haben uns bedankt, die Nonnen gaben uns auch Brot, Schmalz und Tee. Wir kamen zurück, als die Gruppe gerade desinfiziert wurde.

Nach der Desinfektion kamen wir auf Lastautos und fuhren direkt vom Bahndamm in die Napola. Und aus dieser Napola wurde das spätere DP-Camp Feldafing. Dort erlebte ich etwas schier Unvorstellbares: Den ersten Gottesdienst auf freiem Feld. Ein Major war mit einem Captain gekommen: Beide waren Geistliche. Der Major hatte auf seinen Aufschlägen das Sinnbild der Thorarollen und der andere Geistliche das Kreuz. Dann zeigten sie uns, daß sich in ihrem Jeep eine Art Altar befand, der wurde aufgekurbelt. Auf der einen Seite war das ein christlicher Altar, auf der anderen Seite eine Art Bundeslade mit einer Thorarolle.

Und wir hatten unter den Befreiten einen Rabbiner, Rutner, und den weltberühmten Rabbiner Halberstam. Er war wie wir ein Häftling, aber eine Persönlichkeit, die sogar von der SS respektiert wurde, und das will was heißen.

Es wurde ein Gottesdienst gefeiert. Weil niemand von uns Juden eine Kopfbedeckung hatte, behalf man sich. Einer nahm ein

Taschentuch, eine Mütze aus Papier, es war abenteuerlich. Inzwischen war eine Gruppe amerikanischer Filmleute gekommen, die nahmen das Ganze auf, einen Gottesdienst, den drei Rabbiner hielten: Halberstam, Rutner und Max Braude, der spätere Generaldirektor der ORT, der »Organisation for Rehabilization through Training«. Der war nämlich der Major der Truppe, die uns befreit hat.

Wie entstand das She'erit-Haplejta-Buch?

Wir fragten den amerikanischen Kommandanten, ob er uns nicht Schreibmaschinen geben könnte, und machten dann eine Liste der Überlebenden. Wir wußten nichts voneinander. Wir waren zusammengewürfelt, Juden aus verschiedenen Konzentrationslagern, die aus verschiedenen Ländern stammten. Der Kommandant fragte nur: Was braucht ihr dazu? Schreibpapier und ein paar Schreibkräfte, Mädchen. Also hat er sofort eine Verlautbarung über ein Megaphon in verschiedenen Sprachen gemacht: Wer korrekt schreiben kann, und zwar Namenslisten, solle sich melden, und es gab dafür eine Prämie. Es war sehr wichtig, den Leuten eine Leistung, die sie erbracht haben, zu vergüten. Nun hatten wir 20 junge Mädchen und Frauen, die alle sagten, sie könnten Maschine schreiben. Jede wurde verpflichtet, und es wurde ihnen gesagt, auf die Weise würden auch deine Verwandten, wenn du welche hast, erfahren, daß du am Leben bist. Das war natürlich für die Menschen ganz wichtig. Jeder nannte seinen Namen. Die Liste bestand aus folgendem: Namen, Herkunftsort und -land, Geburtsdatum, letzter Wohnsitz. Das war die Grundlage für die Liste.

Nun stellte sich aber heraus, daß die Namen in jeder Sprache anders geschrieben werden, nehmen wir etwa einen gängigen Namen: Mairovich, den kann man mit ai oder aj oder ei oder ej oder er oder r allein schreiben. Bei den Polen mit cz, bei den Ungarn mit cs, bei den Rumänen mit ci, i angehängt. Kurzum, wir haben den Leuten gesagt: Nennt eure Namen in der Schreibweise, in der ihr sie gehandhabt habt, laßt nicht die Mädchen, die das aufnehmen, entscheiden. Buchstabiert den Namen. So bekamen wir heraus, wie der Name zu Hause geschrieben wurde. Und so konnten wir das in das She'erit-Haplejta-Buch eintragen. Dieses Buch ist eine Liste der Überlebenden. Zum Schluß wurde es in München von

Rabbiner Klausner redigiert. Klausner war ein junger amerikanischer Rabbiner, der nach Feldafing kam und merkte, woran wir im Büro arbeiteten. Er sagte:»Das ist eine glänzende Idee, das werde ich sofort auch in den übrigen Lagern machen lassen.« Daraufhin, er fuhr ja herum, ließ er solche Listen in den Lagern Landsberg am Lech, St. Ottilien etc. anfertigen, Föhrenwald gab es damals noch nicht. Und über den Major Braude, der sein Oberrabbiner im Namen des Jewish Welfare Board war, kam das in die Lager Zeilsheim und wie sie oben in Hessen alle hießen. So daß wir als erste große und erfolgreiche Arbeit dieses Buch mit etlichen tausend Namen hatten.

Ich glaube, es gibt nicht einen Überlebenden aus jener Zeit, der sich nicht in diesem Buch wiederfindet. Die Frauen natürlich vielfach mit ihrem Mädchennamen. Meine Frau und ich heirateten am 27. Mai 1945. Das war die allererste Hochzeit im Lager Feldafing. Danach haben auch die anderen begonnen zu heiraten. Es wurden wieder Familien gegründet, was kolossal wichtig war. Denn wir erfuhren allmählich, daß sehr wenige Juden am Leben geblieben waren. Denn es kamen Menschen zu uns, die im Partisanenkampf waren, in Polen oder Rußland und die erzählten: »Dieses oder jenes polnische Dorf ist komplett zerstört worden, alle Juden wurden ausgerottet.« Wie das auf die Stimmung der Menschen gewirkt hat, brauche ich wohl niemandem zu erklären.

Und da sagte man sich:»Es ist wichtig, eine Familie zu gründen.« Die Menschen hatten auch Angst davor, ich habe das aus unzähligen Gesprächen mit ehemaligen Häftlingen mitbekommen, sie wollten nicht absinken unter das moralische Niveau, das sie von zu Hause her gewöhnt waren. Zu Hause waren die Juden Osteuropas im besonderen gewöhnt, so wie man aufsteht und sich wäscht, so nimmt man die Tefillin und den Talit und betet. Es gab das alles zunächst nicht. Erst viel später haben das der Joint und HIAS organisiert.

Die zweite Organisation, die wir dringend brauchten, war eine eigene Polizei. Und dafür waren die ursprünglich deutschen, bzw. preußischen Häftlinge am besten geeignet. Mit Einvernehmen des amerikanischen Kommandanten wurde ein Mann als erster Polizeichef der Lagerpolizei in Feldafing berufen, der später Professor an einer Universität in Australien wurde. Wir bildeten die

Polizei aus einem einfachen Grund: Wir mußten zwei Sachen vermeiden. Erstens waren wir ja nicht nur Juden in Feldafing, es waren Russen und Ukrainer da, die ebenfalls befreit worden waren und von den Amerikanern bei uns untergebracht wurden. Und die hatten es auf die jüdischen Mädchen abgesehen. Zweitens: Es gab auch Übergriffe, die wir vermeiden wollten. Nämlich, daß unschuldige Deutsche durch uns Überlebende leiden sollten. Das war eine moralische Sache. Wir versuchten zu vermeiden, daß ein Deutscher geprügelt wurde. Wurde allerdings entdeckt, daß er der SS angehört hat, war er gewissermaßen vogelfrei. Aber dort, wo das nicht der Fall war, mußten wir die Polizei haben, auch um die Zivilisten aus der Umgebung von Feldafing und Tutzing zu schützen. Die Polizei wurde bewaffnet, Schußwaffen hatte nur der Kommandant, die anderen hatten Stöcke, aber sie konnten sich jederzeit gegenüber amerikanischen Soldaten als Polizisten identifizieren und deren Hilfe in Anspruch nehmen.

Wir hatten auch Ärger mit der deutschen Bevölkerung. Wir brauchten dringend für die Kranken und Verwundeten Milch. Es gab massenweise Milch in Bayern, auch zu jener Zeit. Aber die Leute weigerten sich, uns Milch zu geben. Wir machten den Kommandanten darauf aufmerksam, und der ließ sich die Bürgermeister kommen: »Entweder ihr liefert uns die Milch, die wir brauchen, oder wir holen sie uns selbst.« Er war sehr streng mit ihnen. Und plötzlich bekamen wir die Milch. Was anderes brauchten wir nicht. Aber die Milch war ganz wichtig.

Warum?

Weil wir Kranke hatten, die eine Diät brauchten. Vergessen Sie nicht: Da waren Menschen, die schrecklich unterernährt waren, wie alle von uns. Ich zum Beispiel wog bei der Befreiung – Sie werden es sich nicht vorstellen können – 35,3 Kilo nackt. Heute wiege ich 69. Ich war noch relativ gut dran. Mein Glück, das KZ überhaupt zu überleben, lag darin, daß ich als junger Student ein Jahr freiwillig im österreichischen Bundesheer gewesen war, das erst abgerüstet wurde, als Hitler nach Österreich einmarschierte. Dieser Militärdienst, den ich – als ich ihn leisten mußte – verfluchte, hat mir geholfen, die körperlichen Strapazen, die mir im Lager auferlegt wurden, auszuhalten. Zum Beispiel eine volle Schubkarre mit Sand zu schieben im Marsch, hinter mir ein SS-

Mann mit einer Peitsche oder einem Gummiknüppel. Das mußte man damals überstehen, das ist nur ein winziges Beispiel. Aber ich danke heute Gott dafür, daß ich Militärdienst geleistet hatte, ausgebildet wurde, in der Lage war, eine Mauer hochzuklettern und mich fallen zu lassen, ohne mir dabei etwas zu brechen ...

Sie sagten, es gab Schwierigkeiten mit der Bevölkerung. Wie sahen denn die Kontakte zwischen Juden und Deutschen aus?

Kontakte gab es eigentlich nicht, mit Ausnahmen allerdings. Zum Beispiel, wenn einer der Häftlinge irgendwo eine Henne sah und sie holte, also stahl, und ins Lager brachte. Aber es gab keine Berührung, es galt unter den Amerikanern sowieso die *non-fraternization*: keine Beziehung zur Bevölkerung. Da sagten wir uns, was den Amerikanern zur Pflicht gemacht wird, das sollte für uns selbstverständlich sein. Es gab also keine zivilen Kontakte, auch wenn sich manches deutsche Mädchen bemühte, mit Männern im Lager in Kontakt zu kommen, sich gewissermaßen mehr oder minder anbot. Was ich ja auch verständlich fand, angesichts der Tatsache, daß sie ihre eigenen Männer vermißten, die entweder gefallen oder in Gefangenschaft geraten waren. Wir waren ja alle junge Leute, die Alten hatten ja nicht überlebt. Man muß sich vorstellen, wie das war. Die Bevölkerung des Lagers, das waren Menschen im Alter von 15, 16 bis maximal 30, 32 Jahren. Dadurch gibt es heute überhaupt noch Überlebende, obwohl seit der Befreiung schon ein halbes Jahrhundert vergangen ist ...

Aber wenn man das erfuhr, daß einer sich ein deutsches Mädel angelacht hatte – es gab sehr süße, hübsche Mädchen –, also der Mann war mehr oder minder ein Außenseiter, sagen wir es mal ganz mild ausgedrückt. Man nahm ihm das übel. Natürlich braucht ein junger Mann Kontakt zum anderen Geschlecht, das ist doch ganz normal. Aber wir hatten Gott sei Dank genügend jüdische Mädchen, aus den verschiedensten Lagern und Ländern, litauische, polnische, ungarische, rumänische und, last but not least, deutsche oder österreichische. Daß sich da Beziehungen entwickelten, war ganz normal.

Aber wir sahen es sehr ungern, ... gut, wir waren keine Rassisten, aber wir sagten: »Hier ist Distanz zu wahren«, wir sagten: »Du weißt nicht, ob ihr Vater ein SS-Mann war, der soundso viele

Juden getötet hat. Geh nicht mit diesem Mädchen, sie soll dich in Frieden lassen.« Wir haben die Menschen natürlich auch moralisch etwas unter Druck gesetzt. Ich will das gar nicht leugnen. Wir sagten: »Das ist nicht deine Gesellschaft, die hast du hier, oder wenn du auswandern willst, wirst du sie dort finden, wohin du kommst.«

Das war, wenn Sie so wollen, die Beziehung zur deutschen Bevölkerung. Ansonsten traten sie nur als Lieferanten für das Lager auf. Wenn wir zum Beispiel ganz dringend Leder brauchten, wurde das bei den Deutschen gekauft. Schuhbekleidung war etwas ganz dringend Notwendiges. Die meisten hatten noch diese holländischen Holzschuhe aus dem Lager; Lederschuhe gab es nur ganz selten. Das war auch, was man bei den Deutschen am meisten gestohlen hatte. Weil der Schuh nicht jedem paßte, hat man getauscht. Und es hat sich ein kleiner Schwarzmarkt entwickelt. Man trachtete danach, wieder zu normalem Schuhwerk zu kommen. Natürlich stahl man auch mal ein Hendl, eine Gans, das kam natürlich vor. Wenn sich jemand beschwerte, dann sagten wir: »Sei froh, daß du nur deine Gans verloren hast, dieser Überlebende hat vielleicht seinen Vater und seine Mutter verloren, also sei nur glücklich.« Dann ist der Geschädigte mit einer langen Nase abgezogen.

Mit der Bevölkerung gab es eine herrliche Szene. Eines Tages kam ein ehemaliger Angestellter des Hauses Dallmayr zu uns und erzählte uns von einem Schatz, der in der Gegend unseres Lagers vergraben sei. Das klang unglaublich. Er wurde zu mir ins Büro gebracht. Und der Mann sagte: »Hören Sie, ich weiß, wo ihr alles findet, was ihr braucht.« Gut, wir waren skeptisch. »Ich führe euch hin, unter einer Bedingung: Ihr erlaubt mir, mich zu maskieren.« Wir erlaubten ihm das. Er führte uns in ein Gehöft mit einem riesigen Hof, er zeigte uns die Falltüre, wir stiegen ein und trauten unseren Augen nicht. Tausende Flaschen bester Weine, französischer Cognac, schottischer Whiskey, Dosen mit Kaviar. Was man sich an Delikatessen nur vorstellen kann, das fanden wir dort.

Ich schickte sofort einen Jungen zurück ins Lager zum Kommandanten, und bat ihn, uns zwei Drei-Tonner zur Verfügung zu stellen. Man sagte ihm: »Merke dir den Weg, vielleicht brauchen wir auch noch mehr Autos.« Die Amerikaner hatten diese großen

Lastautos. Und wir leerten die Keller. Der Besitzer war ein gewisser Randlkofer. Ich wußte nicht mal, was Dallmayr ist, Käfer hatte es noch nicht gegeben, sonst hätten wir vielleicht noch einen ähnlichen Fang gemacht. Jedenfalls haben wir alles von dort ins Lager Feldafing gebracht. Dadurch konnte ich jedem zu meiner Hochzeit eine Flasche Wein spendieren. Das waren die herrlichsten Weine, die man sich vorstellen konnte, französische, deutsche, italienische. Aber nicht nur das, wir hatten endlich eine Währung in den Händen, für die wir bei den Soldaten und Offizieren etwas kaufen konnten. Wir konnten mit ihnen tauschen. Das war nicht legal, weder für die Amerikaner noch für uns, aber man drückte ein Auge zu. Heute, ein halbes Jahrhundert später, kann man das ja ganz offen erzählen. Dieser Fund half uns zum Beispiel, Mehl zu bekommen, und unsere Mädels konnten Kuchen backen, in meinem Fall eine Hochzeitstorte. Wir bekamen Schokolade und Pralinen von der Firma Dallmayr. Das hat uns nachher etwa 50 000 DM gekostet, denn wir bekamen auch eine Rechnung dafür. Die Rechnung wurde aber, nach der Währungsreform, in DM ausgestellt. Mein Name war bekannt, also bekam ich die Rechnung. Allerdings regulär umgerechnet: von Reichsmark in DM. Das heißt, die Waren hatten eine halbe Million Verkaufswert in Reichsmark, was in der neuen Währung 50 000 DM entsprach. Wir haben uns damals gar nicht an das Besatzungskostenamt gewandt, sondern sind zum Joint gegangen. Der amerikanische Offizier Max Browny, ein richtiger Haudegen, war unser Fürsprecher. Er sprach mit Samuel Lever, der war Direktor vom Joint in Deutschland. Den hat unsere Geschichte sehr amüsiert: »50 000 DM? Und wie viele Wochen habt ihr davon leben können? Wunderbar, ihr habt uns sehr viel gespart, hier ist das Geld.« Er schrieb einen Dollarscheck aus. Und wir konnten der Firma Dallmayr den Scheck bringen. Die haben gestaunt, denn sie dachten, daß das alles sehr viel länger dauern würde, viel komplizierter wäre. Sie mußten eine Erklärung unterzeichnen, daß sie keine weiteren Ansprüche aus der damaligen Aktion gegen uns haben. Diese Erklärung befindet sich wahrscheinlich noch in den Akten des Joint.

Ansonsten bestanden die Beziehungen zu Deutschen leider, und ich habe das gehaßt, in Denunziationen. Da kam ein Deutscher, der uns erzählte, was der und der für ein großer Nazi war, was der auf dem Gewissen hatte, kurzum: Die gaben sich die Klinke in die Hand, um sich gegenseitig anzuschwärzen. Wenn ich sie bis dahin noch nicht gehaßt hätte, damals hätte ich begonnen, sie zu verachten.

Ich sage das nicht generell, es gab hochanständige Menschen unter den Deutschen.

Einmal kam eine deutsche Dame zu uns, die hatte ein Dirndl-Geschäft in München gehabt und hatte unzählige Ballen Stoff übrig. Sie sagte: Hören Sie, ich kann Ihnen diesen Stoff sehr billig verkaufen, Sie haben so viele Frauen, unter ihnen sind sicher Schneiderinnen. Die können daraus was nähen, für sich und die Mädchen.« Es wurde allmählich Sommer, und unsere Mädchen waren glücklich, daß sie einen dünnen Seidenstoff bekamen; es gab genug Schneiderinnen unter ihnen. Sie schneiderten sich, vor allem natürlich Brautkleider, als allererstes, als zweites dann Alltagsbekleidung. Dann kam uns sehr zunutze, daß inzwischen eine Delegation des ORT, der »Organisation for Rehabilitation through Training« zu uns gekommen war. Es wurden Berufsaus-bildungkurse angeboten und Männer für die Hachschara ausge-bildet. Man wollte ja weg und das einzige Ziel war Israel, denn die Kontingente für Amerika und andere Auswanderungsländer waren viel zu klein …

Gab es da keine Ansätze, auch bei Ihnen, in Ihre Heimat zurückzukehren?

Nach Österreich? Wo ich gezwungen worden war, mit der Zahn-bürste die Straßen aufzuwischen? Schrecklich, nie wieder. Das hat sich erst allmählich gelegt. Sie dürfen nicht vergessen, damals in jener Zeit, da überwog der Haß. Und vielleicht war ich auch noch nicht reif genug, differenzieren zu können, zwischen Menschen, die ordentlich waren, und Menschen, die uns ruinieren wollten. Denn damals haben sie Juden denunziert. Wenn sich ein Jude ver-steckte, wurde der denunziert und aus seinem Versteck in einem Keller geholt, wo ihm eine mitleidige Seele eine Suppe zugesteckt hatte. Jetzt denunzierten sie sich gegenseitig. Können Sie ein sol-ches Volk noch respektieren oder achten? Ich konnte es nicht. Erst allmählich habe ich Menschen wieder zu achten gelernt.

Ich danke Ihnen für dieses Gespräch.

Max Mannheimer

»Geschrien aus dem Schlaf«

Es gibt wohl kaum jemanden in München, der Max Mannheimer nicht kennt. Als Vorsitzender der Lagergemeinschaft Dachau, aber auch als Privatperson, ist Max Mannheimer bei allen deutsch-jüdischen Aktivitäten in der Stadt stets ein gerngesehener Gast. Trotz seiner langjährigen Lagerhaft – neben Dachau war er auch in Theresienstadt und Auschwitz inhaftiert – hat sich Mannheimer einen köstlichen Humor bewahrt, den er wie ein Schutzschild vor seine verwundete Seele hält. Max Mannheimer kennt mich seit meinen Kinderjahren und insofern dauerte es eine Weile, bis wir in unserem Gespräch an einen Punkt gelangten, wo wir beide aus einem unausgesprochenen gemeinsamen »Wissen um die Dinge« heraustraten und er von Erfahrungen berichtete, die an die Substanz gingen. Mannheimer, der mittlerweile in den Achtzigern ist, geht bis heute regelmäßig in Schulen, um eine jüngere Generation über die Vergangenheit aufzuklären. Für ihn ist diese Tätigkeit eine beschwerliche, aber notwendige Pflicht. Wir trafen uns zu diesem Gespräch Ende 1998.

Sie wurden 1945 in Dachau von den Amerikanern befreit ...
Nein, aus einem Güterzug in der Nähe von Tutzing.
Können Sie erzählen, wie die Situation der Häftlinge nach der Befreiung war?
Ich selbst hatte Fleckfieber. Am 30. April '45 bei der Befreiung wog ich 37 Kilo. Nachdem die SS weggelaufen war – sie sahen von weitem die amerikanischen Militärkolonnen anrollen, die Tanks und Jeeps –, wurden die Waggons aufgemacht. Es herrschte großer Jubel auf allen Seiten, aber auch sehr viel Trauer. Neben dem Gleis wurde von den Amerikanern ein Zelt aufgebaut und die besonders Geschwächten behandelt. Wir wurden alle registriert und gewogen. Wir verbrachten noch eine Nacht im Zug. Am nächsten Tag wurden wir in die Napola-Schule nach Feldafing gebracht. Dort wurde ein provisorisches Krankenhaus errichtet und ein später bekanntes DP-Lager. Der ehemalige Wehrmachtsarzt, der mich behandelt hat, stammte aus meiner Heimatstadt. Nach vier Wochen habe ich mir geschworen, nach Hause zu fahren und nie mehr deutschen Boden zu betreten. Ich konnte dem Arzt noch einen Gefallen tun und habe seiner Mutter und Schwester einen Brief mitgenommen, damit sie wissen, daß er noch lebt.
Im Jahr 1946, am 7. November, war ich wieder in dem Land, dessen Boden ich nie mehr betreten wollte. Erst kam ich nach Unterfranken, nach drei Tagen fuhr ich nach München, wo mich Ernest Landau in seinem Haus aufnahm. Ich hatte große Chancen, in einer jüdischen Organisation unterzukommen. Man suchte Leute, die tippen konnten, ich konnte sogar telegraphieren. So landete ich als Übersetzer bei einem Schauspieler und Operettensänger aus Wien: bei Herbert Scherzer, der mit seinem Kabarett in DP-Lagern auftrat, auf Jiddisch und Deutsch. Nach drei Monaten arbeitete ich beim Zentralkomitee der befreiten Juden in der juristischen Abteilung.
Wie war die Stimmung in den ersten Wochen in Feldafing, zum Beispiel die Behandlung durch den Wehrmachtsarzt?
Für die, die ganz gesund waren, war es ein Hochgefühl. Die sind gleich losgezogen, obwohl sie es eigentlich nicht durften, denn es bestand ja die Gefahr, daß zum Beispiel das Fleckfieber verbreitet wurde. Die hatten den Drang rauszugehen, alles zu untersuchen. Die waren euphorisch, nachdem die wenigsten gedacht hatten,

daß sie jemals freikommen würden. – Irving Smith, ein Jude aus Chicago, war Kommandant des DP-Lagers, es gab auch eine rabbinische Betreuung durch Max Braude, der beim ORT in Genf für Europa tätig war. Es wurde alles getan, um die Häftlinge wieder an ein normales Leben zu gewöhnen.

Wie brachte man das den Menschen bei?

Es waren mehrere Leute in einem Zimmer, Frauen und Männer separat. Es gab im DP-Camp eine Gemeinschaftsküche und einen Eßsaal. Anfangs war das etwas undiszipliniert, man kann sich nicht von heute auf morgen plötzlich wieder so benehmen wie vor dem Krieg. Da war auch die Angst, nichts zu Essen zu bekommen. Man mußte aber auch darauf achten, nicht zuviel zu essen, viele sind daran gestorben, weil sie sich viel zugemutet haben. Aber trotzdem: Es war eine Aufbruchsstimmung, sehr positiv.

Wie sahen Ihre Kontakte mit Deutschen aus, wie sahen Ihre Gefühle aus, gab es Haßgefühle gegen den ehemaligen Wehrmachtsarzt?

Eigentlich hatte ich keine Haßgefühle gegen diesen Arzt. Natürlich, wenn man von acht Familienangehörigen sechs in Auschwitz verliert, kann man den Schmerz nicht einfach ablegen.

Aber Ernest Landau und ich sind nach 14 Tagen, als wir erfuhren, daß Hans Albers in der Nähe in einer Villa wohnt, gleich los. Wir haben ihn bewundert, wir wußten auch, daß ihm 1938 der Paß weggenommen wurde, weil er zu seiner jüdischen Lebensgefährtin, die bereits in der Schweiz wohnte, flüchten wollte …

Wir sind dahin gekommen, sehr spärlich behaart, komisch bekleidet und abgemagert. Erst glaubte er, wir kommen, um ihn auszurauben, aber wir sagten ihm, daß wir Bewunderer von ihm sind. Er ließ uns nicht ins Haus, aber in den Garten. Er brachte uns seine ersten Kritiken, er begann ja als Theaterschauspieler. Er erzählte auch, daß er sich umbringen wollte, weil die Kritik so schlecht war …

Wir haben uns nach einer halben Stunde verabschiedet. Da wir wußten, daß er kein Antialkoholiker war, haben wir eine Flasche Cognac organisiert, die wir im Garten eines Wehrmachtsoffiziers ausgebuddelt hatten. Hans Albers hat sich sehr bedankt. Das waren so die ersten Erfahrungen …

Ich konnte damals schon Auto fahren. Wir hatten ein Auto, das beschlagnahmt worden war. Ernest Landau und ich fuhren herum und haben nach verschiedenen versteckten Lebensmittellagern gesucht. Wir wußten zum Beispiel, daß in einem Lazarett sehr viel Wäsche war. Wir hatten einen Rekrutierungsschein, luden Schlafanzüge auf, haben Lebensmittel ins Lager gebracht. Nach vier Wochen bin ich nach Hause gefahren.

Wie reagierte denn die deutsche Bevölkerung, sie sahen ja noch »komisch« aus…

Die haben verschieden reagiert. Manche hatten Angst, haben die Fenster zugemacht. In Tutzing hat eine Frau in einem kleinen Häuschen einen Eintopf gemacht und durchs Fenster jedem Suppe gereicht, wie im Lager. Das Häuschen steht heute noch.

Es gab auch Plünderungen; es waren hauptsächlich Fahrräder, die man so genommen hat. Das war in unseren Augen nicht so schlimm, aber in dieser Zeit war ein Fahrrad natürlich etwas Wertvolles. Im allgemeinen haben sich die Häftlinge aber korrekt verhalten.

Sie sagten, sie kamen aus der Tschechoslowakei zurück nach Deutschland, obwohl Sie nie dorthin zurück wollten. Warum?

Ja, das ist wie bei James Bond: »Never say never«. Ich traf eine Deutsche, die aus einer sozialdemokratischen Familie stammte, die vor der Besetzung des Sudetenlandes, also vor 1938, einen jüdischen Professor gegen die Angriffe der Nazi-Schüler verteidigt hatte. Das Mädchen gefiel mir, ich wußte nicht, daß sie Deutsche war, sie sprach perfekt Tschechisch. Sie arbeitete weiter bei der Firma, die von den Tschechen übernommen wurde. Diese Frau hatte eine saubere Vergangenheit, der Vater war als Sozialdemokrat verhaftet worden.

Sie versicherte mir, daß Deutschland gute Chancen hätte, eine Demokratie zu werden. Und wenn man verliebt ist, glaubt man doch eher, und so war ich am 7. November 1946 wieder in dem Land, dessen Boden ich nie mehr betreten wollte.

Wie sah das aus, als Sie den Bürojob hatten, was machten Sie konkret?

Ja, im ZK der befreiten Juden arbeitete ich in der juristischen Abteilung. Mein Chef und sein Vertreter, ein Absolvent der Wiener

Hochschule für Welthandel, beauftragten mich, Interviews mit KZ-Überlebenden zu machen, und zwar Interviews als Zeugen gegen Kriegsverbrecher. Da ich nicht Jiddisch sprach, hatte ich hier Probleme.

Eine Frau fragte, ob ich überhaupt Jude sei und da sagte ich: Ich komme aus einem Teil der Tschechoslowakei, wo man kein Jiddisch sprach. Sie sagte dann: »Ach, sej senen a jid, darf dir lernen Jiddisch ...« Das habe ich eingesehen, denn für die KZ-Überlebenden, die meist aus den östlichen Ländern kamen, war Deutsch die Sprache der Verfolger. 14 Tage später versuchte ich dann bei einer Dame auf Jiddisch: »Wie is eier Nomen, wie sejnen sej geboren ...« Und die sagte: »Ihr redet Jiddisch wie ein Antisemit« – da habe ich es wieder gelassen.

Aber ich habe Briefe auf Jiddisch mit lateinischen Buchstaben geschrieben. Die habe ich phonetisch aufgenommen, sie wurden mir diktiert. Das habe ich geschafft.

Es war für mich eine hochinteressante Arbeit, als dann Ernest Landau, den ich im Lager kennengelernt habe und der eine Zeitung, die *Neue Welt*, mit sozialistischer Ausrichtung, gegründet hatte, sagte: Ich brauche dich. Ich war ein Mädchen für alles, oder ein Mann für alle Fälle, um Harald Juhnke zu zitieren. Ich habe in der Druckerei beim *Münchner Mittag* Korrektur gelesen, Nachrichten sortiert, Sekretärinnen über Nacht heimgebracht.

Als die Währungsreform kam – die Zeitung wurde vorher vom American Joint Distribution Comittee unterstützt – konnte die Zeitung nicht mehr finanziert werden.

So ging ich zum Joint. Dort habe ich am 9. August 1948 begonnen. Ich habe alte Schuhe sortiert, die die Brüder und Schwestern aus den USA geschickt haben. Für die Überlebenden, die jahrelang Holzpantinen getragen hatten, waren das nicht die geeigneten Schuhe, sie paßten nicht. Der Direktor, der aus Johannesburg, ursprünglich aber aus Litauen stammte, meinte, man könne mich nicht Schuhe sortieren lassen, so wurde ich Abteilungsleiter der Schuhe, dann der *assistant* oder *warehouse manager*: Wir haben die ganze Versorgung der DP-Lager mit Lebensmitteln, Kleidern und religiösen Artikeln besorgt. Wir hatten viele Lastautos, die von uns aus – wir saßen in Oberschleißheim – die Lager innerhalb

Bayerns versorgten. Das war eine interessante Arbeit. Die meisten Angestellten zum Aus- und Einladen waren neben einigen Deutschen KZ-Überlebende. Dann wurde das Lager aufgelöst. Wir übersiedelten in das Virginia-Depot in der Schleißheimer Straße in München gegenüber dem Alabama. Da waren wir zwei Jahre, dann wurde das liquidiert.

Ich arbeitete noch im Büro. Ich hatte hauptsächlich mit der Betreuung der DPs im Lager Föhrenwald insofern zu tun, als daß ich Auszahlungen an die DPs in Föhrenwald machte. Ich kannte durch die Unterlagen die Sozialfälle. Eine meiner interessantesten Arbeiten war, bei der Liquidierung des Lagers mit den Leuten zu sprechen, die nicht aus dem Lager wollten. Es gab sogar einen ungarischen Juden, der schwer gestört war; er hatte Angst, daß es ihm nicht gut gehen würde. Ich sagte zu ihm: »Schau, wir waren zusammen im Lager, ich bin schon so lange draußen, und es wird dir gut gehen.« Er kam mit den anderen »Hardcore cases«, mit Leuten, die nicht integrierbar waren, in die Gerhardstraße 15 nach München, die Regierung von Oberbayern hatte dort ein Haus zur Verfügung gestellt. Dieser Mann hatte so viel Angst, daß ihm die ihn betreuende Krankenschwester Beruhigungsspritzen geben mußte. Doch er hatte Angst, daß sie ihn töten will. Das war der schwerste Fall.

Mit den anderen hatte ich auch zu tun. Ich mußte bei der Auswahl der Einrichtung behilflich sein, wir hatten ein geringes Budget. Die Sozialarbeiterinnen, die meist aus Amerika oder Portugal kamen, konnten sich sprachlich nicht mit den Menschen verständigen. Die hatten noch nie ein Lager gesehen, die hatten nur in der Schule gelernt, wie man Sozialfälle behandelt, das hier aber waren Sonderfälle.

Obwohl ich so viele brutale Sachen erlebt habe, hat es mir immer so weh getan, wenn ich in dieses Haus ging. Ich wollte den Kontakt mit den Leuten nicht verlieren, die sagten: »Wir haben zu Ihnen Vertrauen ...«

Föhrenwald mit den »Hardcore cases« war ja ein besonderes Lager, als es dann 1951/52 als letztes Lager übrigblieb. Was war das Besondere an diesen DPs, warum waren sie so schwer integrierbar, in welchem emotionalen Zustand befanden sie sich?

Die Leute, die am Schluß noch da waren, hatten Angst in ein fremdes Land zu gehen, hier waren sie ja geschützt, versorgt. Sie hatten einen Zusammenhalt, es gab soziale Bindungen.

Wie sah die Infrastruktur im Lager aus: War es ein städtisches Leben oder eher ein Dahinvegetieren?

Es war mehr ein Stetlleben, die meisten haben vorher in Stetl gewohnt. Die Großstädter haben nie das Lager der Stadt vorgezogen, die sind eben raus – die meisten sind ja raus. Die im Lager, das waren nur Problemfälle, die Angst hatten, Existenzängste. Man konnte nicht zu jemandem sagen: Du arbeitest jetzt bei einer deutschen Firma; das Wort »deutsch« war eine Barriere.

In Deutschland wollte man lieber nicht arbeiten. Das lehnten sie ab, auch aus Angst. Wenn man bedenkt, daß die meisten der Überlebenden Leute im KZ verloren hatten ...

Unter uns gesagt, ich habe nie bei einer nicht-jüdischen Firma gearbeitet. Obwohl meine verstorbene Frau, die von 1952 bis 1960 Stadträtin für die SPD in München war, die Möglichkeit hatte, für mich bei der Stadt einen Posten zu bekommen, habe ich das nie erwogen.

Noch etwas, ich habe es schon gesagt, aber Wahrheiten bleiben Wahrheiten. Ich habe im Nachlaß meiner Frau in den Briefen eine interessante Feststellung gefunden: »Max lebt noch immer in einer Art Ghetto.« Das heißt ein selbstgewähltes Ghetto, einer Art Barriere, die ich um mich aufgebaut hatte. Ich hatte keinen Kontakt mit der Allgemeinheit gesucht. Ich war entweder im Kreis der sozialdemokratischen Freunde oder mit jüdischen Freunden. Es war eine Berührungsangst. Doch symptomatisch war auch: Sobald ich mit Unbekannten sprach, habe ich schnell erwähnt, daß ich jüdisch bin, damit sie keine antisemitischen Äußerungen machen. Das war eine präventive Maßnahme, um nicht enttäuscht zu werden.

Meine Generation fragte Ihre, oder machte Ihrer den Vorwurf: Wie konntet ihr in Deutschland bleiben? War es 1956, also als das Lager Föhrenwald als letztes DP-Lager geschlossen wurde, für Sie schon ein Fakt, daß Sie hierbleiben oder haben Sie das Thema nicht anrühren wollen?

Für mich war das immer eine Frage, aber meine Frau war eine Vollblutpolitikerin, sie kam aus einer politischen Familie. Ihr Vater war vor der Besetzung des Sudetenlandes dort Bürgermeister. Sie war der Meinung, daß Deutschland eine Demokratie wird. Sie war acht Jahre lang im Münchner Stadtrat, er hatte damals 60 Mitglieder. Es gab keinen Gedanken anderswo zu leben, es war ihre Lebensaufgabe. Sie ist dann 1964 gestorben.

Wie sind Sie denn damit fertiggeworden, hierzubleiben? Einerseits die Liebe, andererseits diese Abschottung ...

Eigentlich ganz gut, denn ich habe ja immer innerhalb der jüdischen Gemeinschaft gearbeitet. Ich war der Meinung, daß ich, obwohl es so schlecht bezahlt war, gerne mit den Überlebenden gearbeitet und etwas für die Gemeinschaft getan habe.

Hat man untereinander darüber gesprochen, wie man sich hier fühlt?

Meistens waren es Besucher aus Israel, die fragten: »Wie können Sie in Deutschland leben?« Diese Erfahrung mache ich oft, wenn ich israelische Besuchergruppen durch Dachau führe. Und dann sage ich: »Ich kann Ihnen nicht die ganze Geschichte erzählen. Wer kann Ihnen besser das System der KZ erklären als ein Überlebender von Auschwitz und Dachau?« Das ist die Antwort, die ich denen gebe. Ich kann Ihnen ja nicht die ganze Geschichte mit meiner Frau und so erzählen.

Würden Sie aus der heutigen Perspektive sagen, daß es richtig war, daß Juden hiergeblieben sind?

Man kann auch so sagen: Hitler sollte nicht recht behalten, daß sein Plan aufgeht, alle Juden zu vernichten. Aber ich halte es aus der heutigen Sicht nicht für falsch, denn Deutschland hat sich inzwischen zu einer Demokratie entwickelt. Daß neue Nazis auftauchen ist beunruhigend, ich diskutiere auch mit ihnen. Mir ist es gelungen, einen aus der Szene rauszuholen, einen sehr prominenten Nazi, der ein Anhänger von David Irving war ... Ich habe in der Evangelischen Akademie mit einer Neonazi-Gruppe diskutiert. Nach einer halben Stunde wollten sie mit mir privat sprechen und kamen zu dem Ergebnis, daß sie nach Auschwitz fahren sollten, um sich selbst anzusehen, was sie da von mir gehört hatten.

Ich habe denen den Film eines Täters vorgeführt, vom SWF, mit Ausschnitten von vier Tätern. Dann habe ich ihnen von meinen Erinnerungen aus Auschwitz vorgelesen. Man muß nur an die Leute rankommen, und das ist die Schwierigkeit.

Wie hält man das als Überlebender aus, wenn man sich 50 Jahre später der Belastung aussetzt, sich mit jungen Neonazis auseinanderzusetzen?

Meine Hauptprobleme begannen eigentlich viel früher, ich hatte große psychische Probleme. Aber jetzt gehe ich mit Neonazis ganz unbefangen und ganz ruhig um. Sie erkennen auch meine Absicht, daß ich sie nicht verurteilen will, sondern nur aufklären.

Zum Beispiel dieser Bela Ewald Althans. Ich bin 1992 gebeten worden, zu einer Pressekonferenz von David Irving im Hotel »Bayerischer Hof« in München zu gehen. Ich suchte dort nach dem Ort, wo das stattfand, da kam ein Herr und sagte: »Ich bin vom Haus«, und wollte mir behilflich sein. Ich sagte: »Ich will zur Pressekonferenz«. Er sagte darauf: »Ich darf hier nicht sprechen, ich habe mich unter falschem Namen eingemietet: A.V.E. Althans – Vertrieb und Öffentlichkeitsarbeit.« Als ich vors Hotel gehe, sind da viele ausländische Journalisten, Leute mit Transparenten gegen Irving und der Mann von der Israelitischen Kultusgemeinde, der mich verständigt hatte. Und er zeigt auf einen großen jungen Mann: Das ist der gefährliche Althans. Ich hatte drei Wochen vorher im *Spiegel* über ihn gelesen.

Ich stellte mich ihm als Überlebender vor und fragte: »Ich habe über Sie gelesen, wie kann ein so intelligenter junger Mann wissentlich solche Lügen verbreiten?« Er sagte: »Ich habe damals nicht gelebt.« Ich habe ihm noch erzählt, wie ich sechs Wochen in Quarantäne in Birkenau war, 250 Meter von den Gaskammern und Krematorien entfernt. Wir wollten dort Ziegelsteine organisieren, sind dann aber vertrieben worden. Er sagte: »Ziegelsteine liegen überall«, dann ging er fort.

Nach zehn Minuten kam er zurück und meinte, er habe alle Vernichtungslager besichtigt: Auschwitz-Birkenau, Treblinka. Dann sagte ich: »Herr Althans, geben Sie mir Ihre Adresse, ich werde Ihnen meine Erinnerungen schicken.« Er gab mir die Adresse von seinem Nazi-Laden, damals Herzog-Heinrich-Straße 30.

Ich ging aber am nächsten Tag zum Prozeß gegen Irving und habe die Erinnerungen mitgebracht. Nur war es so, daß vor Beginn des Prozesses in der Nymphenburger Straße auf dem Korridor viele Leute standen. Ich sagte dem Justizwachtmeister, ich müßte da rein, er sagte: »Bleiben sie da. Wenn einer raus geht, schiebe ich sie rein.« Ich habe gewartet, und als eine Pause war, mußte ein Mädchen raus, und er schob mich rein. Die Zahl der Besucher war absichtlich niedrig gehalten. Vielleicht waren da 30 Stühle. Die Leute riefen nur: »Besetzt, besetzt.« Ich machte ein Pokerface. Da kommt der Justizwachmeister: »Wir sind doch nicht im Theater, wenn einer aufsteht, darf sich einer hinhocken!«

Neben mir sitzt ein Mann, wollte mit mir ins Gespräch kommen: »Sind wir nicht Landsleute?« »Wieso?« »Sind Sie nicht aus dem Sudetenland?« »Tschechoslowakei« hätte ich nicht sagen dürfen, das ist zu wenig nationalistisch. »Nein, ich bin aus Königsberg«, antwortete ich. »Ach, Immanuel Kant und Sie sind aus Königsberg. Entschuldigen Sie, daß ich ihn zuerst erwähnte, aber er lebte ja vor Ihnen. Was ist ihr Hobby?« »Philosophie.«

Dann, als ich genug geschwätzt hatte, sagte ich: »Was glauben Sie, hat es diese Gaskammer gegeben oder nicht?« Er sagte: »Ich habe so meine Zweifel.« Ich sagte: »Ich auch, ich würde gerne noch weiter mit Ihnen diskutieren.« Aber dann war die Pause zu Ende. Auf jeden Fall, das Resümee der Unterhaltung: Wenn ein 1944 geborener Mann, der sich für Philosophie interessiert, 1992 noch nicht weiß, ob es die Gaskammern gegeben hat, wie soll ein junger unbedarfter Nazi-Anfälliger von so einem Propagandisten wie dem Althans und anderen unbeeinflußt bleiben?

Das war meine Erfahrung mit dem Althans. Ein dreiviertel Jahr später bekomme ich einen Brief: »Sehr geehrter Herr Mannheimer, ich hoffe, Sie erinnern sich an mich. Ich schicke Ihnen eine Anklageschrift der LH München und dann ein Hetzblatt gegen Israel. Das schicke ich Ihnen nicht, um Sie zu ärgern. Ich möchte auch mit Gegnern in Kontakt bleiben. Ich fahre jetzt für drei Monate fort und werde mich nachher bei Ihnen melden.« Das war Anfang 1993, er hat sich nie gemeldet. Aber 1994 kam ein Redakteur des Bayerischen Fernsehens: »Herr Mannheimer, würden Sie in ›Live aus dem Alabama‹ mit Herrn Althans diskutieren?« Ich meinte: »Sie dürfen so einem Mann nie eine solche Plattform geben. Auch wenn ich ihm rhetorisch gewachsen wäre, was ich bezweifle, denn er hat ein Mundwerk, nicht zu übertreffen. Damit wird er die Schwachen auf seine Seite ziehen.« »Ja, würden Sie mit einem Aussteiger diskutieren?« fragte mich dann der Redakteur. »Ja, das würde ich.« Da habe ich dann mit Ingo Hasselbach geredet – allerdings nicht in »Live aus dem Alabama«, denn er war damals noch gefährdet als Verräter, er versteckte sich damals in Dänemark – wir haben das in einer Baracke in Dachau aufgenommen, in Anwesenheit von Schülern, und es wurde eine Führung, die ich mit Schülern eines Gymnasiums in Eichstätt gemacht habe, eingeblendet. Die Aufnahme war am 29. Juni 1994 und wurde am 4. Juli ausgestrahlt.

Es geht noch weiter mit dem Althans, er ist inzwischen ausgestiegen. Er ist vor drei Jahren verurteilt worden. Er hat zu seiner Verteidigung – das fand ich interessant – in Berlin vor dem Richter gesagt, er würde mit mir ein Buch über den Holocaust schreiben. Ich wurde damals von zwei Journalisten vom WDR und einer *taz*-Redakteurin angerufen – sie konnten das nicht glauben und wollten das von mir hören. Da habe ich natürlich geschmunzelt.

Sie sagten, Sie hätten früher psychische Probleme gehabt. Das ist ja für Ihre Generation ganz typisch gewesen nach der Befreiung. Welcherart waren diese Probleme?

Angstträume, Schweißausbrüche, geschrien aus dem Schlaf. Ich habe auch »Schaden an Gesundheit« beim Landesentschädigungsamt beantragt. Ich wurde zu einem Psychiater in der Nymphenburger Straße in München geschickt, der als Gutachter fungierte. Der hat meinen Blutdruck gemessen, und obwohl er meine Reiseroute gesehen hat – Theresienstadt, Auschwitz, Warschau, Dachau, Karlsfeld, Mühldorf – hat er nach einstündiger Untersuchung, und nachdem ich über diese Probleme erzählt habe, festgestellt, daß diese vom niedrigen Blutdruck kommen. Äußerlich ruhig, innerlich kochend, sagte ich: »Herr Doktor, ich glaube, Sie wissen jetzt alles, was Sie wissen wollen.« Und ich bekam auch keinen Anspruch auf »Schaden an Gesundheit« anerkannt.

Ein bezeichnendes Erlebnis hatte ich 1979 in den USA. Ich war mit meiner jetzigen Frau – sie ist Amerikanerin – auf einer Insel südlich von Massachusetts, entdeckte da in einer Mauer so ein tief eingraviertes Hakenkreuz. Ich war entsetzt. Ich hatte mir in meiner Vorstellung ein Amerika aufgebaut, eine Demokratie. Die Amerikaner haben mich doch befreit, meine Frau ist Amerikanerin. Für mich war das ein Schock. Denn ein Hakenkreuz ist für mich noch immer das schrecklichste Symbol. Es ist ja nicht nur wegen meiner persönlichen Verluste, sondern überaupt: Wegen dieses Symbols sind über 50 Millionen Menschen umgekommen. Ich bin zur Tante gegangen und fragte nach Meißel und Hammer, sie hatte nur einen Schraubenzieher. Ich habe die ganze Nacht nicht geschlafen. Am nächsten Tag versuchte ich in der Früh das Hakenkreuz herauszumeißeln, es war zu tief, ich hatte nicht das richtige Gerät. Ich bin dann zusammengebrochen, man hat mich in einem Schnellboot ans Festland gebracht, da hat mich ein Cousin meiner Frau in ein Krankenhaus gebracht. Ich landete in einem Krankenhaus südlich von Boston. Zwei Tage wußte ich gar nichts, am dritten Tag war ich schon bei Bewußtsein. Dann mußte ich in Anwesenheit einer Schwester am Tresen Medikamente schlucken. Dann sah ich Leute, die zu einem Wäscheschrank gingen und Badetücher rausholten. Ich tat das gleiche, und ging in eine Dusche, das war eine Einzeldusche. Und obwohl ich nie in so einer Situation gewesen war, habe ich ganz vorsichtig den Hahn aufgedreht, um zu sehen, ob Wasser herauskam und kein Gas. Am nächsten Tag wiederholte ich das. Am dritten Tag war ich schon sicher, da kommt Wasser raus. Ich nahm an einer Gruppentherapie teil. Nach zwölf Tagen ruft mich ein Dr. »Shwortz« – zu Deutsch: Schwarz – ein Landesgenosse rumänischer Abstammung an: »Mr. Mannheimer, now you are o.k., I will leave you a letter of recommendation to a very good friend, a psychiatrist in Amsterdam.« Ich sagte: »Herr Dr. Schwarz, my name is not Rothschild, I will go in Munich to a psychiatrist.« Na gut, ich war noch eine Woche in den USA, und dann habe ich den Sohn meines früheren Chefs angerufen, und der gab mir die Nummer von einem Arzt. Aber der wußte nicht, daß ich komme, hat sich erlaubt, in Urlaub zu fahren. Eine Woche nahm ich noch die Tabletten, die ich aus Amerika hatte, meine Hände zitterten. Da kam ich zu ihm, und er fragte: »Was ist das Problem?« Ich habe ihn belogen von A bis Z. Die politische Situation und so … ich wollte ja nicht monatelang dort bleiben. Er nahm mir die Tabletten weg und nach drei Tagen sagte er: »Sie sind wieder in Ordnung.« Dann kam es so, daß meine Erinnerungen, die ich 1964 im Krankenhaus geschrieben hatte, im Jahr 1985 in Dachau veröffentlicht wurden. Anfangs habe ich es nur mit Tabletten geschafft, die Vorträge zu halten. Die Passage zum Beispiel, als mein Bruder weggeholt wurde nach fünf Wochen, das konnte ich selber nicht lesen, da verließ ich immer den Klassenraum, bat immer einen Lehrer, diese Passage zu lesen. Und ich wartete hinter der Tür. Nach drei, vier Jahren schaffte ich das ohne Tabletten. Und ich sagte immer: Was Sigmund Freud horizontal gemacht hat, mache ich vertikal. Je länger ich darüber erzähle, desto ruhiger werde ich äußerlich, und das ist wichtig, sonst trauen sich die jungen Leute in den Schulen nicht zu fragen. So habe ich es geschafft, mit der Sache umzugehen.

Jetzt die Nazis. Ich versuche – wo ich rankomme –, mit Nazis zu sprechen. Ich bin eigentlich dann immer absolut ruhig, ich bewundere mich selbst. Ich war ein sehr jähzorniger Mensch in meiner Jugend, aber jetzt kann ich mich ganz gut beherrschen. Das ist eine Sache – ich glaube, man erreicht mehr, wenn man mit Ruhe mit Leuten spricht, und sie nicht nur beschimpft. Ich hatte zum Beispiel überhaupt kein Problem, kürzlich mit Martin Bormann, dem Sohn vom Chef der Reichskanzlei Hitlers in Nürnberg, zu diskutieren. Also, ich habe da absolut keine Vorurteile, denn die Kinder oder Enkel sind unschuldig. Sie haben eine Verantwortung innerhalb der Demokratie.

Zurück zu der Erfahrung mit dem Hakenkreuz. Mir scheint das eine ganz typische Reaktion zu sein, daß Sie im Ausland, wenn Sie so etwas sehen, ganz stark reagieren. Im Land der Mörder zu leben, ist irgendwie möglich. Und das wurde von uns Nachgeborenen immer als Widerspruch empfunden. Wie erklären Sie sich das, daß Sie einerseits in dem Land lebten, daß Sie nicht mehr betreten wollten? Zwar abgeschottet, aber doch in Deutschland Ihr Leben aufbauten. Und andererseits auf ein Hakenkreuz in einem anderen Land so reagierten?

Ich habe es ja schon begründet: Ich habe mir ein Bild von Amerika aufgebaut: Freiheit, Demokratie …

Aber was ist mit dem Bild hier? Was ist mit diesem Land?

Ja, das bekämpfe ich ja auch. Das berührt mich natürlich noch mehr, weil ich hier lebe. Ich möchte nur ein Beispiel erzählen, ich kann die Stadt nicht nennen. Ich war an einer Fachhochschule in Süddeutschland, die kirchliche und Sozialarbeiter ausbildet. Ich habe da eine Gruppe vor ihrer Fahrt nach Auschwitz vorbereitet.

Als ich die Schule verlasse, ist auf dem Parkplatz auf einer Betonwand ein großes Hakenkreuz. Ich sagte dem Einladenden: »Hören Sie zu, Sie gehen jeden Tag daran vorbei, und das Hakenkreuz stört Sie nicht. Wenn das jemanden nicht stört, bedeutet das eine gewisse Akzeptanz. Sie wissen, daß ich aufgrund meines Schicksals allergisch gegen Hakenkreuze bin«. Zwei Tage später rief er an, und sagte, daß das Hakenkreuz weg ist.

Ich habe aber hier in München, beim Michaelibad, einen noch markanteren Vorfall erlebt. Da war ein Riesen-Hakenkreuz bevor man zur U-Bahn heruntergeht. Vielleicht anderthalb Meter in solider schwarzer Farbe auf dem Steinboden. Ich rufe bei der Jüdischen Gemeinde an – »ja, wir haben jemanden bei der Stadt, wir werden uns darum kümmern.« Eine Woche später ist noch nichts passiert. Da sagte ich der Dame von der Gemeinde: »Wenn das nicht innerhalb der nächsten Woche weg ist, werde ich eine Häftlingsuniform anziehen und in Anwesenheit eines Journalisten mit Nitro-Verdünnung das Hakenkreuz selbst wegwischen.« Drei Tage später war das Hakenkreuz weg.

Haben Sie denn in den ersten Jahren Antisemitismus in der deutschen Bevölkerung erlebt? Damals, als Sie für den Joint arbeiteten, den Föhrenwalder DPs halfen?
Nur, was ich in den Zeitungen gelesen habe. Zum Beispiel eine Äußerung einer Frau, die mit der Tram zur Möhlstraße fuhr, durch die Ismaninger Straße. Da sagte sie, diese Station sei Hitlers Unvollendete. Ich habe nur in der Zeitung darüber gelesen, ich habe es nicht selbst gehört. Es gab verschiedene Äußerungen – mir gegenüber weniger, aber was man so hörte, das hat es immer gegeben.

Es hat nach dem Krieg die berühmte Affäre um den US-General Patton und seine antisemitische Haltung gegeben. Wie weit haben Sie den amerikanischen Antisemitismus erlebt?
Also, ich kannte den amerikanischen Antisemitismus nur vom Hörensagen. Patton war ein Musterbeispiel dafür. Oder auch der Kommandant des Landsberger DP-Lagers, der die Juden dort behandelt hat, als ob sie noch im KZ wären. Daß der Antisemitismus nicht allein ein deutsches Problem ist, das ist ja bekannt. Es war ja auch bekannt, daß der Antisemitismus, als Hitler an die Macht kam, in Polen, Österreich, Ungarn viel größer war als in Deutsch-

land. Deutschland hatte Toleranzedikte, ich meine, es war nicht dieser offene Antisemitismus.

Sie sind Zeitzeuge des beginnenden neuen Gemeindelebens in München. Wie sah das aus?

Eigentlich bin ich ja nicht seit 1945, sondern erst seit Ende 1946 hier gewesen. Es gab zwei Gemeinden, die Israelitische Kultusgemeinde und die östliche Gemeinde, wo die meisten Leute aus Osteuropa waren. Die Jeckes waren für die Juden aus den östlichen Ländern etwas ganz Fremdes in bezug auf ihr Verhalten, ihre Gewohnheiten. Sie waren sehr assimiliert, gutbürgerlich – das war so der Standard der deutschen Juden. Nur: Es waren ganz wenige deutsche Juden da. Diese Leute waren – ich will nicht sagen, daß sie in erster Linie Deutsche waren – in erster Linie Bayern, bayerische Juden. Das war für uns natürlich unverständlich. Ich komme aus der Tschechoslowakei, ich war zwar nie in einem Ghetto oder einem Stetl, aber auch für mich waren diese Juden irgendwie anders in ihrem Selbstverständnis und in der Art ihres Zusammenlebens. Deshalb gab es anfangs großes Unverständnis, daß diese Leute sich gegenüber den Deutschen so kooperativ verhalten konnten, daß sie sich hier zu Hause fühlten.

Kommen wir noch einmal auf die Situation in den neugegründeten Gemeinden, den Unterschied zwischen den Jeckes und den Ostjuden zurück ...

Es gab da gewisse Barrieren, aber die waren gesellschaftlicher Art. Die Majorität waren ja die Ostjuden und sie haben der Stadt, oder zumindest dem jüdischen gesellschaftlichen Leben, diesen östlichen Stempel aufgedrückt. Nicht nur durch Theateraufführungen, die Kabaretts, die zumeist in Jiddisch aufgeführt wurden. Einer meiner Freunde fuhr durch die DP-Lager und führte diese althergebrachten Sachen auf, damit die Leute wieder eine Verbindung zur Vergangenheit haben: ostjüdische Chansons, Sketche auf Jiddisch, Wiener Sketche. Es wurden Konzerte veranstaltet. Am 31. Dezember 1946 gab es einen jüdischen Ball in der Residenzstraße. Also man kann sagen: Hoppla, wir leben. Es war eine sehr positive Aufbruchsstimmung. Irgendwie hat man auch versucht, die Vergangenheit nach hinten zu drängen. Es gab auch einen richtigen Hunger auf Kino ... Das war aber eine allgemeine Tendenz, das war nicht speziell jüdisch. Ich glaube, bei den Juden war es durch diese Entbehrungen der Jahre zwischen 1939 und 1945 lediglich noch stärker ausgeprägt.

Gab es so etwas wie Richtungskämpfe in den Anfängen der Gemeinde?

Ja, natürlich, es gab auch sachliche Differenzen. Aber die Tradition wurde fortgesetzt. Dann wurde ja Rechtsanwalt Siegfried Neuland, der Vater von Charlotte Knobloch, der heutigen Präsidentin der Gemeinde, der neue Vorsitzende. Die Gemeinden wurden sehr korrekt geführt. Es gab natürlich Eifersüchteleien. Ich war in vielen Wahlkommissionen dabei, da habe ich das aus nächster Nähe mitbekommen. Es ging so zu, als ob die Jüdische Gemeinde München eine Bundestagswahl abhielte. Es gab Propaganda, da gab es einen sehr eifrigen Mann, Maximilian Hellmann, der jeden anrief und sagte: »Wenn du mich nicht wählst ...« – dasselbe, was Politiker heute machen, er hat das nur etwas direkter gemacht. Sie wollten die Wähler eben für sich gewinnen. Aber ich fand das irgendwie nicht unsympathisch. Denn diese Leute waren ernsthaft an der Entwicklung der Gemeinde interessiert, und dann war es auch eine Prestigesache. Denn die Leute, die aktiv waren, waren ja Symbole der Gemeinde. Ich glaube nicht, daß es jemand aus materiellen Gründen gemacht hat. Denn es war ja nichts zu holen, es gab ja keine Reichtümer abzuschöpfen. Auch wenn man das vielen vielleicht jetzt nachsagt, aber da muß man sehr vorsichtig sein.

Ich danke Ihnen für das Gespräch.

Zev Birger

»Es war schon eine grosse Wut.«

In Verlegerkreisen ist er kein Unbekannter. Birger, der Tausendsassa, der nahezu tausend Berufe in seinem Leben hatte, ist der Leiter der an Bedeutung immer weiter gewinnenden Jerusalemer Buchmesse. Birger ist ein typischer Vertreter des zionistischen Pioniergeistes: Ohne große Ausbildung machte er etwas aus sich – schwierige Lebensumstände sind dazu da, daß man sie überwindet. Unmögliches wird sofort erledigt, Wunder dauern nur unwesentlich länger. Bei Birger hat man das Gefühl, daß er Schwierigkeiten braucht, um an ihnen immer weiter wachsen zu können. Während unseres Gesprächs in seiner geschmackvoll eingerichteten Jerusalemer Wohnung erzählte er mir beiläufig von seiner Frau, die bald nach Hause kommen würde und die ich unbedingt kennenlernen müßte. In diesem Augenblick fiel bei mir der Groschen. »Ist Trudi Birger Ihre Frau?« fragte ich ihn. Er bejahte, und ich begann zu lachen. Ich hatte Trudi Birger einige Jahre zuvor bei ihrer Lesereise durch Deutschland kennengelernt. Sie hatte ein Buch geschrieben über ihre Zeit im Vernichtungslager Treblinka. Damals hatte sie mir von ihrem Herzensprojekt erzählt: einer Zahnklinik für palästinensische und israelische Kinder aus armen Familien, die sie in Jerusalem gegründet hatte. Die Zahnklinik ist mittlerweile eine Institution. Zahnärzte aus der ganzen Welt kommen

für eine Periode von jeweils drei Monaten nach Jerusa-
lem, um jüdische und arabische Kinder kostenlos und
unter Verzicht auf ein eigenes Honorar zu behandeln.
Unser Wiedersehen war denn auch entsprechend herz-
lich, als Trudi Birger nach Hause kam. Und beide, Zev
und Trudi, zusammen zu erleben, war ein großes Verg-
nügen. Zwei Energiebündel hatten sich vor langer Zeit
gefunden. Mein Gespräch mit Zev Birger fand 1997
statt.

Herr Birger, Sie hatten nach dem Krieg einige Zeit in
Deutschland verbracht und an der illegalen Überführung
von DPs nach Palästina mitgearbeitet. Können Sie uns er-
zählen, wie so ein Transport zustande kam?
Viele der Transporte kamen aus Osteuropa und mußten weitergeleitet werden bis zu den Häfen und Booten, mit denen die Leute
dann illegal nach Palästina reisten. Für die Leute mußte mit Essen, Übernachtung und der Organisation des Weitertransports
gesorgt werden.
  Es wurden auch in den Lagern für Displaced Persons in
Deutschland Transporte organisiert.
  Wie kamen Sie an all die Dinge heran zum Transport?
Vor allen Dingen mußte man Transportmöglichkeiten verschaffen, per Eisenbahn oder Lastwagen, es waren Visa notwendig in
irgendein Land, meistens ein südamerikanisches, um eine Ausrei-
seerlaubnis der amerikanischen Behörden zu bekommen, die
Durchfahrerlaubnis für das französische Besatzungsgebiet mußte
organisiert werden usw. Die Lastwagen bekamen wir oft vom
amerikanischen Militär oder durch die UNRRA. Wir haben oft
Transporte mit der Eisenbahn geschickt und mußten dafür bei der
Reichsbahn einen Zug bestellen. Es hört sich alles sehr kompliziert an, aber das war alles sehr gut organisiert. Mit einem Visum
für 500 Leute haben wir zwei Transporte losgeschickt: 500 Leute
per Eisenbahn mit dem Original und nochmals dieselbe Anzahl
Leute per Lastwagen mit der Kopie des Visums.
  Wie war der psychische und physische Zustand der Men-
schen, die Sie transportierten?

Da wir viele junge Leute transportiert haben, war es so, daß die Leute mehr oder weniger normal gut aussahen. Die Mädchen waren oft sogar ziemlich dick oder mollig, das war so eine Art Reaktion auf die Hungerjahre. Die meisten Leute waren gesund. Psychologisch waren die Leute, die nach Israel wollten sehr zionistisch eingestellt; sie hatten ein Ziel und wußten, daß sie ein neues Heim ganz von vorne aufbauen mußten. Und der einzige Platz, wo es eine Möglichkeit dafür gibt, war Palästina.

Ein paar Juden lebten mitten in Deutschland, wie richtete man sich in den Lagern ein? Wie war dort die Situation?
In den Lagern war eine sehr demoralisierende Situation: Leute aus verschiedenen Kulturen, die zudem keine Arbeit hatten, waren in einer Art Kessel zusammen. Das war sehr schwer in den DP-Lagern. Die erste Aufgabe war, die Leute dort rauszubringen, so lange sie geistig und physisch gesund waren.

Bekamen Sie bei der illegalen Auswanderung viel Unterstützung von deutscher Seite?
Die Zusammenarbeit mit den Behörden, wenn wir zum Beispiel Benzin brauchten, das war ja alles rationiert, war sehr steif.

Und wie war der Umgang mit Deutschen?
Das war sehr verschieden. Ich trug ja damals eine amerikanische Offiziersuniform. Wenn ich in der zu einer deutschen Behörde kam, wurde ich sofort ordentlich behandelt, ein Offizier hatte da was zu sagen. Und Albert Steier, unser Fahrer, ein Frankfurter, der unter den Nazis aus politischen Gründen inhaftiert war, stellte mich immer groß als »Herr Doktor« vor. Und ich sagte: »Wieso Doktor, ich bin doch viel zu jung dafür!« Darauf die Antwort: »Wenn Sie in Deutschland kein Doktor sind, sind Sie gar nichts.« So habe ich von Steier schnell den Doktortitel erworben. Unsere Beziehungen zu den Behörden waren zum großen Teil auf Auftreten und Bluff aufgebaut.

Wie sah das auf amerikanischer Seite aus, die wußten doch, was Sie machten?
Zum Teil wußten sie es. Im allgemeinen waren sie sehr positiv, denn sie sahen, wie unmöglich die Lage der DPs in den Lagern war. Sie wußten, daß die DPs nicht irgendwie in Deutschland ansässig werden würden, die mußten raus, und wir stellten eine Möglich-

keit dar, die Leute rauszubekommen. Es gab viele, die Bescheid wußten und halfen.

Von amerikanischer Seite war das ja auch halb illegal, die konnten sich ja nicht offen gegen die britische Palästinapolitik wenden.

Das war alles auf persönlicher Initiative aufgebaut. Nicht durch Befehle von oben. Initiative von Leuten, die am richtigen Platz waren und helfen konnten und das von Herzen taten.

Was wäre geschehen, wenn ein solcher Transport aufgeflogen wäre?

Die Transporte flogen auf. Nicht in Deutschland, sondern auf den Booten. Das beste Beispiel ist die »Exodus«, auf dem Schiff waren Flüchtlinge aus den Lagern, und die Engländer haben sie zurückgeschickt. Wenn es aufflog, dann auf den Booten.

Waren Sie bei diesem Transport beteiligt?

Ja, ich kann sagen, daß ich die Ehre hatte, an diesem Transport mitzuarbeiten. Ich habe mitgeholfen, die Leute nach Port-du-Boux weiterzutransportieren.

Sind Sie bis nach Frankreich gefahren?

Nein, ich ging immer nur bis in die französische Besatzungszone.

Wie war es denn für Sie als Überlebender, dessen Familie umgekommen ist, in Deutschland zu sein und dort zu arbeiten?

Natürlich war es sehr schwer und wir betrachteten es als ein Durchgangslager, da es für uns völlig unmöglich war, nach all diesem in Deutschland zu leben. Wir saßen auf den »leeren Koffern«, um nach Palästina weiterzureisen. Aber andererseits waren wir frei, wir waren nicht mehr im KZ. Ich hatte Glück: Ich habe meine zukünftige Frau getroffen, wir haben geheiratet und einen Haushalt gegründet. Auch nach der Befreiung war ich nie im DP-Lager, sondern beim amerikanischen Militär. Und das half mir, ins normale Leben umzuschalten.

Trotzdem war die Lage sehr kompliziert, da ich nie jemand getroffen habe, der sagte: »Ja, ich wußte, was passierte, ich konnte nichts tun, aber ich wußte es«. Die Antwort von allen damals in Deutschland, mit denen ich in Kontakt kam, war: »Ja, wir haben ja nichts gewußt.« Dieser Versuch, der moralischen Verantwortung zu entrinnen, war erbärmlich und ekelhaft.

Wie reagierten Sie damals darauf?

Wie kann ich reagieren, wenn wir jeden Tag durch die Städtchen Kaufering oder Landsberg marschierten, in Frost, Schnee oder Kälte, und die Leute und Bauern, die Damen und die Herren uns dort anschauten wie in einem Zirkus? Nie hat jemand daran gedacht, uns ein Stückchen Brot oder einen Schluck Wasser zu geben. Und dann sagen die: »Ja, wir wußten ja gar nichts.« Wie kann man darauf reagieren?

Wo bleibt der Haß, wo bleibt die Wut?

Es war schon eine große Wut. Aber im Herzen war kein Platz für Haß, das Herz war leer.

Reagierten die anderen Überlebenden in den DP-Camps auch mit Wut?

Bestimmt. Dort war es noch viel schlimmer. Denn die Leute in den DP-Camps waren in einer komplizierten Lage. Rundherum führten die Deutschen ein normales Leben. Und die Menschen in den Lagern hatten nichts, kein Zuhause, kein Heim, keine Zukunft und wußten nicht, was morgen passieren wird. Und gleichzeitig die Wut und der Haß. Das war damals eine große Ungerechtigkeit, gegenüber den DPs in den Lagern. Es war unerklärbar, warum man die Leute so behandelte, wieder in Lagern hielt und nicht auswandern ließ.

Es gab ja einige, die nicht auswandern konnten oder wollten. Welche Gründe hatten denn diese DPs dafür?

Ich kam mit diesen Leuten nicht viel in Kontakt. Es waren Leute, die sagten: Wir haben keinen Platz, an den wir gehen können und keine Kraft weiterzuwandern. Wir möchten versuchen, hier etwas Neues aufzubauen. Denn wenn wir nichts haben, sind wir gar nichts. Ich nehme an, daß war einer der Gründe, warum sie blieben. Es waren vielleicht auch Leute, die aus dem deutschen Kulturkreis stammten und die dachten wahrscheinlich, daß sie in Deutschland leichter eine Zukunft aufbauen werden. Aber für mich war dies ganz unbegreiflich. Ich wollte nicht nach Litauen zurück, denn die Litauer waren sehr antisemitisch und sehr schlimm. Ich wollte da nichts wieder anfangen oder mit den Leuten etwas zu tun haben. Für mich gibt es in Litauen nur Grabsteine. Angesichts dessen, wie die Polen, Österreicher, Deutschen usw. die Juden behandelt haben, konnte man nur die eine Konsequenz ziehen: Wir mußten eine eigene Heimat aufbauen, ein Heim, ein Land, genauso wie alle anderen Völker.

Sie haben 1946 eine Überlebende geheiratet. Wie war es für Sie, in Deutschland zu heiraten, und alles aufzubauen?
Wir haben in einer jüdisch-religiösen Zeremonie geheiratet. Das war kein Aufbau eines Heimes in Deutschland. Wir saßen auf den Koffern, wie gesagt. Alle unsere Gedanken drehten sich darum, wie man eine Zukunft aufbauen wird. Meine Frau hat noch schnell einen Beruf gelernt, am Paul-Ehrlich-Institut wurde sie als Laborantin ausgebildet. Dies alles waren Vorbereitungen für das neue Leben. Für uns war Deutschland ein Durchgangslager.

Wie sah ihre Abreise aus und die Vorbereitungen dazu?
Wir waren einige Zeit in einem DP-Lager in der britischen Besatzungszone, bis wir die Dokumente bekamen. Wir haben zu dritt zusammen – mit der Mutter meiner Frau – in einem Zimmer mit einer winzigen Kochnische gewohnt. Von dort ging es nach Marseille, auf ein Boot. Eine Nußschale, die ehemals eine kleine Jacht der Familie Rothschild gewesen war. Wir waren eine Gruppe von ein paar hundert Emigranten. Mit gefälschten Dokumenten kamen wir bis nach Palästina.

In Haifa haben wir bei Bekannten in einem Zimmer gelebt und dann wieder zu dritt in einem Zimmer mit Kochnische, in der meine Schwiegermutter Kuchen zum Verkauf backte. Und ich arbeitete im Zollamt, meine Frau in einer Garage. So hat man sich langsam hochgearbeitet. Jahrelang haben wir nicht gewagt, in ein Schaufenster zu schauen.

Wie war Ihr Gefühl, als Sie Ihren Fuß zum ersten Mal auf heiligen Boden setzten?
Es war etwas ganz besonderes. Wir kamen in Haifa nach Mitternacht an. Wir standen in der Bucht, und man sah die Lichter der Stadt, das war unbeschreiblich. Es war ein besonderes Gefühl, es war sehr warm, mitten im November. Das war der Empfang in Israel. Ein Cousin hatte uns am Hafen abgeholt. Wir waren sehr froh und sehr zufrieden: Die Sonne schien, es gab keinen Krieg und man konnte Arbeit suchen. Unser erster Sohn wurde nach fünf Jahren geboren, als wir in geordneten Verhältnissen lebten.

Hatten Sie mit der Ankunft in Israel das Gefühl, Deutschland und alles hinter sich gelassen zu haben?

Unbewußt war bestimmt ein Kapitel abgeschlossen. Nichts war vergessen. Aber die Gedanken drehten sich um die Zukunft. Ich hatte damals beschlossen, über die Vergangenheit nicht zu sprechen.

Warum?

Ich hatte das Gefühl, wenn mir jemand meine Geschichte erzählt hätte, hätte ich ihm dann geglaubt? Ich hätte gesagt, irgendwo übertreibt der. Es kann nicht möglich sein, daß ein so schwacher junger Mann das überlebt hat. Daher beschloß ich, lieber nicht davon zu sprechen, damit die Leute nicht denken, ich übertreibe. Das wäre falsch gewesen gegenüber denen, die nicht überlebt haben. Meine Nächsten wußten viele Jahre nichts über meine Lagervergangenheit.

1946 kam Ben Gurion nach Deutschland, auch in die Camps. Welche Rolle spielte es, daß er aus dem Jischuw kam, war das eine große moralische Unterstützung?

Es war eine außergewöhnliche moralische Unterstützung. Für mich war es ein besonderes Erlebnis. Ben Gurion wollte einen Bücherladen finden, um antiquarische Bücher zu suchen. Ich war sein Begleiter in Frankfurt, und da ich von Haus aus sehr gut Hebräisch sprach, dachte er, ich sei Israeli. Auf seine Frage, aus welchem Kibbuz ich komme, antwortete ich ihm: »Aus keinem.« Er meinte: »Du siehst nicht aus wie einer aus Tel Aviv.« Ich antwortete: »Ich bin auch nicht aus Tel Aviv, ich bin ein DP.« Er glaubte es nicht. Ich sagte dann ganz genau, wer ich bin, und er schloß sich mit mir in ein Zimmer ein, um sich von mir meine Geschichte erzählen zu lassen. Daraufhin lud er mich ein, ihn in Israel auch aufzusuchen. Das habe ich selbstverständlich nie gemacht. Aber ein paar Jahre später, 1950, war vor einer der Wahlen eine Versammlung der Regierungsbeamten in Jerusalem. Ben Gurion sprach, ich saß in der ersten Reihe. Danach ging er zu mir und fragte: »Wann bist du gekommen?« Ich ging davon aus, daß er meinte, wann ich hierher zum Sitzen gekommen bin, aber er meinte: »Nein, wann bist du ins Land gekommen? Warum hast du mich nicht aufgesucht?« Ich sagte: »Ja, es war Unabhängigkeitskrieg.« Es hat mich sehr beeindruckt und ich fand es fast unglaublich, daß dieser große Staatsmann sich an unser Treffen in Frankfurt erinnerte. Sein Besuch in Deutschland hat die Leute moralisch sehr unterstützt. Er hat in München vor den DPs gesprochen.

Was für ein Empfang wurde ihm bereitet?

Ein außergewöhnlicher, wie es ihm gebührte. Als wäre er Präsident und Ministerpräsident und alles, was Israel darstellt.

Gab es nach dem Besuch eine Aufbruchstimmung?

Ja, wir haben viel härter gearbeitet. Die jungen Leute waren besser organisiert, alles hat viel mehr Dampf bekommen.

Wie war denn in Frankfurt der Umgang der amerikanischen GIs mit den jüdischen DPs?

In Frankfurt gab es sehr wenige jüdische DPs. Ich wurde auch nicht als DP betrachtet. Ich arbeitete offiziell bei der UNRRA und ging in amerikanischer Uniform, also hatte ich nicht diesen typischen Kontakt. Im allgemeinen war mein Kontakt mit den GIs sehr positiv. Gleich bei der Befreiung hat mich die Einheit der GIs aufgenommen und ins Kriegslazarett gebracht. Und dann blieb ich bei der Einheit als Dolmetscher und Soldat. Ich war unter jungen Leuten, die den Krieg miterlebt und die Lager gesehen hatten. Diese Leute waren sehr positiv eingestellt und sehr hilfsbereit.

Und als ich mit der Einheit, die mich aus Dachau befreite, weiter als Dolmetscher in Falkenhof an der Grenze zur Tschechoslowakei zusammenarbeitete, kam ein Transport von DPs aus dem Osten und ich erklärte ihnen, worum es ging. Sie haben es sofort kapiert und mitgeholfen. Sie nannten die Transporte »Williams's people«, denn mein Spitzname war dort William. Wenn ein Transport kam, riefen sie mich sofort an.

Man wollte ja, daß Sie mitkommen nach Amerika. Warum wollten Sie nicht?

Ich war davon überzeugt, daß es nur eine Lösung gibt für das Problem der Juden: Der Aufbau eines eigenen unabhängigen Staates und der Weg dahin war, nach Palästina zu gehen, um dort an der Realisierung dieser Idee mitzuarbeiten.

Ich danke Ihnen für dieses Gespräch.

Leni Yahil

»ICH BIN IN EIN LAND GEKOMMEN,
DESSEN SPRACHE ICH ZUFÄLLIG KENNE.«

*Ein Wunder an Präzision, an analytischer Genauigkeit,
an Wahrnehmungsfähigkeit. Als ich Leni Yahil 1997 in
einem Altersheim in Jerusalem besuchte, kannte ich sie
nur als brillante Historikerin, deren Standardwerk über
den Holocaust soeben endlich auch auf Deutsch erschienen war. Yahil, die Witwe von Chaim Yahil, der als
inoffizieller »Konsul« des Staates Israel 1948 in München jüdischen DPs die Auswanderung ermöglichte und
dabei auch erste Kontakte zu politischen Kreisen in
Deutschland hatte, stammt aus Berlin. Zum Zeitpunkt
unseres Interviews war sie bereits über 90, die Tatsache,
daß ihr Körper vielleicht nicht immer ganz so wollte
wie ihr Wille, provozierte sie zu ständigen ironischen
Bemerkungen. Selten habe ich eine Frau mit einem der-
maßen schweren Schicksal, das mit der Flucht aus
Deutschland keineswegs überwunden war, soviel lachen sehen. Ich verliebte mich sogleich in diese bemerkenswerte Frau, in der der Geist der Weimarer Republik, des Berlins der zwanziger Jahre, immer noch
lebendig war und freute mich für einen kurzen Augenblick: Es schoß mir der Gedanke durch den Kopf, daß es
gut ist, daß Menschen wie sie nicht mehr in Deutschland leben, sondern ihr Talent, ihre Kraft, ihr Potential
in einem anderen Land entfalten konnten.*

Frau Yahil, können Sie uns erzählen, wie es dazu kam, daß die Jewish Agency entschieden hat, daß Ihr Mann nach Deutschland gehen soll, um dort den Juden zu helfen, sofort nach dem Krieg wegzukommen?

Das Problem, was mit den Überlebenden geschehen wird und wie man sich zu verhalten hat, hat eigentlich die Menschen, die darüber nachgedacht haben, schon ab 1943 beschäftigt. Im Jahre '44 hat man sich damit konkreter befaßt, weil doch die Aussicht, daß der Krieg zu Ende geht, realer geworden war. Damals gab es in Israel eine verhältnismäßig kleine Gruppe von Menschen, die sich während der ganzen Zeit in der einen oder anderen Form mit diesem Problem beschäftigt hatten. Dazu gehörten im besonderen auch gerade Leute, die aus Deutschland kamen. Damals hat man sich auch an meinen Mann gewandt, der damals in der Histadruth in Tel Aviv beschäftigt war, und ihn gefragt, ob er bereit sei, für ein Jahr nach Deutschland zu gehen. Mit dieser Nachricht kam er zu mir nach Hause, das war im Sommer '44. Er sagte, er könne das ohne meine Zustimmung nicht machen. Unser erstgeborener Sohn war damals noch nicht drei Jahre alt. Wir selbst waren erst zwei Jahre verheiratet. Mir war klar, daß ich mich nicht gegen diesen Plan stellen konnte. Mein Mann stammte aus der Tschechoslowakei, wo er in den dreißiger Jahren sehr aktiv gewesen war. Als die Deutschen im März '39 einmarschierten, war die Frage, wie die jüdischen Organisationen sich nun verhalten sollten und wer die Verhandlungen, die mit den Deutschen notwendig würden, führen würde. Es war bekannt, daß mein Mann – der damals mit jemand anders verheiratet war – sehr aktiv war und daß er auch im sozialistischen Sinne geschrieben hatte; zudem hatte er wegen seiner Arbeit Beziehungen mit Deutschland und stand auf einer schwarzen Liste bei den Nazis. Als also die Frage aufkam, wer nun in der Tschechoslowakei für die zionistische Jugendorganisation verantwortlich sein soll, gab es zwei Kandidaten. Der eine war mein Mann. Der andere war Jakob Edelstein. Wegen der Belastung, die mein Mann hatte, wurde entschieden, daß mein Mann weggehen und Edelstein führen sollte. Er kam später in Theresienstadt um. Das ist für einen Menschen eine große Belastung, wenn er weiß, daß der andere einem quasi das Leben gerettet hat, indem er diese Aufgabe übernahm, und alles, was dazu gehörte, erleben mußte. Aus diesem Grunde war der Wille meines Mannes, sich für Überlebende einzusetzen, absolut. Mir war klar, daß ich da nicht nein sagen konnte.

Das ist die Vorgeschichte. Es gab große Schwierigkeiten, nach Deutschland zu gelangen. Es war nur mit dem Flugzeug möglich. Aber die Engländer waren in jeder Hinsicht bereit, alles zu unterbinden, was dazu führen könnte, daß die israelischen Juden nach Deutschland gelangen würden.

Schließlich erreichte es Ben Gurion in einer Unterhaltung mit Eisenhower, daß dieser versprach, ein Flugzeug zu schicken. Das hatte aber keine Erlaubnis, Personen zu transportieren, nur Materialien. Dann gab es erst Wochen später eins für Personen. Deshalb sind mein Mann und die Pioniergruppe, die er zusammengestellt hatte, erst am 11. Dezember abgeflogen, über Ägypten, Nordafrika. Das war auch ein ziemlich schwieriger Flug, aber schließlich sind sie angekommen.

Wie waren die ersten Eindrücke in Deutschland? Wie begann seine Arbeit konkret?

Zunächst mußten sie gewisse Formalitäten erledigen. Der erste Eindruck, den sie hatten, war, daß die Angelegenheit sehr schwierig ist. Daß es schwierig ist, Kontakt herzustellen mit Leuten, die selber noch in einer schwierigen Situation waren. Hinzu kam, daß die Situation in den DP-Lagern noch sehr kompliziert war. Zu Beginn waren die Amerikaner – es handelt sich im wesentlichen um die amerikanische Zone – sehr interessiert, daß die Leute nach Hause gingen. Das kam für die Juden aber mehr oder weniger nicht in Frage. Einzelne gingen zurück, aber sie fanden ja nichts mehr, woran sie sich halten sollten. Und der wachsende Antisemitismus, der sich damals in Polen bemerkbar machte, war natürlich schon vor den Pogromen da. Sie fanden nichts, was sie verlassen hatten, keinen Menschen. Also blieben die meisten in Deutschland. Zu Beginn, 1945, waren in Deutschland zwischen 40 000 und 50 000 Juden, die sich aber sofort organisierten.

Sich mit diesen Menschen in Verbindung zu setzen, sie kennenzulernen, die Probleme mit den Amerikanern, der ganze Kampf, damit man die Juden in Extralager brachte – alle diese Fragen waren völlig neu für die Leute, denn sie hatten ja keine wirkliche Schulung oder Voraussetzung für diese Arbeit. Diese außergewöhnliche Situation konnte sich ja vorher niemand nicht mal in der Phantasie vorstellen.

Eine der wichtigsten Aufgaben Ihres Mannes bis 1948 war die illegale Einwanderung nach Palästina. Wie wurde das organisiert?

Am Anfang war von illegaler Auswanderung noch gar nicht die Rede. Das hat sich erst Ende '46 und vor allem '47 entwickelt. Die Amerikaner waren da – im Gegensatz zu den Engländern – sehr hilfreich. Die haben oft die Augen zugemacht. Nicht immer mit völligem Erfolg. Einer der Generäle sagte mal zu meinem Mann: »Ich kann doch nicht jedem Constable auseinandersetzen, was unsere Politik in der Sache ist.«

Mein Mann hatte einmal ein Treffen mit dem regierenden General in Deutschland, Julius Clay, der ihm offen sagte: »Wenn Sie mir ein Schiff beschaffen können, lasse ich Sie 500 Juden mitnehmen.« Mein Mann war begeistert, weil er von so einem Schiff schon wußte. Aus der Sache wurde dann nichts. Aber das Schiff hat dann später unter dem Namen »Exodus« Juden nach Palästina transportiert.

Wie sah es denn aus mit den Papieren, die man zur Auswanderung benötigte?

Man mußte eine sogenannte *travel order* haben. Die Leute wurden dann meist in Lastwagen über die Grenze transportiert, manchmal auch mit der Eisenbahn. Diese *travel order* mußte angeben, wohin diese Leute geschickt werden sollten. Diese Papiere bekam man natürlich nicht auf legalem Wege, sondern die Leute in der UNRRA pflegten sie irgendwo zu klauen und irgendeinen Namen darunterzusetzen, so daß es offiziell wirkte. Im allgemeinen klappte das gut.

1947 kamen Sie selbst nach Deutschland. Wie sah das Verhältnis zu den Deutschen aus? Waren Kontakte seitens der Jewish Agency oder des Staates Israel erlaubt?

Erlaubt ja, es existierte kein Verbot, so viel ich weiß. Wir waren so ausgerichtet auf die DP-Bevölkerung, und die wollte mit den Deutschen möglichst wenig Kontakt haben. Aber es gab natürlich wirtschaftliche Beziehungen. In einigen Fällen entstanden auch Beziehungen zwischen Deutschen und DP-Leuten, auch Ehen, aber das waren Ausnahmen. Im allgemeinen gab es wenig Kontakt. Die DP-Gesellschaft lebte noch sehr in sich selbst. Und uns beschäftigte, was dort vorging. Weniger, was im deutschen Raum vorging.

Ich hatte damals zwei kleine Kinder und eine deutsche Frau zur Haushaltshilfe, aber das war auch fast alles. Ich weiß noch von mir selber, daß ich absolut nicht das Gefühl hatte, ich käme nach Deutschland. Ich sagte mir damals: Ich bin in ein Land gekommen, dessen Sprache ich zufällig kenne. So empfand ich das. Wir wußten natürlich von den Schwierigkeiten, den wirtschaftlichen Problemen ...

Erzählen Sie von den wirtschaftlichen Problemen in Deutschland ...

Ja, in Deutschland regierte zu dieser Zeit der Schwarzmarkt. Jeder handelte. Sie konnten sich das, was Sie brauchten, gar nicht auf normalem Wege beschaffen. Die Verpflegung in den DP-Lagern war sehr knapp. Woran es vor allem mangelte, war frisches Obst, Gemüse – Dinge, die man nicht in Büchsen verpackt bekommt. Die waren nur durch Handel mit Deutschen und nur auf dem Schwarzmarkt zu bekommen.

Es ist klar, daß die Antisemiten, die in Deutschland natürlich noch existierten, sofort darangingen und die Juden – die ein Minimalprozentsatz der Bevölkerung waren – für die Existenz des Schwarzmarktes verantwortlich machten. Die Amerikaner versuchten auch, dagegen zu kämpfen. Sie machten Razzien und Untersuchungen in den Lagern. Tatsache ist, daß die Juden sich sehr mit dem Schwarzmarkt befaßten und versuchten, alles, was sie wirklich brauchten, auf diesem Wege zu bekommen.

Wie war die Stimmung in den Lagern, was empfand man gleich nach dem Krieg, war es eine hoffnungsvolle Aufbruchstimmung?

Die Stimmung hat sich natürlich entsprechend den jeweiligen Umständen ständig geändert. Sie hing sehr von der gesamten politischen Situation ab. Gerade in der Zeit, bevor die »Exodus« fuhr, war der Pessimismus zum Beispiel sehr groß. In dem Moment, als es hieß, daß eine größere Gruppe illegal auswandern würde, ist die Stimmung gestiegen. Die Leute standen an, um sich dafür zu melden. Verstehen Sie, damals gab es noch keinerlei Grundlagen für eine offizielle Auswanderung. Nur wenigen

Menschen gelang es, durch Verwandte andere Auswanderungs-
möglichkeiten zu bekommen. Es gab solche, aber die waren nicht
hervorstechend. Die einzige konkrete Möglichkeit, die man sah,
war Palästina. Sobald die Auswanderung dorthin möglich schien,
stieg die Stimmung wieder. Aber dann, 1948, als die Amerikaner
nach einer gewissen Zeit ihre Politik änderten und wollten, daß
man Palästina unter ein Mandat stellt und dort keine jüdische Regierung existiert, da sank die Stimmung wieder fürchterlich – bis
zur Staatserklärung und bis die offizielle Einwanderung möglich
wurde.

Bei der Staatsgründung Israels 1948 änderte sich der Status
der Mission, die Ihr Mann leitete …
Ja, die Amerikaner erkannten sofort die veränderte Situation an
und verhielten sich dementsprechend. Wir bekamen zum Beispiel
ein viel besseres Haus zur Verfügung gestellt. Aber was die wirklich formalen Dinge angeht, hat es ein paar Monate gedauert, bis
offiziell das Konsulat statuiert wurde.

Ihr Mann war auch daran beteiligt, daß die »Exodus« weg-
fahren konnte nach Palästina.
Ja, er war zumindest im Hintergrund beteiligt. Es war ja ein
großer Transport in Deutschland und das Problem war, daß man
noch die französische Zone überqueren mußte, daß man von dort
nach Frankreich kommen mußte und von Frankreich weiter. Das
waren alles sehr komplizierte und diffizile Dinge, in denen er immer seine Finger mit drin hatte. Ich bin übrigens selber mit den
Kindern in Marseille angekommen, zwei Tage vor der Abfahrt der
»Exodus«.

Haben Sie die Abfahrt selber gesehen?
Nein. Das war kein Schauspiel, da ging man nicht hin. Das ging
auch nicht so übermäßig legal vor sich.

Wie sah das damals aus: Sie kamen später im Zuge Ihrer
Tätigkeit für die Jewish Agency nach München. Nahm die
deutsche Bevölkerung wahr, wie Juden aus den DP-Camps
langsam wegkamen oder auswanderten, oder nicht?
Die Deutschen wollten die ganze Zeit, daß die Juden möglichst
schnell verschwinden. Das ist klar. Die hatten ja selber Schwierigkeiten, nichts zu essen. Obwohl die DPs weiß Gott nicht viel aßen.
Man warf den Juden vor, daß sie ihnen das Essen wegnahmen.

Die Menschen in den DP-Camps waren ja alle Überlebende
des KZs und entsprechend psychisch belastet.
Ja, ein Teil. Als die große Aus- und Einwanderung aus dem Osten
nach Deutschland kam, kamen ja auch die Leute aus Rußland. Die
kamen nicht aus dem KZ, die hatten auch nicht unbedingt leichte
Zeiten gehabt, aber die waren nicht in Lebensgefahr gewesen. Es
gab unter ihnen viele, die aus Gegenden kamen, wo Hungersnot
herrschte. Aber sie kamen immerhin als Familien, nicht als Rest-
bestände.

Aber auf jeden Fall war ein großer Teil der Displaced Persons
in schwieriger psychischer Verfassung. Konnten Ihr Mann
und seine Mitarbeiter irgendwie helfen, oder war das un-
möglich?
Die Frage ist nicht nur, ob es möglich war, sondern ob sie es wollten oder konnten, von sich aus. Diese Frage wird heute viel diskutiert. Man macht den Schlichim da große Vorwürfe. Man sagt,
daß sie sich nur um die kollektiven Probleme kümmerten, den
einzelnen Menschen aber nicht geholfen haben bei den selbstverständlich vorhandenen Schwierigkeiten. Man sagt, daß sogar die
DPs selbst enttäuscht waren und daß sogar die Soldaten vorher
dabei mehr empfunden hätten, als die Leute von der offiziellen
Organisation. Das ging ja nicht unmittelbar, wie bei den Soldaten,
von den Soldaten zu den Leuten, die sie da mehr oder weniger zufällig trafen, sondern alles ging ja mehr oder weniger im Rahmen
einer Organisation vor sich. So daß die Gegebenheiten schon von
vornherein sehr viel offizieller waren. Aber ich glaube, es hing
auch zusammen mit der politischen Situation der Israelis. Sie hatten das Bewußtsein, daß sie dort in Deutschland sind, um dem
Kampf um die Errichtung des Staates auch dadurch zu helfen, daß
sie die DP-Bevölkerung in möglichst großem Maße auf den
zukünftigen Staat ausrichten.

Bei diesen Dingen muß man die allgemeine politische Situation
in Rechnung stellen und den ganzen Rahmen, in dem das vor sich
ging. Diese Menschen, die sich dieser Aufgabe widmeten, die ihre
eigenen Familien verließen, in großer Isolierung lebten, in irgendeinem Lager, von dem aus man keinen richtigen Kontakt mit
irgend jemand anders haben konnte. Das war nicht so einfach.

Es gab auch Konfliktpunkte zwischen den verschiedenen Organisationen, die die Hilfeleistungen erbrachten. Da mußte man immer viel vermitteln und ausgleichen. Das hat mein Mann viel gemacht. Das hat aber doch die Energien der Menschen angesprochen.

Nachdem man 1952 das Luxemburger Abkommen abgeschlossen hatte, hat Israel in Köln die israelische Mission eingerichtet. Wie war da die Situation, war der Umgang mit den Deutschen anders?

Ja, völlig anders. Zum einen war es ein offizielles Verhandeln mit den deutschen Institutionen, mit dem Außenministerium vor allem und mit wirtschaftlichen Institutionen. Das war ja die Aufgabe der Mission. Dann hat man natürlich auch mehr Kontakt gehabt mit der deutschen Bevölkerung. Man ist auch mehr mit dem deutschen Kulturleben in Berührung gekommen. So habe ich zum Beispiel die berühmte Theateraufführung von *Warten auf Godot* in Köln gesehen. Was sehr eindrucksvoll war. Man kaufte in deutschen Geschäften die ganze Verpflegung. Ich habe dort den Führerschein gemacht und ein Auto gemietet. All diese Dinge gingen dann schon in einer natürlichen Form vor sich. Die Kinder gingen in eine internationale Schule, die es dort gab.

Die ganze Stimmung in Deutschland selbst, die wirtschaftliche Lage war doch schon eine ganz andere.

Wie sind die Deutschen, mit denen Sie Kontakt hatten, mit Ihnen umgegangen? Die wußten ja, daß Sie aus Israel kamen.

Ja, sicher wußten sie das.

Gab es da Reibungen, Schuldgefühle ...?

Ich will Ihnen sagen, wenn es um die Vergangenheit ging, hat man besser nicht davon geredet. Da hörte man nie die Wahrheit. Keiner hat je etwas davon gewußt oder, Gott behüte, damit zu tun gehabt.

Wie lebte man dort in der Zeit, wie hat man das ausgehalten?

Schwer. Wir sind sehr viel ins Ausland gefahren. Am Wochenende oder in den Ferien, ich habe Holland, Belgien, Paris und London kennengelernt. Das war als Ausgleich. Man hat versucht, sich loyal und anständig zu benehmen, aber im Grunde könnte ich nicht sagen, daß man sich dabei wohlgefühlt hätte.

Gab es auch Momente, wo Sie als Jüdin Angst hatten?

Nein, das hat's nicht gegeben. Mein Mann bemühte sich sehr um Kontakte mit Deutschen, nicht auf privater Ebene, eher zum Bürgermeister oder so, und er interessierte sich für kulturelle jüdische Dinge, die man retten wollte.

Wir wohnten in einem normalen Wohnhaus. Und ich hatte eine sehr junge Haushaltshilfe. Und durch sie habe ich eine neue Seite der Deutschen kennengelernt. Sie war ein uneheliches Kind, und die hat nie erlebt, daß man sich ihr gegenüber anständig benimmt. Die hat geweint, als wir weggingen. Daß man sich ihr gegenüber verhält wie zu einem normalen Menschen, das kannte sie nicht, für uns war das selbstverständlich.

Wie sind Sie damals in Köln mit denen umgegangen, die von Israel nach Deutschland zurückkamen, weil sie es in Israel nicht aushielten?

Das war ein Thema, das uns sehr beherrschte, in München und auch dort. Im Grunde wollten wir von einem Wiederaufbau jüdischen Lebens in Deutschland nichts wissen. Das war ein instinktiver Zugang, vielleicht war er nicht berechtigt, aber unserem Gefühl nach wollten wir keine Juden in Deutschland haben. So dachten wir sowohl in München als auch in Köln. Man hat dann im Laufe der Zeit gelernt, daß das eine falsche Einstellung war.

Ich danke Ihnen für das Gespräch.

Lili Marx

»WIE KÖNNEN SIE NUR IN DEUTSCHLAND LEBEN?«

Ihr Mann, Karl Marx, ist Mitbegründer des Zentralrats der Juden in Deutschland gewesen, noch wichtiger aber: Er war der Gründer der Allgemeinen Jüdischen Wochenzeitung, dem wichtigsten publizistischen Organ der jüdischen Gemeinschaft in Deutschland. Dieses Blatt hatte vor allem in den frühen Jahren der Bundesrepublik große Bedeutung, trotz seiner kleinen Auflage. Die Bonner Politik nahm stets zur Kenntnis, was in diesem Blatt geschrieben war, mußte man doch in den Jahren nach dem Krieg ganz besonders Rücksicht auf die jüdische Minorität nehmen, da das Verhalten der deutschen Politik gegenüber den Juden gerne als »Lackmustest« für die Demokratiefähigkeit der Deutschen im In- und Ausland bewertet wurde. Lili und Karl Marx waren beide deutsche Juden, die sich im britischen Exil kennengelernt hatten und gleich nach dem Krieg in ihre Heimat zurückgekehrt waren, um beim Wiederaufbau zu helfen. Dabei war Frau Marx nicht nur an der Entwicklung der Zeitung beteiligt, sondern auch am Aufbau der jüdischen Gemeinde in Düsseldorf. Unser Gespräch fand 1998 in ihrer kleinen Wohnung in Düsseldorf statt.

Frau Marx: Wie Ostjuden hier landeten, ist bekannt. Wie konnten Sie als deutsche Jüdin nach dem Krieg hierher zurückkommen?

Das kann ich Ihnen gerne erklären. Mein Mann, Karl Marx, war sehr viel älter als ich. Er war 1933 geflohen und hatte seine deutsche Staatsbürgerschaft dem Innenminister zurückgegeben. Kennengelernt haben wir uns in England, wo er nach einer Odyssee 1943 ankam. 1945 sagte er: »Ich glaube, ich muß zurück und den Menschen helfen, die befreit worden sind.« Wir haben die Filme gesehen und sind völlig erschüttert gewesen. Unsere Familien waren zum Teil ermordet worden. Ende 1945 stellte er den Antrag, nach Deutschland zurückgehen zu dürfen, um etwas für das Restjudentum zu tun.

Wozu tut man sich das an, hier in Deutschland zu leben? Für mich wirkt das wie Selbstbetrug.

Mein Mann war Journalist und sehr eng mit der deutschen Sprache verbunden. Er hat nie richtig Englisch gelernt. Ich war schon viel früher nach England gekommen. Er hat sich sicher nach seinem Beruf gesehnt, auch wenn wir nie darüber gesprochen haben. Es war sicher wichtig, diese Chance zu nutzen, eine jüdische Zeitung herausgeben zu können. Er hat dann ja in nur vier Monaten etwas daraus gemacht: die *Allgemeine Jüdische Wochenzeitung*.

Die Situation in der britischen Besatzungszone war etwas anders als in der amerikanischen. Wir hatten glänzende Beziehungen zum DP-Lager Belsen. Nach der Befreiung gab es eine Explosion an Schaffenskraft. Es gab so viele Zeitungen in verschiedenen Sprachen. Und ein großes Potential an Intelligenz unter den DPs, die politisch Gegner meines Mannes waren, obwohl sie mit uns befreundet waren. Mein Mann trat nämlich dafür ein, daß Juden in Deutschland bleiben.

Wie waren die Zustände in Belsen, wie lebte man dort?

Ich kam zum ersten Mal Anfang 1947 nach Belsen und war tief beeindruckt über die hervorragende Organisation. Es gab das Rundhaus, das war das Zentrum, dort befanden sich eine permanente Ausstellung und Büros. Die Leute lebten in Wohneinheiten.

Unser bester Freund und Hausarzt, der mit der kanadischen Armee nach Deutschland gekommen war, war von der Leitung des

DP-Lagers sofort gebeten worden, die Chefarztstelle im Krankenhaus zu übernehmen.

Er erzählte uns, daß es im Lager einen unglaublichen Geburts-
ratenanstieg gegeben habe und einen unwahrscheinlichen Ge-
sundungsprozeß und -willen. Die ersten Meetings des »Zentralkomitees der befreiten Juden in der britischen Zone«, wozu auch
die Vertreter der Gemeinden eingeladen waren – also wir auch – ,
waren hochinteressant, sehr gut organisiert.

*Es gab immer wieder Konflikte zwischen den Jeckes und den
osteuropäischen Juden: wegen religiöser Anschauungen und
unterschiedlicher Meinungen zum Verweilen in Deutschland. Haben Sie auch solche Fraktionsbildungen erlebt?*
Ich kann eigentlich wenig dazu sagen. Hier in Düsseldorf herrschte schnell Normalität. Es gab überhaupt keine Reibereien. Einige
Auffassungen seitens der deutschen Juden mußten im Laufe der
Zeit korrigiert werden.

Was für welche?
Die Anti-Einstellung: Hie Ostjuden, da Westjuden. Fürchterlich.
Der Satz von Leo Baeck ist geblieben: Die heutigen Ostjuden sind
die Westjuden von gestern. Es gab einige, die waren ganz verbie-
stert in ihren Einstellungen, das habe ich auch erlebt. Aber auf uns
traf das nicht zu, wir hatten viele russische und polnische Freunde.

Wie war das Gemeindeleben, als Sie hier anfingen zu leben?
Wie viele Mitglieder es anfänglich gab, weiß ich nicht, sehr wenige. Es gab fünf Kinder, die sah ich zum Gottesdienst. Die Gemeinde war Mieterin im Haus der *Westdeutschen Allgemeinen Zeitung*. Sie hatte Räume dort, die gewählten Gemeindevertreter
betätigten sich auch dort. Eine liebe Freundin war im Gemeinde-
rat, sie war die erste, die mich begrüßte. Man versuchte alles, um
dieses Häuflein jüdisch zu betreuen. Nicht nur durch Gottesdienste, auch durch kulturelle Veranstaltungen, durch gemeinschaftliche Essen und auch Bälle.

Es kamen andere Leute hinzu. Und zwar Leute, die hier arbeiteten, auch solche, die mit der Armee aus England kamen. Einer war
im Justizdienst der Besatzungsmacht und seine Tochter spielte
mit mir Theater. Ich hatte angefangen, mit den Kindern Theater
zu spielen, ich glaube, das war 1948, da waren schon mehr Kinder

da, ich sehe das Bild noch vor mir, ein Foto mit zehn, zwölf Kindern, die alle mittlerweile Großmütter sind. Ich hatte Unterstützung eines jungen Regieassistenten von Gustav Gründgens, ein jüdischer Junge, der überlebt hatte in Dortmund und hochbegabt war.

Hatten Sie als Gemeinde Kontakt zu anderen Gemeinden?
Sehr starke. Mein Mann hatte ein besonderes Organisationstalent. Er stellte das erste nordrhein-westfälische jüdische Jugendtreffen auf die Beine. Die Jugendlichen kamen aus allen Ecken des Bundeslandes hierher. Mein Mann hat mit großem Erfolg Gastredner in andere Gemeinden gebracht. Wenn die anderen Gemeinden in Dortmund oder Bielefeld Altersheime, Synagogen, Gemeindehäuser eingeweiht haben, wurden wir natürlich eingeladen und sind da selbstverständlich hingefahren.

Waren bei Synagogeneinweihungen auch offizielle Politiker dabei?
O ja, immer, das ließen sie sich natürlich nicht nehmen, um zu bekunden, daß die Normalität doch schon fortgeschritten sei.

Wie weit fortgeschritten war denn die Normalität tatsächlich?
Nach außen hin war sie sehr weit fortgeschritten, nach innen sicherlich nicht. Aber ich kann wieder nur von uns sprechen. Mein Mann hatte hervorragende Beziehungen zu allen möglichen Leuten des öffentlichen Lebens. Aber das bringt eine Zeitung mit sich, das kann man nicht verallgemeinern. Das ist heute sicher stärker und leichter. Er war Anfang der fünfziger Jahre Mitbegründer der Gesellschaft für christlich-jüdische Zusammenarbeit in Düsseldorf.

Was erlebten Sie an noch nicht fortgeschrittener innerer Normalität, wie äußerte sich das in Ihrem Leben oder in den Gemeinden?
Das ist sehr schwer zu beschreiben. Die offiziellen Anträge von Gemeinden wurden sehr wohlwollend berücksichtigt. Man versuchte auch seitens der deutschen Öffentlichkeit eine Normalität einzuführen, indem man auch vielleicht fachlich nicht so gut ausgebildeten Leuten die Chance gab, ihre Gemeinden zu führen. Das war ja alles ein Novum. Die Menschen, die die Gemeinden leiteten, waren teilweise beruflich Geschäftsleute und haben sich mit

großer Mühe und absolut respektheischendem Erfolg für den Aufbau der Gemeinden eingesetzt.

Anders gefragt: Es gab ja etliche antisemitische Vorfälle, auch Skandale wie um Staatssekretär Globke. Woran können Sie sich erinnern, wie reagierte man als Gemeinde darauf?

Ich weiß nicht, ob Sie das wissen, das erste Interview, das jemals gemacht wurde zum Thema Wiedergutmachung, hat mein Mann mit Adenauer geführt. Das ist historische Tatsache. Es sind damals lächerliche Beträge genannt worden. Aber diese Interviews, zuerst mit Kurt Schumacher, dann mit Adenauer waren für die jüdische Zeitung eine ziemlich große Geschichte. Ich glaube allerdings, daß Adenauer es ehrlich mit uns Juden meinte.

Wie schätzen Sie die Affäre Globke ein, warum hat Adenauer ihn gehalten?

Aus Opportunität, weil Globke abgesehen von seiner Einstellung, von dem, was er tat, ein hervorragender Fachmann gewesen sein soll, die Mär ging ihm voraus. Ein hervorragender Staatsbeamter soll er gewesen sein. Er war Adenauer wahrscheinlich fachlich sehr bequem, nehme ich an.

Was haben Sie denn an antisemitischen Vorfällen in der Zeit erlebt?

Den Vorfall in Köln, der uns alle sehr aufgeregt hat, ich glaube es war vor der Synagoge. Das war eigentlich eine der ersten sehr frappanten antisemitischen »Ausschreitungen«, die ich mitbekam. Ich persönlich habe überhaupt keine erlebt. Ich habe auch nicht gehört, was jüdische Schüler in Gymnasien erlebt haben, im Gegenteil, da sind Freundschaften entstanden, die viele Jahre gehalten haben. Wir haben natürlich in der *Allgemeinen Jüdischen Wochenzeitung* sämtliche Vorfälle angeprangert.

Bei dem Vorfall in Köln 1959, der »Synagogenschmiererei«, wie reagierte man da, dachte man: Es war doch falsch, wieder hier zu sein?

Sicherlich reagierte man auch so, aber nicht nur. Der Staat hat versucht, alles mögliche gegen die antisemitischen Ausschreitungen zu tun. Natürlich gab es solche Überlegungen, wie Sie sie angesprochen haben, aber ich selbst habe nie auf gepackten Koffern gesessen.

Wie entwickelte sich – Sie erzählten mir einmal von Ihrer
Freundschaft mit Theodor Heuss – die Gespräche mit der
deutschen Elite über das Dritte Reich? Gab es da von deut-
scher Seite Hemmungen, oder war das offen?

Nein, das waren sehr offene Verhältnisse, mein Mann hatte die
Gabe, zuhören zu können und die Leute zum Sprechen zu bringen. Er erzählte mir viel davon, denn ich war oft persönlich nicht
dabei. Die Gespräche fanden nicht im apologetischen Ton statt, sie
waren meist offen, er hat keine schlechten Erfahrungen gemacht
und wurde nicht etwa hofiert, man sprach ehrlich mit ihm.

Was waren die Themen im deutsch-jüdischen Gespräch der
Nachkriegszeit? Redete man primär über die Nazidiktatur
oder doch eher über die Zukunft, die Möglichkeiten des Dia-
logs?

Das Thema war hauptsächlich Israel. Mein Mann war bis 1964
glaube ich zwanzigmal in Israel, man freute sich, in ihm einen ob-
jektiven Informanten gefunden zu haben. Sie wissen, was ich meine, man sprach über deutsche, europäische und über Weltpolitik.

Wurde über die Zukunft der Jüdischen Gemeinden in
Deutschland geredet?

Aber sicher. Vergessen Sie nicht, daß man Ende der fünfziger Jahre begann, die Synagogen wieder aufzubauen. 1958 war Düsseldorf eingeweiht worden. Natürlich war der Aufbau der jüdischen
Gemeinden ein ganz wichtiges Gesprächsthema. Ende der fünfziger Jahre gab es schon eine kleine Einwanderungswelle aus Israel,
Leute, die in Israel nicht hatten Fuß fassen können, zumeist deutsche Juden. Manche gingen auch wieder zurück, es war eine interessante Fluktuation. Alle diese Dinge wurden natürlich besprochen.

Wie sah die Arbeit der Gemeinden in dieser Zeit aus? Wie
veränderten sich die Aufgaben der Gemeinden durch Syna-
gogenbau und Einwanderungen?

Sie veränderten sich viele Jahre nicht, sie intensivierten sich nur.
Ich war beispielsweise von Anfang an in der sogenannten Sozialkommission tätig. Wir betreuten die Leute, die sich hier wieder
angesiedelt hatten und denen es noch nicht so gut ging. Irgendwann haben wir einen Strickkreis gegründet. Da ich nicht stricken
konnte, habe ich vorgelesen. Wir strickten für die israelische Ar-

mee! Es begann sehr bald ein starker Informationsdrang, alles über Israel zu erfahren, auch bei Leuten, die früher keine Zionisten waren, wie etwa mein Mann. Er wurde dann sogar zum Präsidenten der Zionistischen Vereinigung in Deutschland gewählt. Das war auch eine wichtige Sache für ihn.

Hatten Sie zur israelischen Staatsgründung 1948 nicht das Gefühl, doch auswandern zu wollen, als Konsequenz aus dem Dritten Reich?

Ganz sicher, wir haben darüber gesprochen, wir wollten es sehr gerne. Aber mein Mann konnte es nicht, wegen seiner Gesundheit, ihm war kein heißes Land zumutbar. Das war der einzige Grund.

Hier in Düsseldorf befinden wir uns in der ehemaligen britische Zone: Die Briten waren ja nach 1945 nicht besonders erfreut über die illegale Einwanderung der Juden nach Palästina. Wie sah die Politik der Briten gegenüber den DPs aus? Sie wissen ja, daß die zionistische Untergrundorganisation Brichah viele DPs in die amerikanische Zone brachte, damit die Amerikaner Druck auf die Briten machten. Diese sollten eine jüdische Einwanderung nach Palästina endlich zulassen. Kam es hier zu Restriktionen?

Damals passierten sehr interessante Dinge. Der Vorsitzende des Komitees der befreiten Juden in der britischen Zone, Josef Rosensaft in Belsen, eine ganz starke Persönlichkeit, so erzählte man sich, sei mit dem englischen General auf dem Bahnhof auf und ab gegangen, als Kinder nach Israel geschickt wurden. Diese Kinder waren eine Art Tarnung. Mit ihnen wurde kaschiert, daß man Waffen mitschickte, die in Israel dringend benötigt wurden, das war 1949. Rosensaft sprach kein Wort Deutsch, sondern Jiddisch mit dem General, er unterhielt sich mit ihm und niemand merkte, daß sich in den Klavieren und anderen Instrumenten der Kinder Waffen befanden.

Ich selbst habe in dem Komitee mitgearbeitet: Wir haben versucht, uns für die illegale Einwanderung nach Israel einzusetzen. Dabei waren wir nicht sonderlich erfolgreich, aber Einzelpersonen haben wir doch wegbringen können.

Wie sah das hier in der Gemeinde aus: Es gibt bis heute noch eine Loyalität gegenüber Israel, die so unverbrüchlich ist,

wie kaum woanders, oft aus dem schlechten Gewissen her-
aus, hier zu leben. Wie sah die Treue danach aus, gab es die-
ses schlechte Gewissen auch hier?

Aber sicher doch. Ich bin überzeugt davon, daß dieses hohe
Geldaufkommen für die zentralen Sammlungen für den Staat Israel, den Jüdischen Nationalfonds und ähnliches auch Ausdruck
des schlechten Gewissens ist, sicher.

Hatten Sie denn ein schlechtes Gewissen?

Nein, ich stehe auf dem Standpunkt, daß es mir gestattet sein muß
zu leben, wo ich will. Dem gaben mein Mann und ich auch Ausdruck. Von Israel wurden wir dafür auch sehr angefeindet. In der
Zwischenzeit war ich geschäftsführende Vorsitzende des Jüdischen Frauenbundes in Deutschland und war auf entsprechenden
Tagungen im Ausland, wo ich dementsprechend behandelt wurde.

Wie sah das aus?

Man sagte immer zu mir: »Wie können Sie nur in Deutschland leben?« Der Satz blieb viele Jahre bestehen.

Dieses Problem, sich dem jüdischen Ausland erklären zu
müssen: Der WJC hat jahrelang keine deutsche Delegation
akzeptiert. Die JA hat 1948 einen Aufruf in den DP-Camps
verbreitet: Wer nicht binnen sechs Wochen nach Israel ein-
wandert, wird nicht mehr als Jude angesehen und nicht
mehr in Israel aufgenommen. Wie reagierte in der Zeit zwi-
schen 1945 bis 1960 das jüdische Ausland auf Juden, die in
Deutschland bleiben wollten, und wie reagierten Sie auf die-
se Schuldzuweisungen?

Wie soll ich mich ausdrücken: Mit dem Anschaffen einer dicken
Pelle. Wir waren es gewöhnt; jedesmal wütend zu werden, hatte
keinen Zweck. Wir – mein Mann und ich – mußten uns eine Le-
derhaut anschaffen, wir hatten einerseits viel auszustehen. Andererseits waren wir in den fünfziger Jahren in die großen jüdischen
Gemeinden Südamerikas eingeladen, und mein Mann hat auf unserer dreiwöchigen Reise durch Südamerika in allen Gemeinden
gesprochen. Selbstverständlich wurden wir angegriffen. Wir fanden aber heraus, daß Leute, die besonders scharf in dieser Richtung diskutierten, ihre früheren Generalvertretungen von
großen deutschen Firmen längst wieder übernommen hatten und
mit Deutschland wieder Geschäfte machten.

Es gibt in Ihrer Generation Gemeindemitglieder, die immer noch so viel Angst haben, daß sie eigentlich – bis heute – ein sehr ghettoisiertes Leben führen. Vielleicht gilt das stärker für Ostjuden? Haben Sie das auch erlebt?

Ich will Ihnen ehrlich sagen: Ich habe eine Idiosynkrasie gegenüber Schaftstiefeln. Das ist ein Trauma geblieben, weckt eine Assoziation zu früheren Zeiten. Ich kann gut verstehen, daß Leute heute noch Angst haben. Ich kenne aber kaum jemanden, der dieser Angst noch Ausdruck gibt. Die Leute reden vielleicht darüber, aber dieser physischen Angst, der bin ich nicht mehr begegnet. Außer meiner eigenen vor Schaftstiefeln.

Haben Sie Angst bekommen, als sich der Rechtsextremismus Anfang der neunziger Jahre hier verbreitete?

Selbstverständlich.

Was passierte da in Ihnen?

Ich dachte, das darf doch nicht wahr sein, daß es so verbohrte Nichtwisser gibt.

Die *Allgemeine Jüdische Wochenzeitung und Ihr Mann: Welche Funktion entwickelte die Zeitung innerhalb der jüdischen Gemeinschaft und in der nichtjüdischen Umwelt?*

Mein Mann war, wie gesagt, ein großartiger Organisator. Wenn wir gute Leitartikel hatten, häufig von Hendrik van Dam, dann hat er sofort Sonderdrucke herstellen lassen, die an den gesamten Bundestag versandt wurden. Wir waren stolz darauf, jahrelang als die meistzitierte deutschsprachige Zeitung zu gelten. Ich glaube, wir haben unsere Pflicht, Mißstände und falsches Handeln aufzuzeigen, gut erfüllt mit Hilfe von hervorragenden Mitarbeitern wie Ralph Giordano.

Was für ein Mann war van Dam?

Hochintelligent, ein deutscher Jude. Seine Mutter stammte aus Bremen, der Vater war ein bekannter Kunsthändler in Berlin. Er war äußerst intelligent, ein glänzender Jurist und Leitartikler.

Was bewegte ihn, wieder in Deutschland zu leben?

Ich glaube, nicht zuletzt die Sprache. Er kam als britischer Soldat hierher zurück, wurde entmilitarisiert und blieb dann hier. Erst in Hamburg, dann in Düsseldorf. Er war dann einer der Mitbegründer des Zentralrats.

Haben Sie die Gründung des Zentralrats mitbekommen?
O ja! Der gingen unendliche Gespräche voraus. Ich habe ein hübsches Foto, das die Gründerväter des Zentralrats zeigt, Heinz Galinski und einige Frankfurter Leute. Es war doch eine sehr wichtige Handlung, wieder eine zentrale Organisation à la »Reichsvertretung« zu gründen, eine Zusammenfassung, damit ein Halt unter uns besteht.

Würden Sie sagen, daß die Gründung des Zentralrats 1950 bereits eine Art Zementierung der Tatsache war, daß Juden in Deutschland bleiben?
Selbstverständlich, das kann nur der Beweggrund gewesen sein, sonst hätte man das nicht zu tun brauchen.

Wie reagierte die deutsche Politik auf den Zentralrat?
Soweit ich mich erinnere positiv, ich kann mich an nichts Gegenteiliges erinnern.

Welchen Einfluß hatte der Zentralrat in den ersten Jahren?
Der Zentralrat hat sich immer befleißigt, irgendwelche antijüdischen Vorkommnisse, ob in Berlin oder München, anzuprangern und publik zu machen.

Man erlebte das besonders stark in den Jahren, als Galinski Zentralratsvorsitzender war. Er war ja fast ausschließlich eine mahnende Stimme.
Ganz sicher, das hat auch viel mit seiner Geschichte zu tun.

Das ging aber vielen Deutschen auf die Nerven. Haben Sie das auch erlebt?
Sicher. Aber ich habe es ihm hoch anerkannt, daß er einer der Wachhunde war. Daß das nicht für alle bequem ist, ist mir auch klar, und daß er vielleicht ein bißchen verbindlicher hätte sein können, ist möglich. Das hatten wir in Ignatz Bubis, der nichts anderes tat als Galinski, nur etwas verbindlicher.

Aus dem DP-Lager Föhrenwald bei Wolfratshausen kamen einige nach Düsseldorf – wie war das? Das waren ja die »Hardcore-Fälle«, die es besonders schwer hatten.
Ganz sicher, das waren meistens junge Familien, die von unserer Sozialkommission betreut wurden, die Hilfe brauchten, die meinen Mann konsultierten, etwa wegen Konzessionen. Es dauerte nicht lange, bis sie Fuß faßten, denn sie waren ja krankheitshalber geblieben und die meisten von ihnen sind ja gene-

sen. Manche oder ihre Kinder sind später nach Israel ausgewandert.

Sie haben wieder Zustrom aus der ehemaligen Sowjetunion. Wie ist das heute, wie integrieren Sie die vielen russischen Einwanderer?

Es werden große Anstrengungen gemacht. Wir haben einen wunderbaren Rabbiner, Michael Goldberger, der Kurse abhält, Vorträge, zu denen viele Zuwanderer kommen, weil sie fühlen, daß sie nichts wissen. Sie sind ohne jede Religion aufgewachsen, und manche von ihnen haben Lust, etwas darüber zu erfahren.

Ich bedanke mich für dieses Gespräch.

Norbert Wollheim

»Wir haben Stellung bezogen.«

Als ich im Herbst 1998 von Manhattan aus aufbrach, um Norbert Wollheim in seinem Haus in Queens zu besuchen, wußte ich nicht, ob dieses Interview tatsächlich zustande kommen wird. Wollheim war sehr krank gewesen, hatte erst kurz zuvor das Krankenhaus wieder verlassen können, und mir war mitgeteilt worden, daß er wohl nicht in der Lage sein würde, sehr ausführlich zu antworten. Wir, meine Mitarbeiter und ich, sollten uns also auf ein kurzes Gespräch einrichten.

Wollheim war tatsächlich sehr schwach und hatte Mühe zu sprechen. Dennoch wollte er uns unbedingt Rede und Antwort stehen, und als ich das Interview nach einer Stunde aus Rücksicht auf seinen Gesundheitszustand beenden wollte, war er es, der darauf bestand weiterzuerzählen. Wollheim, ein deutscher Jude, war nicht nur Mitbegründer des Zentralrats der Juden in Deutschland, er war auch stellvertretender Vorsitzender des Zentralkomitees der befreiten Juden in der britischen Zone, das seinen »Sitz« im DP-Camp Belsen hatte. Der sogenannte »Wollheimprozeß« in den fünfziger Jahren war von ihm initiiert worden und hatte zum ersten Mal eine Entschädigung der Zwangsarbeiter zum Ziel. Als ich sechs Wochen nach meinem Gespräch mit Wollheim den New Yorker Anwalt Ed Fagan in seinem Büro im World Trade Center aufsuchte, frag-

te ich ihn, ob er in seiner Arbeit auch auf das Ergebnis jenes »Wollheimprozesses« zurückgreift und ob er Wollheim kenne. Fagan bejahte, sprang schnell auf, holte aus einem anderen Zimmer einen Nachruf auf Norbert Wollheim aus der New York Times vom Vortage und gab ihn mir. Wollheim war zwei Tage zuvor gestorben. Unser Interview war das letzte, das er noch geben konnte.

Herr Wollheim, wie kam es zu der Entscheidung, im DP-Camp Belsen ein »Zentralkomitee der befreiten Juden in der britischen Zone« zu gründen?

Das hat im wesentlichen mit persönlichen Erwägungen zu tun. Ich kam das erste Mal zu Besuch nach Belsen – ich bin nicht in Belsen befreit worden – im Juni 1945. Dort traf ich einen Mann, mit dem ich mich befreundete. Er wurde sehr aktiv in der jüdischen Arbeit: Josef Rosensaft. In der Zeit zwischen der Befreiung und meinem Besuch hatte sich bereits ein lokales Komitee gebildet. Denn die Befreiten waren zu der Meinung gekommen, ein Komitee zu brauchen, um bei den britischen Behörden, die das Lager verwalteten, ihre Interessen zu vertreten. Als wir später feststellten, daß noch Juden außerhalb von Belsen lebten, in Neustadt, in Lübeck, in Westdeutschland, haben wir unsere Fühler ausgestreckt und brachten die Menschen, die verantwortlich waren für die Gründung der verschiedenen lokalen Komitees und Gemeinden, nach Belsen. Und so hat sich das Zentralkomitee entwickelt. Es ist in seiner Beschaffenheit ein Unikum gewesen. Bei den Sitzungen saßen wir alle um einen Tisch, man sprach Deutsch und Jiddisch durcheinander, und jeder hat den anderen verstanden. In der amerikanischen Zone gab es beispielsweise keinen Kontakt zwischen den DPs und den zurückgekehrten deutschen Juden. In der britischen Zone haben wir zusammengearbeitet.

Wie war denn Ihr Kontakt mit Josef Rosensaft, was war das für eine Persönlichkeit?

Er war ein sehr interessanter Mann. Er stammte aus Polen und war dort aktiv in der jüdischen Arbeit gewesen. Er hatte seine Familie verloren. Er war aus Auschwitz geflohen, wieder geschnappt worden und hat lange Zeit im Bunker in Auschwitz gelebt und hat es überlebt. Er sprach keine Sprache außer Jiddisch wirklich fließend. Aber er hatte einen sechsten Sinn für Ereignisse und Entwicklungen. Auch die Engländer waren von seiner schillernden Persönlichkeit beeindruckt. Er war ein Mann mit großem Mut, und er glaubte sehr stark an die Gleichberechtigung der befreiten jüdischen Menschen. Da gibt es eine nette Geschichte: Einer der ersten Kommandanten in Belsen, ein Mann, der völlig ungeeignet für die Verwaltung des Lagers war und nichts von unserer Situation verstand, hatte Rosensaft zu sich gebeten. Als der das Zimmer betrat, machte der Kommandant keine Anstalten, Rosensaft einen Stuhl anzubieten, sondern stand da und hatte einen Fuß auf dem Schreibtisch. Und Rosensaft hat seinen Fuß daneben gestellt. So etwas war einem englischen Offizier während seines Dienstes in den Kolonien noch niemals geschehen …

Rosensaft stand sich mit allen Juden gut, ob sie aus Deutschland, Ungarn oder Polen stammten. Das hat die Arbeit erleichtert, denn die war nicht immer einfach. Nach langer Arbeit haben wir dann das Zentralkomitee für die ganze britische Zone gebildet. In Harzburg wurde Rosensaft zum Vorsitzenden und ich zu seinem Stellvertreter gewählt.

Welche Aufgaben hat sich dieses Zentralkomitee gestellt, was waren seine vordringlichsten Bemühungen?
Oh, da gab es eine Fülle von Aufgaben. Zuerst einmal die Angehörigen zu finden, soweit sie noch lebten; die waren verstreut über ganz Europa. Menschen hofften, ihre Frauen, Kinder, Angehörige zu finden. In gewissen Situationen war man erfolgreich, manchmal nicht. Das war nicht einfach, die Grenzen waren ja gesperrt. Die Versorgung war schlecht, es dauerte, bis die ersten Hilfslieferungen aus Amerika kamen. Ein großes Problem stellte die Fülle von Kranken dar. Als ich nach Belsen kam, war das sogenannte Lager – die frühere Panzerschule der SS – in ein Krankenhaus umgewandelt worden, weil dort Typhus herrschte.

Dann gab es die ideologische und politische Arbeit. Die meisten Menschen, die aus Polen oder Ungarn kamen, wollten nicht zurück. Denn dort herrschten kommunistische Regime, die für die Bedürfnisse der Juden kein Rechtsverständnis hatten. Also forderten wir, daß man sie nach Israel ausreisen lassen solle. Ein anderes Bestreben von uns war, Kontakt mit der jüdischen Welt aufzunehmen. Wir waren ja für Jahre abgeschnitten. Das war die Gelegenheit. Die erste Zusammenkunft des Weltkongresses nach dem Krieg in Montreux in der Schweiz machte uns sehr glücklich. Wir wurden dorthin mit einer Delegation eingeladen. Und sie betrachteten uns als gleichberechtigt.

Dann befaßten wir uns mit dem Wiedererwecken der kulturellen Werte. Wir haben geholfen, daß Betstuben wiedereröffnet wurden. Wir hatten Kinder, die nie in eine Schule gegangen waren. Also eröffneten wir Schulen, in denen die Lehrer, die zum Beispiel aus England kamen, unterrichteten. Wir sorgten dafür, daß das religiöse Leben wieder in Gang kam. Es gab verschiedene Gruppen, orthodoxe, freiere, jeder sollte nach seinen Vorstellungen selig werden. All diese Dinge haben wir festgehalten, als wir in Bad Harzburg das Zentralkomitee für die britische Zone gebildet haben.

Wie sah die Zusammenarbeit mit den Briten aus? Die Situation war ja wesentlich anders als in der amerikanischen Zone, allein durch die Politik der Mandatsmacht in Palästina. Die Briten hatten ja kein Interesse daran, daß Juden nach Palästina gehen.

Die Zusammenarbeit mit den Briten war schwierig, aber auch gut. Sie haben außer Englisch keine andere Sprache gesprochen. Glücklicherweise konnte ich mich mit ihnen verständigen, mein Schulenglisch reichte aus. Wenn wir über Kooperation sprachen, haben sie das gerne gehört und gesehen. Waren wir verschiedener Meinung, gab es irgendwie immer eine Basis für einen Kompromiß. Da waren sie zugänglicher als die Amerikaner.

Gab es denn ein Verständnis für die spezielle Lage der Juden im Land, in diesen Lagern? Bei den Amerikanern wurde doch zum Beispiel erst nach dem Harrison-Bericht der Weigerung der Juden, mit ihren ehemaligen Häschern, Verfolgern, Kapos zusammensein zu wollen, stattgegeben.

Wenn nicht, waren wir in der Lage, ihnen das beizubringen. Das ging so weit, daß wir zu gewissen gesellschaftlichen Veranstaltungen eingeladen wurden, da war ein persönliches Verhältnis da. Erleichternd kam hinzu: nach einer gewissen Zeit schickte man Helfer aus Amerika und England, die dieselbe Sprache wie wir sprachen. Die bildeten das Verbindungsglied zwischen uns und den Engländern, und das hat geholfen.

Wie war die Stimmung im Lager? 15 000 Menschen und schon wieder ein Lager. Gab es Hoffnung, Aufbruchsstimmung oder nach wie vor eher eine depressive Stimmung? Wie ging man um mit dem, was man unmittelbar vorher erlebt hatte?

Das war eines der schwierigsten Jahre. Die Menschen wollten aus Deutschland heraus. Der Großteil ging nicht in die Städte, weil er die Ressentiments der Deutschen fürchtete.

Eine der schwersten Aufgaben bestand für uns darin, die Menschen moralisch zu stützen. Es kamen Menschen aus Amerika und England, die uns besuchten und uns Hoffnung machten. Wir haben an verschiedenen Konferenzen teilgenommen, um auf die Einwanderungsquoten Einfluß zu nehmen, sei es nach Israel, sei es nach Amerika. Das war alles schwierig und manchmal fast hoffnungslos.

Manche Emigranten, die wir baten, nach Deutschland zu kommen, um den Menschen Mut zuzusprechen, lehnten das mit der Begründung ab, sie würden das Land des Blutes nie wieder betreten. Aber David Ben Gurion kam, um den Leuten Mut zu machen. Er verkündete im Lager, seine grauen Haare würden die Errichtung eines jüdischen Staates noch erleben. Das hat unerhört geholfen.

Ein großes Problem war, wie schon angesprochen, die Moral der Lagerbewohner. Es gab viel Vandalismus. Um schlimmste Übergriffe zu verhindern, haben wir eine jüdische Polizei gebildet. Es gab eine Entwicklung, nennen Sie es Schwarzhandel, aber in dieser Zeit vor der Währungsreform gab es ja keinen weißen Handel. Wenn Sie mich heute fragen, wie wir das gemeistert haben, wundere ich mich selbst, daß es nicht mehr kriminelle Delikte gegeben hat. Dennoch war die Zahl der Hochzeiten und der Geburten groß. Und das gab Mut für die Zukunft und langsam mit der Vergangenheit fertig zu werden.

Sie sagten, anders als in der amerikanischen Zone kamen bei Ihnen die Jeckes mit den Ostjuden gut klar. Wie war denn der Umgang mit Deutschen?

Den gab es am Anfang gar nicht. Vergessen Sie nicht: Bis zur Befreiung hatten die Deutschen, ob sie Polizeimitglied waren oder nicht, das Recht, einen Juden in Haft zu nehmen, und der wurde dann ins Lager geschickt. Das änderte sich von einem Tag auf den anderen. Der Großteil der Deutschen hatte ein sehr schlechtes Gewissen. Auch die, die nicht beteiligt gewesen waren, hatten ein schlechtes Gewissen, daß sie so gut wie nichts gegen die Judenverfolgung unternommen hatten. Wenn wir einen Deutschen trafen, war unsere erste Frage: »Wo bist du gewesen in der fraglichen Zeit?« Viele Deutsche redeten sich raus, erklärten, was sie im Krieg mitgemacht hätten und versuchten, ihr Leid mit unserem gleichzusetzen. Das war nicht immer erfreulich.

Eines Tages sagte das Zentralkomitee, wir sollten etwas für die Verfolgten tun, die keine Haftentschädigung bekommen hatten. Die Regierung hatte sich auf den Standpunkt gestellt, daß die Menschen, die in Belsen lebten, »exterritorial« seien und daher nicht als Anspruchsberechtigte anzusehen sind. So wurde beschlossen, daß ich den Ministerpräsidenten von Niedersachsen besuchen sollte, der belastet war, weil er stark beteiligt gewesen war an Arisierungen. Das war kein angenehmes Gefühl, zu jemandem wie ihm zu gehen, um für die Unterstützung ehemaliger Verfolgter zu bitten. Als wir zu keinem Ergebnis mit ihm kamen, haben wir arrangiert, mit meinem Freund Hendrik van Dam nach Bonn zu gehen und dort Kurt Schumacher zu treffen. Als ehemaliger Häftling und jemand, der mit der Vergangenheit fertig werden wollte, wußten wir, daß er uns helfen würde.

Es gab ein jüdisches Zentralkomitee in der amerikanischen Zone, mit dem Sie aber nie zusammengearbeitet haben. Warum nicht?

Wir haben uns bemüht, aber es hat nicht geklappt. Das lag teils daran, daß die Zahl der Juden in der amerikanischen Zone weit größer war als in der britischen. Die haben daraus einen Führungsanspruch abgeleitet. Hinzu kam, wenn etwas über die lokale Politik hinausgehen wollte, mußten wir uns nach London wenden. Die Verbindung war gut, mit Hilfe des World Jewish Congress. Die amerikanische Zone mußte alles über Washington abwickeln. Ein weiterer Unterschied bestand darin, daß der Großteil der Juden, die zu der Zeit in der amerikanischen Zone lebten, aus Polen, Ungarn oder Litauen kamen. Die deutschen Juden, die aus Theresienstadt oder anderen Lagern zurückkamen, lebten in den Städten, sie haben eigene Gemeinden gegründet. Zwischen den beiden Gruppen gab's keine Brücke. Bei uns in der britischen Zone war das anders. Wenn wir etwa persönliche Veranstaltungen hatten wie Geburten oder Hochzeiten, waren wir alle zusammen. In der US-Zone gab es kein gesellschaftliches Miteinander.

Wie erklären Sie sich das?

Das ist eine Sache der persönlichen Initiative. Und auch der Tatsache, daß die Beziehung zwischen Rosensaft, seiner Frau und mir so gut war. Wir haben verstanden, was Auschwitz uns lehrte: Es gibt *ein* jüdisches Schicksal, und man kann das nicht wieder zerteilen.

Wie verhielt sich der erste deutsche Bundestag gegenüber den Juden?

Was mir bis heute unverständlich ist: Als Adenauer die erste Regierungserklärung im Bundestag abgegeben hat, verlor er kaum ein Wort über die Vergangenheit, nichts über Solidarität mit den Opfern, Bedauern über die Verluste, ganz zu schweigen von Wiedergutmachung.

Ich erinnere mich, wir hatten eine Sitzung in Bremen, und wir hatten sie unterbrochen, um Adenauer zuzuhören. Wir konnten kaum die Sitzung zu Ende bringen, denn die Erregung war ungemein. Am Tage darauf wurde er von Kurt Schumacher getadelt. Da gab es die erste schwere Auseinandersetzung zwischen ihnen. Schumacher hatte ja selbst viele Jahre im KZ zugebracht, daher hatte er Verständnis. Aber die Regierung nicht.

Wie kam es dann schließlich zur Gründung des Zentralrats der Juden 1950? Die Republik war gerade zweieinhalb Jahre alt ...

Das ist eine komplizierte Frage, zu der es keine einfache Antwort gibt. Von Beginn an, genauso wie wir uns bemüht hatten, die Juden in der britischen Zone zu vereinigen, hatten wir versucht, die Juden in den Gemeinden zusammenzuschließen. Zwei, die uns dabei halfen, waren der Vertreter der Jewish Agency, der spätere Konsul in München, Livneh, und der Vertreter des World Jewish Congress, Dr. Jacoby. Am Anfang bildeten wir eine Interessengemeinschaft der Gemeinden, daraus entstand eine Arbeitsgemeinschaft. Dann kamen wir zu dem Schluß, daß wir uns zusammenschließen müssen zu einer Organisation. Nicht zuletzt, weil wir uns in einer schwierigen Situation befanden. Ein Mann, dessen Namen Sie wahrscheinlich kennen: Philipp Auerbach, war sehr aktiv. Ich persönlich glaube, daß er sehr krank war. Er hatte ein Geltungsbedürfnis, das nicht mehr normal war. Dem ist er auch zum Opfer gefallen. Wir hörten unter anderem dann – er hatte seine Beziehungen in Bonn hergestellt – daß die Deutschen darüber geredet haben, daß sie ihn zum Kommissar für die Juden in Deutschland machen wollten. Das wollten wir nicht akzeptieren, unter keinen Umständen.

Warum nicht?

Weil uns die Person Auerbach nicht geheuer war. Ich habe ihn noch in Düsseldorf, wo er tätig war, kennengelernt. Dann wurde er nach München berufen, dort hatte er sich viele Freunde, aber auch viele Feinde geschaffen. Er hatte eine Art des Handelns, die nicht von jedem akzeptiert wurde. Ich lernte ihn zum Beispiel kennen, als mich der Weltkongreß in London bat, festzustellen, was in Düsseldorf vor sich gegangen war. Denn der dortige englische Gebietskommissar hatte Auerbach aus seinem Amt geworfen.

Aber Auerbach hatte *coram publico* geäußert, der General könne ihn am … Ein englischer General läßt sich so was nicht sagen, so wurde Auerbach rausgeschmissen. Dann wurde er als Staatskommissar für die rassisch, religiös und politisch Verfolgten nach München berufen. Er war ein Mann – den Toten soll man die Wahrheit nachsagen –, der unter einem Komplex, unter Größenwahnsinn gelitten hatte: Im Speisezimmer seiner Wohnung hing ein Bild in Überlebensgröße von ihm. Schließlich stellte sich heraus, daß er den Doktortitel zu unrecht trug. Er handelte immer wieder eigenmächtig, das konnten wir nicht akzeptieren.

Und als dann das Gerücht aufkam, daß die Deutschen ernsthaft daran denken, Auerbach zum Kommissar zu machen, sagte ich: »Jetzt ist es Zeit, ein Gremium zu bilden, das von sich aus sagt, was wir wollen.«

So kamen wir dann zur Gründung des Zentralrats trotz vieler Widerstände, besonders aus Bayern. Aber auch das klappte nach vielen Diskussionen. Wir gründeten ein Direktorium: Auerbach für die amerikanische Zone, Meyer für die russische Zone – was nicht viel bedeutete, die Russen ließen ihn nicht zu den Sitzungen, Baer für die französische Zone, Rosensaft, Galinski und ich. Die Regierung mußte sich langsam damit abfinden, daß der Zentralrat die Organisation ist, die sie ansprechen soll, wenn sie was von jüdischer Seite braucht.

Wir haben auch Stellung bezogen. Um Dinge in Gang zu bringen, hat Karl Marx ein Interview mit Adenauer gemacht. Adenauer bot zehn Millionen Mark Wiedergutmachung an, was wir als Herausforderung angesehen haben. Der Zentralrat hat Stellung genommen und das war gut, denn der Zentralrat konnte sich schon in der Affäre Globke nicht durchsetzen. Wir wußten genau, was er getan hat, sein Kommentar über die Rassengesetzgebung hat vielen das Leben gekostet. Aber Adenauer meinte, er habe vielen das Leben gerettet mit dem Kommentar.

Und was gut war, wir hatten einen Mann, unser erster Generalsekretär: Hendrik van Dam, der mit der englischen Armee in Deutschland eingerückt und ein guter Jurist war, der auch das Problem der Wiedergutmachung sachlich und mit großer Kenntnis behandelt hat. Das war der Beginn des Zentralrats.

Es gibt in der wissenschaftlichen Literatur zu dem Thema heute den Ansatz, daß mit der Gründung des Zentralrats eigentlich schon der Grundstein gelegt worden sei, daß Juden in Deutschland bleiben. Können Sie das so bestätigen?

Nein. Wir hatten Besuch von Rabbiner Leo Baeck. Leo Baeck war sozusagen ein Halbgott für uns. Er war mein Lehrer und *spiritus rector*. Wir kannten uns gut. Baeck sagte bei der Gelegenheit: »Es gibt wieder Gemeinden, für wie lange, spielt keine Rolle, aber wenn es Gemeinden sind, dann sollen es gute Gemeinden sein.« Wir bemühten uns damals also, sie auf eine solide Basis zu stellen. Der Zentralrat hat meiner Meinung nach nie ein Zeichen gegeben, daß Menschen bleiben sollen oder nicht. Wo jemand hingehen will, das ist sein gutes Recht. Die Situation hat sich entscheidend geändert, in dem Moment, als die Amerikaner ihre Einwanderungsgesetze lockerten und 100 000 DPs ins Land ließen und der Staat Israel die Tore öffnete. So daß jeder, der wollte, weggehen konnte.

Wie war die Position des Zentralrats gegenüber den großen jüdischen Organisationen im Ausland, zum Beispiel in den Fragen der Wiedergutmachung?

Das war auch nicht einfach, aber wir kamen zu dem Ergebnis, daß wir zusammenarbeiten müssen. In der amerikanischen Zone gab es schreckliche Auseinandersetzungen, denn die Claims Conference war gegründet worden und die Alliierten hatten sie als die Organisation, mit der sie verhandeln wollten, anerkannt – besonders für das erblose Vermögen. In der britischen Zone wurde die Jewish Trust Organisation gegründet, ich war eines der Gründungsmitglieder. Aber da war auch die Frage: Was geschieht mit den wiederhergestellten jüdischen Gemeinden? Das war sehr problematisch. Zu der Zeit war ich oft in London, und da habe ich den zuständigen Mann, der sich mit dem Problem beschäftigte, kennengelernt, ein Wiener, und er sagte: »Ich habe einen Vorschlag. Ganz allein kommen wir nicht zum Beschluß, lade die Vorsitzenden der Gemeinden nach London ein, laß sie sich zusammensetzen. Sieh zu, daß sie zu einem Kompromiß kommen.« Diesen Vorschlag haben sie angenommen. So kam ich nach London mit meiner »Armee« – vier bis fünf Leute –, für viele war das die erste Reise ins Ausland. Wir verhandelten tagelang. Am Schluß wurde ein Vorschlag angenommen, nach dem die wiederhergestellten jüdischen Gemeinden einen Teil des Alliiertenvermögens erhalten sollten, besonders, weil sie die Fürsorge für die Friedhöfe hatten, für die Erhaltung von Synagogen und ähnliche Dinge.

Wie war denn Ihre Zusammenarbeit mit Benjamin Ferencz?
Ferencz ist ein ungeheuer kluger Mann, ein begabter Jurist, der natürlich die Interessen der Claims Conference wahrgenommen hat und besonders in der amerikanischen Zone tätig war. Bei uns in der britischen Zone hat er kaum was getan. Unsere Freunde in der amerikanischen Zone wußten nicht, wie sie ihn behandeln sollten. Immerhin hatte Ferencz den Feldzug mitgemacht, war in der Normandie gelandet, er hatte eine Vergangenheit hinter sich als stellvertretender Ankläger in Nürnberg. Er war ein Mann von Statur. Ben und ich kamen gut miteinander aus. Er hat ja, als er noch in Deutschland war, die Verhandlung mit der IG Farben in meinem Prozeß geführt, in dem es zu einem sogenannten *amical arrangement* kam. Ich habe größten Respekt vor Ferencz.

Sie sprechen vom sogenannten »Wollheimprozeß«, eine Art Musterprozeß gegen die IG Farben in den fünfziger Jahren. Wie kamen Sie zu der Entscheidung, den Prozeß führen zu

wollen, und wie lief der ab? Es gab bei der Urteilsverkün-
dung ein großes Für und Wider in der deutschen Presse. In
was für einer Atmosphäre spielte sich der Prozeß ab?

Eines Tages haben die IG Farben eine Anzeige geschaltet: Weil die
meisten Papiere während des Krieges verlorengegangen waren,
sollten sich die früheren Aktionäre melden. Und ich sagte mir:
»Mein Gott, wenn die Aktionäre berechtigt sind, Ansprüche zu
stellen, was ist mit uns?« Ich kannte zwei Juristen, die in Arbeits-
recht sehr beschlagen waren. Gemeinsam kamen wir zu dem
Schluß, wir sollten die IG für nicht gezahlten Lohn an die
Zwangsarbeiter verklagen. Das war nicht so einfach, denn zu dieser Zeit hatten die Amerikaner das Recht zu entscheiden, ob jemand einen Prozeß gegen die IG Farben führen kann oder nicht.
Und sie wollten die amerikanischen Steuerzahler nicht belasten.
Der Mann, der das zu entscheiden hatte, war ein Anwalt, der ehemals aus Deutschland gekommen war. Dieser Anwalt wollte
päpstlicher sein als der Papst. Mit Hilfe des WJC haben wir durchgesetzt, daß seine juristische Meinung ad absurdum geführt wurde. Schließlich haben wir das Recht bekommen, Klage einzurei-
chen, zunächst vor dem Landesgericht in Frankfurt.

Besonders gewisse Zeugenaussagen hatten in der Presse für eine große Sensation gesorgt. Als dann das Urteil zu meinen Guns-
ten erging, warfen mir verschiedene deutsche Zeitungen vor, ich
treibe die deutsche Industrie in den Konkurs.

Die IG Farben wachte auf und ging vor das Oberlandesgericht.
Das OLG sagte aber: »Wir können keine Geschichte schreiben, versucht euch zu einigen.« Dann wurde lange verhandelt, und Ferencz
war an den Verhandlungen beteiligt. Es endete mit diesem *amical
arrangement*, einem freundschaftlichen Vergleich von – was damals eine Masse Geld war – 30 Millionen Mark für alle Überlebenden. Die Claims Conference bekam die Pflicht, es an die Überlebenden zu verteilen. Mit unserer Hilfe wurden denen, die über sechs
Monate in Haft waren, 5000 Mark zugeteilt, die anderen bekamen
2500 DM, was damals viel Geld war. Interessanterweise waren die
IG Farben die ersten, die damit einverstanden waren. Volkswagen
kam zum Beispiel mit einem neuen Zugang, Krupp hat sich angeschlossen. Der einzige, der bis zu seinem Tod hartnäckig sagte, er
werde niemals einen Pfennig für die Verfolgten zahlen, war Flick.

*Welche Bedeutung hatte in der Zeit emotional der Au-
schwitzprozeß in Deutschland, er muß ja auch so eine Art
Zäsur im Bewußtsein der Deutschen gewesen sein?*
Ich habe ja zu der Zeit nicht mehr in Deutschland gelebt. Die Tatsache, daß es endlich dazu kam, ist gut gewesen. Ich glaube,
Staatsanwalt Fritz Bauer hatte daran großen Anteil. Aber typisch
für die deutsche Justiz war, daß sich dieser Prozeß gezogen und
gezogen hat. Ich war aufgefordert, als Zeuge zu erscheinen. Der
Angeklagte, gegen den ich aussagen sollte, wurde krank, so wurde
ich gebeten, später nach Deutschland zu kommen. Interessanterweise erfuhr ich später, daß der Vorsitzende der Kammer, der den
Prozeß führte, ein aktives Mitglied in der Legion Kondor in Spanien gewesen war. Und Henry Ormond, der Nebenkläger war,
warnte mich. Dann ist mir doch der Kragen geplatzt, als der Vorsitzende – der Rest hat so gut wie keine Fragen gestellt – mich
fragte, ob ich denn gar nichts Gutes über den Angeklagten auszusagen habe. Von jemandem aus Auschwitz zu verlangen, etwas
Gutes über einen Menschen zu sagen, der direkt oder indirekt am
Mord beteiligt war … Das Gericht war nicht sehr glücklich darüber, hat mich einen feindlichen Zeugen genannt.

*Was halten Sie denn von seiner Idee, Wiedergutmachungs-
zahlungen aus dem herrenlosen Vermögen heraus zu finanzieren?*
Gar nichts. Technisch wäre das unmöglich gewesen. Nach der Be-
stimmung, die wir in Deutschland gehabt haben, war es so: Wenn
jemand Ansprüche stellte für Haftentschädigung zum Beispiel,
wurde aus dem Steueraufkommen der einzelnen Länder entschä-
digt. Nach dem Besatzungsstaat wurde das herrenlose Vermögen
dazu benutzt, soziale Einrichtungen zu unterstützen, besonders
in Israel, was ja auch geschehen ist.

*Wie beurteilen Sie es heute, daß Juden in Deutschland ge-
blieben sind und heute dort immer noch leben?*
Ich will Ihnen sagen, das ist eine sehr persönliche Entscheidung.
Viele sind geblieben, weil sie an den »Fleischtöpfen Ägyptens«
saßen und sie genossen haben. Viele sind Geschäftsleute geworden und haben sich gut erholt. Interessanterweise, ich erlebe das
immer wieder, wenn sie hier in New York an einer jüdischen gesellschaftlichen Veranstaltung teilnehmen, werden Juden aus

Deutschland als Menschen zweiter Klasse angesehen. Das ist ungerecht, aber was will man machen. Heute, wo die jüdischen Gemeinden in Deutschland von russischen Einwanderern überlaufen werden, verhält es sich ja völlig anders. Die kommen ja zum Teil, weil Deutschland diesen Verfolgten Vorteile bietet.

Ich hatte eine Besprechung mit Ignatz Bubis und meinem Freund Max Willner gehabt, als ich bei einer der letzten Gelegenheiten in Frankfurt war. Und es ist interessant: Bubis ist kein begeisterter Deutscher, aber er hat seinen Platz dort gefunden. Obwohl er ein kluger Mann ist, er spricht verschiedene Sprachen. Aber er ist der Auffassung, daß Juden das Recht haben, ihren Platz zu haben. Seit dem Zweiten Weltkrieg ist es in Deutschland bis jetzt nicht zu Krisen gekommen. Die antisemitische Entwicklung war teilweise auf die schreckliche ökonomische Situation zurückzuführen, die wir zwischen 1918 und 1933 gehabt haben. Ich weiß nicht, wie es sein würde, wenn – Gott behüte – das wieder eintreten sollte.

Ich bedanke mich für dieses Gespräch.

Rabbi Israel Miller und Saul Kagan, Jewish Claims Conference

»Nur wenn man es zusammenzählt, scheint es eine Menge Geld zu sein.«

Das Hauptbüro der Jewish Claims Conference in New York ist eine kleine Überraschung: Man erwartet in diesem »Zentrum der jüdischen Macht«, als die man diese Institution in Deutschland gerne ansieht, alle entsprechenden Insignien: pompöse Räume, eine Ledercouch und so weiter. Nichts dergleichen. Man betritt ein Großraumbüro, das aus alle Nähten zu platzen scheint. Die Mitarbeiter haben nur kleine Boxen für sich, in denen ihre Schreibtische stehen. Ansonsten befinden sich überall Aktenschränke und Ablagen, so eng nebeneinandergestellt, daß man sich wundert, wie sich die Menschen durch die schmalen Gänge überhaupt noch hindurchzwängen können. Auch das Büro von Saul Kagan ist alles andere als ein »Herrschaftsraum«. Ein kleines, schmuckloses Zimmer, ein alter Schreibtisch, einige Regale. Rabbi Miller und Saul Kagan leiten die Claims Conference seit Jahrzehnten. Einst hatte Kagan als Mitarbeiter von Benjamin Ferencz bei der JRSO angefangen. Etwas mißtrauisch zu Beginn, öffneten die beiden Männer bald ihr Herz, als sie erfuhren, daß meine Eltern Holocaust-Überlebende sind. Sie waren begeistert von der Idee, die Nachkriegsgeschichte der Juden in Deutschland in Film und Buch festhalten zu wollen und begannen sogleich zu erzählen. Es wurde ein intensiver Abriß ihrer Tätigkeit, in der die Claims Confe-

*rence ganz sicher Fehler gemacht hat. Doch ebenso of-
fensichtlich wurde, daß diese beiden Männer von dem
Wunsch getrieben wurden, den Überlebenden in irgendeiner Form zu helfen. Das Interview führte ich im
Herbst 1998.*

*Ich möchte mit einem Rückblick auf die Entschädigungsver-
handlungen mit Ostdeutschland beginnen, die seit 1945 bis
heute geführt werden. Könnten Sie uns einen Einblick geben, wie sich die Verhandlungen der Jewish Claims Conference gestalteten und wie Sie sie vorantrieben, um – hier ist
der deutsche Begriff – Wiedergutmachung von Ostdeutschland zu erhalten?*

KAGAN: Nach 1945 richtete sich der Blick hauptsächlich auf Westdeutschland und die Bundesrepublik – auch wenn es von 1945 bis
1949 weder in West- noch in Ostdeutschland eine Zentralregierung gab. Das Land wurde im wesentlichen von den vier Militär-
gouverneuren der Siegermächte verwaltet. Die Vereinigten
Staaten waren die ersten, die das US-Militärregierungs-Rücker-
stattungsgesetz gesetzlich verankerten. Dieses Gesetz legte fest,
daß ehemals jüdisches Eigentum in der amerikanisch besetzten
Zone Deutschlands zurückerstattet werden muß. Entscheidend
dabei war nicht nur, daß dies die erste gesetzliche Regelung war,
die sich mit den materiellen Konsequenzen des Holocaust befaßte,
sondern daß sie auch als revolutionäres Konzept ins internationale Recht einging. Normalerweise sieht das internationale Recht
vor, daß, wenn jemand stirbt und keinen Erben hinterläßt, sein
Besitz dem Land zufällt, in dem er stirbt und in dem sich dieser
Besitz befindet. Es war die Regierung der USA, die bei diesem Ei-
gentum-Rückerstattungsgesetz der Militärregierung als erste die
Meinung vertrat, daß jüdisches Eigentum, auf das kein Anspruch
geltend gemacht wird und für das es keine Erben gibt, nicht vom
Nachfolgestaat des Dritten Reiches vereinnahmt werden dürfe,
sondern einer jüdischen Nachfolgeorganisation überantwortet
werden und diese die Erträge aus solchem Besitz zugunsten der
Überlebenden verwenden solle. Letzteres war ein weiterführen-
der Gedanke; zunächst einmal hofften die Vereinigten Staaten,

daß die britische und die französische Militärregierung dieses Gesetz zeitgleich übernehmen würden. Aber bei diesen regte sich zunächst Widerstand gegen diese Regelung der Nachfolge. Erst nach einem oder zwei weiteren Jahren trat in der britischen und französischen Zone ein gleichlautendes Gesetz in Kraft. Die Sowjets waren an einer gesetzlichen Regelung über die Rückgabe von Eigentum von vornherein nicht interessiert, da ihr Regime von Privateigentum nichts hören wollte. Das war der Anfang.

Gleichzeitig wurde in einigen Regionen der amerikanischen Zone – zunächst in Bayern und Hessen – das Gesetz eingeführt, welches man später Entschädigungsgesetz nannte. Als dann 1949 die Bundesregierung gegründet wurde, ging man daran, die Zentralregierung zu überreden bzw. zu beeinflussen, dieses Vorhaben für ganz Westdeutschland in Angriff zu nehmen. Allerdings dauerte es bis zum Herbst '51, daß Bundeskanzler Adenauer vor den Bundestag trat und in seiner berühmt gewordenen Rede erklärte, daß im Namen des deutschen Volkes unsägliche Verbrechen begangen worden seien, für die zumindest materielle Entschädigung zu leisten sei. Und das führte schließlich dazu, daß er den Staat Israel und Vertreter der jüdischen Welt offiziell zu Gesprächen einlud. Das war zu dem Zeitpunkt, da Nahum Goldmann 23 der größten jüdischen Organisationen weltweit zusammenrief und im Oktober 1951 die Conference on Jewish Material Claims against Germany der Juden gegen Deutschland mit Sitz in New York gründete.

MILLER: Man sollte vielleicht betonen, daß es hier vor allem um »finanzielle« Schadensansprüche gegen Deutschland ging – moralische Wiedergutmachung läßt sich nun mal nicht mit Geld bewerkstelligen. Es gab vieles an materiellen Gütern, das den Juden neben ihrem Leben und ihrer Gesundheit einfach weggenommen worden war. Es sind also materielle Schadensansprüche, mit denen wir uns seither befassen. Was noch anzumerken wäre, ist, daß wir zwischen Israel und dem Judentum in der Welt unterscheiden müssen. Es gab zum einen einen Vertrag, der mit dem damaligen Staat Israel geschlossen worden war, und zwar von Moshe Sharett, dem Außenminister und Vertreter der Regierung in Israel, und Kanzler Adenauer für die Regierung der Bundesrepulik Deutschland. Und es gab zum anderen ein Abkommen zwischen der deutschen Regierung und der Claims Conference.

KAGAN: Die Verhandlungen, die zu den Verträgen von Luxemburg oder, wie einige von uns sie bezeichnen, dem Haager Abkommen, führten, weil wir von März '52 bis August in Den Haag tagten, liefen parallel und wurden gleichzeitig zwischen den Delegationen geführt, die die Regierung von Israel vertraten, und der Delegation der Claims Conference. Am 10. September 1952 wurden schließlich im Alten Rathaus von Luxemburg drei Dokumente unterzeichnet: Das von Rabbi Miller erwähnte Abkommen zwischen dem Staat Israel und der BRD über die Lieferung von Sachspenden und Dienstleistungen im Gegenwert von damals drei Milliarden DM in einem Zeitraum von zehn bis zwölf Jahren sowie zwei Verträge mit der Claims Conference, wovon einem größere Bedeutung zukommen dürfte, weil es einer weitaus größeren Zahl von Überlebenden zugute kommt, das Protokoll Nr. 1 nämlich, mit dem die deutsche Regierung eine Reihe gesetzlich zu verankernder Verpflichtungen einging – Entschädigungszahlungen für Freiheitsberaubung, für den Verlust des Ernährers, für das Zunichtemachen von wirtschaftlichem Fortkommen sowie eine Vielzahl anderer Zugeständnisse für Entschädigungsleistungen, die anschließend Gesetzeskraft erhalten mußten. Dieser Vertrag war es auch, der dann als Grundlage für das Bundesentschädigungsgesetz diente, das die Bundesrepublik verabschiedet und im Laufe der Zeit immer wieder ergänzt hat.

Das zweite Dokument war eine Vereinbarung, in der die BRD zustimmte, der Claims Conference über eine Zeitspanne von zwölf Jahren den Gegenwert von 450 Millionen DM in Form von Lieferungen an den israelischen Staat zur Verfügung zu stellen, was damals sage und schreibe 110 Millionen Dollar entsprach. Mit diesem Geld sollte der Wiederaufbau von jüdischen Gemeinden betrieben werden, die von den Nazis zerstört, beziehungsweise dezimiert worden waren, sowie den Überlebenden bei ihrer Wiedereingliederung Hilfestellung geleistet werden. In der Zeit von 1953 bis gegen Ende 1965 flossen von der Claims Conference beträchtliche Gelder in den Wiederaufbau jüdischer Gemeinden, vornehmlich in Westeuropa. Wir fanden aber auch Möglichkeiten, den Juden hinter dem Eisernen Vorhang einiges an Hilfe zukommen zu lassen und auch bei der Wiedereingliederung der Überlebenden der Konzentrationslager und Ghettos aktiv zu werden. Soweit diese Verträge mit der Bundesrepublik. Es sollte aber erwähnt werden, daß in dem Abkommen zwischen der BRD und dem Staat Israel die Bundesrepublik lediglich zwei Drittel der Forderungen anerkannte, die der Staat Israel der deutschen Regierung vorgelegt hatte und die einer Kostenschätzung für die Wiedereingliederung und Entschädigung der Opfer der Naziverfolgung erst in Palästina und danach im Staat Israel entsprachen. Ich glaube, das hatte einen nicht unerheblichen Einfluß auf die Verhandlungen mit der Regierung der DDR in späteren Jahren.

MILLER: Die Bundesregierung ging dabei davon aus, daß zwei Drittel der Fläche Deutschlands BRD-Gebiet war und hier zwei Drittel der Bevölkerung lebten. Dementsprechend akzeptierte man auch nur zwei Drittel der Forderungen. Allerdings war mein Vorgänger Nahum Goldmann ein geschickter Verhandlungspartner, und er sagte zum Kanzler: »Da es nach Ihren Worten nur ein Deutschland gibt, geht es nicht darum, wieviel an Entschädigung an Einzelpersonen geleistet wird, ob in Form von Eigentum oder als Abfindungssumme.« Aber gezahlt werden mußte, wann immer Einzelpersonen die entsprechenden Voraussetzungen erfüllten.

Sie haben aber doch in den ersten Jahren seit Bestehen der DDR versucht, Verhandlungen mit ihr aufzunehmen?

KAGAN: Ehrlich gesagt, gab es kaum einen Aufhänger oder eine Möglichkeit, auch nur annähernd brauchbare Kontakte zur DDR zu knüpfen – schon deshalb nicht, weil, wie Dr. Miller eben erwähnte, die BRD den Standpunkt vertrat, die Regierung von Ostdeutschland sei keineswegs die Regierung von Deutschland. Der einzige Nachfolgerstaat des Dritten Reichs sei die BRD und der andere nichts weiter als eine Marionette der Sowjetunion.

MILLER: Erst viel später, mit dem Vertrag zwischen den beiden deutschen Staaten, erkannte die BRD die DDR an. Damals bemühte sich Dr. Goldmann um einen Termin bei Honecker, hatte aber keinen Erfolg. Honecker behauptete damals – und wiederholte dies auch, als wir ihn 1987 trafen –, daß die Faschisten im anderen Deutschland zu suchen seien, daß er ebenfalls im Gefängnis gesessen hätte. Er war Kommunist, das ist richtig. Er war im Gefängnis. Auch stimmt, daß dem Potsdamer Abkommen zufolge die DDR nichts an Entschädigung zu leisten brauchte, weil die Russen bereits alles an beweglichen Gütern an sich genommen und in die Sowjetunion geschafft hatten. Sie hätten also alles, sämtliche Reparationen, bezahlt und seien niemandem etwas schuldig, glaubten sie. Dennoch wurden in gewisser Weise Anstalten gemacht, wenngleich nie direkt, erst 1974, als die DDR in die Vereinigten Nationen aufgenommen wurde und die USA zur gleichen Zeit die Anerkennung der DDR betrieb. Eigentlich war es das US State Department, durch dessen Zutun uns gelang, erste Kontakte zur DDR zu knüpfen.

Was ist unter diesem Kontakt zu verstehen? Wie kam es dazu?

MILLER: Ich war Präsident des »Verbandes der Präsidenten großer jüdischer Organisationen in Amerika« und hatte häufig im Auswärtigen Amt Dinge zu regeln, bei denen es um amerikanisch-israelische Beziehungen ging und weit weniger um andere außenpolitische Belange. Da ich aber inzwischen auch im Vorstand der Claims Conference saß, wußte ich Bescheid über die Versuche, die unternommen und von den Ostdeutschen abgeschmettert worden waren. Damals suchte ich den Außenminister auf, Henry Kissinger, und sagte zu ihm: »Herr Minister, Sie wissen vermutlich besser als jeder andere, daß die Ostdeutschen sich weigern, ihre moralische Verantwortung gegenüber der jüdischen Bevölkerung zu akzeptieren. Die BRD hat enorme Gelder an einen Großteil der Überlebenden gezahlt, wenngleich nicht so viel, wie wir möchten; im Jahre '65 hat man den Geldhahn zugedreht und anschließend einen Härtefonds eingerichtet. Die DDR aber hat sich auf nichts eingelassen. Wie können wir diplomatische Beziehungen zu dieser Regierung aufnehmen, ohne dieses Thema anzusprechen?« Worauf mich der Minister zu seinem Vize für den europäischen Bereich schickte, Mr. Hartmann, dem späteren Botschafter in Frankreich, dann in der Sowjetunion, und dieser hervorragende Mann nahm erneut Verhandlungen mit der DDR auf und erreichte, daß dem Abkommen ein Paragraph hinzugefügt wurde, der besagte, daß die DDR sich auf Gespräche auf »regierungsunabhängiger« Ebene einlassen würde.

Ich erstattete Dr. Goldmann und dem Vorstand der Claims Conference Bericht und befürwortete derartige Gespräche, zumal nichts in Ostdeutschland »regierungsunabhängig« wäre. Wir fingen also an zu verhandeln; wir, das waren Mr. Kagan, Mr. Ferencz und ich als Vorsitzender unserer DDR-Kommission, verhandelten auf regierungsunabhängiger Ebene mit deren antifaschistischer Kommission. Danach begab sich Ferencz als unser Vertreter zu weiteren Gesprächen nach Ostberlin. So fingen wir an. Bis diese Unterredungen dann doch auf Regierungsebene verlagert wurden, vergingen mehrere Jahre – es dauerte bis 1978. Aber noch 1976 ereignete sich etwas Bemerkenswertes. Die Gespräche hatten bisher zu nichts geführt. Aber dann erhielt Mr. Ferencz von der DDR einen Scheck über eine Million Dollar und man sagte ihm, dieses Geld sei ausschließlich für amerikanische notleidende Überlebende und daß die DDR im übrigen nur mit Amerikanern zu verhandeln wünsche. Damals empfahl Ben Ferencz Dr. Goldmann, die eine Million Dollar als eine Art Abschlagszahlung zu betrachten. Dr. Goldmann dagegen meinte in weiser Voraussicht: »Gebt das Geld zurück.« Meines Wissens dürfte dies das einzige Mal in der Geschichte sein, daß wir eine Million Dollar erhielten, die dringend benötigt, aber doch zurücküberwiesen wurde, weil das einfach nichts war, nicht einmal ein winziges Zeichen der Anerkennung.

Aber um darauf zurückzukommen, wie wir es schafften, mit der Regierung der DDR auf regierungsabhängiger Ebene zu verhandeln ... Die DDR brannte darauf, mit den Vereinigten Staaten Handelsbeziehungen aufzunehmen. Damals gab es eine Gesetzesvorlage, die eigentlich auf die ehemalige Sowjetunion abzielte, sie dazu zwingen wollte, Juden die Auswanderung aus der Sowjetunion zu gestatten, denn hinter dem Eisernen Vorhang war es den Juden weder erlaubt, als Juden zu leben, noch das Land zu verlassen. Es ging darin auch um die Menschenrechte, und das schloß die Satellitenstaaten ein. Und die DDR war einer dieser Satellitenstaaten, sie konnte nur beschränkt Handel treiben, wollte aber den Status einer begünstigten Nation. Also nahm sich mein Kongreßabgeordneter, der Mitglied der Kommission für Auslandsbeziehungen war, dieser Sache an und fragte mich, ob ich Oskar Fischer kennenlernen wolle, den damaligen Außenminister der DDR; er käme nach Washington, um bei der Kommission vorzusprechen. Und ich sagte, nichts käme mir gelegener. Ich fuhr nach Washington, und wir wurden einander vorgestellt. Fischer erzählte mir, daß es in der DDR eine aktive jüdische Gemeinde gebe, daß 500 amtlich gemeldete Juden dort lebten, daß Gottesdienste abgehalten würden, sonntags morgens sogar die jüdische Messe im Radio übertragen und der jüdische Friedhof in Ostberlin vom Staat unterhalten werde – was stimmte; alles was er sagte, stimmte. Ich erklärte, daß ich dieses Gespräch gerne fortsetzen würde, ob ich den Botschafter aufsuchen dürfe. »Warum nicht?« meinte er. Und ich darauf: »Würden Sie mich bei Ihrem Botschafter einführen? Wir haben nämlich schon alles versucht, und er hat uns nie empfangen.« Und von da an riß der Kontakt von Mr. Kagan, Mr. Ferencz und mir zu Herrn Fischer nicht mehr ab. Jedes Jahr, wenn er im September zur Vollversammlung der Vereinigten Nationen kam, trafen wir uns, mal waren wir die Gastgeber, mal er. Und schließlich erhielten wir 1987 eine Einladung zur 750-Jahr-Feier in Berlin, ein Ereignis im Westen wie im Osten. Ich sagte, wir würden unter zwei Bedingungen kommen, erstens, wenn man mir gestatte, Buchenwald zu besuchen, denn das lag unweit der Zonengrenze auf DDR-Gebiet – und Juden fuhren, wie Sie wissen, nicht gerade häufig in den Osten – und zweitens, wenn ich mit Erich Honecker ein Gespräch unter vier Augen führen könne. Ich lud Mr. Kagan ein mitzukommen, unsere Ehefrauen begleiteten uns, und wir waren Gäste der DDR, wohnten in deren Gästehaus in Ostberlin, selbst an koscheres Essen für mich haben sie gedacht. Sie ließen das Essen aus Westberlin kommen. Es war ein höchst interessanter Besuch. Mr. Honecker empfing uns tatsächlich, und wir sprachen über eine Stunde lang mit ihm. Er sagte uns – wie schon erwähnt –, daß die DDR niemandem etwas schulde und daß alle Reparationen wie gefordert bezahlt worden und daß die Faschisten im anderen Deutschland zu suchen seien. Immerhin bot er mir – was ich als Bestechung ansah, ich weiß nicht, wie das in den DDR-Akten festgehalten ist –, fünf Millionen Dollar, wenn wir den US-Kongreß dahingehend beeinflußten, die DDR von der Schwarzen Liste zu streichen und ihr als Handelsnation den günstigsten Status einzuräumen. Ich sagte ihm, diese Einflußnahme besäßen wir nicht, und daß, wenn doch etwas dabei herauskäme, diese fünf Millionen Dollar weder ihm noch uns nutzen würden und daß wir die Gespräche über eine angemessene Entschädigungszahlung dennoch fortsetzen würden. Uns ging es damals um einen Betrag von 100 Millionen Dollar – wovon er nichts hören wollte …

Ich möchte hinzufügen, daß in all dieser Zeit unsere Treffen mit den amerikanischen Botschaftern, die damals in die DDR kamen, sowie mit dem State Department und dazu der Versuch, die DDR unter Druck zu setzen, unseren Forderungen zu entsprechen, ehrlich gesagt keinerlei positive Ergebnisse brachten. Positiv war höchstens, daß die amerikanischen Außenminister uns immer wieder sagten: »Bleibt dran, immer mit der Ruhe, nur nicht ungeduldig werden.« Worauf wir erwiderten: »Die Menschen, denen wir helfen wollen, werden immer älter.« Denn das Geld, das die Claims Conference erhält, wird ja nicht in irgendeiner großen Schatzkammer gehortet, sondern es ist Geld, das zugunsten der Überlebenden gezahlt wird und an Einrichtungen geht, die Überlebenden helfen. Aber vergebens. Wir erreichten einfach nichts, und dann geschieht das Wunder, das Rad der Geschichte dreht sich weiter, die DDR ist am Ende, die Mauer fällt, in Ostdeutschland kommt für kurze Zeit, bis zur Wiedervereinigung, eine neue Regierung an die Macht. Wie Adenauer im Jahre 1951, gab de Maizière eine offizielle Erklärung ab, in der zum ersten Mal die Verantwortung übernommen wurde. Zu diesem Zeitpunkt nahmen wir mit der ostdeutschen Regierung Verhandlungen auf.

KAGAN: Entscheidend war damals vor allem, daß das demokratisch gewählte neue ostdeutsche Parlament die Resolution verabschiedete, die ein klares Bekenntnis zur Verantwortung Ostdeutschlands oder der DDR als Teil des Nachfolgerstaats des Dritten Reichs beinhaltete. Eine fürwahr historisch bedeutsame Aussage, nur blieb nicht mehr viel Zeit, diese in die Tat umzusetzen. Wie Sie wissen, begannen zur selben Zeit Verhandlungen mit dem Staat Israel um die Aufnahme diplomatischer Beziehungen zwischen der neuen Regierung der DDR und Israel. Wir standen damals in Kontakt mit der neuen Regierung, und für Anfang Juni 1990 war das Treffen anberaumt, bei dem Dr. Brozik, der Vertreter der Claims Conference in Deutschland, und ich einen Forderungskatalog vorlegten, der mehr oder weniger den Programmen entsprach, die in Westdeutschland beschlossen worden waren: Entschädigungszahlungen an Überlebende persönlich, Rückerstattung von Eigentum, die Definition von Eigentum etc. Dazu führten wir eingehende Gespräche mit einer Delegation, die das Außenministerium und einige andere einschlägige Ministerien vertrat und die sich zum Abschluß 30 oder 45 Tage Bedenkzeit erbat, in denen die Regierung unsere Forderungen oder Vorschläge abwägen wollte. Und dann, Anfang Juli, ging die DDR als eigenständiger Staat praktisch unter, denn mit der Einführung der Deutschen Mark und der totalen finanziellen und wirtschaftlichen Fusion gab es praktisch keine Regierung mehr im Osten. Demnach auch keine Regierung der eigenständigen DDR als Verhandlungspartner, so daß wir unsere Bemühungen auf die 2 + 4-Verhandlungen verlagern mußten, die die eigentliche Grundlage des vereinten Deutschlands und der vier Besatzungsmächte bildeten, um deren Beziehung zueinander ein für allemal festzuschreiben. Und unter diesem Aspekt verhandelten wir weiter, bis wir vom vereinten Deutschland die verbindliche Zusage erhielten, mit der Claims Conference zusätzliche Maßnahmen der Entschädigung auszuhandeln, die den Nazi-Opfern zugute kommen sollten, die keine oder nur eine kleine – geringfügige – Entschädigung erhalten hatten. Dies wurde im Artikel 2 einer Ergänzung zum Wiedervereinigungsvertrag Deutschlands festgehalten.

MILLER: Vielleicht darf ich noch hinzufügen, daß die Bundesregierung nach dem ursprünglichen Bundesentschädigungsgesetz verfuhr, sich aber weigerte, die Administration des Härteprogramms selbst zu übernehmen, obwohl sie die Kriterien festlegte. Da die Deutschen die Verwaltung nicht übernehmen wollten, kam unser Vorstand zu dem Schluß, daß uns nichts übrig bliebe als diese Aufgabe auf uns zu nehmen. Demnach hatten wir also den uns nach Artikel 2 zugestandenen Fonds zu verwalten, wir unterstützten damit Menschen, die sechs Monate lang im Konzentrationslager gewesen waren oder 18 Monate im Ghetto gelebt oder sich versteckt gehalten hatten und jetzt in Not waren. Es geht hierbei nicht um wohlhabende Leute mit gutem Einkommen, die meinen, als Überlebende einen Anspruch auf Entschädigung für Freiheitsberaubung zu haben, für die Qualen, die sie erleiden mußten, auch wenn sie mit dem Leben davongekommen sind. Nein, das Geld war vielmehr für bedürftige Menschen bestimmt, und die Verhandlungen waren nicht einfach. Unsere Kommission hatte 18 Monate lang verhandelt, um diese Vereinbarung zu erreichen. Als die Claims Conference kraft und namens der deutschen Regierung zusätzlich die Verwaltung des Härteprogramms übernahm, hieß das, zusätzlich zu den 5000 DM vier Prozent der ursprünglichen 400 Millionen DM zu verteilen, und zwar an Einrichtungen, die die Bedürfnisse von Überlebenden des Holocaust abdeckten – Alten- und Pflegeheime zum Beispiel. Man bedenkt gar nicht, daß viele Überlebende körperlich behindert sind; nicht nur das Alter läßt sie gebrechlich werden, sondern auch das Leid, das sie erfahren haben, als sie noch sehr viel jünger waren, und das sie zwar überlebt haben, das aber an ihnen gezehrt hat. Wir verwalteten also das gesamte Programm, nach ungemein strengen deutschen Richtlinien, und so, daß die Bundesrepublik jederzeit Einsicht in unsere Akten nehmen und sich vergewissern konnte, daß wir das Programm genauestens durchführten und noch immer durchführen. Vielleicht sollten wir auch ein Wort über die Rückgabe von Eigentum in der ehemaligen DDR verlieren. Per Gesetz haben Bundestag und Bundesrat uns zur Nachfolgeorganisation für unbeanspruchtes ehemaliges jüdisches Eigentum bestimmt, und jetzt ziehen wir vor die Entschädigungsbehörden und machen für die Claims Conference diese Eigentumsansprüche geltend.

KAGAN: Kurz nachdem der Wiedervereinigungsvertrag geschlossen worden war, trat in Deutschland ein Gesetz zur Wiedererlangung oder Rückerstattung von Eigentum in Kraft, das unter sowjetischem beziehungsweise DDR-Regime enteignet worden war. Da es sich im wesentlichen um ein Privatisierungsgesetz handelte, haben wir darauf bestanden, daß eine besondere Verfügung in dieses Gesetz aufgenommen wurde, die sich auf die Konfiszierung von Eigentum zwischen 1933 und 1945 bezog, einer Maßnahme der Nazis, derzufolge Juden ihren Besitz durch Enteignung verloren haben oder ihn zwangsverkaufen mußten. Dies eröffnete rechtmäßigen Eigentümern oder deren Erben die Möglichkeit, unter Berufung auf dieses Gesetz, das wir Eigentumsrückgabe-Gesetz nennen, ihre Ansprüche geltend zu machen, auch wenn es offiziell »Gesetz für offene Vermögensfragen« heißt. Entscheidend war, daß Privatpersonen oder die früheren Eigentümer oder deren Erben Anspruch auf Rückgabe erheben konnten. In bezug auf nicht geltend gemachtes Eigentum wurde natürlich nach dem gleichen Prinzip verfahren wie bereits 1947 im ersten Eigentumsrückgabe-Gesetz in der amerikanischen Zone in Deutschland festgelegt. Sie sehen daraus, wie wichtig solche Prinzipien sind. Der gleiche Grundsatz wurde in dieses (neue) Gesetz eingebaut und, wie Dr. Miller bereits erwähnte, für diesen Fall die Claims Conference als Nachfolgeorganisation bestimmt – die in dieser Eigenschaft viele Anträge auf jedweden Besitz stellte, der als einstmals jüdisch erachtet wurde. Jeder dieser Anträge mußte einzeln eingereicht werden, wir mußten jeden Antrag gesondert bearbeiten, mußten nachweisen, daß es sich a) um jüdischen Besitz handelt und b) daß er zwangsverkauft werden mußte oder enteignet wurde. Vom Erlös aus dem Verkauf solchen Eigentums unterstützt die Claims Conference großangelegte Programme für Sozialeinrichtungen, die notleidende Überlebende des Holocaust unterstützen; sie gewährt finanzielle Unterstützung und hilft zum Beispiel denen, die auf häusliche Pflege angewiesen sind. Ein gewisser Betrag aus diesem Fonds geht auch an Projekte in Verbindung mit Forschung, Dokumentation und Aufklärung über den Holocaust. Die Nachfolgeorganisation wird von Dr. Brozik aus Frankfurt geleitet.

MILLER: Bleibt vielleicht noch zu sagen, daß das eine oder andere von diesem Eigentum Gemeindeeigentum ist. Mit dem Zentralrat kamen wir überein, daß dort, wo es jüdische Gemeinden gibt – sagen wir in Leipzig oder Dresden oder Ostberlin –, Grundbesitz, der für die Gemeinde gebraucht wird, für eine Synagoge oder eine Schule, an diese Gemeinde zurückgegeben wird. Wo aber keine Juden mehr leben oder nur noch wenige, und das Gemeindeeigentum somit nicht voll genutzt wird, sollte der Besitz veräußert oder aber eine entsprechende Entschädigung gezahlt werden, wenn er nicht mehr verfügbar ist, wenn dort beispielsweise ein Park angelegt wurde oder was auch immer. 30 Prozent des Erlöses sollten dann an den Zentralrat gehen und 70 Prozent in den Fonds der Claims Conference, für Hilfsmaßnahmen für die Überlebenden in aller Welt. Vor allem in Israel, wo der Großteil dieser Überlebenden eine neue Heimat gefunden hat, haben wir den Sozialstationen aus diesen Entschädigungszahlungen mehr als 3000 Spezialbetten für alte Menschen beigesteuert, denn die Menschen sind mittlerweile alt und auf diese Einrichtungen angewiesen; wir haben dort bei der Errichtung von Tagespflege-Zentren mitgeholfen und sind auch gelegentlich für Kosten aufgekommen, die von den Krankenkassen in Israel nicht übernommen werden – für Hörgeräte oder Implantate oder orthopädische Hilfsmittel. Dafür gibt es einen eigenen Fonds. Auch für die jüdischen Überlebenden in den USA. Wir sind demnach so etwas wie die Begründer von Sozialeinrichtungen für die älteren Überlebenden in aller Welt.

Zurück zu den Verhandlungen als solchen. Was mich vor allem interessiert, ist, in welcher Atmosphäre Ihr Treffen und die Verhandlungen mit Honecker und Lothar de Maizière stattfanden, Ihr Zugehen aufeinander.

MILLER: Ich fange mit Honecker an. Er war recht freundlich, die Atmosphäre war angenehm, ich war, ehrlich gesagt, überrascht, tags darauf ein Foto von mir und Herrn Honecker in der deutschen Zeitung zu entdecken.

KAGAN: Im *Neuen Deutschland*.

MILLER: *Neues Deutschland*. Ich glaube, ihm lag daran, die DDR als ein Land hinzustellen, das durchaus als zivilisiert anzusehen war, als Teil der zivilisierten Welt. Er meinte wohl, sich im Gespräch nicht unbedingt auf seine Taktik des starken Arms berufen zu müssen, denn er gab sich so charmant, wie das wohl die meisten, die mit ihm zusammentrafen, niemals für möglich gehalten hätten. Was die DDR-Führung Besuchern klarzumachen versuchte, war stets folgendes: Wir haben Wiedergutmachung geleistet, wir sind keine Faschisten, wir behandeln unsere Juden gut, Sie können sich selbst ein Bild von den hier lebenden deutschen Juden machen. Wir fuhren mit Privatautos, die uns die Regierung zur Verfügung stellte, nach Weimar, wo wir auch übernachteten, so daß wir ausreichend Zeit für einen Besuch in Buchenwald hatten, und das DDR-Fernsehen berichtete darüber. Die einzige Bedingung, die ich stellte, war, während meines Gebets nicht gefilmt zu werden, aber alles andere von dem Besuch wurde übertragen. Honecker nutzte das gewissermaßen als Propaganda für sich und die DDR aus. Als es dann aber darum ging, Nägel mit Köpfen zu machen, bissen wir auf Granit …

War Ihnen bei Ihren Verhandlungen mit Honecker nicht be-
wußt, daß man Sie sozusagen als antisemitisches Klischee
für eigene Zwecke mißbrauchte?
MILLER: Natürlich, aber eine Alternative gab es nicht. Man trifft
sich eben und versucht etwas zu erreichen. Dr. Goldmann wollte
immer mit Honecker zusammentreffen, er glaubte, ihn wie Adenauer im Gespräch überzeugen zu können. Ich habe immer gesagt, Adenauer sei eine Ausnahmeerscheinung, aber eher gelingt
es Ihnen, Dr. Goldmann, einen Mann wie Adenauer zu überzeugen als einen Honecker. Mir war durchaus bewußt, daß wir benutzt und mißbraucht wurden, aber mir war auch klar, daß dies
die einzige Möglichkeit war, unser Anliegen zu verfechten.

Von deutscher Seite gibt es heute manchmal die Auffassung:
Jetzt kommen die Juden wieder daher und wollen wieder an
unser Geld. Wie gehen Sie bei Ihren Verhandlungen damit
um?
MILLER: Wir führen unsere Verhandlungen nur mit dem Ver-
handlungskomitee, nicht mit der deutschen Bevölkerung. Aber
man kann sagen, daß sich dieses Komitee, das für das politische
Establishment steht, Sorgen darüber macht, wie seine Handlungen bei den Wählern ankommen. Wir haben es hier mit einer
moralischen Frage zu tun, und hier muß mit allem moralischen
Nachdruck darauf hingewiesen werden, daß viele der Überlebenden in erbärmlichen Verhältnissen leben müssen. Und das
wegen der Deutschen, wegen der von ihnen verursachten Ereignisse. Wir sprechen hier nicht von Schuld, aber wir sprechen
von Verantwortung. Die Deutschen haben die Verantwortung
für die alten Leute in ihrem Land, und sie akzeptieren diese
Verantwortung auch, indem sie ihnen eine Rente zahlen – und
zwar nicht nur den Menschen, die in ihrem Land geblieben
sind, sondern auch denen, die im Ausland leben und Ansprüche
an ihr Sozialsystem haben. Die Überlebenden des Holocaust haben einen moralischen historischen Anspruch an die deutsche
Regierung. Ich habe Ihnen ja ganz offen gesagt, wie viele Menschen davon betroffen sind, und die Summen, die sie erhalten
sollen, sind gering. Nur wenn man es zusammenzählt, scheint
es eine Menge Geld zu sein. Aber wir sprechen hier von 250
oder höchstens 500 Mark im Monat, das sind keine Unsummen,

und die Menschen, die sie bekommen sollen, benötigen sie dringend.

KAGAN: Es ist klar, daß die Verpflichtungen, welche die Bundesregierung mit den Entschädigungszahlungen eingeht, zeitlich begrenzt sind und in relativ kurzer Zeit nicht mehr bestehen werden. Wenn man in diesem Zusammenhang einmal den deutschen Gesamthaushalt ansieht, so kann man selbst in einer Zeit leerer Sozialkassen sagen, daß die Summe der Entschädigungen, die sich sowohl nach dem bestehenden Bundesentschädigungsgesetz als auch aufgrund der beiden von uns geforderten Maßnahmen ergibt, noch immer nur einen sehr kleinen Teil des gesamten Sozialhaushalts der Bundesrepublik Deutschland ausmacht. Ich möchte jetzt nicht allzu sehr darauf herumreiten, aber das Geld, das heute als Renten an ehemalige deutsche Soldaten bezahlt wird – darunter auch an Veteranen von SS-Verbänden –, übersteigt bei weitem die Summe, die Überlebende des Holocaust als Entschädigung erhalten. Und die 250 Mark monatlich, die manche dieser Überlebenden in Osteuropa bezahlt bekommen, sind weniger als die durchschnittliche Rente, die Ukrainer und andere ausländische SS-Angehörige von Deutschland erhalten. Allein aus Gründen der Moral, der Gerechtigkeit und der Gleichbehandlung wären die Zahlungen für die Überlebenden, die zudem in materieller Not sind, enorm wichtig, aber sie stellen auch eine Verpflichtung für die Bundesrepublik Deutschland dar, die diese in Anbetracht ihrer historischen Verantwortung nicht auf die leichte Schulter nehmen sollte.

Ich danke Ihnen für dieses Gespräch.

(Das Gespräch wurde auf Englisch geführt. Übersetzung von Thomas A. Merk und Veronika Cordes.)

Benjamin Ferencz

»WAS VERLANGT MAN FÜR SECHS MILLIONEN TOTE?«

Die Begegnung mit Benjamin Ferencz gehört für mich zu den spannendsten Augenblicken der gesamten Recherche zu diesem Buch. Ende der vierziger Jahre, nachdem er als GI nach Deutschland gekommen war und mit seiner Einheit mehrere Konzentrationslager befreit hatte, war Ferencz mit nur 27 Jahren Chefankläger im Nürnberger Einsatzgruppenprozeß. Seine Erlebnisse aus dieser Zeit machten den Juristen und Harvard-Absolventen zu einem vehementen Verfechter der Menschenrechte. Ferencz arbeitete als Leiter der Jewish Restitution Successors Organisation und später als Verhandlungsführer der Claims Conference viele Jahre im Bereich der Entschädigungszahlungen an das jüdische Volk. Als ich ihn 1998 in seinem Haus in New Rochelle bei New York besuchte, feierte er gerade einen persönlichen Triumph. Soeben war in Rom die Gründung eines internationalen Gerichtshofs für die Verfolgung von Verbrechen gegen die Menschlichkeit beschlossen worden, in dessen Statuten auch die Zahlung von Reparationen und Entschädigungen an die Opfer von Kriegsverbrechen aufgenommen wurde. Es ist dem kleinen, energischen Mann zu verdanken, daß es dazu kam. Denn in den vergangenen 50 Jahren setzte er sich immer wieder dafür ein, daß Kriegsverbrecher für ihre Taten auch finanziell belangt werden können.

Ferencz stammt aus Transsylvanien, kam aber bereits als kleines Kind in die USA. Sein gemütliches Arbeitszimmer gibt den Blick auf einen idyllischen Garten frei. In den Regalen finden sich, neben zahlreichen Folianten zur Rechtsgeschichte und Rechtsfragen, Dutzende von Büchern, die er im Laufe seines Lebens geschrieben hat. Sie zeugen von einem unermüdlichen Arbeitseifer. Ferencz, der witzig und spritzig erzählt und immer wieder eine amüsante Anekdote einfließen läßt, ist ein sehr gefühlsbetonter Mensch. Unser Gespräch wurde immer wieder durch seine nach wie vor heftige Erschütterung unterbrochen, wenn er auf den Holocaust zu sprechen kam. Mitten im Satz konnte er dann nicht mehr weitersprechen, er begann zu weinen oder zu schweigen. Diese bewegenden und stillen Momente gehören zu den stärksten Augenblicken unserer Begegnung. Als ich ihn nach meinem zweiten Besuch fragte, was ihn denn sein ganzes Leben angetrieben habe, antwortete er sehr ernst: »Ich muß die Welt retten«.

Mr. Ferencz, Sie haben sich als erster um die Durchsetzung der materiellen Ansprüche der Juden bemüht, vor allem im Rahmen der Jewish Restitution Successors Organisation. Könnten Sie uns sagen, wie Sie dazu kamen und welches die treibende Kraft hinter diesem Unternehmen war?

Das war ziemlich interessant. Ich hatte gerade den »Einsatzgruppen-Fall« hinter mir, bei dem ich während der Nürnberger Prozesse als Ankläger fungierte. Und da wurde ich von einem Vertreter des American Joint Distribution Committee angesprochen – dem Joint, das sich in Paris befand. Das ist die größte jüdische Organisation der Welt, die sich bemüht, bedürftigen Juden zu helfen – wo auch immer. Sie haben mich eingeladen, nach Paris zu kommen, um den Chef der Organisation zu treffen. Dr. Schwartz, der Leiter, ein Rabbi, sagte zu mir: »Wir sehen es als unsere moralische Pflicht an, uns um die Rückerstattung des Eigentums zu kümmern, das man den ermordeten Juden geraubt hat. Nachdem Sie ja wissen, was mit den Juden passiert ist und an der strafrechtlichen Verfolgung der Mörder und der Befreiung der Lager beteiligt waren, sind Sie mit der Geschichte vertraut. Wir glauben zwar nicht, daß was dabei rauskommt und haben im Grunde auch kein Geld, aber wir meinen, daß wir es versuchen müssen.« – »Das muß ich mit meiner Frau besprechen«, sagte ich. Wir standen eben im Begriff, in die Staaten zurückzukehren, wo ich als Anwalt praktizieren wollte, ich war ja frisch vom Studium weg zur Armee gegangen. Meine Frau fragte mich: »Wie lange sollst du denn bleiben?« Ich sagte: »Es wurde von zwei Jahren geredet.« Worauf meine Frau meinte: »Dann schaffst du es in einem Jahr. Du kannst das nicht ablehnen!« Sie kam selber aus Siebenbürgen und brachte mir daher viel Verständnis entgegen. Also sagte ich zu und wurde der erste Angestellte der Jewish Restitution Successors Organisation, die man entsprechend einer Verordnung der Militärregierung beauftragt hatte, verwaistes jüdisches Eigentum, auf das niemand Anspruch erhob, sicherzustellen. Da man den Deutschen mit langen Titeln imponieren konnte, nannte ich mich »Generaldirektor der JRSO«. So hat alles begonnen.

Aber es gab auch noch andere Aspekte.

Gemäß der 3. Verordnung des 59. Gesetzes der Militärregierung mußte diese JRSO, die die Deutschen IRSO nannten, sämtliche Eigentumsansprüche bis zum Einreichungstermin, das hieß bis zum Jahresende, also Ende Dezember 1947, geltend machen. Ich hatte folglich nur drei Monate Zeit, um sämtliche Eigentumswerte ausfindig zu machen. Zunächst mal brauchte ich Helfer, Geld, also ging ich zu General Clay, dem Militärgouverneur von Westdeutschland, der in Berlin saß. »Wir haben nur drei Monate Zeit«, sagte ich zu ihm, »ich habe keine Leute, ich brauche eine Verlängerung für dieses Gesetz.« Er wollte jedoch keine Verlängerung. Er wollte das so schnell wie möglich durchziehen. Darin sah er die einzige Möglichkeit, zu einer Versöhnung mit den Deutschen zu kommen. »Kann ich Geld aus den Besatzungsfonds haben?« beharrte ich. »Sie können doch nicht erwarten, daß eine jüdische Organisation Geld in so was steckt.« Worauf er meinte: »Aus den Besatzungsfonds können Sie nichts haben, die Russen werden niemals zustimmen, und bei den anderen habe ich auch meine Zweifel.« Ich sagte: »Was halten Sie davon, wenn ich es nur aus dem amerikanischen Teil des Besatzungsfonds nehme? – Ich zahle es dann zurück, sobald das Eigentum zurückerstattet ist. Ist das auf legalem Wege machbar? Ich hab' da ein Memorandum, in dem steht, daß das geht.« Er sagte: »Okay, wenn Sie ein Memo haben, dann reden Sie mit unserem Mann für die Finanzen.«

»Ich werd's versuchen«, sagte ich, und wenn ich's nicht kriege, komme ich zurück.« – »Wieviel brauchen Sie?« fragte der zuständige Mann. »Eine Million Mark«, sagte ich. Das ist, als würde man heutzutage zehn Millionen Dollar verlangen ... Aber es war ja nicht sein Geld. Ihm war es egal. Und er unterschrieb die Papiere. Voilà, nun hatten wir schon mal eine Million Mark. Als nächstes kam dann Saul Kagan dazu, den ich engagierte.

Und dann hab' ich meine Ermittler auf jedes Grundbuch in Deutschland angesetzt, damit sie sich jeden jüdischen Namen herausschrieben, bei dem nach 1933 eine Eigentumsübertragung stattgefunden hatte. Auch die Deutschen hatte die Militärregierung aufgefordert, alle Informationen, die sie über gestohlenes jüdisches Eigentum besaßen, weiterzugeben. Diese Meldungen lagen mir ebenfalls vor.

Und dann haben wir die Berichte genommen und rund um die Uhr geschuftet, ich acht Stunden, Saul Kagan acht, und unser dritter Mann, George Weiss, der nicht mehr am Leben ist, hat ebenfalls acht gemacht. Als der endgültige Einreichungstermin näherrückte, stapelten wir die Anträge in einen Krankenwagen der US-Armee, und ich habe sie in die Nähe von Nauheim gefahren, wo die Ansprüche registriert wurden; es waren 163 000 Anträge auf gestohlenes jüdisches Eigentum. Im Rückblick glaube ich, daß wir wirklich alle Ansprüche geltend gemacht haben. Ich bin nie auf etwas gestoßen, für das wir keinen Antrag gestellt hätten. Die Sache ließ sich also ziemlich gut an.

Dann natürlich wurde es komplizierter. Man mußte seinen Anspruch gegenüber dem Neueigentümer anmelden. Dieser neue Eigentümer konnte ein Begünstigter sein, der es vielleicht aus dritter Hand erworben haben. Und er behauptete unweigerlich: Er habe eine Hypothek aufgenommen, das Dach neu decken lassen, den Boiler repariert ... Oder er sagte: »Wer sind Sie eigentlich? Ich hab' meinem Freund ›Marius Cohn‹ bei seiner Ausreise nach Israel oder nach Amerika einen Gefallen getan, *er* hat keinen Antrag gestellt. Was bilden Sie sich eigentlich ein, einfach herzukommen und zu sagen, daß Sie das zurückhaben wollen?« – Wir waren also sofort mit Widerständen konfrontiert, mit Problemen und vor allem einer Sache, die sich besonders verheerend auswirkte: der Währungsreform in Deutschland.

In juristischer Hinsicht war dabei vor allem die Frage interessant: Wer trägt das Risiko der Währungsreform? Der Deutsche, der gedacht hatte, er habe in eine Immobilie investiert, oder der frühere jüdische Eigentümer, der gezwungen war, das Geld zu nehmen und zu verschwinden oder den Großteil davon den deutschen Behörden zu überlassen. Meiner Ansicht nach mußte eine korrekte juristische Entscheidung dahingehend lauten, daß das Risiko vom deutschen Käufer der Immobilie zu tragen ist, der ja wußte, daß er sich an einer Transaktion beteiligte, bei der der Verkäufer unter illegalen Umständen um sein Eigentum kam. So gesehen erschien es mir doch sehr viel fairer, daß *er* das Risiko trug – und nicht ausgerechnet das Opfer. Wir haben diesen Fall über sämtliche Instanzen durchgefochten. Und genau in diesem Sinne habe ich vor dem Berufungsgericht für Rückgabeforderungen argumentiert – und den Prozeß gewonnen. Wäre die Entscheidung anders ausgefallen, hätte es kein Wiedergutmachungsprogramm in Deutschland gegeben.

Die korrekte Anwendung juristischer Prinzipien, wie ich sie aus meinem Studium kannte, führte jedoch bei der Anwendung auf die deutsche Situation zu ungeheurer Feindseligkeit und auch Unverständnis bei den Deutschen, die sich im Besitz jüdischen Eigentums befanden. Und folglich haben sie die Entscheidung bekämpft, und zwar durch sämtliche Instanzen. Auch politisch haben sie sie bekämpft. Da war beispielsweise die Tante eines in Stuttgart stationierten amerikanischen Generals. Offenbar hatte sie einen Preis bezahlt, der dem jüdischen Verkäufer – der auch niemals Rückerstattung beantragte – fair erschien. Die JRSO als Rechtsnachfolgerin in bezug auf das nichtbeanspruchte, verwaiste Eigentum stellte also den Antrag.

Die Frau wandte sich an ihren Verwandten, den amerikanischen General, und erklärte: »Ich werde von einer jüdischen Organisation verfolgt.« Der rief mich nun an und sagte: »Was wollen Sie denn, meine Tante war immer gegen die Nazis und hat unter ihnen gelitten, was rücken Sie ihr wegen dieser Eigentumssache auf den Pelz?« Worauf ich erwiderte: »Es tut mir leid, aber ich halte mich nur an die Gesetze der Militärregierung, das Gesetz sieht die Rückgabe vor, und sie bekommt zurück, was sie bezahlt hat, nach der Währungsumstellung also ein Zehntel und nicht mehr.« Er rief McCloy, den Hochkommissar, an, beschwerte sich bei ihm und meinte: »Ich hab' hier einen Burschen, den müssen Sie feuern, der will meine Tante belangen, die immer eine Nazigegnerin war.« McCloy – auch er war ein Harvard-Jurist – rief mich an. Ich sagte: »Mr. McCloy, ich halte mich nur an das Gesetz, und es ist mir egal, wenn jenem General das nicht gefällt.« Aber das ist nur ein Beispiel für den Druck, der auf uns ausgeübt wurde. Doch lange konnte das nicht gutgehen. Auf diese Weise produzierten wir nur noch mehr Antisemitismus, ging noch mehr Zeit verloren, und vor allem Zeit war der entscheidende Faktor, da die DPs ja noch immer in den Lagern hockten … Wir brauchten dringend Geld. Also verlegte ich mich auf umfassendere Vereinbarungen. Die erste kam in Hessen zustande; die Länder hatten ihre eigene Gerichtsbarkeit, wir mußten unsere Ansprüche gegenüber jedem Land separat aushandeln. Im wesentlichen war es dann so: Wir bekamen sofort einen bestimmten Betrag, traten unsere Ansprüche an das Land ab, und dieses machte dann den individuellen Anspruch gegenüber dem deutschen Eigentümer geltend. Was immer das Land dabei für sich aushandelte, durfte es behalten. Das erschien mir angemessen, denn durch die Schaffung einer Nachfolgeorganisation wollten wir ja vermeiden, daß der Staat, der all diese Verbrechen begangen hatte, von den Falschen profitierte. Auch das ist ein grundlegendes Rechtsprinzip. Wenn man einen Menschen umbringt, hat man nicht das Recht, sein Eigentum zu behalten. Das war unser Motiv für die Wiedergutmachung. – Im Grunde war dies ein fairer Handel. Und der Vorteil war, daß sie uns das Geld sofort gegeben haben. Das war uns damals mehr wert als zehn oder zwanzig Jahre lang gegen Deutschland zu prozessieren und all die damit zwangsläufig verbundenen Animositäten hervorzurufen.

Wie haben Sie das bei der Claims Conference fortgesetzt? Und aufgrund welcher Entwicklungen kamen Sie von der JRSO zur CC?

Die Arbeit der JRSO war ja schon im Gange, als das Problem der

Anerkennung der deutschen Unabhängigkeit auf den Plan trat. Zu diesem Zeitpunkt vertraten vor allem die amerikanischen jüdischen Organisationen, die von Nahum Goldmann, dem Vorsitzenden und Erfinder des World Jewish Congress organisiert und geleitet wurden, den Standpunkt, daß Deutschland seine Souveränität nicht wiedererhalten und neuerlich in die Staatenfamilie aufgenommen werden sollte, ehe es einen ernsthaften Versuch unternommen hatte, die Überlebenden der Naziverfolgung zu entschädigen. Dieser Anspruch war ein berechtigter.

Das Problem auf jüdischer Seite: Man spricht nicht von Geld, wenn es um die Toten geht. Manche Gruppen wollten diese Verhandlungen unbedingt vermeiden.

Goldmann wollte eine Absicherung, daß die Deutschen einwilligen werden. Denn es wäre am schlimmsten gewesen, die Mörder um Geld zu fragen und nichts zu kriegen. So vereinbarten sie mit Adenauer ein Treffen. Vorbereitet wurde die Verhandlung in London. Ich war eingeladen, weil ich der einzige Experte in Sachen Wiedergutmachung war und die Amerikaner kannte. Das war wichtig, denn Deutschland war vollkommen zerstört. Die Deutschen hatten Hunger, der Marshall-Plan erhielt sie am Leben. Da konnte man nicht eine Milliarde verlangen. Das Geld konnte also nur von den Amerikanern kommen, sie unterstützten Deutschland. So war der Kontakt mit den Amerikanern sehr wichtig.

Doch was verlangt man für sechs Millionen Tote?

Niemand kannte die Antwort. Die Konsequenz ist: Man verlangt nichts, weil man Menschen nicht in ihrem Wert messen kann. Man kann schätzen, die Lebenserwartung, das Einkommen, die Versorgungsansprüche. Wir fragten uns: Wie kann man Angst messen? Oder: Wieviel ist ein Tag in Auschwitz oder Dachau wert? Oder: Wie mißt man die Verkrüppelungen? – Wenn man versucht, das in Gesetze zu fassen, kann man das Ausmaß der Verletzungen nicht erfassen. Sie können kein Opfer befriedigen.

Dies waren die Probleme – sorry, daß ich so emotional reagiere, ich bin traumatisiert von meinen Erlebnissen in Deutschland.

Dies waren die rechtlichen, moralischen, philosophischen Probleme, die wir in London behandelten als Vorbereitung auf Wassenaar.

Ich möchte gerne eine Anekdote erzählen von damals, als ich

heimlich nach Holland kam. Ich flog nach Holland und wurde dort von einem Mann in einem schwarzen Wagen abgeholt. Wir fuhren die Straßen entlang, bis wir irgendwo eine Abzweigung nach Wassenaar nahmen. Als wir dort ankamen, sah ich plötzlich SS-Männer mit Hunden um das Schloß in Wassenaar. Ich dachte: Jetzt haben sie mich doch, das ist eine Falle! Aber dann merkte ich, daß ein Streifen an der Seite der Uniformhosen fehlte. Ich wußte nicht, daß die holländische Polizei die gleichen schwarzen Uniformen hatte wie die SS. Daran können Sie sehen, welche Anspannung und Atmosphäre damals herrschte.

Bei Verhandlungsbeginn gab es keine Feierlichkeiten. Beim ersten Treffen gab man sich nicht die Hand. Die Deutschen saßen auf einer Seite, wir auf der anderen. Dann war es aber so, daß Georg Landauer aus unserer Delegation einen Deutschen noch aus seiner Berliner Zeit kannte. Er wußte, daß jener Mann ein Anti-Nazi war, und sie gaben sich heimlich unter dem Tisch die Hand, das sah aber keiner ...

Es war eine gespannte Atmosphäre. Allen war klar, daß dies ein historischer Moment war. Es war das erste Mal, daß organisiertes Judentum mit den Nachfolgern der Nazis über Entschädigung sprach. Und es war schwer, mit den Deutschen zu verhandeln. Die Leute wollten das richtige tun, aber es gab keinen Präzedenzfall, und Deutschland hatte kein Geld. Finanzminister Schäffer sagte: »Wir müssen erst Deutschland aufbauen, dann können wir etwas tun.« – Wenn ich heute zurückblicke und feststelle, daß Westdeutschland über 100 Milliarden D-Mark an die Nazi-Opfer gezahlt hat, dann ist das bemerkenswert, es ist nicht adäquat, aber das gab es ja noch nie zuvor. Damals wäre ein Zehntel davon viel gewesen.

Sie hatten Ärger mit der neuen Führung der wiederaufgebauten jüdischen Gemeinde in Deutschland ...
Die jüdischen Gemeinden wollten natürlich den Besitz zurück, den sie vorher hatten. Die Probleme: Die Militärregierung anerkannte nur die JRSO, und ich war deren Kopf. Ich wollte die Gemeinden mit dem ausstatten, was sie brauchten, um wachsen zu können. Wenn sie eine Synagoge brauchten, kriegten sie diese. Aber die Gemeinden waren entweder zerstört oder woanders wieder entstanden. Deswegen konnte man nicht mechanisch vorge-

hen. Es mußte daher in den gemeinsamen jüdischen Fonds gehen, von WJC und Jewish Agency, und die würden allen bedürftigen Juden helfen. Den Juden in Deutschland gefiel das natürlich nicht, und ich hatte Probleme mit van Dam, Galinski ... Wir endeten schließlich vor Gericht.

Ich hätte nie gedacht, daß ich einmal dort stehen würde, um gegen Juden zu klagen. Aber ich hatte eine Verantwortung gegenüber allen Überlebenden, nicht nur denen hier. Die JRSO wurde zum Nachfolger. Für die Verteilung des Fonds sorgte später die Claims Conference.

Doch egal, wie sehr wir uns stritten, Galinski hat einen großen Verdienst am Wiederaufbau der Berliner Gemeinde. Nicht alle waren so ehrlich wie er ...

Warum sind Sie eigentlich der Ansicht, es sei völlig okay für einen Juden, in Deutschland leben zu wollen – vor allem auch damals, direkt nach dem Krieg?

Man kann niemanden verurteilen, der schon viel gelitten hat und ihn auffordern, von einem relativ sicheren Platz wegzugehen nach Israel, wo damals Krieg war. Die Juden sind keine Helden, sondern Menschen, die genug gelitten haben. Ich würde sie nie dafür kritisieren, daß sie hier geblieben sind.

In mancher Hinsicht verstehe ich es. Deutschland war relativ zivilisiert, es gab Jobs, legale und illegale. Manche meinten, alles, was man kriegen kann, ist gut. Ich hatte damals Probleme mit dem Joint, der Care-Pakete an die Camps schickte. Ich kritisierte, daß er nur Zigaretten und Kaffee, Schwarzmarktprodukte also, sandte und beschuldigte ihn, Kriminelle aus den DPs zu machen. Warum schickte man nicht Suppendosen? Aber die meinten: Nein, sie bekommen dadurch mehr, auch wenn es nicht legal ist. Wir müssen tun, was wir können. Ich glaube, ich hatte damals unrecht und George Schwartz – der Kopf des Joint – hatte Recht. Er meinte: Später werden sie wieder ein normales Leben führen, jetzt muß man ihnen auf diese Weise helfen.

Ich habe es später an diesen Leuten gesehen: Sie wurden alle normal. Ihr Handeln, das damals ziemlich normal war, wurde zu jener Zeit als illegal gesehen. Wie kann ich sie also verurteilen? Wie wollen Sie sie verurteilen? Wie sollte irgend jemand sie dafür verurteilen?

In der Münchner Gemeinde gab es zwei Auffassungen, die moralistische und die andere eben: Wir können so unmoralisch sein, wie wir nur wollen, denn besser als die Deutschen sind wir allemal. – Haben Sie das auch bei den jüdischen Gemeindevorstehern erlebt? Wie sind Sie, beziehungsweise die Deutschen damit umgegangen?

Die Haltung der meisten Überlebenden war: Nach dem, was sie uns angetan haben, ist alles, was wir ihnen antun, nicht genug. Nur ein toter Deutscher ist ein guter Deutscher, das war ein Echo. Von einem menschlichen Standpunkt aus war das verständlich, aber nicht akzeptabel und nicht korrekt. Ich habe darüber geschrieben, es gab auch gute Deutsche, die Juden gerettet haben. Aber alle in einen Topf zu werfen, ist dieselbe Ungerechtigkeit wie unter Hitler.

Ich versuchte Moralprinzipien hochzuhalten, obwohl ich gelehrt wurde, daß Moral und Recht nicht dasselbe sind. Man kann doch ohne eine Moral keine Gesellschaft aufrechthalten oder eine Familie …

Die Deutschen lernten auch nur langsam. Damals in Nürnberg wollten sie sich auch die Einsatzgruppen-Fälle nicht anschauen. Sie meinten, wir haben auch gelitten, was geht uns das an? Die Justiz des Siegers! Die Sympathien waren eher bei den Verteidigern. Ich sah ein Foto von dem Begräbnis von SS-Führer Ollendorf, der zugegeben hat, 90 000 Juden ermordet zu haben. Auf seiner Beerdigung waren lauter Leute, die ihm mit dem Führergruß den »letzten Gruß« gaben.

Sie haben nichts gelernt von den Bomben, von der Konfrontation mit ihrem Verbrechen.

Die DP-Lager. Wir haben schon über die Auffassung gesprochen, daß ein Jude niemals schlechter sein kann als ein Deutscher, andererseits kam es hier zu einem regelrechten Wiedererblühen religiösen Lebens. Was für eine Atmosphäre hat dort geherrscht?

Dort waren Überlebende. Dafür brauchte man ein großes Talent. Sie haben alles gemacht, um zu überleben. Das war schon eine selektierte Gruppe von Menschen, die durch ihren »Witz« überlebt haben. Ihre jüdische Identität ist eine Art Rache: Ihr habt versucht uns zu töten, und es nicht erreicht. Kinder zu kriegen und zu heiraten war fast wie eine Panik. Dann die Religion wieder zu beleben, die nicht getötet werden konnte. Dieser religiöse Aspekt hatte zwei Facetten: Zurück zur Orthodoxie – das war eine Art Hitler zu besiegen und zu sagen: Wir lassen dich nicht gewinnen. Andererseits gab es die, die sagten: Es gibt keinen Gott.

Man kann das nicht generalisieren. Es ist eine Frage der Überlebenstechnik. Vielleicht ist das eine Erklärung.

Zu den materiellen Ansprüchen gegenüber der DDR. Sie waren an den Verhandlungen beteiligt …

Es gab keinen Grund, daß sich Ostdeutschland anders verhält als Westdeutschland. Nur weil dort eine kommunistische Regierung saß, hieß das nicht, daß sich die moralische Situation änderte. Das ist eine einfache rechtliche Sache. Aber die Leute der DDR sagten: Wir glauben nicht an Besitz, wir zahlen nicht. Auch als die Vereinten Nationen die DDR anerkennen wollten, haben die jüdischen Organisationen gesagt, daß das Land immer noch von dem gestohlenen jüdischen Besitz profitiere (nicht zu erwähnen: die Schweiz). Es gab eine Vereinbarung, daß das ausgehandelt wird, und ich wurde dafür ausgewählt. Die Verantwortlichen wollten nicht mal jemanden von den jüdischen Organisationen sehen. Sie sagten: Wir sind ein befreites Volk, alle Nazis sind im Westen. Schließlich – durch Druck – konnte ich mich mit den »antifaschistischen Widerstandskämpfern« treffen.

Wen trafen Sie in Ostberlin?

Den Kopf der antifaschistischen Widerstandskämpfer. Ähnlich wie bei dem Deal der Westdeutschen mit Israel schlug ich vor, daß sie Güter statt Geld geben sollten.

Die Ostdeutschen glaubten an eine Handelsvereinbarung; das war nicht der Fall. Wir wollten nicht ostdeutsche Produkte promoten. Von 1952 her rührt eine Vereinbarung, daß im Falle einer Wiedervereinigung dieselben Prinzipien von Entschädigung auf ganz Deutschland angewendet werden sollten wie zuvor auf den Westen. Jetzt gehen die Ostdeutschen durch diesen Prozeß, Besitz zurückzugeben. Die Juden, die im Osten getötet wurden, haben auch Anrecht auf Entschädigung. Das ist nicht nur ein jüdisches Problem, sondern ein generelles.

Es ist ein Versuch, das Geschehene wieder gutzumachen.

Noch mal zurück zu der Zeit, als Sie das Büro für die JRSO einrichteten. Sie hatten deutsche Sekretärinnen, Sie hatten auch deutsche Ermittler. Was waren das für Leute, wo haben Sie die gefunden?

Als ich die JRSO ins Leben rief, wurde ich noch als ein hochrangiger amerikanischer Militäroffizieller angesehen, durch die Prozesse in Nürnberg. Ich habe niemandem eingestellt ohne Nazi-Partei-Check. Ich habe niemandem getraut, außer Leuten aus Israel. Katzenstein, Schönfeld, alles jüdische Flüchtlinge, die zurückkamen. Weil ich jüdische Ansprüche vertrat, war ich damals sehr sensibel, nicht die Gefühle der Opfer zu verletzen, die kommen müßten, um ihre Ansprüche geltend zu machen.

Denken Sie nur an die Rede des amerikanischen Präsidenten in Bitburg. Elie Wiesel bat ihn, nicht dorthin zu gehen, und er ging doch. Da lagen SS-Offiziere. Es gibt eine Sensibilität der Überlebenden, die ich repektiere.

Sie haben mir mal eine Geschichte über Fulda erzählt…

Die Fulda-Story, ja! Als Direktor des JRSO war ich verantwortlich für das erbenlose Vermögen, auch die Gemeindebesitze. Friedhöfe waren da etwas Spezielles: Ein Friedhof durfte nicht entweiht, die Ruhe der Toten nicht gestört werden. Wenn ein Teil eines Friedhofs nicht für Beerdigungen benutzt wird, kann er verkauft werden, aber nicht für einen profanen Zweck. Kein Casino, Saloon. Ein Krankenhaus wäre o.k. Über die Grauzone hatte ein von mir gebildeter Rat aus drei Rabbis zu entscheiden.

In Fulda nun – es gab dort eine kleine jüdische Organisation – sollte ein Grundstück an die Stadt verkauft werden. Wir machten den Vertrag, er wurde unterschrieben. Zurück in den USA, hörte ich, es gibt ein Problem in Fulda: Die haben ein Gebäude gebaut und Knochen ausgegraben. Ich ließ die Arbeiten unterbrechen, und als ich ein paar Wochen später dorthin kam, stand da ein fünfstöckiges Haus als Zollhaus für die ostdeutsche Grenze. Ein Teil des Gebäudes war – gemäß dem Vertrag – über dem alten jüdischen Friedhof errichtet. Die Deutschen sagten, die gefundenen Knochen wären Hundeknochen, es gäbe keine Beweise, daß es Menschenknochen wären. Noch erbost von den Nürnberger Prozessen sagte ich: »Tell the bastard to tear the building down, violation of the contract, clear the area.«

Da kam eine Delegation von der jüdischen Gemeinde, die meinten, das könne ich nicht machen, es ist ein fünfstöckiges Haus, die haben Millionen dafür ausgegeben. Ich meinte: »Es ist eine Vertragsverletzung. Aber ich kann das meinem Rat vorlegen, wenn die anderer Meinung sind, ist es o.k.« Die Rabbis haben eine Lösung gefunden. Es heißt nicht: Ein Zollhaus darf nicht über dem Friedhof sein, es darf nur nicht *darauf* sein. Also mußte man das Gebäude hochheben. Und ich meinte: »Wie machen wir das? Das geht nicht. Also denkt noch mal nach.«

Dann hatte ein Genie die Idee: Man solle ein Bet Midrasch unter das Zollhaus bauen, auf den Friedhof, das ist o.k. So haben wir eine Gebetsstube im Souterrain dieses Hauses, das Bethaus unter das Zollhaus gebaut.

Rabbi Miller und Saul Kagan haben mir erzählt, daß Sie einen Scheck über eine Million Dollar von der DDR annehmen wollten. Warum?

Weil ich – es war eine ziemlich heiße Sache – bei den Verhandlungen Mitte der siebziger Jahre über Wiedergutmachungszahlungen plötzlich einen Wahnsinnsempfang in der DDR hatte. Die wollten unbedingt diesen Scheck loswerden, einen Scheck über eine Million Dollar für die Holocaust-Opfer in den USA, ohne daß das Wiedergutmachung wäre.

Ich sagte, daß ich damit zu Hause ein Problem haben werde. Sie bestanden aber darauf, den Scheck zu schicken. Ich sprach mit Goldmann. Ich sagte zu ihm: »Wenn wir das nicht nehmen, wird alles platzen, die werden mich umbringen! Laß uns das Geld annehmen, es hat ja nichts mit den Claims zu tun. Es ist eine Geste ihrer Willigkeit und hoffentlich geht es weiter.« Goldmann sagte: »No way.« Galinski war wütend auf mich, ich versteckte mich. Die Presse war aufgebracht.

Ein Repräsentant der Claims Conference war hier und gab die Million einfach zurück, die Rückgabe war von Kagan unterschrieben. Das war natürlich eine ziemliche Geste, den Scheck zurückzugeben. Wir bekamen nie etwas von den Ostdeutschen. Ich hätte das Geld damals genommen, ich denke immer noch, es war ein Fehler. Sie sprachen jahrelang nicht mehr mit mir. Es hat uns nichts geholfen.

Eine persönliche Frage: Was hat Sie angetrieben?

Das frage ich mich auch. Und andere, auch meine Frau. Ich antworte oft mit einem Scherz: Wenn ich in einen Raum komme, heißt es: »Look who's coming, oh God!«

Aber ernsthaft: Ich bin durch ein Trauma getrieben. Ich habe solchen Horror gesehen, daß ich nicht ruhen kann, bis ich tue, was ich kann, für eine bessere Welt. Das ist hart für meine Umwelt. Jetzt beschränke ich mich auf die Bemühungen für einen Weltgerichtshof. Um die vor Gericht zu bringen, die Genozid, Massenvergewaltigungen und Verbrechen gegen die Menschlichkeit begehen. Es gibt keinen Gerichtshof dafür. In Rom wurde am 17. Juli 1998 beschlossen, solch ein Gericht ins Leben zu rufen. *The determination, that it must be a better world is what drives me.* Die Hoffnung, daß ich etwas tun kann. Ich habe keine Wahl. Ich kann diese Welt nicht akzeptieren.

Haben Sie eigentlich Philipp Auerbach gekannt? Was war das für ein Mensch?

Ja, ich habe Auerbach gekannt, er war ein sehr interessanter Mensch: extravagant, schillernd, voller Phantasie – und schizophren.

Weshalb?

Er litt unter Einbildungen, bildete sich etwa ein, daß er eine Ausstellung aller von Hitler konfiszierten und im Braunen Haus in München aufbewahrten Gemälde machen könnte. Er wollte eine Wanderausstellung quer durch die Vereinigten Staaten machen und mit dem Geld die Wiedergutmachung finanzieren. Er bat mich um Unterstützung; ich war der Direktor der JRSO. Und dann hab' ich Nachforschungen angestellt, und es gab kein Schiff, kein Museum. Es war alles nur Phantasterei. Das ist nur *ein* Beispiel für diesen Mann, der so oft geträumt hat.

Wie beurteilten Sie seine Arbeit in Düsseldorf und München? War er seriös in seinen Absichten?

Schwer zu sagen. Von Düsseldorf weiß ich nichts. Aber in München, wo er für die Wiedergutmachung in Bayern verantwortlich war, habe ich ihn als einen im Grunde ehrlichen Menschen erlebt, hätte ihn nie als vorsätzlichen Betrüger betrachtet. Seine Absichten waren gut, aber er war eben kein Bürokrat. Wenn ein Naziopfer, das schwer gelitten hatte, zu ihm kam – und es war ja sehr kompliziert, an Geld zu kommen –, dann fand Auerbach eine

Möglichkeit, ihm sofort zu helfen. Das war es wohl, was später zu Problemen führte. Was aber seine Motivation angeht, so hat er wohl einfach den Naziopfern helfen wollen.

Inwieweit können Sie die gegen sein Büro vorgebrachten Beschuldigungen nachvollziehen?

Ich habe das nicht allzu genau verfolgt. Ich wußte, daß es Unregelmäßigkeiten gab und daß die bayerischen Behörden alle Zahlungen eingestellt hatten. Allein das war eine Katastrophe, weil die Opfer sehr bedürftig waren, viele noch immer in Lagern lebten – und nun wurden ihre Ansprüche verschleppt. Bestraft wurden die Opfer, nicht die Schuldigen.

Was hielten Sie von den Vorwürfen an sich? Gab es da einen antisemitischen Hintergrund?

Sicherlich. Vergessen Sie nicht, wann das war und wo wir waren! Bayern war eine Brutstätte, das Zentrum der Hitlerei, hier unterstützte man ihn, kannte seine Politik und sein Programm, und es war immer ein politisch konservatives Land gewesen, so daß derartige Vorkommnisse in München einfach desaströs waren. Wäre das in Berlin passiert, hätte man eher einen Ausweg gefunden. Ich bin mir sicher, daß die Deutschen mit den Fingern auf die DPs deuteten, die waren nämlich äußerst unbeliebt, und Bayern war voller Flüchtlingslager. Und einige der Aktivitäten, in die Juden dort verwickelt waren, waren nicht die ehrlichsten. Dafür hatten die Deutschen kein Verständnis. Schwarzmarktgeschäfte waren zwar an der Tagesordnung, die Leute in den Lagern aber hatten nichts außer einer Tätowierung am Arm, hatten nichts, um sich was Neues aufzubauen. Sie warteten nicht ab, wie die Militärregierung gegen Kriminelle vorgehen würde; sie hatten überlebt, weil sie Überlebenskünstler waren, und mußten, um zu überleben, alles mögliche ausprobieren. Und all das kam in Bayern besonders zum Tragen, weil hier so viele Flüchtlinge konzentriert waren und die Haltung eines Großteils der Bevölkerung antisemitisch geprägt war.

Haben Sie den Prozeß gegen Auerbach verfolgt?

Nur von ferne. Es hat mich nicht überrascht. Da er so extravagant war, versuchte ich, ihn in ein konservativeres Fahrwasser zu schleusen, aber ein Mensch wie er, der die Bürokratie so verachtete und so wenig Gespür für juristische Notwendigkeiten hatte, mußte ja geradezu zwangsläufig in Schwulitäten geraten, und letztendlich ist es ja auch so gekommen, und es gab keinen Ausweg mehr.

Gab es etwas Besonderes, Auffallendes, in dem sich die antisemitische Atmosphäre während des Prozesses niederschlug?

Ich habe das nicht so genau verfolgt. Ich bekam mit, daß es in Auerbachs Amtsführung Unregelmäßigkeiten gegeben hatte, er war sehr großzügig, bei ihm mußten sich die Leute nicht all diesen komplizierten Verfahren unterziehen. Wer helfen wollte, versuchte die zu umgehen. In politischer Hinsicht aber kann ich dazu nur sagen, daß das harte Durchgreifen in dieser Sache bei der Bevölkerung gut ankam.

Hatte es keine Möglichkeit gegeben, das deutsche Gericht davon zu überzeugen, daß das eine Ausnahmesituation war?

Das deutsche Rechtssystem ist rigide, ich glaube nicht, daß das eine Rolle gespielt hätte. Es gab eine richtiggehende Feindseligkeit gegenüber den DPs in den Lagern – und die Botschaft war: Seht mal, wir tun, was wir können. Auch wir haben gelitten, auch wir sind unschuldig; und wir sind ausgebombt, wir tun unser Bestes – also verschwindet, so schnell ihr nur könnt. Der Impetus war ganz klar: Die müssen raus. Es bestand keinerlei Neigung, diese Dinge als etwas Normales anzusehen.

Erinnern Sie sich noch daran, wie die deutsche Öffentlichkeit auf Auerbachs Selbstmord reagierte?

Nein, mein Verhältnis zur deutschen Öffentlichkeit war nicht besonders eng – es gab keine Demonstrationen oder so was; ich war sehr unglücklich über das Ganze, denn die Menschen, die am meisten hatten erdulden müssen, hätten diejenigen sein sollen, die nun am wenigsten litten: die Anspruchsteller nämlich. Nun mußte alles noch einmal geprüft werden, und die Ansprüche waren ja erbärmlich genug, fünf Mark gab es für einen Tag Haft. Deutsche Kriminelle kriegen das zehn- oder zwanzigfache, es ist und bleibt eine Schande, aber das war eben gleich nach dem Krieg.

Wie würden Sie van Dam und seine Leistungen beschreiben?

Ich will ja nun nicht behaupten, daß alle schizo waren. Aber van Dam – ich hab' ihn gekannt, ich war die Bank, der einzige, der

Geld hatte, da die JRSO-Organisationen draußen kein Geld nach Deutschland schickten, außer in die Lager, aber auch da nur für den Unterhalt der Gemeinde. Wir waren da, um Ansprüche auf verwaistes jüdisches Eigentum geltend zu machen, einschließlich des Eigentums früherer Organisationen – von Gemeinden, die aufgelöst worden waren –, und es den Überlebenden in Deutschland zukommen zu lassen sowie neue Synagogen, Friedhöfe und Kinderheime zu gründen. Sie mußten mit mir verhandeln, und ich war ein knochenharter Verhandlungspartner. Wenn er seine Taxifahrten zurückerstattet haben wollte und keine Quittung hatte, sagte ich: »Tut mir leid, es ist nicht mein Geld. Bringen Sie ihre Quittungen bei, und ich zahle.« Das hat man mir verübelt – vermutlich zu Recht. Was diese Dinge anging, kam van Dam oft zu mir, er mußte sein Budget rechtfertigen. Er war Jurist und hatte ein paar ziemlich kluge Aufsätze über die Wiedergutmachung geschrieben, aber auch er war nicht zuverlässig. Er war in Den Haag dabei, als wir den Wiedergutmachungsvertrag zwischen Israel, der CC und Westdeutschland ausgehandelt haben, wir waren in einer Arbeitsgruppe, einigten uns darauf, wer was sagen sollte. Wir gingen zur Konferenz, und van Dam sagte das genaue Gegenteil, er war also völlig unmöglich. Im Grunde mochte ich ihn ja, er hatte Schwung, war ehrlich und kreativ …

In welcher Hinsicht?

Man wußte nie, was er als nächstes tun oder sagen würde.

Erinnern Sie sich noch daran, wie van Dam damals, als der Zentralrat gegründet wurde, mit der Regierung verhandelte?

Mein Eindruck war, daß die Regierung den Juden in Deutschland nicht viel Aufmerksamkeit schenkte – rein formal mußte man sich natürlich mit ihnen beschäftigen. Wirklich großen Einfluß hatte die CC als Sprecher des »Weltjudentums«; die jüdische Gemeinde war ja nur noch ein winziger Rest und sehr arm. Und da Deutschland selber finanzielle Probleme hatte, versuchte man, sich auf die richtige Seite zu schlagen – die der USA nämlich, vor allem, wenn es um »Leistungsfähigkeit« ging, das Argument, mit dem sie alles abschmetterten, weil sie nicht zahlen konnten, nicht einmal in den allergrößten Entschädigungsfällen. Ich ging dann immer zu McCloy, und McCloy redete mit Adenauer. Der sagte dann: »Wo sollen wir das Geld denn herkriegen?« Und McCloy antwortete: »Sehen Sie, wir haben Ihnen gerade den Marshall-Plan geschenkt…« Es gab einen Fortschritt, denn man war der Ansicht, daß die Wiedergutmachung von Deutschland selber ausgehen sollte, sie sollte ein Zeichen der Reue sein, der Bereitschaft, die Überlebenden zu entschädigen, und hat also in den politischen Rahmen, in dem sich die Juden, Israel und Deutschland bewegten, gepaßt.

Ich danke Ihnen für dieses Gespräch.

(Das Interview wurde auf Englisch geführt. Übersetzung von Maria Mill.)

Eli Natan

»Die Beziehungen waren sehr formell.«

Dieses Interview wurde 1997 von meiner Mitarbeiterin Marieke Schroeder geführt. Beim Vorgespräch in Eli Natans Jerusalemer Wohnung hatten wir drei eine gemütliche Unterhaltung über Deutschland heute, über die politische Situation und Entwicklung. Er war sehr erstaunt, daß wir ihn, einen der Männer, die das Luxemburger Abkommen in seinen Grundzügen entworfen hatten, ausfindig gemacht haben. Da es zu Terminüberschneidungen kam, konnte ich an dem Tag, als er Zeit hatte, das Interview nicht selber führen.

Sie haben an dem Luxemburger Abkommen mitgearbeitet. Wie kam es überhaupt zu diesem Abkommen?
Der Prozeß, der dazu führte, hat eigentlich schon kurz nach Kriegsende begonnen: 1945, als der damalige Präsident der Zionistischen Organisation, Chaim Weizmann, eine Note an die vier Großmächte schickte, in der er offiziell die Wiedergutmachung geltend machte, wegen der enormen Schädigungen. Nach Errichtung des Staates Israel wurden diese Bemühungen fortgesetzt. Zunächst waren Verhandlungen mit Adenauer im Gange. Er hat dann im September 1951 im Bundestag die Erklärung über die Verantwortung des deutschen Volkes an dem Verbrechen abgegeben und zugleich die Bereitschaft erklärt, dem Staat Israel Entschädigung zu leisten. Das geschah infolge einer Note, die Israel im März

1951 an die vier Großmächte geschickt hatte, da ging es um 1,5 Millionen Dollar Forderungen an beide deutsche Regierungen. Die Sowjetunion hat nie reagiert, die drei Westmächte schon.

Nach diesen zwei Ereignissen entrichtete Adenauer im Dezember '51 eine Note an Nahum Goldmann, den damaligen Präsidenten des Jüdischen Weltkongresses, in der er sich zu Verhandlungen auf Basis der Forderungen in der Note vom März 1951 bereiterklärte.

Dieser Brief war der Auftrag zur Aufnahme von Verhandlungen, die im März '52 in Wassenaar begannen. Schon nach 14 Tagen gab es eine Krise, da das Angebot der BRD total unzureichend war. Eine Pause bis Anfang Juni wurde von uns genutzt, um informell Kontakt mit Vertretern der Bundesrepublik aufzunehmen. Es wurde ein neuer Rahmen über drei Milliarden ausgehandelt, der durch Warenlieferungen und Dienstleistungen über zwölf Jahre erfüllt werden sollte. Von Juni bis September mußte der Vertrag ausgefertigt sein. Am 10. September um acht Uhr früh fand die Unterzeichnung im Luxemburger Rathaus statt. Die BRD war vertreten durch Adenauer, Israel durch Moshe Sharett, den Außenminister.

Bei der Erfüllung des Abkommens gab es keine Schwierigkeiten. Die Abwicklung ging sogar schneller voran als vorgesehen. Das lag auch an der Bereitwilligkeit der BRD, die ja von 1952 bis 1962 enorme wirtschaftliche Fortschritte machte.

Uns war von Anfang an klar, und das steht auch so im Vertrag, daß dies nur eine teilweise Abzahlung der materiellen Schäden war, aber keinesfalls eine Buße für das moralische Verbrechen. Und auch die individuellen Schäden berührte das nicht. Diese sind durch ein weiteres Abkommen geregelt worden, dem Protokoll Nr. 1 zwischen der Claims Conference und der Bundesregierung. Es sah die Verbesserung der individuellen Gesetzgebung zur Abgeltung von wirtschaftlichen und anderen Schäden vor.

Dennoch war in Israel die Entrüstung groß, schon vor dem Abkommen, da man jede Art von »Wiedergutmachung« ablehnte. Wie erklären Sie sich, daß dieser Begriff dennoch immer wieder benutzt wird?

Der Begriff »Wiedergutmachung« in der deutschen Geschichte kommt aus der Zeit des Versailler Vertrages. Als Entwerfer des

Luxemburger Vertrages hatten wir beschlossen, dem Abkommen kein Adjektiv hinzuzufügen. Es hieß nur: »Vertragsabkommen zwischen dem Staat Israel und der BRD«. Klar war, daß es sich um eine Globalentschädigung handelte, die berechnet wurde aufgrund der Ausgaben Israels für die Wiedereingliederung von 500 000 Juden aus nazibesetzten Gebieten.

Wurde in Deutschland diese Berechnung pro Person akzeptiert?

Ich weiß nicht, für wie relevant die deutsche Delegation dies hielt. Es war klar, daß dies nur eine Teilentschädigung war. Es war klar, daß es nicht um die wirklichen Schäden gehen könnte, die waren viel höher und Anfang der Fünfziger schwer wiedergutzumachen.

Wie konnte Israel Rechtsvertreter der Opfer sein?

Man muß anerkennen, daß die Bundesregierung, insbesondere Kanzler Adenauer, Israel von Anfang an – vielleicht nicht rechtlich, aber doch moralisch – als Vertreter dieser Forderungen anerkannt hat. Israel war als Zentrum der Opfer daher in jeder Hinsicht Symbol und rechtliche Einheit für einen solchen Vertrag.

Und wie standen die anderen jüdischen Organisationen dazu?

Die haben das voll unterstützt. Ende '51 wurde die Claims Conference gegründet; sie bestand aus den wesentlichen internationalen jüdischen Organisationen. Sie beschäftigte sich mit den materiellen Forderungen, aber sie gab dem israelischen Anspruch volle Unterstützung.

Adenauer hat seine Rede erst 1951 und somit relativ spät gehalten; und daß sie gehalten werden würde, war auch nicht sicher. Warum glauben Sie, hat das so lange gedauert?

Schwer zu sagen. Es gab politische Probleme, die durch die politischen Veränderungen kamen. Die jüdische Forderung selbst wurde ja auch erst '51 eingereicht. Manche Kreise sagten – und dafür habe ich Verständnis –, daß eine Wiedergutmachung unmöglich wäre. Die Frage war also in Israel selbst umstritten, auch in einflußreichen Kreisen.

Das zweite Problem war die Form der Prozedur: Soll man mit den Westmächten verhandeln oder direkt mit den Deutschen? Da gab es viele Meinungsverschiedenheiten. '50/'51 konnte man sich noch nicht vorstellen, mit einer deutschen Delegation an einem

Tisch zu sitzen und über Entschädigung zu verhandeln. Erst die Note von Adenauer an Goldmann bildete die Grundlage für die Verhandlungen.

Gab es angesichts der Verhandlungen großen Aufruhr in der Knesseth?

Unbedingt. Es gab Straßendemonstrationen, die von Menachem Begin mit sehr viel Demagogie und Populismus organisiert wurden. Aber die Knesseth hat die direkten Verhandlungen mit Deutschland mehrheitlich gebilligt. Und nach der Unterzeichnung des Abkommens im September '52 gab es keine besonderen Schwierigkeiten mehr in Israel. Man hat es als Tatsache und zum Teil sogar als politischen Erfolg Israels angesehen.

Lag das auch an einem gewissem Pragmatismus Ben Gurions?

Ja, wir haben uns auch immer so ausgedrückt: Ein Teil der Rache an den Nazi-Verbrechen war, daß Deutschland Aufbauhilfe für Israel leisten mußte. Es handelte sich in erster Linie um Warenlieferungen, die als Grundlage für die Infrastruktur dienten, um Kapital zum wirtschaftlichen Aufbau des Landes.

Wie fanden die Verhandlungen konkret statt im Den Haager Hotel? Es gab ja zwei verschiedene Vorstellungen, wie trat man da seinem Verhandlungspartner gegenüber?

Grundlage der Verhandlung waren der Brief von Adenauer von Dezember 1951 und unsere Note vom März '51. Wir waren uns einig, daß die Abwicklung nicht in Bargeld erfolgen sollte, sondern in Warenlieferungen, die dem Aufbau von Israel dienen sollten.

Wer saß Ihnen gegenüber?

Der Chef der deutschen Delegation war Prof. Dr. Böhm. Dann hatte die Delegation noch vier bis fünf weitere Mitglieder, die meisten Juristen, die in den meisten Fällen auch Mitglieder des deutschen Regierungsapparates waren. Ich muß sagen, keiner der Namen – abgesehen von Franz Böhm – war uns unbekannt.

War nicht jemand dabei, der schon unter Ribbentrop gedient hat...?

Das war ein Herr namens Freiherr von Truetschler, der war unter Ribbentrop im Außenministerium gewesen. Aber ich muß sagen, Kontakte mit ihm persönlich waren problematisch. Wenn Sie einem Herrn gegenübersitzen, der ein höherer Beamter noch in der Nazi-Zeit war, ist das nicht das Angenehmste. Aber substantiell oder materiell hat er keine besonderen Schwierigkeiten verursacht.

Gab es persönliche Kontakte, abends vielleicht?

Sehr wenig. Ich muß Ihnen sagen, damals war das Kriegsende ja erst sieben Jahre her. Die Beziehungen waren sehr formell und nicht enger als unbedingt notwendig, um die Verhandlungen richtig und sachlich fortzuführen. Die Kontakte, die wir heute mit deutschen Delegationen haben, sind nicht zu vergleichen mit dem, was damals war.

Jetzt ist Deutschland wiedervereinigt. Und es fehlt im Grunde genommen noch das Geld, das man von der DDR gefordert hat. Hat man damals vergessen, das noch einzufordern?

Das ist eine gute Frage. Sie werden mir erlauben, mich nicht dazu zu äußern. Ich habe gewisse Meinungen, andere vielleicht andere. Ich weiß nicht, inwieweit dieser Teil der Forderungen heute noch aktuell sein kann. Richtig ist, daß die Forderungen von der einen Milliarde Dollar nach der Note vom März '51 sich gegen Gesamtdeutschland richtete, Ost und West. Und die Note ging an die vier Besatzungsmächte.

Tatsächlich blieb die Reaktion von der Ostseite total aus. Sowohl von Rußland als Besatzungsmacht, als auch von der späteren kommunistischen Regierung, die bis zum Ende absolut antizionistisch, antiisraelisch war. Wir haben niemals von ihnen etwas gehört. Außer ganz am Ende der DDR, als die Volkskammer eine Erklärung abgab. Aber bis dahin haben wir nicht von ihnen gehört. Also dieser Teil der Forderungen muß unbedingt als unbeglichen angesehen werden.

Lag die schnelle, gezielte Durchführung des Luxemburger Abkommens in den Folgejahren auch an der Personalunion Felix Shinnars, der sowohl bei den Verhandlungen als auch bei der Durchführung dabei war?

Keine Frage, daß dies die Durchführung erleichterte. Er führte die Verhandlungen über die Warenlisten der Güter, die geliefert werden sollten. Und als solcher war er vertraut mit den ganzen Problemen der Durchführung des Abkommens.

Hatte man sich in diesem Abkommen schon davor gehütet,

*der Mission in Köln, die eingerichtet werden sollte, einen
Botschaftscharakter zu geben?*

Das war '52 oder '53. Und beide Seiten waren sich klar darüber,
daß die Umstände noch nicht reif sind für die Aufnahme von offiziellen diplomatischen Beziehungen. Besonders von unserer Seite, aber auch bis zu einem gewissen Maße von der deutschen Seite, die die Reaktion der arabischen Länder befürchtete, wenn es
dazu käme. Beide Seiten waren zu dem Zeitpunkt nicht interessiert daran, sofort diese diplomatischen Beziehungen aufzunehmen.

*Würden Sie das Luxemburger Abkommen im nachhinein
als ersten Schritt auf dem Weg zu den diplomatischen Beziehungen sehen?*

Keine Frage. 1952 war klar, daß die Aufnahme diplomatischer Beziehungen nur eine Frage der Zeit war. Früher oder später mußte
es dazu kommen. Und es kam dazu, es brauchte nur relativ lange
Zeit. Zehn oder elf Jahre.

*Machte das Luxemburger Abkommen, gerade in wirtschaft-
lichen Kreisen, Deutschland auch wieder zum möglichen
Verhandlungspartner?*

Ich glaube, daß der Abschluß des Abkommens, die daraus resultie-
renden Warenlieferungen, eine Grundlage boten für Wirtschafts-
und Handelsbeziehungen auch außerhalb dieses Abkommens. Es
kam zur Aufnahme von unabhängigen wirtschaftlichen Beziehungen. Leute fuhren nach Deutschland, um Waren einzukaufen.
Das Abkommen führte auch zu Investitionen von deutscher Seite,
es gab ein deutsches Interesse an der wirtschaftlichen Entwicklung
Israels. Im allgemeinen muß man sagen, daß das Abkommen zur
wirtschaftlichen Dynamik Israels erheblich beitrug.

*Wie haben sich die jüdischen Gemeinden in Deutschland zu
dem Abkommen gestellt?*

Es gab damals nur etwa 10 000 Juden in Deutschland. Die hatten
meines Erachtens sehr wenig Einfluß. Ich weiß nicht, wieviel
Wert die deutsche Regierung auf ihre Meinung gelegt hätte.

Die Haltung der Gemeinden war auf keinen Fall gegen die Warenlieferungen nach Israel, im Gegenteil.

Ich danke Ihnen für dieses Gespräch.

Ralph Giordano

»Es war ja kein anderes Volk da.«

Produktionstechnische Terminüberschneidungen führten dazu, daß ich das Interview mit Ralph Giordano nicht selbst führen konnte, sondern meine Mitarbeiterin Marieke Schroeder dies tat. Giordano ist als Journalist, Romancier und Filmemacher hinlänglich bekannt. Was allerdings die wenigsten wissen: Zu Beginn seiner Karriere war er ein ständiger Mitarbeiter bei der Allgemeinen Jüdischen Wochenzeitung *und ein junger Zögling von Hendrik van Dam und Karl Marx. Für die jüdische Zeitung berichtete er jahrelang von den NS-Prozessen, denen er stunden- und wochenlang beiwohnte. Eine Tortur für jedermann, ganz gewiß aber eine besondere Qual für Giordano, der den Holocaust in Deutschland im Untergrund überlebt hatte. Das Interview fand 1998 statt.*

… Also, es gibt zwei Wellen von NS-Prozessen, zunächst eine alliierte und dann eine deutsche. Die alliierte begann mit dem Paukenschlag des Nürnberger Kriegsverbrecherprozesses gegen 23 Hauptangeklagte und setzte sich fort mit mehreren Mammutverfahren der amerikanischen Justizbehörden in Deutschland, die ein Ruhmesblatt sind in der internationalen Justizgeschichte, in ihrer gründlichen Vorbereitung, der Anklage gegen intellektuelle Täter, Juristen, Ärzte, Diplomaten. Aber der Kalte Krieg hat den Urteilen, die sehr scharf waren, einen Strich durch die Rechnung gemacht. Die Anti-Hitler-Koalition war zerbrochen und der Feind von gestern war zum Freund geworden und umgekehrt. Die rivalisierenden Supermächte teilten sich Deutschland auf und das kam den Nazis, vor allem den Kriegsverbrechern, ganz rasch zustatten. Die BRD forderte für Bündnis und Bündnistreue Straffreiheit für die Kriegsverbrecher. Darauf sind die Alliierten zum großen Teil eingegangen. Nicht alle sind freigekommen, die Landsberger Sieben sind hingerichtet worden, das waren Schreibtischtäter größten Stils… Dann kam die zweite Welle von NS-Prozessen vor bundesdeutschen Schwurgerichten. Das begann 1958 mit dem Ulmer Prozeß gegen die Einsatzgruppenkommandos, die in kürzester Frist an der deutsch-litauischen Grenze 4000 Juden umgebracht hatten. Es zeigte sich, daß in den alliierten Verfahren davon nichts bekannt war. Das leitete diese zweite Welle von Prozessen ein, deren Ausläufer bis heute anhalten und die ich als Beobachter des Zentralrates der Juden in Deutschland, als Berichterstatter der *Allgemeinen Jüdischen Wochenzeitung*, als Journalist und Fernsehmann verfolgt habe.

Binnen kurzem war klar, wer der Haupttätertypus war in diesen NS-Prozessen vor deutschen Schwurgerichten: die untersten Glieder in der Kette des industriellen Serien- und Massenvölkermordes. Die Tötungsarbeiter selbst, die nicht sagen konnten, sie haben von nichts gewußt, weil sie mit ihren eigenen Stiefeln, Pistolen, Knüppeln gemordet haben, diese kleinen Angestellten des Verwaltungsmassakers. Und sie kamen auch noch glimpflich davon, weil die deutsche Justiz drei Thesen gefunden hat, die zu milden Urteilen führte:

1. Die These von den Haupttätern – das waren Hitler, Himmler, Heydrich –, von denen ging oben alles aus.
2. Die These vom Befehlsnotstand, obwohl sich gezeigt hat, daß kein einziger, der sich dem Befehl, sichtlich unschuldige Menschen zu töten, verweigert hat, irgendwo jemals einen Karriereknick oder Schlimmeres durchstehen mußte.
3. Die These von der Beihilfe zum Mord.

Dadurch sind auch diese Kleinen verhältnismäßig gut davongekommen, für Hunderte von Morden – immer unter Berufung auf diese drei Hauptthesen.

Den Vorgesetzten, Oberen, Schreibtischtätern – denen ist so gut wie nichts passiert, so unglaublich das klingt. Zum Beispiel der Chef der Gestapoleitstelle Berlin, verantwortlich für die Deportation nach Osten ins Gas und damit für die Tötung von mehr als 50 000 Juden. Als es endlich soweit war, 25 Jahre später, bringt er ein Attest, und ihm passiert nichts. Ebenso Werner Best, Heydrichs Stellvertreter: achttausendfacher Mord – Attest und ihm passiert nichts. Seither verstauben 800 Kilo Akten in den Katakomben des Hamburger Landgerichts. Oder Bruno Streckenbach, einer der größten Menschenschlächter überhaupt in der Geschichte, Personalchef des Reichssicherheitshauptamtes, verantwortlich für mobile Mordkommandos der Einsatzgruppen hinter der Ostfront, die nach eigenen Angaben über eine Million Menschen innerhalb eines Jahres, nach dem Überfall auf Rußland, umgebracht haben – der stirbt in meiner Vaterstadt Hamburg, ohne je angeklagt worden zu sein.

Dann geschieht etwas, das so unglaublich klingt, daß man es nicht wahrhaben will. Die Berliner Staatsanwaltschaft hatte 18 große Verfahren vorbereitet, gegen die wirklichen Schreibtischtäter aus dem Reichssicherheitshauptamt, dem Kopf des Vernichtungsapparates. Und am ersten Tag, 1968, stellte sich heraus, daß diese Täter durch ein Gesetz, das erlassen worden war, nicht mehr bestraft werden konnten, denn es mußte ihnen nachgewiesen werden, daß sie grausam gehandelt haben, die Deportationslisten grausam geführt haben müssen.

Daß so ein Gesetz existiert, kam durch ein Verfahren gegen 300 Leute heraus, Angehörige des Reichssicherheitshauptamtes, hohe Schreibtischtäter. Ich erinnere mich, wie der Berliner Staatsanwalt Günther Nagel am ersten Tag – nachdem klar wurde, daß der Prozeß diesem Gesetz zufolge, das besagte, daß diese Taten seit dem 8. Mai 1960 verjährt waren, nicht mehr stattfinden konnte – konsterniert sagte:»Der deutsche Rechtsstaat hat diesen Mördern den Kopf geschenkt.«

Ich möchte noch was sagen zu den Zeugen, Opfern und den Verteidigern. Ich habe diese Prozesse mitgemacht unter den schwierigsten Bedingungen, weil es immer dasselbe war: Die Täter von gestern traten nicht in SS-Uniform auf, sondern, weil es ja so lange bis zum Prozeß dauerte, als alte Männer, die in zivil auf der Anklagebank saßen und meist das Mitleid der Zuschauer hatten. Da saßen die Opfer, die Überlebenden, die selbstverständlich den Anblick ihrer früheren Peiniger fürchteten; denen die Stimme versagte, die in Weinkrämpfe ausbrachen, stumm waren vor Entsetzen. Dann die Verteidiger, die den Opfern vorwarfen, daß sie damals keine genauen Notizen gemacht haben für ebendiese Prozesse. Und ganz schnell die Welt auf den Kopf stellten, indem das Ungeheuerlichste geschah, was geschehen konnte, nämlich daß die Opfer zu Tätern gemacht wurden und die Täter zu Opfern.

Ich erinnere mich noch genau, was es auch für mich als Überlebender des Holocaust bedeutet hat, das alles mitzuerleben. Die Nachsicht gegenüber den Tätern, die milden Urteile und vor allem die Behandlung der Opfer durch die Verteidiger.

Ich habe, wie gesagt, diesen Prozessen über 20 Jahre beigewohnt und das war eigentlich das schlimmste für mich – zu sehen, wie diese Mörder verteidigt wurden und wie diese Art der Verteidigung, die die Opfer zu Tätern machte, den überlebenden Opfern zugesetzt hat. Das sind Erlebnisse, die ich nie vergessen werde, und wenn ich 150 Jahre werde. Es ist unvergeßlich, was da geschehen ist.

Sie wurden vom Zentralrat beauftragt, das zu kommentieren. Ich spreche von van Dam, von Norbert Wollheim – der das Land verließ –, von Karl Marx. Was brachte diese Männer dazu, in diesem Land zu bleiben, auch nach diesen Prozessen?

Karl Marx, der Herausgeber der *Allgemeinen Jüdischen Wochenzeitung*, und Hendrik van Dam waren zu meinen väterlichen Freunden geworden. Ihnen habe ich es sozusagen zu verdanken, daß ich an diesen Prozessen als Berichterstatter teilnahm, weil sie darauf vertrauten, daß ich wahrheitsgemäß und in Kenntnis der Dinge berichten würde.

Was die beiden veranlaßt hat, in Deutschland zu bleiben, ist schwer zu beurteilen. Es war eigentlich das gleiche, was auch mich hier hielt: Die innere Beziehung zu den Opfern. Es war sehr bald nach der Befreiung klar, daß Hitler militärisch, aber nicht ideologisch geschlagen war. Nach einem kurzen Vergeltungsschock kam der alte Ungeist wieder hoch, als sich nämlich zeigte, daß die alttestamentarischen Racheängste der Täter nicht wahr wurden. Daß sie als Besiegte nicht so behandelt wurden, wie sie als Sieger die Besiegten behandelt haben. Für meine Familie war vor der Befreiung vollkommen klar, daß wir Deutschland verlassen würden, es war so selbstverständlich, daß wir nie darüber geredet haben. Dann kam es doch anders, nicht zuletzt deshalb, weil sich gezeigt hat, daß der alte Ungeist weht. Und die innere Beziehung zu den Opfern war so, daß wir nicht in die USA oder nach Israel gehen konnten.

Ich habe mein ganzes Leben überlegt – wie Marx oder van Dam –, ob es die richtige Entscheidung war, hierzubleiben. Es war die richtige Entscheidung. Die beiden und auch ich, wir hatten keine andere Wahl. Nachdem wir erkannt hatten, daß der alte Ungeist weht, wären wir uns wie Deserteure vorgekommen, wenn wir Deutschland verlassen hätten. Das war, denke ich, der Impetus, das entscheidende Moment, warum sie hiergeblieben sind. Was selbstverständlich eine schreckliche Belastung bedeutete. Die beiden hatten, wie ich, einen tiefen Fluchtinstinkt injiziert bekommen, sie in der Emigration, ich hier in Deutschland, als Überlebender des Holocaust – ein Gefühl, das seither nicht abgeebbt ist. Ich habe mich darüber oft mit Marx oder van Dam unterhalten, und wir haben manchmal darüber gescherzt und uns gefragt, was an diesem oder jenem Tag geschehen war, was diesen Fluchtinstinkt mobilisiert und provoziert hat. Waren wir uns doch immer einig, daß es keinen Ausweg gab für uns, keine Flucht; wir waren gebunden an dieses Land. Durch unsere Bindung an die Opfer. Van Dam und Marx hätten hingehen müssen, wohin sie wollten, bis zu den Antipoden. Das Thema, das ihr Leben bestimmt hat, nach und vor 1945, hätte sie überall hin verfolgt, so wie es mich verfolgt hätte. Es gab kein Entkommen. Aber leicht war das nicht.

Sie dürfen nicht vergessen, es gibt diese beiden Bürden für die Überlebenden des Holocaust, das darf ich sagen, mit der Legitimation meiner eigenen Geschichte.

Die erste Bürde ist die der Erinnerung. In den vergangenen 50 Jahren zeigt sich, daß die Zeit überhaupt nichts heilt. Die Zeit heilt sonst alles, wie jeder von uns weiß. In diesem Punkt nicht – im Gegenteil: je größer der zeitliche Abstand, desto näher die Bilder des Schreckens, desto kürzer die Intervalle der Alpträume. Ich bin nicht furchtsam, sonst hätte ich mein Leben bisher nicht bestehen können, aber ich fürchte mich einzuschlafen. Das ist charakteristisch für Überlebende des Holocaust, das sind Symptome, Syndrome, die nicht nur mich betreffen. Denn im Traum ist man wehrlos und diese Alpträume werden immer furchtbarer.

Die zweite Bürde ist die, die sich aus den NS-Prozessen der bundesdeutschen Schwurgerichte ergeben hat: daß die Täter davongekommen sind. Wir leben in einem Land, wo dem größten geschichtsbekannten Verbrechen mit Millionen Opfern das größte Wiedereingliederungswerk für Täter gefolgt ist, das es je gegeben hat. Sie sind nicht nur straffrei davongekommen, sondern sie konnten ihre Karriere auch unbeschadet fortsetzen. Das heißt, heute wissen wir, daß Millionen so gut wie straflos ermordet werden konnten. Mit dieser Bürde muß man leben. Und ich frage mich manchmal mit anderen Überlebenden des Holocaust, wie wir es eigentlich schaffen, damit zu leben; wir wissen einfach keine Antwort darauf.

Von Lili Marx und Ruth Galinski habe ich zwei Argumente für das Bleiben gehört. Erstens: Hitler sollte nicht endgültig siegen – was ich gar nicht verstehe, denn für mich ist es das gesamte deutsche Volk –, und zweitens, daß man trotzdem an die Deutschen glaubte und mahnen und ein Prüfstein sein wollte. Dabei muß man doch verzweifelt sein?

Es hat seit meiner Befreiung keinen Tag gegeben, an dem hier nicht irgendwas geschehen ist, was diesen Fluchtinstinkt provoziert, das macht einen natürlich auch verzweifelt.

Nur, es gab auch immer die Gegenbeispiele. Wir haben überlebt, weil nichtjüdische Deutsche uns versteckt hielten. Als meine Mutter deportiert werden sollte, gingen wir in den Untergrund, in die Illegalität. Diese einfache Frau, die uns versteckt hat, sagte, als ich sie fragte, ob wir uns bei ihr verstecken könnten, wie nebenbei: »natürlich«, obwohl sie wußte, daß, wenn wir entdeckt werden würden, ihr Leben so verwirkt sein würde wie das unsere. Solche Leute gab es auch. Auf diese Weise haben 5000 Juden überlebt.

Das andere war die deutsche Sprache, sie war meine Mutter, immer. Es gab mit ihr keine persönlichen Dissonanzen, auch nicht in der Nazizeit. Schon früh wollte ich schreiben, hatte immer ein tiefes Verhältnis zur Sprache. Ich kann zwar sieben andere Sprachen, aber ich kann in keiner anderen Sprache so schreiben. Das ist ein tiefes, tiefes Bindemittel. Ich war als Fernsehmann in vielen anderen Ländern, aber ich dachte immer, was würde dir passieren, wenn du nicht in das Land deiner Muttersprache zurück könntest. Und konnte mir vorstellen, wie verzweifelt die Juden waren, die Deutschland verlassen mußten. Die Sprache hat mich gehalten. Das gilt auch für Karl Marx und Lili und Hendrik van Dam, ein großer Stilist, Jurist und Sprachkünstler.

Dann kam noch ein weiteres Moment dazu: Es gab immer Bundesgenossen. Von den Elementen, die mich hier hielten, war dieses das stärkste. Man fragt sich: Was geschieht mit diesen Menschen im Hunger-Nachkriegs-Deutschland, die uns geholfen haben? Das heißt, mit den Menschen, die so dachten wie ich. Über alle Themen, die Sie mich jetzt fragen, habe ich mit Marx und van Dam auch oft gesprochen. Diese Bundesgenossen waren unersetzlich in unserem Leben. Manchmal haben wir sie vielleicht auch überschätzt in ihrer Quantität, nicht in ihrer Qualität. Die bereicherndsten Erlebnisse meines Daseins sind die Begegnungen mit solchen Bundesgenossen, im übrigen auch mit solchen, die früher Nazis waren – im ideologischen Sinne – und gelernt haben. Denn schlimmer als einen politischen Fehler zu begehen, ist, keine Konsequenzen aus ihm zu ziehen ... Es gehört dazu, daß ich ehemaligen Nazis begegnete, nicht großen Tätern, sondern vielleicht solchen, die nicht mehr machten als die Hand zu erheben, die aber trotzdem später dann, als sie erkannten, was der Nationalsozialismus bedeutet hat, ihr ganzes Leben tief unter dieser Schuld litten und mit niemand darüber sprachen. Für manche von ihnen war ich der erste Jude, der ihnen überhaupt begegnet ist. Sie kamen auf mich zu und fingen plötzlich an, mit mir darüber zu sprechen, was sie ihr ganzes Leben bedrückte.

Ich erinnere mich an eine Frau aus Sindelfingen, die nach einer Lesung der *Bertinis* vier Stunden mit mir sprach. Ich sagte kein Wort, aber es sprudelte nur so aus ihr heraus, sie wollte sich von ihrem Schuldgefühl erlösen.

Ähnliches haben auch Karl und Lili Marx und van Dam erlebt und das wog manches Schlimme auf und bedeutet mehr als was uns Schlimmes widerfahren ist und widerfahren wird.

Wie empfanden Sie Adenauers »Schuldrede« im Bundestag?

Die Adenauer-Ära war ein brauner Epilog, die Ära, in der sich das manifestierte, was ich die zweite Schuld genannt habe, womit ich die Verdrängung von Leuten von der ersten Schuld unter Hitler meine. Und zwar nicht bloß als moralische oder rhetorische Kategorie, sondern tief instituiert durch das, was ich den großen Frieden mit den Tätern genannt habe. Nicht nur, daß sie straffrei davonkamen, sie konnten auch in allen Sparten ihre Karriere weiter fortsetzen. Die Funktionselite der alten BRD war bis in die Siebziger nahezu identisch mit der unter Hitler. Und das war Adenauers Werk. Adenauer ist eigentlich für mich der Schöpfer der zweiten Schuld. Der auch einen Mann wie Globke nicht nur aufgebaut, sondern gehalten hat, sein erster Staatsminister, die graue Eminenz der Adenauer-Ära, dieser Mann, der ein 300-Seiten-Opus zu den sogenannten Nürnberger Rassengesetzen zum Schutz des deutschen Blutes und der deutschen Ehre geschrieben hat, was sich jetzt als nichts anderes als die erste Stufe in das Inferno der Gaskammern erweist. Und wenn Globke das vorher nicht wußte – die Geschichte hat es erwiesen. Und einen solchen Mann zur grauen Eminenz der ersten Legislaturperiode der zweiten deutschen Demokratie, der BRD, zu machen, zeugt von einem Ungeist, der unüberbietbar ist.

Ich erinnere mich an vieles, was Adenauer sagte, und was immer eine gewisse holzschnittartige Naivität und Abgebrühtheit hatte, zum Beispiel wie er das diplomatische Corps mit NS-Diplomaten auffüllte und meinte, man müsse das zunächst mit den alten Fachleuten machen, und bei denen blieb es dann, und nicht nur auf diesem Gebiet. Nein, die Adenauer-Ära entpuppt sich als Fundament der zweiten Schuld, als brauner Epilog, als etwas, was den Weg in die falsche Richtung hinsichtlich der Aufarbeitung des Nationalsozialismus gewiesen hat, ein Irrweg, ein Irrtum, an dem wir bis heute erkranken und an dem die BRD bis heute leidet und mit dem es die schuldlos beladenen Söhne und Enkel schwer haben. Was ich diesen Tätergenerationen anlaste, sind nicht nur die Taten von 1933 bis 1945, sondern auch, wie sie sich an ihren Kindern und Kindeskindern vergangen haben. Indem sie – um ein falsches Selbstbildnis zu erhalten – sich maskierten und geschwiegen haben. Obwohl sie doch die Kronzeugen gewesen wären, zu erklären, wie es einem Demagogen wie Hitler gelingen konnte, sie zu fassen, zu begeistern. Statt dessen haben sie geschwiegen, geleugnet, blockiert. Und das ist etwas, was die politische Kultur der BRD weit mehr bestimmt hat, als später denen, die die Geschichte aufarbeiten wollten, vorgeworfen worden ist – nämlich, es sei zu viel die Rede von Auschwitz und allem, was der Name symbolisiert und materialisiert. Es war ja nicht nur Auschwitz, sondern der ganze Vernichtungsapparat, der weit über Auschwitz hinausging, die Todesfabriken wie Sobibor und Treblinka.

Im übrigen, als Überlebender des Holocaust möchte ich eines sagen. Es wird immer so getan, als ob der Vernichtungsapparat des Reichssicherheitshauptamtes »nur« Juden umgebracht hätte. Das stimmt nicht, sondern er hat auch – mit Hilfe der Wehrmacht – ebensoviele Nichtjuden umgebracht, darunter drei Millionen sowjetische Kriegsgefangene, darunter, unter dem Deckmantel der Partisanenbekämpfung, Hunderttausende und Millionen von Menschen, Nichtjuden, die nichts getan haben konnten. Ländliche Massen. Alle nach demselben Schema. Das ist ein weißer Fleck in dem öffentlichen Bewußtsein der BRD, der Deutschen von heute. Kaum auszuhalten, wenn man die Dokumente gesehen hat, was passiert ist in Weißrußland. Jeder vierte Weißrusse hat die deutsche Besetzung nicht überlebt. Hunderte von Dörfern sind durch die Wehrmacht komplett umgebracht worden, alle nach dem gleichen Prinzip. Unter dem Deckmantel der Partisanenbekämpfung wurde die Bevölkerung in das jeweils größte Gebäude getrieben, Benzin wurde daran gegossen, es wurde gefeuert, ringsum Maschinengewehrgürtel, wer rauskam wurde erschossen ...

Nicht nur die Adenauer-Regierung schwieg, die SPD sagte auch nicht so viel. Warum gibt es diesen Deckmantel des Schweigens?

Die zweite Schuld hat die Achillesferse der Demokratie aufgedeckt, das bedeutet, Hitler hatte sich seiner Verantwortungslosigkeit entzogen, indem er sich in den Kopf schoß und tot war. Aber was der Nationalsozialismus angerichtet hatte in den Köpfen und Herzen der Menschen, womit Hitler bei den Deutschen mit ihrer Vorgeschichte ins Schwarze getroffen hatte, das war noch lebendig. Also begann die Demokratie mit einem Volk, das in vordemokratischem Denken lebte und diese Verhaltensweisen gewohnt war, keine anderen kannte, und zugleich die Wählermassen der demokratischen Parteien darstellte. Das heißt, Demokratie wurde mit einem Volk aufgebaut, das tief verstrickt war in die Ideologie des Nationalsozialismus, das nun aber das Gesicht der Demokratie, das formale Gesicht, bestimmte. Eine Partei, die das von der Mehrheit des Volkes gefordert hätte, was zu fordern gewesen wäre, die Frage zu beantworten nämlich, wie es zu diesem Leichenhimalaya in der deutschen Geschichte gekommen ist, zur Zertrümmerung der deutschen Städte, zu diesen furchtbaren Verbrechen, nicht »im Namen Deutschlands«, sondern durch Deutsche; eine solche Partei hätte keine oder wenige Stimmen bekommen. Daß Adenauer und die Konservativen in den ersten Legislaturperioden überwältigend siegten, hängt natürlich damit zusammen, daß die konservativen Parteien – ich will die SPD nicht schonen – ihnen Honig ums Maul schmierten, so getan haben, als ob Hitler und seine Paladine extraterrestrische Wesen gewesen seien, die zufällig auf Deutschlands Geschichte niederregneten und Unheil gebracht haben. Hier Hitler und die Nazis und dort das deutsche Volk – und eben das stimmte nicht. Aber wer das gesagt hätte, der hätte damit rechnen können, daß er nicht in das neue bundesdeutsche Parlament einziehen würde…

Und Adenauer war die neue Vaterfigur unter den deutschen Politikern der ersten Nachkriegszeit und der ersten Legislaturperiode. Damals wurde der falsche Weg beschritten, aber die schreckliche Frage ist ja: Hätte es anders gehen können? Es war ja kein anderes Volk da.

Kurz und gut, ich würde sagen: Die Verdrängung der NS-Vergangenheit war die Staatspolitik der Adenauer-Ära und ist es in gewisser Weise auch später geblieben. Jetzt erst zeigen sich bestimmte Anzeichen, daß eine neue Generation da ist, die sich nicht alles gefallen läßt. 1968 kam ja nicht umsonst, das hängt ja damit zusammen, daß der intelligente Teil der Jugend in dieser Verdrängergesellschaft eine ungeheure Diskrepanz feststellte, nämlich daß ununterbrochen vom Dritten Reich gesprochen wurde, im Eltern- und Großelternhaus aber Schweigen darüber herrschte. So daß sich Jugendliche von einem bestimmten Lebensalter an fragten: Was geht hier eigentlich vor? Da sind zu euren Lebzeiten furchtbare Verbrechen passiert, warum schweigt ihr darüber?

Das war auch einer der Gründe, warum '68 dieser Deckel wegflog von der Verdrängergesellschaft. Seither hat sich etwas verändert, ich will das nicht überschätzen, auch nicht unterschätzen. Es gab entscheidende Merkmale, daß die Betonköpfe und Schlußstrichzieher nicht Recht bekamen und nicht Recht bekommen werden.

Die sozial-liberale Koalition hat Anfang der Siebziger diesen konservativen tödlichen Kreis gesprengt, auch mit den Ostverträgen hat sich die Welt der Bundesdeutschen erweitert.

Dann kam etwas Interessantes. Ein Holocaust-Film. Dieser Film hat etwas bewirkt, nämlich er hat ein anonymes Millionenmassenschicksal personalisiert und individualisiert. Dann Weizsäckers berühmte Voltairesche Rede am 8. Mai 1985, eine große Rede, in der eigentlich Selbstverständlichkeiten gesagt wurden, die deshalb so sensationell klangen, weil sie vorher nicht gesagt wurden, zum Beispiel, daß die Ursachen der Vertreibung der Deutschen nicht am Ende des Krieges lagen, sondern am Anfang des Krieges oder 1933. Daß Homosexuelle und Kommunisten genannt wurden als Opfer …

Dann der Historikerstreit, der letztlich den konservativen Auslösern dieses Streits eine Niederlage gebracht hat. Dann die Auseinandersetzung um das Goldhagen-Buch. Goldhagens Zug um Deutschland wurde für ihn immer mehr zu einem Triumph, weil gerade junge Leute, wenn die alten Betonköpfe und Wehrmachts-Daddys aufstanden, sagten: »Macht Schluß damit, wir wollen die Wahrheit sehen und lesen!« Und natürlich die Wehrmachtsausstellung. Die Wehrmacht und der Krieg, die letzten heiligen Kühe der deutschen Verdrängungskünste werden heute geschlachtet. Für mich ist es eine große Errungenschaft mit den Vergleichsmöglichkeiten, die ich habe. Was die verschiedenen Stadien der deutschen Nachkriegszeit angeht, so wird Auschwitz und alles was der Name symbolisiert und materialisiert, von einer Mehrheit der Deutschen heute als historisches Faktum anerkannt. Erst wer diese Vergleichsmöglichkeiten hat, wer weiß, wie es in der Adenauer-Ära und danach aussah, weiß, wie wichtig diese Erkenntnis ist und wie unausweichbar es ist, sich mit diesem Faktum auseinanderzusetzen.

Stichwort Auschwitzprozeß: Wie reagierte die Öffentlichkeit darauf und wie verlief der Prozeß selber?

Die Atmosphäre im Auschwitzprozeß selber – im Gerichtssaal – war mir auf eine seltsame und bleibende Weise unheimlich. Eben weil geschah, was ich schon sagte, daß im Verlauf der Vernehmung Täter zu Opfern wurden und umgekehrt. Diese Leute waren absolut reuelos und gestanden keinen Zentimeter ein. Ihre Verbrechen lagen auf dem Tisch, die Zeugenaussagen waren unwiderlegbar, das Gericht war von hoher Professionalität und Ethik, auch im Majdanekprozeß. Ich werfe dem Gericht nichts vor. Was die Öffentlichkeit dachte, zeigte sich daran, wie draußen vor dem Gericht oft diskutiert wurde. Damals – in der ersten Hälfte der sechziger Jahre – war die vorherrschende Meinung verdrängerisch. Die Leuten sagten immer: Und die anderen, haben die keine Verbrechen begangen? Der Auschwitzprozeß hat deutlich kollektive Affekte provoziert, instabile Schuldabwehrreflexe – nach dem Motto: Wir haben nichts gewußt. Im nächsten Augenblick aber, im nächsten Satz, sagten die Leute: Aber wir konnten doch nichts machen. Wogegen was machen, gegen etwas, was sie angeblich nicht wußten?

Ich erinnere mich an viele Diskussionen in den Pausen draußen, auf den Gängen, den Straßen. Die Diskussionen waren sehr heftig und immer mit Leuten, von denen eins klar war: daß ihnen jede innere Beziehung zu der Welt der NS-Opfer fehlte, daß sie eigentlich eine tiefe, oft unbewußte Verbindung zu den Tätern hatten. Das kam durch die Diskussion immer wieder zum Vorschein. Die Öffentlichkeit reagierte eher negativ auf die Auschwitzprozesse, aber dann doch mit ersten Erkenntnissen, daß Ungeheuerlichkeiten geschehen waren, über die in den fünfziger Jahren nicht gesprochen wurde.

Man muß sich überlegen: Als die Amerikaner auf die Forderung nach Straffreiheit für die Kriegsverbrecher für die Bündnistreue der Deutschen nicht eingingen und die sieben Großmörder von Landsberg doch hinrichteten im Juni 1951, da sagte Adenauers Vize Blücher von der FDP – nicht wortwörtlich – er beklage die Hinrichtung dieser Mörder. Er setzte sich ganz für ihre Straffreiheit ein, und ich erinnere mich, daß der erste Bundespräsident, Theodor Heuss, diese Landsberger, diese Massenmörder, Judenschlächter in seiner Silvesteransprache in sein Gebet und seinen Segen miteinbezog. Das waren die späten fünfziger Jahre.

Der Auschwitzprozeß hat dann natürlich doch in die Rechtsgeschichte und schließlich auch in das öffentliche Bewußtsein eine Bresche geschlagen, wie überhaupt diese NS-Prozesse vor bundesdeutschen Schwurgerichten, die auch in den Medien behandelt wurden, eine neue Ära aufkommen ließen, was das Bewußtwerden für die Dimension der Verbrechen anging. Das alles war vorher ungesagt geblieben. Man überlege sich, was heute selbstverständlich ist – zum Beispiel, daß des 9. Novembers 1938, der Reichspogromnacht, gedacht wird. In großen, selbst liberalen Blättern und Zeitungen begann das erst in der zweiten Hälfte der siebziger Jahre. So verdrängt und vernagelt war die Vergangenheit für lange Zeit. Gemessen daran, hat sich manches, ja vieles getan.

Der Prozeß, der die perfide Maschinerie eigentlich am besten aufzeigte, war doch der Eichmannprozeß in Jerusalem. Da wurde alles minutiös dokumentiert. Welchen Eindruck machte das auf die deutsche nichtjüdische Bevölkerung?

Der Eichmannprozeß fand Anfang der Sechziger statt und hat doch eine gewisse Rolle gespielt. Wenn auch im Vergleich zu unseren Forderungen eine ganz und gar ungenügende.

Ich erinnere mich, daß ich immer mit Leuten diskutierte, für die Eichmanns Verbrechen – er war ja der große Deporteur – weniger schlimm waren, als die Tatsache, daß die Israelis gegen alle internationalen Rechtsnormen Eichmann in Argentinien gepackt und dann vor das Jerusalemer Tribunal gebracht haben. Das zeigte, welches Gewicht und welche Macht das Formale – natürlich im Zusammenhang mit der Schuldabwehr und Verdrängung – hatte.

Aber auch für mich selber war es von großer Bedeutung, eine große Genugtuung, daß dieser Mann, der hinter den Juden detektivisch her gewesen ist, gefaßt worden war. Allerdings muß man auch wissen, daß einer, der nicht weniger schlimm war als Eichmann, nämlich Aloys Brunner, sozusagen Eichmann II, bis heute frei ist. Er ist nachweisbar auch einer von denen, die dafür gesorgt haben, daß Hunderttausende Juden ins Gas geschickt wurden. Er ist nach dem Krieg von Geheimdiensten und der katholischen Kirche geschützt worden und lebt heute erkannt, aber offenbar unangreifbar in Syrien.

Also der Eichmannprozeß war etwas sehr Wichtiges. Was dort

besprochen worden ist, ging natürlich auch durch die deutschen Medien und hat seinen Teil dazu beigetragen, daß mit der Langsamkeit, mit der sich *zwei* Eiszeiten ablösen, in Deutschland schließlich doch etwas wuchs, was vorher gar nicht da war: nämlich ein Bewußtsein für das Ausmaß der Verbrechen durch den Vernichtungsapparat des Reichssicherheitshauptamtes und überhaupt eine Vorstellung davon, daß jenseits von Kriegshandlungen Millionen von Menschen umgebracht wurden.

Ich erinnere mich noch – ich war damals beim NDR, dann beim WDR – daß selbst gutwillige Leute, die auch nachwuchsen und in jeder Weise schuldlos waren, daß die dann doch erschraken über das, was durch den Eichmannprozeß herauskam, nämlich, daß keineswegs nur deutsche Juden umgebracht worden sind, sondern daß Eichmann und sein Apparat die Juden überall im deutsch-besetzten Europa verfolgt und die Judenverfolgung solch eine gewaltige Dimension hatte.

Ich erinnere mich an einen Fall, wo ein absolut gutwilliger Kollege sagte: »Aber Giordano, sechs Millionen Juden? Es gab doch gar keine sechs Millionen Juden in Deutschland, wie können da sechs Millionen umgebracht worden sein?« Bis ich ihm klar machte, daß es in Deutschland vor 1933 600 000 Juden gab, und 1939, als sie nicht mehr rauskonnten, 300 000. Daß von diesen 20 000 übrig geblieben sind und daß die anderen im deutsch-besetzten Europa gefaßt und deportiert wurden. Das hatte er bis dahin nicht begriffen und mit ihm manch anderer auch nicht.

Das bedeutet, daß das, wofür der Name Eichmann eigentlich gestanden hat, nämlich die Shoah im kontinental-europäischen Ausmaß, daß das bei diesem Prozeß erst richtig klar geworden ist.

Die Bemerkung ihres Kollegen ist für mich dennoch erstaunlich, denn es gab ja schon damals Material, mit Hilfe dessen man sich informieren konnte.

Es gab dieses Phänomen, daß die Dokumentationen, Filme wie *Nacht und Nebel* zum Beispiel, nicht das bewirkten, was man erwartet hatte. Tiefe Getroffenheit. Das schrecklichste aller Bilder, als der Bulldozer in Bergen-Belsen die ganzen Leichen … heute wissen wir, daß alle diese Berichte und Filme über die Verbrechen der Nazis und KZ, die Vernichtungslager, Mischlager, Arbeitslager, Tötungsstätten, daß die nicht das bewirkt haben, was dann dieser

Hollywoodfilm *Holocaust* bewirkt hat. Das heißt, daß offenbar Menschen, die eine so tiefe innere Abwehr hatten gegen Schuld, an der sie selbst beteiligt gewesen sein konnten, sich von den Bildern nicht berühren ließen oder sie nicht an sich heranließen, obwohl die Grauenhaftigkeit der Bilder nicht zu überbieten war. Erst in dem Moment, wo ein solches Massenschicksal sich personifizierte und individualisierte, wo es Fragen gab wie : Wie hätte ich reagiert, was wäre geschehen, wenn es mich getroffen hätte? – erst da beginnt etwas aufzubrechen in der Generation von damals.

Dasselbe beobachteten wir in der Verfilmung der *Bertinis,* meiner Hamburger Familien-Verfolgten-Saga, die von Egon Monk verfilmt wurde, wo ebenfalls ein individuelles Schicksal personifiziert wurde. Auch das hatte eine große Wirkung. All das, was dokumentarisch gezeigt worden ist, hat nicht die Wirkung gehabt – obwohl es an Schrecklichkeit nicht zu überbieten war – wie zum Beispiel *Schindlers Liste,* also ein Innenblick in die Tötungsmaschine anhand menschlicher Beispiele, in deren Schicksal sich die Zuschauer hineindenken konnten.

Ich weiß mir sonst keine andere Erklärung dafür, daß das natürliche menschliche Mitgefühl, die Anteilnahme und das Bewußtwerden so spät gekommen sind.

Es kann aber auch damit zusammenhängen, daß die Tätergeneration einen solchen Verlust an normaler Orientierung erlitten hatte, daß sie nicht zugänglich und nicht zu rehumanisieren war. Daß der humane Kern durch die tiefe Liaison mit dem ganzen Nationalsozialismus zerstört war.

Wie sah das Verhältnis der jüdischen Gemeinden in Deutschland zum Luxemburger Abkommen aus? Was hatte man für ein Gefühl, als das unter dem scheußlichen Begriff »Wiedergutmachungsabkommen« zustandekam?

Zunächst: ich gebrauche den Begriff der Wiedergutmachung nur ungern, allerdings hat sich in der Zwischenzeit herausgestellt, daß es kein Ersatzwort gibt. Es gibt keine Wiedergutmachung. Kein einziger Toter wird lebendig durch Zahlung, keine verwundete Seele wird gesund durch Zahlung. Aber als die sogenannte Wiedergutmachung kam, war das etwas, was die Judenheit – nicht nur in Deutschland – auch geteilt hat, und der Riß ging auch durch mich selber.

Wir sahen ja, in welcher Not sich die Überlebenden befanden, ich habe das ja alles miterlebt: Die »Exodus«... Wie die Flüchtlinge zurückgebracht wurden. Die Juden, die in Deutschland blieben, waren ebenfalls in großer Not. Es war schon wichtig, daß da Unterstützung kam. Gleichzeitig hatte das Monetäre daran einen schlechten Beigeschmack. Und ich will Adenauer kein Unrecht tun, mit dem, was ich sage, aber es war auch eine Kompensation: Geld für das Wohlverhalten gegenüber Deutschland, Geld für das Geben von Geld, Wohlverhalten, Nachsicht und Vergebung gegenüber Deutschland. Oder einfach auch: Korruption, auch solche Begriffe gingen um. Es gab auch Juden, die bei aller Ärmlichkeit und Erbärmlichkeit ihrer sozialen Situation dieses Geld nicht angenommen haben. Aber selbstverständlich konnte die Wiedergutmachung nichts wiedergutmachen.

Wenn Sie heutige Jugendliche treffen, finden Sie es dann nicht traurig, was sie alles noch lernen müssen, damit etwas Gutes aus der Begegnung mit der Vergangenheit erwachsen kann?

Wenn die jungen Leute fragen: Was sollen wir tun? – sage ich ihnen: »Verschafft euch Kenntnisse.« Gleichzeitig stockt mir der Atem darüber, denn was bedeutet das? Kenntnisse worüber, über was? Ich habe meinen Besuch in Auschwitz über Jahrzehnte aufgeschoben – einfach, weil ich befürchtete, ich könne diese Begegnung nicht ertragen, nicht aushalten. Erst 1993, also mit 70, habe ich den Ort betreten, der damals – wir kannten Auschwitz seit Herbst 1942 – wie ein Damoklesschwert über unserem Haupt geschwebt hatte. Ich bin durch das Höllentor getreten, über die Schiene, habe die Rampe gesehen, die gesprengten Krematorien und die Gaskammer. Heute wissen wir, daß in der neuen, in der großen Gaskammer 2000 Menschen, wenn sie wie Sardinen aneinander gepreßt wurden, innerhalb von zehn Minuten umgebracht worden sind.

Also, wenn ich den jungen Menschen sage: Kenntnisse, Kenntnisse – dann meine ich damit, daß sie auch das wissen müssen, was da geschehen ist. Sie kommen daran nicht vorbei, es wird nicht gehen, sie werden sich damit beschäftigen müssen, weil dieser Ungeist noch lebendig ist, und das macht es mir schwer, das hat mir meine Arbeit im Laufe der Jahre immer schwerer gemacht und wird es mir auch noch schwerer machen, und trotzdem ist es etwas, was nicht vermeidbar ist. Und das ist eigentlich das, was mein Leben am meisten verdüstert und verdunkelt, daß ich denen, die nichts dazu getan haben, ganz unschuldig sind, daß die damit belastet werden müssen, müssen, es führt kein Weg daran vorbei. Aber es ist furchtbar.

Vielen Dank für das Gespräch.

Inge Deutschkron

»Ich mache weiter!«

Mit ihrem Theaterstück Ich trug den gelben Stern *wurde sie schlagartig in Deutschland berühmt. Dabei war Inge Deutschkron in politischen und journalistischen Kreisen längst keine Unbekannte mehr. Die deutsche Jüdin, eine Holocaust-Überlebende, hatte für die israelische Tageszeitung* Ma'ariv *als Korrespondentin aus dem Bonn der fünfziger und sechziger Jahre berichtet. Als sie von der restaurativen, verdrängerischen und verlogenen Atmosphäre in der Bundesrepublik genug hatte, ging sie zurück nach Israel. Ihr Theatererfolg hat sie wieder nach Deutschland gebracht, jetzt pendelt sie zwischen beiden Ländern. Ich besuchte Inge Deutschkron in ihrer Berliner Wohnung 1998. Die kleine, zierliche Frau mit den feuerroten kurzen Haaren ist ein Energiebündel. Sie sprüht vor Charme und Berliner Witz, ihre Beschreibungen und Analysen von politischen Figuren unserer Zeit sind prägnant, nicht ohne Zynismus und fast immer mit einem Schuß Selbstironie versehen.*

Fangen wir mit der SBZ an.
Das war für uns ja was ganz Aufregendes damals. Hier waren die Russen, die haben uns befreit. Da war es selbstverständlich, daß wir begeistert waren, bei allem was sie Schreckliches taten, Sie wissen ja von den Vergewaltigungen usw. Aber da sagte man

eben: Die Deutschen haben ja in Rußland auch schrecklich ge-
haust.

Als dann die Ministerien aufgebaut wurden, da waren es noch
Provisorien, war es unproblematisch mitzuarbeiten. Ich wußte
nicht, was ich machen sollte, ich wußte, daß ich irgendwann nach
England gehen wollte. Ein Freund meines Vaters, der in der Zentralverwaltung für Volksbildung ein Referat übernahm, sagte:
»Mensch, du kannst meine Sekretärin werden, solange bis du aus-
wanderst.« Ich hatte so was noch nie gemacht. Aber da war der
Wille, etwas Neues zu schaffen, ein neues Deutschland, und man
arbeitete wie besessen, zum Beispiel an der Schulreform. Das war
phantastisch. Da kamen Leute aus dem KZ, Leute aus Moskau, jeder war dabei.

Und dann kam plötzlich die Idee auf, man müsse eine einheitliche Arbeiterklasse schaffen. SPD und Kommunisten müßten eine
Einheitspartei werden. Ich war jung und naiv, aber frei und offen
mit meinen Äußerungen und erklärte, warum ich dagegen bin.
Daß eine einheitliche Arbeiterpartei von unten kommen müsse
und nicht von oben aufoktroyiert, und ich kämpfte dagegen an.
Ich war zu dieser Zeit Vorsitzende der sozialdemokratischen Be-
triebsgruppe und hatte daher besonders unter dem Druck zu leiden. Bis der damalige Präsident der Zentralverwaltung den kommunistischen Genossen sagte: Die Deutschkron faßt ihr nicht an,
die ist Antifaschistin. Er schützte mich bis zu einem bestimmten
Punkt. Dann wurde ich plötzlich zu einem Interview mit einem
russischen Offizier bestellt. Er war sehr deutlich, sprach perfekt
deutsch, fragte mich aus über mein Leben im Untergrund
während der Nazizeit. Plötzlich sagte er: »Ich höre, Sie sind politisch interessiert und bei der SPD Mitglied, warum nicht bei der
SED?« Ich sagte, das ginge nicht, im britischen Sektor, wo ich lebe,
gäbe es keine SED. Er meinte, ich könne doch hier im Betrieb im
Ministerium Mitglied sein. Und ich meinte, ich könne doch nicht
zwei Parteien angehören. Nach diesem Geplänkel fragte er mich
plötzlich: »Wenn Sie die Gelegenheit hätten, nach Amerika oder
Rußland zu fahren, wo würden Sie hinfahren?« Da sagte ich:
»Wissen Sie, Amerika natürlich auch gern, wenn man den Kapita-
lismus bekämpfen will, muß man ihn kennen. Rußland, na hören
Sie mal, ich bin Sozialistin, das ist doch die Mutter des Sozialis-

mus. Ich würde gerne in beide Staaten. Aber übrigens: in Kürze werde ich nach England fahren.« Da hat er mich sehr schnell entlassen. Danach zitterten mir die Hände, ich war dem ganzen nicht gewachsen, war zu jung. Ein Freund, ein Kommunist, kam ein paar Tage später zu mir: »Mensch, mach daß du wegkommst! Der KGB hat deine Papiere angefordert und das bedeutet Verhaftung.« Und so kam es schnell zum Ende meiner Arbeit in der Zentralverwaltung.

Haben Sie denn damals schon einen Antisemitismus erlebt in den Reihen der Gruppe Ulbricht?

Nein, das gar nicht. Im Gegenteil. Man sprach immer von Antifaschismus. Wissen Sie, nach dem Krieg kamen die Morde, das Schicksal der Juden ans Licht. Solch eine antisemitische Welle wäre hier nicht angekommen. Darüber wurde überhaupt nicht gesprochen, jedenfalls nicht in unserer Verwaltung.

Was mich so überrascht an Ihrer Erzählung ist, daß es für Sie so selbstverständlich war, hier sofort am Wiederaufbau teilzunehmen. Oder waren Sie sich klar, daß Sie wegwollten?

Ja, so war's, ich wollte weg, ich wußte, daß ich weggehen würde. Wir wollten wieder mit unserem Vater zusammensein. Es war eine Überbrückung, diese Arbeit. Im Lauf der Arbeit wurde ich aber auch gefangengenommen von diesem Geist in der Zentralverwaltung, ein neues Deutschland zu schaffen, daran war ich auch interessiert.

Ein Sprung in die Zeit, wo Sie in Bonn als Korrespondentin der israelischen Tageszeitung Ma'ariv *arbeiteten. Sie haben immer wieder betont, daß Ihre Bonner Jahre besonders hart waren. Warum?*

Die waren besonders hart, weil hier sehr viele Nazis in hohen Positionen saßen. Und mit einer Selbstverständlichkeit, die man sich gar nicht mehr vorstellen kann.

Können Sie uns da Geschichten erzählen?

Zunächst sagte man immer zu mir: »Hören Sie auf, über die Vergangenheit zu reden, vergessen Sie doch, das ist schon lange her und war doch gar nicht so schlimm.« Damals kamen schon einige Juden aus dem Exil zurück, und da hieß es dann: »Sehen Sie doch, die kommen schon zurück, es kann doch gar nicht so schlimm gewesen sein!«

Dann stieß ich als Journalistin auch auf Leute wie zum Beispiel den höchsten Beamten des Bundestages, einen Herrn Drossmann, der Verwalter des Ghetto Lodz gewesen ist. Das erfuhr man zufällig. Als ich das nicht fassen konnte und den Pressesprecher des Herrn Drossmann anrief, um zu fragen, ob das stimmte, sagte der: »Na und, die Ghettos mußten doch verwaltet werden!«

Diese Dinge sind nicht an mir vorübergegangen, das können Sie sich vorstellen. Und ich erzählte dieses Erlebnis im Presseamt. Es war meine Politik, dem Bundespresseamt, der zuständigen Dame dort, immer zu erzählen, was mir geschehen war. Und da saß ein anderer Beamter vom Presseamt und meinte: »Ich werde mal versuchen, mit dem Mann zu reden.« Am nächsten Tag rief mich dieser Pressereferent zurück und sagte: »Wissen Sie, Frau Deutschkron, ich wußte ja gestern gar nicht, mit wem ich gesprochen habe.« Ich meinte: »Hätte das an Ihrer Antwort etwas geändert?« Und er: »Ja natürlich, Sie müssen das ja anders sehen als wir.«

Solche Sachen in rauhen Mengen, es war schon schwierig. Und ich weiß, daß man mich in Bonn gehaßt hat, weil ich den Finger immer wieder auf die Wunde legte, eine Wunde, die sich für mich immer weiter öffnete. Manchmal fragte ich mich: Was machst du eigentlich hier? Es war nicht einfach für mich, den Schlußstrich zu ziehen. Ich muß dazu sagen, ich wuchs in einer sozialistischen Familie auf, ohne jede Bindung zum Judentum. Ich wußte nicht, was das ist. 1933 sagte meine Mutter zu mir: »Mein Kind, du bist Jüdin.« Davor war ich eine Berliner Göre, wie alle anderen auch. Ich hatte gar keine Beziehung zu Israel, es war ein Staat für mich.

Durch meine Arbeit bei *Ma'ariv* lernte ich Israel kennen, den Sinn dieses Staates, die Bedeutung, die Wichtigkeit. Und dann habe ich natürlich auch Freunde gehabt und gemerkt, daß ich mit den Menschen in Israel nicht diese Verständigungsprobleme hatte wie in Bonn. Damals war auch noch meine Generation in Israel am Ruder, das war als ob wir die gleiche Sprache sprechen. Wissen Sie, Menschen, die verfolgt wurden – und damals war die Mehrheit der Bewohner Israels Verfolgte – haben dieselbe Sprache. Das war wesentlich für mich. So bekam ich einen Kontakt zu Israel, und vielleicht trat ich dadurch in Bonn noch kraftvoller auf, weil ich wußte, ich habe etwas hinter mir, da ist eine Bindung, die ich vorher nicht hatte.

Sie sagen, Verfolgte haben die gleiche Sprache. Hatten Sie denn in den Jahren in Bonn ein besseres Verhältnis zur SPD, wo ja auch Verfolgte waren, selbst die Partei war ja an sich »verfolgt« im Nationalsozialismus?

Im Grunde genommen ja, es gab auch Menschen, die meiner Meinung waren. Aber sie taten nichts. Das war für mich eine furchtbare Enttäuschung mit der SPD. Wenn ein Mann wie Kurt Schumacher an die Macht gekommen wäre, der SPD-Mann, der nur ein Bein hatte und später nur noch einen Arm, was so ein Sinnbild war für das schreckliche Deutschland, ein Mann, der zehn Jahre im KZ saß, dann wäre das ein Signal gewesen. Aber der konnte gar nicht ankommen hier bei diesen Menschen. Die wollten nicht erinnert werden. Und die SPD resignierte. Das hat mich, die Kämpferin – ich bin ja sehr kämpferisch erzogen worden in einem sozialistischen Elternhaus – entsetzlich gestört. Darum bin ich dann auch aus der SPD ausgetreten.

Wann war das?

Ungefähr '55/'56. Der letzte Anstoß, es ist eigentlich traurig, das sagen zu müssen, war, daß Willy Brandt, damals noch Bürgermeister von Berlin, dem Speer, als er aus dem Gefängnis Spandau entlassen wurde, der Familie Speer einen Blumenstrauß schickte! Das fand ich ganz ungehörig. Das war der Tropfen, der das Faß zum Überlaufen brachte. Da war ich gerade in Israel, die sagten zu mir: »Was ist das, du sagst doch, der Brandt ist auf unserer Seite, ein wirklicher Antifaschist, der war in der Emigration, und da macht der das?« Da dachte ich mir: Da hast du eigentlich gar nichts mehr zu suchen. Damit endete meine politische Zugehörigkeit.

Hatten später die großen NS-Prozesse eine Wirkung auf die Politik in Bonn, die Situation im Land?

Die Prozesse hatten schon einen Einfluß. Vor allem der Eichmannprozeß. Denn plötzlich entdeckten die Deutschen und deutschen Journalisten Israel. Nicht als religiöses Land oder so, sie sahen, daß dies ein normales Land war, in dem Handel und Wandel und Landwirtschaft vor sich ging. Auch der Auschwitzprozeß hatte großen Einfluß. Die Aufdeckung fürchterlicher Verbrechen. Die Leute waren plötzlich konsterniert. Ich weiß nicht, ob das anhielt, aber damals hatte das wirklich Folgen.

Es gab in Bonn eben schrecklich viel alte Nazis in hohen Positionen. Mir ist bis heute unklar, wieso Adenauer, der doch selber 100 Prozent integer war, diese Leute geduldet bzw. sie in seine Regierung geholt hat. Der schlimmste war dieser Dr. Hans Globke, seine rechte Hand, Staatssekretär mit großem Einfluß, dieser Mann, der ja doch einen Kommentar zu den Nürnberger Rassegesetzen geschrieben hat. Sich so einen Mann an die Seite zu holen, ist mir unerklärlich. Und das ist nicht das einzige, was man Globke ankreiden kann, als er im Innenministerium bei den Nazis arbeitete. Es gibt heute Stimmen, die behaupten, er hätte Juden geholfen, so was sind ja Gerüchte, was zählt, ist die Tatsache, was geschrieben stand in diesem Kommentar …

Dann gab's den Minister Karl Wialon, der hat in Litauen oder einem baltischen Staat gesessen und jüdisches Vermögen aufgelistet, während die Juden schon in die Gaskammern geschickt wurden. Ist ja auch eine feine Arbeit, nicht wahr. Natürlich war er bei der NSDAP.

Genauso war es bei dem Vertriebenenminister Krüger. Der war sogar an einem Sondergericht in der Nähe von Lemberg und hat dort Menschen zum Tode verurteilt, die was gestohlen haben, ein bißchen was zu essen. Der hatte fürchterliche Morde auf dem Gewissen. Solche Leute wurden Minister.

Also, ich kann Ihnen sagen, wo sie hinspuckten, da war einer.

Wie konnte dann Ben Gurion von einem »anderen Deutschland« sprechen?

Ben Gurion sprach von einem anderen Deutschland, weil er die Jugend meinte. Er war sehr beeindruckt von der neuen Jugend, die ja auch oft nach Israel kam. Aber er war eben auch ein großer Politiker oder Pragmatiker. Für ihn war Deutschland wichtig. Er meinte, daß Deutschland als der mächtigste Staat Europas für Israel eine große Rolle spielen wird. Das ist vom politischen Standpunkt ja auch richtig gesehen. Doch leider sah er es von Anfang an so, ich sage leider, weil man dadurch in Deutschland manchmal übersehen hat, was man nicht hätte übersehen sollen.

Zurück zu den Prozessen: Sie sprachen von dem Erschrecken durch die Auschwitzprozesse. Wie konnte schon so kurz nach dem Krieg das Bewußtsein so ausgeblendet sein, daß die NS-Prozesse diesen »Erfolg« hatten?

Die ersten Jahre wollte man nichts davon hören. War ja ein

furchtbares Kapitel. Und im übrigen hatte man mit sich zu tun. Da waren Vertriebene, Ausgebombte, Angehörige gefallen, man besaß nichts mehr. So beschäftigte man sich mit sich selbst. Anfang der fünfziger Jahre kam der Wohlstand, da hat man versucht, den zu leben und nur nicht an die Vergangenheit denken. Die hat man einfach verdrängt.

Man delektiere sich daran, plötzlich nach Spanien fahren zu können und sich die Nierentische anzuschaffen und ein zweites oder erstes Auto. Jedenfalls beschäftigte man sich damit, das andere war unangenehm.

Es waren doch viele Eltern und Großeltern schuldig geworden, ich sage das von den Kindern aus gesehen. Wenn die ihre Eltern fragten, bekamen sie keine Antwort. Das verstehst du nicht, da weißt du nicht genug, ich wußte gar nichts – das waren die Antworten, die sie bekamen. Und dann plötzlich der Auschwitzprozeß. Das hatte Wirkung. Ich will nicht sagen, daß das lange angehalten hat. Aber es war zweifellos ein Einschnitt.

Wie konnte es dann geschehen, daß ein Mann wie Kurt-Georg Kiesinger Kanzler wurde?

Ja, das ist eine gute Frage, aber da müßten Sie auch Brandt fragen. Ohne seine Mithilfe wäre Kiesinger nicht Kanzler geworden. Für meine Begriffe war das ein Unding. Aber so war das. Die SPD wollte an die Macht, glaubte das nur zu können, indem sie in eine große Koalition einstieg, und die war nur so möglich. Die CDU schlug Kiesinger ja vor, weil kein anderer da war. Das war schon fürchterlich.

Wie reagierte man in Israel darauf?

Damals haben die Israelis um Gasmasken gebeten, denn damals bestand die Gefahr eines Krieges mit Ägypten, und Nasser, der noch an der Macht war, hatte vorher Gas benutzt in einem Krieg mit Jemen. Und die Israelis hatten Angst, daß das auch auf sie zukommen könnte. Doch die Gasmasken wurden abgelehnt. Erst nach langem Hin und Her wurden die Gasmaken doch geschickt. Man hat sie dem Innenministerium zugeschlagen, dadurch wurden aus Kriegsmaterial plötzlich Güter für den zivilen Schutz.

Hatte es etwas mit Trotz zu tun, daß man in dieser Zeit die Verjährung der NS-Verbrechen akzeptieren wollte, es gab ja eine sehr komplizierte Debatte, bis man sich entschied?

Die Verjährung der NS-Verbrechen war ein fürchterliches Thema. Da wurde wirklich gekämpft, monatelang. Ich glaube, da hat auch der Gedanke:»Bloß nicht mehr davon hören!« eine Rolle gespielt. Denn in dem Moment, wo die Prozesse aufhören, hört ja auch das Nachdenken auf. Aber das ist ihnen nicht gelungen. Ich glaube, auch hier spielte der Druck vom Ausland eine Rolle. Da sagte man natürlich: Das kann ja nicht sein, daß hier plötzlich große Mörder frei herumlaufen können. Zunächst fand man im Bundestag einen Kompromiß, nein, einen Ausweg. Man sagte: Die BRD ist ja erst '55 entstanden. Von '49 bis '55 haben die Oberaufsicht die Alliierten gehabt, so daß die Justiz nicht in den Händen der Deutschen war. Also hat man das Datum '55 genommen und die Verjährung von '55 an gerechnet, von 1955 bis 1975, 20 Jahre. So daß man 1965 sagen konnte, wir können das ganz legal verschieben, ohne an dem alten Gesetz etwas zu ändern.

Dann hat man sich 1975 noch einmal damit befaßt. Da waren die Sozialdemokraten an der Macht. Und ich glaube, es war Heinemann, der mit einer Gesetzesvorlage schon in sein Amt einstieg und sagte:»Diese Verjährung muß ausgesetzt werden, Verbrechen müssen weiterverfolgt werden.« So kam es dann ja auch.

Aber 1965, dieser Kampf, das war entsetzlich. Und es war ganz offensichtlich, daß viele Kreise in der FDP, aber auch in der CDU/CSU dafür waren, daß diese Verjährung einsetzt. Eben weil sie sehr viele alte Nazis in ihren Reihen hatten.

Was hat die Eröffnung der israelischen Botschaft in Bonn 1965 bewirkt? Gab es da eine veränderte Haltung der deutschen Öffentlichkeit gegenüber Israel, gegenüber Juden schlechthin?

Diese Eröffnung der israelischen Botschaft in Bonn hat eigentlich bewirkt, daß viele Leute sehr froh waren, daß es endlich ein normales Verhältnis zwischen den beiden Staaten gibt. Das ist ja nicht normal, daß es zwischen zwei Staaten keine diplomatischen Beziehungen gibt. Das ist ja nur der Fall, wenn es Krieg gibt. Das war unnatürlich. Man war froh, daß man offiziell kommunizieren konnte.

1967, als die Israelis den Sechs-Tage-Krieg gewannen, entstand ein Witz in Deutschland: Hitler sitzt in der Hölle, will noch einmal für 24 Stunden auf die Erde, um sein geliebtes

Deutschland zu sehen. Nach langen Debatten mit dem Teu-
fel, läßt dieser ihn. Doch Hitler kommt bereits nach einer
Stunde wieder zurück. Der Teufel ist überrascht und fragt
ihn, was los sei. Und Hitler sagt, er habe auf dieser Erde
nichts mehr verloren: Die Deutschen machen Geschäfte, die
Juden gewinnen Kriege! In dieser Zeit brach eine große Isra-
el-Euphorie aus. Diese Solidarität mit Israel — war das ein
ernstes Gefühl, ein Spüren um den Existenzkampf dort oder
falsche Solidarität?

Da gab es verschiedene Komponenten, die zu der Euphorie führten. Zunächst war es auch eine nicht sehr freundliche Haltung den Arabern gegenüber, die mochte man nicht, kannte man nicht, verstand man nicht.

Dann war inzwischen natürlich die große Aufbauleistung Israels bekannt, da entstand ein Staat, wurde Wüste in Land verwandelt. Diese Dinge, die hatten beeindruckt.

Und schließlich war Israel ja weit entfernt, da konnte man freundlich sein. Das ist ja viel einfacher, als wenn man Juden vor der Nase hat.

Und dann natürlich die großen Siege. Da sagte man: Die kämpfen ja wie bei uns. Gerüchte kamen auf, Dajan sei hier in einer israelischen Militärschule geschult worden, der damalige Verteidigungsminister. Das machte sogar bei ehemaligen SS-Leuten Eindruck.

In der Zeit, als Sie hier als Korrespondentin arbeiteten, hat-
ten Sie da auch Kontakte zur DDR? Haben Sie mitbekom-
men, wie die DDR sich gegenüber Israel und den Juden ver-
hielt?

Ich hatte keine direkten Kontakte zur DDR. Aber was man von drüben hörte, was geschah, das war schon schlimm genug. Anfang der fünfziger Jahre, zur Zeit der Ärzteprozesse in Moskau, hat man auch in der DDR eine Kampagne durchgeführt gegen Juden. Die wurden beobachtet, Telefone abgehört, die Post geöffnet, aus Positionen rausgeschmissen. Ich kenne ehemalige Israelis, die zurückgingen in die DDR, die ihren Posten verloren, irgendwo in die Fabrik gesteckt wurden — schreckliche Schicksale zum Teil. Da war ein scheußlicher Antisemitismus 1953 in der DDR.

Das hat sich wieder beruhigt, aber dann hat man Israel zum

Feind erklärt. Man hatte ja viel größeres Interesse – auch dies wieder Moskauer Politik – an den arabischen Staaten. Man wollte Einfluß im Nahen Osten, den kriegte man nur über die arabischen Staaten. Was die paar Juden, die dort noch lebten – es waren ja nur noch 800 oder so – was die damals, wenn sie sich überhaupt halten wollten, alles gegen Israel unterschreiben mußten! Die DDR hat ja doch die Terroristen gegen Israel finanziert und mit Waffen ausgerüstet und ausgebildet. Man kann sich gar nicht vorstellen, daß ein deutscher Staat so was tut. Aber das ist alles geschehen. Ich erinnere mich auch an Flugschriften und Bücher, wo es hieß: Israel ist ein Verbrecherstaat und jeder dort ein Verbrecher. Einer betrügt den anderen, man hat nichts zu essen. Da war eine scheußliche Hetze, bis Honecker an die Macht kam, der das etwas abschwächte, weil er Kontakte zu Amerika haben wollte. Das war, nachdem die DDR mit der BRD zusammen bei den Vereinten Nationen aufgenommen wurde. Er wollte unbedingt nach Amerika reisen, hat versucht, den Kontakt zu Juden in der Gemeinde aufzubauen, hat einen Rabbiner aus Amerika kommen lassen.

Sie sagten, daß 1979, unter Klaus Gysi, Jude sein in der DDR auf einmal wieder Mode wurde. Wie muß man das verstehen?

Die jungen Leute, vor allem Kinder von Kommunisten, hatten mit der Politik ihrer Eltern nicht viel im Sinn. Sie müssen sich vorstellen, daß ein Kind eines kommunistischen Elternpaares – meistens waren ja Frauen und Männer sehr aktiv – fast nie seine Eltern zu Hause sah. Die wuchsen in der kommunistischen Jugend auf, das paßte ihnen nicht, und sie suchten etwas. Eine Ideologie, irgend was. Zunächst gründete sich eine Gruppe von diesen Menschen, die saßen in der Oranienburger Straße zusammen und wollten etwas wissen über Judentum. Die lernten auch Hebräisch und die Bibel, und da soll auch Gregor Gysi mit dabei gewesen sein.

Gregor Gysi war dabei, ich habe vor ein paar Tagen ein Foto gesehen.

Na gut, ich wußte es nicht, es gibt so viele Gerüchte. Irene Runge ist ja die Frau …

Ja, und bei ihr habe ich das Foto gesehen …

Ja, dann kann er das nicht leugnen. Sein Vater hat übrigens auch eine wichtige Rolle gespielt. Ich habe ihn interviewt nach der Wende, er hat sehr viel für die Juden in der DDR getan. Ihm ist es zu verdanken, daß diese ersten Kontakte zu Juden entstanden und sich besserten.

Noch mal zur Aufnahme der Beziehungen zwischen Israel und der Bundesrepublik. 1965 war das offiziell, erste Kontakte aber hatte es schon Anfang der fünfziger Jahre mit den sogenannten Wiedergutmachungszahlungen des Luxemburger Abkommens gegeben. Wie gestalteten sich diese Gespräche?

Das war alles gar nicht so einfach mit den diplomatischen Beziehungen. Durch Jahre hindurch hatten die Deutschen sich ja auf schäbige Weise davor gedrückt. Das ist ein hartes Urteil, aber ich denke, wenn man sich das im nachhinein überlegt, ist das schon richtig. Nach dem Luxemburger Abkommen wären die Deutschen sehr glücklich gewesen, wenn die Israelis auf diplomatische Beziehungen eingegangen wären. Aber die waren noch nicht soweit. Das konnten sie auch nicht, es war ja seit Kriegsende kaum Zeit vergangen. Und dann, '55 war's wohl, erkannte Ben Gurion, daß die Deutschen wichtig sind, und er begann die Fühler auszustrecken. Da wollten die Deutschen nicht mehr. Als Vorwand benutzte man damals die sogenannte Hallstein-Doktrin und münzte sie auf Israel um. Würde man also Israel anerkennen, würden die arabischen Staaten im Gegenzug die DDR anerkennen und die BRD müßte ihre Beziehungen zu den arabischen Staaten abbrechen. Und das war wirtschaftlich nicht erwünscht. Wie gesagt: ein Vorwand. Das war eine schreckliche Enttäuschung für Israel.

Dann kam es 1960 zu dem Treffen, Ben Gurion – Adenauer. Zwei Pragmatiker, die verstanden, daß sie einander gut brauchen konnten. Ben Gurion setzte auf den deutschen Einfluß in Europa, und Adenauer hoffte auf gutes Wetter für Deutschland in Amerika. Jedenfalls verstanden sich die beiden alten Männer ausgezeichnet. Es gibt da auch eine lustige Geschichte dazu: Ben Gurion hatte beschlossen, Adenauer zu bitten, beim Aufbau der Negev-Wüste zu helfen. Es mußte doch für die deutsche Jugend auch sehr interessant sein, mitzuhelfen, diese Wüste aufzubauen. Er sagte: »Was soll ich von diplomatischen Beziehungen anfangen, es hat doch gar keinen Zweck.« Es wurde natürlich auch über eine

gewisse Summe Geld geredet. Und der Mitarbeiter von Ben Gurion, Itzhak Navon, der spätere Präsident von Israel, sagte zu ihm:
»Was willst du denn, um 125 Millionen bitten, das ist doch lächerlich, kannst doch mit dem selben Zungenschlag auch 250 verlangen.« Und sie zankten sich. Ben Gurion stand am Spiegel und ra-
sierte sich. Das ging eine Zeitlang hin und her. Dann drehte sich
Ben Gurion in seinem Zimmer um und meinte: »Na, natürlich sage ich 250.«

Und dann spielte zu der Zeit noch etwas anderes eine Rolle. Im
Grunde hatten die Deutschen doch ein schlechtes Gewissen gegenüber Israel, daß sie die diplomatischen Beziehungen vorent-
hielten. Das ist jedenfalls mein Eindruck. So verfiel man schließlich auf die Idee, geheim Waffen zu liefern. Und für die Israelis
waren Waffen mindestens so wichtig. Ich glaube, Shimon Peres
hat das mal so formuliert: »Mir ist der Zylinder eines Panzers lieber als der Zylinder eines Diplomaten.«

Das war ja sehr schön, aber nicht so einfach, denn so ein Panzer
ist nicht unsichtbar. Da passierten die komischsten Geschichten,
um die Sachen geheimzuhalten. Man wollte zum Beispiel Panzer
durch Italien schicken, um sie dann nach Israel zu verladen. Dann
blieben die Dinger aber in einem Tunnel stecken, weil die Aufbauten zu hoch waren. Auf diese Weise erfuhr die Öffentlichkeit
natürlich davon!

Dann hatte man Munition an einem Kai in Genua abgestellt,
keiner wußte, daß sie für Israel bestimmt war, keiner durfte es
wissen; die italienische Presse war begeistert, da war ein Geschenk
angekommen.

Wie geheim es war, wird auch aus dieser Geschichte klar: Der
damalige Präsident des deutschen Bundestages, Eugen Gerstenmaier besuchte Nasser in Kairo, und Nasser sagte dort plötzlich zu
ihm: »Was ihr da macht, ist unerhört, daß ihr den Israelis Waffen
schickt.« Gerstenmaier hatte keine Ahnung, und er war ein kleiner Choleriker. Er schrie Nasser an: »Was denken Sie sich eigentlich, Verleumdung ...« Und dann kam er zurück und mußte feststellen, daß Nasser recht hatte. Da platzte die ganze Geschichte
mit den Geheimwaffen und es kam zu einer richtigen Krise, einem Konflikt zwischen Israel und Deutschland. Der damalige
Bundeskanzler Erhard wußte nicht mehr, was er machen sollte.

Keiner wußte mehr, was er machen, wie er aus diesem Konflikt herauskommen sollte. Die Israelis bestanden darauf, daß man ihnen irgend etwas gibt, und die Ägypter/Araber waren auch nicht still. Aus Trotz haben sie ja auch den Ulbricht eingeladen, ihn behandelt wie einen Staatsgast. Das war für Bonn natürlich das rote Tuch, der rote Teppich wurde zum roten Tuch. Das war der Tropfen, der das Faß zum Überlaufen brachte. Da beschloß Erhard, diplomatische Beziehungen anzubieten.

Lassen Sie uns zu einem unangenehmen Thema kommen …
Sind die anderen nicht unangenehm?

Wie Sie sie erzählen, nicht. – Was sicher auch eine Menge verändert hat in Ihrem Verhältnis zu Deutschland: 1968 bei der Studentenrevolte und im Zuge danach kam ein erster Anflug von Antizionismus auf seiten der deutschen Linken auf. Wie haben Sie das erlebt, und wie bewerten Sie das?
Diese Zeit von '68 war wirklich schwierig für mich. Zunächst war ich sehr begeistert von der Studentenbewegung, denn es waren ja schließlich wirklich die ersten, die ihre Eltern fragten: »Was habt ihr damals gemacht?« Und die Eltern haben genauso blöd geantwortet: »Das verstehst du nicht.« Oder: »Ich wußte von nichts.« Das haben die jungen Leute nicht akzeptiert. Aber es brachte die jungen Leute wirklich in Gewissenskonflikte, das hat mich sehr für sie eingenommen. Doch eines Tages beschlossen sie, sie müßten ihrer Bewegung eine ideologische Grundlage geben. Sie teilten die Welt ein in Gut und Böse. Böse waren natürlich Imperialisten, und sie erklärten Israel zu einem imperialistischen Staat. Begründung: Israel ist abhängig von den USA, ergo sind sie Imperialisten. Und Imperialisten muß man bekämpfen. Das war eine schlimme Zeit. Ich habe es miterlebt, weil ich hier immer noch Korrespondentin war. Ich bin mit Asher Ben Nathan, dem ersten Botschafter herumgefahren, er war zu Studentenversammlungen eingeladen. Ich erlebte Demonstrationen gegen Israel mit, das war unbeschreiblich. Und – es tat weh. Wissen Sie, daß junge Deutsche sich hinstellen und Israel und – in dem Fall – Ben Nathan mit Hitler vergleichen! Oder das große Spruchband im Auditorium Maximum der Universität in München: »Im Nahen Osten wird erst Frieden sein, wenn in 50 Supermärkten Israels Bomben fallen!« So war der Wortlaut ungefähr. Es gab natürlich Tumult,

man ließ den Botschafter, den man eingeladen hatte, nicht einmal sprechen. Dann kam ein Student aufs Podium und sagte: »Das habe ich doch nicht nötig, mir diesen Botschafter anzuhören, da kann ich mir ja auch Hitler vom Himmel herunterkommen lassen und mit ihm über KZs diskutieren.« Derartige Demonstrationen gab es auch in Nürnberg, Fürth, in Hamburg, Frankfurt oder Berlin. Ich erinnere noch ein Spruchband: »Zionisten raus aus Palästina!« Israel muß verschwinden. Wissen Sie, schlimmer konnte es gar nicht sein, es waren Nazislogans, die da gebracht wurden. Das hat mich entsetzt, und da kam für mich der Moment, wo ich sagte: Jetzt reicht's. Und der Beschluß, nach Israel zu gehen, war unumkehrbar. Ich muß Ihnen ehrlich sagen, daß ich bis heute nicht verstehen kann, daß diese sogenannten Linken sich nicht irgendwann mal mit diesem Thema auseinandergesetzt haben, mit ihrer Vergangenheit, wie das möglich war, daß sie so eine Kampagne gegen Israel führten und junge Menschen den Tod Israels herbeiwünschten. Das begreife ich nicht. Diese Leute gibt es ja noch, diese 68er. Wäre eigentlich ihre Aufgabe, sich mal damit zu befassen.

Wie reagierte denn Asher Ben Nathan in einer Situation wie im Audi Max?

Er war fabelhaft, sehr kämpferisch, das ist ja seine Natur, darauf ist auch unsere Freundschaft begründet. Er hat alles versucht, um mit ihnen zu reden, er war in keiner Weise feige, das ist nicht seine Art, und nicht die der Israelis, zumindest der, die Israel mit aufgebaut haben. Er ist nie zurückgewichen, konnte sich aber nicht mal am Mikrofon Gehör verschaffen. Ich erinnere mich, in Nürnberg hatten wir das Gefühl, jeden Moment greifen die Leute uns an, physisch. Was in Hamburg übrigens passierte. Ich weiß noch: er stand auf dem Podium, wußte nicht, wo ich war und sagte hinterher: »Wo warst du?« Ich war unter den Studenten, er hatte Angst um mich. So weit ging das. Und in Hamburg gab es Kämpfe zwischen israelischen Matrosen, israelischen Studenten und Deutschen. Wenn man sich das vorstellt, das war damals so. Ich bin heute sehr befreundet mit ehemaligen 68ern, denen erzähle ich das immer, die sagen dann: »Ja, das waren wir ja nicht.« – Das ist so deutsch.

Ihre Geschichte ist hier in Deutschland berühmt geworden

durch die Theaterstücke, vor allem durch Ich trug den gelben
Stern, *die Sie geschrieben haben. Nach allem, was Sie erlebt
haben, was hat es für Sie bedeutet, Ihr eigenes Leben auf
deutschen Bühnen zu sehen?*

Das war wirklich ein Wendepunkt für mich und hat mir meine
vierte Karriere eröffnet. Denn ich habe nie davon geträumt, daß
das auf die Bühne kommen würde. Das ist ja begründet auf dem
Buch: *Ich trug den gelben Stern.* Da kam eines Tages der Leiter des
Gripstheaters – ein Kinder- und Jugendtheater hier in Berlin –
Volker Ludwig zu mir zu Besuch nach Tel Aviv und schlug mir
vor, dieses Buch zur Grundlage für ein Theaterstück zu machen.
Und da wir uns sehr gut verstanden, auch politisch, war ich begeistert. Es gab schon vorher Leute, die wollten einen Film machen,
aber das wurde dann so verkitscht, da kam das gar nicht für mich
in Frage. Aber hier hatte ich das Gefühl, das wird gut gehen. Ludwig hat mir immer die Seiten zur Kontrolle geschickt. Dann lud er
mich nach Berlin zu den Proben ein. Ich setzte mich zwischen die
beiden Autoren, und mit einem Mal fängt die Probe an und ich
dachte: Da spricht meine Mutter und mein Vater. Das war fast zuviel für mich. Später erzählte man mir, ich hätte geweint. Wissen
Sie, es ist ja mein Leben, das da abläuft. Ich lache und atme schwer
an bestimmten Stellen. Ich komme davon nicht los. Die Vergangenheit ist so tief in einem drinnen. Ich war ja auch sehr jung, da
prägt sich das noch tiefer ein. Das empfinde ich immer noch. Das
Stück ist ja auch vollkommen authentisch, daher ist es so schwierig.

Und was für mich unendlich wichtig ist: zu sehen, wie die Reaktion der jungen Leute ist. Das ist wie eine Ermutigung, man sieht,
wie die mitgehen, mitempfinden und mitleiden.

Am 9. November ’89 war Premiere, inzwischen haben fast
100 000 Jugendliche in Berlin das Stück gesehen, außerdem gibt es
35 Theater innerhalb Deutschlands, die das nachinszeniert haben.
Das ist eine große Befriedigung für mich. Am 9. Februar ’89 dachte ich: Heute ist die Premiere, übermorgen kannst du nach Tel
Aviv zurückfahren. Ich hatte keine Idee, daß ich mich irgendwie
wieder hier festsetzen würde. Plötzlich kamen nicht nur Zeitungen und Fernsehredaktionen auf mich zu, sondern Schulen, Lehrer, die mich haben wollten für ihre Klassen, als Zeitzeugin, Vor-

träge, Lesungen, lieber Gott, eine Lawine wurde losgetreten. Seitdem geht das immer weiter. Ich selber biete mich nirgends an, bin schwer zu finden, stehe nicht im Telefonbuch, dennoch: Ich werde angerufen, kriege Telefonnummern, rufe zurück. So kommt es, daß ich immer noch regelmäßig in Schulen gehe, obwohl ich es reduziere, denn es strengt mich sehr an. Zwei Schulen in der Woche sind genug. Ich schreibe ja auch noch.

Nach den Erfahrungen mit den Nazis in der BRD-Politik, den Antizionisten auf der Linken, machen Sie durch diese neuen Erfahrungen nun einen inneren Frieden mit diesem Land?

Also, innerer Frieden, ich weiß nicht, ob das der richtige Ausdruck ist. Ich bin verdammt realistisch. Wissen Sie, mit den alten Leuten gebe ich mich nicht ab. Wenn da ein Senioren-Club kommt und will eine Lesung mit mir, da sage ich: Tut mir leid, mache ich nicht. Denn, was soll das? Soll ich meine Kräfte vergeuden an Menschen, die unter Umständen an dem Schrecklichen beteiligt waren und nicht wissen, wer da sitzt? Das kann ich nicht. Meine Aufgabe ist, jungen Menschen, die nicht schuldig geworden sind, die eine einzige Verpflichtung haben, sich zu informieren, zu helfen, ihnen klarzumachen, was Nationalsozialismus und Ausgrenzung bedeuten. So sehe ich meine Aufgabe, das hat mit innerem Frieden nichts zu tun. Ich war nie eine von denen, die von Kollektivschuld sprachen. Dazu muß man wissen, daß mich 20 Berliner Familien gerettet haben. Sicherlich eine kleine Zahl im Großen, aber es gab noch mehr davon. Es saßen ja auch 200 000 deutsche Nichtjuden schon '33/'34 in den KZs. Man kann nicht wie Herr Goldhagen dieses Pauschalurteil abgeben.

Und ich bin ja auch hier bedroht worden, 1992, bei dieser rechtsradikalen Welle. Häßliche Anrufe, Nazipost. Und da dachte ich: Bist du verrückt? Du kannst zurück nach Tel Aviv, das ist nicht normal. Ich nannte mich Masochistin. Aber ich überlegte. Ich habe immer versucht, nicht das zu tun, was die Nazis wollen. Und dann sagte ich mir: Das kommt auch jetzt nicht in Frage.

Dann hat eine Berliner Zeitung darüber geschrieben und die Briefe zitiert. Daraufhin schrieben mir viele Berliner, die mir ihre Empörung und Scham ausdrückten, daß so was wieder passiert. Da standen Sätze wie: »Bleiben Sie bei uns, wir brauchen Leute wie Sie.« Fremde Leute legten mir Blumen vor die Tür. Und, was mit das schönste war: Kinder schrieben mir, Dreizehn-, Vierzehn-jährige: »Die Nazis sind doof«, mit Zeichnungen. Das war sehr er-mutigend. Da hatte ich das Gefühl: Nun erst recht. So ist es nun auch, ich mache weiter.

Ich danke Ihnen für dieses Gespräch.

Shimon Peres

»WIR TRANKEN WEIN UND BIER.«

*Über diesen Mann Worte zu verlieren, hieße Eulen
nach Athen tragen. Peres hatte meinem Team und mir
ein Interview um 7.30 Uhr morgens gewährt. Wir hätten eine halbe Stunde, mehr nicht. Wir sollten pünkt-
lich erscheinen. Mein israelisches Kamerateam war bereits um sieben da, um alles vorzubereiten. Ich kam mit
fünfminütiger Verspätung, mußte mich selbstverständlich einer Leibesvisitation unterziehen und betrat sein
Arbeitszimmer in Tel Aviv um 7.38 Uhr. Peres, im ele-
ganten dunklen Anzug, ein Mann Mitte Siebzig, mun-
ter und längst mit irgendwelchen Unterlagen beschäftigt, musterte mich skeptisch, meinte lapidar, ich sei
acht Minuten zu spät, wir hätten jetzt also nur noch 22
Minuten. Er war verärgert und schien überhaupt nicht
gewillt, mir allzuviel zu erzählen. Im Laufe des Ge-
spräches taute er jedoch auf. Seine Erinnerungen an
Franz Josef Strauß hellten seine Laune zusehends auf,
er schien schließlich auch beeindruckt, daß ich mich in
der israelisch-deutschen Geschichte gut auskannte. Aus
den 22 Minuten wurde schließlich doch eine herzliche
Stunde. Kaum war das Interview vorbei, kamen bereits
zwei andere Gäste in sein Arbeitszimmer, er setzte sich
mit ihnen auf die Couch, würdigte uns keines Blickes
mehr, und während das Kamerateam abbaute, war er
mit seinem Kopf schon ganz woanders. Sein »Peres*

Peace Center«, das er 1996, ein Jahr vor unserem Treffen, gegründet hatte, beschäftigt sich mit der friedlichen Zukunft des Nahen Ostens. Das ist ihm als Thema bei weitem wichtiger als die deutsch-jüdische Vergangenheit.

Bevor Sie nach Rott am Inn aufbrachen, gab es in Israel eine ernsthafte Diskussion um die Entscheidung, Deutschland um Waffen zu bitten – nur so wenige Jahre nach dem Holocaust. Wie kam diese Entscheidung zustande?

Wissen Sie, nach dem Unabhängigkeitskrieg in den frühen Fünfzigern war Israel plötzlich mit einer großen Menge moderner Waffen konfrontiert, die vom Ostblock geliefert wurden. Neue Panzer, neue Flugzeuge flogen über unseren Köpfen. Da braute sich eine neue Gefahr zusammen. Wir waren der Meinung, Deutschland komme die Verantwortung zu, uns in dieser Lage zu einem Ausgleich zu verhelfen und uns zumindest mit den notwendigen Waffen zu versorgen. Es ging vor allem darum, die Gefahr, die über Israel schwebte, zu zerstreuen. Und ich glaube auch, daß nach unseren Kontakten mit Frankreich – und Frankreich hat uns sehr geholfen – auf deutscher Seite mehr Bereitschaft da war, ähnlich zu handeln.

War Ihnen oder David Ben Gurion bewußt, welche Probleme seitens der israelischen Öffentlichkeit auf Sie zukommen würden?

Unser Problem war nicht die israelische Öffentlichkeit, unser Problem war die Sicherheit Israels. Weder Ben Gurion noch ich strebten nach öffentlicher Anerkennung. Unsere Hauptsorge war die Stärkung der Verteidigungskraft unseres Landes. Wahrscheinlich war uns schon klar, daß wir damit auf Opposition stoßen würden, aber davon wollten wir uns nicht beeindrucken lassen.

Als Sie nach Rott am Inn kamen, geschah dies nach Strauß' Worten inkognito; Sie mußten Menschen auf Englisch nach dem Weg zum Verteidigungsminister fragen. Wie war das für Sie, das erste Mal nach Deutschland, nach Rott am Inn zu kommen, zu diesem urbayrischen und so unterschiedlichen Menschen?

Für mich war das wie eine Reise zum Mond. Es war eine mir völlig fremde Szenerie. Und auch völlig anders als das, was ich von Frankreich oder anderswo her kannte. Wir fuhren nachts, unser Wagen hatte eine Panne. Ich wurde begleitet von dem Abgeordneten Laskov, er kroch unter das Auto, um nach dem Schaden zu sehen. Dann ging der Motor an, und wir brachten ihn fast um, weil das Auto losfuhr. Es war eine regnerische, neblige Nacht, was sehr gut zu unserer Stimmung paßte, es war ein Tasten durch den Nebel. Da wir inkognito angereist waren, hatten wir keine andere Wahl, als Ortskundige nach dem Weg zu unserem Bestimmungsort zu fragen.

Als Sie dann am Haus ankamen, war Strauß nicht da, er war mit dem Hund rausgegangen. Wie war denn am Anfang die Atmosphäre zwischen ihm und Ihnen?

Anfänglich war es sehr merkwürdig. Wie schon gesagt, zwei Menschen aus verschiedenen Welten. Nach einer Weile war das Eis gebrochen. Ich schätzte von Anfang an seine rasche Auffassungsgabe und seine unverkrampfte Sicht der Dinge. Ich glaube, unser erstes Gespräch dauerte fünf oder sechs Stunden. Wir tranken Wein und Bier und redeten wirklich über Gott und die Welt. Strauß war gleich von Anfang an ausgesprochen pro-israelisch. Er versprach, alles zu tun, was in seiner Macht stand. Er sagte: »Ich habe drei Schwachpunkte: Ich bin Bayer, bin Verteidigungsminister und ein Metzgerssohn. In der deutschen Politik kommt das fast einem Todesurteil gleich.« Doch dann sagte er, daß er zur Problematik Israels einen klaren Standpunkt habe, daß er Israel bewundere und schätze. Von Anfang an haben wir uns verstanden und eine gute Beziehung aufgebaut.

Es heißt, Strauß hätte zwei Gründe dafür gehabt, Israel zu helfen – auf der einen Seite empfand er Verantwortung dem jüdischen Volk gegenüber und auf der anderen Seite sah er Israel als ein Bollwerk gegen den Kommunismus. Wie weit können Sie seine wahren Beweggründe dem jüdischen Volk gegenüber erläutern? Denn da ich als Jude in Bayern aufgewachsen bin, weiß ich, wie er seinen Landsleuten gegenüber vom Holocaust geredet hat, was sich ganz anders ausnahm als die Hilfe, die er Israel geleistet hat.

Er sprach ganz allgemein von der deutschen Verantwortung.

Doch was Israel betraf, war er sehr eindeutig, voller Wärme und Bewunderung. Den Ausgang des Sinai-Feldzugs von 1956 hat er wirklich bewundert. Da hätten wir enorme Stärke gezeigt. Die israelische Armee war ja zum ersten Mal mit der neuen Generation russischer Waffen konfrontiert. Und wir haben überraschend gewonnen, und zwar nicht aufgrund überlegener Waffen, sondern aufgrund überlegener Strategie und vielleicht, weil wir die besseren Soldaten hatten.

Wegen der deutsch-israelischen Beziehungen kam es in Ihrem Land zu einer Regierungskrise. Sie waren maßgeblich darin verwickelt, weil Sie, was diese Beziehungen betrifft, der wichtigste Mann waren. Was waren Ihre eigenen Gefühle als Jude, als sich die Bindungen zwischen Deutschland und Israel langsam verstärkten?

Ach, wissen Sie, ich bin Jude. Aber wie Ben Gurion sprach ich immer von der Zukunft. Die Vergangenheit können wir nicht ändern. Und ich war vollkommen einer Meinung mit Ben Gurion, wenn er sagte: Das ist ein anderes Deutschland. Und man kann den Nachkommen der Deutschen nicht die ganze Schuld für die Sünden und Verbrechen ihrer Väter aufbürden. Ben Gurion war darin unbeirrbar, und ich empfand genauso wie er. Und da wir mit ihm zusammenarbeiteten, haben wir uns von der Reaktion in der Öffentlichkeit nie besonders beeindrucken lassen. Ich erinnere mich noch, als Strauß Israel einen Besuch abstattete; da gab es Demonstrationen gegen ihn und gegen mich. Sie schrien: »Peres und Strauß heraus aus dem Land!« Doch das wirkte sich nicht groß aus. Meine erste Rede, als ich ins Parlament gewählt wurde, befaßte sich genau mit diesem Thema. Ich sagte damals, selbst die Menschen, die nicht glauben, daß es jetzt ein anderes Deutschland gibt, müssen die Verantwortung mittragen, daß wir uns auf schlechte Zeiten vorzubereiten haben.

Nach dem Treffen von Ben Gurion und Adenauer im Waldorf Astoria gab es Streit um die Bestätigung von Adenauers Hilfsversprechen. Können Sie erläutern, wie das Problem gelöst wurde und wie es sich aus israelischer Sicht darstellte?

Nun, Ben Gurion sprach von einem Darlehen von 500 Millionen Dollar hauptsächlich für die Entwicklung der Wüste Negev. Und die Streitfrage war, ob es ein Darlehen oder eine Schenkung ist.

Und was sind die Bedingungen für dieses Darlehen ... Doch das ist die normale Folge eines solchen Abkommens. Sobald es in die Details geht, kommen die Finanzleute daher und streiten sich um die Einzelheiten. Es ging alles sehr glatt, weil wir damals mit Dr. Shinnar einen sehr fähigen Repräsentanten vor Ort hatten. Er war brillant in Wirtschaftsfragen, er kannte alle notwendigen Details auswendig und hatte zudem ein profundes Verständnis der ökonomischen Aspekte und der finanziellen Einzelheiten, die damals in Deutschland bestanden.

Waffen aus Deutschland für den Überlebenskampf Israels zu bekommen, war eine Sache. Doch andererseits haben Sie sehr früh angefangen, Deutschland auch Waffen zu verkaufen, etwa die Uzi. Das war eine finanzielle Notwendigkeit. Gab es im Vorfeld dieser Entscheidung irgendwelche Skrupel?

Zunächst einmal waren die Waffen, die wir von Deutschland erhielten, Defensivwaffen. Entweder gegen Luft- oder Panzerangriffe. Was unseren Verkauf von Waffen angeht: Deutschland hätte sich problemlos woanders ausrüsten können. Aber angenommen, Israel hätte ein Embargo verhängt, dann hätte es sich selbst ein Bein gestellt. Und unser Aliegen damals war, die Uzi zu einer NATO-Waffe zu machen. Doch wenn wir entschieden hätten, Deutschland sei von der Lieferung ausgeschlossen, dann hätten wir uns selbst ausgeschlossen. Das wäre ein Fehler gewesen.

Wie war Ihnen während der Zeit des Golfkriegs zumute, als die Gefahr bestand, daß deutsches Gas erneut Juden töten könnte?

Wir hatten den Eindruck, daß es bei den Deutschen Mängel gab in der Kontrolle ihrer eigenen Firmen. Und wir wiesen darauf hin und verlangten, daß dies geregelt werden sollte.

Es wurde lange von »besonderen Beziehungen« gesprochen, nicht von Normalität. Doch speziell in der Zeit, als der schon verstorbene Rabin und Sie an der Regierung waren, scheint eine gewisse Normalität eingetreten zu sein. Deutschland ist für Israel der zweitwichtigste Handelspartner. Ist im direkten Kontakt zwischen Ihnen und deutschen Politikern mittlerweile so etwas wie Normalität eingetreten?

Wir unterhalten sehr enge Beziehungen. Sie sind besser denn je.

Vor einigen Wochen habe ich Kohl getroffen. Nun bauen wir ein Friedensinstitut auf und wollen Partnerschaften zwischen palästinensischen, israelischen und europäischen Städten schaffen. Und Kohl war so entgegenkommend, wie ich es mir erwartet habe. Und ich erzählte ihm von den palästinensischen und den israelischen Städten, vier französischen und vier deutschen, und er wird wahrscheinlich selbst die Städte aussuchen, er ist sehr bereitwillig, sehr freundlich. Auch mit der SPD-Führung unterhalten wir sehr enge Beziehungen, mit einem sehr großen Personenkreis. Und ich denke, es mag sein, daß es im Herzen der Deutschen mehr Kritik gibt, doch sie achten sehr darauf, nicht mit anti-israelischen Erklärungen hervorzutreten.

Ich danke Ihnen für das Gespräch

(Das Interview wurde auf Englisch geführt. Übersetzung von Klaus Pemsel.)

Esther Herlitz

»Es war ein Prozess, der sich langsam einordnete.«

Esther Herlitz ist eine ideale Zeitzeugin, da sie ganz nahe am diplomatischen Geschehen beteiligt war, wenn auch als Frau im zweiten, aber gewiß nicht unwichtigen Glied. Sie arbeitete in der israelischen Botschaft in Washington, als Israel seine erste Note an die US-Regierung übergab, in dem es seinen Anspruch auf Reparationen festhielt und damit, letztendlich, die Jahre später erfolgenden Verhandlungen mit der Bundesrepublik anstieß. Esther Herlitz hatte dadurch die diplomatischen Annäherungsversuche zwischen Israel und der Bundesrepublik sehr genau mitverfolgen können, und es war schön, ihre Begeisterung für die politischen Größen Israels aus jener Zeit, allen voran David Ben Gurion, auch jetzt noch, im Spätsommer 1997 in ihrer kleinen, heißen Wohnung aus jedem ihrer Sätze herauszuhören. Herlitz verkörpert jenes längst untergegangene deutsche Judentum, das Deutschland im Verlauf seiner Geschichte verloren hat. Eine Frau von großer Bildung, deren Geist noch in Europa war, während das Herz längst für und in Zion schlug. Sie steht für jene Übergangsgeneration, die Israel aufbaute und der deutschen Öffentlichkeit bis heute suggeriert, daß der jüdische Staat im Nahen Osten eigentlich die südlichste Spitze Europas ist, während Israel längst in seinem Habitus, in seiner Kultur und in seinen Lebensgewohnheiten im Orient, in der Levante angekommen ist.

Frau Herlitz, Sie waren in der israelischen Botschaft in Washington tätig und haben damals die erste Note Israels in bezug auf die Wiedergutmachung bei der amerikanischen Regierung abgegeben. Können Sie den Vorgang beschreiben, und was in der Note stand?

Ich war nicht die wichtigste Person der Botschaft. Die Note ist letztendlich von meinem Botschafter Abba Eban übergeben worden. Ich persönlich hatte zwei Aufgaben: diese Note zu schreiben und das Einverständnis der jüdischen Organisationen zu bekommen, daß wir im Namen des jüdischen Volkes so eine Note schreiben.

Die Note hat vom juristischen Standpunkt ein Rechtsanwalt, nämlich David Ginzburg, vom philosophisch-historischen Standpunkt Abba Eban selber geschrieben. Was die Note besagte, war, daß man für die jüdische Tragödie in Deutschland durch die Deutschen nicht bezahlen kann. Aber da man in Israel eine halbe Million Einwanderer aus Europa aufgenommen hat und die Kosten dafür sehr groß waren, bat man um 1,5 Millionen Dollar. Das haben wir errechnet aus der halben Million Einwanderer und den Kosten der Integration.

Die Note ging an alle drei Großmächte: Washington, Paris, London. Die Antwort, die wir von den Amerikanern und den anderen bekamen, war, daß wir mit den Deutschen selber verhandeln müssen und nicht über die amerikanische Regierung. Das haben sie gesagt, aber sie haben mehr getan, denn sie übten Einfluß auf die deutsche Regierung aus, mit uns zu verhandeln, bzw. auf eine Ebene zu kommen, wo man anfangen konnte zu verhandeln. Auch die amerikanische Presse hat die Sache sehr unterstützt. Damals haben die drei, vielleicht vier Großmächte ein Abkommen mit Deutschland ausgehandelt – das war noch kein Friedensabkommen, sondern etwas für den Übergang. Im Grunde haben sie die deutsche Regierung wissen lassen, daß sie es nicht unterschreiben werden, wenn die Deutschen sich nicht mit Israel einigen könnten. Das fand alles hinter den Kulissen statt, das haben nur wenige Menschen gewußt.

Wie sah von der israelischen Seite die Kontaktaufnahme mit Deutschland aus?

Die fing in Paris an, wo sich unser damaliger dortiger Botschafter mit dem deutschen Botschafter traf – zu einer Zeit, in der israelische Diplomaten nicht mit deutschen Diplomaten redeten. Und er war der erste, den man zur Kontaktaufnahme mit Deutschland schickte, ein hochintelligenter, sehr erfahrener Diplomat. Und dann traf sich Goldmann mit Adenauer. Das war alles koordiniert. Verabredet mit uns, mit der israelischen Regierung, mit Ben Gurion. Goldmann sagte, er fährt nicht, wenn Ben Gurion das nicht unterstützt. So kam es dann zu den Verhandlungen in Holland 1952. Wassenaar hieß dieser komische Ort.

Wie sah die Reaktion in Israel aus, als das Abkommen allmählich bekannt wurde?

Es gab sehr viele Proteste. Als Ben Gurion das Abkommen in die Knesseth brachte, wurden Steine auf die Knesseth geworfen. Die damalige Cheruth-Partei unter Menachem Begin war sehr empört und hat große Unruhe gemacht. Im Grunde ist es nicht Aufgabe der Knesseth, Abkommen Gültigkeit zu verleihen. Aber Ben Gurion hat es – mit Recht – für wichtig befunden, dieses Abkommen der Knesseth vorzulegen. Es gab eine große Debatte, dann wurde darüber abgestimmt. Die Opposition wurde geführt von Begin und Cheruth. Aber es gab bei einigen auch große Bedenken gegen dieses Abkommen. Was man immer wieder sagte: Wir verzeihen nicht, aber wir wollen den Aufbau des Staates Israel und wir wollen die Neuzugewanderten aufnehmen, dafür brauchen wir das Geld.

Wie standen Sie dazu – Sie telegraphierten ja: »Fahrt nach Hause.« Waren Sie dagegen?

Nein, nein. Ich telegraphierte, weil Herr Abs plötzlich etwas in der Verhandlung sagte, was uns unmöglich erschien. Nicht weil ich dagegen war – sonst hätte ich mich nicht damit beschäftigt. Ich war für dieses Abkommen, aus den Gründen, die Ben Gurion immer wieder erklärte: daß das Leben der Menschen, die überlebt haben, wichtig genug ist, um deutsche Gelder anzunehmen, die wir zum Aufbau des Landes brauchten.

Als der Vertrag durch war, wie sah die Durchführung genau aus?

Es wurde doch eine sogenannte Mission gegründet – das war noch keine Botschaft. Und die hat man dann nicht in Bonn angesiedelt, sondern in Köln, um wieder zu beweisen, daß es keine normalen

Beziehungen gibt. Dorthin hat man einen sehr guten Wirtschaftler geschickt, Dr. Felix Shinnar. Mit ihm kam eine große Gruppe Menschen, die anfingen, Waren einzukaufen.

Man hat dann noch etwas gemacht. Die wirtschaftliche Lage in Israel war in diesen Jahren katastrophal. Unter anderem gab es keine Währung, um Petroleum zu kaufen. Man hat dann von dem deutschen Geld genommen, um englisches Petroleum zu bezahlen. Damit hier die Wirtschaft weitergehen konnte. Es gab keine Kohle, kein Gas, und man brauchte Petroleum. Das deutsche Geld hierfür zu verwenden, bedurfte einer langen Verhandlung, das war nicht so einfach, wie ich es hier erzählt habe.

Die D-Mark hat also auch eine Art Wirtschaftswunder in Israel ausgelöst?

Gar keine Frage. In dieser Zeit war Israel ein Land der Landwirtschaft, für die hat man sich sehr eingesetzt. Durch diese deutschen Maschinenlieferungen gab es hier eine große Entwicklung, gar keine Frage. Auch unsere Schiffahrtsgesellschaft, die so kleine, ganz alte Schiffe hatte, bekam plötzlich ganz moderne Frachter und Dampfschiffe.

Zur Zeit des Abkommens gab es eigentlich noch keine offiziellen Beziehungen. Hat es trotzdem Kontakte gegeben?

Diese Mission in Köln hat am Anfang nicht fraternisiert. Die haben sich nicht mit Deutschen getroffen, sondern ganz untereinander gelebt. Das hat sich langsam als unmöglich erwiesen. Man kann nicht mit einer Schiffswerft verhandeln und dann nicht mit denen Mittagessen gehen.

Diplomatische Beziehungen kamen viel später, wie Sie wissen. Dann hat sich Ben Gurion mit Adenauer getroffen. Und diese ganze Entwicklung ging dann vor sich.

Sie waren ja in dieser Zeit noch in Amerika in der Botschaft. Gab es denn damals Begegnungen zwischen deutschen und israelischen Diplomaten auf internationaler Ebene?

Viel später. Die ersten Kontakte mit Deutschland Anfang der sechziger Jahre waren mehr auf der Ebene von Gewerkschaften, der sozialdemokratischen Parteien beider Länder, als offiziell. Ich glaube, die erste Delegation, die von Israel nach Deutschland fuhr, war eine Delegation der Gewerkschaften. So hat sich das ganz langsam entwickelt, das kam nicht von einem Tag auf den anderen.

*Wie sahen denn diese ersten Begegnungen aus, bei den Ge-
werkschaften zum Beispiel?*

Das hing immer davon ab, ob jemand in der Gruppe oder bei beiden Gruppen war, der genug Führerschaft hatte, um die Situation
zu erwärmen. Es waren immer große Schwierigkeiten. Interessanterweise hat sich zum Beispiel in der Gewerkschaft in Tel Aviv
der Sekretär der Gewerkschaft für Restaurants und Hotels, der
ein KZ-Überlebender war, für die Beziehung mit Deutschland
sehr eingesetzt. Wir haben alle nie verstanden, daß er sich mit soviel Energie und Wärme für die Beziehungen mit Deutschland
einsetzte. Er war viel weniger befangen als ich. Ich habe da so eine
interessante Theorie, die mir immer durch den Kopf geht: Daß es
für mich viel schwieriger ist, in Deutschland zu sein – auch heute
noch – als für Überlebende aus den Lagern, die irgendwie das Gefühl haben, jetzt beweisen wir den Deutschen, daß wir am Leben
sind: Hier sind wir! Und jetzt fahren wir nach Deutschland und
zeigen Ihnen: hier bin ich, mich habt Ihr nicht ermordet. So habe
ich mir diesen Mann erklärt. Der war jedes Mal am Flugplatz und
hat auf deutsche Gruppen gewartet und hat uns alle mitgezogen,
damit wir helfen, sie nach Hause einladen, uns mit ihnen treffen.

Eine der großen Aufregungen war, als die sozialistische Internationale 1949 in Haifa tagte, mit einer großen deutschen Delegation, geleitet von Ollenhauer. Das war ein Treffen, eine Volksver-
sammlung im Stadion von Haifa. Die Frage war: Soll Ollenhauer
sprechen oder nicht? Er war ja ein Vizepräsident der sozialistischen Internationale. Und wir beschlossen: Ja, er wird sprechen.
Die zweite Frage war: Soll er deutsch sprechen? Wir beschlossen:
Ja. Es ging alles gut, aber es hätte auch anders gehen können. Jemand hätte Krach machen können, hat aber niemand.

*Inwiefern konnten denn deutsche Juden hier eine Brücke
schlagen?*

Ich glaube, sehr wenig. Die deutschen Juden, die hier gelebt haben
– das ist ein Phänomen –, haben es Deutschland mehr übel genommen, was unter den Nazis geschehen ist, als polnische oder
rumänische Juden. Für die deutschen Juden, die in Deutschland
aufwuchsen, war der Nationalsozialismus eine große Enttäuschung – die Tatsache, daß so was möglich ist. Vielleicht haben die
polnischen Juden nichts anderes von Nichtjuden erwartet.

Aber in all diesen Beziehungen, wie mit den Gewerkschaften oder den sozialdemokratischen Parteien, ist mir im Ohr, wie diese jungen Leute versucht haben, deutsch zu sprechen. Im Grunde war das nicht ihre Muttersprache. Gerade die, die sich mit den Verbindungen zu Deutschland beschäftigt haben, waren damals keine deutschen Juden.

Es gab ja auch israelische Reisegruppen und Delegationen, die nach Deutschland gefahren sind.

Das war viel später. Man hat es nicht gern gesehen, daß Menschen nach Deutschland gefahren sind. Und wenn, dann ist das geschehen, weil Menschen, die krank oder irgendwie behindert waren, in Deutschland Erholungsaufenthalt bekamen, durch die Wiedergutmachung. Ich glaube, das waren die ersten, die in größeren Zahlen nach Deutschland gefahren sind. Ich bin zum Beispiel nach Köln gefahren, weil ich Verwandte bei dieser Mission hatte, die sich dort so allein fühlten. Aber ich bin nicht gerne dorthin gefahren, sondern nur, weil sie darum gebeten haben.

Wie hat sich das politische Klima entwickelt, zum Beispiel in den ersten Jahren, nachdem es diplomatische Beziehungen gab, nach '65 also?

Es war ein Prozeß, der sich langsam einordnete. Die deutschen Botschaften und die deutsche Regierung haben einige Sachen gemacht, die sehr vernünftig waren. Sie haben zum Beispiel verstanden, daß dies hier ein sehr musikalisches Land ist. Da haben sie Orchester, Dirigenten und Opern geschickt. Das hat einen guten Eindruck gemacht, ein anderes Deutschland gezeigt. Und damit haben sie Menschen angezogen. Das war ganz vernünftig. Dann ist diese israelisch-deutsche Gesellschaft ins Leben gekommen. Die nennt sich anders als alle anderen Gesellschaften im Land, die so hießen wie Israel-Frankreich-Freundschafts-Liga. Bei der deutschen nicht, die hieß nur »Gesellschaft«. Auch um irgendwie zu demonstrieren: Wir sind nicht ganz in Freundschaft.

Wie schätzen Sie die Beziehungen heute ein?

Es lebt natürlich eine ganz andere Generation in beiden Ländern. Deutschland spielt eine große Rolle in der EU. Das verstehen alle. Es gibt natürlich von Zeit zu Zeit große Krisen mit Deutschland: Zum Beispiel, als Deutschland den »Leopard« nach Saudi-Arabien schickte. Da gab es eine große Aufregung, tausend Leute schickten Briefe nach Deutschland. Oder als Deutschland Israel keine Gasmasken lieferte – das löste große Empörung aus. Gas ist überhaupt ein Wort, das Erinnerungen hervorruft. Die Beziehungen gehen also immer rauf und runter.

Auf der anderen Seite hat Deutschland weiterhin finanziell sehr geholfen. Es kommen viele Touristen aus Deutschland. Ich glaube, heute sind die Beziehungen so normal wie zwischen Israel und anderen Ländern. Außer daß man immer den einen Satz sagt: Wir vergessen nicht. Und dann redet man weiter. Wir werden nicht vergessen, wir werden nicht verzeihen. Aber wir leben weiter. Ich sage das jetzt nicht so diplomatisch, wie man das meistens sagt. Aber im Grunde sagt man das, wenn man eine Rede hält.

Inzwischen waren deutsche Bundespräsidenten hier. Unser Präsident war in Deutschland. Es gibt einige Dinge, auf denen man in diesen Beziehungen besteht. Zum Beispiel, wenn ich hier ein großes Chortreffen mit vielen deutschen Chören veranstalte, machen alle Chöre, alle tausend Menschen einen Besuch bei Yad Vashem. Oder wenn ich von hier eine Delegation nach Deutschland schicke, muß ein Besuch in einem Lager mit auf dem Programm stehen. Vielleicht haben sich die Beziehungen heute wirklich noch nicht ganz normalisiert.

Sie waren sehr aktiv in der Arbeiterpartei. Es gibt ja in den deutsch-israelischen Beziehungen ein merkwürdig gutes Verhältnis zwischen der Arbeiterpartei und der CSU. Das ist sicher auf das private, fast freundschaftliche Verhältnis zwischen Peres und Strauß zurückzuführen. Wie kam es, daß ausgerechnet diese zwei politisch so unterschiedlichen Parteien so gut miteinander auskamen?

Mir ist das immer vollkommen unklar gewesen. Peres ist ein Realpolitiker und Strauß sprach immer darüber, wie wichtig das israelische Militär ist und wie wichtig, es auszurüsten. Peres war damals Sicherheitsminister. Wir haben uns auch mit dieser parlamentarischen Delegation mit Strauß getroffen. Aber es fing schon an, daß ich sein Deutsch nicht verstanden habe. Es war mir völlig unverständlich. Aber München ist interessant. Mein Vater hat immer gesagt, wenn du in München bist, mußt du in einen Bierkeller gehen. Das habe ich gemacht. Das war beängstigend. Die Kellnerin, das Publikum und diese fetten Würste –, das war wirklich beängstigend. Nein, die Sache mit der CSU konnte ich nie erklären.

Wie kam es, daß ausgerechnet Strauß, der politisch ganz anders ausgerichtet war, für Waffenlieferungen an Israel war?
Strauß hat sich immer sehr freundlich gegenüber Israel verhalten. Ganz ohne Frage. Ich glaube, ihm haben Peres und auch Ben Gurion sehr imponiert. Irgendwie hat er Sympathien für Israel gehabt, das war deutlich.

Wie sah denn das Verhältnis aus, als Brandt Kanzler wurde? Dachte man dann hier in der Arbeiterpartei, daß jetzt etwas Neues beginnt in Deutschland?
Ich glaube, ja. Willy Brandt brachte man ein sehr warmes Gefühl entgegen. Nun war er auch nicht in Deutschland gewesen während des Krieges, sondern in Norwegen. Er hatte sehr viel Verständnis für Israel. Er war nicht nur ein Freund, sondern hat sich Mühe gegeben, Israel zu verstehen.

Aber es gab doch auch Spannungen mit Golda Meïr?
Ja, Golda Meïr hatte nicht gerne israelkritische Menschen. Und Menschen wie Brandt oder Kreisky, gerade unter den Sozialdemokraten, haben versucht, Einfluß dahingehend zu üben, daß wir bessere Beziehungen mit den Arabern und gerade mit den Palästinensern aufnehmen. Golda Meïr hat daran nicht geglaubt.

Ich danke Ihnen für dieses Gespräch.

Asher Ben Nathan

»Wir benahmen uns, als wären wir die Besatzungsarmee.«

Der jüdische »Bruder« von Curd Jürgens, dieser zweite »normannische Kleiderschrank«, als der Asher Ben Nathan während seiner Amtszeit als erster israelischer Botschafter in Deutschland gefeiert wurde, gab mir ein Interview in seinem Büro in Tel Aviv im September 1997, kurz nachdem er sich von einer schweren Krankheit einigermaßen erholt hatte. In Wien geboren, hat A r t h u r Ben Nathan – wie er von seinen Freunden bei seinem »bürgerlichen« Vornamen genannt wird – eine bemerkenswerte zionistische Karriere absolviert. Er war Chef der Untergrundorganisation »Brichah«, die nach dem Krieg rund 200 000 Juden aus Osteuropa half, in die amerikanisch besetzte Zone in Deutschland zu gelangen. Die Zionisten wollten hierdurch ein jüdisches Massenproblem in Bayern und Hessen schaffen, damit Washington London unter Druck setzt, die jüdischen Flüchtlinge endlich nach Palästina einreisen zu lassen. Ben Nathan war enger Mitarbeiter von Ben Gurion und vor allem von Shimon Peres, er baute den berüchtigten Geheimdienst Mossad mit auf, hatte wichtige Positionen im israelischen Außenministerium inne und ist bis heute eine anerkannte Persönlichkeit in Israel. Sein Wiener Singsang prägt bis heute sein Deutsch. Als wir uns trafen, war Benjamin Netanyahu gerade ein Jahr Ministerpräsident und Ben Nathan meinte nach dem offiziellen Interview, als wir uns noch über die politische Lage im Nahen Osten unterhielten, resigniert zu mir: Dafür haben wir in den vergangenen 50 Jahren nicht gekämpft, daß unser Land so wird, wie es jetzt ist. Sprach's und machte sich auf den Weg. Er mußte noch eine Rede vorbereiten, die er in wenigen Tagen in Deutschland halten sollte.

Mit der Flüchtlingsorganisation »Brichah« haben Sie ein wichtiges Stück zionistische Geschichte geschrieben. Wie kamen Sie zu dem Auftrag?
1944 wurde ich von der Hagganah, die sich mit der illegalen jüdischen Einwanderung beschäftigte, aus meinem Kibbuz gerufen. Zuerst war ich ein Jahr bei der Untersuchungsgruppe der Jewish Agency in Haifa, wo wir Material über die damaligen jüdischen Einwanderer gesammelt haben. Das Material war für unsere Fallschirmspringer, aber auch für die englischen Behörden …

Als der Krieg zu Ende ging, Ende '44, sammelten wir Material über Kriegsverbrecher, und zwar speziell über die Vernichtung der jüdischen Gemeinden in Galizien (die meisten kamen von dort, über Rumänien nach Palästina). Im August '45 wurde ich zum Leiter der Brichah in Österreich ernannt. Auf abenteuerlichen Wegen kam ich am 1. November 1945 in Wien an.

Wie sahen die abenteuerlichen Wege aus?
Damals fuhren die Emissäre mit Schiffen der englischen Armee von Ägypten nach Italien. Ich war einen Monat – mit falschen Papieren – als Soldat bei der englischen Armee, keiner wußte von meiner Existenz. Aber die Schiffe fuhren damals nicht ab. Deswegen kam ich letztlich mit einem Schiff der illegalen Einwanderung – eigentlich einem Fischerboot – nach Italien. Mit Hilfe der Jewish Brigade ging es dann durch Italien über Graz mit falschen, selbstgemachten Papieren nach Wien, dem dunklen, zerstörten, nächtlichen Wien.

Wie war das Gefühl, plötzlich wieder in Wien zu sein?
Es war eine andere Stadt. Erst ein Jahr nachdem ich nach Wien gekommen war, kam ich zufällig an einem Haus vorbei, in dem ich

gewohnt hatte. Ich kannte niemand in Wien, weil es mittlerweile eine andere Stadt war.

Wie hat Ihre Arbeit bei der Brichah ausgesehen? Sie haben unter falscher Identität als Journalist dort gearbeitet.

Eigentlich nicht mit falscher Identität, ich hatte Originalpapiere, habe aber meinen Namen offiziell geändert. Ich habe dort als Journalist gearbeitet – nicht als Tarnung, sondern tatsächlich.

Über die Brichah zu sprechen, würde zu lange dauern, ich fasse mich deswegen kurz: Österreich war das wichtigste Durchgangsland für Flüchtlinge aus dem Osten. Zu meiner Zeit kamen 110 000 Flüchtlinge durch Wien, insgesamt zählte die Brichah von 1945 bis 1948 150 000 Flüchtlinge, vielleicht etwas mehr.

Das mit den Flüchtlingen war natürlich nicht immer nur leicht, gerade mit den Alliierten. Die Amerikaner wollten die Anzahl der Flüchtlinge in den Lagern nicht vergrößern. Washington zum Beispiel wollte den Flüchtlingsstrom nicht gestört sehen, aber die Militärbehörden im Land selbst hatten die Verantwortung und das Sagen.

Erst nachdem die Amerikaner einige Transporte aufgehalten hatten, kam es zu einem Abkommen mit der Brichah über die genaue Anzahl der Flüchtlinge, damit es nicht mehr wurden.

Wie muß man sich die Infrastruktur der Brichah vorstellen, wie haben Sie die Flüchtlingsströme gelenkt?

Das Hauptquartier war in der Frankengasse Wien, im ersten Stock eines bürgerlichen Hauses. Wir hatten Filialen in Linz und Salzburg. Die Flüchtlinge kamen über diese verschiedenen Stationen, jede Station hatte Mitarbeiter, meist junge Leute aus der zionistischen Jugendbewegung, die irgendwie überlebt haben. Heute noch bewundere ich diese jungen Leute, die diese großartige Arbeit umsonst gemacht haben – es waren Idealisten. Auch in den Lagern waren die für die Flüchtlinge zuständigen Lagerleiter Leute der Brichah – so hatten wir eine Kontrolle über alles, was in Österreich passierte, und somit die Möglichkeit, alles zu organisieren.

Wir benahmen uns damals, als wären wir die Besatzungsarmee. Wir gingen ja sogar so weit, daß ein Teil unserer Jungs in Uniformen waren – amerikanischen mit der Aufschrift: CAJR – das stand für Common Assistance for Jewish Refugees. Und wir hatten auch Lastwagen der amerikanischen Armee, mit unseren eigenen

Nummern drauf. So wurden die Transporte quasi offiziell mit amerikanischen Lastwagen durchgeführt, aber in Wirklichkeit war nichts offiziell. Ich war zwei Jahre in Wien.

Zur Brichah: In der wissenschaftlichen Literatur steht, es war das Ziel, ein neues jüdisches Flüchtlingsproblem in Bayern zu kreieren, damit die Amerikaner gezwungen werden, die Briten unter Druck zu setzen, um ihre Mandats- und Einwanderungspolitik in Palästina zu ändern. War das auch ein Hintergedanke?

Das war die Folge, keine Ursache. Das ist der Unterschied. Die Situation war ja die, daß so viele Flüchtlinge, die während des Holocaust so viel durchgelitten hatten, letztendlich wieder in Lagern sein mußten – ohne jede Zukunft – und die Türen aller Länder waren noch geschlossen. Als das englisch-amerikanische Komitee in den Lagern dann fragte, wohin wir wollten, da sagten wir natürlich: nach Palästina.

Sind Sie selbst in Kontakt mit den Flüchtlingen gekommen? Wie war die Stimmung unter ihnen?

Kommt darauf an: Unter den Jugendlichen gab es Hoffnung; die wußten, was sie wollten. Aber das Gros hatte nach den Erfahrungen, die sie gemacht hatten und nun durch diese Lager, die wie KZs waren, das Gefühl, vom Regen in die Traufe gekommen zu sein. Aber auch da gab es manche Hoffnung.

Hatten Sie auch Gelegenheit, in Bayern Lager zu sehen?

Ja, in Bad Reichenhall.

Was haben Sie gesehen?

Die Leute haben versucht, ihr Leben zu organisieren. Haben Schulen, Kindergärten, Parteien gegründet und versucht zu überleben, bis hin zum Schwarzhandel natürlich.

Gab es Momente während Ihrer Arbeit in der Brichah, in denen Sie verzweifelt waren?

Nein, wir haben nie gezweifelt, daß es den Staat Israel geben wird, haben nicht an Schwierigkeiten gedacht. Wir waren jung, überzeugt und furchtlos.

In den fünfziger Jahren, nach dem Luxemburger Abkommen, gab es mit Ihrer Beteiligung einen ersten Kontakt mit Franz Josef Strauß und Adenauer wegen geheimer Waffeneinkäufe. Wie war der erste Kontakt mit Strauß?

211

Positiv. Strauß stimmte der Militärhilfe für Israel zu. Aus verschiedenen Gründen. Ein Grund war die Wiedergutmachung, der Wille, einen anderen Holocaust zu verhindern. Ein anderer Grund war: Die Sowjetunion hatte massive Waffenlieferungen an arabische Staaten gespendet. Strauß' Ziel war, Israel zu einem Bollwerk gegen den sowjetischen Einfluß zu machen. Somit war er auch Gründer der Globalpolitik.

Adenauers diesbezügliche Zustimmung war auch eine Kompensation für die Nichtaufnahme diplomatischer Beziehungen. 1953 wäre Adenauer noch mit der Aufnahme diplomatischer Beziehungen einverstanden gewesen, aber für Ben Gurion war es noch zu früh. 1956 hatte Adenauer sich nach dem Sinai-Feldzug geweigert, sich dem Embargo der Vereinten Nationen anzuschließen. Das schuf damals ein Vertrauensband zwischen Ben Gurion und Adenauer. Als dann Ben Gurion diplomatische Beziehungen wollte, wollte Adenauer nicht mehr, wegen der Hallstein-Doktrin.

Die Waffenlieferungen haben letzten Endes zur Aufnahme der diplomatischen Beziehungen geführt. Nachdem die Lieferungen Ende '64 eingestellt wurden, weil in den Medien genaue Listen auftauchten, was alles nach Israel geliefert wurde, bestand der Verdacht, daß sie vom deutschen Auswärtigen Amt gekommen waren. Das Auswärtige Amt war sowohl gegen das Militärabkommen als auch gegen die Aufnahme der Beziehungen. Dann kam Ulbricht nach Kairo und Bundeskanzler Erhard fand sich zwischen zwei Stühlen. Und dann kam es zur Aufnahme der diplomatischen Beziehungen. Überdies: die militärischen Beziehungen zwischen Israel und Deutschland begannen mit Waffenlieferungen von Israel nach Deutschland.

Wann war das?

1965. Als die Uzi-Pistole an die Bundeswehr geliefert wurde. Nicht aus sentimentalen Gründen, sondern weil es die beste und billigste Waffe war. In Israel gab es gegen diese Lieferungen scharfe Opposition.

Wie muß man sich diese Begegnung mit Strauß in Rott am Inn vorstellen?

Sie fand in seinem Haus statt. Es war eine freundliche Begegnung. Er war sehr offen im Gespräch, Peres sagte, was wir brauchen,

Strauß hat ihm zugestimmt. Adenauer hat das 1960 im Waldorf Astoria gegenüber Ben Gurion bestätigt. Es gab eine geheime parlamentarische Kommission aller drei Parteien, die von den Waffenlieferungen wußte. Aber das allgemeine Publikum in Deutschland und Israel wußte nichts.

Hatten Sie Skrupel? Gab es in Ihrer Partei, innerhalb der israelischen Regierung keine Diskussion, ausgerechnet die Deutschen zu bitten? Fürchteten Sie nicht die israelische Reaktion, gerade bei Ben Gurion?

Erstens war Ben Gurion damals schon der Ansicht, daß das Deutschland Adenauers ein anderes Deutschland sei, ein demokratisches. Zweitens glaubte er an die Einigung Europas in der Zukunft und war sich darüber im klaren, daß Deutschland darin eine wichtige Rolle spielen würde. Und das Bestehen, die Sicherheit Israels würde von den Verbindungen zu vielen Ländern abhängen. Bis Ende der fünfziger Jahre, und sogar bis '67, war Frankreich Israels wichtigster Partner und Waffenlieferant. Aber Peres meinte, man müßte für Regentage vorbauen. Die Regentage kamen dann nach dem Sechs-Tage-Krieg – da verhing Frankreich ein Embargo. Was militärische Hilfe von Deutschland anbetrifft, gab es wenig Widerstand. Manche sagen: Die Hilfe kam von Freunden und andere meinen, man müßte sich auch vom Teufel helfen lassen.

Ein gesunder Pragmatismus, wo aber haben der Jude Ben Nathan, der Jude Peres und Ben Gurion damals ihre Gefühle gelassen?

Ich beginne mit Ben Gurion, für ihn war Israel am wichtigsten. Er sagte: Wenn wir die Umgekommenen fragen könnten, was wir tun sollen, würden sie sagen: »Einen Staat schaffen, um so etwas in der Zukunft zu verhindern.« Dazu brauchen wir alle Mittel. Dies und die Tatsache, daß er in Deutschland einen anderen Staat gesehen hat als damals, erklärt das. In der Beziehung zwischen Deutschland und Israel waren es immer sowohl Interessen als auch Gefühle, moralische Verantwortung – nennen Sie es, wie Sie wollen –, die eine Rolle gespielt haben.

Das Interesse der BRD zum Beispiel war, seit der Wiedergutmachung, das Renommee der Bundesrepublik zu fördern. Man hat aber auch wahrgenommen, daß die Juden in Amerika einen großen Einfluß haben. Das hat auch eine Rolle gespielt.

Sie kamen 1965 nach Deutschland. Was für ein Deutschland fanden Sie vor, wie reagierte man auf den ersten israelischen Botschafter?

Unterschiedlich. Es gab eine Spanne zwischen der öffentlichen Meinung und der veröffentlichten Meinung. Die veröffentlichte Meinung war die der Medien, der Erzieher, der Politiker, die versuchten, das Volk umzuerziehen, die über den Holocaust sprachen, von moralischer Verpflichtung etc.

Die öffentliche Meinung war der Mann auf der Straße, im Wirtshaus. Und das war die Kriegsgeneration. Es ist kein Wunder, daß Adenauer zwei Jahre gewartet hat, bis 1951, bis er die Bundestagserklärung abgab, mit der Anerkennung der Schuld Deutschlands. '49 hätte er es noch nicht getan. Er konnte die Volksstimme spüren.

Als ich nach Deutschland kam und kurz vor den Wahlen mit Politikern sprach, sagten die mir, daß sie wenn sie in den Wahlkreis gingen, gefragt würden: »Wie lange müssen wir noch für die Juden zahlen?« Das war die Zeit, wo die Eltern in den kleinen Städten zu den Lehrern gingen und sie fragten: »Warum hetzt ihr unsere Kinder gegen uns auf?«, wenn die Lehrer über den Zweiten Weltkrieg sprachen. Das waren zwei Generationen. Ich sah damals meine Aufgabe in der Aufklärung.

Wie war in den Anfangsjahren, bis 1967, der Erfolg dieser Aufklärungsarbeit? Wie reagierten die Menschen auf Sie?

Der Botschafter kommt nicht mit Massen der Bevölkerung in Kontakt, sondern nur über die Medien, und die standen mir zur Verfügung. Vielleicht, weil ich anders aussah, als man sich den ersten Botschafter vorgestellt hat. In Israel erwartete man, daß ein Professor mit langem Bart kommt, der gegen die Nazis war, und nicht ein ehemaliger Wehrmachtsoffizier, der seinen Arm im Krieg verloren hat. Und in Deutschland erwartete man wahrscheinlich auch jemanden, der eher dieser Vorstellung entspricht. Das habe ich ausgenützt, so gut ich konnte. Natürlich waren die deutsch-israelischen Beziehungen etwas Besonderes. So stand zum Beispiel Ende '65 in der Zeitung: Dieses Jahr gab es zwei große Ereignisse in diesem Land: Eine Königin kam aus England – Elisabeth II. war zu Besuch gewesen – und ein Botschafter aus der Wüste.

Die veröffentlichte Meinung war erzieherisch. Die Zeitungen waren pro-israelisch. Zum Beispiel die Springer-Zeitungen – wir wissen, daß Springer damals selbst Anweisungen gab zum Umgang mit Judentum und Israel. Aber auch die anderen Zeitungen verhielten sich so, ich war fast in allen Redaktionen ...

Aber einer der wichtigsten Augenblicke in den deutsch-israelischen Beziehungen waren die Maitage?

Ja, das war 1967, kurz vor dem Sechs-Tage-Krieg, als die Befürchtung bestand, daß Israel von den arabischen Staaten besiegt wird. Und ich fragte, was geschieht mit den Juden? Es gab die Furcht vor einem neuen Holocaust. Damals gab es Sympathiebekundungen in der Bevölkerung, Aufrufe, Kundgebungen. Sieben Millionen Mark kamen in kleinen Summen in die Botschaft. Kinder, die zwei, drei Mark schickten ... Ich glaube, das hat viel aufgebrochen, sowohl in Deutschland als auch in Israel, denn das wurde in Israel bekannt.

Weswegen waren die Deutschen ausgerechnet während des Krieges plötzlich so pro-jüdisch? Gibt es einen psychologischen Hintergrund?

Wahrscheinlich wegen der Furcht, vor dem, was geschehen könnte, was Erinnerungen hervorrief: Nach dem Motto: Das darf doch nicht noch mal passieren. Aber als der Krieg zu Ende ging, gab es eine Spaltung. Einige applaudierten. Manche waren auch gegen uns: *Nationalzeitung* und *Soldatenzeitung, Neues Deutschland*, schon vor dem Krieg und während des Krieges. Aber ein Teil der Rechten und der Mitte applaudierte auch. Es gab manche Vergleiche der israelischen Armee mit dem Afrika-Corps, oder Israel wurde als Preußen des Mittleren Ostens dargestellt. Man begeisterte sich für die militärischen Leistungen. Das Wort Leistungen war sehr populär. Und dann gab es solche, die meinten, Israel müsse gleich alles wieder zurückgeben. Israel wurde auf ein Piedestal gestellt: Wir durften und könnten nichts falsch machen. Wir müßten die zweite Wange hinhalten. Israel wurde nicht als Land, das nach seinen Interessen handeln kann, gesehen, sondern es sollte und mußte die theoretischen Ideale der Menschheit verwirklichen. Damit ist es schwer zu leben. Sehr schwer. Als Staat besonders. Andererseits gab es damals schon die PLO in Deutschland, es gab viele arabische Studenten und die machten gemeinsame Sache mit der APO. Israel wurde zum »Establishment« für die äußerste Linke. Und gegen das Establishment muß man heftig protestieren.

Das haben Sie ja am eigenen Leib erlebt.

Ja, bis 1967, an allen Universitäten. Ich sprach 1966 in Tübingen, der Saal war voll mit Studenten, auf der Bühne saßen 60 Professoren mit ihren Talaren. Und ich dachte, ich spreche in einer Kirche. Und ich kam '68/'69 wieder, und da saß nur ein Professor in Zivilkleidung. Der Saal war zwar voll, die Studenten, die stören wollten, wurden ersucht, den Saal zu verlassen. In anderen Städten ging es anders zu, in München, in Hamburg. In Frankfurt wurde die Uni geschlossen.

Oder als ich damals zur Verleihung des »Friedenspreises des deutschen Buchhandels« in der Frankfurter Paulskirche eingeladen war: Ich fuhr mit einem Chauffeur dahin und ging später zur Buchmesse, und da kamen viele Studenten oder Corpsbrüder und begannen mein Auto zu schütteln. Als jemand versuchte, die Fahne abzubrechen, bin ich aus dem Wagen gesprungen, habe ihn zurückgestoßen und gesagt: »Ihr benehmt euch wie die Nazis«, und da meinten die, ich sollte mich entschuldigen, und ich sagte: »Ich entschuldige mich nicht. Wer in Deutschland eine israelische Fahne abbricht, den werde ich als Nazi beschuldigen.« Und dann gab es Geschrei.

Nach Frankfurt wurde ich vom Staatssekretär Frank ins Auswärtige Amt gebeten und ersucht, von einigen deutschen Universitäten Abstand zu nehmen. Das gäbe neue Probleme. Ich meinte, er hätte das Recht, das von mir zu verlangen, aber wenn ich das tun sollte, dann würde ich morgen meinen Koffer packen. Wenn ich meine Aufgabe nicht so durchführen könne, wie ich es mir vorstelle, hätte ich hier nichts zu suchen. Dann meinte er: »Ich habe es ja nicht so gemeint.« Damit war das Gespräch zu Ende, und ich bin zur Hamburger Universität gefahren. Dort kam es zu Schlägereien, das dauerte eine halbe Stunde, ich war umstellt von Zivilpolizisten. Und in einem gewissen Augenblick habe ich sie zur Seite gestoßen und bin nach vorne gegangen. Und der ganze Saal, etwa 2000 Studenten, hat skandiert: Ben Nathan – wie bei einem Preisboxer. Und ich sagte: »Ich mache keinen Vortrag, ich diskutiere mit euch.« Ich habe Stunden mit den Links-Studenten und den Arabern diskutiert. Und ich fand, daß die nur eine Minderheit waren und am nächsten Tag ist mein Vortrag im Hamburger Abendblatt in extenso erschienen.

Stichwort Hallstein-Doktrin und Angst vor der Anerkennung der DDR. Wie sehr, glauben Sie, hat die BRD ihre Nah-Ost-Politik bestimmen lassen von ihren Ressentiments gegen Israel?

In Deutschland sprach man immer von der traditionellen Freundschaft mit den Arabern. Das Interesse Deutschlands in den Beziehungen mit Arabien war immer, den Handel zu fördern. Die Aussage in Bonn war immer: Wir wollen eine ausgewogene Politik. Nur während des Sechs-Tage-Krieges kam die Aussage: Es gibt keine Neutralität des Herzens. Aber während des Jom-Kippur-Krieges hat Schmidt, der spätere Kanzler, verhindert, daß amerikanische Waffen aus Deutschland nach Israel geliefert wurden. Der Überflug wurde nicht gestattet. Die Araber und Israelis fanden die Politik oft nicht ausgewogen, hielten sie für zu pro-israelisch oder -arabisch. All dies hat sich im Laufe der Jahre verändert. Die Situation auch. Demgemäß sagt Bonn seit einiger Zeit: Es gibt keine deutsche Außenpolitik mehr in bezug auf den Nah-Ost-Konflikt, es gibt nurmehr eine europäische Politik. Wobei ich aber sagen muß, daß die deutsche Seite eher bremst. Und nicht vorsprengt, um zu kritisieren.

Es ist ja bekannt, daß Sie einer der Männer sind, die den Mossad mitaufgebaut haben. Wie sah die geheimdienstlerische Zusammenarbeit zwischen Deutschland und Israel während Ihrer Zeit als Botschafter aus?

Die war gut, aber die ging nie über die Botschaft. Botschafter beschäftigen sich nicht mit Verbindungen von geheimen Organisationen ...

Das soll ich Ihnen glauben, als Mann der ersten Stunde ...?

Das können Sie ruhig glauben. Das ist eine Tatsache. Bei Geheimdiensten ist es auch so: Wenn Sie mal draußen sind, dann sind Sie draußen. Der Staat ist bemüht, einen so wenig wie möglich wissen zu lassen, was geschieht, denn das ist umso besser für einen.

Der erste deutsche Botschafter in Israel, Rolf Pauls, war ja ein Mann der Wehrmacht. Wie nahm man das in Israel auf, wie Sie persönlich?

Man wußte, daß Pauls nie Nazi war. Er wurde wie alle mobilisiert. Man hatte kein nachträgliches Wissen über ihn, was den Holocaust etc. betrifft. Natürlich war man nicht sehr entzückt. Ich nehme an, als Außenminister Schröder Pauls vorgeschlagen hat, hat er das mit dem Hintergedanken getan: Gerade. Aber als er vorgeschlagen wurde, konnte Erhard nicht mehr zurück. Man sagte: wir können nicht sagen, daß jemand nicht Botschafter werden kann, weil er in der Wehrmacht gedient hat.

Letzten Endes wurde Pauls sehr populär. Ganz besonders während des Sechs-Tage-Krieges. Er war damals täglicher Gast bei Moshe Dajan. Und Dajan hat sich damals viele Freunde geschaffen. Übrigens führte die Tatsache, daß Pauls nach Israel kam, dazu, daß ich nach Bonn ging, denn Bonn war auch nicht gerade entzückt über meine Ernennung.

Wegen Ihrer militärischen Verflechtungen?

Wegen meiner militärischen Verflechtungen und wegen der Tatsache, daß ich mal Kriegsverbrecher aufgespürt habe. Die Tatsache, daß ich sehr eingebunden war in die deutsch-israelischen Militärlieferungen, und daß ich vorher Generaldirektor des Verteidigungsministeriums war, hätte den Verdacht erwecken können, daß alles so weitergehen würde.

Was waren die Gründe für die antijüdischen Ressentiments bei Gerhard Schröder, der ja in vielen Bereichen opponiert hat gegen die offizielle Politik?

Ich weiß nicht, ob diese Ressentiments antijüdisch waren, sie waren antiisraelisch. Für ihn war Israel ein kleiner Staat, der nur Unfug macht und Probleme schafft. Vermute, Schröder glaubte, daß die Tatsache, daß er mit einer Halbjüdin verheiratet war und deshalb aus der Nazi-Partei austreten mußte, ausreichte für eine betonte Unbefangenheit. So daß er völlig unsentimental gegenüber Israel war.

Wie haben Sie die Situationen der jüdischen Gemeinden in Deutschland erlebt, in den sechziger Jahren?

Als ich nach Deutschland kam, habe ich von Anfang an klar gesagt: Auch wenn es viele gibt, die glauben, Juden sollen nicht in Deutschland leben, hat jeder einzelne das Recht zu beschließen, ob er da leben will.

Und die jüdischen Gemeinden in Deutschland sollen anerkannt

werden. Mein erster Besuch in Deutschland war bei der jüdischen Gemeinde in Düsseldorf. Und ich hatte auch später enge Kontakte mit dem Zentralrat und allen jüdischen Gemeinden. Und eigentlich blieb das so seit dieser Zeit.

Wie war denn die Haltung der Bundesregierung gegenüber den jüdischen Gemeinden und zu Ihnen als israelischem Botschafter, gab es die Tendenz Juden als Auslandsisraelis in einen Topf zu werfen?

Nein. Würde ich nicht sagen. Ich glaube, die Bundesrepublik war an einer jüdischen Gemeinde in Deutschland interessiert. Vielleicht nicht an einer so großen wie in der Vergangenheit, aber trotzdem. Sie wollten das Zeichen. Es gibt eine jüdische Gemeinde hier, und ein gutes Zusammenleben. Das war sicher eine der Absichten.

Sie sind in einer Zeit gekommen, als die Synagogenschmierereien nicht so lange her waren. Wie haben Sie die Reaktion der jüdischen Gemeinden erlebt, gab es Panik oder Angst?

Ich würde nicht sagen Panik, eher Unstimmung. Es hat ihre Auffassung gestärkt, daß ihre Anwesenheit in Deutschland vorübergehend ist, daß sie sich nicht zu Hause fühlen. Es gab keine Massenauswanderung von Juden aus Deutschland wegen dieser Schmierereien oder den vereinzelten antisemitischen Erscheinungen, die, wenn sie gewalttätig waren, als Randerscheinungen gesehen wurden.

Haben Sie als Zionist, der mal die Brichah geleitet hat, in Ihrer Zeit als israelischer Botschafter auch versucht, Leute in den jüdischen Gemeinden zur Emigration zu bewegen?

Das war die Aufgabe der Jewish Agency, nicht der Botschaft. Natürlich haben wir über Israel gesprochen, über die Möglichkeiten der Einwanderung. Wir haben kein Hehl daraus gemacht, was unsere Meinung ist.

Ich danke Ihnen für das Gespräch.

Yohanan Meroz

»Es war ein inzestuöses Leben.«

Yohanan Meroz ist eine ganz wichtige Figur im deutsch-israelischen Dialog. Seine Diktion, seine Bestimmtheit, seine Direktheit weisen ihn als »Preußen« aus. Meroz ist einer der interessantesten israelischen Botschafter in Bonn gewesen, seine Fähigkeit zur politischen Analyse macht ihn zu einem wichtigen Interviewpartner. Er stammt aus Berlin, doch Israel ist seine Heimat. Er hat gegenüber Deutschland keinerlei Sentimentalitäten, er vermißt das Land nicht, er ist in Jerusalem daheim, und sein beißender Spott über den Antisemitismus in Deutschland – und zwischen den Zeilen auch gegenüber den heute in Deutschland lebenden Juden – ist erfrischend. Er erzählte mir einen Tag vor unserem Interview, daß er einmal von einem Deutschen über die Unsinnigkeit des Zionismus angesprochen wurde mit den Worten: »Was hat ein deutscher Jude schon mit Juden aus Bagdad gemeinsam?« Meroz antwortete lakonisch: »Kinder!« Seine Frau stammt zufälligerweise aus Bagdad. Im Wohnzimmer von Meroz, wo unser Interview 1997 stattfand, steht ein Foto von Richard von Weizsäcker. Eine deutliche Erinnerung an Meroz' Bonner Zeit.

Herr Meroz, Sie arbeiteten in den fünfziger Jahren in der Israel-Mission in Köln. Wie war diese Zeit?

Es war eine unbefriedigende Zeit meines Lebens, da ich nicht in Deutschland sein wollte und die Hybridstellung der Mission unbefriedigend war. Viele sahen die Israel-Mission als Betrug am deutschen Volk: Vieles, was Deutschland erlitten hatte, wurde nicht erhört. Sie sahen keinen Unterschied zwischen Ermordeten und Gefallenen. Mein Leben in Köln wurde dadurch sehr beeinträchtigt.

Es gab für alle Israelis ein Fraternisierungsverbot. Wie sah der Alltag für die Mitarbeiter der Israel-Mission aus?

Es war ein inzestuöses Leben. Die Kollegen waren vor allem wirtschafts- und handelspolitische Kollegen, die am Luxemburger Abkommen beteiligt waren, sowohl aus Ministerien als auch aus Wirtschaftsunternehmen. Jenseits dieser Beziehungen verkehrte man fast nur mit den eigenen Leuten. Es gab einen gewissen Kontakt mit jüdischen Gemeinden, je nachdem, wie der einzelne zu dem Thema deutsche Juden in Deutschland nach der Schreckenszeit stand.

Kinder gingen in holländische oder belgische Schulen in Köln. Deutsche Schulen wurden von israelischen Kindern nicht besucht. Es gab einen bescheidenen Kindergarten für die Jüngeren. Ich hatte das umschriebene Ziel, zu einigen Deutschen – von Parteien, den Medien und selten vom Auswärtigen Amt in Bonn – Kontakt herzustellen. Das wurde gerade von deutscher Seite nicht gerne gesehen und war die Ausnahme.

Das israelische Außenministerium wollte mit ihrer Entsendung Einfluß auf die Israel-Mission nehmen. Welches Machtgerangel zwischen den Ministerien stand im Hintergrund?

Die Israelische Mission unterstand dem Ministerpräsidenten und dem Finanzminister. Andererseits konnte man nicht Deutschlands Position in der europäischen Entwicklung übersehen. Deutschland wurde aktiver Partner in der wirtschaftlichen Neubildung Europas. Und Israel konnte daher – wegen seiner Wünsche an Europa – Bonn nicht übergehen. Daher wollte man diese offensichtliche Vertretung an das Außenministerium binden.

Felix Shinnar war die führende Persönlichkeit beim Luxem-
burger Abkommen und auch Leiter der Israel-Mission. In
Ihrem Buch In schwieriger Mission *stehen Sie ihm auch kri-*
tisch gegenüber. Wie war er nun als Mensch und in der Zu-
sammenarbeit?

Er war unschlagbar in bezug auf sein wirtschaftliches und finanz-
politisches Wissen und diente der Sache, »dem Abkommen« un-
geheuerlich. Zu beanstanden aber ist sein politisches Verständnis.
Vor allem seine Erwartung, daß von deutscher Seite das Angebot
käme, diplomatische Beziehungen aufzunehmen, wofür es keinerlei Anzeichen gab. Shinnar verkannte die politischen Entwicklungen in Deutschland und Europa. Für ihn war – gemäß seinem
tatsächlichen Auftrag – das Alpha und das Omega der deutsch-israelischen Beziehungen das Wirtschaftspolitische, aber er zog aus
diesem Auftrag außenpolitische Konsequenzen, die keineswegs
der Realität entsprachen.

Können Sie dazu ein Beispiel geben?

Ende der fünfziger Jahre hatte Israel Interesse daran, mit
Deutschland diplomatische Beziehungen aufzunehmen. Aber es
erwartete natürlich, nicht darum bitten zu müssen, sondern daß
die Initiative von Bonn ausginge. Meine Ernennung in Köln entsprach dem Versuch, dazu beizutragen, daß ein solches Angebot
von deutscher Seite erfolgt. Shinnar war nicht begeistert von meiner Ernennung, unter anderem, da er meine Position für über-
flüssig hielt; er war der Ansicht, daß er selbst ausreichende Beziehungen zum Bundeskanzler und zum Kanzleramt habe.

Wie war die Begegnung der deutschen mit den israelischen
Menschen und Delegierten? Wo war die Befangenheit? Wie
überbrückte man diese? Oder war es ein forsches Auftreten?

Ich deutete es schon an: Die größte Schwierigkeit bestand darin,
daß für die meisten Deutschen – weniger für die, die dienstlich
mit uns zusammenkamen, als für die »Wald- und Wiesendeut-
schen« – das Luxemburger Abkommen ungerecht war. Sie sahen
andere Prioritäten, wie zum Beispiel die Frage der Ansiedlung der
Sudetendeutschen und anderer Wirtschaftsvertriebener. Zwar erkannte man an, daß Juden Menschen im Krieg verloren haben,
aber Deutsche hätten ja noch mehr verloren. Und daß dieser Vergleich überhaupt im Sprachgebrauch vieler Deutscher vor-

herrschte, machte den täglichen Verkehr – jenseits des dienstlich erforderlichen – sehr unerfreulich, selbst wenn eine Nicht-Fraternisierungs-Ermahnung gar nicht bestanden hätte. 15 Jahre später, als ich wiederkam, hatte sich diese Atmosphäre und diese Haltung sehr verändert – obwohl formal noch keine diplomatischen Beziehungen da waren. Und heute, 15 Jahre später, gab es noch eine weitere Veränderung.

Rückt die Entwicklung heute wieder in die Nähe von 1959/60?

Das ist nicht mein Eindruck. Meine eigene Erfahrung ist folgende: Die erste Zeit der deutsch-israelischen Beziehungen war weitgehend von einer inneren Sperre auf beiden Seiten beherrscht, mit Ausnahmen natürlich. Aber es betraf die Generation, die sich der Geschichte und des Erlebten voll bewußt war. Die nächste Generation, die der Kinder, war in erster Linie von einer Befangenheit geprägt, die sich aus dem Nichtwissen darüber ergab, was die Eltern durchgemacht haben – sei es als Opfer oder als Täter.

Die dritte Generation ist sowohl von der Sperre als auch von der Befangenheit weitgehend befreit. Heute besteht in erster Linie Neugier und Interesse, welches allerdings nicht immer groß sein muß. Ich glaube, das Interesse ist seit der deutschen Wiedervereinigung gewachsen, weil einem Teil der deutschen Bevölkerung der Annäherungsprozeß bis dato verschlossen blieb.

Sie haben von Jerusalem aus die Zeit erlebt, in der die diplomatischen Beziehungen zwischen Deutschland und Israel aufgenommen wurden. Wie war für Sie die Rezeption? Wie drückte sich Zustimmung oder Ablehnung aber generell aus?

Zu dieser Zeit war ich nur auf Posten in Paris, ich kenne aber natürlich die Vorgeschichte. Der Widerstand gegen die diplomatischen Beziehungen war keineswegs das Monopol der Cheruth-Partei oder Menachem Begins, sondern eigentlich waren alle eher dagegen – mit zwei Ausnahmen: die alte Mapai, die alte sozialdemokratische Partei (unter Führung von Ben Gurion und Sharett), und die kleine progressive liberale Partei, die sich teils aus deutschen Einwanderern zusammensetzte. Auf Parteiebene war fast die Mehrheit gegen die Aufnahme der Beziehungen. In der Bevölkerung konnte man die vox populi schwer statistisch erfassen. Ich nehme an, daß über die Hälfte dagegen waren. Das heißt nicht, daß die Israelis die Beziehungen für unnötig hielten, aber die meisten – wie auch ich (trotz meines Auftrags in Köln) – fanden den Schwebezustand gar nicht so schlecht. Denn die wichtigen Dinge konnten auch ohne wirkliche diplomatische Vertreter verfolgt werden. Das heißt, ein großer Teil des Widerstandes richtete sich also vielmehr gegen die Formalisierung der Beziehung, als gegen die Rolle, die Deutschland unübersehbar nun spielte.

Die Nichtaufnahme stellte aber in den Augen der Israelis einen Triumpf für die arabischen Nachbarn (die diese Beziehungen hatten) dar. Darüber waren die Israelis zu dieser Zeit besorgt.

Als Sie 1974 nach Bonn kamen, war es eine schwierige Zeit. Im Jahr zuvor – während des Jom-Kippur-Krieges – lehnte die BRD es ursprünglich ab, als Luftbrücke für die Waffenlieferungen von den USA nach Israel zu dienen. Über diesen Vorgängen liegt immer noch so eine Art Schleier. Was passierte tatsächlich?

Die BRD hat sich während des Jom-Kippur-Krieges nicht so verständnisvoll gezeigt, wie viele es – wegen des deutschen Verhaltens im Sechs-Tage-Krieg – erwartet hätten. Aber ich glaube, die BRD war damals etwas besser als ihr Ruf. Es gab tatsächlich einige Schleier. Die Bundesregierung gab der USA nicht das Maß aktiver Unterstützung, um Israel unter der Nutzung deutscher Luft- und Seelandeplätze in den ersten Tagen zu unterstützen. Aber Deutschland war auch nicht das zurückhaltendste europäische Land, was die Hilfe anging . Mit Ausnahme Hollands waren alle Länder negativer eingestellt als die BRD. Aber: Bei aller Anerkennung der beachtlichen Entwicklung, die Deutsche und Juden in den letzten 45 Jahren gemacht haben, erwartet man in Israel von Deutschland immer noch mehr Verständnis als von anderen Ländern. Besonders wenn es ums Überleben geht. Und das war gerade in den ersten Tagen des Krieges so. Da hilft der Vergleich mit anderen europäischen Ländern nichts.

An der Spitze der BRD stand ein Mann, der sich Israels ungewöhnlicher Hochschätzung erfreute: Willy Brandt. Daß die Kritik – auch wenn sie überzogen war – gegen einen Mann gerichtet werden mußte, der aus israelischer Sicht sowohl in bezug auf seine eigene persönliche Vergangenheit, als auch in bezug auf seine bekannte Haltung gegenüber der Schrecken des jüdischen Volkes eindeutig war, mußte besonderen Mißmut erregen.

Willy Brandt hatte wenige Monate zuvor, im Sommer '73, als erster deutscher Kanzler Israel besucht. Adenauer ist erst hier gewesen, als er nicht mehr Kanzler war. Brandt hatte einen neuen Begriff für die deutsch-israelischen Beziehungen geprägt. Bis dahin hatte man von besonderen Beziehungen gesprochen. Brandt sagte, es sind normale Beziehungen vor einem besonderen Hintergrund. Das Echo auf diesen Ausspruch schien mir damals etwas übertrieben.

Einige Monate später zeigte sich, daß die Kassandra-Rufe der israelischen Medien und Politiker angesichts dieser Neuformulierung nicht unberechtigt waren. In Israel erwartete man, daß deutsche Verpflichtungen gegen Israel den Vorrang haben sollten gegenüber anderen, entgegengesetzten Verpflichtungen der BRD. Und daß dem so war, dieses Gefühl hatten viele Israelis während des Kippur-Krieges nicht.

Ich muß nicht unterstreichen, daß sich meine Meinung – bei allen Zweifeln – von der auf höchster Ebene unterschied. Alles in allem war ich von Anfang an ein Bejaher des Bemühens um den neuen Brückenschlag.

Bevor ich Sie zu einzelnen Figuren und Personen fragen werde, möchte ich Sie auf ein generelles Thema ansprechen, das sich durch Ihr Buch und unser Thema zieht. Wie haben Sie die Vergangenheitsbewältigung auf deutscher Seite erlebt? War sie doppelbödig, ehrlich, hing sie von Individuen ab, oder gab es eine kollektive Stimmung oder einen Zeitgeist?

Ich bin weder Politologe noch Völkerrechtler noch Wirtschaftler, sondern Philologe. Daher interessiere ich mich auch in der Politik für sprachliche Elemente. In den deutsch-israelischen Beziehungen sind drei Begriffe im Umlauf, die ich nicht gutheißen kann: Vergangenheitsbewältigung, Wiedergutmachung und Versöhnung. Noch vor meiner Zeit in der Bonner Botschaft – mit den Olympischen Spielen in München – begann sich etwas abzuzeichnen, was bis dahin nicht erkennbar war. Die Verknüpfung des Prozesses der Vergangenheitsbewältigung oder der deutsch-jüdischen »Aussöhnung« mit politischen Entwicklungen im Nahen Osten rund um Israel. Ein Thema, das mit Entwicklungen im

Nahen Osten nichts zu tun hat, wurde in diesen Prozeß miteinbezogen. Und gewisse Aktivitäten, die den Gedanken der Vergangenheitsbewältigung oder -aussöhnung illustrieren sollten, wurden in dieses Geschehen miteinbezogen. Wir versuchten in Israel, dem teils entgegenzuwirken – durch eine von den deutschen Behörden mitgetragene Bereitschaft, dieses für viele Unfaßbare auf dem Wege der gemeinsamen Bewältigung neu anzusprechen. Zum Beispiel auf dem Wege von Partnerschaften – nicht von Städten und Gewerkschaften, was auch wichtig ist – sondern gerade auf der Ebene von Schulen und Schulklassen. Der Jugendaustausch nicht nur als Austausch, sondern auch als Bestandteil eines innerisraelischen und innerdeutschen pädagogischen Prozesses spielte eine zunehmende Rolle während meiner sieben Jahre in der Bonner Botschaft.

Ich glaube, daß sich durch diese Patenschaften das Problem inhaltlich verändert hat. Denn das Problem der Auseinandersetzung mit der Vergangenheit haben – wenngleich aus einer ganz anderen Sicht – auch Israelis. Und der Versuch, dafür einen »gemeinsamen Nenner« zu finden – im Sinne eines schulischen oder pädagogischen Bemühens – diese Vorstellung leitete mich und meine Mitarbeiter und auch meine Nachfolger. Das hat nicht nur mit unserem persönlichen Wirken zu tun, sondern knüpft an etwas an, was ich zuvor sagte. Meine Bonner Zeit war typisch für den allmählichen Übergang von der zweiten zur dritten Generation. Sieben Jahre innerhalb einer Gesamtspanne von 40 Jahren sind eine relativ lange Zeit. Und in dieser Zeitspanne hatte sich die Form der Beschäftigung mit der Thematik etwas geändert. Und ich glaube, im positiven Sinne.

Es gab dieses Buch Was ich über Adolf Hitler gehört habe, *in dem Auszüge aus Schüleraufsätzen zum Thema Nationalsozialismus veröffentlicht wurden. Wie haben Sie darauf reagiert?*

Ich reagierte auf diese Sammlung ähnlich wie die deutschen Medien: entsetzt darüber, daß das nach 25 Jahren »Umerziehung« noch so war. Natürlich hatte ich – angesichts dieser Veröffentlichungen – auch das Gefühl, persönlich gescheitert zu sein. Ich hatte mir eingebildet, dazu beigetragen zu haben, solche Unmöglichkeiten aus der Welt zu schaffen – und das war nicht so.

In meinem Buch stellte ich zu einem späteren Zeitpunkt die – nicht nur rhetorische – Frage: War es vergebens? Und das »es« bezog sich nicht nur auf meine Person, sondern auf das ganze historische Geschehen des »deutsch-jüdischen Brückenschlages«.

Sie mußten ja selbst das Land Ihrer Geburt verlassen. Wo sind in Ihrer Bonner Zeit Ihre Trauer, Verzweiflung, Angst geblieben? Gab es Zeiten, wo Sie sich mit den grauen Chimären in nächtlicher Stunde herumschlagen mußten und auch ein Problem damit hatten, in Deutschland zu sein?

Ja und Nein. Zunächst zum Nein. Ich hatte das Glück, daß mein Vater in weiser Voraussicht 1933 das Land verließ – da war ich 13 –, so daß diese Schreckenszeit an uns persönlich keine Niederschläge lassen konnte. Ich komme aus einem völlig assimilierten Haus und hatte das Wort »Zionismus« im Alter von elf Jahren noch nicht einmal gekannt.

Das Positive war: Von dem Tag meiner Ankunft in Israel an habe ich mich von jeder Beziehung zur Vergangenheit gelöst. Berlin bestand für mich nicht mehr. Möglicherweise habe ich es bewußt verdrängt. Womit ich zu kämpfen hatte, waren die neuen Landessprachen: Hebräisch, dann auch noch Arabisch und Englisch. Ich war in Berlin auf einem humanistischen Gymnasium gewesen und hatte dort Latein, Griechisch und Französisch gelernt. Ich habe mich von der deutschen Sprache bewußt nicht gelöst. Aber das war die einzige Ausnahme. In meiner Studentenzeit habe ich deutsche Dichtung ins Hebräische übersetzt. Ich habe mich von der Sprache nicht getrennt. Aber ansonsten war Deutschland bei meiner zweiten Ankunft in Deutschland, das heißt bei meiner Ankunft in Bonn, ein Land, demgegenüber ich emotional weder eine besonders negative noch eine besonders erregte Beziehung hatte. Bei meiner ersten Ankunft 15 Jahre früher, in Köln, war bei mir das Grundsätzliche entscheidender als das Praktische. Und das Grundsätzliche fand seine Bestätigung darin, daß diese Kölner Zeit beruflich höchst unbefriedigend war.

Ich kam damals aus Washington. Mir wurde der Posten angetragen, ich ließ mich breitschlagen, aber eigentlich wollte ich – auch wegen meiner Kinder, die nach sieben Jahren im Ausland schon völlig entwurzelt waren – nicht nach Deutschland. Überhaupt nicht nach Deutschland. Es war das erste Mal seit 1933, daß ich nach Deutschland kam.

Bonn war etwas anderes. Nach Bonn ging ich bereits infolge einer völlig unemotionalen Erkenntnis, daß Deutschlands Bedeutung für Israel von Tag zu Tag zunahm, sowohl im bilateralen Sinne, wie im Sinne der vielleicht wichtigsten Pforte in das europäische Geschehen.

Es gibt zwei Menschen aus den siebziger Jahren, denen Sie ja auch begegnet sind, die für uns Juden in Deutschland eher problematische Figuren waren, die aber mit großer Verehrung in Israel aufgenommen wurden: Axel Springer und mehr noch Franz Josef Strauß. Was war es, was diesen Mann hier zu einem Israel-Freund hochstilisierte?

Vielleicht tue ich ihm unrecht oder bin voreingenommen. Ich habe eine sehr deutliche Meinung zu Strauß. Strauß hatte ein strategisch-politisches Interesse an Israel, das in erster Linie – meiner Einschätzung nach fast ausschließlich – auf seinem Wunsch beruhte, die imperialistischen Ambitionen der Sowjetunion im Nahen Osten gedämmt zu sehen, bzw. ihr ein Bollwerk des Widerstandes gegenüberzustellen. Das war für meine Begriffe die Hauptmotivation für Strauß' Verhältnis zu Israel. Viele Menschen in Israel sind sicherlich anderer Meinung. Diese Meinungen überqueren die parteipolitischen Grenzen. Ich weiß, daß Peres, mehr als der verstorbene Moshe Dajan, zu denen gehörte, die an die tiefe Freundschaft von Strauß zu Israel als Judenstaat glauben. Ich teile diese Auffassung damals wie heute nicht.

Axel Springer ist eine völlig andere Sache. Auch wenn die beiden gelegentlich in einen Korb geworfen werden. Ich maße mir nicht an, die Philosophie, das Denken, die Theologie, den Messianismus von Springer je völlig oder in hohem Maße verstanden zu haben. Was für mich als Botschafter entscheidend war, war die Tatsache, daß sich dieser Mann im vollen Einsatz für den Staat Israel zur Verfügung stellte. Ob man seine politische Meinung teilte oder nicht, solange man im Rahmen des Erlaubten blieb, konnte ich ihn nicht nur nicht ablehnen, sondern hatte eher einen Grund, ihn zu unterstützen.

Kommen wir auf das vielleicht merkwürdigste Kapitel in der deutschen Nachkriegsentwicklung: Das Verhältnis der zwei

großen deutschen Parteien zu Israel. Einerseits gibt es da die
SPD, die als einzige Partei gegen das Ermächtigungsgesetz
gestimmt hatte, andererseits die CDU, die CSU von Strauß,
aber auch die CSU danach, die während des Golf-Krieges
wiederum als einzige Partei eine pro-israelische Demonstra-
tion veranstaltet hat. Man würde vermuten, der natürliche
Verbündete der Juden bzw. Israels seien die Linken, de facto
hat sich aber erwiesen, daß die konservativen Parteien die
zuverlässigeren Freunde Israels waren. Wie erklären Sie sich
diese überschneidenden Formen von Beziehungen, bei denen
man eigentlich immer vom anderen das genaue Gegenteil
erwartet?

Die Frage hat mich jahrelang sehr beschäftigt. Allgemein ist folgende Feststellung richtig: Die SPD hat das deutsch-jüdische Thema – und das heißt in erster Linie das deutsch-israelische Thema – für meine Begriffe viel klarer zum Ausdruck gebracht als alle anderen deutschen Parteien. Adenauer konnte zum Beispiel das Luxemburger Abkommen im Bundestag gegen den mehrheitlichen Widerstand seiner eigenen Partei, der FDP und der deutschen Partei nur dank der einheitlichen Unterstützung der SPD durchbringen. Die Verjährung der NS-Verbrechen hat die SPD abgeschafft. Und wo es um die Geschichte, das Vergangenheitsbewußtsein ging, hat die SPD ihr Bekenntnis klarer zum Ausdruck gebracht als die anderen Parteien.

Was die CDU angeht: Helmut Kohl wiederholte uns gegenüber immer wieder, daß sie die Israel-Partei sei. Diese Aussage ist belegbar. Der Beginn der deutsch-israelischen Beziehung, das war Adenauer. Die Aufnahme der diplomatischen Beziehungen, das war Ludwig Erhard. Die CDU hat in Israel – wenn auch aus den erwähnten Motiven – nicht nur in erster Linie den Nachfolgestaat der vernichteten Juden gesehen, sondern auch einen Staat, der von Bedeutung ist für die globalen Interessen des Westens, Europas usw. Bei der SPD war das, glaube ich, weniger entscheidend. Sie hatte das historische Bekenntnis klarer zum Ausdruck gebracht, so daß die zusätzliche Betonung nicht nötig war.

Ich habe mal einen bekannten SPD'ler, der eine enge Verwandte in einem Vernichtungslager verloren hat, gefragt: »Warum sind Sie so zurückhaltend in bezug auf dieses oder jenes Geschehen (in

einer SPD-regierten Zeit)?«und er antwortete: »Wer wie ich seine
Großmutter in Treblinka verloren hat, der ist nicht verpflichtet,
seine Sympathien gegenüber Israel täglich zum Ausdruck zu
bringen.« Diese Art der Aussage habe ich mehr als einmal aus
SPD-Kreisen zu hören bekommen. Aus CDU-Kreisen nie.

Dennoch glaube ich, ist es fair zu sagen, daß im Gesamtbild das
Verhältnis der Bundesregierungen zu Israel von der jeweiligen
parteipolitischen Führung in der BRD wenig beeinflußt war. Be-
einflußt war das Verhältnis von der jeweiligen Führung in Israel.
Und das ist etwas, was zu SPD-Zeiten eindeutig schärfer seinen
Ausdruck fand, als zu CDU-Zeiten.

*Von der CDU und SPD zu einem heikleren Thema, nämlich
zur Position der Grünen und der Intellektuellen in Deutschland. Die Position der ganz Linken gegenüber Israel hat sich
im Laufe der Jahre zu einem eindeutigen Bekenntnis für die
Palästinenser entwickelt, häufig auch mit dem Reflex auf die
Konsequenzen, die man aus dem Zweiten Weltkrieg gezogen
hat, nämlich sich immer auf die Seite der Unterdrückten zu
schlagen. Henryk M. Broder hat ja seinen großen Aufsatz
1981 in der ZEIT, bevor er Deutschland demonstrativ verlassen hat, betitelt mit: »Ihr seid die Kinder eurer Eltern«, und
hat damit als erster die antizionistische Haltung mit der antisemitischen Haltung gleichgesetzt. Wie sehen Sie diese antizionistische Haltung auf seiten der deutschen Linken?*

Zunächst einmal sehe ich sie nicht anders als in anderen Ländern
seitens der Linken: Frankreich, Italien und anderer europäischer
Staaten. Glücklicherweise sieht sich die Mehrzahl der Intellektuellen als Linke. Aber zwei Dinge sind wichtig: Man erwartet, wie
gesagt, in Deutschland eine etwas andere Verarbeitung als in anderen europäischen Ländern. Die Kritik an Israel derer, die sich in
Deutschland links nennen, beanstande ich nicht grundsätzlich,
sondern nur in der Ausschließlichkeit und Einseitigkeit, in der sie
sich äußert. Die Frage ist nicht, ob Israel schlimme Fehler begangen hat – unter welchem Ministerpräsidenten auch immer. Sondern, befremdlich ist, daß Jasir Arafat als Ausbund aller Tugenden
gilt.

Mit anderen Worten: Es ist hier etwas im Gange, was für viele
Israelis unverständlich ist: nicht die Kritik am israelischen Vorge-

hen, sondern die völlige Blindheit auf dem anderen Auge, gegenüber den gewaltigen Fehlern auf der anderen Seite. Daß einerseits Arafat, andererseits einige der reaktionärsten Regierungen, die es überhaupt auf der Welt gibt, Irak, Libyen und einige andere zu Vorbildern revolutionären Denkens werden. Das ist absolut hirnverbrannt. Wir verstehen es nicht in Frankreich, nicht in England. Aber in Deutschland ist es besonders schmerzlich. Es kam zum Ausdruck zu einem Zeitpunkt, den ich heute vielleicht als die Talsohle des deutsch-israelischen Verhältnisses überhaupt sehen würde, die ersten zwei Monate des Golfkrieges, als die deutsche Friedensbewegung – und ich bin ein Bejaher aller Friedensbewegungen – ihr Friedensziel völlig einäugig behandelte und die Gesamtthematik aus den Augen verlor.

Der Antiisraelismus als salonfähiger Antisemitismus ... noch gilt es als unfein, offen antisemitisch zu sein. Antizionismus ist schon ein Mittel, um die Ablehnung von Juden hinter der Ablehnung Israels zu verstecken.

Ich habe vergleichbare Erfahrungen in Frankreich gemacht, aber es reizt mich dort weniger zur Glut als in Deutschland. Alles, was woanders auch schlimm ist, ist in Deutschland besonders schlimm. Das gehört zur letzten fehlenden Normalität.

Eine letzte Frage: Was halten Sie als Israeli davon, daß Juden in Deutschland leben?

Ich habe mich vor zwölf Jahren sehr scharf dazu geäußert, und ich gebe hier zu, daß ich meine sehr scharfe Meinung nicht völlig revidiert, aber doch sehr stark relativiert habe. Ich kann es tatsächlich schwer verstehen, wie Juden nach der Schreckenszeit in Deutschland Fuß fassen konnten. Aber in der Zwischenzeit hat sich etliches verändert, vor allem ist viel Zeit vergangen. Und heute glauben einige, daß sie in Deutschland völlig normal und jüdisch leben können. Ich kann es schwer verstehen, weil ich in den deutsch-israelischen Beziehungen den einzig wirklichen Ersatz für eine vermeintliche Symbiose sehe, die im Sande verlaufen ist. Deutsch-israelische Zusammenarbeit ist für mich der letztgültige Beweis für ein deutsch-jüdisches Miteinander. Nicht die Tatsache, daß vernichtete Gemeinden zum Teil künstlich aufgepfropft werden und zum Teil wachsen durch einen Strom von Neuankömmlingen aus der ehemaligen Sowjetunion. Ich halte es für schwer verständlich, daß sich Menschen, die keinen Hintergrund der Zugehörigkeit zum deutschen Kulturkreis haben, dort niederlassen und neue Gemeinden aufbauen. Aber das ist die Entscheidung des einzelnen. Wenn sich Leute zu diesem Versuch entschließen, respektiere ich dies, ohne ihn gutzuheißen.

Ich danke Ihnen für das Gespräch.

Dan Diner

»MAN HAT MIT DER SACHE EIGENTLICH NICHTS MEHR ZU TUN.«

Dan Diner gehört sicher zu den komplexesten Denkern unter den jüdischen Intellektuellen in Deutschland. Seit Jahren pendelt der in Israel und Frankfurt aufgewachsene Professor für Geschichte zwischen Deutschland und Israel hin und her. Lange Jahre lehrte er an den Universitäten Essen und Tel Aviv, jetzt in Tel Aviv und Leipzig als Leiter des Simon Dubnow Instituts für jüdische Geschichte und Kultur und an der Universität Beer Sheva. Jeden Freitag morgen spielt Diner in Jerusalem Fußball: Auf dem Sportgelände der Hebräischen Universität treffen sich dann die männlichen Mitglieder der Institute für deutsche Geschichte der Universitäten Jerusalem und Tel Aviv und kicken gegeneinander. Und es kommt schon vor, daß Prof. Moshe Zimmermann aus Jerusalem dem Torhüter Dan Diner den einen oder anderen Ball ins Netz jagt. Sein letztes Buch Das 20. Jahrhundert verstehen *gehört zu den wichtigsten Neuerscheinungen 1999 im Sachbuchbereich. Ich traf Diner im Frühjahr 1999 in seinem Büro an der Uni Tel Aviv.*

In den sechziger und siebziger Jahren gehörtest du ja eher zur linken Fraktion der Juden in Deutschland. Das war ungewöhnlich, da sich die meisten Juden noch gar nicht so stark politisch definierten. Was führte dazu, daß sich so eine jüdische Linke in Deutschland etablierte?

Ich denke, die Umstände waren bei den einzelnen individuell. Natürlich gab es Gemeinsamkeiten, aber im Prinzip haben die jeweiligen Biographien die Personen zur Linken geführt. In meinem Fall war es so, daß man mit israelischem Hintergrund irgendwie sowieso als links galt. Ein weiterer Aspekt, der nach links führte, war die Rolle, die die Sowjetunion damals im Zweiten Weltkrieg gespielt hatte, der Sieg der Sowjetunion über Hitler-Deutschland. Man sah ganz intuitiv im Sieg der Sowjetunion über Hitler-Deutschland die Überlegenheit des Sozialismus über alles andere bestätigt. Diese Sicht war auf das engste mit der jüdischen Erfahrung verbunden gewesen.

In Deutschland zog dies später den Eindruck nach sich, links sei automatisch gegen den Nationalsozialismus und seine reale wie vermeintliche Nachfolgschaft gerichtet. Man war erfreut, wenn sich in Deutschland West nicht Deutsche gegen die nationalsozialistische Vergangenheit aussprachen. Als Jude empfand man sich schon von vornherein als Linker, weil man eben von der Last der Vergangenheit wie freigestellt war.

Und was eine wichtige Rolle spielte: Daß hie und da einzelne Persönlichkeiten deutscher Herkunft, die nichtjüdisch waren, sich im hohen und auch in gewissem Maße emotional gegen diese Vergangenheit aussprachen. Das betrachtete man als ein Entgegenkommen, und man wollte dies nicht enttäuschen. Das ist auch ein wichtiger Aspekt. Daß man das, was man in Deutschland als links erfuhr oder wahrnahm, intuitiv als ein Entgegenkommen der eigenen Geschichte gegenüber verstanden hat.

Das heißt, man empfand sich immer als linker als die anderen, mochten sie sich noch so sehr als links gerieren, weil man quasi von der Herkunft her von dem frei war, was die Deutschen eben als diese große Last der Vergangenheit empfunden haben. Das Linke empfand man wie einen neutralen Boden. Beide, Juden wie Deutsche, ließen die Vergangenheit eben als Linke hinter sich.

Wie war es tatsächlich? Der Mythos, der heute von der nichtjüdischen Achtundsechziger-Generation ausgeht, ist, daß diese Generation eine ganz ernsthafte Auseinanderset-

*zung mit der Tätergeneration ihrer Väter getroffen hat, eine
Abrechnung mit dem Nationalsozialismus. Würdest du dem
zustimmen, daß das konsequent gemacht worden ist?*

Es war nicht so konsequent wie man es heute hinstellt. Inzwischen weiß man natürlich, daß die Dinge nicht so einfach waren, wie man sie sehen wollte. Vielmehr hatte es sich um eine Konversion gehandelt. Oftmals waren es Jugendliche, die aus Elternhäusern kamen, die mit dem Nationalsozialismus kontaminiert waren, bzw. den Eindruck erweckten, daß sie nationalsozialistisch affiziert waren. Es war wie bei einem religiösen Übertritt. Und wie bei Neukonvertierten üblich, wurde diese Haltung ganz besonders heftig vertreten. Letztendlich war man froh, daß eine solche Haltung eingenommen wurde.

Man akzeptierte alles recht dankbar, hatte aber gleichzeitig erhebliche innere Widerstände. Und diese beiden Elemente waren damals durchaus typisch.

Was war das Spezifikum der deutschen Linken?

Na ja, die deutsche Linke oder die Tradition, auf die wir damals trafen – und das war noch vor der Studentenbewegung – war für mich keineswegs neu oder anders. Ich war in den frühen Sechzigern in die sozialdemokratische Partei eingetreten. Die Sozialdemokratie oder Teile von ihr galten damals als sehr radikal, sogar als kryptokommunistisch, zumal in Hessen-Süd. Das waren diejenigen, die in der Tradition von Marx, Lassalle, Engels, Bebel, und von all dem standen, was die Tradition der internationalen Arbeiterbewegung ausmachte. Es war ein Stück Internationalismus im Sinne, wie man ihn früher verstanden hat – eine übernationale, kosmopolitische, universelle Kultur. Bestimmend war mehr das internationalistisch kulturelle als das deutsche Element an der Linken in Deutschland. '68 wiederum war so gewesen, daß man die Vergangenheit simulierte, indem man Schriften der alten Arbeiterbewegung nochmals in Raubdrucken und dann in anderer Form publizierte. Es war auch ein Versuch, sich dieser vergangenen Zeiten zu versichern. Die Simulation hat dann natürlich in die Leere geführt. Kulturell gesehen war das ein Anschluß an vergangene Zeiten, an die Jahrhundertwende und die Weimarer Republik und damit ein Versuch, am Holocaust vorbeizukommen.

Wie war denn der Unterschied zwischen dem linken Emp-
finden der nichtjüdischen und der jüdischen Linken?
In die Seelen ethnischer Deutscher kann ich schwer hineinschau-
en. Aber von der Literatur her würde ich schon meinen, daß es
eben jene Konversion von dem wirklichen oder vermeintlichen
Nationalsozialismus der Eltern in sein vermeintliches Gegenteil
gewesen ist. Bei uns, würde ich sagen, war es eine notwendige
Verlängerung der Geschichte unserer Eltern, obschon meine Eltern nicht links waren. Aber es war ganz klar, daß die Tradition der
Linken der Tradition der Juden im säkularen Sinn weit näher-
stand als alles andere. Man könnte fast sagen, es war eine Art ver-
schlüsselte jüdische Geschichtssicht, die damit einherging. Weil
sie eben internationalistisch und damit universalistisch war, kam
sie sozusagen jüdischer Selbstwahrnehmung näher als alles andere. Das war wohl die Brücke nach links, auch wenn man damals
meinte, diese oder jene Einstellung zu diesem oder jenem gesellschaftlichen Phänomen habe dazu geführt, daß man zu solchen
linken Haltungen gelangt ist. Ich glaube, daß es sich vielmehr um
die Verlängerung kollektiven Selbstverständnisses handelt, wenn
auch in chiffrierter Form.

1967, während des Sechs-Tage-Krieges, hat sich das Verhält-
nis deutscher Linker zu Israel radikal verändert. Davor gab
es schon die berühmte Sitzung des SDS, bei der ein Manifest
erlassen wurde, das eigentlich schon alle antizionistischen
Elemente der siebziger Jahre enthielt: in dem Israel zum
Feind Nr. 1 der deutschen Linken gemacht wurde. Wie hast
du diesen Wandel erlebt?
Dieser Wandel damals war für mich schon ein Einschnitt. Ich hatte den Eindruck, daß es zwischen mir und den Linken – wie ich sie
und mich damals verstand – daß es hier fast eine Identität in den
Auffassungen gibt. Dann hat die Linke einen gewaltigen Schwenk
vollzogen. Diese Spannung war schwer zu überbrücken. Bei der
Linken kamen, glaube ich, mehrere Elemente zusammen. Einmal,
der erste Schub war ein sehr politischer. Man hatte den Eindruck,
daß das, was in Deutschland für rechts gehalten wurde, mit Israel
in Verbindung gebracht wurde. Also der Kontakt Springers zu Israel hat Israel zum Feindstaat der Linken gemacht.

Das andere war, daß in dieser Phase die Dritte Welt stark in den

Vordergrund rückte und zu einem historischen Subjekt erhoben wurde. Das wiederum zum Teil der eigenen Identität wurde.

Und das allerletzte, worüber wohl schwer zu diskutieren war, war, daß man als Deutscher in der Linken mit Erleichterung feststellte, daß auch die Israelis bzw. Juden zu Gewaltmaßnahmen in der Lage sind. Wobei keine Unterschiede getroffen wurden zwischen militärischer Gewalt, Unterdrückung und Vernichtung, so daß Vernichtungsmetaphern des Zweiten Weltkriegs gegen Israel in Stellung gebracht wurden. Das war eine sehr schwierige Auseinandersetzung, denn man sah sich in die Position eines Interpreten versetzt, der diese Dinge zu entschlüsseln versuchte, um sie letztlich auch auf psychische Komponenten zurückzuführen. Und das Psychische war damals als Argument als nicht legitim erachtet worden.

Henryk M. Broder hat das auf die verkürzte Formel gebracht: Ihr seid die Kinder eurer Eltern! Würdest du das auch so sehen?
Das ist eine böse Formel. Natürlich ist man immer auch Kind der eigenen Eltern, aber gleichzeitig war man versucht, sich von den Eltern freizumachen. Das schreckliche an dieser Geschichte war, daß letztendlich ein Wiederholungszwang tätig war, natürlich nicht in der Realität, aber in den verwandten Bildern.

Du sprachst von der deutschen und israelischen Linken. Wo würdest du die entscheidenden Positionsunterschiede sehen?
Die israelische Linke hatte sich mit diesen ganzen Gedächtnislasten überhaupt nicht zu befassen. Alle die Fragen, die mit der Vergangenheit zu tun hatten, und die in Deutschland den zentralen Diskurs ausmachten, spielten in Israel überhaupt keine Rolle. Es ging um's Hier und Jetzt. In Deutschland ging es immer um die Vergangenheit.

Wie sah das konkret aus mit deinem Rückzug, wie war die Reaktion darauf auf der deutschen Seite?
Vielleicht eine kleine Korrektur vorab: »Jüdische Linke« ist, glaube ich, nicht das richtige Wort. Einerseits bin ich natürlich Jude, wie das damals so verstanden wurde. Dann bin ich bzw. war ich Linker. Aber ich bin kein jüdischer Linker.

Bist du das nicht? Ist man das nicht automatisch, wenn man sich in Deutschland in diesem Erinnerungsdiskurs der deut-

schen Linken der Zeit tummelt, muß dann nicht automa-
tisch so eine Definition entstehen, weil ja die Geschichte der
Eltern so unterschiedlich ist?

Ja, aber »jüdische Linke« würde ja bedeuten, daß man innerhalb des Judentums, bzw. der Juden, eine linke Position als Gruppe einnimmt. Das haben einige in der Tat getan, und mir wurde auch dieses Label auferlegt. Aber ich denke, daß diese Unterscheidung nicht die richtige ist. Man hat als Linker in Deutschland eine bestimmte Haltung eingenommen und hat dann festgestellt, daß die eigene jüdische Zugehörigkeit einen in Widerspruch zur Linken versetzt. Das war bei mir der Fall, und das ist ein individueller Vorgang. Man hat versucht, ihn erst mal kollektiv aufzufangen, indem man als eine kleine Gruppe mit ähnlichen Empfindungen sich über die Verhältnisse austauschte und dann feststellte, daß man eine ähnliche Wahrnehmung hat. Aber das bedeutete nicht, daß man sich auch als eine solche Gruppe zu konstituieren hatte. Ich denke, daß das – und es ist auch teils geschehen, wenn auch nur für kurze Zeit – etwas Falsches gewesen ist, denn die Frage Juden/Nichtjuden hat mit der unterschiedlichen politischen Haltung innerhalb der Juden wenig zu tun. Das, was man als Problem empfunden hat, haben alle Juden empfunden. Und als Linker hat man vielleicht noch versucht, dies als eine linke Haltung zu interpretieren.

Das heißt, daß es die Unterscheidung in Deutschland zwischen links und rechts – und es hat sich ja im Laufe der Jahre erwiesen, daß diese Unterscheidung nicht mehr trägt, vor dem Hintergrund einer Vergangenheitsinterpretation erfolgte, die entweder abgelebt oder ohnehin nicht stimmig war.

Wurdet ihr denn, also Micha Brumlik, Henryk M. Broder,
Cilly Kugelmann, Susann Heenen-Wolff etc., von den nicht-
jüdischen Linken als eine jüdische Linke gesehen?

Ich glaube ja, aber ich habe den Eindruck, daß das etwas Falsches war, wozu wir auch mit Anlaß gegeben haben. Denn dann konnten sie sagen: Es gibt die guten Juden, die denken so, und es gibt die anderen, das sind eigentlich die bösen Juden. Insofern hat man auch daran Anteil gehabt, daß man einem gewissen Bewußtsein entgegenkam, das sich darüber zu exkulpieren gedachte, daß es eben auch die guten Juden gibt, denn das heißt »links« in diesem

Zusammenhang: Das sind wohlmeinende Menschen, die anderen sind eben nicht so wohlmeinend. Und ich glaube, daß diese Unterscheidung eine falsche gewesen ist.

Dann von deiner Position ausgehend, als du dich zurückzogst von der deutschen Linken, wie haben die darauf reagiert, ganz konkret? Das war ja auch eine politische Entscheidung…

Nein, die Entscheidung verlief sukzessive, sie geschah nicht von einem Tag auf den anderen. Es sind immer bestimmte Themen gewesen, aus denen man sich zurückgezogen hat.

Einmal sagte ich mir: Ach, über Israel – Palästina, da will ich nicht mehr reden in Deutschland. Dann gab es Themen, die mit den Vereinigten Staaten, mit der NATO zu tun haben, da dachte ich: Nein, die Auffassungen, die hier vertreten werden, sind auch nicht in Ordnung. Oder die negative Einstellung zum Parlamentarismus, dachte ich, ist auch falsch. Erst recht die Zurückhaltung zu den Dissidenten in Osteuropa oder zur Solidarność. Der Rückzug ist ein sukzessiver gewesen, aus den Themen heraus, bis man am Schluß dann feststellte: Man hat mit der Sache eigentlich nichts mehr zu tun.

Wieviel Frustration kommt da auf, wenn man sich aus mehr und mehr Themenkreisen zurückziehen muß?

Wenn man sie selbst zum Gegenstand eigener Reflexion macht, dann steigt der Frustrationspegel nicht. Bei mir hatten sich immer interessante Themen daraus ergeben, die ich bearbeitet habe, und dann ist dabei ein Buch rausgekommen oder was anderes. Es war keine Frustration, ich war mir selbst genug. Aber das stellt sich sicher für jeden anders dar.

Du bist nicht in Deutschland allein aufgewachsen, hast aber wesentlich da gelebt. War das Sich-Zurückziehen auch ein Vorgang zunehmender Entfremdung?

Nein, ich habe das einfach zur Kenntnis genommen und begonnen, mich mit Gedächtnisfragen zu beschäftigen: Es gibt unterschiedliche Gedächtnisse, aufgrund unterschiedlicher historischer Erfahrungen, nicht nur der eigenen Generation, sondern auch der vorausgehenden Generation. Mir ist dann deutlich geworden, daß die Deutschen – damit meine ich diejenigen, die in einem Kontext familiärer Art zur Vergangenheit stehen, und dieser Kontext muß nicht mit einem Verbrechen kontaminiert sein, aber familiär –, daß sie eine andere Wahrnehmung der Wirklichkeit haben, daß andere Projektionen eine Rolle spielen, daß die Projektionen und Wahrnehmungsmechanismen, die ich oder andere – die eine ähnliche Entwicklung kennen – daß die ganz anders sind und nicht in Übereinstimmung zu bringen sind. Man kann sich begegnen und sich über die Unterschiede austauschen, aber die Unterschiede bleiben und können nicht über einen Kamm geschoren werden.

Du hast das erlebt als jemand, der eher von außen nach Deutschland reinkam. Wie waren die Reaktionen bei jüdischen Linken, die ganz in Deutschland geboren und aufgewachsen sind?

Auch hier gibt es Unterschiede, und diese sind in mancher Hinsicht tabuisiert. Es gibt auch bei Juden unterschiedliche Herkünfte. Mir ist aufgefallen, daß bei denjenigen, die so alt waren wie ich – Mitte der Vierziger geboren worden waren –, daß in dieser Generation diejenigen, die aus einem deutsch-jüdischen Elternhaus kamen, ein anderes Verhältnis zur deutschen Umwelt hatten als diejenigen, die aus eher osteuropäischen jüdischen Milieus waren. Und daß da Unterschiede eine Rolle spielten, die weit ins 19. Jahrhundert zurück führen und mit unterschiedlichen Emanzipationsgeschichten unter den Juden zu tun haben und sich diese als unterschiedliche Gedächtnisse bis in die Gegenwart hinein verlängern. Das heißt, daß ich den Eindruck hatte, daß Kinder, die aus einem deutsch-jüdischen Elternhaus stammen und deren Eltern unter Umständen sogar wieder nach Deutschland zurückgekommen sind, aus Israel, Lateinamerika oder von wo auch immer, daß die ein anderes Verhältnis zu Deutschland und zur deutschen Umwelt hatten als diejenigen, deren Eltern aus Osteuropa stammten. Und daß da bei jüdischen Jugendlichen aus einem deutsch-jüdischen Elternhaus eine versöhnlichere Haltung ihrer deutschen Umwelt gegenüber bestand als bei den anderen.

Wie hast du den Häuserkampf im Westend Frankfurts erlebt?

Sehr ambivalent. Es war ganz klar, daß die Stadt Frankfurt am Main, das Bauamt, die Bauplanung und Verwaltung, sich der jüdischen Bauherren und Unternehmer zur Modernisierung der Stadt bedienten, weil diese in einem viel geringeren Maße Rücksicht nahmen als Bauunternehmer deutscher Herkunft, die, sagen wir, Familienbeziehungen und andere »historische« Bindungen am Ort hatten. Was nicht heißt, daß sie an diesem Modernisierungsschub, den die Stadt Frankfurt am Main eingeleitet hat, weniger verdient haben. Ich glaube, daß die jüdischen Bauunternehmer, die vornehmlich osteuropäisch waren, eine geringere Wahrnehmung für ihre Umwelt hatten, damals zumindest in den Sechzigern, oder ich sage es grob: Es war ihnen eher egal, was die anderen über sie dachten. Wir hatten ein ambivalentes Gefühl demgegenüber. »Wir« heißt die, die so ähnlich dachten wie ich. Wir fanden das natürlich nicht sehr gut, um das mit einem Understatement auszudrücken, daß jüdische Unternehmer relativ hemdsärmelig ihre Interessen verfolgten. Wir hatten den Eindruck, daß das irgendwie auf uns zurückfällt. Was die deutschen Unternehmer taten, war uns wahrscheinlich eher egal. Andererseits war es ganz klar, daß die Reaktionen, die diesen jüdischen Unternehmen entgegenschlugen, den Bauherren, im hohen Maße antisemitisch aufgeladen waren. Gar keine Frage. Man könnte fast sagen – da es sich hier in der Tat um Spekulationsobjekte handelt, wobei das Wort »Spekulation« durchaus im ursprünglichen Sinne aufzufassen ist –, daß man ein hohes Risiko auf sich nimmt, in der Erwartung, in der Zukunft den umso höheren Verdienst und Erfolg entsprechend realisieren zu können: Diese Auseinandersetzungen haben, man könnte fast sagen: klassische Bilder des Antisemitismus evoziert. Also all das, was die Frühsozialisten an Antisemitismus abgelassen haben im ersten Drittel des 19. Jahrhunderts, hat sich im Häuserkampf realisiert. Und das hatte natürlich damit etwas zu tun – und wir waren schließlich an Marx gebildet –, daß die Frage der Spekulation im Bereich des Wohnungsmarktes etwas Augenfälliges ist. Die Ausbeutung, die hinter den Fabrikmauern erfolgte, ist sozusagen dem Auge entzogen. Das ist eine sichtbare Art der Ausbeutung. Daß die wiederum in Frankfurt vor aller Augen und auch – ich will sagen in hohem Maße auch – von Juden betrieben wurde, ist nicht der Grund der Auslösung des Antisemitismus gewesen, sondern der Antisemitismus hat hier sozusagen sein dankbares Objekt gefunden. Das war natürlich eine extrem schwierige Zeit, ich würde sagen, eine Zeit, die unmöglich war und die wahrscheinlich beste

Zeit, sich zurückzuziehen. Aber damals war man jünger und hat viel mehr ausgehalten als vielleicht später. Ich spreche hier von Ende der sechziger, Anfang der siebziger Jahre. Dies war eine idealtypische Inszenierung des Antisemitismus in Deutschland.

Würdest du das ähnlich für die Fassbinder-Affäre 1985 sehen?

Die Fassbinder-Affäre hat dasselbe noch mal wiederholt, aber diesmal als Farce. Das, was damals Realität war, wurde jetzt sozusagen auf der Bühne inszeniert. Und insofern würde ich meinen, daß es genau dasselbe war.

Es war antisemitisch! Der Wunsch, es unbedingt zu sehen, dieser Trieb, könnte man fast sagen: Laß uns das doch noch mal ansehen, laß uns das doch mal öffentlich machen, nach dem Motto: Man wird doch wohl noch fragen dürfen – ich denke schon. Dies will nicht heißen, daß die Argumente derjenigen, die sich dagegen gewandt haben, daß deren Argumente richtig waren, das ist eine ganz andere Sache. Aber der Drang, unbedingt dieses Stück zu sehen, bzw. es aufführen zu wollen, hat etwas ähnliches, mit einem ähnlichen Drang nach Öffentlichkeit und Veröffentlichung zu tun, die die Auseinandersetzung um die Wohnungsfrage in Frankfurt begleiteten.

Aber über all das können die anderen besser sprechen. Mir wäre es wichtig, über die ganze Geschichte zu sprechen, darüber, wie es in Frankfurt überhaupt zu so einer Konzentration von jüdischen, linken, intellektuellen Individuen kommen konnte, über die Vorgeschichte, über die vierziger, fünfziger, sechziger Jahre.

Ja, bitte …

Das Interessante ist, daß in Frankfurt im Unterschied zu anderen Städten, vor allem Berlin, aber auch Köln, Hamburg, München, ein ganz besonderes Genre von jüdischen Jugendlichen anzutreffen war, ein Genre, das – so glaube ich jedenfalls – keinen generationellen Nachfolger mehr gefunden hat. Also ein hohes intellektuelles Profil, große öffentliche Involviertheit, entsprechend spätere Karrieren, die damit einhergehen. Eine merkwürdige Geschichte, die mit Frankfurt als Stadt und ihrer besonderen Situierung nach dem Zweiten Weltkrieg in Verbindung steht. Das hat einmal damit zu tun, daß Frankfurt als Hauptstadt der Westzonen gehandelt wurde. Und daß Frankfurt – was noch viel wichtiger ist

– eigentlich das Zentrum dessen war, was man mit Amerika in Verbindung brachte. Die Amerikaner in Frankfurt, ohne sie ist die Geschichte nicht zu verstehen.

Und Amerikaner in Frankfurt bedeuteten eine Anziehung von Personen, die vorher nicht in Frankfurt waren. An anderen Orten, vor allem in München, waren die Juden als DPs geblieben. Nach Frankfurt mußte man sich bewegen, insofern war es ein Anziehungspunkt.

Dann wurde es zunehmend zur Finanzstadt – die Bank deutscher Länder, die Zentralbank der späteren Bundesrepublik, befand sich da. Aber vor allem eben die Präsenz der Amerikaner, der GIs, der amerikanischen 7. Armee, und vor allem der Sender des AFN, also die Musik Amerikas, des Rock 'n' Roll und der Flughafen. Also, ohne die Präsenz Amerikas und ohne die Anziehung, die diese dorthin übertragene Moderne in aller Universalität ausgestrahlt hat, ist dieser Humus eigentlich nicht zu verstehen, von dem aus diese Dinge ausgegangen sind. Die Musik spielte eine wichtige Rolle, auch die Literatur, die Buchmesse mit ihrer Aura. Dann natürlich auch, daß in Frankfurt die Zentrale des DGB angesiedelt ist, zudem die damals radikale IG Metall. Was das mit diesen Jugendlichen zu tun hat, ist eher eine verborgene Geschichte. Die deutschen Juden, die in der Weimarer Zeit der Linken angehörten, und nach 1945 nach Deutschland zurückgekehrt sind, haben sich nicht als Juden zu erkennen gegeben, sondern teilgehabt an der alten Arbeiterbewegung. Ihre Kinder sind in Frankfurt aufgewachsen, und es gab Berührungen zwischen denen, die aus Osteuropa nach Frankfurt kamen und den anderen, die sozusagen aus politischen Gründen nach Frankfurt zurückgekommen sind.

Es stellte sich also ein Konglomerat vorpolitischer Kultur ein, das Frankfurt – so meine ich – ein ganz besonderes Profil gegeben hat. Dazu gehörte etwa das »Storyville«, ein Musikzentrum in Frankfurt, in dem schon 1963 die Beatles aufgetreten sind, als sie ihre Haare noch straff nach hinten gekämmt trugen. In Frankfurt hat man bestimmte jüdische Jugendliche gekannt, die sozusagen unmittelbar mit der Musik in Verbindung standen und später auch ins Musikgeschäft eingetreten sind. Das hat alles mit diesem Milieu zu tun, das ohne Amerika, AFN und GIs nicht zu denken wäre.

Aber aus meiner eigenen Biographie in München kenne ich
das auch: Die Liebe zu AFN, die MacGraw-Kaserne, der
Flughafen – wieso konnte sich dann so etwas nicht auch in
München entwickeln?

Ich denke, weil in München die jüdische Bevölkerung relativ ho-
mogen und stabil gewesen ist, stabil im Sinne von Mobilität. Sie
ist fast in ihrer Gesamtheit aus den DP-Camps gekommen. In
Frankfurt war die Fluktuation viel höher, die DP-Bevölkerung
machte einen wichtigen Teil aus, aber dieser Teil kam nicht mal
aus den Frankfurter DP-Lagern. Diejenigen, die aus den DP-Lagern in Frankfurt selbst waren, gehören eher zu der stationären
Bevölkerung, zu der, die am wenigsten mobil war, auch sozial. Die
anderen kamen aus anderen DP-Lagern oder aus Israel oder aus
der Emigration – man darf nicht vergessen, die wichtigsten jüdischen Organisationen hatten ihren Sitz in Frankfurt: die Claims
Conference, die Zentrale Wohlfahrtstelle. Und die wiederum waren mit Personen besonderen Kalibers verbunden: Anwälte, Intellektuelle, Journalisten, Politiker, die sich auf der großen Dreh-
scheibe Frankfurt angesiedelt haben, als Juden. Sie wären kaum
nach München gekommen. Sie hätten in München in diesen Bereichen kaum etwas unternehmen können. Wenn ich einen Namen nennen darf in diesem Zusammenhang: Ein Mann wie etwa
Jakob Moneta, der in der IG Metall eine wichtige Rolle spielte und
gleichzeitig in der trotzkistischen Bewegung und in der SPD war,
das ist ein Milieuelement. Ich sage nicht, daß das die Richtung
und Orientierung vorgegeben hat. Es gab auch ganz andere. Auch
in den jüdischen Institutionen – das ist nicht zu übersehen – wirk-
ten viele Personen, die früher Mitglieder der KPD gewesen waren
und dann nur aufgrund ihres Sachverstandes in den jüdischen
Organisationen arbeiteten, Anwälte, die am Frankfurter Auschwitzprozeß teilhatten – alle waren sie aus Frankfurt. Der Vater
Cohn-Bendit war zeitweise Justitiar der Jüdischen Gemeinde.

Alle diese Milieus, die sozusagen zurückgreifen auf die späte
Epoche des Wilhelminismus, vor allem aber auf die Weimarer
Zeit, waren in Frankfurt präsent.

Würdest du auch die Tatsache in dieser Tradition sehen, daß
Adorno und Horkheimer ausgerechnet nach Frankfurt ka-
men?

Nein. Der Grund, warum Horkheimer und Adorno nach Frankfurt kamen, war die Einladung des Landes Hessen, bzw. der Stadt Frankfurt. Interessant wäre die Frage, warum diese die Einladung ausgesprochen haben. Das hat wiederum mit der sehr starken SPD- und KPD-Tradition in Hessen zu tun. Aber daß Horkheimer und Adorno und damit diese Schule der Soziologie, Philosophie und der Kritischen Theorie in Frankfurt angesiedelt wurde, hat dem ganzen natürlich einen Resonanzboden gegeben. Auch die großen Verlage in Frankfurt – S. Fischer galt als jüdischer Verlag –, die ganze Publizistik war damals im hohen Maße in Frankfurt konzentriert, genauso wie die ganzen anderen unterschiedlichen Milieus, die gar nichts miteinander zu tun haben mußten, repräsentiert durch *FAZ* und *Frankfurter Rundschau*. Ich kann mir vorstellen – diese Geschichte müßte noch geschrieben werden –, daß sie keine Berührung untereinander hatten. Aber es gab dann noch Bereiche, in denen vor allem für die Kinder und Jugendlichen Zusammenkünfte möglich waren. Ob das im Jugendzentrum der Jüdischen Gemeinde war oder in der zionistischen Bewegung oder bei der Ferienverschickung von Kindern, da trafen sich die unterschiedlichen jüdischen Milieus. Da traf man jemand, dessen Vater unter Umständen in der KPD, in den jüdischen Organisationen tätig war oder aus den DP-Lagern kam. Diese Vermischung hat wiederum später dem Ausdruck gegeben, was man schon als ein besonderes Frankfurter Profil bezeichnen kann.

Was hat dich nach Frankfurt gebracht?
Meine Eltern.

Warum sind deine Eltern nach Frankfurt?
Das ist eine andere Geschichte, mein Vater hat sich in Israel nicht wohlgefühlt.

Ich meine: nach Frankfurt.
Weil er Bekannte dort hatte. Das ist wieder genau dieselbe Geschichte: Jemand kennt jemand, der jemand kennt. Das ist eine alte Geschichte der Emigration. So emigriert man.

Laß uns noch mal zu Fassbinder kommen. Für mich war das schon ein entscheidender Wendepunkt. Am Theater wollte ich mich von Deutschland zurückziehen. Um so schockierter war ich, dieselbe Erfahrung mit Deutschland innerhalb der sicheren Mauern des Theaters zu machen: In der Theater-

kantine kam es damals zu antisemitischen Äußerungen. Um so erstaunlicher fand ich es, daß die Jüdische Gemeinde sich damit sozusagen outete und aktiv einen politischen Akt vollzog, den es bis dahin kaum gab. Ist das ein Wendepunkt, deiner Meinung nach, im Selbstverständnis der Juden in Deutschland?

Hier kann ich nur kommentieren, weil mich diese Geschichte nicht so berührt hat. Ich würde sagen, hier kamen zwei Elemente zusammen. Ich glaube, daß große Teile der Frankfurter Juden aus dem Baugeschäft diese Vorgänge der späten sechziger und frühen siebziger Jahre nicht vergessen haben und da etwas war, was sie mit sich getragen haben als eine tiefe Verletzung, als Kränkung. Mitte der achtziger Jahre wurde offenkundig, daß man in Deutschland in zunehmendem Maße über sich selbst spricht. Also über das, was man als deutsche Identität oder deutsches Selbstverständnis bezeichnet, daß man im Unterschied zu früher sich viel mehr auf sich selbst bezog. Und ich denke, daß diese beiden Elemente zusammenkamen, daß also die Juden in Frankfurt, die eben gegen das Fassbinder-Stück aktiv wurden, das Alte erinnerten und das Neue bereits spürten. Und es ist kein Zufall, daß nach 1985 und mit der Fassbinder-Affäre die Frage des deutschen Selbstverständnisses wieder ganz massiv auf der Tagesordnung stand. Es war auch eine Reaktion auf Bitburg. Ich würde fast sagen, es war eine Reaktion auf diese Tendenzen in Deutschland, die sich immer stärker auf die eigene Identität richteten. Und unmittelbar danach kam der Historikerstreit. Man kann schon sehen, daß diese Situierung 1985, so gesehen, kein Zufall war. Aber ohne die frühen siebziger Jahre ist, was diese Personen angeht, diese Reaktion auch nicht zu verstehen.

Was diese ganze Diskussion um die deutsche Identität angeht, eine Gretchenfrage: Was war zuerst da – die Henne oder das Ei? Mit anderen Worten: Ist die geistig-moralische Wende von Helmut Kohl der Auslöser dafür geworden, oder gab es das schon im Vorfeld, was Helmut Kohl dann erst ermöglichte?

Einmal würde ich die Person Helmut Kohl politisch nicht negativ zeichnen wollen. Ich glaube, daß man Helmut Kohl in den Achtzigern viel Unrecht hat angedeihen lassen, und ich glaube, er hat auch selbst dazu beigetragen. Ich glaube, daß er sich läuterte und veränderte aufgrund dieser Entwicklungen, Bitburg und Fassbinder – oder der Vorwurf an Gorbatschow, er sei ein Goebbels – das gehörte in diese Zeit hinein, als Kohl als »Birne« Karriere machte. Die großen Streitigkeiten, wenn ich zurückverweisen darf: Der große Konflikt Deutschland-Israel spielte sich ja eher zwischen Helmut Schmidt und Menachem Begin und eben nicht mit Kohl ab. Kohl hat – ob aus taktischen oder Überzeugungsgründen, wahrscheinlich aus beiden heraus, das ist ja auch völlig legitim – in immer größerem Maße die Bindung an Amerika auch über die Zuwendung zu den Juden in Deutschland betont. Das mag auch eine Reaktion auf Bitburg gewesen sein. Aber ich würde nicht sagen, daß die Regierung Kohl jene problematischen Tendenzen mit dem Jahr 1982 erst eingeleitet hat. Ich habe den Eindruck, daß es Tiefenschichten sind, die ihrer eigenen Zeit bedurften, um an die Oberfläche zu stoßen. Insofern hat Kohl als Watschenmann viel hinnehmen müssen, was in Wirklichkeit viel tiefer reicht und sich nicht anhand der damals bestehenden politischen Unterscheidung zwischen links und rechts differenzieren läßt. Ich glaube, daß diese Dinge auch unter Sozialdemokraten zu finden waren. Ich glaube nur, daß die Altvorderen der Sozialdemokratie, sagen wir Personen wie Herbert Wehner und Willy Brandt oder Leute wie Fritz Erler, die Weimarer Geschichte vertreten haben und eine ganz andere Geschichte repräsentierten als diejenigen, die ihnen nachfolgten. Das war die Sozialdemokratie, von der ich meinte, daß sie sozusagen historisch das Internationalistische noch zum Ausdruck brachte. Aber generationell verschoben würde ich fast sagen, daß es in der Sozialdemokratie nicht anders aussah als in der CDU; und etwas später oder sogar viel später im Golfkrieg ist es noch offenkundiger geworden, daß sich die Probleme eher auf der Seite derjenigen, die sich als links verstehen – das sage ich mit aller Vorsicht –, stellten als bei denen, die sich eher als konservativ betrachten. Ich glaube, daß die Unterscheidung zwischen links und rechts nicht die relevante Unterscheidung gewesen ist. Ich glaube, daß sich in der Linken viel verborgen hat, was auf der Rechten deutlicher hervorgetreten ist. Und ich würde insofern nicht der Ära Kohl die Verantwortung aufbürden, für diese Dinge ursächlich gewesen zu sein, sondern sie repräsentierte gerade eine Zeit, als diese Phänomene sich Ausdruck gesucht haben.

Wie interpretierst du dann tatsächlich Bitburg vom Aspekt Kohl aus?

Ohne die Materialien zu kennen, ohne mich wissenschaftlich damit beschäftigt zu haben, glaube ich, daß es darum ging, die Vereinigten Staaten und damit Reagan auf ein Deutschland zu verpflichten, das in höherem Maße Gleichberechtigung sucht und einfordert.

Kohl suchte einen Weg, die Vergangenheit in ein anderes Licht zu rücken. Vielleicht wollte er einlösen, was Franz Josef Strauß immer als Aufgabe der Konservativen der BRD gesehen hat; die Rechten einzubinden, damit weiter rechts sich kein freies Feld öffne. Ich habe den Eindruck, daß Kohl damals wünschte, von den Vereinigten Staaten ein Plazet zu bekommen für so etwas wie eine Selbstvergewisserung im eigenen Raum der Geschichte. Das kann durchaus möglich sein. Trotzdem – ich sage das mit aller Vorsicht, weil ich selbst in den achtziger Jahren der Meinung war, daß das ein Rechtsausleger gewesen ist, um sich mit der Vergangenheit zu versöhnen – im nachhinein bin ich mir dessen nicht so sicher, weil bald darauf die Politik der Bundesregierung darauf hinauslief in viel stärkerem Maße, was auch sinnvoll war, die Vergangenheit in einer ganz anderen Weise zu betonen. Ein Beispiel dafür sei die Gründung der deutsch-französischen Brigade und die stärkere Verbindung zwischen Frankreich und Deutschland. Diese Dinge waren entscheidend, das bestätigte die europäische Integration nochmals und machte Kohl immer mehr – auch noch vor der Vereinigung – zu einem europäischen Politiker.

Mir ist nicht ganz klar, was Bitburg gewesen ist. Ich glaube, daß ganz unabhängig davon diese Dinge aufgebrochen wären. Ich halte nur die Diskussion, die damals geführt wurde für eine Ironie der Geschichte. Es hieß damals: Es hätte SS-Soldaten auf diesem Friedhof gegeben. Das Argument klang so: Na gut, die Wehrmachtssoldaten wären in Ordnung gewesen, jetzt sind nur die paar SS-Leichen das Problem. Wenn man das aus der Perspektive der neunziger Jahre bewerten würde, veränderte sich das Bild von damals wieder.

Daß allein – sagen wir – der Versuch, die Symbole und Embleme der Vergangenheit in irgendeiner Form positiv zu besetzen, gescheitert ist. Und jetzt fällt mir noch etwas ein, um nochmals das französische Modell heranzuziehen – wenn ich mich nicht irre, ist der Emblematik von Bitburg die zwischen Kohl und François Mitterand bei Verdun vorausgegangen ...

Richtig ...

... bevor er in Bitburg – jedenfalls mit den Amerikanern – eine Wiederholung anstrebte. Das ist übrigens der Kohl der »Neuen Wache«, die alle Unterschiede einebnet. Insofern gibt es hier in der Tat einige Elemente, die so etwas wie eine Versöhnung mit der Geschichte und mit der Vergangenheit darstellen könnten.

Dennoch komme ich wiederum zu meiner Ausgangsthese zurück: Das, was in den Achtzigern aufgebrochen ist, hat tiefere Schichten als politische Manipulation in die eine oder andere Richtung.

Also, banalpsychologisch übersetzt, ist in den Achtzigern das deutsche Unbewußte wieder aufgebrochen?

Nein, ich würde sagen, es war schon vorher da, nur hat es sich – sagen wir, weil wir über die Achtundsechziger sprachen – anders manifestiert. Denn das war ja auch eine Reaktion des deutschen Unbewußten, aber in dieser Konversion. Dann ist diese Welle mit ihren Bildern, Symbolen und Emblemen und ihrer Rhetorik ausgelaufen und letztendlich gescheitert – so muß man das sehen. Und dann traten eben andere Schichten auf, und die waren weniger konvertiert, sondern genauer pointiert auf die Vergangenheit und schienen damit auch irgendwie apologetisch. Aber das andere war nicht weniger problematisch. Auch in dieser dramatischen Verschiebung und Inszenierung von radikal links her.

Wenn ich die Gesamtheit der Achtziger nehme und die öffentliche Diskussion – abgesehen von der Weizsäcker-Rede am 8. Mai 1985 – anschaue, dann war das eine Folge von Ohrfeigen für die Juden in Deutschland. Du hast ja mal den Begriff »negative Symbiose« geprägt. Wie siehst du denn das Verhalten der jüdischen Gemeinschaft im Deutschland der achtziger Jahre? Sie mußte plötzlich reagieren und befand sich bis auf das Outing 1985 in Frankfurt auf der Theaterbühne so ziemlich in einem Vakuum.

Na ja, ich würde sagen, daß die jüdische Gemeinschaft eine ähnliche Entwicklung genommen hat. In den fünfziger und sechziger, vielleicht sogar noch in den siebziger Jahren hätte sich die jüdische Gemeinschaft immer noch als Provisorium verstanden. Aber in den achtziger Jahren hat sie sich etabliert, denn sie war zu Wohlstand gekommen, jedenfalls ein Teil von ihr. Und der Wohlstand sucht auch öffentliche Anerkennung. Nicht im Wohlstand selbst, sondern in anderen Bereichen. Ich würde auch fast sagen, daß der Fassbinder-Skandal und das Stück nicht nur ein Outen gewesen ist, in dem man sich gegen dieses Stück verwahrt hat, sondern in dem man sich auch als präsent und als eine bleibende Gemeinschaft konstituierte. Vergleichen wir es etwa mit den Hakenkreuzschmierereien in Köln Ende der fünfziger Jahre: Kein Jude hätte darauf reagiert, indem er über den Protest der Bundesregierung hinausgegangen wäre, denn die Leute dachten: Na ja, wir sind ja sowieso nur vorübergehend hier, was interessiert uns, was hier passiert, wir gehen ja ohnehin weg. Wenn nicht dieses Jahr, dann nächstes, wenn nicht in diesem Jahrzehnt, dann im nächsten. In den achtziger Jahren war das anders, da hatte sich die jüdische Gemeinschaft etabliert. Und insofern denke ich, daß sie auch so reagiert hat, nämlich als eine Gemeinschaft, die zu bleiben beabsichtigt. Und so ist ihre Reaktion zu sehen. Es ist die Reaktion einer bleibenden, nicht einer vorübergehenden Gemeinschaft.

Siehst du denn gerade in den Achtzigern das Aktivwerden vor allem von jüdischen Publizisten, die zum Teil Historiker sind, wie etwa Michael Wolffsohn, Julius Schoeps, zum Teil Journalisten, die aber plötzlich ganz stark in die Öffentlichkeit treten: Broder, Seligmann, auch eine jüngere Generation, die wie ich – ich bin Jahrgang '57 – anfing, sich in den Achtzigern immer mehr zu äußern, du selbst, nicht zu vergessen … als einen Ausdruck dieses »Wir sind jetzt hier«, des sich Etablierens? Oder war das auch gleichzeitig von deutscher Medienseite aus ein Versuch, sich mit der Vergangenheit indirekt auszusöhnen, indem man sagte: Lassen wir die Juden ran?

Schwer zu sagen. Also die Personen, die gerade genannt wurden: Schoeps, Wolffsohn, Seligmann. Was sie auszeichnet und unterscheidet von anderen ist, daß sie deutsch-jüdischer Herkunft sind und sich in der Zwischenzeit etablierten, entweder im Bereich der

Hochschulen oder der Journalistik oder der Schriftstellerei. Und das ist insofern auch ein Generationsphänomen, daß man sich entsprechend äußert und äußern kann. In den fünfziger Jahren hatte dieselbe Generation natürlich nicht die Möglichkeit oder Absicht sich zu äußern. Aber ich denke, so mit den späten siebzigern, frühen achtziger Jahren hebt etwas ganz anderes an, was mit einer generationellen Verschiebung zu tun hat.

Aber es ist auch so etwas wie eine Entdeckung. Man darf nicht vergessen, daß das Wort »Jude« in Deutschland ein Tabuwort gewesen ist. Und wer dieses Wort irgendwie evozierte, hatte das Gefühl, es führte sozusagen an die Stufen der Gaskammern heran. Das Wort mußte also auch selbst enttabuisiert werden. Ich würde auch sagen, daß die ganze Fassbinder-Affäre dazu beigetragen hat, diese Chiffre zu enttabuisieren und sie sozusagen als Teil der gesellschaftlichen Wirklichkeit zu rehabilitieren, also sie zu entsakralisieren, sie zu profanisieren. Und es bedeutet auch ein Stück Normalität, das: »Ja, ich als Jude sage« in den öffentlichen Diskurs hineinzutragen. Also, das wäre mir in den sechziger/siebziger Jahren nicht eingefallen. Nicht, weil ich dieses Wort gemieden hätte, sondern weil diese Definition, daß man in Deutschland als Jude befragt wird, neu ist. Früher konnte ein Politiker, ein Schauspieler, ein Journalist, der auch Jude war, sich äußern, man wußte, daß er dem Judentum angehört, aber man hätte das als solches nicht zu erkennen gegeben, weil es vielleicht nicht wichtig war oder weil es auch nicht angemessen schien.

Also, das ist ein neues Phänomen, und insofern kann man davon ausgehen, daß es in den Achtzigern eine gleichzeitige Ungleichzeitigkeit gab, daß von beiden Seiten so eine Art Selbstanerkennung erfolgte, seitens der ethnischen Deutschen und seitens der jüdischen Deutschen oder Juden in Deutschland, wie sie sich auch nennen mögen. Bei dieser asymptotischen Bewegung kam es nicht zu einer wirklichen Berührung, das ist klar, das hat mit der Geschichte zu tun. Aber beide haben eine Bewegung auf sich zu gemacht, im Konflikt oder auch in der Kontemplation, in der Selbstdarstellung. In dem Augenblick – das ist meine Vermutung – in dem die Juden »Juden« sagen konnten, konnten auch die Deutschen leicht »Deutsche« sagen.

Das heißt, dieses Outen hatte auch damit zu tun, daß die deutsche Öffentlichkeit, die Gesellschaft, die deutsche politische Kultur auf der Suche danach war. Es war plötzlich gut und wichtig, Juden in Deutschland zu haben, weil es zum eigenen Selbstbewußtsein im positiven Sinne beigetragen hat, daß die Juden hierblieben und nicht weggingen. Das ist immer auch ein wichtiger Indikator der deutschen Politik gewesen. Nur hatte er jetzt einen eigenständigen kulturellen, bzw. publizistischen, auf alle Fälle auf Öffentlichkeit gerichteten Ausdruck gefunden. Das war neu.

Ich danke dir für dieses Gespräch.

Micha Brumlik

»ICH WILL MICH ALS EINEN TEIL DIESER GESELLSCHAFT SEHEN.«

Micha und ich kennen uns seit vielen Jahren, und ich hatte immer wieder Gelegenheit, ihn zu den verschiedensten politischen Anlässen zu interviewen. Für mich war Micha Brumlik lange Jahre so etwas wie das Vorbild eines intellektuellen Juden in Deutschland. Insofern kannte ich seine politische Position bereits, als wir uns 1998 zu diesem Gespräch in seiner Frankfurter Wohnung trafen. Micha ist Professor für Erziehungswissenschaften, doch seine publizistische Tätigkeit geht weit über seinen Fachbereich hinaus. Er gehörte zu einer linken, intellektuellen Gruppierung junger Juden in den sechziger und siebziger Jahren, die es in dieser eindringlichen Form nur in Frankfurt und nirgendwo sonst gegeben hat. Zu ihr gehörten unter anderem auch Cilly Kugelmann und Dan Diner, die in diesem Buch ebenfalls zu Wort kommen. Micha ist Mitglied der Grünen und hat seit Jahren einen Sitz im Frankfurter Römer.

Micha, 1967 war ein Wendejahr in der ideologischen Ausrichtung des SDS gegenüber Israel. Schlagartig wurde man antizionistisch, wie hast du das damals erlebt?
Also, mein erstes Erlebnis war bereits im Mai/Juni 1967. Da gab es eine große Solidaritätsdemonstration mit Israel auf dem Frank-

furter Campus. Aber auf dem Rückweg von der Demo traf ich einen relativ bekannten SDS-Führer, der sehr niveaulos über Israel als der Speerspitze des Imperialismus daherschwadronierte und das war interessanterweise noch vor Ausbruch des Krieges, also noch bevor Israel auch nur einen Quadratzentimeter palästinensischen oder arabischen Landes besetzt hatte. Damals zeichnete sich ab, daß die grundsätzlich ja positiv zu bewertende Opferorientierung der deutschen Linken zu kippen begann. Es ging nur um die Opfer der Opfer. Es ging jetzt darum, zu zeigen, daß, wenn die Springerpresse und die deutsche Rechte für Israel ist, dann die deutsche Linke auf der Seite der Feinde Israels sein müsse. Wenn man mittlerweile die Äußerungen verschiedener Leute in den Archiven nachliest, dann sieht man, wie abartig zum Teil die Meinungsäußerungen waren. Ein sehr bekannter demokratischer Linker etwa, der Marburger Professor Christoph Abendrot, der sich erhebliche Verdienste um eine demokratische und sozialstaatliche Interpretation des Grundgesetzes erworben hat, hat damals allen Ernstes in einem offenen Brief geschrieben, daß man als Antifaschist an und für sich auf der Seite der Juden stehen muß, man andererseits aber nicht umhin könne zu sehen, daß in dem weltweiten Ringen zwischen Imperialismus und unterdrückten Völkern die Wahrheit derzeit doch bei Regimen wie denen Syriens oder Ägyptens liegen muß.

Was ist denn damals geschehen, abgesehen vom Antiimperialismus, daß die deutsche Linke plötzlich so antizionistisch wurde?

Ich glaube, daß bis 1967 Israel für die deutsche Linke der sozialistisch-demokratische Staat der Holocaustüberlebenden gewesen ist und daß diese Idealisierung gräßlich dadurch enttäuscht wurde, daß die deutsche Rechte, namentlich die Springerpresse, nun plötzlich in Moshe Dajan einen wiedergeborenen Erwin Rommel gesehen und darauf reagiert hat. Und außerdem sollten wir nicht vergessen, daß die neue Linke nun doch eher auf der Seite der sogenannten unterdrückten Völker der Dritten Welt und die allgemeine Sympathie der Linken auch nicht gerade auf seiten Israels stand. Das hat die deutsche Linke in gewisser Weise angesteckt, in ihrem Willen zur Internationalität hat sie das auch übernommen.

Wie war es als linker Jude, als deine Kommilitonen in eine antiisraelische Haltung kippten?

Für mich persönlich war das deswegen nicht so dramatisch, weil ich unmittelbar nach dem Junikrieg selbst nach Israel ausgewandert bin und da zwei Jahre gelebt habe und in dieser Zeit selbst ganz schnell zum Antizionisten geworden bin. Daher habe ich über diese Zeit nicht viel zu berichten.

Sehr viel mehr habe ich zu berichten aus den Jahren Mitte der Siebziger, 1975 bis 1982, bis zum Libanonkrieg, wo ich auch wahrnehmen mußte, daß der vermeintlich politisch korrekte internationalistische Antizionismus der deutschen Linken doch sehr stark von antisemitischen Untertönen durchzogen war. Das wurde spätestens deutlich bei der Entführung des Verkehrsflugzeuges nach Entebbe, wo deutsche linke Terroristen jüdische von nichtjüdischen Passagieren getrennt haben. Es wurde mir ganz deutlich Anfang der achtziger Jahre, in den Protesten und Auseinandersetzungen um und gegen den Libanonkrieg, wo es doch auch bei öffentlichen Demonstrationen mehr und mehr Transparente des Wortlauts und Geistes gab: Zionisten raus aus Israel! Ich wußte, daß dies 95 Prozent der jüdischen Bevölkerung wären, da konnte man einfach nicht mehr dafür sein. Außerdem hat sich bewahrheitet, daß bei einem großen Teil der antiimperialistischen deutschen Linken sich in der Tat so eine Idee breitmachte, daß wenn dieser Konflikt gelöst wäre, sich alles andere auch lösen würde. Die Lösung eines Judenproblems wurde also mehr und mehr zum Schlüssel aller Probleme, das war natürlich auch eine antisemitische Gedankenfigur. Ich will darüber nicht pauschal urteilen, so war nicht die ganze deutsche Linke. Aber ich glaube, man kann sagen, bis Mitte der achtziger Jahre war die Mehrzahl der Linken antizionistisch oder zionistischkritisch, und von diesen Antizionisten war etwas mehr als die Hälfte ausgesprochen antisemitisch, schleppte antisemitische Vorurteile mit sich herum, und sei es nur in dem Sinne, wie es der französich-jüdische Historiker Leon Poliakov angesprochen hat, daß Israel in irgendeiner Weise der Jude unter den Staaten geworden ist. Das wurde natürlich mit der Erklärung der Vereinten Nationen, daß der Zionismus Rassismus sei, ganz deutlich. Dieser Auffassung hat sich übrigens auch ein großer Teil der deutschen Linken angeschlossen.

Was bedeutete es für dich, in diesem Klima zu leben und zu erleben, daß deine politischen Weggefährten sich in so einer Haltung bewegten?

Ja, also ein Teil meiner politischen Weggefährten, es waren noch nicht alle, entwickelten sich so. Ich war in einer undogmatisch, links-sozialistischen Organisation, im Sozialistischen Büro. Wir brachten eine Zeitung heraus. Da war die Meinung gespalten, insofern konnte man da noch mitdiskutieren. Was mich damals vor allem geschockt hat, war, daß die sich bildende Friedens-, Frauen-, und Umweltbewegung nun auch antisemitische Strömungen an ihren Rändern entwickelt hat. Darauf habe ich versucht ideologiekritisch einzuwirken, aber das war für mich persönlich keine Krise, weil ich Anfang, Mitte der achtziger Jahre noch nicht dabei war, weil ich mich noch immer als ein sozialistischer Intellektueller verstand. Viel schwieriger war es in den neunziger Jahren, damals war ich bereits Mitglied der Grünen Partei, als sich dann in der Auseinandersetzung um den Golfkrieg, also auch um die Angriffe Saddam Husseins auf Israel, ein Gesinnungspazifismus breitmachte, der lieber bereit war, selbst mit den Juden in Tel Aviv zu sterben, als auch nur im geringsten dafür zu sein, daß Deutschland Israel mit Abwehrraketen hilft. Das war damals auch nur eine fiktive Debatte, darum ging es nicht. Aber zu sehen, daß große Teile nicht nur der Neuen Linken, sondern auch der neuen sozialen Bewegung, der ich mich angeschlossen hatte, zwar bereit waren, über tote Juden Krokodilstränen zu vergießen, sich aber nicht in der Lage sahen, für die lebenden Juden was zu tun, das hat mich doch ganz außerordentlich schockiert. Und für einige Zeit habe ich mich entschlossen, die Grünen, denen ich inzwischen wieder angehöre, zu verlassen.

Kannst du diesen Vorgang schildern? Er hatte ja vehemente Konsequenzen und machte in der Presse viel Schlagzeilen.

Ja, das war eine Landesversammlung der hessischen Grünen und da wurde auch dieses Thema beraten, ich habe mich zu der Frage zunächst überhaupt nicht zu Wort gemeldet. Dann kam von einer nichtjüdischen Delegierten der Vorschlag, wenn man als hessischer Grüner nicht wollte, daß die Bundeswehr im Golfkrieg mitfliegt, dann müsse man wenigstens dafür sein, aus Deutschland an Israel Verteidigungsraketen zu liefern. Das wurde dann zum Antrag erhoben, und die Antragstellerin hat diesen Antrag haushoch verloren. Und daraufhin bin ich spontan – ich habe mir das überhaupt nicht vorher überlegt – ans Pult gegangen und habe gesagt, daß ich diese Schizophrenie nicht mehr bereit bin mitzutragen. Ich hätte kein Verständnis für Leute, die einerseits – etwa bei den Frankfurter Auseinandersetzungen um die Ruinen des ehemaligen Judenghettos auf dem Bahnhofplatz ungeheuer für die Erinnerung an jüdisches Leben seien und zugleich dagegen sind zu verhindern, daß die Kinder oder Geschwister von Holocaustopfern in Tel Aviv wehrlos möglichen Gasangriffen der Irakis ausgesetzt werden sollten. Dann gab's einen furchtbaren Schock, Sitzungsunterbrechungen, führende Mitglieder der hessischen Grünen, die heute in Rang und Ehren in der Bundesregierung sind, moserten herum, es hätte doch Frühwarnsysteme geben müssen, das könne doch so nicht sein. Nach einer halben Stunde Unterbrechung kam es zu einer erneuten, ziemlich grotesken Aussprache, die dann aber mit einer butterweichen Resolution endete, wonach niemand dagegen sein könne, daß Israel sich in einer solchen Situation verteidige. Na ja.

Was hast du dann gemacht?

Dann blieb ich zwar immer noch Mitglied der grünen Stadtverordnetenfraktion in Frankfurt, habe aber den von mir erklärten Parteiaustritt die nächsten zwei Jahre nicht rückgängig gemacht. Als ich dann aber beschlossen habe, weiter kommunalpolitisch mitzuarbeiten, habe ich gesagt: dann aber auf ganze Rechnung, und bin auch wieder in die Partei eingetreten, wobei ich sicher bin, daß das sicher keine Vorbedingung gewesen wäre. Als Jude und als die Person, die ich war, hatte ich irgendwie auch soviel Kredit, daß ich auf jeden Fall wiedergewählt worden wäre.

Wie haben sich denn damals bekannte Grüne dir gegenüber verhalten, als du ausgetreten bist, wie Trittin, Ströbele und Fischer?

Also von Trittin und Ströbele, die waren in Berlin, irgendwo in Norddeutschland, von denen habe ich gar nichts gehört. Die hessischen prominenten Grünen sind schon sehr nervös geworden, teils waren sie wirklich betroffen, teils politisch besorgt.

Henryk Broder hat 1981, ehe er nach Israel ging, in der ZEIT einen großen Abschiedsartikel veröffentlicht, mit dem Tenor:

»Ihr seid die Kinder eurer Eltern«, wonach der Antizionis-
mus der Linken eine direkte Folge der nationalsozialistisch
geprägten Eltern sei. Würdest du das so unterschreiben?
Das kann ich so nicht unterschreiben, weil ich die Lebensgeschichten von Zehntausenden von deutschen Linken einfach
nicht kenne, ich weiß es nicht. Mir gehen diese tiefenpsychologi-
schen Spekulationen einfach zu weit. Es wird so sein, aber sogar
wenn es so wäre, kann ich zwar verstehen, daß man wie Broder
oder ich selbst aus der damaligen Situation heraus verärgert
wirkt, aber aus einem Abstand muß man sich doch das ungeheure sozialpsychologische Problem klarmachen. Der Aufstand gegen Eltern, von denen man die Vermutung hatte, daß sie Mörder
waren, das war ja keine leichte psychische Aufgabe und daß sie
nicht 100 Prozent gelöst werden konnte, ist ja auch klar. Es sind
ja trotzdem die eigenen Eltern, und ich vermute einfach, daß diese 68er Generation in einem schwersten ambivalenten Gefühls-
konflikt in bezug auf diese Eltern gestanden hat. Und so taumel-
te das auch in der Haltung gegenüber Israel und den Juden hin
und her. Vielleicht ist mittlerweile zu viel Zeit vergangen und ich
betrachte das zu abgeklärt. Aber ich kann mich darüber nicht
mehr erregen; ich war auch schon Anfang der achtziger Jahre genug Sozialwissenschaftler, um diese einfachen Antworten, die
Henryk Broder und Lea Fleischmann gegeben haben, zurückzu-
weisen. So einfach vererben sich politische Haltungen nun doch
nicht.
Ich erinnere mich, daß du in den achtziger Jahren sagtest,
du gehst grundsätzlich nicht zu Diskussionsveranstaltun-
gen, wo das Existenzrecht Israels in Abrede gestellt wird.
Wie interpretierst du die Tatsache, daß man auf seiten der
deutschen Linken nicht nur die Politik Israels angegriffen
hat, wogegen nichts zu sagen wäre, sondern sogar das Exi-
stenzrecht dieses jüdischen Staates völlig negieren wollte?
Ja, das war diese Sache. Eine Mischung aus einem überzogenen
und uns heute irreal erscheinenden Internationalismus und sicherlich auch irgendwelchen verdrängten, verschobenen Vernich-
tungsphantasien oder was auch immer. Mitte der achtziger Jahre,
das war nach dem Libanonkrieg, war auch der politischen Linken
klar, daß ein internationalistisches Konzept, wie es die PLO vorge-

legt hat, nicht mehr in Frage kam, daß es nur auf die Zweistaaten-lösung hinauslaufen konnte.

Das war damals meine politische Meinung, ich hatte also keine Lust mehr, mich mit Sympathisanten der radikalen palästinensi-schen Linken über diese Frage auseinanderzusetzen.

Es gibt da das problematische Phänomen bei den Grünen, daß in ihren Reihen anfangs auch antizionistische und so-gar antisemitische Tendenzen zu beobachten waren. Wie unterschieden sich die von denen der SDS in den sechziger, siebziger Jahren?

In dem Sinne, daß man nicht mehr ein militanter Antiimperialist und Internationalist gewesen ist, sondern eher besorgt um den Weltfrieden, die Umwelt, die Würde der Frauen und plötzlich die christlichen und damit auch die jüdischen Wurzeln der modernen, kapitalistischen, industriellen Zivilisation mit ihren verheeren-den Auswirkungen entdeckt hat, etwa bei Rudolf Bahro oder der einen oder anderen populärwissenschaftlichen, feministischen Theologin. Das ist ja nun auch ein altes Muster der deutschen Rechten gewesen, daß die jüdisch-christliche Religion das Un-glück über die Menschheit gebracht habe und man anstatt dessen zu Natur und Germanentum zurückfinden müsse. Ein paar Split-ter dieser Ideologie haben sich damals an bestimmten Rändern der neuen sozialen Bewegung angesiedelt. Zum Beispiel, wenn Psychologen, die aus der Schule Carl Gustav Jungs gekommen sind, die ganze Nachrüstungsdebatte im Geist des Alten Testa-ments angekreidet haben, zum Beispiel Franz Alt: Nachrüstung, die wechselseitige Hochrüstung, dieses sei der Geist von »Auge um Auge, Zahn um Zahn« und nicht der Geist der Bergpredigt. Da war's ja klar, daß das jüdisch-alttestamentarische Denken letzten Endes Schuld an der künftigen Verheerung des Planeten tragen würde.

Wie konntest du innerhalb dieses linken Spektrums dage-gen angehen?

Durch die Möglichkeiten, die man als Intellektueller und Publizist hat: Man schreibt und redet. Ich habe ein paar Aufsätze und das Buch *Der Anti-Alt* geschrieben, in dem ich diese ganzen Ideologi-en relativ erfolgreich zerpflückt habe. Da gab es auch einige Fern-sehdiskussionen, wie immer waren Leute anfangs wütend und betroffen, aber schließlich ist mindestens dem christlichen Teil jener Bewegung, die solche Argumente übernommen hat, klar geworden, daß es ein absolutes Unding ist, eine Neuorientierung in Sachen Umwelt, Verhältnis der Geschlechter und Frieden dadurch zu gewinnen, daß man jetzt das Judentum als den dunklen und barbarischen Hintergrund der Zivilisation darstellt.

Ein Sprung nach Frankfurt in den siebziger Jahren: die Auseinandersetzungen im Westend. Inwiefern warst du von den Straßenkämpfen und Häuserbesetzungen betroffen?

Ich gehörte nicht selten zu den Bewohnern Frankfurts, die gegen die Spekulation mitprotestiert haben. Das war in der Tat eine fatale politische Konstellation. Es kann im Rückblick kein Zweifel daran bestehen, daß die sozialdemokratische Stadtregierung aus Gründen der Ansiedlung von Hochhäusern mit dem Ziel, das Steueraufkommen zu steigern, Risikokapitalisten ermuntert hat, sich von Banken, insbesondere der bayerischen Hypothekenbank, Kredite geben zu lassen, mit dem die sehr schönen bürgerlichen Altbauten im Westend gekauft werden sollten. Diese wurden durch Mehrfachbelegungen systematisch kaputtgewohnt, mit dem Ziel, sie schließlich abreißen lassen zu können und an deren Stelle Büro- und Wohnhochhäuser hinzustellen. Und es war ein offenes Geheimnis damals in Frankfurt, daß unter diesen Risikokapitalisten nicht wenige Juden gewesen sind. Freilich, die Reaktionen eines Teils der Linken war wiederum antisemitisch. Das waren übrigens nicht nur Deutsche, sei es, daß italienische Genossen Parolen verbreiteten des Types, daß die Schweine von heute die Schinken von morgen seien – ein Goebbels-Spruch –, sei es, daß in Frankfurter Stadtzeitschriften nun plötzlich der judenfeindliche Pogromhetzer des 17. Jahrhunderts, Vincenz Fettmilch, als ein früher Vorläufer der sozialen Bewegungen gewürdigt wurde. Das hat es alles tatsächlich gegeben und es ist ja bekanntermaßen in das Buch von Zwerenz *Die Erde ist unbewohnbar wie der Mond* und in das Stück von Fassbinder *Die Stadt, der Müll und der Tod* mit eingeflossen. Eines muß man freilich im Rückblick sagen: Das waren damals keine Geheimnisse. Es bedurfte weder eines Gerhard Zwerenz noch Rainer Werner Fassbinders, diese Mißstände aufzudecken, sie standen tatsächlich täglich in der Zeitung. Das Problem ist nur, daß diese Risikokapitalisten nicht als Risikokapitalisten adaptiert wurden, sondern nicht selten als Juden, was dann freilich wohlmeinende Sympathisanten der Leute, die damals aus ihren Häusern herausgesetzt wurden oder in den Häusern mit Überbelegung zu kämpfen hatten, in erhebliche Verwirrung gestürzt hat.

Du hast schon damals eine eindeutig andere Position eingenommen als die meisten Juden deiner oder meiner Generation, die in solchen Fällen meinen: Was soll man mit den Deutschen reden, die sind sowieso Antisemiten! Was war in deiner Biographie anders, daß du diese Auseinandersetzung gesucht und durchgehalten hast und dich immer als spezifischen Teil dieser Gesellschaft verstehen konntest?

Ich komme aus einem zionistischen Elternhaus. Nicht nur zionistisch geprägt, beide Eltern waren entschiedene, überzeugte, begeisterte Zionisten. Ich selbst habe meine ganze Jugend im zionistischen Milieu, in einer zionistischen Jugendbewegung verbracht. Ich war überzeugter Zionist zwischen meinem zwölften und zwanzigsten Lebensjahr. In Israel bin ich dann – und das hängt mit Erfahrungen der Neuen Linken und persönlichen Erfahrungen zusammen – zum Antizionisten geworden. Aus persönlichen Gründen bin ich dann nach zwei Jahren in Israel nach Deutschland zurückgekehrt. Und ich glaube, ich darf das sagen, ich habe damals für mich eine existentielle Entscheidung getroffen. Ich habe gesagt: Wenn ich dorthin zurückkehre, dann will ich auch ein Teil dieser Gesellschaft sein. Ich konnte damals natürlich nicht, das fällt mir heute noch schwer, ein Teil dieses Volkes, also ethnischen Volkes werden. Aber ich war politisch genug, um zu sagen: Ich will dort mitwirken. Und vor allem wollte ich nicht, wie meine Eltern, zumal meine Mutter, das Leben eines Entwurzelten führen. Für meine Mutter, die nach dem Krieg meinem Vater nur widerwillig nach Deutschland gefolgt ist, war es nicht mehr möglich, sich in Deutschland, daß sie mit neunzehn verlassen hatte, wieder wohlzufühlen. Sie war sich nie klar, ob sie hierbleiben, ob sie zu ihren Geschwistern nach Frankreich gehen, ob sie zurück in die Schweiz gehen wollte, wo meine Eltern den Krieg überlebt haben. Das hat mir persönlich überhaupt nicht zugesagt. Ich wollte jemand sein, der weiß, wo er hingehört und diese beiden Motive, der politische Anspruch und diese existentielle Entscheidung: Ich habe es in Israel versucht, ich habe es nicht geschafft, oder ich wollte es nicht schaffen, ich gehe nach Deutschland zurück, führten dazu, mich als einen Teil dieser Gesellschaft und ihrer politischen Auseinandersetzungen zu sehen.

Nun gibt es dieses Argument von jüdischer Seite: Du kannst tun, was du willst, sie werden dich ohnehin nicht akzeptieren. Ist es dir gelungen, ein Teil dieser Gesellschaft zu werden, aus der inneren Haltung heraus und auch von außen gesehen?

Ich finde schon. Am ehesten übrigens noch in der beruflichen Sphäre. Ich muß sagen, daß ich in diesem Milieu linksliberaler Akademiker im sozialwissenschaftlichen Fachbereich nie auf irgendwelche Vorbehalte oder Abneigungen gestoßen bin. Das ist im politischen Konflikt immer etwas anders gewesen. Aber ich glaube auch sagen zu können, daß, sei es im Sozialistischen Büro, sei es innerhalb der Grünen, einschließlich dieses Konflikts, den wir über den zweiten Golfkrieg hatten, ich nicht als jemand behandelt worden bin, der auf so ein gipsernes Podest gestellt worden ist. Auch meine politischen Einlassungen, auch das, womit andere nicht einverstanden waren, sind ernst genommen worden und nicht vor einer Gummiwand verpufft. Das war für mich wichtig.

1985: Die Verhinderung des Fassbinder-Stücks: Wo hast du dich damals ideologisch und wo konkret befunden?

Also ideologisch war ich als jemand, der sich als politisch interessierter Jude in Deutschland verstand, natürlich zunächst schockiert durch den gemeinsamen Auftritt von Kohl und Reagan in Bitburg. Damals ist mir ganz deutlich geworden – und das prägt mein Verständnis von Judentum in Deutschland bis heute –, daß die vielberufene Macht von Juden oder sei es nur ihr Einfluß, gleich Null gewesen ist. Damals war das ein Thema, das die jüdische Welt wirklich umgetrieben hat – von den USA, über Elie Wiesel bis in die israelische Knesseth: daß doch bitte der Präsident der Vereinigten Staaten nicht den Mördern, das heißt den dort in Bitburg begrabenen Waffen-SS-Soldaten, seine Ehre bezeugen soll. Der Zentralrat der Juden hat dagegen protestiert, das hat alles überhaupt nichts geholfen. Daraus kann man zunächst sehen, daß die Juden in Deutschland tatsächlich politisch ohnmächtig sind, was auch gar nicht anders sein kann, bei einer Minderheit von 20000 bis 30000 Leuten damals. Aller Einfluß, den sie hatten und haben, war immer nur von Gnaden der jeweiligen deutschen Obrigkeit. Und das hatte tatsächlich seinen Einfluß auch auf die Auseinandersetzungen um das Fassbinder-Stück, die kurz darauf stattgefunden haben. Wo nun plötzlich ein Stück, von dem ich bis heute der Überzeugung bin, daß es mindestens antijudaistisch, wenn nicht antisemitisch ist, auf Teufel komm raus auf die Bühne gebracht werden sollte, auch wenn noch so viele die Shoah überlebt habende ältere Juden gesagt haben: Wir ertragen es nicht – unbeschadet des Umstandes, daß sie das Stück überhaupt nicht gelesen haben. Aber damals war ich jedenfalls der Meinung, daß wir in einer Situation gewesen sind, in der die schwierige Abwägung zwischen der Freiheit der Kunst hier und der Sensibilität auf der Seite der Opfer des Holocaust auf jeden Fall zugunsten der Opfer hätte ausgehen müssen. Deswegen habe ich mich damals auch bei der Bühnenbesetzung mit den Besetzern aus der Jüdischen Gemeinde solidarisiert und habe auch dazu beigetragen, diese Aufführung zu verhindern, was dann in der Folge zu einem tiefgreifenden und wichtigen Diskussionsprozeß in Frankfurt über all diese Fragen geführt hat.

Kannst du die Atmosphäre da beschreiben?
Es war beklemmend. Die jüdischen Bühnenbesetzer standen starr und verängstigt, nervös und aggressiv auf der Bühne. In den kleinen Kammerspielen etablierte sich eine fast hysterische Atmosphäre. Eine Frau, eine Zuschauerin, weinte, daß nun auch dieser Ort, der letzte Ort, wo über Politik und Wahrheit geredet werden könne, durch den Versuch der Jüdischen Gemeinde, das Stück zu boykottieren, zerstört worden sei. Bekannte Wirtschaftsmanager, wie etwa der ehemalige Bundesbahnchef und AEG-Manager Hans Dürr, den hörte ich sagen: »Jetzt sind die Juden aber zu weit gegangen.« Liberale Kräfte aus der CDU, die mit Herrn Bubis bekannt gewesen sind, gaben ihm im Anliegen recht, aber warnten ihn vor den Folgen.

Es war eine ziemlich hysterische Stimmung unten und auf der Bühne, obwohl es dann so ein Hin und Her in den Diskussionen gegeben hat, während sich oben nun Demonstranten und Gegendemonstranten gegenüberstanden und unendlich aufgeregt waren, als die Entscheidung herauskam, das Stück an jenem Abend nicht aufzuführen. Die auf der Bühne sind dann in Freudentänze ausgebrochen. Was uns heute merkwürdig vorkommt, aber doch zeigt, wie dicht die Gefühle damals auf die Bühne gekommen sind.

Die Ära Kohl. Mit Beginn der »geistig-moralischen Wende« setzte ein Paradigmenwechsel ein, Begriffe wie Nation, Vaterland wurden wieder aktuell und verstärkt in die öffentliche Diskussion eingebracht. Unmittelbar nach Antritt der Regierung kam dann der fatale Besuch Helmut Kohls in Israel. Wie hast du die ersten Jahre der Regierung Kohl und diesen schlagartigen Wechsel des politischen Klimas erlebt, Stichwort: geistig-moralische Wende?

Ich habe damals schon geglaubt, daß eine Ehrbezeugung und Zeremonie, wie die in Bitburg, nun ein Zündfunken für den deutschen Rechtsextremismus sein werde. Man kann sich bis heute streiten, ob das so richtig ist oder nicht. Ich habe damals immer gesagt, wir haben überhaupt keinen Grund, uns über irgendwelche Neonazis und Skinheads aufzuregen, die sich SS-Runen an ihre Parkas nähen, wenn sich Bundeskanzler und amerikanischer Präsident vor SS-Runen verneigen. Insofern mußte man da nicht besonders erstaunt sein. Dieses *double-feature* Bitburg und Bergen-Belsen fand ich entschieden schamlos. Auf der anderen Seite ist nun leider mal nicht zu verkennen, daß Kohl trotz seiner Fehltritte in Israel, trotz dem Gerede von der »Gnade der späten Geburt« in Israel zum Darlehen der deutschen Politik geworden ist. Auf dessen Namen sogar das eine oder andere wissenschaftliche Institut an einer israelischen Universität getauft ist. Israel hat da immer eine etwas andere, sehr viel pragmatischere, sehr viel nüchternere Haltung eingenommen. 1985 konnte noch niemand die Wiedervereinigung und den Fall der Mauer vorhersehen. Meiner Erinnerung nach beginnt die Rede von Heimat und Vaterland eigentlich erst nach dem Fall der Mauer. Und Helmut Kohl, und das ist fatal genug, da er wirklich ein überzeugter Europäer ist, war wohl immer der Meinung, daß die Deutschen nur dann gute Europäer werden können, wenn sie gewissermaßen erhobenen Hauptes angesichts der eigenen Geschichte in dieses Europa eintreten. Und das hat meines Erachtens zu dem großen Skandal von Bitburg geführt.

Der Mauerfall: Wie hast du ihn damals als Jude und als politisch bewußter Mensch erlebt? War es Freude, war es Bedrohung?

Also, rein emotional habe ich mich über den Mauerfall nicht gefreut, ich habe ihn mit meinem politischen Verstand selbstverständlich begrüßt, ich fand das richtig und gut, aber ich konnte mich nicht ehrlich freuen. Das hängt auch mit den letzten Wochen vor dem Mauerfall zusammen. Als die friedliche Revolution in der DDR im September 1989 begann, war ich zum ersten Mal mit einer Gruppe des hessischen Landesjugendringes auf einer Reise in Polen und gerade in diesen Tagen haben wir Auschwitz und Auschwitz-Birkenau besucht; da hatte man nun weiß Gott andere Gefühle gegenüber allem, was mit der deutschen Nation zusammenhängen würde. Andererseits, wenn ich dann so ferngesehen habe, dann gab es da schon auch Momente, die mich persönlich gerührt haben. Der Mauerfall war es sicher nicht, aber was mich rührte, waren diese kleinen Leute mit ihren billigen Autos und ihren unechten Jeans, die in Prag in die Botschaft stürmten und auf ihre Freilassung warteten. Da schlich sich bei mir immer irgendwie diese Assoziation ein: wie die Kinder Israel, die in Ägypten auf ihren Exodus warteten. Das fand ich irgendwie sympathisch, weil das auch nicht politisch gewesen ist, die wollten einfach Freiheit. Als dann aber in den ersten Demonstrationen die Parole aufkam, daß man anstelle: »wir sind das Volk« »wir sind ein Volk« gerufen hat, da wurde es mir allmählich blümerant zumute.

Wie ging das für dich dann weiter?

Ich habe das dann weiter als politischer Zeitgenosse verfolgt. Ich habe viel mitdiskutiert, wir haben innerhalb der Grünen oder meiner linken Freunde viel darüber diskutiert, ob nicht doch auch auf Dauer ein zweiter deutscher Staat möglich gewesen wäre, was ich persönlich bis heute noch nicht glaube. Wahrscheinlich war diese staatliche Vereinigung unvermeidbar. Ansonsten gilt für mich persönlich, daß ich meine staatsbürgerlichen Pflichten ernstgenommen habe und wirklich alle Einladungen, die ich in ostdeutsche Städte bekommen habe, auch angenommen habe. Ich glaube, daß ich vergleichsweise viel von Ostdeutschland kenne. Ich war in Rostock, in Frankfurt an der Oder, in Chemnitz, in Cottbus, ich bin die ganze Strecke von Magdeburg, Leipzig, Jena usw. abgefahren, alles im Laufe von Vorträgen. Ich nehme das mit der Vereinigung vergleichsweise ernst. Das ist für mich politisch und pädagogisch keine *quantité négligeable*, das ist ein Thema, dem wir uns auch in Zukunft noch sehr viel stärker werden widmen müssen.

Angesichts des dort existierenden Rassismus und Neonazismus, wie hast du dich auf den Reisen gefühlt?

Ja, da wo ich eingeladen war, bei den Gesellschaften für christlich-jüdische Zusammenarbeit und in Universitäten oder Fachhochschulen, da ist einem das Thema nicht so entgegengekommen. Aber ich habe es nach Möglichkeit immer zu thematisieren und zu diskutieren versucht. Eine wirklich beklemmende Diskussion hatte ich einmal bei einer Kirchengemeinde in Cottbus, wo es wirklich nur um Erziehungsfragen ging. Und wo es um das Thema ging, ob der Rechtsextremismus und Nationalismus etwas mit der Erziehung in der ehemaligen DDR zu tun haben könnten. Man ist dann sehr schnell auf das DDR-Kindergartensystem, diese Krippenerziehung, diesen ganzen Autoritarismus zu sprechen gekommen. Dann gab es schon Leute, die meine Erklärung, daß Rassismus und Autoritarismus auch etwas damit zu tun haben könnte, mit einer ziemlichen Erregung und großer »Betroffenheit« aufgenommen haben. Ich kam mir dann auch etwas kühn vor, als ich mit solchen sozialpsychologischen Theorien die Existenz von Menschen über drei, vier, fünf Jahrzehnte hinweg gewissermaßen abgewertet habe. Das waren schon sehr schwierige Diskussionen, und daraus habe ich gelernt, daß das ein Thema ist, das uns noch lange beschäftigen wird. Als Politiker und Erziehungswissenschaftler glaube ich, daß diese sich in Ostdeutschland ausbreitende rechte Alltagskultur insbesondere unter Jugendlichen ein Phänomen ist, das man überhaupt nicht ernst genug nehmen kann. Und mittlerweile bin ich auch schon so gesamtdeutsch, daß ich in der Tat beklagen würde, daß man sich in Westdeutschland nicht genug für die Befindlichkeiten und Probleme Ostdeutschlands interessiert.

Als die Atmosphäre zu kippen drohte: Rostock, Solingen, Mölln, etc., als die Anschläge zum Alltag gehörten, war das ein Moment, wo du Angst bekommen hast? Die Jewish Agency in Frankfurt hat einen Zuwachs von Auswanderungswilligen um 300 Prozent registriert.

Nein, ich habe da überhaupt keine Angst bekommen, weil mir einerseits klar war, das geht diesmal gegen Ausländer und gegen jüdische Friedhöfe. Was schlimm genug ist. Es kann auch immer einem einzelnen Juden oder einer Jüdin passieren, auf der Straße von Rechtsextremisten angegriffen zu werden. Aber ich habe überhaupt nicht den Eindruck, daß etwas wie das Vierte Reich bevorsteht. Das war nicht mein Eindruck. Ich muß allerdings sagen, daß diese Pogrome im europäischen Vergleich einmalig gewesen sind. Es hat Fremdenfeindlichkeit in Frankreich gegeben. Nordafrikaner sind jahrelang, vor allem im Süden Frankreichs, aus Zügen gestürzt worden, es hat Fremdenfeindlichkeit in England und in Schweden gegeben. Aber regelrechte Pogrome, eine Pogromwelle, das hat es in der Tat nach dem Krieg einzig und allein in Deutschland gegeben. Das hat natürlich sehr viel mit dieser Vergangenheit zu tun. Ich fürchtete damals kein Viertes Reich, aber ich fürchtete einen ganz erheblichen Rechtsruck. Noch mehr als die Pogromhetzer fürchtete ich die große Koalition aus Sozialdemokratie, CDU/CSU und FDP, die damals den Asylartikel 16 aus dem Grundgesetz gekippt hat. Für mich ist das nach wie vor eine unverzeihliche Sünde. Wenn jemals der Rechtsextremismus in Deutschland noch eine politische Chance haben sollte, dann deswegen, weil damals diese rechtsextremistischen jungen Männer, die heute rechtsextremistische junge Erwachsene sind, das sichere Gefühl bekommen konnten, daß sie mit Demonstrationen und aggressiven Angriffen auf Fremde auch politische Erfolge erzielen konnten. Es ist der ganzen Linken über die ganzen späten sechziger Jahre nicht gelungen, das Grundgesetz durch ihre Straßendemonstration zu ändern. Der neuen Rechten ist es mit ihren Brandanschlägen gelungen. Und das ist ein Schaden, den man bis heute bedauern muß.

Was hat sich für die Juden im vereinten Deutschland geändert?

Ich glaube, erstens – das war noch vor dem Mauerfall –, daß dieses sogenannte »coming-out« im Zusammenhang mit der Fassbinder-Affäre die Juden zunächst in Westdeutschland dazu geführt hat, sich als die, die sie sind, auch in der Öffentlichkeit zu präsentieren und das heißt also: als eine kleine Gemeinschaft vor allem ehemaliger Überlebender, die mit der klassischen Tradition des deutschen Judentums, die 1933 zu Ende gegangen ist, eigentlich nichts mehr zu tun hat. Sie haben sich in ihrer Schwäche, in ihrer Wut und in ihrer Beschämung gezeigt. Und ich glaube, daß das für die jüdische Gemeinschaft selbst ein ganz erheblicher Emanzipationsschritt ist.

Damit konnten sie sich selbst, konnten wir uns zu uns selbst und unserer jüdischen Existenz ausgerechnet in Deutschland bekennen. Nun, das ist ja kein Geheimnis, spätestens seit 1989 hat sich die jüdische Gemeinschaft in Deutschland verdoppelt oder sogar verdreifacht, und zwar durch die Einwanderung der Juden aus der ehemaligen Sowjetunion, aus Rußland. Das hat natürlich die demographische Basis ordentlich durcheinandergewirbelt. Und nicht nur die demographische Basis. Denn mit der Einwanderung der russischen Juden kommt nun ein jüdisches Kollektivbewußtsein hinzu, das nicht mehr nur das von Holocaustüberlebenden ist. Die haben den Holocaust entweder im fernen Asien oder hinter der Front oder sogar als Soldaten der Roten Armee erlebt und überlebt und haben insofern nicht diese traumatische Opfererfahrung, die vor allem die polnischen Juden in der BRD hatten. Das heißt, daß die russischen Juden, ihre Kinder und Kindeskinder auch nicht im gleichen Ausmaß vom Holocaust geprägt sind und insgesamt Deutschland gegenüber eine sehr viel positivere Einstellung haben, als das bei den Kindern und Kindeskindern der ehemaligen DPs der Fall ist. Und das wird dieses jetzt entstehende neue Judentum in Deutschland sehr nachhaltig verändern. Ich glaube, daß mit dieser Einwanderungswelle die Phase der gepackten Koffer – trotz der Anträge bei der Jewish Agency – endgültig vorüber ist. Und ich glaube, daß sich auf die eine oder andere Weise so etwas wie ein positiver Bezug auf den Staat BRD allmählich durchsetzen wird. Mir fällt jedenfalls bei gelegentlichen Treffen mit jüdischen Jugendlichen im europäischen Kontext auf, daß wenn man vom eigenen Selbstbewußtsein als Juden absieht, sie im Vergleich sehr deutsch wirken. Und je jünger die Leute sind, um so eher glaube ich, beginnen sie sich auch dafür zu entscheiden, tatsächlich hier zu bleiben. Obwohl man einräumen muß, daß unter deutsch-jüdischen Jugendlichen das Thema Auswanderung sicher sehr viel stärker diskutiert wird als bei nichtjüdischen Jugendlichen.

Hast du das Gefühl, daß sich seit der Wiedervereinigung das offizielle Verhalten der nichtjüdischen Deutschen gegenüber den Juden verändert hat? Früher waren die Juden ein Aushängeschild für Deutschlands Demokratie, das ist jetzt ja nicht mehr so nötig, dank der wiedererlangten Souveränität.

Ich glaube tatsächlich, daß diese Zeiten vorbei sind, freilich nicht unmittelbar nach der Wiedervereinigung. Ich glaube, daß das ein Prozeß ist, der mit dem Tod von Galinski und der Einsetzung von Ignatz Bubis als Vorsitzender des Zentralrats der Juden begonnen hat, und zwar indem Bubis, der von der deutschen Öffentlichkeit sehr geschätzt wird, sozusagen ein niedrigschwelliges Angebot in bezug auf Juden und Judentum hat, politisch in den Vordergrund getreten ist. Man hat sich sehr schnell die Meinung gebildet, daß man mit diesen wenigen Juden ja mittlerweile reden kann. Daß Probleme nicht mehr so schwer wiegen, wie das zu Galinskis Zeiten war. Ich erinnere nur an die Eröffnung des Denkmals »Neue Wache« in Berlin, an der Bubis ja teilgenommen hat. Ich glaube, Bubis hat in diesen Prozeß große Hoffnungen gesetzt. Die Frage, mit der wir heute konfrontiert werden, lautet: Was hat sich eigentlich in der Auseinandersetzung um das Mahnmal und in dem Streit Walser – Bubis offenbart? In dem Streit hat sich zu Bubis' Erschrecken offenbart, daß sein Weg eines niedrigschwelligen Angebotes an die deutsche Mehrheitsgesellschaft gescheitert ist. In der Debatte wird deutlich, daß das Eis – allen sonstigen positiven Entwicklungen zum Trotz – sehr viel dünner ist und nicht wirklich trägt. Das kann nun der deutschen Mehrheitsgesellschaft, den jetzt tragenden politischen Kräften der rot-grünen Koalition, die ja mit dem Nationalsozialismus unmittelbar nichts mehr zu tun haben, vergleichsweise gleichgültig sein. Jetzt wird deutlich, daß die jüdische Minderheit in der Tat eine *quantité négligeable* ist und sich getäuscht hat, wenn sie geglaubt hat, daß sie in irgendeiner Weise auf den Gang der deutschen Dinge nennenswerten Einfluß nehmen kann. Aber ich wiederhole: Das ist mir eigentlich schon in Bitburg deutlich geworden.

*Bitburg – Walser – Holocaust-Mahnmal – neu erwachtes
deutsches Selbstbewußtsein: Welche Folgen hat das für das
jüdische Leben hier? Müssen sich Juden wieder zurückziehen, können sie sich zwar politisch engagieren, aber ohne
daß ihr Jüdischsein noch eine Rolle spielt?*

Ich glaube, das wird immer noch eine Rolle spielen und auch noch
geraume Zeit so sein, daß die Juden als lebende Ikonen in deutschen Gedenkveranstaltungen eingebaut werden. Aber da wird
immer deutlicher, daß dies immer stärker einem Ritual entspricht, das vielen vielleicht nicht mehr so furchtbar viel bedeutet.

Das ist die Situation, vor der wir stehen. Ich glaube, daß die
Auseinandersetzung um das Mahnmal die letzte wichtige Auseinandersetzung, die wir in der Reihe dieser Konflikte hatten, sein
wird. Das Mahnmal wird, wenn es denn gebaut wird, was ich persönlich hoffe und in der von Eisenmann vorgeschlagenen Form
befürworte, tatsächlich so etwas wie ein Schlußstein sein nach
mehreren Dekaden der Erinnerungsarbeit. Was eigentlich nicht
so schlimm ist, wenn auf dieser Basis ein staatsbürgerliches, ver-
antwortliches Bewußtsein in bezug auf den Holocaust entsteht,
was sich zwar aus der biographischen Nähe entfernt hat, aber die
Gesellschaft doch für das, was geschehen ist, sensibel ist, ohne
selbst unmittelbar darüber noch trauern zu können.

Das wird der Fall sein, wenn es gut ausgeht. Wenn dieses
Mahnmal gebaut wird. Ich persönlich glaube, daß, wenn das
Mahnmal nicht gebaut wird, diese begonnene kollektive Trauer-
arbeit mithin auch keine angemessene öffentliche Form finden
wird, daß sich das, was ersehnt wird, nämlich die sogenannte Normalisierung, die ich ja mehr als Unbefangenheit im Alltag bezeichnen würde, weiter hinauszögern wird. Das ist die paradoxe
Lage, in der wir uns befinden.

*Nach einer neuen linken Position, der von Naumann und
Schröder, würde es kein Mahnmal geben. Ist das allgemein
linkes Denken oder die Ausnahme?*

Erstens tue ich mich selber schwer damit, Schröder und Naumann
als links zu bezeichnen, die wollen ja selbst nicht so bezeichnet
werden. Ansonsten, so wie ich die politischen Kräfte sehe, gibt es
doch eine breite Gruppe von Befürwortern dieses Denkmals. Die
grüne Bundestagsfraktion ist geschlossen dafür. Es gibt viele Be-

fürworter in der CDU/CSU und FDP, und man sollte nicht vergessen, daß die maßgeblichen Kulturpolitiker der Sozialdemokratie, zum Beispiel Peter Conradi oder Freimut Duve sich sehr nachhaltig dafür eingesetzt haben. Der Entscheidungsprozeß ist derzeit völlig offen. Was mich in der Tat beunruhigt, ist diese neue Unbefangenheit von Schröder und Naumann, die allen Ernstes zu glauben scheinen, daß, wenn man dieses Projekt jetzt auf die Zeitschiene hebt – ich bin ja Politiker, ich kenne ja die Floskeln – und zunächst mal ein Gesamtkonzept für die Gedenkstättenarbeit in Deutschland einfordert –, daß sie glauben, das Problem damit beseitigen zu können.

Die Bitterkeit der Auseinandersetzung Bubis – Walser zeigt, daß die emotionale Lage in dieser Frage alles andere als beruhigt ist. Und obwohl diese Auseinandersetzung mittlerweile fast nur noch von Männern geführt wird, die 70 Jahre und älter sind, haben wir keinen Grund anzunehmen, daß das den Rest der Bevölkerung nicht interessiert. Das ist eine Auseinandersetzung, die – wie man der Presse und den Medien entnehmen kann – allerorten sehr lebhaft geführt wird.

Könnte diese neue Unbefangenheit Schröders auch ein Indiz dafür sein, daß eine jüngere Generation eine Art Schlußstrich ziehen, diese Unbefangenheit in die Alltagskultur einbringen will und damit die Haltung der Juden hier zu unserem Land verändert?

Ja, das glaube ich schon, ich glaube auch, daß die das tatsächlich wollen. Ich habe nie verstanden, daß Schröder in der Auseinandersetzung zwischen den überlebenden Zwangsarbeitern und den großen deutschen Banken und Versicherungen sich immer wieder bemüßigt fühlt, zu sagen, daß auch die Interessen dieser Institute zu wahren sind. Bei allem Verständnis für den Wirtschaftsstandort, das geht nun in der Tat etwas zu weit. Und wenn er das häufiger macht, dann wird das seine Rückwirkungen haben, wie immer über das Ausland, und dann kommt es um so ungemütlicher. Da fährt man einen Kurs, der vergleichsweise riskant ist.

Was bedeutet dieser Kurs für die Juden, die in diesem Land leben?

Die werden sich, wenn sie jung sind und es schlecht geht, ein weiteres Mal diese Dauerfrage stellen, ob sie nun hier wirklich bleiben sollen, ob ihre Sensibilitäten und Gefühle und Verletzlichkeiten tatsächlich ernst genommen werden oder nicht. Ich glaube nicht, daß das zu einer nennenswerten Auswanderung führen wird. Schon alleine deshalb nicht, weil das Judentum in Deutschland sich mehr und mehr aus russischen Juden rekrutieren wird, die ja nun – Holocaust-Mahnmal hin, Entschädigung für Zwangsarbeiter her – einfach sehr froh sind, in Deutschland leben zu können und nicht in Rußland leben zu müssen.

Welche Auswirkungen, könntest du dir vorstellen, könnte die Tatsache, daß das Einbürgerungsgesetz verändert wurde und somit eine Reihe von Ausländern deutsche Staatsbürger werden, aber vor allem, daß es auch eine sehr viel größere Anzahl von Muslimen in diesem Land geben wird, als es Juden gibt – welche Auswirkungen wird das im Gesellschaftsgefüge für die jüdische Gemeinschaft haben?

Einerseits wird sie dadurch etwas Selbstverständlicheres, das wird nun ernstlich eine multikulturelle Gesellschaft und die jüdische Minderheit ist eine kleine Minderheit, die angesichts der Geschichte immer noch eine herausgehobene Rolle hat. Aber was ihre realen politischen Einflußmöglichkeiten und relative Macht angeht, wird sie auf das Maß zurückgeschnitten, das ihr quantitativ entspricht. Und ansonsten wird das in Zukunft davon abhängen, ob es gelingt, gedeihliche jüdisch-muslimische Beziehungen zu etablieren. Nach wie vor sind ja die großen Kirchen und ein großer Teil der Bevölkerung irgendwie der Meinung, daß dies ein christliches Land ist. Das ändert sich allmählich, es wird bald kein christliches Land mehr sein, jedenfalls kein ausschließlich christliches Land. Darauf muß man sich vorbereiten und die Interessen anderer Religionsgemeinschaften in diesem nun nicht mehr nur christlichen Deutschland wahrnehmen. Im Moment ist es leider noch so, daß bei dieser sich etablierenden Bewegung eines bewußt bundesrepublikanischen Islam nach wie vor türkisch-fundamentalistische Gruppen einen Einfluß haben, die zum Teil auch antisemitisch sind. Das muß man in den gegenwärtigen Auseinandersetzungen wahrnehmen. Das kann überhaupt kein Grund dafür sein, die Gleichberechtigung der Muslime im Religionsunterricht oder deren Kultur auch nur im mindesten zu beschneiden. Aber das muß man wissen.

Ich glaube, es wird auch für die jüdische Gemeinschaft nötig sein, mit den muslimischen Religionsgemeinschaften hierzulande ebenso in einen Dialog zu treten, wie man das mit den christlichen Kirchen getan hat. Dabei sind natürlich wir Juden wieder in einer besonders schwierigen Lage, weil wir einfach so wenige sind und daher gar nicht genügend Personal oder Personen haben, die sich an den entsprechenden Dialogen beteiligen können.

In den Achtzigern hast du mal öffentlich gesagt, für dich wäre ein Augenblick gekommen, dieses Land zu verlassen, wenn es ein gemeinsames Denkmal der Täterseite und der Opferseite gäbe. In gewissen Sinne ist die »Neue Wache« so etwas. Du bist immer noch hier, was hat dich deine Meinung revidieren lassen?

Also, meine Meinung habe ich eigentlich nicht revidiert, es sind die Zwänge des Lebens, das man führt, die mich hierbleiben haben lassen. Ich sagte damals, wenn ein solches gemeinsames Denkmal etabliert wird, kann man als Jude erhobenen Hauptes dort nicht mehr leben. Ich finde dieses Denkmal eine ästhetische, politische und religiöse Unmöglichkeit. Ich gebe eigentlich die Hoffnung nicht auf, daß die Wirkung dieses Denkmals einerseits durch das geplante Holocaust-Mahnmal aufgewogen wird, oder mehr noch, daß dieses völlig mißglückte Denkmal der »Neuen Wache« vielleicht eines Tages nur noch als eine baupolitische Kuriosität der Ära Kohl überwintern wird. So wie da in Ostberlin auch noch Denkmäler von Marx und Engels rumstehen. Aber das wird die Entwicklung der politischen Kultur zeigen.

Bitburg, Ära Kohl: In Bitburg wurden erstmals die deutschen Täter als Opfer gewürdigt. Der Historikerstreit kurz danach war auch schon wieder ein Versuch, die Täterschaft zu relativieren. Würdest du sagen, daß dieser Versuch, die Schuld und die Täterschaft der Deutschen zu relativieren, eine Konsequenz aus dem politischen Denken eines Helmut Kohl ist?

Das ist eine schwierige Frage. Ich glaube nicht, daß es eine Konsequenz ist, aber eine Folgerung, die naheliegt. Noch einmal: Ich bin davon überzeugt, daß Kohl ein glühender Europäer ist. Ich glaube aber auch, daß nur ein deutsches Vaterland, das mit sich selbst im reinen ist, auch ein gutes europäisches Land sein kann. Und mit sich selbst im reinen sein, heißt für Kohl nicht historische Kritik und Auseinandersetzung mit der Vergangenheit, sondern so etwas wie ein positives, patriotisches deutsches Bewußtsein zu entwickeln. In diesem Zusammenhang glaube ich nun in der Tat, daß Kohl viel daran lag, so etwas wie eine nationale Versöhnung über die Gräber hinaus anzustreben, das ist in der »Neuen Wache« Stein geworden. Darin äußert sich so ein tragisches Geschichtsbild angesichts des Todes aller: Schweigen wir und maßen uns nicht mehr an, zwischen Tätern und Opfern zu trennen. Dieses ist dann gottbefohlen. Das war die Kohlsche Konzeption, die aber in seinem Denken die Vorbedingung für das Europäischwerden Deutschlands werden sollte.

Würdest du sagen, daß sich für die Juden in Deutschland die Ära Kohl im nachhinein noch als eine positive Ära herauskristallisieren wird, im Gegensatz dazu, was es an Tendenzen unter Schröder zu sehen gibt?

Das glaube ich nicht, ich glaube, daß die Ära Kohl die Ära einer großen Täuschung war. Die Ära einer Täuschung, in der die jüdische Gemeinschaft nach Galinski, namentlich durch Bubis verkörpert, glauben konnte, eine wichtige, hervorgehobene Rolle im Spiel der deutschen Politik einnehmen zu können. Ich erinnere an die heute nur noch gespenstisch anmutende Debatte, daß Bubis einmal als möglicher Bundespräsident im Gespräch gewesen ist. Das muß man sich angesichts der Bubis-Walser-Debatte noch mal vor Augen halten und auf der Zunge zergehen lassen. Nein, das war die Ära einer Täuschung, in der die Juden in einer besonderen Art und Weise für eine neue Selbstbewußtseinsfindung und nun in der Tat instrumentalisiert worden sind. Wer die wesentlichen Politiker in der Frankfurter Paulskirche gesehen hat: Wolfgang Schäuble, Roman Herzog und Michael Naumann und wie positiv sie auf die Walserrede reagiert haben und wie ohnmächtig dort Bubis alleine in diesem vollen Saal gesessen hat, dem konnte gar nicht verborgen bleiben, daß das alles mehr oder weniger Täuschung und Oberfläche gewesen ist.

Inwiefern machst du da Bubis in dieser seiner Appease-ment-Politik auch einen Vorwurf?

Ich glaube, wie der damalige Vorsitzende der Jüdischen Gemeinde Berlin, Jerzy Kanal, daß es ein schwerer Fehler gewesen ist, an der

Einweihung der »Neuen Wache« so mitzumachen. Ich habe versucht, mich in die Köpfe der deutschen Politiker hineinzuversetzen, da entstand in mir so eine Floskel, die da lautet: Na ja, sehen Sie, der Herr Bubis, das ist doch jemand, mit dem man reden kann. Das ist das schlimmste, was einem Repräsentanten der kleinen jüdischen Minderheit in diesem Land passieren kann.

Heißt der Umkehrschluß: Mit Juden darf man nicht reden können, damit sie in ihrem politischen Sinn überhaupt wahrgenommen werden?

Ich glaube, daß jüdische Repräsentanten nicht die Aufgabe haben, populär zu sein, auch nicht unbedingt beliebt. Sie müssen öffentliche Debatten anspornen, wie das jetzt der Fall ist. Bubis hat ja mit seiner Widerrede gegen Walser eine ganz andere Rolle gespielt. Jetzt ist er widerborstig und kämpferisch und zwingt dieser Gesellschaft auf, sich mit ihren falschen Normalisierungsbestrebungen auseinanderzusetzen.

Ich danke dir für dieses Gespräch.

Cilly Kugelmann

»Kindergartensandkastenperspektive vom polnischen Stetl«

Während Berlin und München immer noch nicht wissen, wie ihr jüdisches Museum ausschauen, geschweige denn konzipiert werden soll, kann das Frankfurter Jüdische Museum bereits auf eine langjährige Geschichte zurückblicken. Still und leise, aber doch eindringlich und spannend, arbeitet dieses Museum kontinuierlich an der Darstellung jüdischen Lebens und jüdischer Kultur. Cilly Kugelmann ist seit Jahren an diesem Museum tätig und für zahlreiche Ausstellungskonzeptionen verantwortlich. Wir trafen uns zweimal, 1997 und 1998, zum Gespräch im Café des Museums. Eher zurückhaltend und scheu, ist sie in ihrer Meinung durchaus klar und dezidiert, und recht bald wird ihr tiefes politisches Engagement hinter ihrer ruhigen Art deutlich. In der Zeit unseres ersten Gesprächs bereitete sie gerade eine Ausstellung zur Geschichte der jüdischen DPs in Frankfurt vor – auch Cilly, ein Kind von DPs, hatte sich also der Aufarbeitung jüdischer Geschichte in Deutschland gewidmet, und wir tauschten natürlich etliche Informationen über Personen und Institutionen aus, die uns bei den Recherchen für unsere Projekte behilflich sein konnten.

Das Jüdische Museum in Frankfurt ist das erste eigenständi-ge jüdische Museum im Nachkriegsdeutschland. Wie kam es dazu?

Ich glaube, die Pläne für das Projekt reichen bis in die frühe Nachkriegszeit zurück. Es gab ja eine Kommission zur Erfor-schung der Geschichte der Juden in Frankfurt aus emigrierten Frankfurter Juden, Intellektuellen und Rabbinern. Das ist zwar schon sehr lange her, und bis zur Museumsgründung ist viel passiert, sind viele politische Wechsel in Frankfurt eingetreten, aber ich glaube, die Spuren führen zu dieser Kommission zurück.

Hatte das Museum eine Art Signalwirkung auch für das Da-sein der Juden in Frankfurt?

Eigentlich sehr wenig. Wenn man das vergleicht mit dem Jüdi-schen Museum in Wien, das etwas später entstand und von den Mitgliedern der jüdischen Gemeinden als ihr Haus akzeptiert wird, ist hier doch große Distanz spürbar. Es gibt nur wenige Mit-glieder der Jüdischen Gemeinde, die sich hiermit identifizieren und hierher kommen.

Woran liegt das?

Ich weiß es nicht. Vielleicht einmal, weil es in Deutschland ist und eine Einrichtung der Stadt Frankfurt und nicht der Jüdischen Ge-meinde. Zum anderen mag es daran liegen, daß der Anteil deut-scher Juden hier sehr klein ist. Es haben sich hier viele polnisch-jüdische Überlebende niedergelassen, die wenig Bezug zur Geschichte der Juden in Deutschland oder zu Frankfurter Juden haben.

Mit welchen Zielen seid ihr hier angetreten, was wolltet ihr hier erreichen?

Die Idee war, der Stadt Frankfurt die Geschichte ihrer Juden zu zeigen. Diese Geschichte ist eine in jeder Beziehung ungewöhnli-che Geschichte. Es gibt ältere Gemeinden als die Frankfurter, aber ab dem ersten Jahrhundert gibt es Nachweise über die Ansiedlung von Juden hier. Frankfurt jedoch ist seit dem 11. bis ins 20. Jahr-hundert permanent eine bedeutende jüdische Gemeinde gewesen. Diese ungewöhnliche Geschichte zu zeigen, als Beispiel für eine deutsch-jüdische Gemeinde, das war die Aufgabenstellung dieses Museums.

Wer ist der Adressat für den du arbeitest, wer kommt hier-
her?

In erster Linie ein deutsches Publikum. Schulen, Schulklassen, die
zu Führungen hierher eingeladen werden. Im Sommer werden
wir auch viel von amerikanischen Touristen besucht, und ich denke, daß das eher jüdische Touristen sind. Aber unser Hauptadres-
sat ist das deutsche Publikum.

In der öffentlichen Diskussion wird Judentum immer mit
dem Holocaust identifiziert. Könnt ihr dem mit dem Muse-
um entgegenwirken und zeigen, daß jüdische Geschichte
auch etwas anderes ist?

Also, bei der Konzeption des Museums tauchte diese Frage natürlich auf: Was machen wir mit der Kriegszeit? Das Haus, in dem
wir uns befinden, war ja nicht als Museum gebaut, sondern war
ursprünglich ein Wohnhaus, in dem ein später Zweig der Frankfurter Rothschilds lebte, und wir überlegten: Was wird hier präsentiert, wie wird die Zeit des Holocaust miteinbezogen?

Wir wollten das einreihen, einbetten in die Geschichte der Juden in Deutschland. Die Überlegung war, wenn man sich mit dem
Holocaust in einem Museum befassen will, ist das so anspruchs-
voll, daß man eigentlich ein ganzes Museum haben müßte, um
das halbwegs vernünftig zu begründen und aufzuzeichnen, was
dazu geführt hat. Das war nicht möglich. Wir haben uns deshalb
darauf beschränkt, die juristische Seite der Entrechtung der Juden
in Frankfurt zwischen '33 und '41 zu zeigen, bis zu Beginn der
großen Deportation. Wir sind kein Holocaust-Museum, es ist eine
bewußte Entscheidung, dem Publikum zu zeigen, daß es vor dem
Holocaust und nach dem Holocaust eine Jüdische Gemeinde gibt.

Es gibt ja schon berühmte jüdische Museen in Europa. In-
wiefern arbeitet ihr international zusammen?

Es gibt einen Verbund jüdischer Museen der Welt, es gibt regelmäßige Treffen, wo Erfahrungen ausgetauscht werden. Die nationalen Bedingungen für die Museen sind sehr unterschiedlich. In
den USA sind sie beispielsweise in erster Linie Museen von Juden
für Juden, die zwar auch ein nichtjüdisches Publikum ansprechen
wollen, aber wenn man sich ansieht, wer in diesen Museen arbeitet und wer sie besucht, hat man doch den Eindruck, daß man sich
in einer ethnisch geschlossenen Welt befindet. Und das ist hier in

Europa völlig anders, das gilt für Amsterdam, Frankfurt und für Paris sicher auch.

Es gibt im Judentum den Grundgedanken des »Zachor« – »Erinnere dich« – als Teil der religiösen Tradition. Führt ihr mit eurer Museumsarbeit einen Teil dieser religiösen Tradition fort, sozusagen in einer moderneren Variante, oder distanziert ihr euch davon eher?

Ich persönlich – und ich kann nur für mich reden – würde schon sagen, daß ich meine Arbeit in dieser Tradition sehe. Das liegt einfach an meiner Familiengeschichte, hängt also mit dem Holocaust und dem Schicksal meiner Eltern zusammen. Aber ich würde das nicht als Programmatik für das Museum an sich interpretieren. Ich denke andererseits, daß die politische Willensbildung, die dazu führte, daß solche Einrichtungen entstehen, natürlich einem Erinnerungsgebot folgt, sonst wären viele Projekte, auch die Synagogenprojekte, gar nicht denkbar.

Deine Biographie. Wie bist du zu deiner Arbeit gekommen?

Ich bin relativ spät dazu gekommen, und ich glaube, damit stehe ich nicht alleine. Als Kind und Jugendliche hat mich das wenig interessiert oder ich war mir wenig darüber bewußt. Mal abgesehen von der spezifischen Atmosphäre zu Hause, wo vieles unausgesprochen blieb. Sehr spät erst habe ich angefangen, mich mit Literatur zur Geschichte der Massenvernichtung zu beschäftigen. Aber nach zehn Jahren fand ich das so deprimierend, daß ich das nicht weiterführen wollte. Ich habe mich dann auf die Zeitgeschichte konzentriert. Und zwar auf die Zeit nach der Befreiung der KZs, auf die Geschichte der Wiederbegründung der jüdischen Gemeinden nach dem Zweiten Weltkrieg. Diese Zeit birgt doch etwas mehr Optimismus in sich als die Geschichte bis '45.

Wo waren deine Eltern während des Krieges?

Meine Eltern haben die typische »Tour de Pologne« – so wie ich das nenne – mitgemacht. Sie waren im Ghetto und dann in mehreren Konzentrationslagern, beide haben überlebt und sind in Dachau und Bergen-Belsen befreit worden.

Glaubst du, daß du mit der Arbeit, die du hier machst, auf eine jüngere Generation der Jüdischen Gemeinde Einfluß nehmen kannst?

Auf eine jüngere Generation von Juden, das glaube ich weniger, auf eine jüngere Generation von Schülern, dem würde ich eher zustimmen.

Warum nicht auf Juden?

Ich glaube, die jüdischen Gemeinden sind so klein und so mit eigenen Problemen konfrontiert, auch die jüngeren Mitglieder, daß sie die Lässigkeit und die Distanz zur eigenen Familiengeschichte noch gar nicht aufbringen können, um sich mit Neugierde einem Thema zu widmen, das mit ihren Lebensproblemen sehr wenig zu tun hat.

Du sagst, du hast Einfluß auf Schüler, welche Reaktionen kriegst du von denen?

Durchweg positive Reaktionen. Was nicht leicht ist, weil die Schüler ja nicht selber entscheiden, wo sie hingehen, sondern die Lehrer das für sie tun. Für uns ist das natürlich eine Chance, auch die Schüler gegen ihren Willen neugierig zu machen, was sie vielleicht nicht erwartet haben.

Wie bringst du das Thema dieser jungen Generation überhaupt nahe?

Ich glaube, es ist wichtig, sich mit der Geschichte der Juden zu beschäftigen, so als hätte es den Holocaust nicht gegeben, ohne zu leugnen, daß es ihn gegeben hat. Also auf Fragen zu kommen, die auf geschichtliche Zusammenhänge neugierig machen, ohne eine moralische Bewertung gleich mitzuliefern. Ich denke, darin liegt die große Chance. Den Schülern zu vermitteln, wie interessant die Geschichte einer Minorität in Deutschland sein kann, ohne daß man gleich auf die Massenvernichtung zu sprechen kommt, die das alles zuschütten würde, was wir an interessanten Informationen anbieten können.

Aktuelles Diskussionsthema: Holocaust-Mahnmal Berlin. Es gibt auch jüdische Stimmen dagegen, was hältst du davon?

Meine Haltung zu einem Holocaust-Mahnmal in Deutschland ist: Es ist kein jüdisches Business. Wenn deutsche Initiativen, privat oder politisch ein Holocaust-Mahnmal initiieren wollen, dann ist das ihr Problem und ihr Projekt. Was soll ich, was sollen andere Juden damit zu tun haben? Und ich finde es absurd, daß der Zentralrat der Juden die Stelle eines Denkmalsbeauftragten ins Leben gerufen hat, um da mitzudiskutieren. Ich halte das für absurd.

Wie beurteilst du die innerdeutsche Diskussion um dieses Denkmal?

Die innerdeutsche Diskussion bewegt sich zwischen der Initiativgruppe, die meint, die Bundesrepublik sollte ein nationales Mahnmal haben, das an den Völkermord an den Juden erinnert, bis hin zu solchen Kreisen, die denken – wenn ich sie interpretieren will – es gibt keine Nation, die ein Denkmal für kriminelle Taten für sich geschaffen hat.

Gibt es in dieser Diskussion Verdrängungsmechanismen?

Es sind keine Verdrängungsmechanismen. Es sind unterschiedliche Perspektiven auf die Frage: Wie geht man mit so einer historischen Hypothek um? Die einen wollen diesem Ereignis einen ästhetischen oder Mahnmalausdruck geben, und die andere Seite hat andere Argumente und meint, das sollte man in der Schule oder sonstwo tun, aber nicht in Form eines Mahnmals. Ich denke, dazwischen bewegt sich das. Auf der einen Seite kann ich den Wunsch nach einem Mahnmal sehr gut verstehen, weil das ja auch ein öffentlicher Ausdruck einer Position zu einem bestimmten historischen Ereignis ist. Auf der anderen Seite wissen wir, daß solche Mahnmale, wenn sie älter sind – wir müssen nur uns betrachten, wie wir Mahnmale aus dem Ersten Weltkrieg sehen – merkwürdig in eine Sphäre der Nichtbeachtung abgleiten.

Das bedeutet, wenn ich interpretieren darf, daß der gigantomanische Aspekt des Mahnmals seine Berechtigung hätte, denn an so einem riesigen Denkmal können auch zukünftige Generationen nicht einfach vorbeigehen?

Das könnte so aussehen, was die Ausmaße anbetrifft. Das käme jetzt auch darauf an, was für ein Mahnmal das ist, wie das im einzelnen gestaltet wird, was für Fragen es aufwirft. Ich finde es deshalb interessant, denn es gibt, wie gesagt, keinen historischen Vorläufer für so eine Geschichte. Man kann hinschauen wo man will: Für kriminelle Taten einer Gesellschaft hat sich noch keine Gesellschaft ein Mahnmal gebaut. Das wäre historisch einmalig. In dieser Hinsicht finde ich das Mahnmal schon ein sehr interessantes Objekt.

Bei den Entwürfen, die momentan zur Diskussion stehen, würdest du da sagen, daß sie die Taten tatsächlich adäquat repräsentieren? Bei der Grabplatte sagte man ja, daß man

sich da mit den Opfern identifiziert, nicht mit den Tätern.
Findest du das heute besser gelöst?

Also, bei dem einen Entwurf, der mir am besten gefällt, finde ich das schon besser gelöst. Ich finde, eine berechtigte Kritik an diesen Mahnmalsprojekten und auch an dem Berliner Mahnmal hat mit der Frage zu tun: Wie stellt man eigentlich das eigene kriminelle Verhalten in Stein gehauen oder in anderen Materialien dar? Und da weicht man dann aus auf Modelle, die im Grunde genommen für die jüdische Gemeinde angemessen wären. Das heißt, die eigenen Toten zu betrauern, das ist etwas, was eigentlich einer jüdischen Gemeinde vorbehalten sein sollte und was diese ja auch tut. Die Mördergesellschaft hat eine andere Perspektive, die mit Verantwortung oder Verantwortlichen zu tun hat. Und das kann vielleicht in den Mahnmalen gar nicht wirklich ausgedrückt werden. Das Mahnmal von Jochen Gertz finde ich deshalb so interessant, weil es weder die eine noch die andere Perspektive aufgreift, sondern im Grunde die Frage stellt: Wie ist das passiert und warum ist es passiert? Die Antworten, die wir heute darauf haben, werden sich von denen unterscheiden, die vielleicht in 20, 30 oder 40 Jahren darauf gegeben werden. Und wenn man das alles sammelt, ist das ein bewegliches Mahnmal mit einer forschenden Perspektive, und das leuchtet mir bei diesem Konzept ein.

Du sagst, daß dieses Mahnmal keine jüdische Stimme braucht, weil es eine Idee der Tätergesellschaft ist. Abgesehen von Yad Vashem, das für den Staat Israel Bedeutung hat, gibt es mittlerweile das Holocaust Memorial in Washington. Auch da gibt es Kritik an dem Museum: Warum stellen sich die Juden immer als Opfer dar? Was hat Amerika mit dem Holocaust zu tun? Ich gebe die Frage an die jüdische Ausstellungsmacherin in Deutschland weiter: Wäre es dementsprechend nicht angebracht für die jüdischen Gemeinden zu sagen, wir wollen ein Holocaust Memorial in Deutschland?

Also die jüdischen Gemeinden für sich?

Nein, für diese Gesellschaft.

Für diese Gesellschaft. Das würde eine sehr starke Identifikation der jüdischen Gemeinden und ihrer Mitglieder mit der deutschen Gesellschaft voraussetzen. Bis auf eine ganz schmale Schicht von hier lebenden Juden – einschließlich vielleicht einiger Mitglieder des Zentralrats der Juden in Deutschland – ist das jedoch noch nicht so. Das wird vielleicht in 100 Jahren soweit sein. Insofern denke ich, stimmen die Voraussetzungen für so einen Wunsch heute überhaupt nicht.

Anders in den USA, wohin Juden nach dem Krieg ausgewandert sind, wo sie eine neue Heimat gefunden haben und in dieser neuen Heimat nicht an die Vergangenheit erinnert werden. Und dort sagen sie, wir sind an einen neuen Ort gekommen, haben ein neues Leben gefunden, und jetzt wollen wir uns an unsere Angehörigen erinnern, die umgekommen sind in dieser schrecklichen Katastrophe. – Das ist eine ganz andere Ausgangssituation als in Deutschland.

Ich verstehe dein Argument. Aber wäre nicht gerade dies, weil ein Großteil der Juden sich noch nicht mit dieser Gesellschaft identifizieren kann, ein Anlaß für so einen Wunsch?
Man könnte ja auch das Gebiet des ehemaligen deutschen Reiches als einen Boden bezeichnen, der voll ist mit Wunden, die dieses Erinnerungsgebot evozieren. Ich glaube, das ist auch einer der Unterschiede für die Juden gewesen, die nach dem Zweiten Weltkrieg in Deutschland geblieben sind: Sie sind dauernd und permanent erinnert worden – ob sie es wollten oder nicht.

Man braucht hier kein Mahnmal, kein Museum, weil diese ganze Republik eines ist. So würde ich das sehen.

Frankfurt 1985, das berühmte Fassbinder-Stück. Wie hast du damals die Situation beurteilt: Spielen oder nicht spielen? Und wie stehst du heute dazu?
Also, ich habe damals nicht zu den Bühnenbesetzern gehört und auch nicht zu dem Teil der Jüdischen Gemeinde, die fand, das Stück solle nicht aufgeführt werden. Das liegt nicht daran, daß mir Fassbinder so sympathisch war. Ich fand die Filme, die er davor gemacht hat in einer sehr interessanten Weise problematisch. Jedenfalls bin ich der Meinung, daß es erhellender ist, wenn die Dinge auf die Bühne kommen und dann diskutiert werden. Und sowohl zu dem Stück wie auch zu der Inszenierung, die es nie gegeben hat, hätte man viel sagen können. Das sehe ich heute noch genauso.

Glaubst du denn, daß diese Bühnenbesetzung, an der auch

einige der älteren Generation beteiligt waren, auch ein Akt
der jüdischen Emanzipation war?

Was ich an dieser Bühnenbesetzung so bemerkenswert fand, ist,
daß die jüdische Gemeinschaft, nehmen wir mal die in Frankfurt,
einen ganz starken Wunsch hat, unsichtbar zu bleiben. Und in
diesem Stück sollte ein Teil ihrer vermeintlichen Geschichte auf
die Bühne kommen. Nun entstand die paradoxe Situation, daß sie
um ihrer Unsichtbarkeit willen ins Rampenlicht traten und darum kämpften, daß dieses Stück nicht aufgeführt wurde.

Hat sich aufgrund dieser Aktion innerhalb der jüdischen Ge-
meinde in dem Bewußtsein oder Wunsch nach Unsichtbar-
keit etwas verändert?

Ich glaube, es war eine Art *coming out*. Vielleicht hat es, *on the*
long run, zu etwas mehr Selbstbewußtsein geführt. Aber ich glaube, im Moment ist die jüdische Gemeinde in ganz Deutschland so
sehr im Umbruch durch die Zuwanderung der russischen Juden,
daß wir eigentlich zu einem Ausgangspunkt zurückkehren, wie
nach 1945, als das, was deutsches Judentum war, kaum noch vorhanden war.

Wir stehen doch heute vor einer Situation, in der über die Hälfte der Mitglieder der jüdischen Gemeinden Zuwanderer sind. Es
gibt Städte, in denen russische Juden 70, 80, bis zu 90 Prozent der
Mitglieder stellen. Das heißt: das bundesrepublikanische Judentum, wie es zwischen '45 und '95 entstand, verändert sich völlig.
Aber wie sich das verändern wird, darüber wage ich überhaupt
keine Prognose zu stellen.

Das Jahr '67 war einschneidend für einen ideologischen
Wechsel beim SDS. Bis dahin war Israel nicht so ein wichti-
ges Thema, durch den Sechs-Tage-Krieg wurde es das aber
schlagartig. Wie hast du das erlebt?

Ich war in der Zeit in Israel, nicht in Deutschland, habe dort studiert, war Zionistin und bin nach dem Abitur ausgewandert.
'68/'69 da hieß es, ein deutscher Revolutionsführer, Cohn-Bendit,
komme nach Israel. Es hieß, er habe rote Haare. Aber viele israelischen Studenten haben auch rote Haare, die Gingis ...

Im nachhinein würde ich sagen: Für die in der Nachkriegszeit
geborenen Generationen, Juden wie Deutsche, war es die erste
Möglichkeit, sich miteinander über gemeinsame gesellschaftspo-

litische Ziele zu verständigen. Dies hing auch damit zusammen, daß diese Generation der Studentenbewegung sich gegen die Kontinuität von Nazis in der deutschen Gesellschaft zur Wehr gesetzt hat. Also Lehrer, Richter, Uni-Professoren. Diese Stoßrichtung, daß das Wirtschaftswunder durch die Duldung alter Nazis in der öffentlichen Sphäre erkauft wurde, dagegen gab es einen starken Impuls, da sah man Gemeinsamkeiten.

Wo brach das dann auseinander?

Das hatte mit den antiimperialistischen Motiven der Studentenbewegung zu tun.

Wie hast du die Auseinandersetzung mit den Leuten erlebt?

Da ich weniger in diesen politischen Organisationen engagiert war, habe ich keine persönlichen Erfahrungen gemacht. Aber wenn ich versuche, das zu beschreiben, dann ist da etwas, was bis heute anhält: Ein fundamentales atmosphärisches Unverständnis bestimmten Phänomenen gegenüber. Ich kann das nur so abstrakt sagen.

Was für Phänomene?

Es gibt einen affektiv unterschiedlichen Zugang zu bestimmten Bewertungen politischer Ereignisse wie der Massenvernichtung und den Konsequenzen der Debatten aus der Nachkriegszeit. Wenn wir die Martin Walser-Geschichte nehmen, die Rede in Frankfurt und die Reaktionen darauf und Dohnanyis Text in der *FAZ*, wo er zu dem Ergebnis kommt, Juden und Deutsche sehen das Problem ganz anders, und man muß das trennen – dann ist daran etwas wahr und gleichzeitig falsch.

Es ist wahr, daß es einen affektiven Unterschied gibt, diese Dinge zu betrachten, und daß man sicher auch andere Perspektiven beachten sollte, aber man müßte natürlich auch zu einem objektiv geteilten Urteil kommen.

Glaubst du, daß die Tendenz, die Walser vorgibt – es gab ja schon Versuche, den Holocaust anders zu beurteilen, Stichwort Historikerstreit Ende der achtziger Jahre –, sich in der BRD breitmacht?

Das ist vermutlich ein Generationsproblem. Walser gehört noch zur Generation der Hitlerjugend, ich glaube nicht, daß Leute, die 30 oder 40 sind oder jünger, das so sehen. Interessant bei Walser ist, daß er eine sehr persönliche Sphäre ausmacht, in der man mit seinem Gewissen zurechtkommen muß, und jede öffentliche Sphäre der Zeichensetzung leugnet, ich denke das hängt auch mit dem Holocaust-Mahnmal in Berlin zusammen. Daß er meint, mit seinem Gewissen kann man nur privat fertig werden, und auf der Ebene auch nicht abstreitet, daß es da etwas gibt, was mit dem Gewissen auszumachen ist, aber eine öffentliche Dimension dieser Geschichte ablehnt und dann in dieser negativen Weise charakterisiert. Das ist genau das Problem, das ich meine. Gesellschaft bedeutet natürlich auch eine öffentliche Form der Auseinandersetzung. Niemand würde schließlich im Kontext des Kaiserreichs argumentieren, daß ein Denkmal von Wilhelm II. nicht geht, weil man sich mit Wilhelm nur persönlich auseinandersetzen kann. Was diese Zusammenhänge betrifft, gibt es immer wieder Mißverständnisse und die waren damals schon angelegt.

Die jüngere jüdische Generation ist die erste nach dem Krieg, die sich politisch engagiert und zum linken Spektrum gehört. Was heißt es für Juden, in Deutschland links zu sein?
Ich glaube, ich muß zu einem anderen Punkt zurückkommen: Für uns, die wir selbst zu dieser Generation gehören, war die Auseinandersetzung mit Israel und dem Zionismus eine wichtige biographische Auseinandersetzung, die zu einer großen Distanz zu dem verschwommenen affektiven Zionismus, mit dem wir aufgewachsen sind, geführt hat. Das war für uns biographisch wichtiger als die Konfrontation mit anderen Gruppen. Dazu gehört auch die Distanzierung von einem Staat, der für uns weit mehr war als ein Staat, in den man auswandern kann – es war wie eine Familienmitgliedschaft. Nun hat auf vielen Ebenen, emotional, intellektuell, politisch, eine Distanzierung stattgefunden. Das hat uns viel mehr beschäftigt als die Auseinandersetzung mit anderen deutschen Parteien.

Es war also weniger eine Auseinandersetzung mit der deutschen Linken oder den Parteien als eine mit den Eltern?
Für mich war das so. Für andere kann das anders gewesen sein.

Wie sah das für dich aus?
Wir sind ja aufgewachsen in Deutschland mit diesem Gefühl, wir wandern irgendwann aus, es gab auch konkrete Vorhaben. Mein Vater war kein geschickter Kaufmann, ging viermal bankrott, kam immer wieder auf die Beine. In den fünfziger Jahren verfiel

er dann auf die Idee, in Israel eine Eisfabrik zu kaufen, ohne daran zu denken, daß ein halbes Jahr später Eisschränke eingeführt werden könnten. Und er ist pleite gegangen, bevor die Familie auswandern konnte. Man hat zwar in Deutschland gelebt und Geschäfte gemacht, die Kinder in die Schule geschickt, aber die Zielrichtung war klar. Es gab eine starke Trennung zwischen Binnen- und Außenwelt. Die Binnenwelt war über Religion und Tradition und natürlich auch über ein sehr idealisiertes Bild von einem jüdischen Staat eingefärbt. In den sind wir dann auch ausgewandert und sind dort mit der Realität der Genese des Staates, aber auch mit der Realität der Gesellschaft, wie sie damals gestrickt war, konfrontiert worden, und das paßte wie immer nicht zur Utopie, die man sich gemacht hatte. Daran haben wir uns abgearbeitet.

Als ich nach Deutschland zurückkam, war das eher ein Konflikt zwischen den Leuten, die meine Erfahrung teilten und den jüdischen Gemeinden, die natürlich – insoweit sie sich nicht der Gefahr aussetzten, die Utopie zu überprüfen – an den alten utopischen Vorstellungen festhielten. Das war unser großer Konflikt und der hatte natürlich nur am Rande mit den Ereignissen der Studentenbewegung zu tun.

Was meinst du mit abarbeiten, mit Utopie und Realität?
Meine persönliche und ganz naive Sichtweise ist durch solche Bücher und Filme wie *Exodus* und andere entstanden. Ich hatte mir Israel vorgestellt wie eine Art osteuropäisches Ghetto, aus dem meine Eltern kommen, ohne die ganze soziale Kontrolle, die ich gar nicht kannte, ohne den Schmutz, den Neid und die Konkurrenz, sozusagen eine Kindergartensandkastenperspektive vom polnischen Stetl, eine Heimat für identitätsgeschädigte Juden. Die Realität in Israel war ganz anders. Als wir auswanderten, gab es in Israel eine fundamentale Wirtschaftskrise, das Essen war von schlichtester Natur, der Sechs-Tage-Krieg stand unmittelbar bevor, es war eine sehr autoritäre Gesellschaft, sehr hart, sehr uncharmant und unspielerisch – eben so, wie Gesellschaften sind, die von permanenten Kriegen bedroht sind, wo jeder Mann und jede Frau in dieses System eingebunden ist und Abweichungen nicht zugelassen sind. Es war einfach nicht so, wie wir uns das vorgestellt haben, und dann entdeckte man den politischen Hinter-

grund, daß es palästinensische Siedlungen gab, die jüdischen Siedlungen weichen mußten, daß da eine Politik der Härte regierte, die natürlich für diese Staatsgründer folgerichtig, aber für uns, die wir mit sehr naiven, liberalen Vorstellungen dahin kamen, emotional schwer verkraftbar war.

Hat diese Erfahrung bei der Rückkehr das Verhältnis zu Deutschland geändert?

Es hat sich verbessert, interessanterweise, weil ich nun einen realistischeren Zugang zu dieser Gesellschaft bekam. Ich hatte zum ersten Mal überhaupt Kontakt mit Deutschen. Als Schülerin war ich in der Schulinsel und hatte natürlich meine Freunde. Aber mein eigentliches Leben fand außerhalb der deutschen Gesellschaft statt. Und das hat sich natürlich während meines Studiums hier geändert.

Du lebst in Frankfurt, kommen wir jetzt zum »Westend«. Wie hast du die Auseinandersetzungen, die durchaus antisemitische Züge hatten, erlebt, wo machte sich der Antisemitismus bemerkbar?

Die Geschichte des Westends ist so spannend wie unbekannt in ihrer Genese. Die Entwicklung begann schon früh in den fünfziger Jahren, um Frankfurt als Standort für Banken wirtschaftlich ins Spiel zu bringen. Bebauungspläne mit verschiedenen Möglichkeiten für potentielle Bauherren zeigen dies. Bekannt ist, daß einige exponierte Bauherren Mitglieder der Jüdischen Gemeinde waren. Und in der Art, wie sie Häuser kauften und entmieteten, zum Teil auch mit sehr brutalen Mitteln vorgegangen sind. Problematisch war die Berichterstattung über diese Phänomene, die antisemitisch gefärbt war. Insofern, als der Sprachgestus in den Zeitungen nicht von Herrn XY sprach, der dieses Grundstück mit fragwürdigen Methoden entmietet, sondern es hieß, der Jude XY macht das. Da wurde ein Unterschied gemacht zwischen jüdischen und nichtjüdischen Bauherren – Bubis hat das in einem *Spiegel*-Interview damals auf die geniale Formulierung gebracht: »Ihr könnt mich einen Spekulanten nennen, aber wenn ihr mich einen jüdischen Spekulanten nennt, ist das eine antisemitische Aussage.« – Damit ist das gut beschrieben.

Cohn-Bendit warf Bubis im selben Interview vor, daß seine Spekulationsinteressen zu einem jüdischen Interesse

*machte und in seiner Funktion später als Vorsitzender der
jüdischen Gemeinde sein Privatinteresse mit seinem öffentlichen Interesse verband.*

Das kann ich schwer beurteilen. Es kommt natürlich immer vor,
daß man bei jemanden, der Funktionen bekleidet, nicht so scharf
unterscheiden kann zwischen dem, was für die Institution und
dem, was für das Private getan wird, besonders, wenn beides mit
Grundstückserwerb und Häuserbau zu tun hat. Da würde ich keine Hypothese wagen, weil ich die Zusammenhänge nicht genauer
kenne.

*Hast du oder hat die Jüdische Gemeinde zu der Zeit ver-
mehrt antisemitische Angriffe erlebt oder hat sich das nur
auf die Spekulanten konzentriert?*

Also, ich sicher nicht, aber die Jüdische Gemeinde hat sehr empfindlich darauf reagiert. Das ganze fand ja in einer Phase statt, das
darf man auch nicht vergessen, in der ein starkes Angstgefühl – ge-
steigert bis zur Paranoia – vor palästinensischen Anschlägen
herrschte. Es war die Zeit der großen Terroranschläge, so daß die
jüdischen Gemeinden ohnehin im Alarmzustand waren. Der Effekt der Zeitungsrezeption der Spekulationsphase in Frankfurt
war, daß die jüdischen Gemeinden viel antisemitische *hate mail*
bekamen, allerdings nicht von Leuten, die daran unmittelbar beteiligt waren. Aber immer dann, wenn so ein Thema in der Öffentlichkeit auftaucht, gibt es viele Leute, die anonyme Briefe schreiben.

*Die Fassbinder-Affäre '85 war ja indirekt auch mit dem
Westend verbunden. Wie beurteilst du die Reaktion der Jüdischen Gemeinde mit Bubis als Vorsitzendem, die Aufführung zu verhindern?*

Über die Unauffälligkeit, ja Unsichtbarkeit habe ich ja schon gesprochen. Und die Argumente, daß das Stück antisemitisch sei,
haben andere nachgeliefert. Ich glaube, es ging weniger um das
Stück als Stück, als darum, daß wieder eine Phase der Fünfziger
und Sechziger aufgerollt wurde, die man auf keinen Fall, wie auch
immer, diskutiert sehen wollte.

Die Jerusalem Post *hat als Reaktion auf dieses erste öffentliche bewußte Reagieren einer jüdischen Gemeinde in
Deutschland schlagartig nicht mehr von Jews in Germany,
sondern von German Jews gesprochen. Zufall?*

289

Es war natürlich ein bewußtes Einmischen in die Lokalpolitik, ohne daß man darüber so etwas wie eine deutsch-jüdische Gemeinsamkeit herstellen wollte. Aber als Nachhall hat das natürlich diese Dimension bekommen. Man mischt sich nur irgendwo ein, wenn man mit den Verhältnissen unzufrieden ist, wenn man aber auch weiterhin dort leben möchte. Das heißt, die Bühnenbesetzung war in der Folge auch eine nichtintendierte Aussage darüber, daß Juden hier leben und sich Bedingungen in einer Stadt schaffen wollen, unter denen sie leben möchten.

Wie erlebtest du die Auseinandersetzung zu dieser öffentlichen Problematik?

Da gab es, wie immer, wenn solche Konflikte auftauchen, sehr verquere Haltungen von Leuten, die das Stück aufgeführt oder nicht aufgeführt sehen wollten. Da kommen immer sehr eigene, durch die Biographie zustandegekommene Haltungen ins Spiel. Aber besonders bei jenen, denen es um die Wahrung der Kunst ging, da war ich mir nicht ganz sicher, ob da nicht auch sehr viele Ressentiments dabei waren.

Die wollten sagen, nicht das Fassbinder-Stück an sich, sondern dieser Teil der Geschichte soll endlich mal veröffentlicht werden, nämlich der Anteil der Jüdischen Gemeinde an der Grund- und Bodenspekulation in Frankfurt. Wobei das Stück das ja nur am Rande behandelt; Fassbinder hat in seinen Filmen und Theaterstücken eine interessante, verquere, sicher auch antisemitisch gefärbte Auseinandersetzung mit diesem Nachkriegsdeutschland provoziert. Die finde ich durchaus diskussionswürdig.

Es gibt zwei Untersuchungen, die sich mit dem Fassbinder-Phänomen auseinandersetzen, und zwar über das Bild der Juden in seinem Werk: Die Einstellung ist die Einstellung von Gertrud Koch und Kitsch und Tod von Saul Friedländer. In beiden Büchern wird nachgewiesen, daß es durchaus eine Kontinuität antisemitischer Darstellung der jüdischen Figuren bei Fassbinder gibt. Würdest du sagen, daß der reiche Jude im Stück antisemitisch dargestellt ist?

Es ist sicher ein antisemitischer Topos, das ist in der Literatur ausgiebig dargestellt worden. Das ist es aber nicht, was mich an Fassbinder in erster Linie interessiert. Wenn ich das ernst nehme, was er zu diesen Themen gemacht hat, *Das Jahr mit 13 Monden* und

Lili Marlen, muß ich sagen, daß er doch einer der ganz wenigen Kulturschaffenden in der Nachkriegszeit war, der ein Gespür für diese Belastung durch die Massenvernichtung hatte. Er hat zwar sehr unbewußt oder vorbewußt mit antisemitischen Stereotypen gearbeitet, aber er hat diese Fragen immerhin thematisiert. Das finde ich interessanter als mich mit einer Antisemitismusanalyse auf die Stücke zuzubewegen. Viel anregender ist doch die Form der Auseinandersetzung, besonders in dem Film *Ein Jahr mit 13 Monden*, wo im Grunde der jüdische Überlebende als moralischer Täter dasteht, der den Deutschen etwas antut, und die Deutschen dann als Opfer stilisiert werden.

Hast du in ähnlicher Intensität – wie in Fassbinders Filmen – etwas in der deutschen Kultur in den neunziger Jahren gesehen?

Nein, so eine Form der Auseinandersetzung wie bei Fassbinder gibt es heute, so weit ich das beurteilen kann, nicht mehr.

Warum?

Ich glaube, die Probleme sind andere geworden. Wir haben uns sehr weit davon weg bewegt. Mit der Ausstrahlung der Fernsehserie »Holocaust« hat es eine viel direktere Konfrontation mit den Auswirkungen der Massenvernichtungen auch in seinen psychischen Facetten gegeben. Nicht, daß es nicht immer noch Details zu erforschen gibt, aber es ist eigentlich gesellschaftlich verankertes Wissen geworden. Auch diese Schärfe in der Auseinandersetzung kann es heute so nicht mehr geben, die Zeiten haben sich geändert.

Da würde ich widersprechen, wenn ich an die Reaktionen auf Schindlers Liste *oder* Goldhagens Buch *denke, da scheint es gerade in der jüngeren Generation ein starkes Bedürfnis nach Auseinandersetzung zu geben, die Medien waren ja voll davon.*

Dennoch glaube ich, es sind einfach andere Themen, die heute wichtig sind. Es ist schon richtig, daß Goldhagen viel Aufsehen erregt hat, aber ich denke, das hängt sehr viel mit der Rezension zusammen, die im Kontext dieses Buches erschienen ist. Und nach meiner Beobachtung waren die Leute, die das Buch negativ kritisiert haben, Historiker und historische Journalisten in den Zeitungen, in den Fernsehrunden, die alte Garde der deutschen Gesellschaft, die noch Dinge verteidigen wollten, die jenseits dessen liegen, was die jüngere Gesellschaft heute interessiert. Und die Leute, die ihm applaudiert haben, das waren Tausende von jungen Deutschen, die in die Veranstaltung gegangen sind und im Grunde seine Lesart für richtig befunden haben.

Die Debatten haben sich auf ganz unterschiedlichem Niveau abgespielt, in ganz unterschiedlichen gesellschaftlichen Kreisen. Ich denke, wenn etwas skandalisiert wird, wie bei der Wehrmachtsausstellung, dann entsteht eine große Neugier, von der ich nicht sicher bin, in welche Richtung sie geht. Ob das was mit einem moralischen Urteil, mit historischen Erkenntnissen zu tun hat oder eher mit Sensationslust, kann ich nicht sagen. Aber ich glaube, daß die jüngere Generation das Wissen und das Urteilsvermögen darüber hat, daß nicht nur die NSDAP und Teile der Wehrmacht, sondern auch große Teile der Bevölkerung in diesen Prozeß involviert waren, da gibt es, glaube ich, heute keine großen Differenzen mehr. Nicht als konkretes gesellschaftliches historisches Wissen, sondern als Einschätzung, daß das so war. Ich glaube, da gibt es heute keine wirklichen Kontroversen mehr.

Wie interpretierst du das Phänomen des Erfolgs der ganzen Dokumentationsfilme – Guido Knopp, PrimeTime? Und wie die Tatsache, daß die Diskussion um die Vergangenheit sich verlagert hat von einer linken Diskussion, wie das in den sechziger und siebziger Jahren der Fall war, hin zu einer bürgerlichen Mitte, die sich politically correct *verhält?*

In den sechziger Jahren gab es eine sehr schematische Diskussion um den Nationalsozialismus, über die Spielart des Faschismus, da hat der Holocaust, also die Massenvernichtung, keine sehr große Rolle gespielt. Ab Ende der siebziger Jahre kam dann eine große Anzahl von Autobiographien von Überlebenden heraus; und schließlich gab es die Interview- und Video-Projekte, von denen das Spielberg-Projekt das spektakulärste ist, meistens waren das jüdische Initiativen, die Überlebensgeschichten aufgenommen haben, der Film von Lanzmann *Shoah* beispielsweise.

Heute ist das in erster Linie Medienpolitik, diese Dinge in Form von Fernsehserien einem Publikum bekannt zu machen. Ich weiß nicht, ob das wirklich viele Leute sehen oder wie das Leute auffassen oder was sie verstehen davon, wenn sie das sehen.

Diese Dokumentarfilme haben eine erstaunlich hohe Ein-
schaltquote, auch deswegen werden sie auf die 20-Uhr-15-
Schiene gesetzt, gleichzeitig jubeln Dokumentarfilmer im
ganzen Land, daß dank Herrn Knopp – unabhängig vom
Thema – dem Dokumentationsfilm wieder eine Bresche ge-
schlagen wird in den öffentlich-rechtlichen Medien.

Für mich sind das keine Dokumentarfilme, sondern Fernsehfea-
tures, die nach dem Strickmuster des Auslandsjournals gemacht
werden, wenn ich sie mit Dokumentarfilmen vergleiche, die ich so
qualifizieren würde, wie *Sein Name war Hornstein* oder *My pri-*
vate war von Thomas Kuhfuß, wo man wirklich versucht hat,
auch mentale Aspekte von Leuten, die damals lebten, zu doku-
mentieren. Diese Fernseh-Features tragen lediglich Material und
Aussagen zusammen, die für mich nicht viel anders sind als ein
Werbespot für Zigaretten oder Waschmittel. Ich habe einige davon gesehen – wenn ich den Fernsehapparat aber ausschalte, habe
ich vergessen, was da vermittelt wurde, weil kein erkenntnistheo-
retisches Argument durchgezogen wurde. Da bleibt hinterher
nicht das Gefühl, etwas neues gelernt zu haben.

Wenn ich mir diese Dokumentationen von Knopp anschaue
und das vergleiche mit den großen Filmen von Fechner, dann
fällt mir das Fehlen einer emotionalen Beteiligung des Ma-
chers auf. Ist das Zufall?

Ich kann nur wiederholen, ich sehe das wirklich als Medienpro-
blem. Diese Art von Produktionen verhindern, daß jemand wie
Fechner, daß sozusagen ein anderer Fechner noch mal eine Chance
bekommt, weil das sehr teure, sehr aufwendige Produktionen
sind, mit einer großen Recherchenvorlaufzeit. Diese Sendungen
sind sicher auch teuer, aber sie sind Package-Deal-Angebote, die
eine Geschichte, unabhängig davon welche, NS-Geschichte oder
Mittelalterkreuzzüge, in kleine konsumierbare Portionen zerle-
gen. Es ist unerheblich, sie können gesendet werden, oder man
kann es sein lassen. Interessant ist dabei vielleicht, daß wir inzwischen eine gesellschaftliche Atmosphäre haben, in der sich viele
Leute für das Package-Deal-Angebot NS-Geschichte interessieren. Das ist wieder ein anderes Phänomen, das durchaus beden-
kenswert ist.

Noch ein Blick auf die rot-grüne Koalition, den Standort-

wechsel nach Berlin, den Generationenwechsel mit einer neuen Regierung. Was werden all diese Komponenten für eine Auswirkung auf das Leben der Juden haben?

Ich denke, die wirtschaftlichen, sozialen, ökonomischen und moralischen Kontextbedingungen sind wirklich sehr positiv. Alle anderen Phänomene oder Probleme sind eher psychischer oder mentaler Natur. Es ist eher eine Frage der Zeit, wann hier eine jüdische Gemeinschaft herangewachsen sein wird, die nur noch wenig biographischen Kontakt zur NS-Geschichte hat. Dann wird man mit dieser Geschichte einen sehr viel symbolischeren Umgang pflegen, als wir das heute noch in der Lage sind zu tun.

Es wird im Zusammenhang mit der russischen Zuwanderung von einer Renaissance des Judentums gesprochen. Das tun deutsche Politiker und jüdische Funktionäre aus ihren spezifischen Gründen.

Auf welche inhaltliche Substanz sollte sich so eine Renaissance aufbauen? Es wird sicher eine organisatorische Struktur jüdischer Gemeinden geben, ich wage keine Prognosen über diese Entwicklung, aber diese russischen Juden sind ja noch mal anders als säkularisierte Juden in den USA, die eine Entwicklung mitgemacht haben, wo Traditionsbestände in neuen säkularen Formen das jüdische Leben mitbestimmen. Ich weiß wirklich nicht, was bei einem Personenkreis, der seit zwei Generationen abgeschnitten war von jedem jüdischen Hintergrund, neu geschöpft oder geschaffen werden soll.

Wie schätzt du jüdisches Leben in Deutschland in ein bis zwei Generationen ein?

Ich kann es mir überhaupt nicht vorstellen. Das ist eine ganz kleine Gemeinschaft, immerhin inzwischen größer als in Holland oder Italien. Aber doch eine *quantité négligeable*. Eine Handvoll Leute, die sich in den fünfziger, sechziger, siebziger Jahren über die Identifikation mit dem Zionismus definiert haben und in den achtziger, neunziger Jahren über den Holocaust. Ich vermute, daß die Inspiration dafür, was modernes jüdisches Leben sein kann, doch eher aus den USA, vielleicht auch aus Frankreich oder Israel kommen und an die deutschen Bedingungen modifiziert angepaßt wird. Ich kann mir nicht vorstellen, daß aus der sehr disparaten Gruppe von Juden aus Osteuropa aus den fünfziger Jahren, aus Mitteleuropa aus den sechziger Jahren und aus sowjetischen Juden aus den neunziger Jahren große Impulse kommen werden.

50 Jahre BRD, und mehr als 50 Jahre Leben von Juden in Deutschland – war es ein Fehler, daß Juden wieder nach Deutschland gekommen sind?

Kommt darauf an, wie man es betrachtet. Politisch, moralisch oder ökonomisch sehe ich kein Problem. Für die psychische Befindlichkeit von vielen, die hiergeblieben sind, denke ich, war es nicht die günstigste Entscheidung, die man hätte treffen können, um ein Leben zu führen, das relativ frei ist von Konflikten. Für die psychische Hygiene wäre es für die jüdischen Individuen sicher besser gewesen, sie wären woanders hingegangen und wären da unbeschwerter aufgewachsen.

Ganz konkret, war es für dich ein Fehler zurückzukommen?

Nein, ich bin, wie ich bin. Man ist irgendwann die Summe der Erfahrungen, die man gemacht hat. Wenn man eine gewisse Komplexität des Lebens gelebt hat, kann man das nicht mehr zurückschalten auf eine Westcoast-Identität. Aber ich denke, wenn meine Eltern eine andere Entscheidung getroffen hätten, dann wäre ich ihnen sehr dankbar gewesen.

Ich danke dir für dieses Gespräch.

Ignatz Bubis

»Das war das einzige Mal,
dass ich ernsthaft gedacht habe,
ob ich nicht auswandern soll.«

Bubis und ich kannten uns seit vielen Jahren. Einer der bewegendsten Augenblicke zwischen uns war der Moment, als ich ihn für die ARD 1994 interviewte und ihn für sein Statement, er sei ein »deutscher Staatsbürger jüdischen Glaubens« angriff. Diese Formulierung stammt aus dem letzten Jahrhundert und war ein Versuch jener Juden, die ihr Heimatland über alles liebten, sich als gleichwertig und gleichberechtigt nach außen hin zu definieren und präsentieren. Ich fragte ihn, ob er denn angesichts der Ereignisse von Rostock, Mölln, Solingen und Lübeck immer noch an dieser Formel festhalten wolle. Er gab zu, daß er mittlerweile zweifele, ob diese Formel so noch Gültigkeit habe. Als ich nachhakte, ob er denn immer noch glaube, daß es richtig war, daß Juden nach dem Krieg nach Deutschland gekommen und vor allem geblieben waren, meinte er nachdenklich: »Vielleicht war es falsch.« In einem Porträt, daß in dieser Zeit vom Hessischen Rundfunk in der ARD ausgestrahlt wurde, hatte Bubis bereits davon gesprochen, daß er nicht in Deutschland, sondern in Israel beerdigt werden wolle, aus Angst, Skinheads könnten sein Grab schänden. Seine skeptische Haltung, die in seinem letzten Interview im Stern zum Ausdruck kam, war mir daher nicht neu. Sie war keine plötzliche Laune gewesen, nicht die Enttäuschung eines vom Tode bereits Gezeich-

neten, sondern das Ergebnis der politischen Entwick-
lung in dieser wiedervereinten Republik. Wir trafen uns
zu dem vorliegenden Gespräch in seinem Frankfurter
Büro im Herbst 1998, nur einen Tag vor seiner Begeg-
nung mit Martin Walser in den Redaktionsräumen der
FAZ. Zu diesen und vielen anderen aktuellen Themen
wollte ich Bubis zu einem späteren Zeitpunkt befragen.
Wir hatten uns darauf verständigt, dieses Gespräch –
um es möglichst aktuell zu halten – unmittelbar vor der
Veröffentlichung dieses Buches und der Ausstrahlung
der Fernsehserie zu führen. Leider kam es nicht mehr
dazu. Bubis hätte uns viel, sehr viel zur Situation der Ju-
den in dieser »Berliner Republik« sagen können.

Herr Bubis – der Häuserkampf der siebziger Jahre in Frank-
furt: Sie waren eines der Angriffsziele der Demonstranten.
Wie haben Sie das erlebt?
Sicher war das zunächst einmal ein Kampf aus der linken Studen-
tenecke, die gemeint hat, Mißstände aufzuzeigen. Das hatte mit
Wohnungskampf wenig zu tun. Es war eigentlich ein politischer
Kampf, es waren die Vorläufer der RAF – einige von diesen Gruppierungen haben sich der RAF zugewendet –, und es war gleichzeitig verbunden mit antisemitischen Erscheinungen. Nicht unbedingt von den Aktivisten, aber diejenigen, die besonders
antisemitisch veranlagt waren oder antisemitisch dachten, haben
dieses benutzt, um ihrerseits wiederum aktiv zu werden und sich
zu beteiligen. Es sind schon interessante Dinge dabei passiert, ich
denke da an manche Hausbesitzer, die ihre Grundstücke für teu-
res Geld verkauft haben, um sich anschließend dem Häuserkampf
anzuschließen, oder an die Aktionsgemeinschaft Westend gegen
den Abriß dieser Häuser. Es war eine Situation, die sich eigentlich
gegen die Stadt Frankfurt gerichtet und dann aber viele antisemitische Züge bekommen hat. Man glaubte, es seien die Juden, die
hier das Westend zerstören wollen. Zwerenz hat darüber sein
Buch geschrieben und Fassbinder hat daraus seinen Film gemacht. Die Banken standen kaum im Mittelpunkt, und wenn man
sich anschaut, wo die aus dieser Zeit stehenden Hochhäuser sind,

so sieht man, daß es in erster Linie Häuser der Banken, Häuser der verschiedenen Industrieunternehmen sind, ich denke da zum Beispiel an »HOCHTIEF« in der Bockenheimer Landstraße. Aber man hatte den Eindruck, das seien alles Juden, die mit Spekulationen hier das Westend zerstören wollen.

Anders als heute war ja zu jener Zeit das jüdische Leben noch eher von der Öffentlichkeit unbemerkt, und nun versuchten Juden sich offensichtlich in der Öffentlichkeit zu exponieren. Wie war es für Sie zu dieser Zeit, eine zentrale Figur zu werden?

Es war schon interessant, wer sich alles so eingeschaltet hatte und glaubte, um Antisemitismus zu verhindern, sollten Juden das alles sein lassen. Daran waren sicherlich auch einige Juden beteiligt – das steht außer Frage. Ich selbst war im Westend mit zwei Projekten beteiligt, wobei in beiden Fällen die Stadt darauf gedrängt hatte, daß gemäß den städtebaulichen Vorhaben Hochhäuser ins Westend kommen sollten. Es war schon interessant, daß zum Beispiel im November 1998 mittlerweile sogar die Grünen dem Hochhausplan zugestimmt haben. Es gibt schon Wandlungen seither, allerdings sind das heute, wie damals, hauptsächlich Banken, bei denen es um diese Auseinandersetzungen geht: Wie hoch soll gebaut werden, welche Häuser sollen abgerissen werden und ähnliches mehr.

Sie haben gesagt, daß der Antisemitismus nicht nur aus dieser Häuserbesetzerszene kam, sondern auch aus anderen Kreisen. Wer waren diese Kreise?

Das waren Durchschnittsbürger, die eigentlich immer antisemitisch waren, sich das aber nicht getraut haben und nun, beim Häuserkampf, die Chance sahen, sich unverdächtig antisemitisch äußern zu können.

Was war es gerade in dieser Zeit, in den frühen Siebzigern für ein Gefühl – als die ganze Thematik noch völlig unausgegoren war –, sich einem solchen Antisemitismus aussetzen zu müssen in diesem Land?

Das war schon ein eigenartiges Gefühl, aber ich muß sagen, es hat mich wenig gekratzt. Ich hatte kein schlechtes Gewissen bei dem, was ich gemacht habe, und dann habe ich mich auch nicht so gefühlt, als ob ich hier etwa ein Sündenbock wäre. Ich wurde zum

Sündenbock gemacht, nicht nur ich, einige andere auch. Eigentlich erst danach, als ich eine gewisse Rolle spielte, haben sich manche erinnert. Ich war ja damals auch bei der Vertretung meiner Häuser stellvertretendes Vorstandsmitglied der Jüdischen Gemeinde Frankfurt. Ich habe mich dann zurückgezogen, denn ich wollte nicht, daß auch noch die Jüdische Gemeinde mit reingezogen wird. Ich habe danach fünf Jahre nicht kandidiert und mich aus den Aktivitäten der Jüdischen Gemeinde herausgehalten. Aber ich hatte bei all dem kein schlechtes Gewissen und würde es auch heute, auf die damaligen Verhältnisse übertragen, nicht anders machen.

Noch einmal nachgefragt: Kam da nicht so etwas wie Wut auf, nach all dem, was Sie vorher erlebt und durchgemacht hatten, als dann 30 Jahre nach dem Krieg plötzlich diese Töne hochkamen im Zusammenhang mit einer Geschichte, in der es letztendlich um ganz andere Dinge geht?

Da könnte ich die ganzen 50 Jahre mit dieser Wut herumlaufen. Denn es gab immer wieder solche Erscheinungen und wenn mich da jedesmal die Wut packen würde, hätte ich keine Minute aufhören brauchen, wütend zu sein.

Wo haben Sie die Wut hingetan?

Ich hab' sie einfach an mir abprallen lassen und habe mir gedacht, ich bin mit mir im reinen, ich bin mit mir in Ordnung, das andere interessiert mich nicht.

Ist das eine Basis, als Jude hier zu leben? Ist es die Voraussetzung dafür, um hier leben zu können?

Sonst können Sie hier nicht leben. Wenn Sie anders denken und auf jede antisemitische Erscheinung reagieren, dann kann ich nur jedem sagen: Das macht keinen Sinn, hier zu leben. Übrigens, diesen Antisemitismus gibt es auch in anderen Ländern, allerdings haben diese nicht die gleiche geschichtliche Vergangenheit.

Ich sage immer, wenn ich mit Freunden darüber rede: Für mich hört sich das anders an, ob jemand »Saujud« zu mir sagt oder »dirty jew« – weil das sprachlich eine andere Konnotation hat. – Geht Ihnen das nicht so?

Nein, weil ich hier diesen Unterschied eigentlich nicht sehe. Sicherlich gibt es hier die Vergangenheit, wie es sie dort nicht gegeben hat. Aber aus dem »dirty jew« kann sich genausoetwas entwickeln, wie es sich in Deutschland entwickelt hat. Ich mache keinen Unterschied zwischen einem Le Pen, einem Deckert oder einem Frey.

Lassen Sie uns einen Sprung in die achtziger Jahre machen: Bühnenbesetzung 1985 gegen Fassbinders Stück Der Müll, die Stadt und der Tod. *Es war wie ein »Coming out« der jüdischen Gemeinde. Das war im Grunde die erste richtig große Protestaktion, die auch ein entsprechendes Aufsehen erregt hat in der bundesrepublikanischen Öffentlichkeit. Was war denn geschehen bei Ihnen, bei den anderen in der Gemeinde, daß die Gemeinde sich plötzlich zu so einem öffentlichen Schritt entscheiden konnte?*

Es war kein »Coming out«, es war ein Einspruch, ein Widerspruch. Es war, ich will nicht überhöhen – es war kein Widerstand, aber es war ein Einspruch gegen das, was da ablief mit verkehrten Fronten. Mit verkehrten Fronten, weil Fassbinder für die Linken ein Heiliger war und nicht Unrecht sein konnte, was von einem Fassbinder kam. Für die Rechten war alles Unrecht, was von einem Fassbinder kam. Hätte jemand dieses Stück geschrieben, der zur rechten Szene zu zählen wäre, wären die Linken auf die Barrikaden gegangen. Ich habe Fassbinder immer für einen faschistoiden Linken gehalten und als solcher hat er sich da nur bestätigt bei diesem Stück. Allerdings: aufgrund der Reaktionen damals habe ich das einzige Mal zwischen 1945 und heute ernsthaft gedacht, ob ich nicht auswandern soll. Das war ein kurzer Moment, aber das war der Moment, wo ich daran dachte – als nachts das Telefon klingelte und Maschinengewehrrattern durchs Telefon kam. Heute würde mich das auch nicht mehr stören, weil ich mich heute daran gewöhnt habe – aber damals war es noch ein Schock.

Man hetzte 1998 ein Schwein, auf dem Ihr Namen aufgeschmiert ist, über den Berliner Alexanderplatz – das schockiert Sie nicht mehr?

Nein, ich meine, die ärgern sich mehr, wenn ich mich nicht ärgere.

Ist die Tatsache, daß Sie das nicht mehr schockiert, eine Reaktion darauf, daß man als Jude jeden Tag die Meßlatte ein bißchen höher legt, oder sind wir in dieser Republik in einem Zustand, daß antisemitisches Handeln schon so normal ist, daß es niemandem auffällt?

Nein, die Meßlatte wird nicht immer höher gelegt. Es kommt darauf an, aus welcher Ecke das kommt. Kommt das aus der rechtsextremen Ecke, dann muß man sich fragen: Wie geht man damit um? Daß es Rechtsextremismus in einem gewissen Umfang gibt, steht außer Frage, ob mehr als in anderen Ländern oder weniger – in Wirklichkeit weniger – aber diesen Trend gibt es genauso wie in anderen europäischen Ländern ... also, wenn in anderen Ländern die Rechtextreme Wahlergebnisse bis zu 20 Prozent erzielt und in der BRD zwischen fünf und acht Prozent, dann heißt das nicht, daß es in der BRD weniger gibt als in anderen Ländern – das heißt nur, daß man zurückhaltend ist mit dem Wählen, da es tabuisiert ist. Es gibt auch in Deutschland ein Potential von 15 Prozent rechtsextremer Wählerschaft. Deshalb ist das kein Thema für mich. Natürlich muß man alles dafür tun, um diesem Trend zu widerstehen, ihn zu bekämpfen, aber wenn sich irgend etwas bewegen würde in anderen Ecken wie zum Beispiel bei der geistigen Führung der Republik, wie das bei Walser der Fall war, oder wenn man merken würde, daß demokratische Parteien plötzlich Bündnisse mit Rechtsextremen schließen und sie an der Macht beteiligen – das würde schon etwas anderes bedeuten. Für mich macht es noch einen Unterschied, die Frage: Wer hat dieses Schwein losgelassen?

Was ist Ihrer Meinung nach in dieser Republik geschehen, daß ein Mann wie Martin Walser so etwas äußern darf und sich außer in Ihrer Person kein weiterer Protest regt? Daß der Börsenverein nicht reagiert, daß all diejenigen, die naturgemäß politisch auf Ihrer Seite sein müßten, nicht reagieren?

Zunächst einmal hat sich Martin Walser in den fünfziger und siebziger Jahren ähnlich geäußert – das ist bei Walser nicht neu gewesen. Er hat noch einmal einen Versuch gestartet. Für mich war das eine Kontinuität der Historikerdebatte. So habe ich das gesehen. Es war weniger bedauerlich zu beobachten, wer sich alles nicht geäußert hat, es war vielmehr der Schock, zu sehen, wer ihm alles applaudiert hat. Diejenigen, die sonst am 9. November oder zu anderen Gelegenheiten ganz anders sprechen – darin lag die Überraschung und hierin sah ich seine geistige Brandstiftung: daß es plötzlich für Leute, die sonst eigentlich kaum etwas mit ihm am

Hut hatten, wie eine Befreiung war, daß mit Walser jemand, der zur geistigen Elite der Republik gehört, so etwas gesagt hat.

Was ist geschehen mit der Republik, daß so was jetzt möglich ist?

Möglich kann es sein, darf es sein. Wir können nicht alles unter Zensur stellen, das geht nicht. Entweder wollen wir eine Freiheit oder wir wollen keine. Und Freiheit und Demokratie muß auch so was ertragen können. Ich habe einige, in meinem Sinne positive, Zuschriften bekommen, aber diese Leute sind nicht in die Öffentlichkeit gegangen. Da entsteht für mich der Eindruck, daß sozusagen die Öffentlichkeit mehrheitlich auf der anderen Seite steht und deshalb zurückhaltend ist in ihren eigenen Äußerungen. Das ist das, was mich hauptsächlich daran gestört hat.

Ihre Rolle in der BRD-Öffentlichkeit: Galinski war als strenger Moralist nicht so gelitten, Sie hat man schnell ins Herz geschlossen, Sie wurden zum Liebling der Öffentlichkeit, auch zu einem Alibi-Juden. Jetzt, im Falle Walser, wo Sie heftig sagen: Nein, so nicht, werden Sie plötzlich von vielen Seiten angegriffen ... heißt das: der Hofjude hat sich zuviel rausgenommen?

Ich war nie ein Hofjude. Ich habe immer das gesagt, was ich auch heute sage, ich habe nie anders gehandelt. Ich habe es nur mit anderen Worten getan. Aber warum sprach man von mir als moralischer Instanz – ein Begriff, den ich nicht akzeptiere? Woher haben die das abgeleitet? Doch auch daher, daß ich die Finger in die Wunden gelegt habe, ich habe jetzt nichts anderes getan. Nur haben manche das vielleicht erst jetzt gemerkt. Ich habe auch hier versucht klarzumachen, daß das zwar eine Mehrheitsmeinung ist, aber hier geht es weniger um Antisemitismus, sondern in erster Linie darum, das nationale Selbstgefühl wieder aufzurichten. Dagegen habe ich keine Einwände, man soll nur dabei Auschwitz nicht »mißbrauchen«. Walser hat Vorwürfe erhoben, er sagte, Auschwitz würde instrumentalisiert werden – von wem, hat er nicht gesagt. Er versucht, Auschwitz zu instrumentalisieren, indem er sagt, »weg davon«, und vor allem, weil er die Öffentlichkeit mißbraucht hat. Das haben allerdings vor ihm in anderer Richtung schon viele getan. Deshalb muß man mit solchen Erscheinungen schon leben.

Detlev Claussen sagte zu mir einmal: Ihnen die moralische Instanz aufzuerlegen, habe ja auch was Perfides, weil es das Ablegen der Verantwortung ist. Warum nehmen Sie sie dann an, etwa in der Diskussion zum Holocaust-Mahnmal in Berlin, in der Sie sich zu Wort gemeldet haben. Wieso sagen Sie nicht: Regelt das mal selbst?

Das habe ich schon oft gesagt, auch beim Mahnmal. Ich habe dazu nie Stellung bezogen, weder ob noch wie es kommen soll. Zur moralischen Instanz: Deshalb lehne ich das ja auch ab. Ich habe, wenn ich Unrecht sah, es Unrecht genannt, egal ob gegen Juden, Fremde, Sinti, Roma, Türken, wer auch immer. Da kann ich nicht den Mund halten, offensichtlich äußere ich mich so, daß es ein Teil der Gesellschaft für vernünftig hält und so haben sie mich zur moralischen Instanz gemacht, was mir überhaupt nicht paßt. Ich wünschte, jeder würde diese Moral aufbringen und es nicht wie Walser als »Moralkeule« sehen.

Ich erinnere mich an zwei Äußerungen von Ihnen zum Mahnmal: Die Ablehnung, es zu einem Mahnmal für Sinti, Roma und Homosexuelle zu machen mit einem religiösen Argument, und dann der Einwand zum ersten preisgekrönten Entwurf, als es darum ging, daß jeder deutsche Bürger einen Namen eines jüdischen Ermordeten kaufen solle, damit es dann auf diese riesige Grabplatte, die der Entwurf vorgesehen hatte, eingraviert werden könne. Sie nannten das: Ablaßzahlung. Egal wie man das sieht, aber Sie nehmen doch damit Stellung und geben eine Marschrichtung vor?

Nein, ich konnte nicht anders. Das war für mich makaber, das konnte ich nicht ertragen, daß man Namen verkaufen sollte und auch nicht, daß man fünfhundertmal Moses Cohn hinschreibt: Welcher Moses Cohn? Es war nicht vorgesehen hinzuschreiben, woher er stammt, um zu unterscheiden zwischen Cohn aus Paris, Kiew, Warschau … Das Zweite, und da habe ich nur übernommen, was Galinski schon vorher gesagt hatte, daß ein Mahnmal für alle nicht dasselbe ist, hier ging es um ein Mahnmal für Juden. Wenn man eines für alle machen will, kann man das gerne, nur soll man das nicht vermengen mit dem Mahnmal für das ermordete europäische Judentum. Wenn dieses Mahnmal nicht kommen sollte, wenn die Gesellschaft das ablehnen wird, damit habe ich keine

Probleme, ich brauche es nicht. Aber wenn es für das ermordete europäische Judentum kommt, dann sollte es auch dafür da sein und kein »Paket«. Ich habe keine Bedenken, daß ein Mahnmal für Sinti und Roma etc. gebaut wird, wir haben auch heute schon in mehreren Städten für Homosexuelle mehrere Mahnmale und keiner sagte: Warum nur für die? Hier hängen sich alle an den Juden ran, an den Homosexuellen will sich keiner ranhängen, offensichtlich nicht. Und wenn ein Mahnmal für Sinti und Roma kommen würde, kommen die Homosexuellen nicht und sagen: Wir wollen auch drauf. Es hat sich ja auch keiner außer den Sinti und Roma gemeldet, es kam von der Öffentlichkeit: eines für alle. Eines für alle haben wir schon: Die »Neue Wache«, da sind alle Opfer und die Täter auch gleich mit dabei.

Micha Brumlik schrieb in den Achtzigern, daß er das Land verläßt, wenn es ein Denkmal für Täter und Opfer zugleich gibt. Das ist gekommen. Warum haben Sie die Einweihung der »Neuen Wache« mitgemacht? Trotz der Extra-Plakette …

Zwei Dinge: Für mich war das nicht mehr ein Mahnmal für alle, weil mir das Mahnmal für das europäische Judentum zugesichert wurde und weil auch die Plakette mit Auszügen aus der Rede von Weizsäcker 1985 auf der einen Tafel untergebracht ist. Und da sah ich keinen Grund, warum ich da nicht hingehen sollte.

Wenn ich mit meinen nichtjüdischen Freunden spreche, sage ich: Eines der großen Probleme, die ich als Jude in diesem Land habe, ist, daß ich permanent in einer Auseinandersetzung mit der Vergangenheit bin, aber nicht mit einer jüdischen Zukunft. Die findet in den USA, in Israel statt, nicht hier. Wie halten Sie das aus, immer wieder in diese Diskussion zu gehen?

Es stimmt nicht, daß wir an der Zukunft nichts tun. Wir arbeiten an dieser Zukunft, ob wir sie haben werden, steht noch nicht fest, noch lange nicht. Obwohl wir die am stärksten wachsende jüdische Gemeinschaft sind, aber auf einem sehr niedrigen Level. Das läßt sich heute noch nicht absehen. Aber wir tun alles mögliche, um hier eine jüdische Zukunft aufzubauen. Nur können wir hier nicht eine jüdische Zukunft aufbauen, ohne die Vergangenheit zu berücksichtigen. Wir, aber auch die Generation nach uns, wird noch in dieser Vergangenheit leben. Spätestens im Jahr 2020 wird es keinen mehr aus der Generation der Opfer geben. Und es wird dennoch mindestens ein bis zwei Generationen dauern, bis man nicht in dieser Vergangenheit leben wird.

Aber das heißt, daß Sie doch von Anfang an an diese Zukunft geglaubt haben?

Von Anfang an ist falsch. 1945 hat keiner an diese Zukunft geglaubt, Anfang der Fünfziger auch noch keiner. Aber seit den sechziger Jahren glauben die Juden an eine Zukunft in Deutschland.

Glauben Sie wirklich daran?

Es ist schwer zu sagen. Ich habe das Problem, daß ich sehe, daß das nicht an den Juden liegen würde. Wenn das nur an den Juden liegen würde, würde ich daran glauben. Aber es liegt an den Nichtjuden, ob sie überhaupt je eine jüdische Zukunft haben wollen. Und wenn die 80 Millionen Nichtjuden keine jüdische Zukunft hier haben wollen, dann werden die 80 000 Juden keine Zukunft aufbauen können.

Umgekehrt gefragt, warum sollten die 80 Millionen eine jüdische Zukunft haben wollen? Sie nehmen ja noch nicht einmal wahr, was sie verloren haben.

Das ist schwer zu beurteilen, warum sie es haben sollen. Vielleicht aus der geschichtlichen Verantwortung heraus?

Ich danke Ihnen für unser Gespräch.

Salomea Genin

»Ich fühle mich zutiefst schuldig.«

*Ihre Biographie ist vielleicht die ungewöhnlichste, die
ich im Rahmen dieses Projektes kennengelernt habe:
Als Kind mit den Eltern aus Berlin geflohen, wuchs sie
in Australien auf und ging tatsächlich aus politischer
Überzeugung in den frühen sechziger Jahren in die
DDR zurück. Salomea stammt aus einer ostjüdischen
Familie, ihre jüdischen Wurzeln waren ihr nie wirklich
abhanden gekommen. Ihr Wunsch, nach Deutschland
zurückzukehren, rührte auch daher, eine Heimat finden zu wollen, oder vielleicht sollte man besser sagen,
ihre alte Heimat, die sie einst ausgespuckt hatte, dazu
zu zwingen, sie endlich als eine der ihren zu akzeptieren. Salomea Genin hat 20 Jahre für die Stasi gearbeitet
und sich erst 1982, allerdings aus eigener Erkenntnis,
von dem MfS losgesagt. Sie hat danach eine Art jüdischen Salon in ihrer kleinen Wohnung in Berlin Mitte
eingerichtet, wo sich zum Teil die gleichen Menschen
wieder einfanden wie schon in Irene Runges Kulturverein. Anders als viele andere spricht Genin über ihre Sta-
si-Zeit, und in unseren vielen Begegnungen konnte ich
stets eine Frau treffen, die schwer unter ihrer Vergangenheit leidet. Unser Gespräch fand im Juni 1999 in ihrer Wohnung statt.*

Salomea, du stammst aus einer deutsch-jüdischen Familie aus Berlin, wo du geboren bist. Von dort bist du vor dem Krieg geflohen. Wo bist du im Exil gewesen, und wie bist du dann in die DDR gekommen?

Wir sind 1939 nach Australien gegangen. Und in die DDR bin ich gekommen, weil ich in Australien eine überzeugte Kommunistin wurde. Ich fühlte mich in Australien nicht zu Hause und wollte mithelfen beim Aufbau der neuen gerechten Gesellschaft.

Warum ausgerechnet in die DDR? Warum ausgerechnet zurück in das Land, das Juden ermordet und euch vertrieben hat?

Es gibt da eine Antwort auf zwei Ebenen. Die mir bewußte Ebene war die politische. Ich wollte mithelfen dafür zu sorgen, daß nie wieder Krieg und nie wieder Faschismus stattfinden kann, zumindest in Europa. Aber da gab's noch etwas anderes – ich brauchte Jahre, bis ich merkte, das ist auch in mir – nämlich das tiefverletzte Kind aus den dreißiger Jahren, das von den sogenannten Ariern in die Arme genommen werden wollte, damit es endlich aufhören kann, sich wie Ungeziefer zu fühlen. Weil ich ja im Namen des deutschen Volkes beschimpft und angegriffen wurde – und das hatte ich offensichtlich nie verwunden. Ich hoffte wohl unbewußt, daß diese Kränkung aufgehoben werden würde, wenn ich nach Deutschland zurückkomme und mich den sogenannten Ariern in die Arme werfe.

Wie sah denn ganz konkret deine Rückkehr aus? Wann war das genau?

Ich bin 1954 aus Australien nach Ostberlin gegangen, war da ein Jahr arbeitslos, weil die DDR mich ja nicht aufnahm, bin dann drei Jahre in England gewesen, wo ich zumindest arbeiten konnte, kam '58 wieder nach Westberlin zurück und kämpfte richtig, um in die DDR zu kommen, und – endlich! – 1963 hat sie mich übersiedeln lassen.

Warum wollte dich die DDR nicht aufnehmen?

Sie waren überzeugt, daß, wer freiwillig aus dem Westen in den Osten geht, ein Spion sein muß. Rübergelassen haben sie mich dann doch, weil ich mich 1961 darauf einließ, für das Ministerium für Staatssicherheit der DDR zu arbeiten. Ich tat das aus dem Gefühl, diesen meinen Staat zu schützen, denn mitten im Kalten Krieg war er bedroht.

War das sozusagen deine unmittelbar erste berufliche Tätigkeit oder hast du daneben noch etwas anderes gemacht?

Ich habe nie beruflich für das MfS gearbeitet, das war immer nebenbei. Beruflich habe ich in der DDR zuerst beim Rundfunk als Sprecherin und Übersetzerin und journalistisch gearbeitet, dann die Zeit danach als Übersetzerin und als Englischlehrerin.

Als du hierher kamst – du sprachst vorhin von dem verletzten Kind, das von den Ariern in die Arme genommen werden wollte – wie war für dich die erste Begegnung mit diesen Ariern, mit diesen Menschen hier?

Das war verschieden. Aber ein Fremdsein war immer da. Ich erinnere mich, als ich '54, neun Jahre nach dem Krieg, frisch in Westberlin war, hab' ich ja noch nicht so Deutsch sprechen können wie heute, ich hatte zwar einen Berliner Akzent, weil ich ja aus Berlin stammte, aber ich hatte auch eine englische Sprachmelodie. Und ich wurde öfter gefragt: »Wo kommen Sie eigentlich her, aus Schlesien oder so was?« Und ich sagte dann zur Überraschung des anderen: »Aus Australien!« Und dann erklärte ich, daß ich '39 hingefahren war. Ich mußte nichts weiter sagen. Damals, '54/'55 war das jedem klar, warum ich '39 nach Australien gegangen bin. Und innerhalb kürzester Zeit kriegte ich dann meist zu hören: »Wissen Sie, ich habe auch Juden geholfen«, obwohl ich nie danach gefragt hatte. Das waren Dinge, die mich ganz schön befremdet haben, aber mein tiefes Bedürfnis angenommen zu werden hat mich auch blind gemacht und mich oft Dinge übersehen lassen, die ich einfach nicht zur Kenntnis nehmen wollte, die ich auch nicht ertragen hätte.

Das sind jetzt Beispiele gewesen, die du in Westberlin erlebt hast. Wie ging's dir parallel dazu in Ostberlin?

Das war noch komplizierter. Ich war jahrelang überzeugt, es gibt in der DDR keinen Antisemitismus. Denn die Ablehnungen, die ich erfuhr, kamen ja nicht in einem antisemitischen Gewand. Ich wollte Journalistik studieren in Leipzig – ich habe vergessen, mit welcher Begründung das abgelehnt wurde. Ich habe das für mich so erklärt, daß ich halt etwas unbequem war mit meinen politischen Haltungen. Mein Redaktionschef bei Radio Berlin International hatte mir mal gesagt, ich sei das *enfant terrible* der Rundfunkleitung. Ich wußte, daß ich Meinungen sage, die normalerweise nicht ausgesprochen wurden, und so habe ich mir gedacht: Aha, das ist der Grund, daß ich nicht Journalistik studieren darf, und hab' mich damit abgefunden. Es brauchte viele Jahre, bis ich erkannte, daß vieles auf eine antisemitische Haltung zurückzuführen war. Es muß Anfang bis Mitte der Siebziger gewesen sein, als ich eine alte Widerstandskämpferin bei einem Volkshochschulkurs, wo ich Englisch unterrichtete, kennenlernte. Sie war Mitglied der Roten Kapelle gewesen, und wir haben uns etwas angefreundet. – Es war die Zeit, wo ich Mitglied der Jüdischen Gemeinde wurde und große Identitätsprobleme hatte, weil meine Haltung zu meinem eigenen Jüdischsein sehr ambivalent war. Ich war ja nach Deutschland gekommen, um meine Identität zu ändern, wollte eine deutsche Kommunistin sein und vom Judentum wegkommen. In dieser Zeit aber war mir schmerzlich bewußt geworden, daß ich Jüdin bin, ob ich will oder nicht. Einfach deswegen, weil sehr viele Menschen in dieser DDR dabei waren zu vergessen, was im Holocaust gewesen ist. Weil die Informationen darüber sehr spärlich und sehr allgemein waren. Sie glaubten es zu wissen, weil sie wußten, sechs Millionen Juden waren umgebracht worden, aber eigentlich wußten sie fast gar nichts. Ich wußte wesentlich mehr als sie. Diese Ignoranz hat mich schmerzlich daran erinnert, daß ich Jüdin bin. – Also mitten in dieser Phase freunde ich mich mit dieser Frau an und wir sprechen darüber, daß ich eben Jüdin bin. Und plötzlich sagt sie zu mir: »Hast du aufgehört, Marxistin zu sein?« Ich sage: »Wie kommst'n darauf?« – »Na ja, wer ein Jude ist, kann kein Marxist sein!« Ich war verblüfft, ja sprachlos. Als ich dann aktiv wurde in Sachen Juden, ein Jüdisches Museum aufbauen helfen wollte, vieles in die Wege geleitet habe, damit so was zustande kommt, bin ich unter anderem ins Staatssekretariat für Kirchenfragen gegangen mit einer Liste von Juden und schlug vor, daß sowohl die Gemeinde als auch das Staatssekretariat sie anschreiben sollte, um sie nach Gegenständen zu fragen, die man in so einem Museum ausstellen könnte. Und da sagt die Mitarbeiterin des Staatssekretariats, die zuständig war für die Jüdische Gemeinde: »Aber das sind doch keine Juden!« Ich sage: »Wie? Wie kommen

Sie denn darauf?« – »Na, das sind ja Kommunisten, Genossen. Nur wer gottgläubig ist, ist ein Jude!« »Aha«, sage ich. »Aber ich bin Kommunist seit Jahren und glaube nicht an Gott, dann bin ich kein Jude?« Und da antwortet sie: »An diesem Prinzip müssen wir festhalten, sonst rutschen wir in den Antisemitismus ab.« Ich bin dann nach Hause gelaufen und habe mir diesen Satz durch den Kopf gehen lassen, und das war der Zeitpunkt, wo ich mir gesagt habe, das ist Antisemitismus. Sie bestimmt, wer Jude ist. Es war ein Satz, den es mir sehr schwer fiel zu denken, weil ich doch nicht wollte, daß dieser mein Staat, wie ich ihn empfunden habe, antisemitische Haltungen hat.

Wie war das mit der Ablehnung der Verantwortung für den Holocaust, mit dieser Umdefinition in der DDR? Zu sagen: Wir sind hier 16 Millionen Antifaschisten.

Wir, die anderen Juden, die ich kannte, Genossen, und ich haben das akzeptiert, denn der Staat hat sich ja antifaschistisch gebärdet. Heute sage ich gebärdet, früher hätte ich gesagt, er war es. Die logische Folge daraus war, daß Wiedergutmachung nicht gezahlt werden muß; die DDR war ja auch arm und konnte nicht bezahlen. Also, ich gebe jetzt die Argumente wieder, die mich damals befriedigt haben. Die DDR hatte ja den ernsten Teil Deutschlands übernommen, hatte auch die Reparationen bezahlt an die Sowjetunion; der Westen hatte dagegen den Marshall-Plan. Also hatte die DDR schon rein ökonomisch keine Chance, an Wiedergutmachung war da nicht zu denken, auch wenn sie's gewollt hätte. Aber ich wiederhole mich, das Argument, daß schließlich die Führer dieses Staates gegen die Nazis gekämpft haben, war für mich überzeugend.

Also du hast auch nicht nachgehakt, was sich innerhalb der Familien abgespielt hat?

Nein, nein. Ich habe damals nicht nachgehakt. Heute weiß ich, wie verheerend das war.

Was denkst du über den Fall Merker, sprich diese Antizionismus-Kampagne, die die DDR mitgemacht hat?

Ich kann das nur erklären mit Blindheit. Ich fühle mich zutiefst schuldig, daß ich das gutgeheißen habe. Beim Fall Merker war ich ja noch in Australien. Aber ich war überzeugt, daß die kapitalistische Presse lügt, und habe das meiste, was sie über sozialistische

Länder geschrieben haben, nicht geglaubt. Dieses ganze Antizionistische habe ich akzeptiert.

Wie ging das?

Es in Frage zu stellen hätte bedeutet, mein Sozialismusbild in Frage zu stellen, und dazu war ich nicht in der Lage. Der Sozialismus war mein Lebensinhalt. Ich hätte mir ein ganz anderes Leben aufbauen müssen, wie es dann nach '82 ja auch kam. Aber damals hatte ich weder die Kraft noch war ich so weit, diese Fragen zu stellen, die ich hätte stellen müssen, um eigentlich historische Fakten, wie ich das heute weiß, zu akzeptieren.

Das heißt, der Fall Merker hat bei dir nicht ein Gefühl von Bedrohung hinterlassen?

Nein, in keiner Weise. Dazu muß man wissen, daß die Juden, die aus dem Westen in die DDR gekommen waren – und das waren meist die, die ich kannte –, nicht auf gepackten Koffern lebten. Sie waren wie ich gekommen, um zu bleiben, weil sie hier eine gesellschaftliche Aufgabe hatten. Das Gefühl bedroht zu sein, war für sie aus dem Grunde schon nicht vorhanden, weil sie Narrenfreiheit hatten. Sie durften Sachen sagen, die der Normalbürger nicht sagen durfte, weil es ihm als faschistische Propaganda ausgelegt worden wäre – kritische Sachen. Und es passierte ihnen nichts. Juden durften in der DDR in einer Weise kritisch sein, wie es andere Leute nicht durften.

Was ist mit einem Jurek Becker, was mit Wolf Biermann?

Jurek Becker ist freiwillig gegangen, er ist nicht ausgebürgert worden. – Wolf Biermann war mir viel zu kritisch. Ich war jedoch auch nicht einverstanden, daß da 1965 eine Hetzjagd auf ihn begann. Aber das führte nicht dazu, daß ich das System in Frage stellte. Für mich waren das Kinderkrankheiten des Sozialismus. Ich war damals nicht bereit, den Sozialismus an sich, mit seinen wunderschönen Ideen, in Frage zu stellen. Ich war immer überzeugt, meine Theorie ist mangelhaft. Daher wollte ich mehr lernen und habe mich für einen Philosophiekurs an der Humboldt-Universität angemeldet. Dies brachte mir das Denken in historischen Zusammenhängen bei. Allerdings stellte ich fest, als ich 1977 diesen Kurs beendet hatte, daß ich kein Marxist mehr bin. Das war für mich ein ziemlicher Schlag. Eine kleine Episode zeigt auch, wie ich mich das erste Mal von der Staatssicherheit distanziert habe: Ich hatte eine Lesung von Jurek Becker besucht und mich privat hinterher mit ihm unterhalten. Als ich das dem Führungsoffizier erzählte, meinte der, es gebe irgendwo eine geheime Presse. Sie vermuten, das sei entweder im Keller von Jurek Becker oder von Günter Kunert. Und wenn ich mich schon mit Becker privat unterhalten habe, sollte ich das doch weiterpflegen und sehen, ob ich diese Presse nicht finden kann. Aber ich wollte doch, daß man diese Bücher druckt und empörte mich innerlich über den Mangel an Meinungsfreiheit. Ich hatte aber nicht den Mut zu sagen: »Ich bin mit euch nicht einverstanden.« Das dauerte noch weitere fünf bis sechs Jahre, bis ich dann ziemlich hart mit ihnen diskutiert hab'. Heute muß ich darüber lachen, das war einfach dusselig, mit denen zu diskutieren.

Du hast vorhin erzählt, daß du in den siebziger Jahren Mitglied der Jüdischen Gemeinde geworden bist und daß das eine Zeit war, in der du Identitätsprobleme bekommen hast. Was ist da geschehen, und wieso bist du in die Gemeinde eingetreten?

Aus zwei Gründen. Erstens – und darüber muß ich heute auch lachen – war ich aus Australien gewohnt, politisch zu arbeiten. Das war in der DDR nicht möglich, und ich suchte nach einer Aufgabe. Ich war ein paarmal in die Gemeinde gegangen und hatte festgestellt, daß die sehr westlich beeinflußt ist. Und ich wollte sie einfach dem Sozialismus näherbringen. Das war der eine Grund. Aber der tiefere Grund war, daß ich auch für mich festgestellt hatte, daß meine tiefe Sehnsucht, so zu sein wie alle Menschen in diesem Lande auch, also richtig integriert zu sein in der Gesellschaft, gescheitert war. Ich würde nie so sein können wie die anderen; darüber habe ich bittere Tränen vergossen. Das Maß an Lügen, die ich ertrug, war viel geringer als das meiner Kollegen und Mitmenschen um mich herum. Ich suchte auch, indem ich Mitglied der Gemeinde wurde, eine Art Heim, wo ich wußte, hier gehöre ich dazu. Mir war damals schmerzhaft bewußt geworden, daß einer der Unterschiede zwischen den anderen und mir darin bestand, daß ich den Holocaust nicht vergessen konnte, und sie waren dabei, es zu tun. Ich hatte zum Beispiel einen Vortrag ausgearbeitet über die Geschichte und die Ursprünge des Zionismus. Meine Aussagen darin über den Zionismus deckten sich nicht mit der Parteilinie. Aber ich wußte, daß sie richtig waren. Es waren etwa 25 bis 30 Studenten des erstes Studienjahres der Humboldt-Universität der Sektion Geschichte da, um sich diesen Vortrag anzuhören. Der einzige, der etwas gesagt hat, war der FDJ-Sekretär, der hat versucht zu widersprechen, aber da ich genug über das Thema wußte, hatte ich keine Schwierigkeiten, ihn schachmatt zu setzen. An einem Punkt behauptete er, Juden waren doch alle Widerstandskämpfer. Ich entgegnete: »1942 war ich zehn Jahre alt; wenn wir nicht nach Australien gegangen wären, wäre auch ich deportiert und durch den Schornstein gejagt worden. Wollen Sie mir sagen, ich wäre damals ein Widerstandskämpfer gewesen?« Dazu konnte er nichts sagen, beharrte aber trotzdem darauf. Das waren so die Erfahrungen, die mir deutlich machten, ich gehöre in die Gemeinde, ob ich will oder nicht. Die Geschichte dieser Gemeinde im Jahr '53 habe ich allerdings erst Mitte bis Ende der achtziger Jahre wirklich zur Kenntnis genommen.

Kannst du das erzählen?
1953 wurden die Ärzte in Moskau verhaftet und am gleichen Abend Julius Meyer, der Präsident der Jüdischen Gemeinden der DDR. Er wurde über Nacht verhört und am nächsten Morgen freigelassen. Da hat Rabbi Levinson, damals der Rabbiner der amerikanischen Streitkräfte in Westberlin, über den RIAS gewarnt: »Juden, haut ab aus der DDR, es kommt eine neue antisemitische Welle!« Sehr viele Juden sind gegangen. Und was hat die Partei gemacht? Davor war es eine Selbstverständlichkeit, daß jüdische Genossen auch Mitglied der Gemeinde sind, weil – wie die Partei damals gesagt hat – es eine Schicksalsgemeinschaft sei. Plötzlich wurde die Gemeinde zur religiösen Gemeinschaft erklärt und die Genossen wurden gefragt: »Du bist Kommunist?« – »Ja.« – »Also bist du auch Atheist?« – »Ja!« – »Dann hast du in einer religiösen Gemeinschaft nichts zu suchen. Wenn du nicht aus der Gemeinde austrittst, dann werden wir dich aus der Partei schmeißen.« Und so sahen sich die meisten mit dieser Alternative konfrontiert. Und da sie, wie auch ich damals, viel mehr an der Partei hingen als an der Gemeinde, sind sie aus der Gemeinde ausgetreten. Ich wiederhole, daß ich, als ich 1971/72 in die Gemeinde eintrat, das nicht gewußt habe. Ich sage aber auch, ich hätte es wissen können. Ich ha-

be es nicht wissen wollen, weil ich nicht bereit war, mein Sozialismusbild so grundlegend in Frage zu stellen.

Wir reden immer noch über die siebziger Jahre, die Zeit unmittelbar nach dem Sechs-Tage-Krieg und der ganz stark werdenden antizionistischen Propaganda. Hast du dir dazu Gedanken gemacht, daß die DDR palästinensische Organisationen finanziell, mit Waffen und vor allem mit Ausbildung hier in Ostberlin unterstützte?

Das habe ich nicht gewußt. Aber wenn ich ganz ehrlich sein soll, ich habe die Palästinenser ja eigentlich auch unterstützt. Denn ich habe mich eine ziemliche Zeitlang in Antizionismus ergangen. Ich kenne eine Frau, mit der ich Anfang der siebziger Jahre befreundet war, die einzige, die nach '89 zu mir gekommen ist und zu mir gesagt hat: Salomea, ich bin entlarvt, ich war IM, und ich will, daß du es von mir erfährst und nicht von anderen. »Okay«, sagte ich, »ich war es auch, laß uns darüber reden.« Wir sind freundschaftlich auseinandergegangen, und dann habe ich in den Gauck-Akten ihre Berichte über mich gelesen. Sie hatte minutiös aufgeschrieben, was ich ihr alles erzählt habe über Israel, die Palästinenser, über die ganze Nahost-Frage. Mir ist ganz heiß und kalt geworden – das war in den neunziger Jahren –, denn ich war wirklich dieser Meinung. Ich kann mich nur entschuldigen, was soll ich dazu sagen?

Wie war dein Empfang in der Gemeinde? Wie sah das Leben dort aus, und wie hast du es erlebt?

Der Empfang war eigentlich kalt, denn ich habe kein Geheimnis daraus gemacht, daß ich – um meine Söhne zu zitieren – eine rote Socke war. Ich verstand diese Kälte nicht. Später, als mir das Jahr '53 ins Bewußtsein kam, hab' ich das sehr wohl begriffen. Ich habe sie erlebt als Verband, der Sachen macht, die sonst nicht möglich sind: Redner aus dem Westen, Purimfeier, wo Westsüßigkeiten für die Kinder ausgeteilt wurden, die kamen natürlich aus der Westberliner Jüdischen Gemeinde, eine Bibliothek, die keinen Giftschrank hatte. Ich muß vielleicht erklären, was ein Giftschrank ist. Alle DDR-Bibliotheken hatten einen. Man durfte nur mit einem Schrieb vom Chef bestimmte Bücher ausleihen aus diesen sogenannten Giftschränken, weil man arbeitsmäßig mit diesen Büchern zu tun hatte. Eines der lächerlichsten Beispiele für

mich: Ich hatte als Philosophiestudentin die sogenannten bürgerlichen Philosophen durchgenommen, aber ich durfte weder Pop-
per noch Weber oder Vertreter der Frankfurter Schule im Original lesen. Wir hörten nur Vorträge über sie. Die jüdische
Gemeinde hatte Freiheiten, die andere nicht hatten, aber gleichzeitig wurde sie stark kontrolliert, denn jeder Pfennig kam vom
Staat, und die Gemeinde konnte sich keinen Meter bewegen, ohne
daß der Staat zustimmte. Je kritischer ich wurde, desto mehr habe
ich es übel genommen, daß nur bestimmte Leute zu den verschiedensten jüdischen Weltkongressen fahren durften. Ich glaube,
wenn ich selbst hätte fahren dürfen, hätte ich das gar nicht so kritisch gesehen, gestehe ich. Aber ich gehörte eben nicht zu denen.

*Wir haben das Thema schon gestreift, laß uns aber darüber
ausführlicher reden: Du hast für die Staatssicherheit gearbeitet, du hast das relativ früh angefangen, relativ bald,
nachdem du in die DDR gekommen bist. Was hat dich bewogen, für die Staatssicherheit zu arbeiten? Wie wurdest du
angeworben und wie sah deine konkrete Arbeit aus?*
Ich wurde angeworben in Westberlin, nachdem die Mauer gebaut
wurde. Und ich war für diese Mauer, denn – wie Walter Ulbricht
damals sagte – durch die offene Grenze hat die DDR ein ganzes
Jahr nationales Einkommen verloren. Ich sah ja, daß die Leute flohen, ich habe nicht begriffen, warum sie flohen. Ich war überzeugt, das sind Menschen, die die Notwendigkeiten der Revolution nicht verstehen. Um diese DDR aufrechtzuerhalten, mußte
diese Mauer gebaut werden. Ich bin nicht auf die Idee gekommen,
daß sie auch dafür benutzt wird, die Menschen einzusperren, das
wurde erst später klar. Die Mauer hat aber bedeutet, daß die
Staatssicherheit ihre eigenen Agenten nicht nach Westberlin
kriegte. Und ich, mit meinem australischen Paß damals, bin sehr
oft über die Grenze gekommen, ich hatte ja Freunde hier und habe
sie besucht. Dann sprach mich auf der Straße jemand vom FDGB
an. Er hat mich zum Kaffee eingeladen, ich bin mitgegangen; beim
zweiten Treffen brachte er einen anderen mit, jemand vom Ministerium für Staatssicherheit. Was mich bewogen hatte, waren
auch meine Erfahrungen in Westberlin. Erstens mein tiefer Glaube, die DDR ist ein antifaschistischer Staat und das ändert sich
nicht. Zweitens: der Kalte Krieg. Ich hatte Erlebnisse, die ich nicht

vergessen werde. 1954 zum Beispiel ging ich im November zum Sportpalast zu einer großen Versammlung der Heimatvertriebenen. Ich erlebte dort, wie der damalige Minister für gesamtdeutsche Fragen als letzter Redner seine Rede abschloß mit »Grüße an unsere Kameraden in …« und dann nannte er verschiedene Orte in Frankreich, in Holland, und die kamen immer näher an Deutschland, an Berlin, und dann flüsterte er etwas theatralisch ins Mikrophon: »… und auch in Spandau!« Da war klar, wen er gegrüßt hat: Die damals noch eingelochten Kriegsverbrecher. Und alles jubelte! Und der Mann, der neben mir saß, 72 Jahre alt – ich war damals 22 – erzählt mir in einer Pause, er habe sich gerade von seiner Freundin getrennt und suche eine neue; und er begleitete mich zur S-Bahn und hat mich eingeladen, am nächsten Tag mit ihm zum Funkturm zu kommen, denn dort würde seine Organisation – und ich sah, daß er einen silbernen Stahlhelm am Revers trug – Kaffee trinken. Ich sagte zu, und als ich am nächsten Tag aus der U-Bahn stieg, sah ich, daß die Polizei den Weg zu meinem Café freihalten mußte, weil viele Menschen gegen General Kesselring demonstrierten, der da gerade ankommen sollte. Das hatte mir dieser Herr nicht erzählt. Ich fand ihn vor, das Café war voll, etwa 400 Menschen. Ich saß eingeklemmt zwischen ihm und seinem Freund, und die unterhalten sich, wie toll das war damals. »Kannst du dich erinnern, 1932, wie wir diesen Roten da durch den Grunewald gejagt und ihn dann bearbeitet haben?!« Ich hörte mir das alles an, und dann sang eine Gruppe von einem halben Dutzend Frauen auf der Bühne deutsche Volkslieder. Ich liebte deutsche Volkslieder, ich hatte sie in Australien selber gelernt, in Vorbereitung auf mein Deutschwerden. Und da hab' ich zum ersten Mal begriffen, warum deutsche Volkslieder mit Nazitum gleichgestellt wurden; das war eine ganz merkwürdige Performance. Und dann wußte ich, daß das 131er Gesetz die früheren Beamten wieder in den Beamtenstatus gesetzt hat. Wenn ein Polizist ein bestimmtes Alter hatte, wußte ich, daß er auch unter Hitler Polizist gewesen sein mußte. Ich war nicht in der Lage zu differenzieren zwischen Polizei und Polizei, sie waren für mich alle Nazis gewesen. Erst später habe ich von dem Polizisten gehört, der die Synagoge in der Oranienburger Straße gerettet hatte. Ja, ich empfand mich in Westberlin von sehr vielen Nazis umgeben und mitten in einem Kalten Krieg, der die DDR bedrohte. – Also, für das Ministerium für Staatssicherheit zu arbeiten war etwas, wozu ich ja sagen konnte, auch als ich in der DDR war, weil ich von diesen Erfahrungen geprägt war. Ich brauchte einfach viele Jahre, bis ich merkte, es ist ein Unterdrückungsapparat, nach innen, und zwar ein verbrecherischer.

Welche Aufgaben hattest du in der Stasi? Was wollten sie konkret, daß du tust?

Sie haben mir selten Aufgaben gestellt. Ich habe mich alle zwei Wochen mit einem der Herren getroffen bei mir in der Wohnung zum Kaffee, und – ich erzähle doch gern Geschichten, und Menschen interessieren mich am meisten – und so habe ich dieses mein Interesse bei ihnen ausgelebt. Sie haben sich angehört, was ich erlebt habe, wer mir was erzählt hat. Ich kriegte einmal eine Aufgabe, mich mit einer Frau anzufreunden – ich fühle mich dieser Frau gegenüber ziemlich schuldig. Mir wurde erzählt, sie arbeite für den Mossad. Ich war doch auch ein jüdischer Antisemit. Das war auch Teil meines Antizionismus. So hab' ich mich dann ungefähr ein Jahr lang mit dieser Frau angefreundet, denn die wollten mehr über sie wissen. Nachdem diese Aufgabe erledigt war, merkte ich, diese Freundschaft war nie echt. Ich habe dann die Freundschaft fallen lassen und habe mir damals vorgenommen, so was machst du nie mehr. Ich fühlte mich sehr unwohl dabei. Außer bei Becker und Kunert, was ich vorher erwähnt habe, wurde ich sonst nie gebeten, irgendwelche konkreten Aufgaben zu übernehmen, soweit ich mich jetzt erinnern kann – ich weiß nicht, was ich verdrängt habe –, sondern es war für sie immer interessant, sich alle zwei Wochen meine verschiedenen Geschichten über Menschen und was sie dachten usw. anzuhören, zu notieren. Ich habe das nicht als verbale Berichte angesehen. Ich hab' es einfach als anregende Unterhaltungen angesehen, Plaudereien. Ich habe nie erfahren, ob ich jemanden gefährdet habe. Sie haben mit großem Interesse zugehört, was ich zu sagen hatte. So war das bis 1982. Der Kriegszustand in Polen war für mich ein Wendepunkt, weil er sich auf meine Familie ausgewirkt hat. Ich muß dazu sagen, meine Kinder haben mir sehr geholfen, diese DDR zu sehen wie sie wirklich war, nicht nur durch die rosarote Brille. Denn ihre Erfahrungen in der Schule, die dann meine Erfahrungen

wurden, weil ich mit den Lehrern sprach, haben mich oft sprachlos gemacht. Ich wußte, meine Kinder lügen nicht. Was meine
Kinder mir damals erzählten, hatte ich früher abgetan unter dem
Motto »Kleinbürger, die die Notwendigkeiten der Revolution
nicht verstehen«. Aber aus dem Munde meiner Kinder, die damals
acht und neun und zehn waren – da wußte ich, das habe ich ernst
zu nehmen und nahm es dann auch ernst. Und so fing ich an, die
ersten Zweifel am System selber zu bekommen. Denn die Heu-
chelei, wie sie in der Schule herrschte, die war ja wirklich nicht zu
übersehen, nicht einmal für mich. Mein ältester Sohn war wie alle
Fünfzehnjährigen in der DDR Fan der Sex Pistols, und ich hatte
nichts dagegen, fand das ganz normal, hab' ihm auch die Platten
aus dem Westen besorgen lassen. Ich glaube, es waren die Sex
Pistols, die hatten einen Titel, der hieß *Anarchy in the UK*. Mein
Sohn steht im April 1982 vor Beginn des Unterrichts mit ein paar
Kumpels im Russischraum herum, und da schreibt einer der
Jungs an die Tafel: Anarchie in the UK. Ein anderer Junge streicht
UK aus, schreibt DDR drüber. Die lachten sich scheckig – nicht zu
vergessen: Kriegszustand in Polen seit Dezember '81 und das war
April '82 –, und da schreibt mein Sohn drüber: Lech Walesa – unser Vorbild! Die fanden das einen tollen Witz, machten die Tafel
zu, als es klingelte und der Russischunterricht anfing. In der fol-
genden Stunde mußte die Lehrerin die Tafel aufmachen, weil sie
keinen Platz mehr zum Schreiben hatte, und die Klasse, die nun
im Russischraum saß – 30 Augenpaare und die der Lehrkraft – sahen diesen Satz. Die Lehrerin rannte zur Schuldirektorin, schnell
hat man herausgefunden, wer diese Sachen hingeschrieben hat.
Ich war zu diesem Zeitpunkt außerhalb von Berlin, habe Eng-
lischunterricht gegeben, kam nach Hause, ich glaube drei oder
vier Tage nach diesem Ereignis, und fand meinen Sohn an seinem
Schreibtisch vor, wie er eine Stellungnahme für die Schule
schreibt. Und ich lese: »Es ist nicht wahr, daß ich Geld von der Solidarność bekommen habe, um das auszuführen. Es ist nicht wahr,
daß ich ein Feind der Sowjetvölker bin. Ich würde niemals jemanden unterstützen, der wie Lech Walesa 69 Morde begangen hat.«
Ich frage: »Andy, würdest du mir bitte erklären, was hier los ist?«
– Ich mußte es ihm aus der Nase ziehen. Ich sah, der Junge ist von
irgend etwas traumatisiert, er wollte nicht darüber nachdenken,

geschweige denn reden. Ich werde angerufen von der Schuldirektorin, ich möge am nächsten Tag in die Schule kommen, sie wollen mit mir reden, bevor sie dieses Ereignis ins Schulabschlußzeugnis meines Sohnes reinschreiben. Ich wußte, damit hat er alle Chancen auf irgendeine Karriere in der DDR verwirkt. Ich hatte eine schlaflose Nacht, und ich merkte, wie in mir ein Haß hochkam. Der war mir bekannt. Das war der Haß, den ich in Australien gehegt und gepflegt hatte gegen deutsche Faschisten. Am nächsten Tag bin ich in die Schule gegangen. Die Schuldirektorin hat abgelehnt, es anders zu sehen, als daß mein Sohn viel zu klug gewesen sei, um das ohne Absicht gemacht zu haben. Ich sagte, okay, dann muß ich mich an meine VdN-Stelle wenden – Verfolgte des Naziregimes – und an meine Kreisleitung der Partei, woraufhin sie mir Erpressung vorwarf. Ich bin gegangen und habe mich zu Hause in diesen Sessel gesetzt und habe darüber nachgedacht. Die Lehrerin konnte das nicht einfach wegwischen, denn die 30 Augenpaare hatten das gesehen und würden nach Hause gehen und von diesem sensationellen Satz ihren Eltern erzählen. Die Schuldirektorin hatte schon lang einen Rochus auf meinen Sohn, weil der ein – wie ich ihn erzogen hatte – selbständig denkender Mensch war, und er hat öfters in der Schule mit viel Satire, viel Ironie Dinge auf die Spitze getrieben, und ich wußte, die wollte Rache nehmen. Also habe ich meinen Freund von der Staatssicherheit angerufen, hab' gesagt: »Bitte tu etwas, damit du verhinderst, daß sie das in sein Schulzeugnis reinschreibt.« Er hat's getan. Als er mich dann das nächste Mal besuchte, hat er mir gesagt, daß sie es ihr verbieten mußten, daß sie versuchte, darauf zu bestehen, das in sein Schulzeugnis reinzubringen. Und da ist mir zum ersten Mal richtig bewußt geworden, im April/Mai '82, daß das die Strukturen dieses Staates der DDR sind, die Angst erzeugten. Und wenn ich diese Angst nicht gehabt habe, dann nicht nur, weil ich in der DDR nicht sozialisiert war, sondern weil ich wie viele Juden auch die Narrenfreiheit genossen habe, oder was ich das doppelte Schutzschild genannt habe: Erstens den Magen David, den ich damals immer unter der Kleidung getragen habe, den Stern David; und zweitens, eine Altkommunistin gewesen zu sein. Das hat mich davor geschützt, die Wirklichkeit sehen zu müssen. Ich nahm nun einfach zur Kenntnis, daß es wohl mit dem System zu tun hatte, daß so viele Menschen ihre Meinung nicht sagen. Dann, am 2. September 1982, stand ich vor dem Fernseher und hörte, wie der ARD-Sprecher ankündigte, in den nächsten sechs Monaten zum 50. Jahrestag von Hitlers Machtergreifung Filme über den Nationalsozialismus zu bringen. Und da kam mir wieder die Frage in den Kopf, wie konnte es sein, daß die Menschen damals so schizophren waren, daß sie nicht gesehen haben, was vor ihren Augen passierte. Und plötzlich kam mir in Erinnerung, was ich sechs Jahre zuvor erlebt hatte. Eine Freundin hatte nach einer Diskussion in unserem Philosophiekurs gesagt: Die sind ja so schizophren, die merken nicht einmal, daß das, was sie in der Öffentlichkeit sagen, das Gegenteil ist von dem, was sie privat wirklich denken. In diesem Augenblick kam meine Frage über die Schizophrenie der Deutschen mit der Aussage meiner Freundin über die Schizophrenie in der DDR in Deckung, und ich mußte mich hinsetzen, denn tief aus meinem Bauch kam ein Satz: Du lebst in einem ganz banalen, schon immer dagewesenen Polizeistaat, der nichts zu tun hat mit dem Sozialismus, dem du eigentlich dein Leben gewidmet hast. Da fiel ich in ein tiefes Loch, wollte nicht mehr leben, aber fand dann Hilfe, hab' mein Buch geschrieben und habe meine Kindheit aufgearbeitet. Das war 1982.

Es gab Anfang der achtziger Jahre etliche Filme, die im DDR-Fernsehen gezeigt wurden über jüdisches Leben und wie normal und wie selbstverständlich und wie schön das sei. Und diese Filme wurden plötzlich in größerem Maße im DDR-Fernsehen gezeigt als noch in den siebziger Jahren.

An diese Filme kann ich mich kaum erinnern, ich war zu dem Zeitpunkt schon so weit, daß ich kaum DDR-Fernsehen geguckt habe. Vielleicht sind sie mir auch durch die Lappen gegangen. Anfang der achtziger Jahre tauchte ein Phänomen auf, das ich sehr wohl zur Kenntnis nahm, nämlich es bildete sich die Gruppe »Aufwind«. Fünf junge nicht-jüdische Musiker der DDR haben begonnen, jiddische Lieder zu singen. Karsten Troyke fing an, in der Öffentlichkeit jiddische Lieder zu singen. Es war eine Art Untergrundbewegung, es war nicht offiziell genehmigt. Es haben auch Anfang dieser achtziger Jahre junge Leute angefangen, sich für Jüdisches zu interessieren, wie das vorher gar nicht stattgefunden hatte. Sie fingen an, in die Gemeinde zu kommen, zu fragen: Was ist das eigentlich, was bedeutet es, Jude zu sein? Es kam wirklich von unten. Ende 1987 merkte ich, etwas verändert sich. Mein zweiter Sohn hatte nämlich beschlossen, in den Westen zu gehen. Ich wußte, es gibt nur einen Weg, wie das möglich ist: auf seine jüdischen Wurzeln zu bestehen, so daß er nach Israel auswandern kann. In meinem Bemühen ihm zu helfen, war ich beim Staatssekretariat für Kirchenfragen und hab' mit Leuten geredet und spürte, es veränderte sich. Irgend was ist los. Und ab Februar '88 sah ich in den Zeitungen plötzlich das Wort Jude. Das hatte ich bisher noch nicht gesehen, war ja ein Tabuwort. Da war plötzlich ein Interview mit einer jüdischen Besucherin aus Amerika, die aus Berlin stammte und sich hier im Ephraim-Palais eine Ausstellung angeschaut hatte. So was hatte es bisher in der Presse nicht gegeben. Und dann wurde ja Bronfman eingeladen. Mein ältester Sohn war '83 »republikflüchtig« geworden. Er wollte ein Mädchen heiraten, das hier lebte, und wir hatten schon zwei Jahre vergeblich darum gekämpft, daß sie zu ihm darf. Als Mitglied der Ostberliner Jüdischen Gemeinde bekam ich plötzlich eine Einladung von Herrn Bronfman zu einem Essen im Palast-Hotel. Ich habe mich daraufhin schnell hingesetzt und einen Brief geschrieben, in dem ich ihn bat, meinem Sohn zu helfen, damit er nicht meine Kinder bestraft für die Dummheit ihrer Mutter, hierher gekommen zu sein. Und siehe da, innerhalb von vier Wochen war das Mädchen außer Landes. Später erzählten mir zwei Menschen, die in Bronfmans Entourage mit ihm gekommen waren, daß an den drei Tagen, in denen Bronfman zu Besuch war im Palast-Hotel, Erich Honecker jeden Morgen zwei Stunden zu ihm zum Frühstück gegangen ist. Nicht daß Bronfman zu Honecker ging, sondern Honecker ging zu Bronfman. Das fand ich sehr interessant. Und ein anderer sagte grinsend zu mir: »Die Leute um Honecker und Honecker selber haben geglaubt, daß wir Juden in den USA das Sagen haben.« – Dieses alte Märchen kennen wir doch seit ungefähr hundert Jahren. Das war für mich sehr aufschlußreich. Als ich dann später nach der Wende manchmal DDR-Bürgern gesagt habe, Erich Honecker sei ein Antisemit gewesen, haben die empört gefragt, wie ich dazu käme, so was zu behaupten?! Und da sagte ich, na, weil er und nicht nur er dachte, daß die Juden in Amerika das Sagen haben. Und da kam die Gegenfrage:

Und was ist daran antisemitisch? Die hatten noch nie von den »Protokollen der Weisen von Zion« gehört und dieser ganzen antisemitischen Propaganda. Für sie war Antisemitismus Mord, aber für mich bedeutete Antisemitismus negative Vorurteile haben über mich und andere Juden. Das haben sie nicht begriffen.

Du sprichst von Honeckers Antisemitismus, nun hat es aber auch Antisemitismus in der DDR gegeben. Hast du diesen Antisemitismus denn wahrgenommen, und wenn ja, wann?

Ich sagte vorhin: die Widerstandskämpferin, die mir meinen Marxismus abgesprochen hat, als ich noch glaubte, ein Marxist zu sein, die Mitarbeiterin im Staatssekretariat für Kirchenfragen, die bestimmte, wer Jude ist, weil sie sonst in den Antisemitismus abrutschte, wenn sie nicht ihr Prinzip aufstellte – das war Mitte der siebziger Jahre.

Du sagst, Anfang der achtziger Jahre entwickelte sich aus der Basis heraus so ein Interesse für das Jüdische. Womit hängt das zusammen, wie erklärst du dir das?

Ich habe später festgestellt, daß es dieses in ganz Deutschland gab. Wir müssen auch bedenken, daß dieser Film »Holocaust« '79 ausgestrahlt wurde. Damit verband sich für mich auch etwas Hochinteressantes. Ich saß während der vierten Folge zusammen mit meinen Söhnen vor dem Fernseher. Der Wirbel, der in Westdeutschland hochgekommen war, war auch zu mir durchgedrungen, und ich schüttelte den Kopf und fragte: »Das ist doch alles bekannt, wieso denn dieser Wirbel? Da sagte mein Sohn zu mir: »Mutti, du weißt das, aber die wissen das doch alle nicht.« Ich hab' das damals zum ersten Mal richtig zur Kenntnis genommen. Ich denke, es hat in Deutschland ein gesellschaftlicher Prozeß stattgefunden, der eben auch die 68er dazu geführt hat, ihre Eltern zu fragen: »Was hast du damals gemacht?« Allerdings, dieser Prozeß hat in der DDR nicht stattgefunden, denn '68 waren wir mit dem Einmarsch der Sowjets in Prag beschäftigt. Irgendwelches Infragestellen von Akzeptiertem war einfach nicht möglich, damals schon ganz und gar nicht.

Kam dir in der Zeit der DDR oder auch nach 1989 niemals der Gedanke, nach Australien zurückzugehen?

Nachdem mein großer Sohn '83 in den Westen gegangen war und ich mit dem Gedanken, in einem Polizeistaat zu leben, fertigwerden mußte, ist er mir sehr wohl gekommen. 1984 sagte ich: »So, ich gehe, aber ich muß noch warten, bis mein jüngster Sohn seine Lehre zu Ende gemacht hat«. Ich wollte ihn nicht mit in den Westen nehmen ohne eine Ausbildung. In dieser Zeit kam mich eine Freundin aus Australien besuchen. Ich machte, was ich immer machte mit ausländischen Besuchern, ich setzte sie in meinen Trabant und machte eine kleine Rundreise, Unter den Linden, Leipziger Straße, Prenzlauer Berg, Berlin Mitte. Und ich merkte, wie ich mich anfing zu verabschieden von all diesen Orten, und es überkam mich eine schreckliche Traurigkeit. Als wir wieder zu Hause ankamen, sprach sie es aus: »Du wirst großes Heimweh haben, wenn du hier weggehst.« Ich sagte: »Du hast recht.« Ich habe weiter darüber nachgedacht und sagte: »Ich habe von '63 bis '84 mein Leben hier verbracht. Ich habe hier Sachen aufgebaut, die würde ich alle aufgeben. Vielleicht gerade wegen der schrecklichen Schmerzen, die ich hier erlitten habe, der tiefen, bitteren Enttäuschungen, ist das hier für mich Heimat geworden. Und denen tu ich noch den Gefallen zu gehen?« »Nee«, sagte ich mir, und beschloß zur gleichen Zeit: Ich ziehe aus meiner Drei-Zimmer-Wohnung in der Lichtenberger Straße aus – meine Söhne waren ja alt genug, um auszuziehen – und ziehe in das ehemalige jüdische Viertel und veranstalte einmal monatlich einen Salon nach der Tradition von Rachel Varnhagen und Henriette Herz aus dem 17./18. Jahrhundert, in dem ich Diskussionen ermögliche über »Wohin die DDR«. Das habe ich 18 Monate lang gemacht. Nach neun Monaten stellte ich fest, daß Leute, von denen ich wußte, wie sie wirklich denken, sich hier in meinem Wohnzimmer konformistisch geäußert haben, DDR-konformistisch. Und als ich eine Freundin fragte: »Warum machst du das denn?« sagte sie: »Na, ich will doch Reisekader werden.« – Und nach weiteren neun Monaten stellte ich fest, daß diese hochintellektuellen Menschen, die sich bei mir versammelten, hier Luft abließen, damit sie nicht ganz erstickten, und wenn sie draußen waren, sich nicht anders verhielten als sonst. Da sagte ich mir: »Schluß! Mögen sie ersticken.« Das war im Februar '89, da gab es keinen Salon mehr. Na ja, es hat geholfen, sie haben dann ihre Luft woanders abgelassen!

Ich danke dir für dieses Gespräch.

Anetta Kahane

»Manche Dinge brauchen eben Zeit.«

Leicht unwirsch reagierte Anetta Kahane, als ich im Juni 1999 zehn Minuten zu früh in ihr Büro in der Regionalen Arbeitsstelle für Ausländerfragen (RAA) in Berlin Mitte hereinplatzte. Sie hatte an diesem Tag einen wichtigen Termin und war in Gedanken noch dabei, sich darauf vorzubereiten. Im Verlauf unseres Gesprächs taute die rothaarige, quirlige Frau mit der typischen Berliner Schnauze alsbald auf. Wie sie mir hinterher gestand, hatte sie sich vor dem Interview zunächst erkundigt, ob ich tatsächlich Jude sei, die merkwürdige Kombination meiner beiden Vornamen hatte sie irritiert.

Kahane ist in der DDR aufgewachsen, stammt aber aus einem liberalen Elternhaus, das sich seit jeher ein gesundes Mißtrauen gegenüber dem SED-Regime bewahrt hatte. Ihr Vater war Journalist und berichtete vor allem aus dem Ausland für die DDR. So konnte die Familie es am ehesten ertragen »in der DDR« zu leben und Anetta kam dadurch schon in jungen Jahren in den Genuß, andere Länder kennenzulernen. Als Folge davon studierte sie später in der DDR Lateinamerikanistik. Gleich nach der Wende konnte Kahane ihr liberales gesellschaftspolitisches Engagement in aktive Politik umsetzen: Sie wurde zunächst für ein halbes Jahr Ausländerbeauftragte in Berlin und gründete schließlich das RAA, eine Organisation, die sich mittlerweile in erster

*Linie mit Rechtsextremismus in den neuen Bundeslän-
dern auseinandersetzt und Konzepte zu dessen
Bekämpfung entwickelt.*

*Frau Kahane, Sie haben einen Vortrag gehalten über das,
was es für Juden der Zweiten und Dritten Generation bedeutete, als Kinder von kommunistischen Juden in der DDR aufzuwachsen. Was sind da die gemeinsamen Kriterien, was
fällt da besonders auf?*

Wenn man über Juden in der DDR redet, dann redet man meistens
über die Gemeindemitglieder, also über diejenigen, die sowieso
aus religiösen Familien kommen, und da gab's relativ wenig
Nachkommen. Und die Betrachtung von Judentum bezieht sich
meistens nur auf diesen religiösen Aspekt. Nun war es in der DDR
so, daß sehr viele der Emigranten, die aus politischen oder aus
Gründen der Religionszugehörigkeit das Land verlassen hatten
oder wegen beidem, in die DDR zurückkamen und ihr Judentum
vollkommen verleugnet haben. Sie wollten mit Religion nichts zu
tun haben, zogen ihre Kinder in großer Unwissenheit und zum
Teil auch in Unkenntnis ihrer Herkunft auf und hatten eine ganz
unglaublich enge Bindung an die DDR als Staat, an den Kommunismus.

Ich habe in einem Vortrag in New York versucht darzulegen,
daß – nach den Gesprächen, die ich mit meinen Kollegen aus meiner Generation und »unseren Kindern« hatte – daß da jetzt wieder
so eine Erkenntnis eintritt: In dem Moment, wo wir uns besinnen
auf jüdische Elemente in unserem Wesen, in unserer Lebensweise,
in unserer Betrachtungsweise, daß dieses natürlich in den antifaschistischen und kommunistischen Haltungen der Eltern irgendwie auch impliziert war. Weil, wie mein Vater immer sagte, der
messianische Gedanke darin enthalten war. Gerade diejenigen, die
aus ärmeren Schichten kamen und wie mein Vater etwa im Berliner Scheunenviertel lebten, haben sich der Arbeiterbewegung angeschlossen und haben im Grunde nach dem Rosa-Luxemburg-
Vorbild versucht, das, was sie selber an Lebenserfahrung und an
Sehnsüchten hatten, auf eine breitere Basis zu stellen. So haben sie
auch ihr Judentum auf eine sehr indirekte Weise weitergelebt.

Diese Gruppe war innerhalb der kommunistischen Bewegung entweder sehr assimiliert oder bemühte sich um Assimilation, oder sie war eher isoliert, jedenfalls war ihr Standpunkt sehr ambivalent. Das war in den fünfziger Jahren auch sehr schwierig. Und wir haben als nachfolgende Generation viel von dem Druck, den dieses Bemühen um Integration in diese Ideologie, in einen Staat – und gerade in Deutschland – mit sich brachte, mitbekommen, so daß sehr hohe Ambivalenzen aufgetaucht sind. Es gibt viele Leute meiner Generation, die sehr angepaßt waren an die DDR, denn das war für sie so eine Art Einheit von Eltern und Staat, und die auf der anderen Seite sehr gelitten und sich fremd gefühlt haben, so daß viele daran zerbrochen sind. Was die Nachkriegsgeneration der Juden in Westdeutschland an Fremdheitsgefühlen gegenüber Deutschland erlebt hat, hatte hier noch mal eine neue Brechung durch das Kommunistische und den Zwang, sich daran binden zu müssen. Denn der Antifaschismus war eine Art Fessel, die uns zunächst nicht die Freiheit gegeben hat, auch kritisch gegenüber dem deutschen Umfeld zu sein oder eine gewisse Sensibilität für sich selbst zu haben, so daß das alles unterdrückt war und zu einer wahnsinnigen Unsicherheit geführt hat. Deshalb hat es manche stark in die kommunistische Bewegung getrieben, manche einfach in den Irrsinn oder in andere Formen des Sich-nicht-beheimatet-Fühlens. Das habe ich versucht zu beschreiben.

Am Anfang hatte ich noch die Hoffnung, daß sich nach der Wiedervereinigung mehr Leute aus unsrer Gruppe für allgemeine gesellschaftspolitische Themen engagieren würden. Ich dachte, daß aus unserem Kreis noch mehr Energie kommt, jetzt nach der Wende, und daß es für viele eine mögliche Befreiung ist aus diesem doppelten Zwang, zwischen Antifaschismus und Deutschland. Aber das ist nicht eingetreten; möglicherweise stellt es sich dann bei der nächsten, dritten Generation, also bei unseren Kindern ein. Unter ihnen gibt es einige, die sehr engagiert sind und die wiederum ein viel weniger belastetes Verhältnis zu den Großeltern bekommen und einen leichteren Zugang zu deren Lebensgeschichten. Denn der Stalinismus, den diejenigen, die hiergeblieben sind, notwendigerweise durchlaufen haben, hat in vielen Familien letztendlich zu großen Spannungen geführt, trotz der Ambivalenz.

*Sie sprachen gerade von Ambivalenzen und von Zerrissen-
heit in Ihrer Generation. Das heißt doch, daß ab einem bestimmten Zeitpunkt offensichtlich ein Bewußtsein für die eigene jüdische Identität existierte. Wie sah das aus? Wann
kam das?*

Es kam zu dieser berühmten Versammlung von Emigrantenkin-
dern »Wir für uns« irgendwann in den achtziger Jahren, die von
Irene Runge und anderen organisiert wurde. Das war schon ein
tolles Erlebnis. Dem schlossen sich auch so eine Art Lehrveran-
staltungen an. Wir waren ja alle so blöd und wußten nichts über
das Judentum. Das Interessante war, daß viele von uns, die angesprochen und eingeladen worden waren, inzwischen erfahren
hatten, daß sie einen jüdischen Hintergrund hatten – bei vielen
war das tatsächlich in den Familien völlig verschwiegen worden.
Es war für mich sehr komisch, dort viele Leute zu treffen, die ich
gut kannte aus verschiedenen Bezügen, und es mir bis dahin gar
nicht klar war, daß es irgendeine Art von Zusammenhalt gegeben haben muß unter den Eltern, die reemigriert waren in die
DDR, und daß wir uns durch die Verbindung, die die Eltern miteinander hatten, wiedergefunden haben. Es gab zwei Gruppen:
die einen wunderten sich, daß sie die Hälfte der Leute nicht
kannten, die anderen wunderten sich, daß sie die Hälfte der Leute kannten. Diese Treffen waren schon sehr interessant und zum
Teil auch sehr komisch. War eine Veranstaltung zu Ende, sagte
man: So, jetzt machen wir den nächsten Termin. Da nahmen wir
alle die Kalender raus, man blätterte und machte Vorschläge,
und dann sagte einer: »Also, am 4. Oktober, da kann ich nicht,
das ist ein Montag, da hab' ich Parteiversammlung!« Oder: »Da
ist ML-Seminar!« Mir kam das so absurd vor, weil ich mit der
SED nichts zu tun hatte, ich war da nicht involviert. Aber viele
Leute arbeiteten an irgendwelchen Instituten oder an den Unis
oder waren Juristen oder sogar Staatsanwälte, und die waren
natürlich ganz verbunden mit der DDR und hatten einen ziemlich unkritischen Blick. Sie hatten ihre Fremdheitsgefühle in eine
totale Loyalität zur DDR verwandelt. Das blieb eigenartigerweise
auch nach der Wende bei vielen so. Ein guter Teil der DDR-
Nostalgie kommt mir auch von Leuten aus dieser Gruppe entgegen.

Es muß aber doch auch vor der Gründung der »Wir-für-uns«-Gruppe schon einen Schritt gegeben haben, wo diese Menschen – wie Sie ja auch – sich plötzlich klar wurden: Wir sind Juden, was heißt das, wie ist das überhaupt? Und daß es da so ein Unbehagen gab. Wie entstand dieser Schritt davor?

Es gab so eine antifaschistische Organisation – ich hab' den Namen vergessen – in der gab es Bemühungen, eine Jugendgruppe aufzubauen. Da trafen sich Kinder von antifaschistischen Widerstandskämpfern, um mal zu überlegen, ob sie den Geist des – ich weiß nicht was – weiterführen können. Und da kamen zum ersten Mal lauter Kahanes, Kuczynskis, Gysis oder Grünsteins zusammen. Und da gab es eine kleine Irritation darüber, wieso bis auf wenige Ausnahmen ausgerechnet wir das Gefühl hatten: Da muß noch was kommen, da ist irgendwas, was uns verbindet, irgendeine Energie, irgendein Bedürfnis. Ich glaube, damals entwickelte sich langsam so eine Idee, daß man das noch mal genauer auf den Punkt bringt. Aus diesem Gefühl, wenn man so Anfang, Mitte zwanzig ist und sich natürlicherweise fragt: Was sind die Dinge, die mich beschäftigen oder die mich beunruhigen, entstand dann der Gedanke, ob man mal sieht, ob's da einen gemeinsamen Nenner gibt. Ob uns irgend etwas mit dem Judentum verbindet, und wenn, was das ist. Und so ungefähr entwickelte sich die Idee, diese Gruppe zu bilden.

Haben Sie eigentlich in der Zeit davor gewußt, daß Leute wie Norden und Abusch, Axen oder Vater Gysi selber Juden waren, oder war Ihnen das gar nicht bewußt?

In meinem Bewußtsein war das schon vorhanden, weil das bei meinen Eltern kein Tabuthema war. Es gab keine religiöse Bindung, man ging auch nicht in die Synagoge, aber, sagen wir mal, ich hatte da keine Lücke in der Kenntnis. Mein Vater hat eine Schwester in West-Berlin, und die kam immer am Sonntag oder am Sonnabend, und da warnte meine Mutter: »Sag nicht, daß im Gulasch Schweinefleisch ist.« Wir hatten auch Wiederbegegnungen mit verschwundenen, verschollenen Verwandten von seiten meiner Mutter und meines Vaters in Israel, Amerika und Südamerika, und dadurch war das sehr präsent und wurde auch durchaus kommentiert. Ich kannte ja auch Hermann Axen, der war eine Zeitlang der Chef meines Vaters beim *Neuen Deutsch-*

land. Ich habe zwar nicht nachgefragt, was das für die bedeutet, aber es war mir durchaus bekannt.

Wo waren Ihre Eltern während des Krieges? Wann sind sie in die DDR gekommen und was haben sie nach dem Krieg da gemacht?

Also, mein Vater war schon in Deutschland geboren. Seine Eltern sind als Jugendliche aus Galizien nach Deutschland gekommen, sind dann nach Berlin gezogen und haben da im Scheunenviertel gelebt. Die Familie war, als mein Vater geboren wurde, schon nicht mehr so chassidisch-orthodox. Sie gingen zwar in die Synagoge, waren aber nicht so tiefreligiös, daß sie die Kinder damit besonders gequält hätten. Mein Großvater war ein sehr lebenskluger und liberaler Mensch, würd' ich sagen, und mein Vater hat mit seiner Bar Mitzwa die letzte religiöse Handlung über sich ergehen lassen und hat sich dann in verschiedenen Jugendverbänden, in zionistischen, jüdischen und was es da so gab, engagiert, bis er irgendwann in die kommunistische Jugend und dann in die Partei kam und da seinen Weg machte.

Wenn man sich den Alexanderplatz jetzt mal so anguckt, ist das ja ganz klar, der ist ja auch geographisch ganz nah am proletarischen Brennpunkt von Berlin gewesen. Das Zentralkomitee auf der anderen Straßenseite gewissermaßen bot einen Ausweg aus dieser Art von Enge, die meinen Vater immer sehr bedrückt und ihm überhaupt keine romantischen Gefühle abgerungen hat, auch heute nicht. Ich kann diese ganze Verklärung der Scheunenviertel-Geschichte überhaupt nicht verstehen. Ja, und '33 emigrierte er sofort, weil er ziemlich aktiv gewesen war bei den Kommunisten. Er mußte sein Studium abbrechen, ging dann in die Tschechoslowakei, hat in Prag gelebt, ist dann nach Spanien gegangen, war da in den Brigaden, kam danach nach Frankreich, wurde interniert, kam in ein jüdisches Arbeitslager, ist von da abgehauen und zur Résistance gegangen, hat Paris mit befreit und kam 1945 gleich im Sommer nach Deutschland zurück.

Er hat seine Familie gesucht und gefunden – meine Großeltern hatten in der Nähe von Berlin die Nazizeit überlebt –, und wurde gedrängt, sich am Aufbau des neuen Staates zu beteiligen, hat sich aber für ein hohes politisches Amt nicht so richtig erwärmen können und wollte lieber Journalist werden. Er hat dann den ADN, den Nachrichtendienst, mitgegründet, nachdem er fürs sowjetische Nachrichtenbüro gearbeitet hat, und war zusammen mit meiner Mutter Berichterstatter in Nürnberg gewesen.

Da war ja auch ein gewisser Markus Wolf Berichterstatter ...

Ja, die kannten sich ganz gut und mochten sich wohl auch. Tja, und dann war er Journalist und hatte sich klugerweise – und das finde ich wirklich genial – auf die Außenpolitik konzentriert. Auf diese Weise konnte er seine Loyalität zur DDR relativ unkompliziert beibehalten. Denn von Indien, Brasilien oder Schweden aus betrachtet war im Rahmen der geopolitischen Ereignisse dieser Welt die DDR immer noch der Ort des Guten. Auf diese Weise war unser Haus auch immer sehr kosmopolitisch und offen.

Meine Mutter ist zehn Jahre jünger gewesen als mein Vater und war auch 1933 schon nicht mehr in Deutschland. Mit 13 kam sie mit ihrer Mutter nach Spanien, ist dort ins Internat gegangen und kam nach dem Ende des Bürgerkriegs nach Südfrankreich, wurde denunziert, kam in ein Lager, hat zwischen Lager und Untertauchen diese Zeit überstanden, ohne deportiert zu werden, wurde '44 befreit und traf dann meinen Vater wieder. Ein paarmal hatten sich die Wege schon gekreuzt. Und so kamen dann beide 1945 zurück aus Frankreich nach Deutschland. Meine Mutter hat immer gezeichnet und gemalt und hat dann, als sie zurückkam, irgendwann das Bedürfnis gehabt, das professionell zu machen. Aber in den ersten Jahren hat sie, wie das Frauen oft machen, ihrem Mann sozusagen assistiert. Irgendwann wollte sie das nicht mehr, vor allen Dingen, nachdem sie das dritte Kind gekriegt hatte. »Jetzt will ich studieren, auch wenn das mit kleinen Kindern schwierig ist.« Mein Vater hat sich fast gar nicht gekümmert. Sie hat dann irgendwie versucht, eine anständige Künstlerin zu sein, mit all der Besessenheit, die das bedeutet. Und daneben hat sie uns drei Kinder erzogen, was nicht ganz unproblematisch ist, wenn man selber eine schwere Lebensgeschichte hat. Meine Eltern waren oft im Ausland, und meine beiden Brüder kamen dann über viele, viele Jahre ins Internat, was die Familie im Prinzip vollkommen zerstört hat. Das war ja kein Landerziehungsheim wie die Odenwaldschule oder so was Schickes, sondern eher so der Alptraum von Internat mit all dem völkischen Zeug, das in der DDR immer präsent war. Ich war die Jüngste und in einem Alter, wo meine Eltern mich noch mitnehmen durften, was nicht heißt, daß ich weniger einsam gewesen wäre. Aber ich war natürlich nicht der Willkür von irgendwelchen nur wenig umerzogenen Erziehern ausgeliefert und war nicht ganz so allein – vielleicht einsam, aber nicht so allein wie meine Brüder. Das war schon ziemlich hart.

Sie lebten in einem kosmopolitischen Haus und wußten durchaus, daß Sie Juden sind, Sie hatten Familie in Israel. Wie lebten Sie mit der Tatsache der antizionistischen Propaganda in der DDR?

Ich? Also, meine politische Haltung der DDR gegenüber war eher unklar bis tief in die achtziger Jahre hinein. Sie war zwar distanziert, das heißt, ich habe mich nie eingelassen, bin nie Parteimitglied geworden oder hielt sie nie für den Ort der Selbstverwirklichung wie viele meiner Generationskollegen. Das war's nie, aber es blieb immer eine gewisse Unklarheit darüber, so eine Unsicherheit, manchmal sogar eine kleine Indifferenz. Zeitweise habe ich es gar nicht verstanden. Ich habe dann den Widerspruch einfach dadurch gelöst, daß ich mich nicht genau eingelassen hab' auf diese Art von Widerspruch, der sich dann hätte eröffnen müssen. Dazu war ich viel zu sehr mit mir selber beschäftigt. Ich gehöre nicht zu den Leuten, die nach der Wende sagen, sie waren vorher schon die großen Widerstandskämpfer. Es blieb für mich vieles unklar und undurchdacht. Das heißt also, diese ganze antizionistische Propaganda hat bei mir ungute Gefühle ausgelöst, aber nicht etwa eine Klarheit darüber, daß der Staat nun antisemitisch ist und diese Ausdrucksform braucht. Das ist mir erst später klar geworden, viel später, als ich über 30 war. Ich hatte auch niemanden, mit dem ich das hätte klären können, an dem ich mich hätte reiben können. Was immer an Problemen oder an Unsicherheiten bei mir hängen blieb, habe ich in guter, masochistischer jüdischer Tradition als Fehler bei mir selber gesucht. Das hat nicht dazu beigetragen, daß ich eine besonders selbstbewußte junge Dame geworden wäre, aber das brauchte eben Zeit. Manche Dinge brauchen eben Zeit.

Zum Ende der achtziger Jahre wurde das dann schon deutlich für mich, wobei Israel mich, ehrlich gesagt, nie so besonders interessiert hat, auch heute noch nicht. Aber eigentlich ist die Existenz, die Auseinandersetzung von Individuen oder Gruppen jüdischer

Herkunft in den Ländern der Diaspora für mich immer viel aufregender gewesen. Also, wie geht man mit Fremdheit um, und nicht: wie übersetzt man Fremdheit, wenn man erst mal einen eigenen Staat hat. Dann fing das für mich schnell an, so ideologisch zu werden, und dagegen bin ich allergisch. So war mein Interesse für Israel nicht größer als für Lateinamerika, im Gegenteil. Ich hab' ja Lateinamerikanistik studiert und hatte Fernweh-Projektion eher in diese Region, das bot sich politisch in der Zeit auch eher an als Israel. Als ich 1990 zum ersten Mal nach Israel kam, hat mich dort vieles an die DDR erinnert! Mit Knarre und Teddybär, die Kinder auf der Straße, diese Soldatenkinder, und auch immer dieses WIR, diese WIR-Gefühle und dieses WIR-Gerede, das hat mich sehr gestört.

Sie sprachen jetzt von einer Gruppe von jungen Juden, zu denen Sie auch gehörten, die sich außerhalb der Gemeinde bewegte. Wie sah denn die Situation der Gemeinde aus? Wie konnten sich die Gemeinden der DDR-Obrigkeit gegenüber behaupten, wie lavierte man sich da eigentlich durch?

Anfang der fünfziger Jahre, nach dem Aufruf des Rabbiners Levinson – ich bin gerade erst auf diese Geschichte gestoßen – haben sehr viele aktive Juden die DDR verlassen, so daß sich in der Gemeinde widergespiegelt hat, was in der gesamten DDR passiert ist, nämlich daß es eine Nivellierung nach unten gegeben hat, was Engagement oder Mut oder irgendeine Art von Heterogenität bedeutet hat. Das heißt nicht, daß alle gleich waren, aber die, die übrig geblieben sind, waren eher die Angepaßten. Klar, sonst wären sie ja nicht hiergeblieben. Im Gegensatz zu der Gruppe von Juden, die es nach Kriegsende ganz bewußt in der DDR gehalten hatte. Da gab's viele andere Motive dazubleiben als nur diese komische Art von Sicherheitsbedürfnis. Und diese kleine Gruppe, die in den siebziger, achtziger Jahren übriggeblieben war, hatte weder die Kraft noch die Lust noch das politische Profil, sich mit der DDR auseinanderzusetzen. Die haben sich hier schon geborgen gefühlt und waren sehr, sehr angepaßt. Außerdem hatten sie Angst, hatten viele ähnliche ungute Gefühle, aber sie wollten keine andere Politik machen als die, die sie gemacht haben. Antikommunistische Kräfte gab es kaum. Es blieb also eine relativ kleine und eher schwache Gruppe von angepaßten Leuten übrig, und die haben eben eine kleine, schwache, angepaßte Politik gemacht. Bemühungen, das ein bißchen aufzulockern in der Zeit, in der sich insgesamt in der DDR was entwickelt hat ab Mitte der achtziger Jahre, die haben sich in der Gemeinde kaum widergespiegelt. Ich fand das sehr schade, weil das eine ganz gute Möglichkeit gewesen wäre, gerade mit der Formierung dieser Gruppe »Wir für uns«, in diese Richtung eine Öffnung zu erreichen. Man hat zwar lamentiert über »Zukunft« und »es werden immer weniger«, aber im Grunde gab's keine richtige Bewegung auf diese Gruppe zu, obwohl Irene Runge im Vorstand war.

Dann kam dieser berühmte Jahrestag der Reichspogromnacht und die Renaissance des Judentums im Bewußtsein der DDR. Das gab einigen das Gefühl, jetzt kann man sich doch freier damit fühlen, offener damit umgehen. Das hatte sich dann aber auch sehr schnell erledigt, weil das Bild der Juden in der DDR entweder der chassidische Jude mit den Pejes war oder – Einstein. Dazwischen gab's irgendwie wenig. Die Gemeinde hat sich den aktuellen antisemitischen Problemen, die die DDR hatte, nicht gestellt. Um Fragen wie: Anwachsen von Rechtsextremismus innerhalb der Jugend – das war sehr verbreitet Ende der achtziger Jahre –, die Frage der Auseinandersetzung mit der DDR, ob der Staat als System so was durchaus wieder hervorbringen kann mit seiner Konformität und seinen Werten, hat die Gemeinde sich überhaupt nicht gekümmert.

Noch im August 1988 hat Erich Honecker im ZK behauptet, daß der Antisemitismus in der DDR von der Wurzel her ausgerottet sei, aber Sie selber haben Antisemitismus in der DDR erlebt. Können Sie uns ein Beispiel erzählen?
Ich habe durch diese Gefühle von Fremdheit oder Unverstandensein auch in der Frage der Auseinandersetzung mit Vergangenheit häufig Ablehnung bestimmter Dinge gespürt, die, wenn man sie benannt hätte, den Kriterien entsprochen hätten, die Antisemitismus ausmachen. Bloß konnten die Leute es nicht mehr benennen: »Ah, weil der ein Jude ist!« Ich hab' dann mal versucht zu verstehen, was das genau ist und bin darauf gekommen, daß eigentlich nur der Name vergessen war, daß es sich hier um antisemitische Einstellungen handelt, aber im Prinzip die Ablehnung deutlich war. Richtigen rassistischen Antisemitismus habe ich in der DDR

nicht erlebt. Aber es gab natürlich einen strukturellen Antisemitismus, weil die Individualitätsfeindlichkeit und diese ganze Konformitätserziehung mit den Kategorien an Werten, die in der DDR die wichtigste Rolle gespielt haben, einfach antisemitisch waren. Das liegt einfach in der Natur der Sache. Jede Art von Individualitätsfeindlichkeit hat so eine Dimension. Es gab Intellektuellenfeindlichkeit, Individualitätsfeindlichkeit, eine starke Orientierung auf preußisch-christliche Werte … Diese ganze Ideologie des Internationalismus war ja kein Kosmopolitismus, sie hat ja die kosmopolitischen Elemente geradezu verleugnet. Und sie war im Grunde sehr völkisch, sehr auf das Volk orientiert und auf alle Dimensionen dessen, was ein Volk ausmacht, einschließlich der ethnischen. Es gab einen unglaublichen Rassismus in der DDR, den ich, wie gesagt, nicht erlebt hab', weil ich nicht schwarz bin oder schwarz-weiß kariert oder so was. Und das Konzept der Völkerfreundschaft war tatsächlich eins, wo Völker miteinander befreundet sind, sich begegnen und dann möglichst schnell wieder auseinandergehen. Insofern war dieses allgemeine Lebensgefühl, waren die Werte, mit denen man zu tun hatte, die Ausrichtung, die Gleichmacherei, ja die Individualitäts- und Intellektuellenfeindlichkeit schon immer auch antisemitisch. Der Inbegriff dessen, was man nicht sein sollte, war der intellektuelle Jude. Das war das Letzte, was man in der DDR wollte. Entsprechend haben sich die Leute gefühlt.

Sie haben aber ganz konkret in Ihrer Theatergruppe etwas erlebt …

Ja, das war ja die Theatergruppe der Jüdischen Gemeinde. Irene Runge hatte die Idee und ihr Mann, der Opernregisseur ist, hat gesagt, wir müssen mal den *Dybbuk* inszenieren. Also haben wir das gemacht. Gespielt haben ein paar Gemeindemitglieder und ein paar Nicht-Gemeindemitglieder, und wir haben das ein paarmal aufgeführt und einmal auch bei den Jüdischen Kulturtagen. Es hat die Leute entzückt und mich auch, es war rundherum ein ausgesprochen nettes Erlebnis.

Wir hatten in den achtziger Jahren mit einem unglaublich anwachsenden Rechtsextremismus zu tun und auch mit sehr viel Gewalt, die damit verbunden war. Es war in Berlin bekannte Tatsache, daß bestimmte Leute gefährdet sind. Und einer der Schau-

spieler des *Dybbuk* ist eines Tages fürchterlich zusammengeschlagen und verletzt worden und mußte ins Krankenhaus, weil
er jüdisch aussieht – deswegen hat er die Rolle auch gespielt. Er
war aber nicht Mitglied der Gemeinde und hatte auch keinen jüdischen Hintergrund. Eva Grünstein und ich haben ihn sehr er-
mutigt, bei der Polizei auszusagen und sich auf eine Gerichtsverhandlung einzulassen, damit die Täter verurteilt werden. Wir
baten die Gemeinde, ihn zu unterstützen, weil er aus antisemitischen Gründen zusammengeschlagen worden war. Sie möge sich
dafür verwenden, daß in der öffentlichen Gerichtsverhandlung
nicht seine Privatadresse, seine Personalien genannt wurden.
Doch sie setzte sich nicht ein. Bei der Verhandlung war der Raum
voll mit Neonazis, und die haben alle die Adressen mitnotiert! Also konnte er nicht mehr nach Hause, weil seine Wohnung sofort
demoliert worden war, mußte untertauchen. Trotz unserer Bitten
hat sich die Gemeinde für diesen Fall nicht zuständig gefühlt. Die
jüdische Gemeinde in der DDR schien keine Sensibilität zu haben
für das ganze Thema Rechtsextremismus. Das hat mich sehr zor-
nig gemacht.

*Wie erleben Sie es, daß nach der Wende bestimmte Figuren
der DDR – und ich sage bewußt »Figuren« –, die heute zumindest einen zweifelhaften Ruf haben wie Gregor Gysi
oder Markus Wolf, daß die sich auf die eine oder andere Weise auf ihr Judentum rückbesinnen und das auch politisch
vermarkten?*

Zweifelhaften Ruf? Gregor Gysi?

*Nun, seine ganzen Stasi-Geschichten, das ist zumindest sehr
umstritten. Und Markus Wolf ist allein durch die Funktion,
die er innehatte, im westlichen Establishment nicht gerade
der Darling der Nation.*

Ich gelte ja allgemein durch das, was ich tue, eher als DDR-Nestbe-
schmutzerin, und es liegt mir nichts ferner, als jetzt den Eindruck
zu erwecken, daß, wenn es solche Verstrickungen gegeben hat, sie
jetzt gutzureden sind. Aber gerade im Fall von Gregor Gysi kann
ich mir das überhaupt nicht vorstellen. Denn wenn man die DDR
kennt und weiß, wie die funktioniert hat, ist das unlogisch wie nur
was. Es sollte mich sehr wundern, sollte jemals rauskommen, daß
er wirklich für die Stasi gearbeitet hat. Bei Mischa Wolf ist das was

anderes, das war ja sein Job, er war eben Spionagechef der DDR. Warum oder wie die sich auf ihr Judentum besinnen – o Gott! – sie besinnen sich halt! Bei den Gysis hat das durchaus eine Rolle gespielt, keine so wahnsinnig große, aber die Gysis, sie gehörten immer zu dem Kreis dieser Leute der Zweiten und Dritten Generation, und warum soll er das jetzt nicht im Kopf haben und sich damit auseinandersetzen?

Es geht um eine konkrete Geschichte, die vor einigen Jahren geschehen ist. Gysi wurde vom Westen stark angegriffen aufgrund seiner umstrittenen Stasi-Geschichte. Dabei kam es leider zu einem sehr unglücklichen Vergleich bei einer Pressekonferenz in Bonn, bei der Stefan Heym, damals noch als Alterspräsident des Bundestages, sagte, es käme ihm vor, daß Gysi, der mit ihm auf dem Podium saß, zum neuen Dreyfus gemacht würde, und es werde Zeit, daß er ein neues J'accuse schreibe. Er verglich also die Kampagne gegen Gysi mit dem französischen Antisemitismus des 19. Jahrhunderts gegenüber Dreyfus. Gysi hat dazu nichts gesagt, hat das also mit unterstützt. Das finde ich sehr problematisch, ebenso, daß jemand wie Markus Wolf nach Israel fährt, dort seine Verwandtschaft besucht, was ja okay ist, das aber auch wieder versucht politisch zu vermarkten, um als Jude nicht weiter behelligt zu werden von der westdeutschen bzw. heute der gesamtdeutschen Justiz. Darauf zielte meine Frage.

Ich weiß nicht, ob man Juden gegenüber strenger sein sollte als anderen Menschen gegenüber, für die es im Leben unter Umständen nicht ganz leicht war. Man kann sagen, Juden mit kommunistischem Hintergrund gehörten zu den Privilegierten in der DDR, das stimmt. Aber von dem Lebensgefühl und all den Sachen, die ich vorher geschildert habe, gab es auch etwas, was sie deprivilegiert hat. Eben dieses Nichtdazugehören in verschiedenen Dimensionen war nicht sehr genußvoll in der DDR. Ich erinnere mich an diese Geschichte zwischen Heym und Gysi. Der Vergleich ist natürlich total übertrieben, das gibt die bundesrepublikanische Realität auch so nicht her. Aber wenn ich heute über Gysi rede in einem westdeutschen Kontext – und das ist mir erst vor ein paar Tagen wieder passiert – dann wird nicht gesagt: Der ist sehr intelligent, der ist sehr eloquent, der ist sehr sympathisch.

Das sind nicht die Attribute, mit denen der normale westdeutsche Intellektuelle Gregor Gysi beschreibt, sondern: Der ist geschickt, der ist raffiniert und derlei Eigenschaftswörter kommen dann, die wirklich einen antisemitischen Unterton haben. Er ist ja auch wirklich eine Figur, die man so oder so beschreiben kann. Aber daß seine Person frei ist von irgendeiner antisemitischen Projektion, kann man nicht sagen, das ist einfach so. Und da hat er es nicht so leicht wie ein Schriftsteller oder wie ein Spionagechef, die sich auf eine andere Ebene zurückziehen können. Ich finde es auch nicht toll, daß Mischa Wolf irgendwelche Kochbücher schreibt und sich im nachhinein zu einem Opfer macht. Aber warum soll er nicht das in Anspruch nehmen, was die westdeutschen Juden für sich auch in Anspruch genommen haben und eine klare Position dazu beziehen? Ob er damit die Hoffnung verbindet, daß man ihn dafür in Ruhe läßt – ich weiß es nicht, ich kenne den Mann nicht.

Übrigens ist in Ostdeutschland die antisemitische Einstellung bei Jugendlichen und im Durchschnitt der Bevölkerung sprunghaft angestiegen in den letzten Jahren! Interessanterweise hat Gregor Gysi da beim ostdeutschen Wählerpublikum noch eine relativ gute Position, und das ist ein Vorwurf, den ich ihm mache – weil er bei den Themen Demokratie, Wiedervereinigung und deutsche Vergangenheit um das ganze Problem Rechtsextremismus und Rassismus immer einen Bogen macht. Es wird nur ab und zu verbal tangiert, aber es ist nicht etwas, was ihn in seiner öffentlichen Selbstdarstellung in irgendeiner Weise bewegt. Ob es ihn als Person bewegt, das möchte und kann ich nicht beantworten. Es kann durchaus sein, daß das ein Antrieb für ihn ist. Ich könnte es mir gut vorstellen, ich kannte ihn ja früher ganz gut. Da hat ihn zum Beispiel die Frage von Gerechtigkeit und wie man sie durchsetzt sehr beschäftigt. Deswegen ist er Anwalt geworden, und es hatte seine Quelle in der Geschichte der Judenverfolgung, ganz eindeutig. Daß er jetzt an der Stelle Populist ist – mein Gott, das ist wahrscheinlich so, wenn man Politiker wird, und davor ist auch ein Jude nicht geschützt!

Was hat sich in Ihrem Selbstbewußtsein und Ihrem Selbstverständnis als Jüdin durch die Wiedervereinigung und durch das Leben im wiedervereinten Deutschland verändert?

Oh, na alles! Arbeit spielt ja so eine wichtige Rolle in den jüdischen intellektuellen Familien. Man ist ja kein richtiger Mensch, wenn man nicht ordentlich arbeitet und sich auf diese Weise den Platz im Leben verdient. Und das war für mich vor der Wende nicht möglich. Ich hab' diesen Platz irgendwie nie gefunden. In der Hoffnung auf Bearbeitung dieser Fremdheitsgeschichte hatte ich Lateinamerikanistik studiert in Rostock. Rostock war damals schon so fremdenfeindlich wie es sich auch 1992 gezeigt hat, das habe ich sehr deutlich gespürt und auch artikuliert. Das Institut, in dem ich studiert habe, war alles andere als weltoffen. Es war so ziemlich das engste, stalinistischste, ideologischste, was ich jemals erlebt hab'. Die Leute, die dort Lateinamerikanistik studiert haben, waren bis auf wenige Ausnahmen alles Kader, also Leute, die sich bei der Staatssicherheit, der Polizei, in den Ministerien, beim Zentralrat der FDJ usw. der internationalen Völkerverständigung widmen sollten.

Als ich das Studium abgeschlossen hatte, stellte sich mir die Frage, was mache ich nun beruflich? Diese staatsnahen Berufe waren nichts für mich, also bin ich Sprachlehrerin geworden und hatte das Gefühl, alle diese Sachen, die mit den Sprachen zu tun haben, sind ja ganz nett, und es hat mich auch in die Lage versetzt, Leute aus sozialen Zusammenhängen kennenzulernen, die mir vorher nicht so vertraut waren. Ich habe Leute ausgebildet, die nach Angola oder Mosambik als Ingenieure oder Techniker gegangen sind. Später hab' ich als Dolmetscherin gearbeitet und dabei was über den Gleisbau in der DDR erfahren, über den deutschen Turn- und Sportbund und solche Sachen, eben Welten, die mir ziemlich fremd waren und die ich sonst vermutlich nicht kennengelernt hätte. Dann war ich ein Jahr lang in Afrika und hab' da gedolmetscht, das war eine sehr, sehr wertvolle Zeit für mich, aber irgendwie auch voller Horror, weil die DDR auf ihre Bürger so aufgepaßt hat, als müßte man die alle an die Leine nehmen. Das war sehr unangenehm. Da hab' ich gemerkt: Sprache ist ein Instrument, um irgendwas auszudrücken und nicht um irgendein Bla-Bla von irgendeinem Idioten in irgendein Blu-Blu zu übersetzen. Also habe ich mich aufs Übersetzen von Lyrik und Literatur verlegt, hab' wenig Geld damit verdient und merkte bald, das machte mir auch nicht so richtig Spaß. Ich hatte den Verdacht, daß das nicht genau meine Fähigkeiten trifft und rannte dann zu irgendwelchen Therapeuten und sagte: »Was soll ich in meinem Leben tun und wieso bin ich so nutzlos?«

Das änderte sich natürlich schlagartig mit der Wende, in dem Moment, wo es '89 darum ging, in der Bewegung »Neues Forum« darüber nachzudenken, worüber man eigentlich nachdenken will. Da bin ich in meinem Zimmer auf und ab gegangen und hab' gesagt: »Was ist eigentlich mein Thema? Bildung? Umwelt? Stasi? Ja, ist alles interessant, aber irgendwie zieht's mich in keine dieser Gruppen.« Aber irgendwas wollte ich schon machen. Der Anschluß an die jüdische Opposition, der war mir ja nicht gelungen, und in die kirchliche konnten mich keine zehn Pferde hintreiben. Und da hab' ich gedacht: »Mein Thema sind Ausländer in der DDR, Minderheiten und vielleicht Dritte Welt in Zusammenhang mit der Entwicklungspolitik.« Ich hab' eine Arbeitsgruppe gegründet und Leute eingeladen, und es ging dann sehr schnell. Innerhalb von wenigen Monaten saß ich plötzlich am Runden Tisch. Vorher mußte ich noch meine Wohnungstür öffnen für Menschen, die ich nicht kannte und mit denen über Sachen reden, die mir nicht so geläufig waren, und denen Kaffee und Tee anbieten und eine Sitzung eröffnen, leiten und Protokolle schreiben, alles Dinge, die ich außerhalb der FDJ nie erlebt hatte. Die haben gesagt, du mußt an den Runden Tisch für unsere Gruppe. Dann bin ich da hingegangen und auf diese Weise gelang es mir tatsächlich, innerhalb eines halben Jahres den Vorlauf zu machen für eine Karriere, für die in Westdeutschland Leute jahrelang studieren müssen und sich in der Praxis zu bewähren haben. Also führte das dazu, daß ich im Herbst '89 anfing, mich mit den Problemen zu beschäftigen und im Mai 1990 bereits Ausländerbeauftragte des Magistrats war. Und damit war die Frage, ob ich überhaupt was leisten kann oder wozu ich da bin, erstmal für die nächsten neun Jahre gelöst. Und falls mir das Thema ausgeht, dann gründe ich schnell mal was Neues.

Interessant, wie Sie mir antworten. Ich frage Sie, was sich an Ihrer jüdischen Identität nach der Wende verändert hat, und Sie erzählen über Ihre berufliche Entwicklung, die vielleicht damit in Zusammenhang steht …

Das hab' ich tatsächlich verdrängt, interessant! Meine jüdische

Identität hat sich entwickelt ... Sagen wir mal, durch diese sehr anstrengende Arbeit ist es mir nicht möglich gewesen zu tun, was ich eigentlich machen wollte, also zumindest einmal das jüdische Jahr zu durchlaufen mit allem, was dazu notwendig ist, oder irgend so was wie ein jüdisches Leben zu zelebrieren. Dafür hab' ich mein Kind in die jüdische Schule geschickt, die muß das jetzt alles lernen, Hebräisch und Religion. Natürlich ist die Selbstverständlichkeit und die Regelmäßigkeit, mit der auch das Religiöse einen Platz findet, größer geworden und nicht mehr so ambivalent besetzt mit Unsicherheit und ... ja, vor allen Dingen einer inneren Unsicherheit: Ist das so meine Sache, das zu machen, bau' ich mich hier nicht ein in ein System, was gar nicht zu mir gehört? Das hat sich geklärt, das ist jetzt ein selbstverständlicher, wenn auch nicht sehr tiefgreifender Teil des Lebens. Also, ich bin nicht jeden Freitag in der Rykestraße, aber zu den hohen Feiertagen schon. Im letzten Jahr hab' ich sogar Termine abgesagt für Jom Kippur, das war im vorvorletzten Jahr noch nicht möglich, weil ich's einfach vergessen hatte!

Ich bedanke mich für dieses Gespräch.

Vincent von Wroblewsky

»WIE LEBT MAN MIT SOLCHEN LÜGEN UND ZUMUTUNGEN?«

Das erste Mal besuchte ich Vincent von Wroblewsky 1997 in seiner Wohnung in Köpenick. Es war meine erste Fahrt tief in das Herz von Ostberlin hinein, das ich bis dahin, typisch »Wessi«, nur als »Berlin Mitte« kennengelernt hatte: Ein wenig Oranienburger Straße, Alexanderplatz und Prenzlauer Berg, das war's denn auch schon. Diese rund einstündige Autofahrt durch den Osten der Hauptstadt machte mir bewußt, wie isoliert ein Intellektueller wie Wroblewsky in der DDR wohl gelebt haben muß. Er sprach zwar nicht darüber, doch das war meine Vorstellung. Vincent war in Frankreich als Kind deutscher Juden geboren worden, hatte Romanistik studiert und ist Sartre-Spezialist. Heute gibt er die Schriften seines Lieblingsphilosophen auf Deutsch für einen westdeutschen Verlag heraus. In seiner kleinen, dunklen Wohnung hatte ich ganz stark das beinahe physische Empfinden, wie unterdrückt freies Denken in der DDR gewesen sein muß. Zu diesem hier vorliegenden Gespräch trafen wir uns im Juni 1999 in einem israelischen Restaurant in der Oranienburger Straße wieder.

Vincent, deine Familie ist vor den Nazis von Deutschland nach Frankreich geflohen. Dort bist du geboren. Kannst du uns erzählen, wie die Zeit des Exils war, was deine Eltern dort gemacht haben und wie ihr anschließend zurückgekommen seid in die DDR?

Für mich begann die Zeit des Exils mit meiner Geburt, aber meine Eltern sind '33 weggegangen. Mein Vater zuerst, sehr bald, nachdem die Nazis die Macht ergriffen hatten, aus politischen Gründen. Er war sofort politisch gefährdet, da er engagierter Kommunist gewesen war. Daß er eine jüdische Mutter hatte, war dabei sicher sekundär. Meine Mutter folgte ihm sehr bald illegal über Belgien, und so waren sie ab '33 in Paris. Für beide war es ein Vorteil, daß sie sprachlich gute Voraussetzungen hatten. Mein Vater hatte seine Kindheit vom vierten bis zehnten Lebensjahr in Südfrankreich verbracht, und meine Mutter hatte eine sehr gute Schulbildung und gute Englisch- und Französischkenntnisse. Sie war ganz in der Nähe von dem Ort, wo wir jetzt sitzen – also hier in der Oranienburger Straße in Berlin – zur Schule gegangen. Und so sie sofort ab '33 in Paris gearbeitet, und mein Vater war im Komitee gegen Krieg und Faschismus engagiert.

Tja, '39 bin ich dann im Dezember in Clermont-Ferrand geboren, denn meine Eltern sind – ich weiß nicht genau wann – von Paris nach Clermont-Ferrand gegangen, ich glaube noch vor der Kriegserklärung im September.

Was haben deine Eltern während des Krieges gemacht, und wie kamt ihr zurück nach Deutschland?

Meine Eltern gingen dann von Clermont-Ferrand sehr bald noch weiter ins Inland. Clermont-Ferrand befand sich ja schon in der von Vichy regierten Zone, und sie sind dann in ein relativ kleines Dorf, Mitier-Rose, gegangen. Mein Vater war aktiv in der Résistance engagiert. Meine Mutter hat ihm geholfen, so weit sie das als Mutter eines – und ab '43 zweier – kleiner Kinder konnte. Im Oktober '44 starb mein Vater an den Folgen einer schweren Krankheit, die unter den Bedingungen der Illegalität nicht behandelt werden konnte. Als ich vier Jahre alt war, ist er qualvoll gestorben, ich kenne das nur aus den Berichten meiner Mutter. Mein Bruder war damals auf den Tag genau ein Jahr alt. Zu Kriegsende fand sich meine Mutter als Fremde mit zwei kleinen

Kindern in Frankreich wieder. Sie ging mit uns von Mitier-Rose erst mal nach Toulouse. Dort waren mein Bruder und ich drei Monate in einem jüdischen Waisenheim untergebracht, und unsere Mutter arbeitete dort als Näherin, um in unserer Nähe zu sein. Sie hat später öfter von diesem Heim erzählt. Die Direktorin des Hauses war Golda Meïr. Sie benutzte es vor allem auch als Stützpunkt, um ihre künftigen Aktivitäten in Israel vorzubereiten, das war '46. Meine Mutter erzählte mir, daß Golda Meïr damals schon von Israel sprach, während meine Mutter es Palästina nannte und sie mitunter recht heftige Diskussionen hatten. Golda Meïr als Zionistin, meine Mutter als Kommunistin – Golda Meïr wollte meine Mutter davon überzeugen, daß dort auf sie und ihre Kinder die richtige Zukunft wartete, was meine Mutter nicht annahm. Sie betrachtete es eher als Zwischenstation, um wieder nach Paris zu können. Bis 1950 waren wir dann in Paris, zwischendurch noch in Sèvre in einem Kinderheim, das noch vor '45 vor allem jüdische Kinder und Kinder der Résistance versteckt hatte.

An diese Zeit, sowohl an Toulouse als auch an diese Zeit, habe ich verschiedene Erinnerungen. An Toulouse eher bedrückende, denn die Umstände waren sehr schwierig damals '46. Ein Großteil der Kinder, die dort lebten, waren Überlebende aus Konzentrationslagern, Waisenkinder, die eines normalen Lebens völlig entwöhnt waren. Es gab weder genug zu Essen noch für jeden eine Schlafmöglichkeit. Es waren schon harte Zeiten, während denen ich zeitweise auch noch krank war.

Ganz anders war die Situation in Sèvre 1948. Ein Kinderheim mit sehr modernen Methoden. Dort hab' ich meine erste Geschichte geschrieben, die ich gedruckt sah. Wir gestalteten selbst eine Zeitung, für die wir die Illustrationen machten, die Texte, den Druck … Man konnte dort viele Aktivitäten entfalten. Die Ferien verbrachten wir in Marenne, der Ort, der berühmt ist für seine Austern, die habe ich dann dort kennengelernt und die Weinfelder und vieles, was ganz andere Erinnerungen hinterlassen hat. Erinnerungen an Frankreich, die ich mit nach Deutschland nahm als Zehnjähriger, als ich 1950 von Paris in die Ruinenstadt Berlin und insbesondere Ostberlin kam.

Wie kam diese Entscheidung zustande, nach Berlin zurückzugehen?

Meine Mutter hatte einen alten Genossen aus der früheren Zeit getroffen, der im spanischen Bürgerkrieg gekämpft und dabei einen Arm verloren hatte und in Düsseldorf lebte, und der sagte ihr, im Osten, da entsteht ein ganz anderes Deutschland, da haben deine Kinder eine Zukunft, und das entspricht deinen politischen Idealen. Das hat sie mit einer gewissen Portion Naivität aufgenommen, ohne zu wissen, was sich inzwischen in der Sowjetunion entwickelt hatte, und was Stalinismus war, und wie Westemigranten hier gesehen wurden, die zurückkehrten. Das hat sie später erst bemerkt, in Frankreich war ihr das noch nicht bewußt gewesen. Ich glaube, das war für sie entscheidend, wie sie später immer zu ihrer Rechtfertigung, wenn ich ihr Vorwürfe machte, sagte. Sie sah für uns in Frankreich keine Zukunft. Sie hatte die Angst, wir würden dort auf dem Dorf als Bauernkinder aufwachsen müssen – völlig abwegig, aber das waren ihre Vorstellungen, die ich ihr nicht noch nachträglich vorwerfen will, das hab' ich zu ihren Lebzeiten genug getan.

Wie war denn deine Sozialisation in der DDR? Du kamst als kleiner Junge aus dem westlichen Frankreich, Französisch war wahrscheinlich so etwas wie eine Muttersprache geworden. Bist du als jüdisches Kind in der DDR angekommen?

Nein. Französisch war meine Muttersprache und die einzige Sprache, die ich wirklich sprach. Deutsch habe ich erst hier gelernt. In Frankreich sprachen meine Eltern nur die ersten zwei, drei Jahre mit mir Deutsch, wie ich später von meiner Mutter erfuhr. Aber dann starb mein Vater, dann war sowieso kein Gesprächspartner mehr da. Aber sie hat das Deutsche, schon als er noch lebte, eingestellt, weil es eine Gefahr bedeutete. Sie hat mir einmal ein Anekdote erzählt, die das sehr gut veranschaulicht: Als sie mit mir in einem Bahnhof im Wartesaal saß – damals sprach sie offensichtlich mit mir noch Deutsch – hatte ich was nicht verstanden und fragte laut: »Wie?« – Genau in dem Moment ging eine deutsche Patrouille durch diesen Warteraum, und die Soldaten drehten sich sofort um, als sie dieses »Wie?« hörten. Meine Mutter lenkte das geistesgegenwärtig sofort in eine andere Richtung und sagte: »Oui, oui, tais toi«. Sie machte aus einem »wie« ein »oui«, und damit waren die Soldaten beruhigt und gingen weiter. Solche Situationen waren lebensgefährlich, und daraus haben meine Eltern die Folgerung geschlossen, mit mir nicht mehr Deutsch zu sprechen. Als ich nach Berlin kam als Zehnjähriger, war »gute Nacht« und »schlaf gut« das einzige, was meine Mutter weiterhin deutsch mit mir gesprochen hat und was ich kannte. Das hat sich dann sehr schnell geändert.

Zum anderen Teil der Frage: Meine Sozialisation. Ich bin in Berlin mehr, glaube ich, als exotischer Fall wahrgenommen worden von meinen Altersgenossen, als ein kleiner Franzose, der aus Paris kommt. Und was den jüdischen Hintergrund meiner Familiengeschichte betrifft, der ist mir erst nach und nach durch das Leben in Deutschland bewußt geworden. So habe ich das jedenfalls in Erinnerung, viel stärker, als mir das in Frankreich bewußt war.

Du sagst, du hast deinen jüdischen Hintergrund erst in Ostdeutschland, in der DDR wahrgenommen. Wie muß man sich das vorstellen? Was ist da geschehen?

Ich denke, entscheidend war für mich das vermittelte Erleben der Deutschen, sag ich jetzt mal sehr undifferenziert, vermittelt durch meine Mutter. Meine Mutter war '33 aus Berlin weggegangen, wo sie 1901 geboren war. Sie war also schon eine junge Frau, sie hatte ihre Erinnerungen, sie kannte die Stätten, und ich erlebte, daß sie ihre Stadt nicht wiederfand. Sie erkannte weder ihre Stadt wieder, weil alles unter Ruinen lag, noch die Menschen, die waren ihr sehr fremd geworden durch die Nazizeit. Und wie sie sich bei jedem in einem bestimmten Alter fragte, was der zwischen '33 und '45 gemacht haben mochte und was das für Leute sind, das ist auf mich übergegangen; und so habe ich in einem bestimmten Maße zunehmend die Wirklichkeit, die mich umgab, auch mit ihren Augen gesehen. In dem Maße ist mir unsere jüdische Geschichte bewußt geworden.

Konnte deine Mutter, die ja Kommunistin war, als sie in Deutschland ankam, durchaus unterscheiden zwischen dem kommunistischen Ideal und der nationalsozialistischen Vergangenheit der Menschen um sie herum?

Ja, sehr intensiv natürlich, und sie hat auch nicht ihre Wahrnehmung und das, was sie vermittelt hat, auf das Kommunistische reduziert, wie ich das später bei Freunden erlebte oder hörte. Sie sprach über ihre Mutter, die mit einem der letzten Transporte aus dem Altersheim in Berlin in das Todeslager kam, sie sprach über ihren Bruder, der umgekommen war. Die ganze Familie, die unpolitisch und hiergeblieben war, war umgebracht worden, und das hatte für sie ein enormes Gewicht. Sie konnte dieses Land nicht sehen ohne diese Tatsachen.

Wie war es dann möglich, als Juden, wenngleich auch als Kommunisten, zurückzukommen und in der DDR zu leben?
Das habe ich mich auch oft gefragt. Ich denke, das ist ein Widerspruch, mit dem sie ständig gelebt hat. Das war auch die Hoffnung, daß das wirklich ein anderes Land sei. Für sie gab es die Möglichkeit der Veränderung, vielleicht dachte sie, viele seien nur verführt worden und wollten das nicht oder waren auch Opfer in irgendeinem Maße. Das war sicher ein sehr ausgeprägter Optimismus, der sich dann in den Alltagserfahrungen nicht unbedingt bestätigt fand. Das ist Teil ihrer Tragödie. Sie kam aus einer Fremde, in der sie fremd geblieben war, nämlich Frankreich, trotz der zehn Jahre und trotz guter Sprachkenntnisse und hoffte in ihre Heimat zurückzukehren. Doch tatsächlich erlebte sie diese Heimat auch wieder als Fremde. Das ist ihre Tragödie, denke ich, nicht nur ihre einzelne, sondern von Menschen mit ihrer Geschichte. Die Menschen waren ihr hier fremd, sie waren ihr verdächtig, sie hatten inzwischen andere Erfahrungen gemacht, hatten andere Sichtweisen. Vieles schockierte sie bis ins Detail, etwa die Grobheit im Umgang miteinander, die hier in Berlin gern stilisiert wird als Berliner Schnauze oder so etwas. Das war nicht das, was sie aus dem Berlin der zwanziger Jahre mitgenommen hatte als Erinnerung. Und sie erlebte ihre neuen alten Mitbürger als durch die Nazizeit verroht. Das war für sie etwas sehr Schockierendes.

Wann wurde dein Jüdischsein für dich zu einem bewußten Thema und welche Folgen hatte das in deinem Alltag und deinem Leben?
Das war ein bewußtes Thema schon sehr früh, bloß gab es da auch verschiedene Stufen der Intensität oder Bedeutung. Es nahm auch manchmal ab und manchmal zu, je nachdem, wie ich meine Mitmenschen erlebte. Es gab Zeiten, in denen war ich sehr allergisch gegen alles, was ich als typisch deutsch empfand in einem negativen Sinne, und davon gab's in der DDR ja einiges besonders Ausgeprägtes, etwa die militarisierte Form des Alltags. Militärmusik, Fahnenappelle, schon in den Schulen Trommeln und Fanfaren,

Gleichschritt, all dieses, was für mich in die Vergangenheit ragte oder aus der Vergangenheit in die Gegenwart hineinragte, das empfand ich als besonders schmerzhaft. Formen, die ich aus Dokumentarfilmen als typisch für die Nazizeit kannte und die so völlig unproblematisch fortlebten. Als Reaktion dagegen hatte ich schon ein sowohl französisches wie jüdisches Selbstbewußtsein, jedenfalls eines des Andersseins und des dieses nicht Akzeptierens und dafür besonders Empfindlichseins. Und da merkte ich auch, meine Freunde waren nicht so empfindlich dafür. Wenn ich zu einem Freund zu Besuch kam, war's wahrscheinlich aus seiner Sicht völlig normal, daß ein Foto des gefallenen Vaters in seiner Wehrmachtsuniform irgendwo auf einem Buffet stand und daß das zum täglichen Hintergrund von ihm gehörte. Für mich sah ich da auch diejenigen, die die Mörder meiner Familie waren. Und so gab es Dinge, die das Zusammenleben mitunter schwierig machten.

Heißt das, daß du zum einen kein überzeugter Kommunist warst und zum anderen, daß du diesem Staat gegenüber, also auch diesem »Ideal« des Sozialismus gegenüber skeptisch warst?
Diese Frage ist schwierig. Über den ersten Teil müßte ich jetzt nachdenken: Was war damals für mich ein überzeugter Kommunist? Ich würde da nicht sofort sagen, ich war es nicht. Vielleicht war meine Vorstellung vom Kommunismus nicht gerade die, die die Mehrheit vertrat, die sich als Kommunisten verstand. Der zweite Teil betraf den Sozialismus?
Ob du da nicht einen Widerstand empfunden hast gegen diese Form des Sozialismus, wie sie in der DDR gelebt wurde?
Ich denke ja, – und deshalb ist es schwierig mit diesen beiden Teilen der Frage – vielleicht eher, weil ich mich mehr als einen überzeugten Kommunisten betrachtet habe als die vielen, die für mich Opportunisten oder Karrieristen oder sonst etwas waren. Was ich unter Kommunismus verstand, war zum Teil eben das Erbe, das mir meine Familie hinterlassen hatte, wofür mein Vater gestorben war, weshalb meine Mutter nach Deutschland zurückgekommen war. Einerseits nahm ich das also sehr viel ernster, denke ich, als viele, und aus diesem Grunde war ich auch gegenüber dem, was dafür ausgegeben wurde, kritischer. Das gehört zusammen, denke ich, in dieser Weise.

Wie äußerte sich das im Alltag?

Daß ich genauer hinsah, genauer fragte vielleicht und nicht so schnell alles akzeptierte. Das ist jetzt sehr allgemein, ich müßte da an konkrete Beispiele denken. Zum Beispiel, daß ich auch besonders empfindlich war nicht nur für diese militarisierten Formen, die mich sehr störten, sondern für all das, was sich in der Sprache verriet. Ich glaube auch aus diesem doppelten Grunde, zum einen, weil ich mit zehn Jahren das Deutsche als Fremdsprache erlernt hatte und eine andere Empfindlichkeit hatte für die Begriffe, aber auch weil ich sehr früh empfindlich war für Kontinuitäten, die sich auch in der Sprache zeigten. Mit diesem Sensorium habe ich eine kritische Antenne entwickelt für all das, was verlogen war, was vorgespiegelt wurde und mehr und mehr die Kluft gesehen zwischen den verkündeten Idealen und der verlogenen Wirklichkeit.

Vom Westen aus betrachtet, gab es von Anfang an zwei Dinge in der DDR, die für Juden kaum erträglich waren. Erstens die Umstilisierung der eigenen Bevölkerung zu 16 Millionen Antifaschisten, die alle mit dem Nationalsozialismus nichts zu tun hatten, und zweitens im Rahmen der stalinistischen Säuberungen wie beim Slansky-Prozeß der Fall Merker. Das hast du zwar als Kind nicht bewußt erlebt, aber später im Studium wußtest du um diese Vergangenheit. Wie reagiertest du darauf? Wie konnte man als Jude unter diesen Bedingungen leben?

Ja, wie lebt man mit solchen Lügen und Zumutungen, die man teilweise als solche erkennt? Das ist sicher schwierig. Zum einen sicher, indem man Ausflüchte sucht, Erklärungen, daß das vorübergehend sei, daß das zum Teil vielleicht unvermeidbar sei, daß das das Eigentliche nicht wesentlich berühre usw., das hält 'ne Weile vor. Vom Slansky-Prozeß zum Beispiel habe ich relativ früh einiges mitbekommen, nicht erst während des Studiums. Wir lebten damals zusammen mit einer alten Bekannten meiner Mutter, die sie aus der Zeit vor '33 kannte und die eine Zeitlang verheiratet gewesen war mit einem im Slansky-Prozeß Verurteilten. Der war im Slansky-Prozeß zu lebenslanger Haft verurteilt worden. Und bei ihr trafen sich – sie war in London in der Emigration gewesen – Emigranten, und ich habe mitbekommen, was ich als Zwölf-, Dreizehnjähriger sicher nicht mitbekommen sollte, aber ich habe doch gemerkt, daß das mit dem, was in der Schule vermittelt wird, nicht viel zu tun hat. Diese Kluft zwischen dem vorgegebenen Schein und der mehr oder weniger ausgeprägten Ahnung, daß die Wirklichkeit eine andere ist, die nahm ich ziemlich früh wahr.

Diese Verlogenheiten, die ja alle mit der nationalsozialistischen Vergangenheit zu tun hatten, zeigten, daß der »Kommunismus«, wie er hier praktiziert wurde, durchaus seine antisemitischen Züge hatte. Was hatte das für Konsequenzen für deine Beziehungen und Freundschaften in der DDR?

Das hatte eine ganze Menge Konsequenzen. Wahrscheinlich nicht so unmittelbar als Schluß, wie die Frage unterstellt, sondern mehr im nachhinein fiel mir auf, daß viele meiner Freunde entweder Juden sind – was ich zunächst gar nicht von ihnen wußte –, oder Kinder von Emigranten. Und es gab eine mitunter überraschende Affinität, die wir uns erklärten durch unsere Geschichte, die von der Geschichte der anderen abwich.

Habt ihr Emigrantenkinder über euer Judentum nachgedacht, euch gefragt, was es eigentlich bedeutet?

Mehr oder weniger. Ich weiß nicht, wie weit das Nachdenken ging oder wie tief; vielleicht äußerte es sich mehr im Sinne einer etwas verschworenen Gemeinschaft oder von etwas Gemeinsamen, das einen besonders bindet. Daß man etwa, und das war nichts Nebensächliches, sich jüdische Witze erzählte und für den jüdischen Humor einen besonderen Sinn hatte.

Gab es da eine religiöse Komponente?

Bei meinen Freunden zum größten Teil nicht. Ich denke, daß die Juden in der DDR in zwei Lager gespalten waren, je nachdem ob sie eine bewußte religiöse Geschichte hatten und den Glauben praktizierten oder nicht, wie die Kinder von Kommunisten, die zurückgekommen waren von der Emigration. Zweiteres traf auf die Mehrheit zu, die ich wahrnahm. Und ich glaube, das war auch generell die Mehrheit.

Wie hat sich die Stimmung nach dem Sechs-Tage-Krieg, als die antizionistische Kampagne ganz massiv wurde, auf dich ausgewirkt? Was hatte das für eine Bedeutung, und wie hast du darauf reagiert?

Ich hab' das sehr intensiv erlebt. Ich erinnere mich daran, daß ich meine Haltung mit meinem damaligen besten Freund teilte, der Nichtjude war und der genauso mit mir um das Schicksal Israels und der Juden bangte und nicht auf der offiziellen Linie lag. Es gab durchaus Situationen, in denen bestimmte Freunde von mir eine Meinung vertraten, die sehr konträr zur DDR-offiziellen Haltung war. Das galt für den Sechs-Tage-Krieg genauso wie für den Einmarsch in Prag im August '68 oder ähnliche Dinge.

Gab es nicht den Wunsch zu sagen: Ich will mit diesem Land hier nichts zu tun haben, ich will hier weg?

Ich weiß nicht, ob sich das so unmittelbar und direkt gegen das Land und die Menschen, die dort lebten, richtete, sondern eher gegen die Regierung, die das verkörperte oder die Parteispitzen. Und da sind wir ihnen vielleicht auch etwas aufgesessen. Sie haben sich als die Repräsentanten ausgegeben, und wir haben sie als solche genommen. Es keimte ja auch immer wieder eine Hoffnung auf, das Regime könnte sich ändern. Phasen unserer eigenen Entwicklungsgeschichte waren ja mit der historischen verbunden. '53 in einer bestimmten Weise, als in Berlin im Juni der Aufstand stattfand; 1956, da war ich 16, da hab' ich sehr intensiv einen politischen Konflikt erlebt, und ich war ganz eindeutig gegen die Niederschlagung und als eingegriffen wurde in Ungarn '68 noch viel intensiver. Sicher kann man sich fragen: »Wie viele Erfahrungen sind nötig, um sehend zu werden?« Aber die Krisen gaben immer wieder Grund zur Hoffnung, es könne anders werden. Das Problem, das komplementär dazu kam, war sicher auch, daß eine klare Alternative fehlte. Für mich wie für viele meiner Freunde war der Zustand der BRD keine Alternative. Zum Teil aus Unwissenheit, zum Teil, weil wir die Propaganda übernahmen, die allerdings auch nicht gegenstandslos war. Als Stichwort: Globke als Staatssekretär von Adenauer und die Rolle der Alt-Nazis in der BRD, das konnte für uns nicht die Alternative sein.

Es gab doch auch Nazis in der SED …

Ja, aber das war viel weniger deutlich und erkennbar. Es war schon sehr viel schwieriger, das zu durchblicken, denn in der offiziellen Darstellung gab es natürlich keine alten Nazis in der Politik hier, die hatten natürlich nichts zu sagen. Das habe ich erst viel später deutlich gemerkt, als ich mit einem französischen Journalisten zusammenarbeitete und für ihn Dokumente übersetzte. Damals hatte ich Zugang zu Unterlagen aus dem Document Center in West-Berlin über Leute, die in der DDR von Gewicht waren und deren NS-Vergangenheit verschwiegen worden war. Das sind Stufen der Distanzierung. Aber zunächst schien vieles für das klischeehafte Bild zu sprechen: Die Nazis haben im Westen ihre Kontinuität und im Osten gab's einen radikalen Bruch.

Nun gab es in der Parteispitze in bestimmten hohen Funktionen einige Juden, Stichwort Axen, Abusch, Gysi…

Albert Norden und seine Familie hatten in der Emigration in Paris im 20. Arrondissement im gleichen Gebäude gewohnt wie wir. Als Norden eine Zeitlang in Ungnade gefallen war in der DDR, traf meine Mutter Herta Fischer, so hieß Nordens Frau mit Mädchennamen auf der Straße, ging auf sie zu und sprach mit ihr. Herta Fischer war darüber sehr überrascht und sagte: »Die anderen, wenn die mich sehen, die meiden mich und gehen auf die andere Straßenseite, seitdem der Albert schief angesehen wird.«

Hast du Norden selber gekannt?

Nein.

War es in der Öffentlichkeit bekannt, daß diese Männer Juden waren oder war das gar kein Thema?

Ich denke, es war wenigen bewußt.

Und wie war das für dich?

Mir war das bewußt. Das war für mich ein Pluspunkt in der DDR.

Inwiefern?

Na ja, eine gewisse Garantie, daß nicht alles im argen liegt vielleicht, und daß man diesen Leuten mehr vertrauen kann, was sicher zum Teil auch unsinnig ist. Leute wie meine Mutter mußten ja mit diesem Schicksal leben, daß fast alle Juden umgebracht worden waren in ihrer Familie. Und eine der Reaktionen, die sie darauf hatte, war mitunter eine gewisse Schadenfreude, die sich äußerte, indem sie Zustände der DDR, die wirklich nicht sehr erfreulich waren, mit Worten wie: »Das haben die nun davon, daß sie die Juden umgebracht haben« oder: »Hier fehlen die jüdischen Köpfchen« erklärte. Insofern war es vielleicht ein kleiner Trost, daß da zwei, drei Juden auch in führenden Stellungen sichtbar waren.

Wie war denn dein Verhältnis zur Jüdischen Gemeinde? Warst du Mitglied?

Nein.

Hattest du irgendeine Beziehung dazu?

Relativ spät, als wir in den achtziger Jahren diese Gruppe »Wir für uns« gebildet haben, vorher nicht. Vorher, und da würde ich mich auch als Opfer vorherrschender Ideologie bezeichnen: Für mich war die Jüdische Gemeinde wie andere Kirchen auch eine Religionsgemeinde, und als Nicht-Gläubiger war das mir genauso fremd. Ich habe überhaupt keinen Unterschied gemacht zwischen einer katholischen Gemeinde, einer evangelischen Gemeinde und einer jüdischen Gemeinde. Das waren Institutionen, in denen Menschen zusammenkamen, die an den jeweiligen Gott glaubten, und an den glaubte ich nicht, also hatte ich damit nichts zu tun. Das war natürlich eine sehr kurze Sicht und eine sehr einseitige, die brüchig wurde in den achtziger Jahren, als die Gemeinde es möglich machte, daß sich Juden der Zweiten Generation mit ähnlicher Geschichte zusammenfanden, ohne sich als religiös verstehen zu müssen.

Woher kam das Bedürfnis in den achtziger Jahren, daß sich so eine Gruppe junger Juden zusammenfand?

Ja, das haben wir uns oft gefragt. Denn wir stellten ja fest, wir kannten uns zum großen Teil, und dieses Bedürfnis war auch zum Teil schon älter. Das ist sicher komplex. Sowohl der zunehmende Abstand von dem sich real nennenden Sozialismus, die zunehmende kritische Haltung und damit die stärkere Hinwendung zur eigenen Herkunft, was man mit dem Modewort »Identität« bezeichnet, zu den Wurzeln …

Wer war am Anfang alles dabei?

Zum Beispiel Salomea Genin war eine der Initiatoren, sehr früh wohl auch schon Irene Runge, Peter Fischer, verschiedene …

Worüber habt ihr da geredet? Was waren die vordringlichsten Themen?

Ja, die vordringlichsten Themen waren wir schon selbst, wo kommen wir her, und was wollen wir, was fehlt uns, und was möchten wir uns aneignen.

Was habt ihr euch da für Antworten gegeben? Welche Wege habt ihr beschritten?

Zum Beispiel, indem wir gelernt haben, was wir nicht wußten. Was das jüdische Jahr bedeutet, wie der Zusammenhang ist von Geschichte und Glauben im Judentum in einer spezifischen

Weise, die sich vom Christentum unterscheidet und vieles mehr.

Welche Auswirkungen hat das gehabt auf euer Verhältnis zur DDR und auch zur herrschenden Ideologie?

Ich weiß jetzt nicht, ob es unmittelbare Auswirkungen hatte oder vermittelte. Und es war zum Teil ja bereits Ergebnis unseres veränderten Verhältnisses zur DDR, also schwerer als Ursache zu fassen. Aber je mehr man eigene Fragen stellt und eigene Antworten überlegt, desto mehr entfernt man sich von den vorgegebenen, das scheint mir auch in dem Fall, was die DDR betraf, ziemlich klar.

Bedingte das nicht auch gleichzeitig ein Sich-entfernen von nichtjüdischen Freunden?

Fällt mir schwer, das jetzt zu beantworten, das wird bei einigen zutreffen und bei anderen nicht.

Bei welchen?

Nein, ich denke, es schuf vielleicht sogar eine größere Nähe zu nicht-jüdischen Freunden. Ich habe es erlebt, daß ich in dem Blättchen, das die Gemeinde herausgab, einen Bericht geschrieben habe über einen Vortrag, den Shlomo Avineri aus Israel gehalten hatte über die Wurzeln und die Geschichte des Zionismus. Das fand ich sehr spannend und habe einen sehr zustimmenden, positiven Bericht darüber geschrieben. Darin ging es zum Teil auch über die sozialistischen Wurzeln im 19. Jahrhundert und ähnliches. Und dann erlebte ich, daß mich auf der Straße Freunde oder flüchtige Bekannte ansprachen, Nichtjuden, die sich über diesen Artikel freuten. Das war ein konkretes Beispiel, wie sich das auswirken konnte.

Kam in den achtziger Jahren bei dir ein Gefühl auf, ich will dieses Land verlassen, ich will nach Israel gehen oder nach Amerika, also in eines der großen jüdischen Zentren?

Nein. Vielleicht schon eher das Gefühl, ich will dieses Land verlassen. Schon sehr lange wäre es mein Ideal gewesen, in verschiedenen Ländern auf längere Zeit leben zu können. Aber mich schreckte das von vornherein Endgültige der Entscheidung unter den DDR-Bedingungen ab. Woanders hingehen, hieß radikal mit allem brechen, was man hier zurückließ, mit Freunden, mit der eigenen Vergangenheit, der Familie. Das war das besonders Bedrückende. Der Wunsch, woanders zu sein, war für mich immer da, denn ich war ja von woanders hergekommen. Voll mit beiden Beinen und hundertprozentig ein DDR-Bürger bin ich nie gewesen. Ich zögere beinahe, das zu sagen, weil das im nachhinein eine Redeweise ist, die viele praktizieren, aber es trifft dennoch zu!

Es fand ja in den achtziger Jahre eine radikale Kehrtwendung in der »Judenpolitik« der DDR statt. Es gab eine Hinwendung, Bronfman »durfte« kommen, man hofierte die Juden usw. Wie hast du das erlebt und, vor allem, zu dem Zeitpunkt bewertet?

Ich habe es nicht als so furchtbar radikal empfunden, sondern eher als pragmatisch. Als ein politisches Kalkül der Herrschenden und der Politik, die Honecker verfolgte. Entsprechend habe ich das mit gemischten Gefühlen verfolgt. Mit so gemischten Gefühlen vielleicht wie ich jetzt hier, wo wir sitzen, in diesem Viertel in der Oranienburger Straße eine »jüdische Renaissance« erlebe, die natürlich ihr Artifizielles hat, ihr Künstliches, ihr touristisch Attraktives und nicht wirklich gelebt ist und die sowohl vielleicht etwas ist, was ich bejahen kann, weil damit einerseits dieser Teil der Geschichte, der Kultur der Vergessenheit entrissen wird, andererseits das, was zerstört wurde, noch deutlicher macht. Diese Ambivalenz empfand ich, glaube ich, damals in einer etwas anderen Weise auch. Einerseits fand ich es wahrscheinlich gut, daß man sich mehr der jüdischen Komponente besinnt, die es in dieser Gesellschaft gibt und vor allem gab, auf der anderen Seite störte mich daran die pragmatische Absicht, die damit keine sehr aufrichtige war.

Wo stehst du denn heute, was das Judentum betrifft? Was heißt es für dich eigentlich, Jude zu sein? Ist das für dich eine politische Aussage, ist es die Zugehörigkeit zu einer Schicksalsgemeinschaft, ist es ein kulturelles Erbe?

Das zweite und dritte sicherlich, eine politische Aussage insofern – und das war es auch seit Jahrzehnten –, daß für mich die Existenz des Staates Israel eine politische Notwendigkeit ist, etwas, das es bei allem, was ganz sicher auch in vielen Phasen der Entwicklung zu kritisieren ist, als unabdingbar zu stehen hat, eben aufgrund der vorangegangenen Geschichte. Das führt auch zu dem Punkt Schicksalsgemeinschaft im Sinne als erfahrener und überlieferter Geschichte, die einen mehr betrifft als andere. Das spüre ich etwa bei Freunden, die zum Judentum konvertiert sind, und die natürlich hundertmal mehr über das Judentum wissen als ich und die besser Hebräisch sprechen, denen aber dieser Zusammenhang fehlt. Ich werfe ihnen das nicht vor, aber da ist so ein eigenartiges Gefühl.

Hast du in der DDR Antisemitismus erlebt?

Gegen mich gerichtet, wenn du das meinst, kaum. Den alltäglichen zum Teil in der Sprache, in Bemerkungen, in Haltungen. Bei seltenen Gelegenheiten wurde er einem auch deutlich als Staatshaltung, wieder verbunden mit Pragmatismus. Ein Beispiel kann ich dafür geben; ich habe ein halbes Jahr lang im ADN, im Allgemeinen Deutschen Nachrichtendienst, der Presseagentur der DDR, als Redakteur für Auslandssendungen gearbeitet, '63/'64 war das. Zu der Zeit fand in Berlin der Prozeß gegen Globke statt, den ich unmittelbar erlebte, weil ich beim Prozeß Aussagen von französischen Zeugen gedolmetscht habe. Beim ADN gab es dann eine Anweisung der Chefredaktion, daß diese Berichte über den Globke-Prozeß natürlich in Französisch nach Frankreich, nach Israel usw. gesendet werden, in die arabische Welt aber gar nicht. Vielleicht wird man das normal finden als politische Haltung eines Staates, aber für mich war das etwas sehr Schockierendes. Daß man sich auf der einen Seite hinstellt und ihn verurteilt für die Nürnberger Gesetze und seine Beteiligung daran und auf der anderen Seite sich überlegt, wem schickt man diese Informationen über die Haltung der DDR, wo nützt es und wo schadet es. Und die arabischen Freunde, bitteschön, müssen nicht wissen, daß wir jemanden deswegen verfolgen, weil er was gegen Juden tat. Das fand ich schon ziemlich stark. Das sind Dinge – ich weiß nicht, ob man das Antisemitismus nennen soll – aber es illustriert die Unaufrichtigkeit und die Lügenstruktur dieser Gesellschaft.

Wie hast du damals konkret auf diese Situation reagiert?

Sie hat mich empört, ich habe das auch in meiner Umgebung erzählt. Ich kann mich auch erinnern, daß ich mich damals mit einem West-Berliner, der sich sehr für den Prozeß interessierte und ein Buch über Globke schrieb, ausgetauscht habe, das war sicher nicht gern gesehen. Was konnte ich sonst tun?

Hast du dich in solchen Dingen jemals nach oben hin gewehrt oder hast du das nicht gekonnt?

Nein. Nach oben hin gewehrt, das hätte vorausgesetzt, daß ich annehme, es gibt eine Möglichkeit, die ein Ergebnis hat in meinem Sinne, und das sah ich nicht. Relativ spät habe ich mich, 1987 glaube ich, einmal nach oben durch eine Eingabe an Honecker gewehrt.

Was war das?

Da ging es um den Sartre-Kongreß in Frankfurt am Main, zu dem ich eingeladen war. Ich habe damals schon lang über Sartre gearbeitet, über ihn promoviert und ich war als einziger, soweit ich sah, und das war auch die Tatsache, aus dem gesamten Ostblock eingeladen als Experte, und man hat mir ohne Begründung das Visum verweigert mit Ausflüchten und immer wieder, bis der Punkt gekommen war, wo für mich die Entscheidung hieß: Wenn das nicht geht, dann habe ich auch hier nichts mehr zu suchen. Und entsprechend habe ich mich gewehrt – mit Erfolg.

Kann man das so verstehen – ich unterstelle das einfach mal – daß dir Sartre wichtiger war als das Judentum?

Nein, das war eine andere Zeit, und es ging um einen anderen Punkt. Das eine war '63 oder '64, da war ich Anfang 20 und Student, das andere war Ende der achtziger Jahre.

Hatte das, abgesehen von deinem Alter, auch damit zu tun oder hast du das so erlebt, daß in der DDR etwas aufweichte, daß also der Protest auch leichter möglich war?

Leichter möglich und auch viel notwendiger.

Inwiefern?

Weil vieles, was man in den früheren Jahren noch als Erklärung und Entschuldigung und zum Verständnis sich selbst noch sagen konnte, hinfällig war, das konnte man nicht einfach so beliebig fortschreiben.

Was war das?

Na ja, noch die Unterentwicklung, die mangelnde Erfahrung, die feindliche Umwelt usw., was in den Zeiten des Kalten Krieges natürlich eine Rolle spielte.

Also hat man letztendlich selbst als Jude, selbst als jemand, der durch die Eltern eine andere Vergangenheit hatte, die dir ja auch bewußt war, eigentlich diesen Staat in Schutz genommen?

Ja, was ich versuchte anzudeuten. Weil man auch das Gefühl hatte, viel investiert zu haben, und glaubte, den Staat deshalb nicht so

leichthin aufgeben, aber auch nicht in diesem Zustand akzeptieren
zu können. Beides …

Was bedeutet für dich als Jude der Untergang der DDR?

Für mich als Jude, als Jude oder Nichtjude ist ja egal, war das
primär schon eine Befreiung. Ich bin etwas losgeworden, was mich
bedrückt hat, ein Erbe, und es gibt jetzt eine andere Offenheit für
mich. Die Welt ist wieder offen, das ist bei allen anderen Grenzen
sehr viel wert. Ich meine, ich habe mich sehr früh für Sartre interessiert, der nicht zufällig als Philosoph der Freiheit bezeichnet
wird, und der Begriff der Freiheit ist für mich kein oberflächlich
ideologischer, auch wenn er oft dazu gemacht wird.

*Noch einmal, weil es bewußt um diesen Aspekt geht: Hat
sich dein Leben als Jude in diesem wiedervereinten Deutschland verändert?*

Ja, das auch. Natürlich habe ich jetzt teilweise andere Beziehungen, vielleicht sind jüdische Beziehungen stärker. Zum anderen,
und das ist verbunden mit der Freiheit, gibt es auch einen anderen
Mißbrauch der Freiheit oder den einen oder anderen schlechten
Gebrauch, etwa Fremdenfeindlichkeit und Antisemitismus. Der
Zustand der DDR, der den tatsächlichen Antisemitismus im Volke
oder den unausgegorenen unter den Tisch kehrte, war nicht be-
grüßenswert. Aber der Zustand, in dem die Möglichkeiten der Demokratie benutzt werden, um Antisemitismus zu entwickeln und
Ausländerfeindlichkeit, ist auch nicht begeisternd. Ich weiß, daß
das der Preis der Demokratie ist. Aber die Nachricht, daß die DVU
im Brandenburgischen Landtag mit über fünf Prozent vertreten
ist, bin ich nicht besonders erfreut. Das sehe ich auch mit meiner
Sensibilität als Jude.

Ich danke dir für das Gespräch.

Irene Runge

»Wir waren eine lose Gruppe.«

Irene Runge ist die gewiß schillerndste Figur unter den prominenten DDR-Juden. Ihre aktive, langjährige Stasi-Vergangenheit wirft kein besonders günstiges Licht auf die zierliche Frau, die in den USA geboren wurde, ehe ihr Vater mit ihr in die DDR zurückkehrte. Als wir uns das erste Mal zum Interview trafen, erklärte sie sofort, daß sie nicht bereit sei, über ihre Stasi-Tätigkeit zu sprechen. Wenn ich das wolle, könnten wir sofort aufhören. Ich mußte ihre Bedingung akzeptieren, schließlich hat sie den Jüdischen Kulturverein 1986 in Ostberlin gegründet, eine Institution, die es heute noch gibt – und die sie natürlich immer noch leitet – und die sich ganz besonders der vielen russischen Juden annimmt, die sich in ihrer neuen Heimat Berlin immer noch fremd fühlen. Und ich wollte natürlich über ihre Arbeit und die letzten Jahre der DDR etwas erfahren. Wir trafen uns Ende 1997 das erste Mal, damals noch in den »historischen Räumen« des Kulturvereins in der Monbijoustraße in Berlin Mitte. Mittlerweile ist der Verein in ein modernes Gebäude in der Oranienburger Straße umgezogen, in dem auch noch andere jüdische Institutionen untergebracht sind. Es gibt Juden in Ostberlin, die mit ihr wegen ihrer Stasi-Tätigkeit kein Wort mehr wechseln.

Frau Runge, Sie leiten hier in Berlin den jüdischen Kultur-
verein, eine private Initiative. Wie kam es dazu?
Der Verein ist eine Erfindung der DDR. Ab 1985 hatten wir die
Idee; aus Frankfurt und den USA schwappte damals die Möglich-
keit zu uns hinüber, Juden zu integrieren, die keine Mitglieder der
Gemeinde sind. Da bildeten wir die Gruppe »Wir für uns«, einen
Zusammenschluß von Leuten, die von zu Hause her nichts mit
dem Judentum zu tun hatten. 1990 wurde daraus ein Verein mit
Vereinsrecht.

Wie war denn 1985 die Akzeptanz?
Wir waren kein Verein, es gab kein Vereinsrecht. Wir waren eine
lose Gruppe. Jeder sagte, wen er kennt, diese Leute wurden dann
angeschrieben. Dr. Hermann Simon, Dr. Peter Kirchner, die Vor-
stände waren davon nicht so begeistert. Die Eingeladenen kamen;
die meisten von ihnen hatten noch nie mit so vielen Juden auf einmal in einem Zimmer gesessen. Aber die meisten kannten sich
untereinander bereits. Viele hatten sich, ähnlich wie bei einem
Klassentreffen, nach langen Jahren erstmals wiedergetroffen.
Später kamen andere Generationen, etwa die mittlere Generation, die nach der Wende von Arbeitslosigkeit betroffen war. Wenn
sie die Talsohle überwunden hatten, kamen sie nicht mehr. Mit
der Zeit änderte sich die Altersstruktur: Es stießen mehr Ältere zu
uns, VdN-Leute, Auschwitz-Überlebende. Dann kamen die Einwanderer aus der Sowjetunion. Da wir alle Russisch gelernt haben, war es für uns einfach, uns darauf einzustellen. Zuerst waren
wir ein Club von Gleichgesinnten mit ähnlichem Alter gewesen.
Daß wir dann ein sozialer Club wurden, damit hatte zu Anfang
niemand gerechnet.

Was war in der Anfangszeit das Jüdische an dem Treffen,
was wußte man vom Judentum?
Diejenigen, die eingeladen waren, waren Juden, oder hatten jüdische Väter. (Damit wollten wir versuchen, vielleicht auch die Väter
zu erreichen.) Unsere Themen waren immer jüdisch oder betrafen
den Antifaschismus, das Exil. Das war ähnlich wie heute. Die jüdischen Feiertage wurden gefeiert. Damals waren wir allerdings
noch nicht so orthodox, es kamen viele Reformleute. Ich dachte damals, Rabbiner seien immer alt; zu meinem Erstaunen kamen aber
junge. Wir hatten von vielem keine Ahnung. Dann kam Rabbiner

Stein. Wir hatten eine Synagoge, eine Bibliothek. Dr. Simon meinte: »Mazze muß man essen, darüber kann man nicht reden.« Es gab dann auch Splittergruppen. Das ist alles im Nachrichtenblatt der jüdischen Gemeinden der DDR dokumentiert.

Gab es ideologische Probleme mit der linken Erziehung? Probleme, sich der Religion zuzuwenden? Oder wurde sogar aus Enttäuschung gegenüber der DDR bewußt eine neue geistige Heimat geschaffen?

Das war von Person zu Person unterschiedlich. Es lag damals in der Luft, Wurzeln zu suchen. Ende der siebziger Jahre erschienen ja nicht von ungefähr in Deutschland Bücher wie *Fremd im eigenen Land*. 1986 hatte gerade die Perestroika begonnen. Es herrschte Aufbruchstimmung. Man wollte wissen, was mit den Verwandten ist. Man besuchte sie zum ersten Mal – meist in aller Welt, kaum in Westdeutschland. Viele hatten im Ausland Freunde, die ihnen das Leben gerettet hatten; die durfte man auch besuchen. Viele entdeckten so, daß ihre Verwandten Juden sind. Da spürte man, daß einem etwas entgangen war. Wir alle wußten natürlich um die fünfte Rubrik – das ist die Rubrik im sowjetischen Paß, in der die Nationalität eingetragen wird: *Jewrej*, Jude! Wir kriegten auch die Entwicklung in der Sowjetunion mit, wo Juden plötzlich sichtbarer wurden.

Was hat Ihr Bewußtsein von der jüdischen Identität ausgelöst, was war vorher?

Ich bin im Exil in Amerika geboren und habe immer die Sehnsucht nach Amerika in mir getragen. In den achtziger Jahren fuhr ich in die Vereinigten Staaten und begriff erst dort, daß meine Probleme mit der DDR damit zu tun hatten, daß ich wie die Amerikaner war.

Wie war die Transformation '89/'90, wie haben Sie sich eingegliedert?

Das war sehr irritierend. Die Veränderung der DDR hatten wir uns gewünscht, da war ich aktiv. Die jüdische Gemeinde war so klein, daß sich alles nur verbessern konnte. Aber wir waren schon eine Gruppe mit einer eigenen Entwicklung. 1989 war schon viel mehr möglich als vorher. Die etablierte Westgemeinde hat sich wohl weniger für uns als Menschen interessiert als eher für die Immobilien im Osten. Nur der Jüdische Weltkongreß hatte uns alle – wir waren 180 Leute – 1990, als er in Berlin tagte, eingeladen.

Was mich sehr erschreckte, war die Ausländerfeindlichkeit, der Polenhaß. Ich habe über den Fremdenhaß in der DDR ein Buch geschrieben. Die Übernahme der DDR erfolgte dann nach den Prinzipien der Wirtschaftsrationalität. Daß es so ideologisch wurde, hatte ich mir vorher gar nicht vorstellen können. Meine theoretischen Kenntnisse des Kapitalismus brachen sich mit dem sehr bürokratischen kapitalistischen System. Ich dachte, es wäre viel rationaler.

Der Jüdische Kulturverein entstand, indem wir einen Schritt nach dem anderen machten. Während des Mauerfalls hatten wir gerade eine Konferenz. Da hatten dann viele die Idee, den Verein zu gründen, da sie schon voraussahen, daß die Gemeinde vom Westen geschluckt wird. Wir wußten nicht, was ein Verein ist, aber wir hatten einen Rechtsanwalt. Uns war lange nicht bekannt, daß man Gelder kriegen kann. Wir haben die Briefmarken selbst gekauft. Wieso sollte die BRD uns Geld geben, damit wir unserem Hobby nachgehen?

Was war das Ziel des Vereins?

Dasselbe wie vorher. Das Statut lautete: »Zum Wiederbeleben jüdischen Lebens in Berlin beitragen. Mit anderen Organisationen dazu zusammenarbeiten. Respekt vor dem Holocaust. Die nichtjüdische Öffentlichkeit über Geschichte und Judentum zu informieren.«

Ich hatte vorher ein Buch über Israel geschrieben. Ein sehr orthodoxer Rabbiner war verblüfft über unsere Arbeit, er kam dann zu uns, um zu helfen.

Wer war das?

Er hieß Weinman. Der blieb uns treu. Er ist auch ein rabbinischer Rechtsanwalt. Er half uns immer. Wir haben uns ja eher nur über den Holocaust identifiziert. Und dann kamen auf einmal Juden aus Israel oder Amerika mit Ideen wie: »It's nice to be jewish.«

Weinman kam mit scheußlichem Essen, aber es war glatt koscher. Er rief uns immer an, hat aber nie bestimmt oder gefordert, sondern immer nur geholfen. Wir haben nie langfristig geplant, sondern spontane Ideen entwickelt. Mit der Einwanderung aus der Sowjetunion seit Mai 1990 bekamen wir plötzlich eine Funktion. Keiner wollte mit denen etwas zu tun haben, und wir holten die Medien. Daraus entstand nach der Wiedervereinigung der Druck, die Gesetze so zu ändern, daß bis heute russischsprachige Juden einwandern können. Im Februar 1990 hat der Jüdische Kulturverein über den Runden Tisch die DDR-Regierung aufgefordert, sowjetische Juden einreisen zu lassen. Und als die ersten im Mai 1990 kamen, haben wir die erste Pressekonferenz zu diesem Thema organisiert, ein Sommerfest, Unterricht und vieles mehr, und vielen wurde von vielen ganz einfach geholfen.

Wie reagierte die etablierte Gemeinde auf den Kulturverein, auf ihren Auftritt im vereinten Deutschland?

Die etablierte Gemeinde ist auch kein monolithischer Block. Manche waren begeistert und haben uns öffentlich oder heimlich unterstützt. Andere waren der Meinung, in Deutschland brauche man das nicht. Wer nicht zur Gemeinde gehörte, sei kein Jude. Die staatlichen Stellen, die wie immer Angst hatten, mit den Juden was falsch zu machen, haben uns sofort fallengelassen. Die anderen wurden nach der Wende hofiert. Das war alles immer so offiziös. Es gab mit uns nie einen öffentlichen Streit, aber das Klima war nicht gut. Die »Demokratische Liste«, die Opposition der Gemeinde jedoch, war von Anfang an für uns. Innerhalb der jüdischen Gruppierungen gab es einen regelrechten Ost-West-Konflikt. Viele von uns konnten russisch und konnten dadurch mit den Neuankömmlingen kommunizieren Und wir waren auch noch so pro-russisch. Wir waren die »Roten«.

Es vermischte sich das jüdische Mißtrauen mit dem Ost-West-Mißtrauen, das Mißtrauen der Frauen – gegen die Männer, die Jungen gegen die Alten. Aber inzwischen ist das Vergangenheit. Jetzt haben wir normale Beziehungen. Wir haben einen legitimen Platz.

Ging die Ablehnung der Gemeinde, die Sie erfuhren, auch auf Heinz Galinski zurück?

Sicherlich, der hatte ja große Angst vor einer Spaltung. In seinem Weltbild war das nicht vorgesehen. Er baute die Gemeinde auf, bekam die Einheit plötzlich und auch noch den Osten. Das war für ihn schwer. Ich glaube, er hat keinem so richtig getraut. Das kam schon von ihm.

Kurios ist aber auch, daß wir das nicht so verstanden haben.

Wir dachten, wenn er uns kennenlernt, dann wird er schon Vertrauen zu uns fassen. Wir haben ihn gleich als *den* Mann akzeptiert. Er war immer korrekt und höflich, hat aber klar gemacht, daß er nichts mit uns zu tun haben will. Durch andere haben wir erst mitgekriegt, daß das so ist.

Wir hatten aber auch sofort Freunde. Wir waren ja dennoch weit weg von der Fasanenstraße, dem Gemeindezentrum, und wußten nicht, was die dort über uns regelten. Es gab auch so eine Schwellenangst, die Leute hier gingen nicht in die Fasanenstraße.

Wir haben quasi die Ostberliner Gemeinde fortgesetzt, das, was Peter Kirchner und seine Frau mit den Sonntagnachmittagveranstaltungen begonnen haben. Wir haben es noch netter kennengelernt, in Amerika mit Tee und Kaffee. In der DDR hat der Referent einfach für die Rede einen Strauß bekommen und das war's dann. Und wir wollten vorher und nachher eine Stunde haben, um uns zu unterhalten. So wurde das ein regelmäßiges Treffen. Das widersprach den Vorstellungen der Mitglieder der DDR-Gemeinde. Die wollten keine Kaffeehaus-Atmosphäre, sondern einen akademischen Disput.

In einer lockeren Atmosphäre ist alles viel einfacher, mehr wie ein Familienfest. Es nehmen auch viele Leute teil, die keine Gemeindemitglieder sind, auch viele russische Intellektuelle. Es herrschte so eine Art Küchenatmosphäre, man setzt sich hin wo man will, vieles ist zufällig. Die Leute, die hier was zu sagen haben, sind Leute aus dem Exil, die alle akademische Positionen hatten und diese Interessen behalten wollen. Im Westen waren es mehr Überlebende des Holocaust: Geschäftsleute, Ärzte, Unternehmer, nicht solche »Schreiberlinge« wie bei uns. Deshalb waschen wir hier auch selber ab, haben kein Personal.

Wir hatten auch Leute hier im Vorstand, die erwartet haben, daß hier etwas organisiert wird, die nicht akzeptieren konnten, daß es hier kein Personal gibt. Die gingen dann auch wieder. Wir haben hier ja auch keine Großverdiener, keine Ehepaare, die beide die Rente als »Opfer des Faschismus« bekommen oder Geld aus Zinsen. Das ist hier im Vergleich zum Westen lächerlich. Wir haben da richtig moralische Probleme mit dem Geld, wieviel man von wem nimmt und so. Das ist sicher ein Überbleibsel des Denkens der Intellektuellen aus der DDR.

Wie schaut Ihre Arbeit aus, welche Funktionen erfüllt Ihr Verein?

Er ist zweisprachig, wir machen alles doppelt: zum Beispiel eine Zeitung auf Deutsch und Russisch, allerdings sind die beiden Ausgaben inhaltlich nicht identisch. Wir machen auch Veranstaltungen, aber das hat sich nicht so gut gemischt, denn wenn die Intellektuellen ein Thema behandeln wollen, tun sie das auf einem sprachlichen Niveau, das in der Regel nur die Muttersprachler beherrschen.

Wir feiern die Feste gemeinsam. Wir bemühen uns um regelmäßige Veranstaltungen zu den Themen Exil, Emigration und deren künstlerische Umsetzung. Jüdische Geschichte, jüdische Arbeiterbewegung, musikalisch-literarische Veranstaltungen usw. Wir haben aber kein Klavier und sind hier in einem Wohnhaus. Auf Russisch bieten wir für die alten Einwanderer, die keine Förderung bekommen, Deutschunterricht an. Aus diesen Gruppen ist der deutsch-russische Club entstanden. Die gehen zusammen raus: In Museen, zu Gedenkstätten, eventuell gibt es auch mal Theaterkarten, wenn Geld da ist. Es gibt einen Kinderchor, der besteht allerdings nur aus russischen Kindern, die singen jetzt russische und hebräische Lieder. Wir haben auch eine psychologische Beratung, wenn Leute Probleme haben. Wir geben überhaupt viel praktische Hilfe.

Es gibt einen Literaturworkshop auf Russisch. Das ist sehr gut für die russischen Literaten und Journalisten in Berlin, die schreiben wollen. Wir schauen uns gemeinsam Filme an und diskutieren darüber. Zum Beispiel über Filme von Eisenstein. Wir bieten viel Jüdisches an, Themen über Israel und Antifaschismus. Alles, was ein richtiger Kulturverein macht. Wie der Schabbat ausgerichtet wird, das richtet sich nach dem, der am Kopfende des Tisches sitzt. Es hängt also immer sehr davon ab, wer kommt. Wir wollen keine Kameras, versuchen die Tradition wegen des Kontaktes zu Jerusalem, zu Weinman, zu wahren.

In welche Synagogen gehen Ihre Mitglieder?

In alle, Adass Jisroel, Rykestraße, Joachimsthaler Straße, Pestalozzistraße. Andreas Nachama hat hier auch schon Vorträge gehalten.

Kommt er jetzt in seiner Funktion als Gemeindevorsitzender auch noch zu Ihnen?

Nein, er hat ja jetzt weniger Zeit.

Heißt das, daß sich die Kontakte normalisieren, verbessern?

Nachama war uns von Anfang an gewogen. Beim Runden Tisch, am Vorabend der Gemeindewahl, hat er für den zentralen jüdischen Runden Tisch vorgebetet. Dabei handelt es sich um eine Veranstaltung, an der über 100 Juden aus vielen Gemeinden und jüdischen Gruppen, Vereinen in ganz Deutschland teilnahmen.

Sie bieten auch einen Schabbat nach Art der alten ostjüdischen Arbeiterbewegung an. Sind Sie auch politische Heimat?

Die Leute hier sind nicht mehr so politisch, im Gegenteil, die halten sich eher fern, weil es schwer zu verstehen ist, was in Deutschland abläuft. Wir sind für einen kleinen Teil zuständig, der sich hier wohl fühlt. Am 9. Mai – dem Tag der Befreiung – da haben wir ein volles Haus, die Leute kommen mit ihren Orden. Aber die Gemeinde macht das nun auch. Dinge, die wir früher gemacht haben, die in unserem Kalender, in unserem Bewußtsein verankert waren, sind durch die Russen auch in die Gemeinden getragen worden. Wir finden gut, daß es so viele gibt. Aber politische Heimat würde ich das nicht nennen …

Die amerikanische Ronald-Lauder-Foundation unterstützt Sie. Wie kam es dazu?

Nein, die unterstützt uns nicht, die hat eine eigene Einrichtung, hier ganz in der Nähe. Die unterstützen uns eher moralisch.

Wie sehen Sie in Zukunft Ihre Zusammenarbeit mit der Gemeinde? Sind Sie als Kulturverein eigenständig und mehr für die Zuwanderer zuständig, oder wollen Sie sich in eine andere Richtung entwickeln?

Mein Traum wäre es, wenn wir uns mehr an die Gemeinde lehnen könnten. Weil sich vieles dann vereinfachen würde, als eine Art Außenstelle der Gemeinde. Wir könnten uns auch um die Kinder jüdischer Väter kümmern. Eine Art Club neben der Gemeinde. Wir ziehen ja auch in die Oranienburger Straße. Wir sind übrigens fifty-fifty: deutsch-russisch-sprachig. Und es kommen neue Leute, die deutsch sprechen, auch Amerikaner, die hier studieren. Anders als die Gemeinde können wir für jung und alt einen Fami-

lienersatz bieten. Wir haben auch eine Jugendgruppe. Wir haben
da die richtige Mischung. Die haben ja auch andere Interessen: Kino und Tanzen, die gestalten einmal monatlich einen Schabbat.

Was bindet Sie persönlich hier?

Das Gefühl, Teil dieser großen jüdischen Familie zu sein. Ich habe
so viele angenehme Erfahrungen gemacht. Bei meinem ersten Besuch in den USA waren alle so herzlich. Als ich nach Deutschland
zurückkam, ging ich in die Synagoge, da sagte keiner »Guten
Tag«. Ich wollte, daß die Leute, die hierherkommen, sich wohl
fühlen. Wir sind ein gutes Team hier, das spornt einen an. Ich
wüßte gar nicht, wie ich hier herauskomme. Jeden Monat machen
wir ohne Geld eine Zeitung und 15 Veranstaltungen. Wir haben
viele Kontakte in die frühere Sowjetunion und schicken unsere
Zeitung zu den dortigen jüdischen Kulturvereinen. Dann kriegen
wir von denen Briefe. Wir sind für sie die einzige Informations-
quelle über das Land, in das sie einwandern wollen. Wenn sie hierherkommen, haben sie bei uns schon eine Heimat.

Es geht um das Gefühl, Freunde zu haben. Das hier ist viel mehr
als ein privates, offenes Haus. Es ist wie eine Familie: Wenn man
drinnen ist, kommt man nicht mehr raus.

Dachten Sie daran, den Kulturverein auf andere deutsche
Städte zu erweitern, wo auch viele Russen leben?

Ja klar, wir helfen ihnen. Wir schicken ihnen Unterlagen, geben
Ratschläge. Aber dazu braucht man die Verrückten, die das machen. Ich finde, man müßte überall solche Vereine haben, die das
Traditionelle und das Religiöse als Kultur vermitteln. Es gibt ja
viele liberale Gemeinden, die wollen unbedingt eine Gemeinde
sein. Wir wollen keine Gemeinde, sondern ein jüdischer Kulturverein sein.

Ich danke Ihnen für dieses Gespräch.

Eva und Rabbi Isaac Neuman

Ausgerechnet am Santa Monica Boulevard in Los Angeles bei strahlendem Sonnenschein über die Geschichte der DDR zu sprechen – ein wahrlich merkwürdiges Erlebnis. Wir hatten zunächst telefonisch Kontakt, und Eva Neuman hatte verkündet, daß sie und ihr Mann meine Mitarbeiterin und mich erst einmal zu einem Kaffee in der Stadt treffen wollten, ehe sie sich endgültig bereit erklären würden, ein Interview zu geben. Wir trafen Eva Neuman inmitten einer belebten Fußgängerzone in Los Angeles. Uns entgegen kam eine bildschöne Frau, Mitte fünfzig, mit pechschwarzem Haar und schwarzen, glühenden Augen. Ich konnte ahnen, welche Reaktionen ihr Äußeres in der spießigen DDR ausgelöst haben muß. Die ebenfalls »dunkle« jüdische Schriftstellerin Barbara Honigmann, die 1984 die DDR verließ, hatte mir vor vielen Jahren erzählt, wie man sie auf den Straßen Ostberlins als »Zigeunerin« beschimpft hatte. Diese Geschichte fiel mir ein, als ich Eva jetzt in Los Angeles traf und mir dachte, daß sie in dieser Umgebung so gar nicht auffällt und sich hier viel wohler fühlen müßte als in ihrer alten Heimat. Wir sprachen merkwürdigerweise anfangs Englisch. Sie führte uns zu einem Straßencafé, wo ihr Mann bereits auf uns wartete und uns sehr mißtrauisch beäugte. Allmählich begannen wir in eine Mischung aus Englisch und Deutsch überzuwechseln und Evas eindringliches Berlinerisch blitzte

367

immer häufiger auf. Rabbi Isaac, ein Reformrabbiner,
blieb still. Als ich ihn schließlich fragte, woher er denn
komme und er mir erzählte, daß er aus einer ultra-or-
thodoxen chassidischen Sekte in Galizien stamme und
die Vernichtungslager der Nazis überlebt habe, konnte
ich endlich sein Vertrauen gewinnen. Denn ich wechsel-
te sofort ins Jiddische über, erzählte ihm von meinem fa-
miliären chassidischen Background. Als er die vertraute
»Mameloschen«, die Muttersprache, hörte, war er im
Nu ein völlig anderer Mensch. In wenigen Minuten war
das Eis zwischen uns aufgetaut und das Ehepaar nahm
meine Mitarbeiterin und mich sofort mit zu sich nach
Hause, wo wir über anderthalb Tage in ein nicht enden-
des, intensives Gespräch versanken. Eva Neuman ist die
Tochter des SED-Funktionärs Herbert Grünstein, der
viele Jahre stellvertretender Innenminister der DDR ge-
wesen ist. Isaac Neuman kam 1987 aus den USA nach
Ostberlin, um die jüdische Gemeinde dort zu betreuen.
Doch wurde er in seiner Arbeit von seiten des Staates
und der jüdischen Funktionäre so heftig behindert, daß
er nach kurzer Zeit seine Zelte wieder abbrach – aller-
dings nahm er Eva, die er in Ostberlin kennengelernt
hatte, als seine Ehefrau in die USA mit. Unser Gespräch
fand im Herbst 1998 statt.

Rabbi Isaac Neuman

»WENN MAN IN EINEM TOTALITÄREN STAAT ZUR PERSONA NON GRATA WIRD, SPÜRT MAN DAS ÜBERALL.«

Was geschah hinter den Kulissen, bevor Sie als Rabbiner in
die DDR gehen konnten?
Zwei Jahre vor meinem geplanten Ausscheiden aus dem US-
Außenministerium gab es mit der DDR offizielle Gespräche darüber, einen amerikanischen Rabbiner in Ostdeutschland einzuset-

zen. Die Gespräche sind mir im einzelnen nicht bekannt, aber mir wurde zugesichert, daß ich vollkommene Freiheit haben würde. Freien Zugang zur Literatur, die ich aus Westdeutschland oder anderen Ländern einführen konnte. Das war für mich sehr wichtig, denn ich war auf die ausländische Presse, auf ausländische Zeitungen und Zeitschriften angewiesen; ich wollte mich frei fühlen und das Land jederzeit verlassen können. Ohne diese Freiheiten hätte ich dort nicht existieren können.

Darauf einigte man sich also. Das waren die wichtigsten Dinge, die für mich von Belang waren. Um alles andere kümmerte sich das Außenministerium und die jüdischen Organisationen.

Was veranlaßte Sie zu dem Schritt, nach Ostdeutschland zu gehen? Waren es persönliche Gründe?

Nun, der wichtigste Grund beruhte auf meinen Erfahrungen in den Konzentrationslagern des Zweiten Weltkriegs. Für mich gehörte es zu den Pflichten und zur Verantwortung jedes Juden in der freien Welt, den Juden in den unterdrückten Ländern zu helfen. Die Juden in der DDR stellten in jeder Hinsicht eine Minderheit dar, der religiöse und kulturelle Freiheit untersagt war. In totalitären Gesellschaften wird den Menschen eingetrichtert, daß alles verboten ist, außer man besitzt eine besondere Erlaubnis. Da es keine religiöse Führung gab, fanden bestimmte, eigentlich selbstverständliche Aktivitäten des jüdischen Lebens nicht mehr statt; sie wurden im Lauf der Zeit tabuisiert. Meine Vorstellung war, der kleinen jüdischen Gemeinde, so gut ich das eben konnte, wieder Leben einzuhauchen, und den Menschen zu ermöglichen, wieder als Juden zu leben, mit Verbindungen zur weltweiten jüdischen Gemeinschaft, damit sie nicht mehr das Gefühl hatten, sie seien isoliert und niemand kümmere sich um sie.

In welchem Zustand fanden Sie die Jüdische Gemeinde in Ostberlin vor, als Sie dort eintrafen?

Nur wenige besuchten die Gottesdienste, daneben gab es fast keinerlei Aktivitäten. Zu den wichtigsten Funktionen der Jüdischen Gemeinde oder jeder jüdischen Organisation gehört meiner Meinung nach das, was wir Thorauntericht nennen – ein ständiges, lebenslanges Lernen. Das gab es nicht. Es gab niemanden, der auch nur die Grundzüge des Hebräischen kannte. Nichts wurde unterrichtet.

Die Kinder wuchsen auf und wußten nichts, die älteren Mitglieder wußten sehr wenig, und die Teilnahme an den Gottesdiensten, die ja auf Hebräisch abgehalten wurden, ergab wenig Sinn, weil sie, wenn man die Sprache nicht verstand, äußerst langweilig waren; es fehlte der soziale, zwischenmenschliche Austausch. Die Menschen trauten einander nicht. Zu Recht, wie sich herausstellte, denn jeder stand im Verdacht, ein Stasi-Spitzel zu sein.

Wie sahen Ihre ersten Schritte und Pläne aus, um wieder eine lebendige jüdische Gemeinde zu schaffen?

Nun, als erstes wollte ich wieder den Thoraunterricht einführen. Ich fing mit den grundlegendsten Dingen an: Hebräischunterricht, Unterweisung in jüdischen Anschauungen, jüdische Werte. Da fühlte ich mich am meisten heimisch. Ich tat dies, da die Jüngeren – zu der Zeit gehörten in Deutschland alle zwischen 18 und 45 zu den Jüngeren – wegen mangelnder Sprachkenntnisse nicht an den Gottesdiensten interessiert waren. Für sie war das alles ein einziger Hokuspokus.

Meine Vorgehensweise bestand darin, ihnen ein Thema zu präsentieren, über das sie offen diskutieren konnten. Die Menschen waren ja nur Vorträge gewohnt, sie kannten den freien Meinungsaustausch nicht: Oh, meine Meinung zählt wirklich, ich habe in dieser Sache etwas zu sagen, ich kann an der Diskussion teilnehmen – daran waren sie nicht gewohnt, das war für sie etwas völlig neues. Bei uns war alles offen, die Menschen konnten ihre Meinung äußern. Sie waren sehr daran interessiert, was in den anderen jüdischen Gemeinschaften, in den USA und vor allem in Israel vor sich ging – obwohl sie etwas vorsichtiger waren, wenn sie Fragen zu Israel stellten. Über einen gewissen Zeitraum hinweg erhielt ich regelmäßig kostenlos Publikationen aus Israel. Wenn ich schrieb: »Ich gebe Hebräischunterricht und brauche dafür zwölf Bücher« – dann kamen zwanzig.

Die Ostberliner Gemeinde war sehr klein. Es gab aber viele Juden, die nicht der Gemeinde zugehörten. Was unternahmen Sie, um diese zurückzugewinnen?

Die Juden außerhalb der Gemeinde interessierten mich eigentlich mehr, da ich das Gefühl hatte, bei ihnen könnte ich etwas bewegen. Das waren die Leute, die zum Thoraunterricht und zu den Vorträgen kamen und sich dort aktiv beteiligten. Und ich hatte das Gefühl, daß sie – nach einer gewissen Zeitspanne – zu einem sehr wichtigen Teil der Jüdischen Gemeinde werden könnten. Es gab unter ihnen eine Gruppe, die sich »Wir für uns« nannte und kurz vor meiner Ankunft gebildet worden war.

Dort gab es endlose Diskussionen über Juden und Deutsche und den Antisemitismus. Als ich bei der Gruppe erschien, begannen wir uns mit dem Judentum auseinanderzusetzen. Ich versuchte, diesen Leuen zu zeigen, daß es hinreichende Gründe für Juden gibt, Juden zu bleiben, mit oder ohne Antisemitismus, mit oder ohne Deutsche. Das Judentum kann für sich selbst bestehen. Diese Menschen lebten aber nun mal in Deutschland, in der DDR, das durfte man nie vergessen. Aber da mir Meinungsfreiheit zugesichert worden war, gebrauchte ich sie, so weit das ging.

Wie weit konnten Sie gehen?

Ich ging so weit wie möglich, in jeder Hinsicht, mit Ausnahme der Dinge, die ausdrücklich verboten waren und bei denen man mir mehrere Warnungen hatte zukommen lassen. Sie betrafen vor allem den israelischen Unabhängigkeitstag. Deshalb umging ich ihn einfach. Es wußte sowieso keiner, was wir da feierten, wenn wir den Anlaß nicht beim Namen nannten. Anstelle des Unabhängigkeitstages feierten wir also – offiziell – den zehnten Hochzeitstag von jemandem; erst später fand ich heraus, daß die betreffende Person niemals verheiratet gewesen war. Aber es war ein guter Deckmantel, und wir hatten unser Fest und konnten zusammenkommen. Ich brachte von Westberlin Lebensmittel und drei elektrische Heizkörper mit, damit wir in den bitterkalten Räumen feiern und israelische Lieder singen konnten. Abgesehen davon glaube ich nicht, daß ich mir wirklich Sorgen machen mußte. Ich stand im Blickpunkt der Medien, westliche Journalisten kamen häufig vorbei und berichteten über mich. Ich befand mich unter dem Schutz der amerikanischen Botschaft, die deutlich zu verstehen gab, daß sie an mir als Person und am Erfolg meiner Mission interessiert war. Und ich hatte die Unterstützung einer bedeutenden jüdischen Institution, des American Jewish Committee.

Meine Aufgabe war es ja nicht, das Regime zu unterminieren, ich war kein ausländischer Agent, sondern ich sollte die Jüdische Gemeinde stärken, und das tat ich so gut, wie es mir möglich war.

Manchmal gelang mir das, manchmal auch nicht. Wenn die

DDR von Anfang an kooperiert hätte, sagen wir mal, wenn man uns einen Raum für den Gottesdienst zur Verfügung gestellt hätte, der sauber, schön, komfortabel und beheizbar gewesen wäre, hätte ich das als Entgegenkommen ihrerseits verstanden. Aber das alles traf nicht zu, weshalb ich mir die Frage stellte, warum sie mich überhaupt reingelassen hatten. Ich hatte den Verdacht, daß ich als Dekoration dienen sollte, daß ich nur zur Zierde da war, aber nicht, um meine Arbeit zu tun. Sie hatten erwartet, ich würde wie die jüdischen Funktionäre oder die im Land lebenden Rabbiner funktionieren – wie die Rabbis hinter dem sogenannten Eisernen Vorhang, die es gewohnt waren, mit solchen Situationen umzugehen.

Ich stellte aber von Anfang an klar, daß ich das Recht hatte, meine Aufgaben als Rabbi wahrzunehmen, als wäre ich noch ein Rabbi in Illinois. Als zur Sprache kam, welche Literatur ich mitnehmen möchte, sagte ich: »Alles: die *New York Times,* den *Spiegel,* sogar den *Playboy*!« Ich wollte deutlich machen, daß ich derjenige bin, der bestimmt, was zur Ausübung meiner Aufgabe notwendig ist – und nicht irgendein Funktionär. Ich hatte zwar niemals den *Playboy* dabei – ich habe ihn auch nicht vermißt – aber ich wollte klarstellen, daß sie nicht bestimmen konnten, was ich zu lesen hatte und was nicht.

Wie reagierte die Gemeinde – besonders der Vorsitzende – auf Ihre Neuerungen?

Nun, Sie wissen, wie langsam die Deutschen und vor allem die deutschen Juden von Natur aus sind, wenn es um Veränderungen geht. Rituale lassen sich nicht so leicht ändern. Ich war nicht da, um die Gemeinde zu reformieren, um liberale oder konservative oder orthodoxe Juden aus ihnen zu machen, sondern um das Gemeinschaftsgefühl zu stärken, ihnen das Bewußtsein zu geben, daß sie ein Teil der Gemeinschaft sind. Hier traf ich auf Schwierigkeiten.

Als ich ankam, saßen zum Beispiel die Frauen in den hinteren Reihen. Ich sagte ihnen, daß mich das ärgert, aus einem ganz einfachen Grund: Als ich als Rabbi in den amerikanischen Südstaaten, in Alabama war, saßen die Schwarzen immer hinten, und ich sagte damals, daß das ungerecht sei, und ich sage es auch heute noch. Wenn ihr also aus Gründen der Tradition die Männer von den Frauen trennen wollt: Schön, dagegen habe ich nichts, aber dann die Frauen auf der einen und die Männer auf der anderen Seite – aber nicht die Männer vorn und die Frauen hinten.

Sie waren dagegen, bis einige Frauen meinten: Ja, wir wollen das so. Nachdem sie sich dazu entschlossen hatten, daß einige Frauen vorne an der Seite sitzen konnten, waren 90 Prozent dafür.

Zur Stasi: Wie sehr wurde Ihr Leben von der Stasi beeinflußt, wer galt als Stasi-Agent?

Ich will nur jene erwähnen, die offiziell als Stasi-Agenten enttarnt worden sind. Natürlich geisterten damals breit gestreute Gerüchte herum. Runge war der Stasi-Tätigkeit verdächtigt worden, und wie wir jetzt alle wissen, war sie eine aktive Agentin. Sie war die Sekretärin in der Synagoge und machte sich sehr ausführliche Notizen; alles, was im Tempelrat besprochen wurde, war noch am gleichen Tag oder am nächsten der Stasi bekannt. Und sie war nicht die einzige. Es gab noch andere, die vermutlich wegen ihrer Stellung als Gemeindefunktionäre nicht umhinkamen, Kontakt mit dem MfS zu haben. Jeder hatte Kontakt mit dem Staatssekretär für Kirchenfragen, Klaus Gysi. Und ich weiß nicht, was er für sich behielt und was er weitergab. In gewissem Sinn hat daher vielleicht jeder, der mit ihm zu tun hatte, mehr weitergegeben als notwendig war. Daneben gab es noch zwei Personen, bei denen der starke Verdacht bestand, daß sie für die Stasi arbeiteten – aber Sie haben doch Zugang zu den Stasi-Akten, warum sollte ich also hier Namen nennen, wenn Sie sie ganz leicht in den Akten finden können.

Zu jener Zeit war ich mir natürlich bewußt, daß alles, was ich sagte, weitergeleitet wurde. Aber ich sagte nie etwas, was man als Gesetzesverstoß hätte auffassen können. Natürlich gab es unter den Menschen, die mit mir sprachen, welche, die ausreisen wollten. Es gab sogar welche, die die Gelegenheit ergriffen, mit mir darüber zu reden, wenn ihr Ehemann oder ihre Ehefrau gerade in die Küche oder auf die Toilette gingen – nach dem Motto: »Ich würde gerne ausreisen, aber er oder sie ist noch nicht soweit«. Solche Dinge hielten die Menschen vor den engsten Familienmitgliedern geheim. Aber aus irgendeinem Grund fühlten sie sich bei mir so sicher, daß sie mit mir darüber sprachen. Aber ich konnte niemandem wirklich helfen, ich konnte nur die Möglichkeit diskutieren.

Ich wurde häufig zu Empfängen bei ausländischen Journalisten oder zu besonderen Feiern eingeladen. Dort konnte man über alles reden – obwohl mir natürlich bewußt war, daß es auch dort, selbst unter westlichen Journalisten, Informanten gab. Aber ich hatte nie das Gefühl, als hätte ich einen Reißverschluß vor dem Mund. Ich tat meine Pflicht, und manchmal half ich dabei der Jüdischen Gemeinde, manchmal machte es keinen Unterschied. Allerdings geschah nichts, was ich tat, in dem Bewußtsein, es könnte so wie in einer ganz normalen Gemeinde funktionieren.

Na ja, manche beschwerten sich über sich selbst, hielten sich für lethargisch, aber sie waren nicht so tot wie die Ostdeutschen. Sie waren es nur einfach nicht gewohnt, Gefühle oder die Freude darüber zu zeigen, daß sie Juden waren. Lebhafte Gefühlsäußerungen waren ihnen fremd. Jude zu sein, hieß für sie, verhalten zu flüstern. Hier prallten also zwei völlig unterschiedliche Kulturen aufeinander.

Ich denke, etwa einen Monat nach meiner Ankunft merkten diese Menschen, daß das, was ich tat, zwar alles sehr ungewöhnlich und anders war, daß ich es aber nicht darauf anlegte, die Regierung zu untergraben. Alles zielte nur darauf ab, die Jüdische Gemeinde wiederzubeleben, die in ihren letzten Zügen lag.

Ich habe also nicht das Gefühl, daß alles vergebens oder Zeitverschwendung gewesen war; manches wurde durchaus erreicht. Die Mitglieder lernten, wieder stolz auf ihr Judentum zu sein. Das hatte natürlich Auswirkungen auf die Jugendgruppenleiter und auf die Jungen – es gab nicht so viele von ihnen. Sie sahen, daß auch der zwischenmenschliche Aspekt des jüdischen Lebens und der jüdischen Kultur ein Teil der Gemeinde war, der Teil, der dazu beitrug, sie zu stärken. Dennoch gab es noch immer welche, für die Judentum und Freude nicht zusammengehörten. Das war sehr traurig. Ich komme aus der chassidischen Tradition, und Freude, Tanz und Gesang stellen dort einen wichtigen Bestandteil dar. Einige der Älteren stammten aus einem ganz anderen kulturellen Hintergrund, vor dem das Judentum als eine äußerst puritanische Religion erscheint; alles ist verboten, es sei denn, man erhält eine spezielle Erlaubnis.

Wie sah Ihr Kontakt mit den offiziellen Regierungsvertretern aus, mit Leuten wie Klaus Gysi oder sogar Honecker?

Meine Kontakte beschränkten sich auf Klaus Gysi. Der Grund dafür war sehr einfach: Er war derjenige, bei dem ich das Vorstellungsgespräch in New York hatte, er war es, mit dem das AJC verhandelte und den ich zusammen mit Kirchner und DuBow im Restaurant oben in Berlin getroffen hatte, um weitere Einzelheiten zu besprechen. Ich legte ihm meine Forderungen dar: Freiheit, freien Zugang nach Westberlin, wann immer ich wollte, Zugang zu Zeitungen und Zeitschriften, zu Büchern und anderem Material. Kirchner hielt sich bei der Diskussion sehr im Hintergrund. Als Entschuldigung führte er an, sein Englisch sei nicht gut genug.

Ich traf mich regelmäßig, etwa einmal im Monat, mit Gysi, in der ersten Zeit vielleicht auch zweimal im Monat. Im Grunde ging es immer um dasselbe: Ich brauchte Bücher, Bibeln, ich wollte, daß der Raum gestrichen, die Toilette repariert wurde, daß es eine funktionierende Heizung gab; alltägliche Dinge. Und ich bin mir nicht sicher, ob diese Dinge nur deshalb hinausgeschoben wurden, weil es in der Natur des Systems lag. Wollte man seine Toilette reparieren lassen, bekam man einen Termin in sechs Monaten zugewiesen – wenn man ganz oben auf der Liste stand. So funktionierte das System eben. Brauchte man Maler, kamen sie vielleicht in einem Jahr. Ich war das nicht gewohnt. Ich meinte: Ich verstehe nicht, wie ihr als Gesellschaft funktionieren könnt, wenn das alles auf diese Weise abläuft.

Gut, um das etwas voranzutreiben, sprach ich gelegentlich mit Journalisten – vom *Philadelphia Query*, der *Jerusalem Post*, der Londoner *Financial Times* – oder lud sie zum Essen in die Synagoge ein, damit sie die Leute zu Gesicht bekamen, die ihre dicken Wintersachen trugen und russische Mützen über die Ohren gezogen hatten, weil es einfach so kalt dort war; aber das änderte nichts, die Toilette wurde niemals repariert, mit der Heizung wurde es etwas besser, wir bekamen allerdings nur einen Heizkörper, so daß entweder nur der Morgen- oder der Abendgottesdienst beheizt wurde.

Als die Funktionäre die veröffentlichten Interviews zu Gesicht bekamen, waren sie natürlich verärgert. Ich denke, das war der Zeitpunkt, als ihnen bewußt wurde, daß ich ihnen nichts nützte – daß ich ihnen keine tolle Publicity verschaffte und nicht aller Welt zeigte, wie großzügig und liberal sie doch waren. Danach begannen sie meine Post abzufangen oder taten andere Dinge, die mir das Leben ein wenig erschwerten.

Aber ich erfüllte weiterhin meine Aufgaben, und plötzlich beschlossen sie, daß ich mich nicht nur um die jüdische Gemeinde in Berlin kümmern sollte, sondern auch um die Gemeinden in Leipzig, Dresden und Halle. Ich reiste also durch das Land. Die Straßen waren in einem fürchterlichen Zustand, von den Hotels ganz zu schweigen. Ich lernte die anderen ostdeutschen jüdischen Gemeinden kennen. Manchmal bestanden sie aus einer kleinen Gruppe älterer Menschen, denen ich zuhörte und denen ich, so weit es mir möglich war, zu helfen versuchte. Aber es gab keine Neugeborenen, keine Bar Mitzwas. Einmal gab es aber die Beerdigung des früheren Ältesten der jüdischen Gemeinde in Leipzig. Ich war sehr stolz auf diesen Mann, denn er hatte sein Leben lang gekämpft. Er hatte gegen die Nazis und später gegen die Kommunisten gekämpft. Nicht, daß er eine Art antikommunistischer Rebell gewesen wäre, aber er hatte sich, wie ich, für die Rechte der jüdischen Bevölkerung eingesetzt.

Dieser Mann, der seit einiger Zeit krank gewesen war, hatte offiziell als Persona non grata gegolten. Und deswegen erhielt er von mir die schönste Trauerrede, die ich jemals in Ostdeutschland gehalten habe. Weil ich dachte, daß er sie verdient hatte. Gleichzeitig mußte ich dabei aber mit der Tradition brechen. Die Tradition verlangte, daß man hinter dem Sarg, hinter einer Wand stand, wo allerdings nicht genügend Platz für den Kopf war. Für den Gottesdienst und die Trauerrede mußte man den Kopf durch eine schmale Öffnung stecken. Ich wollte aber nicht das Gefühl haben, als wäre ich in einem Käfig eingesperrt. Also sagte ich mir, was soll's, ich stelle mich da vorne neben den aufgebahrten Sarg. Die Juden dort hielten das für absolut unmöglich. Niemand hatte bis dahin gewagt, mit der Tradition zu brechen. Aber ich sagte mir, ich bin hier in dem Bewußtsein, daß ich mich hier ebenso freizügig verhalten kann wie als Rabbi in den USA. Und tatsächlich schleifte mich niemand vor ein Tribunal. Aber zu der Zeit sorgte das für ein gewaltiges Aufsehen in der Gemeinde – weil man so große Angst vor jeder Veränderung hatte. Das Interessante daran war nur: Nach mir hielten auch der Bürgermeister und ein Parteifunktionär ihre Reden da vorne, wo ich gestanden hatte, und nicht hinten.

Hatten Sie Probleme mit Peter Kirchner, dem Vorstandsvorsitzenden der Ostberliner Jüdischen Gemeinde?

Ja. Insbesondere Kirchner kontrollierte alles, was im Nachrichtenblatt veröffentlicht wurde. Es las sich wie ein kommunistisches Mitteilungsorgan: langweilig, langatmig, es hatte kaum Zwischenräume und sah aus wie eine lange öffentliche Proklamation. Ich habe dort nur einen Text eingereicht, eine Chanukka-Predigt, die eine versteckte Botschaft enthielt, oberflächlich betrachtet aber durchging. Die Botschaft handelte von einem Öllämpchen, das seit Jahren unter Unrat und Abfall versteckt liegt. Unter all dem Schmutz und Müll liegt ein Lämpchen mit noch nicht verdorbenem Öl. Jeder von uns besitzt ein solches verborgenes Lämpchen, gleichgültig, wie wir nach außen hin erscheinen, es ist in uns und erinnert uns immer wieder daran, wer wir sind. Und eines Tages wird es nach außen treten, und die Flamme wird hell aufleuchten – so etwas in der Art. Worauf es mir dabei ankam, war, nicht aufzugeben, nicht zu glauben, alles sei völlig sinnlos, wir seien von allem abgeschnitten.

Und wie äußerte sich der Konflikt mit Kirchner?

Kirchner wollte von Anfang an keinen Rabbi. Er hätte es vorgezogen, wenn der weltliche und geistliche Bereich der Synagoge auch weiterhin unter seiner Leitung gestanden hätten. Er ließ sich nur widerstrebend darauf ein. Aber dafür hatte er keine persönlichen Gründe, es wäre ihm nur lieber gewesen, wenn er keinen Rabbi gehabt hätte. Das habe ich hinterher von verschiedenen Seiten erfahren. Nun, den Gefallen konnte ich ihm nicht tun, weil ich überzeugt war, daß die Jüdische Gemeinde, trotz seiner Vorbehalte, einen Rabbi brauchte. Und vielleicht würde Kirchner ja ebenfalls davon profitieren.

Kirchners Wissen über das Judentum war sehr begrenzt, obwohl er ganz leidlich Hebräisch lesen konnte, allerdings ohne jedes Verständnis. Über jüdische Geschichte, Philosophie, Philologie wußte er rein gar nichts. Dabei war er nicht ungebildet, er war Mediziner. Wahrscheinlich war er von der Stasi oder von wem auch immer für diese Aufgabe angeworben worden – allerdings in dem sicheren Wissen, nehme ich an, daß er einen guten Lakaien abgab, der alle Befehle ausführte und nichts in Frage stellte. Dafür kam er in den Genuß von Privilegien, unter anderem besaß er einen französischen Importwagen, eine schöne Wohnung, und gelegentlich bekam er ein Ausreisevisum nach Westberlin. Das waren Dinge, die allen wichtig waren.

Eigentlich war Kirchner ein idealer »Ältester des Judenrats«. Mein Hauptproblem mit ihm aber war: Er achtete nur auf sich und seine Privilegien und weniger auf die Gemeinde. Sein halsstarriger Widerstand gegen alle Neuankömmlinge, gegen Glaubensangehörige, sogar gegen den Thoraunterricht, gegen alles, was anders war als vorher. Und er stellte sicher, daß bei jeder Predigt und bei jedem Vortrag jemand anwesend war, der ihm treu Bericht erstattete. Aber das störte mich nicht, weil ich nie etwas sagte, worüber ich besorgt sein mußte. Oder doch, ich erinnere mich: Ich berichtete von der Meldung über diesen westdeutschen Piloten, der in Moskau auf dem Roten Platz gelandet und verhaftet worden war – er war natürlich an jenem Tag schon wieder freigelassen worden. Ich sagte, das seien gute Neuigkeiten, da es bedeutete, daß die Spannungen zwischen Ost und West nachließen. Daraufhin sagte man mir, daß es dies keineswegs bedeute. Dabei hatte ich nur etwas erzählt, was in allen Zeitungen gestanden hatte. Aber es wurde nicht an die große Glocke gehängt, man wollte mir nur zu verstehen geben: Hey, jetzt gehst du ein wenig zu weit.

Die DDR bezeichnet sich als anti-rassistisch. Wurden Sie mit von oben verordnetem Antisemitismus konfrontiert?
Persönlich ist mir kein Vorfall bekannt, den ich dem Antisemitismus zuschreiben würde. Ich wußte aber, daß es zu antisemitischen Ausschreitungen gekommen ist, daß mehrmals Friedhöfe verwüstet wurden. Außerdem standen einige Jugendliche vor Gericht, die wegen Vandalismus angeklagt waren. Mir wurde erlaubt, das Gerichtsverfahren teilweise mitzuverfolgen. Dort sah ich einen richtigen Nazi, der Hitler rechtfertigte – wie auch immer. Wenn die Zeitungen dann schrieben, »wir sind die guten Deutschen, die anderen sind die schlechten« oder »in unserem Land ist der Antisemitismus ausgerottet«, dann antwortete ich nur: »Nun ja, vielleicht habt ihr ihn ein wenig zurechtgestutzt, aber er ist noch lange nicht ausgerottet«.

Ich wies dann auf einige Beispiele hin, auf Karikaturen in der *Berliner Zeitung* etwa, die sich in nichts von der Nazi-Zeit unterschieden. Solche Dinge gehörten zur offiziellen Regierungspolitik und ganz sicherlich zur Politik der Kommunistischen Partei.

Aber persönlich, nach meinen eigenen begrenzten Erfahrungen, bin ich nie mit Antisemitismus in Berührung gekommen. Im Gegenteil, ich erinnere mich an eine Aufführung der Staatsoper, zu der ich eingeladen war. Meine Begleiterin wartete bereits auf mich, sie hatte die Karten besorgt, ich mußte nicht in der Schlange warten. Ich hatte einen wunderbaren Platz in der ersten Reihe, und nachdem sie die offiziellen Floskeln von sich gegeben hatte, sagte sie: Der offizielle Teil ist jetzt beendet, jetzt kann ich als Privatperson reden. Ich liebe den israelischen Staat. Das sagte sie außerhalb jeden Zusammenhangs, sie wollte nur ihre Meinung ausdrücken. Gut, das geschah nicht oft, aber gelegentlich wollten mir die Menschen zu verstehen geben, daß sie mit der offiziellen Regierungspolitik nicht übereinstimmten.

Wie war der Kontakt zwischen den jüdischen Gemeinden in West- und Ostberlin?

Offiziell existierte er gar nicht. Als ich eintraf, legte ich Wert darauf, Galinski zu begegnen. Wir trafen dann mehrmals zusammen und unterhielten uns beim Essen. Einige Male trafen wir uns auch nachher. Ich hatte das Gefühl, unsere Beziehung sei sehr gut, und er war sehr hilfreich.

Inwiefern?

Er versuchte mir zu erklären, welchen Schwierigkeiten Kirchner ausgesetzt war und welche Schwierigkeiten sich aus dem Umgang mit ihm ergaben. Aber er half auch sehr, wenn es darum ging, mir die Türen zu öffnen. Wenn ich in eine der Synagogen ging – meist an einem Tag, an dem wir keinen Gottesdienst hatten –, wurde ich immer sehr freundlich und warm empfangen; ich hatte das Gefühl, das war von oben angeordnet. Wie half er ganz direkt? Ich brauchte Bibeln und Lesebücher, also rief er in seiner Unterrichtsabteilung an; dort war ein guter Mensch, der uns alles gab, worum wir baten. Das hat uns sehr geholfen. Ich fühlte mich sehr gut behandelt. Auch seine Büroangestellten kannten die Anweisung vom Chef: Wenn Rabbi Neuman erscheint, dann gebt ihm, falls möglich, alles, was er will.

Was veranlaßte Sie schließlich zur Entscheidung, Ostberlin zu verlassen?

Wenn man in einem totalitären Staat zur Persona non grata wird, spürt man das überall. Angefangen von den Blicken, die einem die Nachbarn hinterherschicken, bis hin zur Paßkontrolle am Checkpoint Charlie. Anfangs durchsuchten sie zwar von oben bis unten den Wagen, ließen aber die Bücher und Publikationen in Ruhe. Ich konnte den *Spiegel* mit einer Karikatur von Honecker dabeihaben, auf der er wie eine Ratte aussah, das machte nichts; es war meine Zeitschrift, und es interessierte sie nicht.

Als ich jedoch, nach der Zeitungsgeschichte – zu der ich gleich noch komme – zur Persona non grata geworden war, wurde ich ganz anders behandelt: Ich war ein ganz normaler Ausländer und damit verdächtig. Der Wagen wurde nun inspiziert, als sei ich ein Mafioso. Sie begannen plötzlich Fragen zu stellen, über Währungen, Dinge, die sie vorher nie interessiert hatten. Ich konsultierte darauf den amerikanischen Botschafter, weil ich mir Sorgen zu machen begann; ich wollte nichts tun, was Schaden anrichten konnte. Er meinte: An Ihrer Stelle würde ich schon mal Pläne schmieden.

Und da war noch eine Sache. Ich wollte im November 1988, als der große Jahrestag der »Kristallnacht« begangen wurde und sie mich als Dekoration gebrauchen wollten, unter keinen Umständen dabeisein. Von Anfang an hatte ich den Verdacht, daß der einzige Grund, warum sie mich 1987 haben wollten, nur darin bestand, daß ich 1988 bei diesem großen Theater mitmachen sollte. Ich sagte: Schön, wenn ihr alles veranlaßt, was für die Jüdische Gemeinde notwendig ist, dann bleibe ich so lange – wenn nicht, zögere ich keine Sekunde, noch am Tag davor abzuhauen.

Nun, ich wollte ihnen dieses Schauspiel nicht gönnen: Schaut her, wie wir uns kümmern, wie sehr wir gegen die Nazis sind, wie freundlich wir mit der Jüdischen Gemeinde umgehen, die wir wieder aufzubauen versuchen. Sie hatten nichts getan, sie hatten noch nicht einmal angefangen, die Synagoge in der Oranienburger Straße wiederaufzubauen. Sie hatten die Räume nicht renoviert, die man für gesellschaftliche Anlässe hätte verwenden können. Die kleine Synagoge, die wir regelmäßig benutzten, wurde nicht beheizt. Sie stellten keine vernünftigen Büroräume zur Verfügung. Wer uns besuchen wollte, dem wurde es besonders schwer gemacht.

Wodurch wurden Sie zur Persona non grata, was war das für eine Geschichte?

Ausgangspunkt war ein Interview für die *Jerusalem Post*, für das ich jedoch nur zum Teil verantwortlich war. Neben dem Interview, das ich selbst gab, veranlaßte ich, daß auch einige Gemeindemitglieder mit den Journalisten reden konnten – wobei ich bezweifle, ob die offiziellen Organe davon überhaupt erfuhren. Jedenfalls war einer von ihnen ein ehemaliger Armeeangehöriger. Er erzählte, wie er als Soldat einmal um Urlaub gebeten hatte, um Rosch Haschana begehen zu können. Danach galt er als Außenseiter, er wurde seines früheren Verantwortungsbereichs enthoben und mußte als Gärtner arbeiten. Und dieser Mann war ein überzeugtes Parteimitglied, er stammte aus einer Parteifamilie, und er wollte an Rosch Haschana nur in die Synagoge gehen oder sich dort mit seinen Freunden treffen. Das reichte bereits aus. Es gab noch mehrere Interviews in der gleichen Art, die in einem langen Artikel erschienen. Und mir gab man die Schuld für den gesamten Artikel. Ich sagte nur: Ich stehe ohne Ausnahme hinter jedem Wort, das ich gesagt habe; die anderen müssen für das, was sie geäußert haben, selbst die Verantwortung übernehmen – obwohl ich überzeugt bin, daß dieser Mann und diese Frau die Wahrheit gesagt haben. Aber wenn ihr damit ein Problem habt, dann habt ihr überhaupt ein Problem, wie ihr mit euren Leuten in der Armee umgeht.

Das war wahrscheinlich der erste einschneidende Zwischenfall. Dann stellte ich öffentlich in Frage, daß der Antisemitismus in der DDR ausgerottet ist. Daraufhin hatte ich ein einstündiges Fernsehinterview mit Michael Schmitz in Westberlin, nichts Außergewöhnliches, ich beschrieb lediglich die Situation in Ostberlin, wie sie sich mir darstellte. Und als ich gefragt wurde, wer für die Schwierigkeiten verantwortlich sei, sagte ich, die gegenwärtige Führung der Jüdischen Gemeinde. Ich glaube, ich nannte keine Namen, ich gebrauchte nur dieses Wort. Als ich auf mein Verhältnis zu Gysi angesprochen wurde, antwortete ich: »Bislang kann ich nur sagen, er behandelt mich mit Respekt, und wenn wir auch noch nicht alles erhalten haben, was ich mir für die Synagoge wünsche, so beteuert er doch, daß er daran arbeitet«. Was ebenfalls der Wahrheit entsprach: Es war nichts geschehen, bis auf seine Beteuerungen. Mit diesem Interview, nehme ich an, waren sie auch nicht zufrieden. Von da an fingen sie meine Post ab, ich bekam die *Jerusalem Post* nicht mehr, keine Zeitungen mehr aus dem Westen, bis auf *Time Magazin*, das noch sporadisch kam. Ich glaube, den *Spiegel* bekam ich weiterhin an meine Privatadresse zugestellt. Das war etwas anderes. Die Post an mich wurde abgefangen. Einzig die Briefe vom AJC und der US-Botschaft wurden nicht abgefangen. Einladungen und Empfänge kamen immer rechtzeitig an. Sie trauten mir also nicht mehr. Und als ich fragte, ob sie das alles veranlaßt hatten, gaben sie es unumwunden zu; ich muß dann wohl noch eine Bemerkung zu den Karikaturen in der *Berliner Zeitung* gemacht haben, die an den *Stürmer* erinnerten – na ja, das war dann wahrscheinlich mehr, als sie verkraften konnten.

Ungefähr zur gleichen Zeit, als eine DDR-Delegation zu irgendwelchen Verhandlungen in die USA flog und sich in Washington der ausländischen Presse stellte, traf ich mich in meinem Haus mit einer Gruppe von Journalisten. Ich hatte das Gefühl, ich steckte schon tief genug in Schwierigkeiten und wollte deswegen meine Position noch einmal vor ausländischen Journalisten deutlich machen, damit sie – falls mir etwas zustoßen sollte – meine Geschichte gehört hatten.

Einige Fragen wurden zum Antisemitismus gestellt, zu meinen Freiheiten in der Gemeinde und ich erzählte die Wahrheit, wie ich sie auch jetzt erzähle. Es war nicht so geplant, aber es passierte dann, daß aufgrund meines Interviews dem DDR-Vertreter in Washington ein paar ganz spezielle Fragen gestellt wurden, wozu er wirklich nicht viel zu sagen wußte. Aus irgendwelchen Gründen scheiterte dann seine Mission; wahrscheinlich wäre sie sowieso gescheitert, aber in dieser Art von System brauchte man immer eine Ausrede, wenn etwas nicht klappte. Es war also für ihn ein leichtes, nach der Rückkehr zu behaupten: Die Mission scheiterte teilweise zumindest wegen der Neuigkeiten, die am Tag zuvor über die Nachrichtenticker gelaufen waren.

Gysi wurde daraufhin vor das Zentralkomitee zitiert und seines Postens als Staatssekretärs für Kirchenfragen enthoben; sein

Stellvertreter wurde sofort zu seinem Nachfolger berufen. In gewissem Sinn gehörte also auch Gysi zu den Opfern dieser Affäre. Denn er war derjenige, der das Vertrauen aufgebaut hatte, der gesagt hatte, das ist gut für unsere Außenpolitik, das kann uns helfen – womit er recht gehabt hatte. Wenn er jemand gewesen wäre, der in dieser Gesellschaft groß geworden war, dann wäre es anders ausgegangen. Aber zu dem Zeitpunkt konnten sie sich eben eingestehen: Dieser Neuman ist nicht dienlich; im Gegenteil, vielleicht behindert er uns nur, also laßt uns Schluß machen.

Ich danke Ihnen für das Gespräch.

(Das Interview wurde auf Englisch geführt. Übersetzung von Karl-Heinz Ebner.)

Eva Neuman

»Er ist auch kein Franzose!«

Eva, wie sind deine Eltern in die DDR gekommen?
Das ist eine lange Geschichte. Mein Vater war in Erfurt Mitglied
des Rotfront-Kämpferbundes und mußte 1933 nach dem Reichs-
tagsbrand das Reich verlassen. Er wurde sofort ausgebürgert. Er
war einer der wenigen, die keine deutsche Staatsbürgerschaft
mehr hatten. Dann ging er nach Palästina und lebte dort zwei Jahre im Kibbuz. Von dort ging er nach Frankreich und 1936 von
Frankreich nach Spanien. Er kämpfte in den Internationalen Brigaden und war an der katalanischen Front, hatte als einer der wenigen Deutschen ein spanisch/katalanisches Bataillon. Und als der
Krieg 1938 vorbei war, ging er über die Pyrenäen nach Frankreich.
Dort wurde er später interniert und wie einige der Gefangenen
nach Nordafrika geschickt. Die Amerikaner ließen ihn nicht raus.
Erst als es 1942 eine Anfrage im englischen Parlament gab, warum
die Spanienkämpfer befreit, aber nicht rausgelassen wurden, kam
er frei. Mein Vater ging in die Sowjetunion, kämpfte in deutscher
Uniform hinter den Linien und suchte SS-Verbrecher. 1945 kam er
in ein antifaschistisches Gefangenenlager in der Sowjetunion, in
dem deutsche Soldaten zum ersten Mal mit ihren Verbrechen
konfrontiert wurden.

Meine Mutter kommt aus einer bessarabischen, orthodoxen jüdischen Familie. Ihr Vater war Schächter und sie eine der wenigen
jüdischen Frauen, die nach Bukarest gingen, um zu studieren.
Dort verliebte sie sich in einen jüdischen Kommunisten, wurde
verhaftet und zu 20 Jahren Gefängnis verurteilt. Dann gab es einen Austausch zwischen gefangenen Rumänen oder sowjetischen
Rumänienspionen und Kommunisten. Sie gehörte zu den Ausge-
tauschten und sollte in die Sowjetunion kommen, bekam aber keine Papiere, weil sie Jüdin war. Also holte man sie aus dem Zug,
und sie fuhr zu ihrer Mutter nach Hause. Meine Großmutter
brachte sie über die Grenze, zu Fuß. Eine Geschichte, die mich
sehr berührt hat. An der Grenze drehte sich meine Mutter um
und sagte zu ihrer Mutter: »Vergiß, daß du eine Tochter hast.« Sie

kam nach Mittelasien, wurde von den Sowjets sofort wieder verhaftet, arbeitete in einer Flugzeugfabrik und erzählte uns immer wunderbare Geschichten darüber, wie sowjetische Menschen sind. Fakt ist, daß einer ihrer Brüder, der mit der sowjetischen Armee kam, sie dort suchte und halb verhungert fand. Er transportierte sie nach Taliza, wo sie als Dolmetscherin für die sowjetische Armee arbeitete und aus denen, die in deutscher Uniform kamen, SS-Verbrecher raussuchen sollte.

1945 lernte sie dort meinen Vater kennen. Mein Bruder und ich sind dort geboren worden. Mein Vater wollte 1948 nach Deutschland zurück, sie ging mit. 1949 wurde die DDR gegründet, also wuchsen wir dort auf.

Wie wuchst du als Jüdin in der DDR auf, wußtest du, daß du Jüdin bist?

Ich wußte nicht, daß ich Jüdin bin. Obwohl ich mit russischen und jiddischen Liedern aufgewachsen war, wußte ich nicht, daß meine Mutter eine große jüdische Familie hat. Als ich 17 war, kam ein amerikanischer Journalist in unsere Schule und wollte darüber, wie Juden in Deutschland leben, Interviews machen. Mein Lehrer schickte mich zu ihm, weil mein Mädchenname, Grünstein, eindeutig jüdisch ist. Alle wußten, daß mein Bruder und ich Juden sind, nur wir nicht. Für mich war das ein Schock, und ich wollte von meinen Eltern mehr wissen. Die sagten, das spiele keine Rolle, wir seien alle Menschen, es gäbe ein Klassenproblem, kein Rassenproblem, da sei nichts, was uns interessieren sollte. So waren wir aufgewachsen. Ich habe zwar gehört, wenn meine Mutter über jemanden, der offensichtlich Jude war, auf Russisch sagte: »Er ist auch kein Franzose« – daß das ein klarer Code war, der bezeichnete, daß er Jude ist, habe ich aber erst später begriffen.

Ansonsten wollte ich mich fühlen, und fühlte mich auch, wie ein normales deutsches Kind. Da war irgend etwas, das ging mehr vom Elternhaus aus, aber ich fühlte mich nicht als Verfolgte und nicht als Jüdin. Wir wußten einfach nichts darüber.

Warum war das ein Schock, als du erfahren hast, daß du Jüdin bist?

Weil ich damit nichts anfangen konnte. Und wahrscheinlich, aber das sind Interpretationen von später, hatte ich das Gefühl: Was habe ich mit Gott zu tun oder mit Religion? Ich kann mich erinnern, daß es damals in der DDR für jüdische Kinder eine Art Schule, was man hier in den USA Sunday School nennt, gab. Meine Eltern waren strikt dagegen, religiös zu sein, also war das für uns ganz tabu. Judentum war für mich nichts anderes als eine Form von Religion. Und dann: Nicht normal zu sein, wie alle anderen und eine besondere Geschichte zu haben, war mir als Kind nicht angenehm.

Wann wurdest du bewußt Jüdin?

Das war sehr viel später, das muß ich leider sagen. Da war ich 38. Ich habe schon vorher angefangen, mich dafür zu interessieren, aber nicht wirklich. Es gab bestimmte Dinge, die ich in mir nicht verstanden habe, die mit meiner Emotionalität, mit Humanismus zu tun haben, mit Werten, die anders waren, als die vieler meiner deutschen Freunde, deren Väter auf der anderen Seite waren.

Kannst du diesen Unterschied etwas genauer beschreiben?

Das ist sehr schwer für mich. Während meines Philosophiestudiums etwa, wir waren eine Gruppe von jüdischen Immigrantenkindern in Deutschland, gab es Dinge, die waren für uns einfach selbstverständlich. In unserer Gruppe gab es eine andere Lebendigkeit, mehr Wunsch zur Demokratie, zur eigenen Stimme. Wir hatten nicht dieses strenge Gefühl, daß wir uns unterordnen müßten. Da mußte ich aber auch vorsichtig sein, denn gleichzeitig waren viele jüdische Immigrantenkinder ja Kinder von hochstehenden Kommunisten, und daher waren wir auch auf eine Art privilegiert. Ich habe Freunde gehört, die sagten: »Na ja, ihr wart eben privilegiert und daher habt ihr euch mehr getraut.« Ich habe das damals nicht so empfunden. Und dann war es auch sehr schwierig, über den Krieg zu sprechen, über den Holocaust, Erfahrungen, die bei meinen Freunden mit der Frage nach der Schuld ihrer Väter zu tun hatten, und da hatte ich auch oft Ärger. Wenn die etwa sagten: »Mein Vater war in der Wehrmacht und war auch ein Opfer«, dann habe ich geantwortet: »Du hättest mich unter anderen Bedingungen also vergast.«

Das hielt aber nicht lange an, denn ich habe mich irgendwann durchgerungen zu sagen: »So ist es. Wenn ich als Deutsche geboren wäre, dann hätte ich vielleicht auch so reagiert.«

Das war eine große Verunsicherung. Sicherheit gab es eigentlich nur bei Kindern, deren Eltern eine ähnliche Geschichte oder ähnliche Ideale hatten wie meine.

Erst mit 38 wurdest du eine bewußte Jüdin, aber schon in der Studentenzeit warst du mehr mit jüdischen Kommilitonen zusammen. Was war denn in dieser Zeit das Jüdischsein für dich?

Ehrlich gesagt, nicht so sehr viel, nur eine Form von Nichtfremdsein. Das spielte besonders in meiner Generation eine große Rolle, weil wir diese spezifischen Geschichten hatten, wo jüdische Werte, der Kampf gegen Faschismus und persönlicher Einsatz miteinander verknüpft waren. Und unsere deutschen Freunde waren fast immer auf der anderen Seite.

Ich muß ziemlich radikal gewesen sein in dieser Auffassung von Mission und Proletariat und menschlicher Befreiung, sagten mir Leute, zum Beispiel mein Freund Kurt Goldstein. Eine Zeitlang war ich wohl ganz furchtbar. Er kam zu mir und hat mit mir diskutiert, er wolle in den Westen gehen. Ich wollte ihn davon überzeugen, nicht zu gehen. Ich sagte: »Warum hast du nichts getan, warum hast du nicht mit mir gestritten?« Und er meinte: »Du hast mich überzeugt.«

Ich habe mich auch als Philosophin mit Marcuse beschäftigt, mit Erich Fromm, und habe dann auch über das Konzept der menschlichen Emanzipation nachgedacht, und da sagten mir selbst Professoren: »Na, mit dieser Vorstellung muß man ja in der DDR und überall auf der Welt krank werden.« Es gab etwas, woran ich festgehalten habe, und ich denke, das war eine messianische Idee, die spielte im Studium für mich eine große Rolle, auch in der intellektuellen Auseinandersetzung und in der Auseinandersetzung mit dem philosophischen Establishment, die ich jetzt eindeutig zurückverfolgen kann auf mein jüdisches Erbe.

Du hast dich im Studium mit einer säkularen Form des Messianismus beschäftigt. Was war denn dann die kommunistische, marxistische Ideologie für dich, die Staatsdoktrin?

Ja, das war eben das Schlimme, die Staatsdoktrin konnte einen nur depressiv machen. Während des Studiums habe ich das sozusagen nicht als Staatsdoktrin empfunden, sondern an konkreten Leuten festgemacht und hatte die Idee, daß man als Aufklärer gegen diese wirken könne. Ich habe das damals nicht mit einer Stalinisierung in Verbindung gebracht. Deren Auswirkungen habe ich bei Robert Havemann und einem Professor, den ich sehr geliebt habe: Wolfgang Heise, der »Halbjude« und im KZ gewesen war, gesehen. Im zweiten Studienjahr verteidigte ich ihn, und die Professoren schrien mich an, so daß ich da saß und vor Wut geweint habe; die einzige, die mich unterstützte, war meine jüdische Freundin.

Das war für mich nicht Staatsdoktrin, sondern eine Form von Dummheit, die ich nicht fassen konnte. Wir hatten nicht nur 1968 beim Einmarsch in die Tschechoslowakei große Diskussionen organisiert, sondern auch zu Konzepten über Demokratie, für die ich dann bestraft wurde und geext werden sollte. Aber wie gesagt, der Untergrund war, daß wir dieses System reformieren können. Ich wollte noch daran glauben, wie ein guter orthodoxer Jude, daß, wenn wir genug beteten, wir den Messias bringen könnten.

Konntest du dich so frei äußern, weil dein Vater in einer besonderen Funktion war und du dadurch geschützt warst?
Es war mir nicht bewußt, aber ich würde heute sagen: Ja. Ich kann mich erinnern, zu irgendeinem Geburtstag von Walter Ulbricht, da war ich FDJ-Sekretär am Philosophischen Institut, da sollten wir alle ins Walter-Ulbricht-Stadion marschieren und seinen Geburtstag feiern, da habe ich eine Unterschriftenaktion gestartet, daß das Personenkult sei und wir nicht zu einem Geburtstag wandern wollen, sondern überhaupt alles reformieren. Das hatte mein Vater sofort auf dem Tisch. Ich nehme an, andere wären dafür geext worden und ich eben nicht. Ich wurde durch Parteigremien und Institutionen geschleift und sollte Selbstkritik machen, und ich dachte immer noch, ich könne die Leute überzeugen. Aber mir ist physisch nichts passiert.

Und eine andere Sache war 1968, als das in Westberlin und Westdeutschland mit der Studentenbewegung losging, da inszenierte man in Berlin eine Hochschulreform. Damals gehörten meine Freundin Jeanne und ich zu denjenigen, die meinten, wir müßten den Sozialismus problematisieren, und das war schon zuviel. Wir waren zu einer Ministerkonferenz eingeladen, da wurden wir demokratisch gefragt, was denn, unserer Meinung nach, verändert werden müsse. Da sagten Jeanne und ich: »Wir finden, die Idee, die DDR sei die Verwirklichung aller Träume, stimmt nicht, und es ist an der Zeit, den Sozialismus zu problematisieren.« Das gab einen Riesenskandal, das war sofort bei meinem Vater, und ich nehme an, daß jeder andere sofort gebeten worden wäre, mit dem Studium aufzuhören. Was sie mit mir gemacht haben? Sie haben mich nur in ein Grundstudium Marxismus-Leninismus geschickt mit Leuten, die ein Jahr studiert hatten und in drei Jahren promovieren sollten. Nach einem Jahr habe ich gesagt: »Ich muß mein Staatsexamen nachmachen und meinen Weg gehen.«

Habt ihr denn von den Naziverfolgungen der Familien deiner Eltern während des Krieges gewußt?
Auch nicht viel, ich wußte zum Beispiel nicht, daß die Familie meines Vaters bis auf seine Mutter komplett vergast wurde. Und zwar erinnert daran sogar ein großes Schild mit 15 Namen im ehemaligen jüdischen Altersheim in Berlin; das wußte ich nicht, auch nicht, daß wir eine Familie in Israel haben. Wir wußten, daß es die Judenverfolgung gab und den Judenstaat. Holocaust wurde weder wirklich gelehrt noch erklärt. Man erfuhr, daß die Deutschen die ganze Welt angegriffen haben und wie viele Opfer das gekostet hat in der Sowjetunion. Meine Mutter hatte wohl furchtbare Dinge gesehen, die sie uns aber nicht erzählen wollte. Im Grunde konnte sie es selbst nicht fassen, unter Deutschen zu leben.

Du sagst, mit 38 begann deine jüdische Bewußtwerdung: In welchem Jahr befinden wir uns, und was ist da passiert?
Warte mal, wann war ich 38, ich bin '46 geboren: 1984. Das war ein langsamer Prozeß. Ich habe akkumuliert, und es gab in meinem Bewußtsein schon eine jüdische Gemeinde, die aber keine große Rolle spielte. Dann wollte ein Onkel von mir, der in Rumänien lebte, nach Israel gehen, meine Mutter und ich besuchten ihn. Und schließlich kam aus Israel die Familie meiner Mutter zu Besuch. Das war das erste Mal, daß ich denen begegnet bin. Die waren natürlich sehr interessiert, mit mir zu sprechen und wollten auch über meine Mutter viel erzählen, meine Mutter hat ja nie geredet. In diesem Moment änderte sich irgend etwas, da wollte ich auf einmal eine Identität haben. Nicht als etwas Besonderes, sondern als etwas Normales. So wie es Eichenbäume und Palmen gibt. Ich wollte aber nicht einfach akzeptieren, als »so was« auf die Welt gekommen zu sein, sondern wollte wissen, wie sich diese

Identität definiert und welche Bedingungen daran geknüpft sind. Das habe ich leider in der jüdischen Gemeinde nicht gefunden.

Was hast du denn gefunden, als du dich der Gemeinde genähert hast?

Als ich das erste Mal in die jüdische Gemeinde ging, hielt ein Professor Simon einen Vortrag. Als er fertig war, ging ich zu ihm und sagte:»Wissen Sie, Sie sprechen über das Judentum und die deutschen Juden. Ich habe eine ostjüdische Mutter und einen jeckischen Vater.« Und da sagte er zu mir:»Dann hast du ein Problem.« Bevor ich überhaupt wußte, was mein Judentum ist, hatte ich schon ein Problem. Das habe ich gefunden. Sehr wichtig war für mich diese Gruppe »Wir für uns«, die Irene Runge gegründet hat. Wir trafen uns, sozusagen die jüdischen Immigrantenkinder mit unseren spezifischen Geschichten, und tauschten uns aus, und plötzlich standen wir beim Thema auf der anderen Seite. Wir diskutieren nicht nur darüber, was uns als Juden fremd macht, sondern was in der DDR los war.

Hattet ihr keine Angst bespitzelt zu werden?

Nee, wir hatten unsere Art damit umzugehen. Wenn es am Telefon knackte, sagte man:»Hallo Stasi, hört mal wieder schön zu.« Und ich hatte Freunde aus Westberlin, die bei mir zu Besuch waren, und wir hatten sozusagen Dissidentengespräche. Nein, wir hatten eigentlich keine Angst, denn wir waren ja nicht gegen die DDR. Wir waren zu naiv. Was sonst noch alles los war, wußten wir nicht. Wir nannten es nicht Stalinisierung sondern Bürokratisierung. Wir sagten:» Das ist nicht der Sozialismus, den wir wollen, und wir müssen was dagegen machen.« Aber wir waren nicht gegen die DDR, wir waren immer noch – ich und einige andere – der Überzeugung, daß man etwas verändern kann. In der nächsten Generation, bei Helga Grosse und Anetta Kahane etwa, mag das anders gewesen sein. Aber das, was ich erzähle, betrifft spezifisch meine Generation.

Aber es kam nicht dazu, weil Irene Runge und andere das Klima bestimmten. Wir lernten nichts über das Judentum, nichts was wir wissen wollten, verwenden konnten, was uns dazu gebracht hätte, tiefer über Dinge nachzudenken. Oder einen Ausweg zu finden: Wohin? Wie lebt man? Das war eigentlich das Identitätsproblem. Es war wichtig, daß wir eine Gruppe hatten, wir konnten lachen, Chanukka feiern und über vieles diskutieren, aber es kam nichts dabei raus. Und die Synagoge gab uns auch nichts, wir sprachen alle nicht Hebräisch und noch dazu hatten wir einen furchtbaren Kantor, also keine richtige Musik.

Wie kam es denn, daß offensichtlich zum gleichen Zeitpunkt Juden deiner Generation das Bedürfnis hatten, ihre jüdische Identität zu finden und sich in dieser Gruppe »Wir für uns« zusammenfanden? Hatte das eher mit der Desillusionierung in Sachen DDR zu tun, oder gab es noch andere Gründe bei euch selbst?

Beides, also das ist jetzt – wie gesagt – meine Interpretation. Ein Punkt ist sicher die Desillusionierung in der DDR und der Versuch, das Ganze zu humanisieren, lebensfähig zu machen. Der andere Punkt ist, daß man bis zu einem gewissen Alter, bis man 30, 31 ist, bestimmte Dinge wegdrängen und in Schwarz-Weiß-Kisten einsortieren kann. Aber dann will man wirklich wissen, was es nun heißt, Jude zu sein. Und zwar nicht nur negativ, über den Holocaust definiert, sondern auch positiv: Was sind meine Traditionen? Wie habe ich überhaupt die Möglichkeit zu werten, was ich bin und was nicht, wenn ich nichts weiß? Was hat es auf sich mit der Religiosität? Das war ja in der Zeit schon eine starke Bewegung auch in der übrigen DDR. Es gab viele religiöse Menschen, die viel humanere Konzepte hatten, was Menschsein oder Leben unter dem Sozialismus heißt, als die Parteiführung.

Also sprich: die protestantische Kirche?

Ja, da gab es ja die Dissidentenbewegung. Ich konnte nicht finden, daß das falsch ist. Ich mußte als Professorin an der Humboldt-Universität immer zur Zivilverteidigung fahren, das war ganz furchtbar. Die Leute, die ich da getroffen habe, die waren so idiotisch, einer sagte: »Wenn der Dritte Weltkrieg kommt, dann werden Frauen und Kinder liegengelassen, und wir retten die Männer, weil wir eine überlebensfähige Gesellschaft brauchen.« Ich meinte: »Das ist nicht nur faschistisch, sondern doof.« Da war die Kirche natürlich anders. Dann gab es die ökologische Bewegung und solche Dinge. Diese Art von Religiosität, die einem etwas sagt, Anhaltspunkte gibt, was ein Jude ist und wie man als Jude lebt, habe ich gesucht.

Wurdet ihr denn in der Umwelt als jüdische Gruppe wahr-
genommen?

Nein, konnte man ja gar nicht. »Wir für uns« war eine Gruppe, in der keine Programme entwickelt wurden, die etwas verändern sollten, ich schließe mich da ein. Es wurde nur darüber geredet, daß wir Juden sind unter Deutschen und was der Holocaust und der Antisemitismus für uns bedeuten, was an uns besonders ist. Wir hatten zusammen eine kritische Haltung, aber nicht nach außen. Auf irgendeine Weise wollten wir geradezu mit anderen Gruppen nichts zu tun haben. Das war nicht befriedigend.

Als ihr über Holocaust, Vergangenheit und die eigene Be-
findlichkeit diskutiertet, gab es in der gleichen Zeit, also zwi-
schen 1984 und 1988, auch im privaten Bereich bei dir oder
auch bei anderen in der Gruppe eine Art Entfremdung von
nichtjüdischen Freunden, ein Sichzurückziehen?

Da ist etwas dran. Das hatte aber mit der Suche nach einer persönlichen Identität zu tun.

Wie reagierten denn deine Eltern auf die beginnende Aus-
einandersetzung mit dem eigenen Judentum?

Sie wollten davon eigentlich nichts wissen. Ich hatte meine Mutter erlebt, die sich von einer Frau, die nach 30 Jahren immer noch schlecht Deutsch sprach, in eine Frau verwandelte, die Jiddisch sprach und litt, als sie ihren Verwandten in Rumänien begegnete. Sie wollte dennoch darüber nicht sprechen.

Und mein Vater hatte nur ein Wort: Das sei alles Quatsch, Judentum, das sei nichts Besonderes, wir seien alle Menschen. Ich wußte auch, wenn ich den Schritt mache und offiziell in die jüdische Gemeinde eintrete, dann wird es Auseinandersetzungen geben. Denn es wurde als eine Art Protest gegen die DDR-Identität verstanden. Ich muß aber dazu sagen, daß alle, nicht nur mein Vater, sondern auch andere jüdische Freunde, so reagiert haben, etwa die Halbschwester von Markus Wolf, mit der ich befreundet war, eine Journalistin, die eine Dissidentin und sehr oppositionell war. Sie sagte zu mir: »Ich dachte, das mit den Juden, das zählt nicht mehr.« Und dabei ist sie selbst jüdischer Abstammung, im Exil geboren, in Kuba.

Allein das Bekenntnis zum Judentum wurde immer wieder als ein Unterlaufen des DDR-Systems verstanden! Als etwas, das dieses Weltbild, daß wir alle Menschen sind und es einen Nullpunkt in der Geschichte gibt, unterwandert. Tabula rasa, da beginnt alles von vorn, da gibt es keine Juden mehr, nur noch Sozialisten und Kapitalisten.

An diesem Punkt hat Irene Runge versucht zu vermitteln. Sie sagte: »Man kann in der Partei sein und Jude sein.« Sie wollte die Juden auf irgendeine Art in die DDR integrieren. Sie hat es ja dann auch abgelehnt, Juden, die in die Jüdische Gemeinde eintreten wollten und bereits einen Ausreiseantrag gestellt hatten, in ihre Gruppe aufzunehmen.

Wer hat das abgelehnt?

Runge. Und das ist natürlich absolut paranoid und schizophren. Denn wenn es eine jüdische Gemeinde gibt, dann gehören da Juden rein, ganz egal wo und wie sie leben wollen. Obwohl ich wußte, daß es mit meinem Vater darüber große Auseinandersetzungen geben wird, bin ich trotzdem eingetreten.

Wann?

Das war kurz vor 1985. Da habe ich allerdings herausgefunden, daß meine Eltern Mitglieder der Jüdischen Gemeinde waren, seit 1949! Und wir, mein Bruder und ich, waren 1949 als dreijährige Kinder ebenfalls eingeschrieben worden, und es gibt keine Austrittsbescheinigung. Wir waren praktisch immer Mitglieder der Jüdischen Gemeinde gewesen!

Wie funktioniert das? Dein Vater sagt, das ist alles Quatsch, er will nichts mit dem Judentum zu tun haben, aber gleichzeitig findest du heraus, daß deine Eltern Mitglieder der Jüdischen Gemeinde waren. Was war das bei ihnen?

Das weiß ich nicht. Das war – ich glaube – auch eine Ideologie. Es war sehr konkret auch Angst vor den Deutschen, zumindest ein Widerwillen gegen das deutsche Volk. Denn mein Vater hat es am eigenen Leib erlebt, wie es ist, friedlich in einem Land aufzuwachsen und plötzlich als Jude zum Erzfeind stilisiert zu werden. Dazu kam seine politische Ideologie als Kommunist, die Erfahrung mit Spanien, die Verfolgung durch Stalin und dann war da die Idee, die zu den Paradigmen jener Zeit gehörte: »Es gibt keine Rassen, alle Menschen sind gleich.« Als ob Jude zu sein was Gefährliches ist. Das grenzt auch schon an Antisemitismus. Aber es ist tief in der Vorstellungswelt meiner Eltern verankert gewesen. Einmal habe ich meinen Vater gefragt, warum sie eigentlich niemals die DDR-Bevölkerung bzw. einzelne DDR-Bürger an der Judenverfolgung der NS-Zeit für schuldig erklärt haben. Da sagte er: »Wir wollten keine Nationalschuld aufbauen.« Aber wenn man nur, um ja keine Nationalschuld aufzubauen, den einzelnen von aller Verantwortung losspricht – das hat Isaac klar gemacht –, wenn man den Leuten sagt: »Du bist Antifaschist, weil du in einem antifaschistischen Staat lebst«, war das unhaltbar. Wir alle haben Hakenkreuze gesehen. Als ich mit 18 im Studentenclub war, wurde mir sogar gesagt, man müsse alle Juden vergasen. Ich war in der Delegation zu den Weltfestspielen, da habe ich es nicht ausgehalten, die sangen alle Wehrmachtslieder! Es war absurd und stand eigentlich nicht in faschistischer, aber fast in völkischer Tradition.

Vom kulturellen Standpunkt aus existierten alle Traditionen, die in der deutschen Kultur zu den schlechten Überlieferungen gehören, auch in der DDR. Und mein Vater wußte das, aber es sollte nicht sein. Man wird von der Nationalschuld befreit, man muß nicht über solche Traditionen nachdenken, weil ja jedes Individuum unschuldig ist. Die DDR hat Schluß gemacht mit dem Dritten Reich, also ist alles okay.

Wie konnte ein erwachsener, gebildeter Mann an so einen Unsinn glauben?

Ich glaube nicht, daß er das wirklich geglaubt hat, er wollte das glauben. Er wollte mit den Gegentatsachen nicht konfrontiert werden. Erst sehr spät hat er verstanden oder es zugelassen, daß er das auch anders gesehen hat. Ich meine, der Mann hat ja viele Erfahrungen, ist einer der gebildetsten Menschen, die ich kenne. Meine gesamten literarischen Kenntnisse habe ich von meinen Eltern. Er hat Jakob Wassermann, den wir in der Schule nicht behandelt haben, sehr geliebt. Wo sonst hätte ich diese Dinge gehört? Seine Umgebung da im Ministerium des Inneren war gewiß nicht so. Er war eine Ausnahme, er war auch schüchtern als Mensch, als Person oder in seiner Funktion. Und er war ein wirklicher Internationalist, ebenso meine Mutter. Also, meine Mutter hatte auch Auseinandersetzungen mit ihm, wo sie ihm sagte, er sei zu deutsch. Und ich denke, daß war nicht allein »zu deutsch«, sondern zu parteidiszipliniert. Darüber hatten wir auch unsere größten Auseinandersetzungen: Dieses Modell, daß die Partei bestimmt und du sagst dann: »Ja, so ist es und marschier.« Das konnten mein Bruder und ich nicht einfach akzeptieren. Und mein Vater wollte das nicht einsehen. Ich glaube, daß das aber auch etwas damit zu tun hat, daß dieses Ordnungssystem, daß die DDR mit dem Preußentum mehr verbunden war als mit irgend was anderem. Das hatte alles nichts mit einer wirklichen Erneuerung zu tun, nichts mit den wirklich rebellischen Traditionen im Sozialismus, obwohl sie das immer behauptet haben. Es führte im Gegenteil dazu, daß viele Jugendliche, besonders diejenigen, die auch Eltern bei der Staatssicherheit hatten, Skinheads wurden. Es gab da ein bestimmtes Ordnungssystem, was eine Frau ist, und wie ein Mann, und was Ordnung ist, und wie man die Haare trägt. Ich habe das, als meine Tochter aufwuchs, selbst erlebt. Und es wurden Kinder von Antifaschisten Skinheads, die plötzlich zum Teil aus Protest gegen die DDR, zum Teil weil sie wirklich ein fanatisches Ordnungsgefühl hatten, wie das Leben sein muß, ausgesprochen antisemitische und faschistische Losungen wiederholt haben.

Durch deinen Vater hast du Jakob Wassermann kennengelernt. Hast du von ihm auch Mein Weg als Deutscher und Jude *lesen können?*

Nein, und ich muß sagen, das ist wirklich ganz erstaunlich, denn wir sind ja als Kinder in einer sehr interessanten Umgebung aufgewachsen. Da war zum Beispiel Alexander Abusch, der Jude ist und der 1949 die erste wirkliche Auseinandersetzung mit der deutschen Geschichte als Jude geschrieben hat, ganz im Sinne von Lukacs.

Dann war da Johannes R. Becher, der mit einer Jüdin verheiratet war. Er war mit meinem Vater im KZ in Frankreich, dann Johann Lorenz Schmidt, ein Jude aus Ungarn, der dort die Räterepublik mitgegründet hat und der Mann von Anna Seghers war. Sie waren alle »auch keine Franzosen«, aber eben auch nicht Juden, denn sie hatten keine positive Identität, nur eine negative: Sie waren zum Beispiel *keine* Deutschen.

Nein, *Mein Weg als Deutscher und Jude* haben wir nicht in die Hand gekriegt. Und an irgendeinem Punkt war es sehr schwer, sich intellektuell normal zu fühlen, also irgendwie zu sagen, das ist dein Boden. Ich erinnere mich, wie ich mich gequält habe mit meiner Dissertation und wie mich das Gefühl überkam, es wäre doch so gut, nur Deutsche zu sein.

Worüber hast du geschrieben?

Ich habe über den Begriff »Menschliche Emanzipation« geschrieben. Das ist auch eine Dissidentenarbeit geworden, aber ich habe sie immerhin mit Magna verteidigt und habe da eine Menge kritisiert.

Und wieso ist es da ein Problem für dich geworden, daß du nicht nur Deutsche bist?

Weil ich merkte, ich möchte nicht so kompliziert denken, nicht alles immer angreifen müssen und sagen: Nein, so ist es doch nicht.

Jetzt rede ich mal von meiner Dissertation. Zum Beispiel die Linie der Partei: Wenn die Konsumption wächst, dann wird es ein Sozialismus, wie man ihn noch nie gesehen hat. Also, wir sind alle, wie hieß das: »allseitig und frei entwickelte Persönlichkeiten«. Und ich denke darüber nach, daß das Quatsch ist. Ich war in Betrieben und habe gesehen, daß diese Freiheit selbst unter Nichtjuden nicht existiert. Aber dann muß ich ein Konzept wie das der allgemeinen menschlichen Emanzipation nehmen und die DDR kritisieren und zeigen, daß das nichts mit Konsumption zu tun hat, sondern mit der individuellen Stimme und der Entwicklungsmöglichkeit der Persönlichkeit, und die kann man nicht vorwegnehmen. Da kann man nicht sagen: »Der Staat entscheidet, wie du glücklich bist.« Und das war für mich in gewisser Weise jüdisches Denken. Vielleicht hatte ich den Begriff nicht, aber diese Kompliziertheit, so zu sein, das war eine Frage, und ich wollte anerkannt sein unter – und das ist auch im Grunde eine jüdische Metapher – dem Volk, den Menschen, den einfachen Menschen, die es ja im Prinzip nicht gibt, es gibt ja verschiedene Menschen. Und das war schwer. Oder zum Beispiel das Problem, daß meine Eltern immer gedrängt haben, ich solle meine Habil-Arbeit schreiben und Karriere machen. Isaac nannte das mal einen *self-destruct-button*. Ich habe es nicht geschafft. Wann immer man mir so etwas angeboten hat, habe ich einen Weg gefunden, mich zu verweigern. Ich war mir nicht bewußt, daß ich es nicht wollte, ich habe mich sogar lange damit herumgequält. Was ist an mir falsch, daß ich so eine Karriere ablehne? Und natürlich war diese Frage virulent: Was war falsch? Ich kann so nicht sein, ich kann nicht in diesem Ordnungssystem in einer Weise existieren, die im Grunde den Menschen nicht erlaubt, so zu sein, wie sie wollen, sondern sozusagen das Patentrezept für den »wahren Menschen« hat. Und das ist ein sehr tiefes jüdisches Konzept.

Nun ist ja dein Vater Jude und hat dieses Konzept nicht gehabt...

Aber er hat es mit Qualen nicht gehabt, und das ist ein Unterschied. Ich meine, er war in den letzten Jahren sehr depressiv, er war ein wirklicher Idealist, und er hat natürlich gesehen, daß seine Ideale nicht zu erfüllen sind. Und er hatte diese gewaltige Form von Parteidisziplin. Er hat es nicht zugelassen, daß er diese Gefühle hat. Und das hat meine Mutter verrückt gemacht.

1985, als du in die Gemeinde eingetreten bist, wie reagierte die auf dich?

Da gab es gar kein Problem. Die waren froh, daß ein neues Mitglied mit diesem *background* in die jüdische Gemeinde eintrat. Irene war froh, Kirchner freute sich, Hermann Simon begrüßte mich.

Wie ging deine Suche nach dem Judentum weiter?

Eigentlich kam der nächste entscheidende Punkt durch Isaac, als der in die DDR kam. Da war plötzlich ein Gesicht, das hatte für mich etwas zu tun mit einem Judentum, über das in der DDR, selbst in der Jüdischen Gemeinde, nicht viel gesprochen wurde. Das waren eben deutsche Juden, Isaac ist ja Ostjude. Und dann begannen Dinge zum ersten Mal sinnvoll zu werden. Es war, als ob ich nach etwas gesucht hätte, was durch ihn aufgeklärt wird, was Hand und Fuß bekommt. Und nicht wie ein Gespenst, das einem im Kopf schwirrt, und man weiß nicht, was es ist. Das war für die meisten in dieser Gruppe »Wir für uns« sehr wichtig. Wir wollten viel mit ihm diskutieren, waren auch bei ihm zu Hause und haben diskutiert, seine Reden gehört und die Musik. Ich kann mich erinnern, einmal bin ich mit meiner Tochter zu Simchat Thora in die Synagoge gegangen, und Isaac tanzte mit der Thora und hatte Leute aus Westberlin eingeladen. Und Jeanne sagte: »Guck mal, alle diese Juden tanzen nicht und bewegen sich nicht. Aber guck, der Rabbi tanzt und singt, det is, was ick möchte.«

Plötzlich offenbarte sich eine andere Kultur und ein anderes Selbstverständnis von dem, was Juden sein können. Hier ging es nicht darum, daß man Jude ist und damit was Besonderes, sondern ein Volk hat mit Traditionen, die man durchdenken kann, die man erleben kann, die man ablegen kann, die aber auch ein Beitrag zur Menschheit sind und zwar ein großer.

Ich danke dir für dieses Gespräch.

Elan Steinberg

»Es ging darum, wie wir mit der Vereinigung umgehen wollen.«

Das Büro des World Jewish Congress (WJC) in der Madison Avenue in New York ähnelt in seiner Schlichtheit den Räumen der Claims Conference. Elan Steinberg ist neben Edgar Bronfman, dem Präsidenten des WJC, und Rabbi Israel Singer, dem Generalsekretär, als Direktor der dritte wichtige Mann dieser Organisation. Ganz Politiker, ließ sich Steinberg kaum aus der Reserve locken und gab in erster Linie offizielle Statements ab, die aber, zum Verständnis der internationalen jüdischen Position, nicht uninteressant sind. Erst als im Verlauf des Gesprächs Israel Singer auftauchte und wir uns zu dritt »off the records« unterhielten, taute Steinberg ein wenig auf. Das Gespräch fand im Spätherbst 1998 statt, Gerhard Schröder war als Bundeskanzler erst seit kurzer Zeit im Amt, und sowohl Singer als auch Steinberg diskutierten mit mir darüber, inwieweit Schröder die von beiden als positiv bewertete Haltung Helmut Kohls zu jüdischen Fragen, wie etwa den Entschädigungszahlungen, fortsetzen werde.

In den achtziger Jahren begann der World Jewish Congress (WJC) mit der ostdeutschen Regierung Kontakt aufzunehmen. Sie und Rabbi Israel Singer, der Generalsekretär des WJC, bereiteten den Besuch von Edgar Bronfman in Ostber-

399

lin vor. Warum begannen Sie, mit einem kommunistischen Regime zu reden?

Für uns war es nichts besonderes, mit den kommunistischen Regimes zu reden. Tatsächlich waren wir die einzige internationale jüdische Organisation, zu denen die jüdischen Gemeinden, die hinter dem Eisernen Vorhang lebten, Kontakt hatten. Was die DDR betrifft, so hatten wir da allerdings eine etwas andere Situation. Denn wir waren in diesem Fall nicht nur über die Situation der jüdischen Gemeinde besorgt, sondern waren auch noch mit der Last der Geschichte, die auf ganz Deutschland liegt, konfrontiert. Die Bundesrepublik hat einiges getan, um diese Last der Geschichte an- und auf sich zu nehmen. Es gab eine lange Debatte darüber, wie erfolgreich diese westdeutsche Auseinandersetzung mit der Vergangenheit war, aber Tatsache ist, daß sie von der Bundesrepublik unternommen wurde, nicht aber von der DDR. Diesbezüglich gab es dort nur – wie in so vielen anderen Dingen – eine eisige Erstarrung. Es wurde nicht einmal die Geschichte umgeschrieben, sondern sie wurde neu glorifiziert.

Als die Regierung der DDR sich dem Westen und auch der jüdischen Gemeinde zuwandte – und wie wir wissen, geschah das nicht nur aus moralischen Gründen, sondern häufig gab es dafür äußerst zynische politische Gründe – begannen wir, ähnlich wie Westdeutschland vorher, eine Art Ostpolitik zu verfolgen. Und wenn Bundeskanzler Kohl in der Lage war, sich mit Herrn Honecker zu treffen, warum sollten wir es dann nicht auch tun?

Wie waren die Treffen mit Oskar Fischer, als Sie begannen, die Gespräche zwischen Bronfman und Honecker vorzubereiten?

Es gab hier und da einige Treffen. Damals war Fischer Außenminister. Sie waren sehr geschäftsmäßig, sehr professionell. Wir wollten herausfinden, ob die DDR die gleichen Fragen beantworten würde, die wir einst der Bundesrepublik gestellt haben und die die DDR so viele Jahre lang nicht beantworten wollte. Es ging um die ganz besonderen Fragen der Reparationen, der »Wiedergutmachung«. Und wir erinnerten Fischer daran, daß, als Bundeskanzler Adenauer mit diesen Fragen konfrontiert war, Dr. Nahum Goldmann noch Präsident des WJC war. Wir machten ihm sehr deutlich, daß es hierbei nicht nur um einfache materielle Restitution ging, sondern auch um eine moralische. Und Bundeskanzler Adenauer war vor das deutsche Parlament getreten, hatte dort von der Verantwortung des deutschen Staates gesprochen, ehe die Diskussion um die finanzielle Seite der »Wiedergutmachung« eröffnet wurde. Wir betonten, daß es in der DDR ähnlich sein müsse. Ehe wir uns mit der finanziellen Seite der Verpflichtungen, um die es hier ginge, auseinandersetzten, wäre es eine Vorbedingung, sich mit der moralischen Frage der »Wiedergutmachung« auseinanderzusetzen.

Wie definieren Sie »moralische Wiedergutmachung«?
Im weitesten Sinne geht es um das Akzeptieren der Geschichte, um die Wahrheit. Es bedeutet, sich der Vergangenheit ernsthaft zu stellen, damit es eine ehrenvolle Zukunft gibt. Also nicht wie diese Erklärungen, die in der DDR so geläufig waren, daß das antifaschistische deutsche Regime ein Opfer der Faschisten und der Nazis war. Es gab da eine Last der Geschichte, der sich die DDR zunächst einmal genauso stellen mußte wie die Bundesrepublik. Und ich betone: Es ging um Verantwortung, nicht um Schuld! Schuld ist eine individuelle Angelegenheit: Ein Krimineller ist schuldig für die kriminelle Tat, die er begangen hat. Aber Verantwortung kann kollektiv sein. Eine Nation nimmt die Verantwortung auf sich. Um diese Unterscheidung ging es uns.

Waren Sie denn nicht mißtrauisch? Auf einmal versuchte die DDR mit Ihnen Kontakt aufzunehmen, obwohl sie das all die vergangenen Jahrzehnte abgelehnt hatte?
Nein, wir waren diesbezüglich überhaupt nicht mißtrauisch. Das taten doch alle. Und die Motive dafür waren nicht notwendigerweise altruistisch. Es gab in der DDR innen- und außenpolitische Probleme. Wir wußten, ganz offen gesagt, daß man in der DDR daran glaubte, daß der Weg nach Washington über die jüdische Gemeinschaft führe. Es war doch ebenso offensichtlich, daß die Annäherung der DDR an die BRD nicht aus moralischen Gründen, sondern ebenfalls aus zynischen politischen Gründen geschah. Aber wenn die ostdeutsche Regierung in der Lage wäre, die moralischen Fragen zu akzeptieren, und wenn es ihr darum ging, die Beziehungen zum jüdischen Volk zu normalisieren und auf diesem Weg vielleicht auch zur gesamten internationalen Gemeinschaft, warum dann nicht? Wir wollten das herausfinden.

Aber waren Sie sich damals über die wirklichen Gründe dieser Annäherung bereits bewußt?

Es gab viele Gründe und wir hatten überhaupt keine Illusionen. Von deren Standpunkt aus waren sie höchst pragmatisch, kein Zweifel.

Wußten Sie denn damals bereits, wie bankrott die DDR war? Sie verlangten von ihr ja immerhin auch finanzielle »Wiedergutmachung«?

Ja, wir wußten das, und sie machten uns ganz schnell klar, daß es für sie aufgrund der wirtschaftlichen Situation sehr schwierig sein würde, auf diese Dinge einzugehen. Abgesehen davon war für uns die finanzielle Seite der Kompensation wirklich sekundär. Es ging uns darum, daß sie ihre Verantwortung annehmen. Und wenn Sie an die Zeit der achtziger Jahre zurückdenken, werden Sie sehen, daß für uns die wichtigste Entwicklung in der DDR die letztendliche Annahme dieser moralischen Verantwortung war.

Als dann Edgar Bronfman nach Ostberlin reiste – worüber wollte er dort konkret sprechen?

Mr. Bronfman traf und trifft sich mit jüdischen Gemeinden, egal wo sie sind. Es war nichts Ungewöhnliches, eine jüdische Gemeinde in einem kommunistischen Land zu besuchen. Wir haben das schon früher zu allen möglichen Gelegenheiten getan. Es gab hier allerdings diese besondere Komponente seitens der DDR, daß sie den Kontakt zur jüdischen Gemeinschaft und über sie wiederum den Kontakt zum Westen suchte. Wir waren bereit, mit dieser Situation entsprechend umzugehen.

Sie hatten diesen Spruch ja schon erwähnt: »Der Weg nach Washington führt über Jerusalem«. Da wird ein antisemitisches Klischee über die Weltmacht der Juden übernommen, über die Macht der Juden besonders in den USA. Hatten Sie denn nicht die Befürchtung, daß Sie mit Ihrer Entscheidung, auf Honecker zuzugehen, dieses Klischee auch noch bedienten?

Ich bin mir nicht sicher, ob es sich da um ein Klischee handelt. Ich erinnere mich, daß es das erste Mal aufkam, als wir Jaruzelski in Polen trafen. Polen wollte damals seine Beziehungen zu den USA aufwerten und versuchte das ebenso über uns, beziehungsweise über den Staat Israel. Dieser Satz vom Weg nach Washington via

Jerusalem könnte ja auch auf eine andere Art interpretiert werden, die uns Juden angenehmer ist. Die Art und Weise, wie eine jüdische Gemeinde behandelt wird, ist ein gewisser Gradmesser, wieweit ein Regime oder eine Regierung bereit ist, die Menschenrechte zu achten. Man schaut also zunächst einmal, wie die Juden als Minorität behandelt werden. Behandelt man sie gut, dann ist das immerhin schon ein guter Maßstab für das Bekenntnis zu den Menschenrechten. Und in diesem Sinne ist es überhaupt nicht abwertend zu sagen, daß der Weg nach Washington über Jerusalem führt. Wir hatten damals ja nicht die Absicht oder die Möglichkeit, ein kommunistisches Regime zu stürzen. Damals, so glaube ich, dachte nicht einmal Bundeskanzler Kohl daran, daß ein kommunistisches Regime stürzen könnte.

Wie sah denn nun die Begegnung zwischen Bronfman und Honecker aus? Wie verstanden sie sich menschlich?

Nun, sie sprachen da über etwas sehr Geschäftsmäßiges, Professionelles. Da kam keinerlei Freundschaft auf. Aber ich würde dasselbe über die Treffen mit Jaruzelski, mit Ceauçescu, ja sogar mit Gorbatschow sagen, als es noch die Sowjetunion gab. Einige Persönlichkeiten waren wärmer als andere. Ich glaube nicht, daß irgend jemand die Persönlichkeit des Herrn Honecker als besonders warm beschreiben würde.

Soweit ich weiß, sagte Edgar Bronfman zu Israel Singer damals, als er diesen DDR-Orden erhalten hatte, daß sein Vater, wenn er wüßte, daß er, sein Sohn, diesen Orden annimmt, sich gleich zweimal im Grab wälzen würde. Einmal, weil er von einem Deutschen ist, und dann, weil er von einem Kommunisten ist. Rabbi Singer soll daraufhin erwidert haben: Ja, aber immerhin war er kein Nazi ...

Klingt doch wie ein guter Hintergrundkommentar zu der Situation damals ...

Warum hat Herr Bronfman diesen Orden angenommen? Er wurde dafür heftig kritisiert.

Nun, zunächst einmal: Er wollte selbst keinen Orden haben, man wollte ihm einen Orden geben. Und es gab keinen Grund, ihn nicht anzunehmen. Es macht einen großen Unterschied, ob man einen Orden erhält, oder ob man einen Orden verleiht. Ich glaube, man kann es ganz einfach darauf reduzieren: Sie wollten ihm einen Orden geben. Ich habe keine Ahnung, warum diesbezüglich überhaupt Fragen gestellt wurden. Bronfman hat das ostdeutsche Regime niemals gepriesen, er hat sich nie anders als völlig geschäftsmäßig verhalten. Und ich möchte hier nochmals betonen, daß nicht Honecker einen Orden von uns erhalten hat, wie das manchmal in der Öffentlichkeit völlig falsch interpretiert wurde. Ganz im Gegenteil. Es schien eine staatsprotokollarische Angelegenheit zu sein, die Anwesenheit des Präsidenten des WJC mit einem Orden zu ehren, was für die DDR natürlich eine besondere Entwicklung bedeutete. Sie wollten offensichtlich auf diesem Wege ausdrücken, wie wichtig ihnen dieser Schritt war.

Als das DDR-Regime endlich stürzte, hatten sie dann mit der ersten freigewählten ostdeutschen Regierung unter Lothar de Maizière zu tun. Diese Leute haben ja dann die Geschichte akzeptiert und ihre moralische Verpflichtung angenommen, hatten aber immer noch kein Geld. Wie gingen Sie mit diesen Leuten um?

Noch einmal: Uns ging es viel mehr um die Anerkennung der moralischen Verpflichtung als um die finanzielle Kompensation. Wir wußten ja, wie die wirtschaftliche Situation des Landes war. Aber seien wir doch ehrlich: Als die Reparationszahlungen der Bundesrepublik in den frühen fünfziger Jahren begannen, da war die wirtschaftliche Situation dort auch nicht besonders rosig. Es gab Ansprüche, die wir hatten, und wir wollten, daß diese anerkannt würden. Es waren historische und materielle Ansprüche. Und wir werden diese Ansprüche nicht verleugnen. Wenn sie nicht bezahlt werden können – also darum ging es wirklich nicht.

Wie verfolgen Sie denn ihre Ansprüche gegenüber Ostdeutschland jetzt im wiedervereinigten Deutschland? Sie arbeiten mit der Claims Conference zusammen, nicht wahr?

Was die finanzielle Seite betrifft, so wissen Sie sicher, daß es vor der Vereinigung einige Diskussionen und Gespräche mit der Claims Conference gab. Da gibt es beispielsweise den berühmten Artikel 2 in dem Vereinigungsabkommen, der diese Fragen betrifft. Ich möchte Sie aber auch an die Rede von Edgar Bronfman erinnern, die er bei der historischen ersten Konferenz des WJC 1990 in Berlin gehalten hat. Er sagte damals: »Mit der deutschen Vereinigung wächst die Verantwortung.« Und ich denke, daß die deutsche Regierung und das deutsche Volk das anerkennen. Und wir sagten, daß man – ähnlich wie bei einer Geschäftsfusion – bei der deutschen Vereinigung die Vorteile der Firma, die man übernimmt, erhält, aber auch deren Verpflichtungen.

In den ersten Jahren nach dem Krieg empfing der WJC keine jüdische Delegation aus Deutschland, weil man Juden, die in Nachkriegsdeutschland lebten, nicht akzeptieren wollte. War die Konferenz des WJC in Berlin 1990 so etwas wie eine späte Anerkennung der Juden in Deutschland?

Ich sehe das anders: Natürlich lag die Last der Geschichte nicht nur auf dem deutschen, sondern auch auf dem jüdischen Volk. Die ganze Frage, wie die jüdische Haltung gegenüber Juden sein soll, die nach Deutschland kamen oder zurückkamen, ist sehr komplex. Unsere Konferenz in Berlin 1990 war nicht eine Form der späten Anerkennung des deutschen Judentums. Der Zentralrat der Juden in Deutschland war ja schon viel früher ein Vollmitglied des WJC geworden. Sie wissen vielleicht, daß der Vorsitzende der WZO, der World Zionist Organisation, nicht zu dieser Konferenz gekommen ist. Es war keine einfache Sache, so eine Konferenz in Berlin durchzuführen. Aber wir haben mit dieser Entscheidung eine klare Aussage getroffen: Wir akzeptieren die Tatsache, daß Deutschland wieder in den Kreis der Staatenfamilie zurückgekehrt ist. Es kann seiner Geschichte nicht entfliehen, aber es ist in den Kreis der Staaten wiederaufgenommen und das jüdische Volk erkennt dies an. Wir waren auch deswegen in Berlin, um ein Zeichen zu setzen, um zu zeigen, daß wir Brücken schlagen wollen, die bereits von Dr. Nahum Goldmann, dem früheren Präsidenten des WJC, angelegt worden sind – und das zu einem Zeitpunkt, als es noch viel schwieriger war als heute.

Kann denn die Konferenz als Annahme von Ben Gurions These eines »anderen Deutschland« verstanden werden?

So weit würde ich nicht gehen, es ging da um etwas völlig anderes. Wir hatten ja auch schon viele Treffen mit der Bundesrepublik und ihrer Regierung. Hier ging es uns um unseren Umgang mit der Vereinigung. Das war für den gesamten Westen keine leichte Sache. Kohl hatte da eine klare Linie, aber es war nicht einfach. Eine der entscheidenden Fragen war, wie das jüdische Volk darauf reagieren soll. Ich werde ihnen jetzt etwas sagen, was bis jetzt noch nicht so bekannt ist: Wir haben unsere Entscheidung mit dem damaligen Ministerpräsidenten Jitzchak Shamir abgesprochen, der ein langes Gespräch diesbezüglich mit Edgar Bronfman hatte. Shamir war damals nicht in der Lage, uns öffentlich seinen Segen zu geben. Aber er verstand unsere Überlegungen und sagte: Macht mal los mit eurer Konferenz. Und er meinte, daß er, falls nötig, unsere Kommentare hinterher öffentlich begrüßen würde. Sie erinnern sich sicher noch, daß Shamir nach der Rede Bronfmans in Berlin diese sehr begrüßt und die Position Israels damit unterstrichen hat, trotz der Kontroverse mit dem Vorsitzenden der WZO.

Wie denken Sie heute über deutsche Juden? Und wie beurteilen Sie die Tatsache, daß Deutschland – neben Kanada und Israel – die einzige jüdische Gemeinde in der Welt hat, die noch wächst?

Es wäre unehrlich, wenn ich sagen würde, daß ich da keine gemischten Gefühle hätte. Ich denke, daß es diesbezüglich sogar innerhalb der deutsch-jüdischen Gemeinschaft gemischte Gefühle gibt. Aber es wäre ebenso unehrlich, wenn man nicht zugeben würde, daß sich die Situation verbessert und entwickelt hat. Vor kurzem wurde Ignatz Bubis Vorsitzender des Europäischen Jüdischen Weltkongresses, eine Position, die traditionsgemäß abwechselnd den französischen und den britischen jüdischen Gemeinden zustand. Das ist kein Zufall, sondern eine existentielle Aussage: Die jüdische Gemeinschaft in Deutschland ist in der Familie der jüdischen Gemeinden der Welt aufgenommen und akzeptiert. Es ist interessant: So wie Deutschland darum kämpfen mußte, um wieder in den Kreis der Völkergemeinschaft aufgenommen zu werden, so mußte auch das deutsche Judentum um die Wiederaufnahme in den Kreis der jüdischen Gemeinden kämpfen. Ich denke, daß wir allmählich eine gewisse Normalität erreichen, das muß man ganz besonders betonen.

Glauben Sie, daß die jüdische Gemeinschaft in Deutschland eine größere Bedeutung erhalten wird angesichts der wachsenden Bedeutung Deutschlands in der internationalen Politik?

Natürlich. Noch einmal: Angesichts der tragischen historischen Umstände ist es eher unwahrscheinlich, daß sie die gleiche Rolle spielen kann wie jede andere große wachsende Gemeinde. Aber es hängt natürlich alles von den Persönlichkeiten ab. Die herausragende Persönlichkeit von Ignatz Bubis ist ja zweifelsfrei. Daß er Vorsitzender des EJC geworden ist, ist nicht nur ein Zeichen der wachsenden Akzeptanz der deutschen Juden, sondern auch ein Zeichen seiner Führungsrolle innerhalb Deutschlands und ganz Europas. Bubis hat buchstäblich das Vertrauen und den Respekt aller jüdischen Führer erhalten. Das ist also auch ein großes Kompliment an seine Person.

Eine andere Frage: Seit der Wiedervereinigung wachsen in Deutschland Antisemitismus und Ausländerfeindlichkeit. Angriffe und Attacken von Rechtsradikalen und Skinheads gehören zum Alltag. Wie beurteilen Sie unter diesen Voraussetzungen die Zukunft der jüdischen Gemeinschaft in Deutschland? Ich möchte Sie nur daran erinnern, daß bei einer Umfrage im vergangenen Jahre jeder dritte Westdeutsche und jeder fünfte Ostdeutsche keinen Juden als Nachbarn haben möchte ...

Zunächst einmal: Die wachsende Xenophobie ist nicht allein ein deutsches, sondern ein europäisches Problem. In Österreich und in Italien sind rechtsextreme Parteien in wesentlich größerem Ausmaß in den Parlamenten vertreten als in Deutschland. Natürlich wird Deutschland aufgrund seiner Geschichte ein anderes Augenmerk zuteil. Die Juden in Deutschland sind also in keiner wesentlich anderen Situation als all die anderen jüdischen Gemeinden in Europa. Ich glaube, es gibt es nur eine Antwort auf all die Probleme und die lautet: Erziehung. Deswegen komme ich noch mal auf das vorher Gesagte zurück: Die Frage der »Wiedergutmachung« hat eine enorme moralische Komponente, nämlich die Auseinandersetzung mit der Vergangenheit. Indem wir uns ehrlich fragen: »Wo waren wir damals – wohin wollen wir jetzt gehen?« werden wir, so glaube ich, einen wesentlichen Beitrag zur Lösung der sozialen Probleme Deutschlands – das sich in einer einzigartigen Situation befindet – leisten, ebenso wie in anderen europäischen Staaten.

Lassen Sie mich diesbezüglich nicht als »Jude«, sondern als deutscher Journalist fragen: Angesichts der fortwährenden Diskussionen um weitere deutsche Zahlungen an Juden –

Stichwort: Zwangsarbeiter – habe ich das Gefühl, daß die Stimmung in Deutschland eher umkippt: Schon wieder die Juden, schon wieder sollen wir ihnen Geld zahlen – wir haben selber so viele Probleme. Also eigentlich reagiert das deutsche Volk genau gegenteilig zu Ihrer hier geäußerten Hoffnung. Haben Sie denn keine Angst – völlig unabhängig von dem rechtlichen und moralischen Anspruch auf »Wiedergutmachung« –, daß dieses Vorgehen noch mehr Antisemitismus wecken wird?

Mit der Gefahr, einen Deutschen zu zitieren: »Ich kann nicht anders.« Diese moralische Verpflichtung liegt auf unseren Schultern und ich bin keineswegs so pessimistisch wie Sie. Ich denke, daß hier deutsche und jüdische Führungspersönlichkeiten eine große Verantwortung haben. Sie müssen der Öffentlichkeit die fundamentale Tatsache erklären, daß Dinge, die gestohlen oder Menschen, die mißbraucht und gequält wurden, das Recht auf Kompensation haben. Das betrifft ja nicht nur Deutschland. Auch hier in den USA, dem liberalsten Staat der Welt, gibt es solche Probleme: Während des Zweiten Weltkriegs haben die USA japanisch-amerikanische Staatsbürger interniert. Es dauerte 50 Jahre, bis endlich die US-Regierung jedem Internierten 20 000 $ gezahlt und der Präsident jedem einzelnen einen persönlichen Entschuldigungsbrief geschrieben hat. Ich bin stolz darauf, daß dieses Land seine Verantwortung anerkennen kann und es eingesehen hat, daß wir das tun mußten. Es war ein dunkles Kapitel in unserer Geschichte.

Ich weiß nicht, ob die Zahlen der öffentlichen Umfrage in Deutschland stimmen. Aber ich muß sie wohl akzeptieren. Sie sagen mir lediglich, daß unsere Aufgabe noch schwieriger ist als wir dachten.

Ich danke Ihnen für dieses Gespräch.

(Das Interview wurde auf Englisch geführt. Übersetzung von Richard Chaim Schneider.)

Andreas Nachama

»Wir bewegen uns auf einer dünnen Eisdecke.«

Ich traf Andreas Nachama kurze Zeit, nachdem er – zu seiner eigenen Überraschung – zum Vorsitzenden der Jüdischen Gemeinde Berlin gewählt worden war. Bei unserer Begegnung in seinem Amtszimmer war deutlich zu spüren, daß er sich in seine neue Rolle noch nicht richtig eingefunden hatte. Nachama war in Berlin auch vor seiner Wahl kein Unbekannter. Er hatte maßgeblich an der Ausstellung »Jüdische Lebenswelten« 1992 mitgewirkt, die Konzeption der Dauerausstellung »Topographie des Terrors« geht vor allem auf sein Konto. Nachama, Sohn des aus Griechenland stammenden Holocaust-Überlebenden Estrongo Nachama, ist ein äußerst zurückhaltender Mann. Während unseres Gesprächs 1997 schien es, als seien ihm die Fragen zu seiner Tätigkeit und der Situation der Berliner Gemeinde eher unangenehm. Erst als wir auf seine Arbeit als Historiker und Ausstellungsmacher zu sprechen kamen, wurde Nachama wach und dynamisch. Ich spürte, daß er seiner alten Tätigkeit, zumindest zum Zeitpunkt unseres Interviews, noch ein wenig nachtrauerte.

Herr Nachama, seit Ihrem Amtsantritt als Vorsitzender in dieser Gemeinde wird in vielen Artikeln betont, daß Sie es schwerhaben, in der Nachfolge von Galinski oder Kanal zu

stehen als eine neue, eine Zweite Generation. Was sind Ihre
Schwierigkeiten?

Er sind weniger meine Schwierigkeiten, als daß ich denke, daß die
Stadt sich selber den Umgang mit der Jüdischen Gemeinde dadurch
schwer macht, daß man meint, jetzt könnte man mit der Jüdischen
Gemeinde anders verfahren, man bräuchte keine Rücksicht mehr
zu nehmen. Ich denke, wir bewegen uns insgesamt auf einer dünnen Eisdecke, die mag geschlossen sein, aber sie ist halt dünn. Und
wer absichtlich darauf herumtrampelt, der muß sehen, daß er an
der einen oder anderen Stelle einbricht. Und so ist das ja auch in
dem knappen Dreivierteljahr, in dem ich hier jetzt Vorsitzender
bin, der Stadt an einigen Stellen passiert. Zum Beispiel bei dem
Streit um das Jüdische Museum, der so unnötig war wie ein Kropf.

Ihre Amtszeit begann ja gleich mit einem Eklat. An dem Tag
nach den Wahlen wurde gleichzeitig die Kündigung von
Amnon Barzel als Direktor des Jüdischen Museums ausge-
sprochen. Ihnen wurde im Senat gesagt, daß es Ihr Nachteil
sei, daß Sie keine Nummer auf dem Unterarm eintätowiert
haben. Was steckt da dahinter, ist das pure Dummheit, oder
hat das schon Methode seitens der Stadt?

Da müßte man die nächsten drei Jahre abwarten, ob das Methode
hat oder Dummheit ist. Ich gehe im Augenblick davon aus, daß es
Dummheit ist. Endgültig kann man so etwas immer erst nach ei-
nigem Zeitabstand wissen und sehen. Was dahinter steckt, ist,
glaube ich, diese ungeheure Verkrampfung nach der Shoah, wieder eine jüdische Gemeinde hier in dieser Stadt einzurichten. Das
war natürlich hier in der Höhle des Löwen keine einfache Aufgabe. Und man hat sich einen respektvollen Umgang angewöhnt,
vielleicht auch respektvoller als zu der einen oder anderen Kirche
oder zu dem einen oder anderen Bischof. Das meint man jetzt auf-
kündigen zu können oder zu wollen. Ich glaube aber, in der Zwischenzeit hat auch die Berliner Politik eingesehen, daß man weiterhin respektvoll miteinander umgehen soll. Daß die Politik am
Ende durch kleine Zeichen bestimmt wird, durch Worte und
durch eine Atmosphäre. Ich hoffe, es gelingt uns in den nächsten
Jahren, eine Atmosphäre zu schaffen, in der jüdisches Leben für
jüdische Menschen wieder so attraktiv wird, daß tatsächlich die
Menschen nicht nur Freude an der Gemeinde und der Stadt ha-

ben, sondern auch Menschen von anderen Orten hierherziehen und Berlin als eine Stadt auf der Landkarte der weltweiten jüdischen Gemeinden nicht als eine Fußnote, sondern wieder als ein wichtiger Punkt erscheinen wird.

Sie sprechen zu Recht von einer Verkrampfung. Ist denn – abgesehen von den beiden Eklats, die ich erwähnte – eine gewisse Entkrampfung auf beiden Seiten nicht vonnöten, um doch zu etwas zu kommen, was langfristig eine neue Normalität sein könnte?

Na ja gut, wie könnte eine neue Normalität aussehen? Ich denke, solange, wie die Jüdische Gemeinde nicht wieder 170 000 Mitglieder hat wie die Vorkriegsgemeinde und nicht wieder alle ihre Synagogen und Sozialeinrichtungen tatsächlich aus sich selbst heraus betreiben können, solange man immer noch mit den Trümmern der von den Nationalsozialisten zerstörten Gemeinde zu leben hat, solange wird es schwer sein, eine Entkrampfung oder Normalisierung herzustellen. Normalisierung kann man ohnehin nur rückblickend feststellen. Will heißen, eines Tages wird natürlich jemand kommen und wird sagen: In den letzten zehn oder fünfzehn oder zwanzig Jahren, da hat sich doch Normalität eingestellt. Aber solange man sie proklamiert, muß man sie eben proklamieren – sie ist nicht da.

Was sind denn Ihre Ansätze für Ihre Arbeit als Vorsitzender der Gemeinde? Was möchten Sie verändern, neu schaffen, im Gegensatz zu Ihren Vorgängern?

Zunächst einmal muß man sagen, wir bewegen uns auf einem hohen Niveau hier. Es ist eine große Gemeinde, eine funktionierende Gemeinde. Es ist eine Gemeinde, die über eine Grundschule, eine Oberschule, einen Kindergarten, ein Seniorenzentrum, über nahezu alles verfügt, was eine Gemeinde so braucht. Das heißt, hier geht es jetzt nicht mehr darum, den Kern der Arbeit zu machen, um Dinge ab ovo sozusagen neu auszubrüten, einzuführen, sondern darum, an der einen oder anderen Stelle etwas mehr Glanz zu setzen oder abzufeilen, es so zu entwickeln, wie sich die Gemeinde halt verändert. Um es an einem konkreten Beispiel zu sagen: Wir haben ein Seniorenzentrum. Treffpunkt ist in einem Berliner Mietshaus unweit der Fasanenstraße. Die Räume sind inzwischen für die vielen, die dort hinkommen, vollkommen unzureichend, zu eng. Dieses Gemeindehaus hier hingegen, wo wir jetzt sitzen, steht aber die Woche über teilweise leer, weil viele Räume nicht kontinuierlich genutzt werden. Durch kleine Umbauten werden wir jetzt also hier für dieses Seniorenzentrum Platz schaffen. Damit die Menschen hierher kommen, wo alle anderen Mitglieder auch sind. Hier hat man ein anderes Platz- und Infrastrukturangebot. So was haben wir uns für die nächsten Wochen vorgenommen. Das Gemeindehaus etwas attraktiver machen. Ein Internetcafé wollen wir einrichten, damit umgekehrt das Zentrum nicht nur ein Seniorentreff, sondern auch von den jungen Leuten frequentiert wird. Dadurch, daß sich jüngere und ältere unter einem Dach treffen, ergeben sich vielleicht Kontakte oder auch Spannungen. All das sind die Überlegungen, nichts großes, aber kleine Dinge, von denen ich mir verspreche, daß sie das Gemeindeleben aktivieren.

Hat sich denn in der neuen, Zweiten Generation – die Sie ja verkörpern – auch nach außen hin so etwas wie ein neues jüdisches Selbstbewußtsein entwickelt? Auch ein Selbstbewußtsein, daß man in diesem Land, in dieser Stadt lebt?

Gut, ich bin in dieser Stadt ja geboren. Was heißt schon Selbstbewußtsein? Ich denke einfach, wir, die wir hier geboren sind, Mitglieder der Gemeinde sind, kennen halt diese zwei Seiten unserer Existenz. Die eine ist die, daß wir unseren Berufen nachgehen, ohne daß deshalb besonders deutlich wird, daß man auch ein Vertreter der Jüdischen Gemeinde ist. In meinem Fall ist das vielleicht eine Ausnahme, aber es war ja auch bisher in meinem Leben so, daß ich hier gelebt habe, in dieser Stadt, und Kulturarbeit gemacht habe, ohne daß das ein Ausdruck dessen war, was die Jüdische Gemeinde gedacht oder getan hat.

Und umgekehrt ist man Mitglied in dieser Gemeinde. Ich denke, das kann man ganz gut unter einen Hut bringen, und ich finde es in dem Sinne nicht besonders bemerkenswert. Ich glaube, von dem Umstand, daß wir in Berlin, in der ehemaligen Reichshauptstadt, der künftigen Bundeshauptstadt leben, davon muß man kein besonderes Selbstbewußtsein haben, das ist halt einfach so.

Die Gemeinde hat einen großen Wandel erlebt durch die Zuwanderung von 6000 Juden. Was verändert sich nach innen an jüdischer Identität innerhalb der Gemeinde?

Das weiß man nicht, das wird man vielleicht in ein paar Jahren feststellen können. Es ist ja so, diese russischsprachigen jüdischen Menschen, soweit sie Kinder haben, schicken sie sie in der Regel zur jüdischen Schule. Dann tritt der merkwürdige Fall ein, daß die Kinder den Eltern die Tradition beibringen. Weil sie es in der Schule kennenlernen und ins Elternhaus transportieren. Andersrum, als es normalerweise der Fall ist. Das ist ja ein riesiges Experiment. Wie das ausgehen wird, wer soll das sagen? Wir beobachten das mit großem Interesse. Und natürlich verändert sich die Gemeinde dadurch auch. Ich würde mal einfach sagen, wenn man das so folkloristisch fassen will: Es wird heute mehr Wodka getrunken als vor 20 Jahren. Das ist ja nicht schlecht.

Sie haben ja als Historiker wesentlichen Anteil daran gehabt, daß diese Stadt sich ihrer negativen und ihrer jüdischen Vergangenheit erinnert. Im Augenblick toben immer noch zwei Diskussionen: um das Mahnmal und das Museum. Wie würden Sie als Repräsentant der jüdischen Gemeinde diese Auseinandersetzungen, die draußen geschehen, in bezug auf die Gemeinde bewerten?

Zunächst, was das Holocaust-Mahnmal angeht, meine ich, die Jüdische Gemeinde braucht kein Mahnmal, sie hat es schon. Einmal hier auf dem Hof des Gemeindehauses, sie hat ein zweites – oder wenn man so will ein erstes – schon im September 1945 eingeweiht auf dem jüdischen Friedhof am Scholzplatz. Also gibt es aus unserer Sicht keinen Bedarf für ein Mahnmal. Das muß nicht für uns gebaut werden. Aber man kann feststellen, und das soll man auch, daß die Stadt Berlin, die Bundeshauptstadt ein solches Denkmal braucht …

Und wir haben im übrigen als jüdische Menschen alle ein Mahnmal in unserem Herzen, für die sechs Millionen ermordeten Frauen, Männer und Kinder. Aber die Stadt Berlin braucht ein solches Mahnmal. Sie braucht es, weil sie jetzt Bundeshauptstadt wird. Die alte Bundeshauptstadt war ein Mahnmal, weil jeder, der in dieses Bönnchen kam, in diese kleine Stadt hinter den sieben Bergen, am Rhein, wenn er dorthin kam aus Paris, London, Madrid, Moskau und vor dem Bundeskanzleramt stand, das aussah wie eine mittlere Sparkassenzentrale, wußte, wo er ist – er ist nicht in Berlin, sondern in einem kleinen Bundesdörfchen, das dort in die Wallachei gelegt wurde, weil dieses Land 1945 halt vierfach geteilt und besetzt wurde als Folge dieses zerstörerischen Krieges.

Jetzt, wenn man also zurückkehrt nach Berlin – die Häuser sind repariert, der Reichstag wird pompös wieder aufgemacht – und durch das Brandenburger Tor in die alte Stadt hereinkommt, dann könnte man meinen, alles ist wieder beim alten. Deshalb braucht Berlin ein Denkmal für die Opfer des Nationalsozialismus, für das, was von dieser Stadt ausging: der Mord von sechs Millionen jüdischen Menschen. Das ist eine Diskussion, die an uns herangetragen wird und an der wir insofern auch Anteil nehmen. Als Staatsbürger nehmen wir daran Anteil, weil wir meinen, das wird von den Berlinern, von den Deutschen, auch von den Gästen der Stadt, erwartet. Also nicht für die Jüdische Gemeinde, sondern für die Stadt.

Glauben Sie, daß der Umzug der Bundesregierung von Bonn nach Berlin einen Einfluß auf das Verhältnis zwischen der Jüdischen Gemeinde und der Regierung haben wird? Zum ersten Mal nach dem Krieg ist die deutsche Bundesregierung in einer Stadt mit einer starken jüdischen Gemeinde.

Die Jüdische Gemeinde ist ja kein Lobbyist. Insofern bin ich mir nicht so sicher, ob der Umzug der Bundesregierung für das Leben der Jüdischen Gemeinde in Berlin oder Deutschland Veränderungen mit sich bringt. Aber insofern verändert sich etwas für uns, als Berlin nun auf einmal wieder das Zentrum ist, nicht mehr die geteilte Halbstadt, die ummauert mitten im feindlichen Gebiet liegt, sondern die Stadt, die jetzt ein Zentrum in Mitteleuropa darstellt, wo jüdische Organisationen aus aller Welt hinkommen, um ihre Büros aufzumachen, wo es womöglich auch jüdische Diplomaten oder andere Mitarbeiter internationaler Organisationen, die hier ihr Büro aufmachen, geben wird, die jüdisch sind. Das wird natürlich der Jüdischen Gemeinde ein Stück mehr an Internationalität bringen. Auch an neuen Einflüssen und neuen Chancen. Darauf setzen wir und freuen uns darauf. Die Anfänge, die wir beobachten können – die Lauder-Foundation, das AJC, die jüdischen Architekten, Maler, Professoren, Generalmusikdirektoren, die hier leben und arbeiten –, sind vielversprechend. Natürlich beeinflußt das das Gemeindeleben positiv, es öffnet es. Genauso positiv wie der Zuzug der russischen Juden.

Anders als Ihre Vorgänger suchen Sie massiv die Begegnung mit anderen jüdischen Gruppierungen, etwa dem jüdischen Kulturverein von Irene Runge oder mit Adass Jisroel. Ist das eine bewußte Abkehr von einer alten Politik, oder sehen Sie darin die Notwendigkeit, diese Vielfältigkeit zu einen, damit man in der Aussage nach außen stark bleibt?

Weder noch, meine Überlegung ist ganz simpel. Ich denke, wo jüdische Menschen zusammenkommen, wie auch immer, und sich jüdischen Inhalten widmen, da kann man sich niederlassen und zu Hause sein. Und wenn es außerhalb der Jüdischen Gemeinde Gruppierungen gibt, wo jüdische Menschen hinkommen, dann freut mich das. Das zeigt, daß das jüdische Leben in dieser Stadt bunter wird. Natürlich gehe ich dahin, ich gehe ja auch in Kirchen und tausche mich dort mit Christen aus. Wieso sollte ich mich nicht mit anderen Juden austauschen? Alles andere wäre doch unnatürlich.

Wie gehen Sie dann mit der Diskussion um die Vergangenheit von Irene Runge oder Mario Offenberg um, Stichwort Stasi, Palästinensersympathien?

Das ist doch Sache derjenigen, die die Genannten zu Sprechern, Geschäftsführern etc. ernennen. Wir haben andere zu Sprechern und Mitarbeitern ernannt. Aber das hat doch nichts damit zu tun, daß sich dort jüdisches Leben bildet. Ganz selbstverständlich akzeptiere ich diejenigen als Gesprächspartner, die von solchen Kreisen gewählt, ernannt oder beschäftigt werden.

Die Gemeinde in Berlin hat – anders als andere Gemeinden – eine Art offenes Haus geführt. Sie haben eine Menge kultureller Veranstaltungen für alle. Wie ist die Annahme dieser Angebote von nichtjüdischer Seite, gibt es da einen regen Austausch oder gibt es Schwellenängste, Ablehnung sogar?

Es gibt bestimmt Ablehnung, das wäre ganz unnatürlich, wenn es die nicht geben würde. Bestimmt auch Schwellenängste, das hängt schon mit diesem Sicherheitsapparat zusammen, der sich um unser Gemeindehaus und unsere Einrichtungen legt wie Mehltau, der aber leider unvermeidbar ist. Es gibt Austausch, klar, die jüdischen Kulturtage, da ist der Bär im Gemeindehaus los. Es gibt Gedenkfeiern: Warschauer Ghetto, 9. November, wo hier 700 bis 800 Personen zusammenkommen, die Hälfte Gemeindemitglieder, die andere Hälfte nichtjüdische Einwohner von Berlin. Es gibt Veranstaltungen der Jüdischen Volkshochschule, unsere Bibliothek, also unendlich viele unterschiedliche Ansätze, um nichtjüdischen Berlinern eine offene Tür zu zeigen. Nebenbei bemerkt, sie kommen ja auch zu unseren Gottesdiensten – in Gruppen und einzeln.

Ich denke, davon kann man nicht genug machen. Letztlich ist die Jüdische Gemeinde viel zu klein mit ihren jetzt 11 000 Mitgliedern, aber gemessen an den knapp vier Millionen, die Berlin hat, ist diese Begegnung immer eine etwas einseitige, und man wird nicht alle erreichen, die man erreichen kann. Aber wir werden immer versuchen, immer mehr zu erreichen.

Sie haben sich als Historiker sehr intensiv mit der Bewahrung der Erinnerung an die Vergangenheit auseinandergesetzt. Wie, glauben Sie, sollte eine neue Generation von Juden und Nichtjuden diese Vergangenheit bewahren?

Das ist schwer zu sagen, ich glaube, daß jede Generation ihren Weg selber finden muß. Was wir im Augenblick sagen, ist, daß die jüdischen Gedenkorte, die es in Berlin gibt, viele Gedenktafeln, die am Kiez sind, adoptiert werden mögen von Schulklassen, zum Beispiel von einer neunten Schulklasse. Daraus ergibt sich automatisch, daß eine solche Klasse im Unterricht über die Person, derer gedacht wird, an deren Geburts- oder Sterbetag etwas macht. Die Tafel vielleicht sauber hält. Das sind Dinge, die man machen kann, die einen großen Effekt haben, und die brauchen nicht mehr als das Engagement der Lehrer und Schüler. Und sie könnten in dem jeweiligen Lebensumfeld des einzelnen Schülers das verankern, was er als jüdisch ansieht. Wenn er später daran vorbeikommt, irgendwie erinnert man sich dann, an das, was da war. Das sind einfache Ansätze, aber es gibt auch größere Ansätze, wo man nach Wegen sucht: Wie können Juden, Christen, vielleicht auch Moslems gemeinsam zu Gott beten? Ich selber bin ja seit 1970/71 in so einer sich regelmäßig treffenden Gruppe für Juden, Christen und später dann auch Moslems. Man tauscht sich darüber aus, wie man Wege, gemeinsame Formen der biblischen Überlieferung verstehen, interpretieren kann, und man versucht, sich gegenseitig die Augen zu öffnen – dadurch lernt man respektvoll miteinander umzugehen.

Gedenken hängt auch immer ein Stück mit der Gegenwart zusammen. Es ist ein Spannungsfeld, man darf sich nicht alleine in einem musealen Raum bewegen, sondern muß immer gleichzeitig gucken, wie man aus der Vergangenheit Wege und Projektionen für die Zukunft findet. Vielleicht denkt man später anders. Das muß klar sein, alles macht man für den Augenblick, und es muß immer verifiziert werden, ob es wirklich so funktioniert, wie man es meint.

Es gibt hier in der Stadt die »Topographie des Terrors«, an der Sie wesentlich mitgearbeitet haben. Diese Dauerausstellung hatte ja einen großen Effekt weit über die Stadt hinaus. Was hat sich dadurch in der Stadt verändert, soweit Sie das beurteilen können?

Was sich in der Stadt verändert hat, und dafür mag die Topographie des Terrors ein Anstoß gewesen sein, ist ein Stück mehr Bewußtsein dafür, daß der Nationalsozialismus und sein Terror nicht irgendwo auf dem Mond stattfanden, sondern hier in dieser Stadt. Und noch in 100 Jahren wird es so sein, daß man am Boden kratzt und man wird Bomben finden aus dem Zweiten Weltkrieg, Bunker, andere Hinterlassenschaften des Krieges. Man wird an dem einen oder anderen Haus, in das man einzieht, sehen, daß eine Nazibehörde drinnen war, oder ein Ort, wo jüdische Menschen versteckt waren. Das ist in der Zwischenzeit den Berlinern bewußt geworden. Diese Stadt ist geprägt von diesen zwölf Jahren, vier Monaten und acht Tagen, ohne daß ein Leben in dieser Stadt deshalb unmöglich wäre. Man kann hier zu Hause sein und sich andererseits bewußt sein, daß hier ein Spannungsbogen ist. Dieses Bewußtsein ist hier gewachsen.

Wenn ich daran denke, wie noch Mitte der siebziger Jahre der damalige Senat unter Klaus Schütz – der nun wirklich kein Feind der Juden ist, sondern, wie Sie wissen, in seiner Zeit als deutscher Botschafter in Israel zu den großen Gestalten der deutsch-israelischen Aussöhnung gehört – damals in den Kreis der beteiligten Behörden hinein sagte: Ach, die Wannseevilla, die Villa, in der die Endlösung der Judenfrage diskutiert und administriert wurde: daraus muß man keine Gedenkstätte machen, ein Kinderheim ist da drinnen, das ist doch schön, da spielen Kinder.

Fast 15 bis 18 Jahre später sah man ein, daß man da doch etwas machen müsse. Das ist ein Erfolgskonzept geworden. Menschen aus der ganzen Welt kommen dahin, um über die nationalsozialistische Judenpolitik zu lernen.

Und so, denke ich, werden sich auch möglicherweise in Zukunft andere Punkte ergeben, wo man sagt: Da muß man was machen. Es mag auch sein, daß sich einiges verändert, daß eine andere Generation andere Bedürfnisse hat. Diese Dinge kann man nicht geradlinig vorschreiben. Damals war vielleicht ein Kinderheim noch richtig, obwohl Josef Wulf gerade an dieser Entscheidung des Berliner Senats zerbrochen ist und sich sogar unmittelbar danach das Leben nahm. Es gab also auch damals Leute, die das radikal anders gesehen haben. Aber vielleicht war die Entscheidung damals nicht falsch, sondern im Stil der Zeit richtig gedacht. Aber 15 Jahre später hat man das anders gesehen. So muß man gucken, wie sich die Dinge weiterentwickeln. Ich glaube nicht, daß man das, was sich in den letzten zehn Jahren für eine Gedenkkultur entwickelt hat, einfach fortschreiben kann für die nächsten Jahrzehnte, sondern es wird sich anders entwickeln.

Aber an dieser Stelle sei doch ein kritischer Nebenton erlaubt. Diejenigen, die sich mit dieser Gedenkkultur – auch professionell – beschäftigen, neigen dazu, immer zu sagen, daß jetzt 50 Jahre nach der »Stunde Null«, nach der »Befreiung«, 1995 also, der letzte große Gedenktag sein wird, danach würde das alles wegkippen. Wenn ich mir anschaue, was in den letzten zwei, drei Jahren seitdem geschehen ist, wie intensiv die Debatte um das Holocaust-Mahnmal geführt wird, kann man sagen: So ist es eben nicht gekommen.

Ich glaube auch, eines Tages wird man rückblickend feststellen: Von dem Zeitpunkt an hat es sich verändert. Aber das kann man nicht für die Zukunft voraussagen. Deshalb bin ich optimistisch, daß sich auch für die nächste Generation eine Form der Gedenkkultur weiterentwickeln wird, mit der wir – die Nachgeborenen der Shoah – gut werden umgehen können.

Die Gedenkkultur. Wenn das Holocaust-Mahnmal tatsächlich ein Zeichen setzen wird, das über Hunderte von Jahren existiert, welche Botschaft wird diese neue »Berliner Republik« – wenn man von den momentan diskutierten Entwürfen ausgeht – in die Zukunft des Landes senden?

Ich glaube, es wird die Botschaft eines demokratischen Staates sein, eines Staates, der sich in einem fast fünfzigjährigen Provisorium entwickelt hat. Dieses Provisorium ist entstanden als direkte Antwort auf das Dritte Reich. Nur so ist das Grundgesetz, die ganze Mentalität der Bonner Republik, zu verstehen. Ich glaube, daß in diesem Sinne die Bonner Republik auch die Berliner Republik prägen wird.

Wie sich das weiterentwickeln wird, wie tatsächlich die Erscheinungsform des Staates sein wird, ob sie mit dem großen Reichstagsgebäude, der Ost-West-Achse, dem doch imperialen Gehabe Berlins von seiner Stadtarchitektur her, einen anderen Klang bekommt? Das ist schwer vorherzusagen. Da muß man abwarten, wie in zehn Jahren die Berliner Republik aussehen, wie der zweite oder dritte Bundespräsident das prägen wird.

Aber ich bin einigermaßen optimistisch, denn ich glaube, diese die Politik bestimmende, meinungsbildende Schicht der BRD hat schon zu einem großen Teil die Lehren der Vergangenheit begriffen. Ich sage ja immer: Wenn es ein Volk in Europa gibt, das die Lehren von Auschwitz verstanden hat, dann die Deutschen. Insofern hoffe ich, daß in diesem Teil Europas – in dem wir hier sind – so etwas, wie es sich in Jugoslawien abgespielt hat – sich nicht ereignen könnte.

»Topographie des Terrors«: Wie sind Ihre Erfahrungen mit der Ausstrahlung in den Osten der Stadt oder Republik? Ähnliche Erfahrungen?

Wo ist der Osten? Ich denke, es ist in der Zwischenzeit so: Die Mauer existiert mehr in den Köpfen als realiter. Der Vorsitzende der Repräsentantenversammlung, also des Parlaments der Jüdischen Gemeinde, Herr Dr. Hermann Simon, ist ja ein ehemaliger DDR-Bürger. Ich glaube, die Gemeinde und die Stadt sind viel mehr zusammengewachsen, als das gemeinhin so vermutet wird. Da gibt's inzwischen viele Freundschaften, die hin und her laufen, Mitarbeiter der Jüdischen Gemeinde, die hüben und drüben wohnen. Das ist alles nicht mehr so genau festzumachen, wie es mal war. Da wohnen welche, die ehemalige Westberliner sind, in östlichen Bezirken. Ich sehe da nicht mehr so die Trennungslinie.

Ich sehe aber viel mehr die Trennungslinie zwischen Berlin und

Brandenburg. Ich glaube auch, da sind die eigentlichen Probleme. Dort gibt es die kahlrasierte Dummheit, die Ausländern, die in Brandenburg leben und arbeiten, das Leben schwer macht, die sie verletzen, zusammenschlagen, bis sie Krüppel fürs Leben bleiben. Das ist etwas, wo sich die nichtjüdische Umgebungsgesellschaft etwas einfallen lassen muß, wie sie selber damit umgeht. Natürlich sind wir diejenigen, die an dieser Stelle mahnend den Finger heben, uns solidarisieren mit denjenigen, die hier ausgegrenzt werden. Da sehe ich Probleme. Die wären vielleicht weniger kraß, wenn die brandenburgische Landesregierung nicht viele dieser Dinge schönreden und sich ihnen tatsächlich stellen würde. Da haben wir politisch noch viel zu tun. Es ist sicher kein Zufall, daß ausgerechnet in Potsdam die Jüdische Gemeinde sieben Jahre nach der Vereinigung noch keine Synagoge hat, noch in Provisorien leben muß. Da wird offenbar zuwenig Engagement gezeigt, sowohl in der Bekämpfung des Rechtsradikalismus, als auch in der Unterstützung jüdischen Lebens.

Wo sehen Sie die Hintergründe für diese zögernde Hilfe und das zögernde Eingreifen?

Das ist schwer zu sagen. Ich glaube, daß die Politik in Brandenburg sich aus mir nicht nachvollziehbaren Gründen nicht engagiert. Sie reden das schön, meinen: »Bei uns kann es das nicht geben ... ich bin kein Antisemit, also sind es die anderen auch nicht«. Das nehme ich den Leuten in der Landesregierung zwar ab, aber daß es keine Antisemiten gibt, gerade unter der kahlrasierten Dummheit, den Skinheads, das glaube ich nun gewiß nicht.

Das hat natürlich mit der Erziehung in der DDR zu tun, damit, daß außerhalb Ostberlins, der Hauptstadt der DDR, die Berührung mit anderen Welten, Traditionen, Menschen so gut wie nicht stattfand. Davon spürt man jetzt die Konsequenzen. Wie man damit umgehen kann, weiß ich auch nicht, aber wie es jetzt läuft, sollte es nicht weitergehen, weil es sonst passieren kann, daß dies auf Berlin überschwappt. Das wäre eine Situation, die ich für gänzlich inakzeptabel hielte.

Haben Sie oder hat die Jüdische Gemeinde Angst?

Angst wovor?

Vor diesem Überschwappen, dieser persönlichen Bedrohung?

Schwer zu sagen. Ich würde andersherum sagen wollen: Es gibt objektive Punkte der Bedrohung und denen versucht die jüdische Gemeinde sich zu stellen, indem man versucht, ihnen aus dem Wege zu gehen oder ihnen zu begegnen. Aber das ist etwas – Sicherheit und Wohlbefinden – darüber braucht man so lange nicht zu sprechen, solange – Gott behüte – nichts passiert. Wenn etwas passiert, hat man sowieso alles falsch gemacht, denn Prävention ist dafür da, daß nichts passiert. Über so was ist schwer zu sprechen. Aber in einem Zeitalter des international vagabundierenden Terrorismus ist natürlich in einer Stadt, die einen Steinwurf von Brandenburg und den Zentren, wo sich die Rechtsradikalen treffen, entfernt ist, da ist die Gefahr natürlich latent vorhanden. Darüber muß man sich im klaren sein.

Die Anfang der neunziger Jahre hier in Berlin stattgefundene Ausstellung »Jüdische Lebenswelten« ist stark mit Ihrer Person verbunden. Für Sie war das enorme Echo auf die Ausstellung sicher auch eine Überraschung. Was lag da in der Luft, daß die Ausstellung so ungeheuer gut angenommen wurde?

Da lag etwas in der Luft, was für Berlin sehr charakteristisch ist: nämlich Neugierde. Man war neugierig, diese verschiedenen jüdischen Lebenswelten, nicht immer nur das lokale, hausgemachte, was man kennt, sondern auch das, was es andernorts gibt, zu sehen.

Das zweite Element war die teils freche Machart – ausgerechnet im Gropiusbau, dem schönsten Ausstellungsgebäude Berlins, die »Jüdischen Lebenswelten« zu zeigen, während die »Topographie des Terrors« in dem kleinsten, häßlichsten Ausstellungsgebäude der Stadt, die Welt der Täter, den Terrorapparat ausgestellt hat. Allein dieses Spannungsfeld hat viele dazu gebracht, dorthin zu gehen, weil man sich sagte: Da kann ich mir die jüdischen Lebenswelten »ohne einen Kloß im Hals«, wie es eine Berliner Zeitung formulierte, angucken gehen. Das Interessante ist, daß die meisten Besucher doch noch die »Topographie« besucht haben, um ihr Bild abzurunden oder um sich in Ansätzen vorzustellen, wie war das möglich, oder warum geschah das so. Ich glaube, die Grundkonstellation war diese Neugierde, die noch nicht befriedigt war, weil es so etwas bisher noch nicht gab.

Ein Charakteristikum der Ausstellung war, daß die jüdische Lebenswelt des heutigen Deutschland so gut wie gar nicht vorkam. War das Konzept, Zufall oder zugleich auch eine Aussage über das, was sich zu diesem Zeitpunkt in Deutschland innerhalb des Judentums breitmachte?

Nein, es kam schon vor. Erstens war Berlin Ausstellungspunkt, gerade auch im Lichthof, wo sich diese Buchwelten ergossen. Das war schon von der Literatur her auf Deutschland konzentriert. Wir haben ja auch gerade im Begleitprogramm darauf geachtet, daß viele aktuelle Produktionen aus aller Welt und auch aus Deutschland zu sehen waren. Das, was man im Museum zeigt, ist immer der Vergangenheit zugewandt, aber was in den Kinos, Bühnen, Seminarräumen gezeigt wurde, war gegenwartsbezogen. Ich glaube, dieser Prozeß kam gut an. Wir hatten über 120 000 Besucher in drei Monaten allein bei dem Rahmenprogramm. Also hatte man nicht nur Interesse für das schöne Alte, sondern auch für das Aktuelle. Daß die Jüdische Gemeinde in Berlin am Ende einer solchen Repräsentation nur eine Fußnote darstellt, das liegt an ihrer Größe, an der Shoah, da kommt man wieder an den Punkt, daß Normalität solange nicht existiert, solange nicht die alte Größe wiederhergestellt wird. So schön der Theaterzauber auch gewesen sein mag, die Realität war eine 8000 Kopf starke Gemeinde.

Sie sind zu den Gemeinderatswahlen angetreten, ohne daran zu denken, Vorsitzender zu sein. Sie haben nun einen Full-Time-Job, der ihre eigene Profession etwas in den Hintergrund schiebt. Ist das schlimm?

Nein, es ist ja persönlich eine große Herausforderung und Ehre. Aber es ist auch mit viel Unangenehmem verbunden. Es gibt kaum einen Arbeitstag unter zwölf, vierzehn, ja sechzehn Stunden. Ich bin zuerst mal in so einer Dauermühle. Als ich Festivals machte, war das auch so, aber man wußte, das ist nach ein paar Wochen auch wieder vorbei und man kann sich wieder mal entspannen. Hier ist das für die nächsten dreieinhalb Jahre meine Perspektive. Man nimmt sich ja auch viel vor, wie die Öffnung des Gemeindezentrums hier. Deshalb ist es manchmal schon nervig.

Ich danke Ihnen für dieses Gespräch.

Moishe Waks

»Unsere nichtjüdischen Partner in der Stadt haben Orientierungsschwierigkeiten.«

Moishe Waks saß viele Jahre in der Opposition, damals, als Heinz Galinski noch mit harter Hand die Jüdische Gemeinde Berlin führte. Doch er gab nie auf, und seine Liste hat nach dem Tode Galinskis in der Ära Kanal und auch jetzt unter Nachama kräftig zugelegt. Auf alle Fälle gehört Moishe zu den wichtigsten Vertretern seiner Gemeinde. Seit Jahren kämpft er für ein vernünftiges Bildungsprogramm für jüdische Jugendliche. Im Zusammenhang mit dem Immobilienskandal in Berlin vor rund drei Jahren, in den der Schwiegersohn des damaligen Vorsitzenden der Gemeinde, Jerzy Kanal, verwickelt war, fiel auch Waks' Name. Man warf ihm vor, er habe der Presse Informationen zugespielt. Eine Behauptung, die nie bestätigt werden konnte, aber das durchaus problematische Klima zwischen Führung und Opposition der Jüdischen Gemeinde aus der Zeit kennzeichnet. Ich traf Moishe Waks 1997 in der Fasanenstraße, dem Gemeindezentrum in Berlin.

Moishe Waks – ein Name, der für viele Jahre Opposition steht, auch unter Galinski. Was bedeutete es unter Galinski, in der Opposition zu sein?
Zunächst: Galinski war die prägende Figur nach dem Wiederaufbau und hatte dadurch eine politische Position in der Gemeinde

aufgebaut, gegen die schwer anzukämpfen war. Die Opposition stellte von 21 Repräsentanten in der Regel so drei bis vier, erst seit etwa '89 gab es eine kontinuierliche Verbesserung auf sechs und nach Galinskis Tod waren zehn der 21 Repräsentanten von der Opposition. Das alleine macht klar, daß wir von der Opposition eher Zaungäste des Geschehens in der Gemeinde waren. Da war es schwer, neue Ideen einzubringen, wenn sie nicht von der richtigen Seite kamen. Galinski hatte aber die interessante Eigenart, Strömungen in der Gemeinde, von denen er merkte, daß er sie nicht mehr in seinem Sinn beeinflussen konnte, für sich zu vereinnahmen. So etwa bei der Grundschule, die die Opposition einbrachte, das hat Galinski zu seiner Sache gemacht. Heute trägt die Grundschule seinen Namen, und wir können gut damit leben, denn er hat auch viel für den Aufbau getan. Ihm Ideen als seine eigenen zu verkaufen, war also damals ein durchaus funktionierender Mechanismus.

Wie ist das heutige Verhältnis der Gemeinde nach außen? Galinski als moralisch integre Persönlichkeit, der durch Auschwitz unantastbar wurde, ist weg, dann gab es Kanal und jetzt Nachama. Hat sich das Fehlen einer solchen Persönlichkeit im Verhältnis der Gemeinde zur Stadt Berlin bemerkbar gemacht?

Ja, ich denke allerdings, das beruht mehr auf dem Verständnis der nichtjüdischen Umwelt von der jüdischen Gemeinschaft und was sie an Bedürfnissen hat. Aber es ist richtig, einige Dinge wären zu Galinskis Zeiten nicht passiert, das hätte man sich nicht getraut. Ich denke zum Beispiel an den Fall Jüdisches Museum. Zwar wurde dauernd die Gemeinde aufgefordert, mit ins Boot zu kommen, ohne jedoch ihre Vorstellungen verwirklichen zu können, was dann zwar doch noch eine Wende nahm, aber eben erst durch einen Eklat. Kurz nachdem ich in der Pressekonferenz anläßlich unseres Amtsantritts darauf hinwies, daß wir das Gespräch mit dem Senat über das Museum wieder aufnehmen müssen, bekamen wir mitgeteilt, daß dem Leiter des Jüdischen Museums gekündigt worden ist! So wenig Gespür, so wenig Fingerspitzengefühl darf man nicht haben.

Natürlich muß es eine Umstellung geben. Wir können nicht wie ein Überlebender des Holocaust, wie es auch Kanal noch war, die Vergangenheit in gleicher Weise als Argumentation benutzen. Wir wären nicht glaubwürdig. Aber ich glaube, auch in der nicht-jüdischen Umwelt müssen die Herrschaften begreifen, daß es auch unabhängig von dieser Definition nur über den Holocaust eine gemeinschaftliche Verantwortung gibt für ein jüdisches Gemeinwesen innerhalb dieses Gemeinwesens. Das ist eine neue Ebene, auf die wir hinarbeiten müssen. Aber natürlich ist es klar, daß unsere nichtjüdischen Partner, die über so viele Jahre mit dieser Argumentation konfrontiert worden sind, heute in dieser Stadt etwas Orientierungsschwierigkeiten haben mit der Frage, welche Verantwortung sie gegenüber der jüdischen Gemeinschaft haben.

Findest du diese Entwicklung etwas Positives oder bedauerst du das?

Ich glaube nicht, daß das zu bedauern oder positiv ist. Die Dinge sind so. Wir können so heute nicht mehr argumentieren, ohne unglaubwürdig zu werden. Wir müssen die Diskussionsgrundlage neu definieren, das ist natürlich für uns eine positive Angelegenheit. Daß heute gewisse Belange der Gemeinde manchmal etwas nonchalant zur Seite geschoben werden, weil dieses massive Argument der Überlebenden nicht mehr im Raum steht, das ist natürlich der Nachteil. Aber ich denke, wir finden da wieder eine gemeinsame Sprache, die für die Sache und für die Stadt Berlin wichtig ist: Eine funktionierende, wiederbelebte jüdische Gemeinde ist auch für diese Stadt, die Hauptstadt werden will, mit internationalem Anspruch, sehr wichtig.

Die Berliner Gemeinde hat seit der Perestroika eine extremen Strukturwandel erlebt. Wie wirkt sich dieser aus, ist er positiv oder negativ?

Ich würde zunächst sagen: Im großen und ganzen positiv, bei allen Schwierigkeiten, die man bei der Integration osteuropäischer Juden hat. Aber man darf nicht vergessen – das sieht man auch in anderen kleinen und größeren Gemeinden –, daß durch den Zuwanderungsstrom überhaupt erst Bedürfnisse entstanden sind, die eine voll funktionierende jüdische Gemeinde, sprich: Kindergarten, Grundschule – Dinge, die in kleineren Gemeinden nicht existierten – befriedigen muß. Für solche Institutionen ist Bedarf da, und durch sie bekommt die Gemeinde erst jüdische Kontur. Insofern ist es auf jeden Fall eine Bereicherung für die Gemeinde. Wir sind hier in Berlin dadurch in der Lage, die erste Oberschule nach dem Zweiten Weltkrieg in Deutschland zu etablieren. Und dann passiert noch etwas sehr Spannendes. Es wird immer gesagt, daß wir den Zuwanderern jüdische Werte vermitteln müssen, da sie ihr Judentum in der ehemaligen Sowjetunion nicht ausleben konnten. Wir stehen nun zum ersten Mal nach dem Krieg selber vor der Situation, unser Judentum definieren zu müssen, um es anderen überhaupt erklären oder vermitteln zu können. Denn wenn wir richtig hinschauen, ist es doch so: Weder sind wir die direkten Nachfolger des deutschen Judentums, welches durch den Zweiten Weltkrieg, den Holocaust, nicht mehr existiert, noch sind die Zuwanderer aus der Sowjetunion die direkten Nachfolger eines osteuropäischen Stetl-Judentums. Wir haben also eine gemeinsame Aufgabe. Natürlich gibt es enorme menschliche Probleme, wenn wir nicht nur die Zahlen sehen, sondern mit dem einzelnen Menschen zu tun haben. Da ist es unsere Aufgabe, zumindest eine geistige Heimat für die neuen Zuwanderer zu bieten. Wir können allerdings sicherlich nicht alle Lebenssituationen für sie organisieren und lösen.

Gibt es denn die Sehnsucht nach einem geistig-jüdischen Zuhause, oder wird die Gemeinde nur als eine soziale Auffangstelle benutzt?

Bei der Vielzahl der Zuwanderer geht es um beides. Wir müssen damit leben, daß einige die Gemeinde als soziales Auffangnetz sehen. Es gibt gerade in Berlin durchaus viele jüdische Gruppierungen von Zuwanderern, die sich mit jüdischen Inhalten – und sei es Klezmer-Musik – beschäftigen und damit einen positiven Input in die Gemeinde bringen.

Eine weitere sehr große Veränderung für die Gemeinde war der Fall der Mauer, auch die Übernahme der Ostberliner Gemeinde. Man hört von Ostberliner Juden Beschwerden darüber, daß Galinski die Gemeinde geschluckt hat, ohne Rücksichten. Würdest du das bestätigen?

Ja, da habe ich meine ganz eigene Erfahrung. Gerade in der Phase vor der Vereinigung der Gemeinden hatten wir als Opposition Kontakt zum ehemaligen Vorsitzenden der Ostberliner Gemeinde, Dr. Kirchner. Wir haben darauf hingewiesen, daß diese Gemeinde sehr wohl etwas einzubringen hat und deswegen ruhig Forderungen stellen soll. Es war leider nicht nur so, daß Galinski die Ostberliner Gemeinde geschluckt hat – man muß sich die Verhältnisse vor Augen führen, es gab dort 200 Mitglieder gegenüber 6000 im Westen, das ist natürlich eine verschwindende Minderheit. Dafür hatte die Ostberliner Gemeinde eine Menge Institutionen, die wir heute als solche benutzen, miteingebracht und hätte sich da ruhig anders verhalten können. Nun glaubten die Vertreter der Ostberliner Gemeinde, daß man beim Senat niemals mit eigenständigen Forderungen durchkommen könnte. Ich glaube, man hat sich andererseits auch sehr gerne ergeben. Das war also ein Zusammenspiel.

Nun gibt es eine Vielzahl jüdischer Einrichtungen in Berlin. Besteht bei dem, was im Moment als großer Pluralismus gefeiert wird, nicht auch die Gefahr einer Zersplitterung im Inneren als auch als Stimme nach außen?

Ja, die Gefahr besteht natürlich. Andererseits, wenn sich die Gemeinde weiterhin massiv gegen den Kontakt mit solchen Strömungen wehren würde, bestünde auch die Gefahr der Zersplitterung. Wir müssen die kontroverse Diskussion der verschiedenen Strömungen des Judentums innerhalb der Gemeinde diskutieren, dann haben wir eine Chance, als Einheitsgemeinde zu überleben. Natürlich haben wir in Deutschland nur Einheitsgemeinden, aber ich denke, die einzig wirkliche Einheitsgemeinde ist die Berliner, weil wir in der Tat eine orthodoxe und eine liberale Synagoge haben, wir haben auch unter dem Dach der Jüdischen Gemeinde egalitären Gottesdienst. Das ist unsere Politik, die uns eher vor der Zersplitterung schützen soll.

Du hast dich stark für die Jugendarbeit eingesetzt. Es gibt seit vielen Jahren einen jährlichen jüdischen Jugendkongreß in jeweils einer anderen bundesdeutschen Stadt, immer mit einem bestimmten Thema. Wie sieht deine Vorstellung von Jugendarbeit aus und wie effektiv ist sie tatsächlich?

Also, was den Jugendkongreß angeht, habe ich im Vorfeld dieses Kongresses ja schon meine Ideen in der *Jüdischen Allgemeinen Wochenzeitung* entwickelt. Ich muß akzeptieren, daß der Kongreß in der Form, wie er stattfindet, ein Publikum hat und insofern hat er auch seine Existenzberechtigung. Ich denke aber, daß man auf einem solch kurzen Treffen nicht alle Ansprüche befriedigen kann.

Ich halte es für sinnvoller, mehrere Reihen zu machen, in denen entweder die gleichen Themen in verschiedenen Facetten besprochen werden oder eben verschiedene Brennpunkte, die unsere jungen Menschen interessieren, und das eben auch des öfteren in regionalen Seminaren, die dann nicht so kostenaufwendig sind und auch dafür sorgen, daß die Diskussion in die Gemeinden hinein getragen wird. Für mich ist der Jugendkongreß etwas abgehoben von der restlichen Arbeit, die in den Gemeinden stattfindet.

Wie erlebst du das Verhältnis dieser jungen Generation gegenüber Deutschland? Kann man davon sprechen, daß sie sich als deutsche Juden verstehen oder gibt es immer noch Tendenzen, dem Staat gegenüber feindlich zu sein, beziehungsweise das Land verlassen zu wollen?

Ich muß sagen, aufgrund der Erfahrung des letzten Jugendkongresses war ich überrascht, wie sehr sich unsere jungen Leute heute in erster Linie wieder als deutsche Juden sehen. Ich denke aber, daß gerade hier eine Diskussion vonnöten ist, damit sie sich klarer machen, was das wirklich für sie bedeutet. Ich denke, da werden die zunächst klaren Aussagen sicherlich wieder relativiert. Es geht hier um einen Ansatzpunkt, wo man heute gewisse Strukturen, die sich im Laufe der Jahrzehnte gebildet haben, auflösen muß. Wir müssen begreifen, daß wir uns heute gemeinsam mit unseren Zuwanderern neu definieren und fragen müssen: Was bedeutet jüdisches Leben nach dem Zweiten Weltkrieg hier in diesem Land, in der Konstellation, in der wir uns jetzt befinden, mit den Zuwanderern?

Ein unangenehmes Thema, das aber das Verhältnis der Gemeinde zur deutschen Umwelt beschreibt: die Immobilienskandale der letzten Monate und Jahre um Frau Reppenhagen und den Schwiegersohn von Jerzy Kanal. Viel schmutzige Wäsche wurde in der Öffentlichkeit gewaschen. Ist das ein Zeichen neuer Transparenz, oder ist da etwas nach außen gesickert, was nicht nach außen sickern sollte?

Zunächst möchte ich grundsätzlich feststellen, daß es sich bei den Beteiligten weniger um Immobilienmenschen handelte. Der Skandal hier war in meinen Augen vielmehr, daß eine Anwältin vielleicht nicht so sorgsam mit ihren Anwaltspflichten ihrem Mandanten gegenüber umgegangen ist. Denn für einen Immobilienmenschen ist es immer recht natürlich, daß er eine Immobilie zu möglichst günstigem Preis kaufen will. Der Skandal ist auf der anderen Seite.

Wenn aber solche Dinge auftauchen, macht es weniger Sinn, sie unter der Decke zu halten, als damit in verantwortlicher Weise umzugehen. Natürlich ist die Presse daran interessiert, wenn in der Richtung etwas Skandalöses zu berichten ist, damit müssen wir als Jüdische Gemeinde auch leben. Ich glaube, wir sind damit auch ganz gut zurecht gekommen. Allen Unkenrufen zum Trotz, ist bei uns in der Beziehung wieder Ruhe eingekehrt.

Es sind Gerüchte aufgetaucht, daß die Opposition in deiner Person verantwortlich dafür war, daß dieser Skandal überhaupt an die Öffentlichkeit getragen wurde. Erstens: Ist das richtig? Und zweitens: Wenn ja, ist das dann auch ein Beispiel dafür, daß die Gemeinde sich nach außen hin anders verhält als früher?

Da ich die erste Frage verneinen muß, hat sich die zweite insofern auch erledigt. Ich halte es nicht für einen wünschenswerten Zustand, daß wir uns in der Öffentlichkeit auseinandersetzen, aber ebensowenig sollten wir davor zurückschrecken, uns nicht auseinanderzusetzen, nur weil es an die Öffentlichkeit geraten könnte. Das heißt, wenn wir notwendige Auseinandersetzungen in der Gemeinde haben, müssen wir sie führen und können uns nicht nur davon leiten lassen, was die anderen darüber sagen werden.

Hast du in der Berichterstattung der deutschen Presse irgendeine Art von Antisemitismus gespürt oder gibt es einen positiven Trend, daß objektiv berichtet wird über einen Skandal, wie über jede andere Gemeinde auch?

Wie schon gesagt, man ist sich manchmal nicht klar darüber, was der Schreibende nun gerade transportieren will. Aber im großen und ganzen hatte ich nicht den Eindruck, daß hier eine antisemitische Kampagne aufgebaut wurde.

Gibt es bei den Juden, wenn so ein Skandal an die Öffentlichkeit kommt, immer noch den Reflex wie bei der ersten Generation: »Um Gottes willen, was werden die Gojim sagen?« oder gibt es mittlerweile ein neues Selbstbewußtsein?

Wie du gerade selber sagst: Den Reflex gibt es durchaus, aber durch eine Phase des Überlegens, wie man vorgeht, wird das in der Regel schon relativiert. Aber der Reflex ist als Reflex zunächst durchaus da.

Wann wird der verschwinden können?

Dafür gibt es eine gute Antwort: Wenn unsere nichtjüdische Umwelt so reif ist, daß sie – ohne ihren eigenen Reflex dabei auszulösen – auch den schlechten Juden wahrnehmen kann als eine Einzelperson, und eben nicht den Reflex hat: »So sind die Juden«.

Ich danke dir für dieses Gespräch.

Y. Michal Bodeman

»Weshalb hat eine winzige Minorität diesen enormen Status?«

Ich kenne Michal seit rund zehn Jahren. Seine Arbeit als Soziologe treibt ihn zwischen seinen beiden Universitäten Toronto und Berlin hin und her. Zu Zeiten Heinz Galinskis war er Persona non grata in der Jüdischen Gemeinde der Hauptstadt, da er zusammen mit einigen anderen eine jüdische linke Gruppe mitgegründet hatte, die sich politisch, kulturell und religiös radikal gegen den Konformismus und Konservativismus der Berliner Gemeinde richtete. Bodeman ist ein Querdenker, der von seinen amerikanischen Erfahrungen und der Situation der jüdischen Gemeinden dort, vor allem deren Pluralismus, geprägt ist. Egalitärer Gottesdienst ist für ihn eine Selbstverständlichkeit, jüdisches Selbstbewußtsein gegenüber Staat und Regierung ebenso. In seinen Publikationen, insbesondere seinem Buch Gedächtnistheater *versucht er immer wieder, den Verlogenheiten der deutsch-jüdischen Begegnungen auf den Grund zu gehen. Wir trafen uns 1997 und 1998 in Berlin zum Gespräch.*

Michal, du lebst in Berlin und bist auch seit der Wende und der Vereinigung der Stadt Zeuge geworden, wie sich die Gemeinde in Berlin verändert hat.

Die Gemeinde hat sich radikal verändert. Man kann von einer Verdoppelung der jüdischen Bevölkerung in Berlin sprechen. Tatsächlich sind es mehr, viele Juden sind Nichtmitglieder, die sich in Berlin aufhalten. Das Milieu ist jüdischer geworden.

1987 war Galinski auf der Höhe seiner Macht und seines Ansehens, das hatte natürlich eine ganz andere Struktur. Jetzt hat ein Generationswechsel stattgefunden; während damals die wenigen Sechzig- bis Siebzigjährigen in der Gemeinde das Ruder in der Hand hatten, sind es heute die stark Unter-Fünfzigjährigen. In der Repräsentantenversammlung, in der Gemeindevertretung ist das Gefühl, die Mentalität ganz anders.

Eine wichtige Veränderung ist nicht nur durch die Einwanderung aus Osteuropa zustande gekommen, sondern auch durch das Hineindrängen der Frauen in die Gemeinde. Das wird vor allem bei den egalitären Gottesdiensten deutlich, aber auch auf allen anderen Ebenen. Und das ist, glaube ich, ganz wichtig für die »Renaissance«, die Revitalisierung der Gemeinde.

Etwas anderes zur Veränderung. In den frühen Achtzigern, ich glaube '84, erschien der *Kulturspiegel: Nachrichten aus der jüdischen Gemeinde*. 1989 wurde daraus die *Berlin-Umschau* der jüdischen Gemeinde. Wir sehen: *Kulturspiegel*: Man bespiegelt sich, man reflektiert sich, was geht bei uns vor? Die nächste Stufe ist die *Umschau*: Man sieht sich in Berlin um. Und jetzt seit 1. Januar 1998 haben wir: *Jüdisches Berlin*. Insgesamt läßt sich eine Bejahung jüdischer Existenz, die vor zehn Jahren so nicht denkbar gewesen wäre, feststellen.

Entspricht das einer realistischen Einschätzung, oder kommt diese Äußerung aus einem enthusiastischen Überschwang?
Ich erinnere mich zum Beispiel an eine Diskussion letztes Jahr in einer Gemeindeversammlung vor den Wahlen, wo einer dieser jungen Leute, zufällig russischer Herkunft, sagte: »Wir müssen uns an die Zukunft wenden, die Shoah ist nicht mehr das für uns Bestimmende.« Natürlich kamen Proteste von der älteren Generation, die sich verletzt fühlte. Aber das ist meiner Meinung nach ganz stark die Stimmung der jüngeren Generation. Die Jungen halten es auch für irrelevant, ob sie Deutsche sind oder nicht. – »Ich bin ganz tief in Berlin verwurzelt«, wurde etwa die Tochter vom Filmproduzenten Atze Brauner zitiert.

Man trägt das Judentum nach außen und in einer selbstsicheren Weise.

Wie drückt sich die neue Haltung gegenüber der nichtjüdischen Umwelt aus, vor allem im Umgang mit öffentlichen Diskussionen, deutschen Politikern?

Die Selbstverständlichkeit im Umgang miteinander wird größer. Vor allem die Deutschen sagen: »Ihr seid im Grunde wie wir, ihr wart nicht im KZ, so, wir können uns ganz normal mit euch unterhalten.« Wie ein Senatsbeamter dem Nachama sagte: »Ihr Problem ist, Sie haben keine Nummer auf dem Arm.« Das ist fürchterlich zynisch – auf der anderen Seite, es stimmt ja, daß dieses Bewußtsein da ist und von der deutschen Seite gerade gesagt wird: »Ja, wir können jetzt ungezwungen mit euch reden.«

Ist das ein Problem oder auch ein Vorteil?

Es ist auf jeden Fall ein Vorteil, wenn sich die Beziehungen normalisieren. Allerdings ist für die jüdischen Gemeinden die Situation schwieriger geworden, politisch schwieriger. Die Aura, die Galinski hatte, eben auch als KZ-Überlebender, machte es der deutschen Seite immer schwer »nein« zu sagen. Das ist heute anders. Zudem gibt es im Gegensatz zu früher in den Gemeinden kein monolithisches Powerzentrum mehr, wie »ein Galinski«. Ich glaube, das hat sich überlebt. Wenn wir jetzt, im Gegensatz zu vor einigen Jahren, die Gemeinden ansehen, merken wir, es gibt nicht mehr nur noch *e i n* politisches jüdisches Zentrum. Hier in Berlin haben wir eine ganze Reihe von Leuten, die als jüdische Sprecher, Autoritäten angesehen werden. Abgesehen von Nachama, der natürlich die gewählte jüdische Autorität ist, haben wir György Konrad, der möglicherweise nicht mal Mitglied der Gemeinde ist, Julius Schoeps, Mario Offenberg von Adass Jisroel, Hermann Simon vom Centrum Judaicum, Michael Blumenthal vom neuen Jüdischen Museum. Das hat sich also aufgefächert. Aber damit ist es für die andere Seite schwerer geworden, eine zentrale Figur anzusprechen, um Tacheles zu reden.

Du deutest es an: Pluralismus, einzelne Gruppierungen für unterschiedliche Richtungen des Judentums: egalitäre Gottesdienste, Kulturverein, Lauder-Foundation ... Aber ist das tatsächlich eine jüdische Pluralität oder ein Ausfransen an den Rändern, wo eine ernsthafte Auseinandersetzung mit dem Judentum verlorengeht?

Ich glaube, das ist jetzt noch schwer zu sagen, was sich da entwickelt. Es ist kein Zweifel, daß hier jüdisches gesellschaftliches Leben stattfindet. Es gibt einen viel größeren Reichtum an Gruppen, die sich treffen und aktiv sind, und das ist wichtig, erst mal. Daß sich daraus verstärkt eine Reflexion über das Judentum ergibt, das ist denkbar und wahrscheinlich, wenn diese auch momentan noch sehr oberflächlich und peripher ist.

Sind denn diese Gruppen miteinander verbrüdert und verschwistert?

Nein, überhaupt nicht. Die müssen sich streiten, sonst wäre es ja keine jüdische Gemeinde. Das ist ja das Schöne, der Konflikt. Ich glaube zum Beispiel, gerade der egalitäre Gottesdienst ist ganz wichtig für die Weiterentwicklung der Jüdischkeit der Gemeinde. Da kommen ganz neue Leute zusammen, Familien, teils auch Yuppies.

Wie ist die Situation, angesichts der Tatsache, daß es zwei »jüdische« Debatten in der Stadt gibt: Das Holocaust-Mahnmal und das Jüdische Museum? Wie siehst du diese Auseinandersetzungen, welche Bedeutung hat die Mahnmal-Debatte für die Stadt? Reflektiert das den Zustand des neuen, wiedervereinten Deutschland?

Ja, das ist ganz offenkundig, daß es mit dem neuen, wiedervereinigten Deutschland zu tun hat. Und zwar ist der Ort interessant, nicht nur der Ort, wo Goebbels seinen Bunker hatte, sondern der auch Niemandsland war zwischen den beiden Mauern. Mit anderen Worten: Das geteilte Gedächtnis zwischen Ost- und Westdeutschland wird hier durch das Mahnmal quasi zwangsvereinigt. Es soll hier – meiner Meinung nach – eine prägende Erfahrung für alle Deutschen gemeinsam sichtbar werden.

Nur: Warum wird es zentriert auf die Juden alleine? Es gibt ja nun viele Einwände dagegen. Ich habe den starken Verdacht, daß es viel damit zu tun hat, daß hier unterschieden wird in Opfer erster, zweiter, dritter Klasse. Die Juden werden als Opfer erster Klasse gesehen, aber in dem Sinne, daß man sagt: »Was wir Deutsche da verloren haben!« Und deshalb laufen die Zigeuner unter »ferner liefen«. Und ich sehe momentan keine

Möglichkeit, daß im Zentrum adäquat an deren Ermordung/ Verfolgung erinnert wird.

Das Spiel wird auf jüdischer Seite mitgespielt. Bubis war ja einer der größten Befürworter eines Mahnmals ohne die anderen verfolgten Gruppen.

Das ist richtig. Aber das Interessante ist, daß auf jüdischer Seite die Meinung geteilt ist, und soweit ich es überblicke, ist die Mehrzahl maßgeblicher jüdischer Intellektueller skeptisch gegenüber diesem Mahnmal. Ich glaube, Bubis stand da etwas allein auf weiter Flur.

Wie siehst du das von der deutschen Seite her? Warum wird ausgerechnet jetzt in Deutschland so ein Mahnmal – in diesem partikularistischen Ansatz – verfolgt, mit so einer Ausdauer, obwohl so viele skeptische Stimmen da sind?

Es gibt sicher nicht nur eine Antwort darauf. Bestimmt gibt es viele Vorstellungen. Eine habe ich schon erwähnt, daß man um die Juden als kulturelle, wirtschaftliche Ressource für ein großes Deutschland, wie es in den Zwanzigern vielleicht noch existiert hat, »trauert«. Eine andere Sache ist, daß es darum geht, sich quasi mit den Opfern zu vereinigen. Ich erinnere mich an einige Debatten, wo zum Beispiel die Architektin eines Entwurfs sagte: »Das ist ein Ort der Versöhnung.« »Ort der Versöhnung« für wen? Sie als Nichtjüdin bietet uns Juden an, daß wir uns hier mit den Deutschen versöhnen oder genauer gesagt, daß sie sich mit den Juden versöhnt.

Es ist ja im Grunde wie ein nationaler Tempel. Ich glaube, daß der Kniefall von Willy Brandt Anfang der siebziger Jahre in Warschau vor dem Holocaust-Mahnmal dort eine politische und persönliche Geste war und daß diese Geste jetzt in diesem Mahnmal sakralisiert wird. Dazu kommt diese Abgeschiedenheit. So, als sollten die bösen Winde, die von der Reichskanzlei her zum Reichstag wehen, irgendwie abgeblockt, oder verbessert werden. Wichtiger sind die anderen Orte: Hitlers Bunker etwa oder die Wannseevilla …

Wie siehst du die Auseinandersetzung um das Jüdische Museum? Ist die von gleichem Charakter, oder gibt es da Unterschiede?

Die Auseinandersetzung um das Jüdische Museum ist deshalb

interessant für mich, weil sie genau das zeigt, was ich vorher an-
deutete, nämlich, wie sich die jüdische Position geschwächt hat.
Es ging ja darum, daß es hier einerseits die Vorstellung gab, ein
jüdisches unabhängiges Museum zu haben, Unabhängigkeit sicherlich im Rahmen der Museumsstruktur in Berlin, aber trotzdem ein autonomes Museum …

Unter Galinski hätte es diesen Zirkus nicht gegeben. Unter Galinski wäre, wenn er es gewollt hätte, meiner Meinung nach ein
autonomes jüdisches Museum keine Frage gewesen, es wäre gebaut worden. Aber mittlerweile hat sich die Position geschwächt.
Das zeigt der Versuch, daß ein nichtjüdischer deutscher Mu-
seumsdirektor dieses Museum zu einer jüdischen Abteilung
»runterstufen« wollte, in der er den Ton angibt. Daß dies nicht
klappte, hatte auch damit zu tun, daß den Juden eine nichtjüdische
liberale Öffentlichkeit zur Seite stand.

Galinski: Was hat ihn zu diesem starken Mann gemacht?
Auschwitz allein konnte es ja nicht sein.

Sicherlich nicht. Sondern es hat damit zu tun, daß ironischerweise, paradoxerweise die Gemeinde viel schwächer war. Vor einigen Jahren war das Programm der Gemeinde an Angeboten
viel schwächer als heute. Es hatte nicht diese institutionelle
Ausfächerung. Es gab keine größere politische Opposition in der
Gemeinde, keine größere Ausdifferenzierung in der Gemeinde,
daher konnte eine einzelne Person in eine starke Position kommen. Heute ist das anders, heute gibt es eine ganze Reihe von
Kräften, die die Gemeinde in der Führung schwächer machen,
obwohl sie selber stärker geworden ist.

Man sah, daß nach der Wiedervereinigung rechtsradikale
Überfälle stärker wurden. Wie wurde das von der Jüdischen
Gemeinde wahrgenommen? Bei der Jewish Agency gab es ja
viele Anfragen zur Auswanderung nach Israel. Gibt es da ei-
ne Möglichkeit des Vergleichs mit der Situation in der Wei-
marer Republik?

Nein, das ist nicht vergleichbar. Ich glaube, es ist eine sehr ern-
ste Situation, schwer zu sagen, was daraus wird. Aber daß in
breiten Kreisen in Brandenburg und vielen anderen Orten in
Deutschland sich ein starkes rechtes Spektrum bemerkbar
macht, das ist keine Frage. Ich finde, es wird viel zu wenig dar-

über gesprochen. Das ist eine starke Bedrohung. Erstaunlicher-
weise in einer Zeit, wo sich andererseits – trotz all der Anfragen
bei der Jewish Agency – viele Juden hier komfortabel eingerichtet haben und sich wohl fühlen.

Wie konkret ist denn die Bedrohung für die Republik?
Ich hoffe, keine starke Bedrohung. Schwer, das jetzt vorauszuse-
hen. Wichtig ist die Frage, wie sich die Bundesregierung, die einzelnen Länderregierungen und die anderen politischen Institutionen dieser Sache stellen. Aber auch die wirtschaftliche Situation
ist bedeutsam. Wird die Krise nicht bald überwunden, wird dieses
rechte Spektrum auf jeden Fall gestärkt.

*Ist es immer noch so, daß man in Deutschland auf dem rech-
ten Auge blind ist?*
Auf jeden Fall. Nur wenn es um antisemitische Ausschreitungen
geht, ist es etwas peinlich. Weil es dann schnell in die ausländische
Presse kommt. Wenn es darum geht, daß Afrikaner oder Türken
zusammengeschlagen werden, dann ist das weniger peinlich. Das
ist gerade das Problem. Aus dem Rassismus ist der Antisemitismus nicht wegzudenken. Der Rassismus muß insgesamt
attackiert werden.

Woran liegt es, daß man auf dem rechten Auge blind bleibt?
*Einerseits ist Deutschland eine gut funktionierende Demo-
kratie, und das Bekenntnis der Politiker von links und rechts
für die Demokratie ist glaubhaft. Andererseits eine solche
Situation. Warum?*
Zuerst muß man natürlich sehen, es ist auch in etlichen anderen
Ländern so. Es ist ganz einfach: Es wird von der Politik nicht als
besondere Bedrohung angesehen. Es würde als Bedrohung gesehen, wenn es zu Ausschreitungen der Linken oder wenn es zu Ge-
walttätigkeiten käme, in denen Ausländer die Initiative ergreifen,
aber wenn es die Rechten sind, dann ist das keine große Sache …

*Laß mich zynisch fragen: Wie viele Juden müßten sterben,
damit die Politik reagiert?*
Wir haben ja gesehen, als die Synagoge in Lübeck brannte, das hat
einige aufgerüttelt. Das wird auch so bleiben. Es gibt ein starkes
liberales Milieu, das dadurch aufgerüttelt wird, mehr als durch
rassistische Aktionen ohne antisemitischen Hintergrund.

Nachdem die Synagoge in Lübeck brannte, hat der Lübecker

Bürgermeister Helmut Kohl zu einer Solidarkundgebung eingeladen. Der hat abgelehnt, statt dessen kam Bundespräsident Herzog. Kohl kam auch nicht zur Trauerfeier der ermordeten Türken in Solingen. Kann sich ein demokratischer Kanzler das überhaupt leisten?

Also, ich finde es schlimm, daß er nicht kam. Er kam ja auch nach Bitburg.

Zur Situation der Ostberliner Juden: Heute gibt es in Berlin zwei herausragende Figuren: Hermann Simon und Irene Runge. Sie haben beide eine Stasivergangenheit, wenn auch unterschiedlicher Natur. Bei Irene Runge ist das eine nicht unkomplizierte Situation, dennoch wird sie in ihrem Amt akzeptiert. Ist man jüdischerseits auf dem linken Auge blind?

Mit Hermann Simon ist das was anderes. Simon ist sozusagen das letzte anerkannte Überbleibsel der Ostberliner Gemeinde. Kann man fast so sagen, die einzig sichtbare Repräsentation der Ostberliner Gemeinde. Und Irene Runge macht, was sie will, sie ist unabhängig, sie agiert ja außerhalb der Gemeinde.

Aber ich glaube, wir müssen anders anfangen. Daß mit der Vereinigung auch die Ostberliner Gemeinde wegvereinigt, aufgelöst wurde, ist klar. Die ganze Struktur, die da drüben war, auch gerade vom Gottesdienst her: alles verschwunden. Die Sprecher der Gemeinde sind diskreditiert, auch in unfairer Weise. Ich denke da zum Beispiel an Peter Kirchner, was immer seine Rolle war, er hat sich sehr für seine Gemeinde eingesetzt; er sagte selber, er hätte mehr tun können, aber man kann ihn doch nicht einfach so abtun und sagen: Das war alles illegitim. Es ist wichtig zu wissen, daß diese Leute ihren Ort, ihre jüdische Identität im Osten verloren haben. Und wie gesagt: Hermann Simon ist das einzige Überbleibsel.

Das Nichtdiskutieren über die DDR-Geschichte der Juden, hat das nur mit dem krassen Mehrheitsverhältnis zu tun, 200 Juden auf der Ostberliner Seite, mehrere tausend auf der Westberliner Seite, oder hat das auch einen ideologischen Hintergrund?

Natürlich gibt es auch einen ideologischen Hintergrund. Das waren natürlich die Verräter, die die antiisraelische Politik der DDR haben über sich ergehen lassen. Die wurden von daher schon nicht ernstgenommen und abschätzig behandelt.

Wie war denn da tatsächlich Galinskis Position? Sollte alles, was unter dem Stichwort »sozialistisch« läuft, einfach weg, oder gab es da auch Machtinteressen?

Ich glaube, es waren pure Machtinteressen Galinskis. Er wollte einfach keine Bedrohung oder Herausforderung aus dem Osten. Abgesehen davon, hatten natürlich die Westberliner mit dieser Gemeinde nichts am Hut. Die Kontakte waren ja in den letzten Jahren, Jahrzehnten vor der Vereinigung sehr dünn. Natürlich mit Berechtigung. Denn für viele Jahrzehnte, zumindest vor Peter Kirchner als dem letzten Gemeindevorsitzenden, waren das von der DDR-Regierung gekaufte Sprecher, die blindlings die Linie der Regierung dargestellt und nicht auf eigene jüdische Interessen gepocht haben.

Interessant ist, daß gerade in diese Orte der Ostberliner Gemeinde, die ja die zentralen jüdischen Stätten vor und auch noch nach 1933 waren, das Zentrum des deutschen Judentums zurückgekehrt ist. Auch mit dem Umzug des Zentralrats nach Berlin findet eine Zentralisation statt, die es übrigens vor 1933 nie gegeben hat.

Ein anderes Thema: Du hast ein Buch geschrieben mit dem Titel Gedächtnistheater. *Was ist genau darunter zu verstehen? Welche Haltung von deutscher Seite gegenüber den Juden ist damit gemeint?*

Das wird häufig mißverstanden. Der Titel ist im Grunde zweideutig. Einerseits spreche ich – das ist das zentrale Interesse – davon, daß Gedächtnis auf Bühnen stattfindet, etwas Theaterhaftes an sich hat. Wenn ich davon spreche, daß die Novemberpogrome, der sogenannte 9. November, inszeniert wurden, dann hat das damit zu tun, daß das eine sehr dramatische Handlung ist. Der Rauch, der durch die Krematorien in Auschwitz zieht, ist viel weniger dramatisch. Aber die Pogrome waren dramatisch, da war Handlung, es gab die Guten, die Bösen, das fand in der Nacht statt, und dadurch ist das alles spannend und aufregend und blutrünstig, gewalttätig usw. Deshalb ist es interessant. Und ich glaube, das Theaterhafte ist ein wichtiges Element bei aller Erinnerung. Das ist das eine, daß Gedächtnis etwas Theaterhaftes hat und eine Bühne braucht.

Die andere, ironisierende Bedeutung dieses Titels *Gedächtnistheater* ist natürlich der, daß es darum geht, daß hier viel Theater gemacht wird, daß sich eine Epidemie der Erinnerungen entwickelt hat und man sich fragt: Was soll das, was hat das mit den Juden zu tun?

Die achtziger Jahre: Wie war deine Situation, als du eine alternative jüdische Gruppe mitbegründet hast – auch in Opposition zu Galinski und der allgemeinen Gemeindepolitik?
Diese jüdische Gruppe ist 1982 – auch in verschiedenen anderen größeren Städten – aus zwei Gründen entstanden: Einerseits, weil die monolithische Struktur der Gemeinde keine andere politische Linie, jüdische Alternativen zuließ. Das ist die Kritik an Galinski hier in Berlin speziell, er erklärte mich mal als seinen Feind Nr. 1. Andererseits die Israelpolitik. 1982 fand der Einmarsch im Libanon statt. So entstand eine Koalition, und in Folge dieser neuen Konstellation jüdischer Gruppen hat sich eine breitere jüdische Bewegung entwickelt. Heute existiert die jüdische Gruppe noch pro forma, hat aber in keiner Weise die Aufmerksamkeit, die sie in den ersten zehn Jahren hatte. Ihre Botschaft wirkt jedoch noch weiter: Diversität ist möglich, nicht alle müssen im Korsett der Einheitsgemeinde denken, es gibt auch andere Arten, Jude zu sein.

Du hast dich intensiv beschäftigt mit den fünfziger Jahren, dem Verhältnis der jüdischen Gemeinden und der deutschen Politik. Was war das für eine Situation in den Fünfzigern, in denen sich die Gemeinden konsolidierten, aber sich in einem Umfeld befanden, das noch stark vom Dritten Reich bestimmt war? Wie entwickelte sich das Verhältnis zwischen den Gemeinden und der deutschen Öffentlichkeit, bzw. der deutschen Politik?
In den späten Vierzigern, Anfang der fünfziger Jahre gab es noch eine Verbindung zwischen den antifaschistischen Gruppen, zwischen den Verfolgten des Naziregimes. Zwischen Sozialdemokraten, Kommunisten, christlichen Verfolgten, es gab eine breitere Koalition. Und diese Koalition ist Anfang der fünziger Jahre zugrundegegangen, vor allem deshalb, weil in dem sich stark verchristlichten Klima der Adenauerzeit die Juden diesen religiösen Impuls verstärken konnten, der in der Gesellschaft war. Das heißt,

für Adenauer wäre es peinlich geworden zu sagen: Die armen Sozialdemokraten oder Kommunisten, die durch die Nazis verfolgt
wurden. Das war in der Zeit des Kalten Krieges. Und die Juden als
im wesentlichen einzig Verfolgte blieben übrig. Im Osten war das
umgekehrt, da wurden die anderen, die politisch Verfolgten, das
heißt die Kommunisten zu den wahren Verfolgten und die anderen, die Juden wurden Opfer zweiter Klasse, sie hatten ja nicht
gekämpft.

*Wie lief die Entwicklung in der Adenauer-Ära, als die Juden
sich in die deutsche Gesellschaft hineinbewegten?*
Ich spreche da von einem Prozeß bürokratischer Patronage. Die
Kontrolle der Gemeinden fand durch bürokratische Patronage
statt. Was bedeutet das? Eine Führungsschicht hat sich in den Gemeinden gebildet und natürlich im Zentralrat, die eine unmittelbare Verbindung zu den großen politischen Kräften in der Bundesrepublik hatte. Die Juden wurden so repräsentiert, daß
irgendwie ein Einvernehmen möglich war.

Etliche, die emigrierten, sagten: die Führung, die in Deutschland blieb, ist eine opportunistische Führung, die den Deutschen
auf Jüdisch gesagt »in den Tuches kriecht«. Das kennzeichnet im
wesentlichen diese stagnativen Jahre bis '69, und auch in den
Siebzigern – obwohl sich nach '68 einiges verändert hat –, ist es so
geblieben. Es war eine Führung, die die Interessenslage mehr oder
weniger wahrte. Vor allem waren die Juden zum Repräsentieren
da. Es sah einfach gut aus, wenn ein deutscher Politiker auf seiner
Reise nach Israel von einem Juden begleitet wurde. Das machte
ihn dort akzeptabler.

*Das hieße, daß von den Fünfzigern bis hinein in die siebziger
Jahren Juden in Deutschland nach außen hin keine andere
Funktion hatten als ein Alibi für die neue deutsche Demokratie zu sein?*
Ich glaube, das war eine ganz starke Funktion. Weshalb hat eine
winzige Minorität diesen enormen Status? Warum werden diese
Leute, seien es jüdische Honoratioren in den einzelnen Städten,
seien es die jüdischen Vertreter auf bundesdeutscher Ebene, zu
diesen Anlässen bestellt und nicht andere? Das hatte eine politische Funktion, und sie wurden dadurch zu einer politischen Aussage gezwungen: Also, hier wo Juden leben, können ja keine Nazis

sein. Das war auch ein Lackmustest der deutschen Demokratie, nach außen sollte klar dargestellt werden: Es lebt sich gut für Juden hier, die Vergangenheit kann man vergessen.

Wie konnte aber in dieser Zeit: '59/'60, als es die Synagogen-schmierereien in Köln, die Friedhofsschändungen gab, den Aufstieg der NPD, die Nationalzeitung... wie konnten die Juden in der Gesellschaft in dieser Funktion verbleiben? So, wie du das beschreibst, war die Situation der Gemeinden bis in die siebziger Jahre ein reiner Dornröschenschlaf.

Ich glaube, daß sich in der Zeit wirklich wenig Interessantes in den Gemeinden bewegt hat. Wir sehen das an einem Punkt. Es sind so viele junge Juden nach Israel gegangen, es war tot hier, es gab keinen Grund hierzubleiben. Viele gingen, weil es in Deutschland nicht attraktiv war von der jüdischen Position her. Wenn das jüdische Gemeindeleben interessant gewesen wäre, egal wie begeistert man als Zionist war, wäre die Verlockung zu bleiben größer geworden. Aber es war verödet. Das hat sich wirklich erst in den Achtzigern verändert und zwar zuerst natürlich in größeren Gemeinden.

Natürlich gab es ein paar Aktivitäten, das waren ja Pflichtübungen. Aber insgesamt – auch wenn Heuss hier und Adenauer dort teilgenommen haben – waren das im Grunde kleine Sachen mit eher privater, gemeinschaftlicher Atmosphäre, das hatte nicht diese großen Dimensionen, die es ab '78 angenommen hat. Ein ganz eindringliches Beispiel ist ja die Versetzung des kleinen Holocaust-Mahnmals in der Jüdischen Gemeinde in der Fasanenstraße. Das war immer hinten im Gebäude versteckt und war für die Gemeinschaft selber, um Gedenkfeiern zu veranstalten. Jetzt ist es nach draußen auf die Straße gerückt. Da hat sich was Wichtiges verändert. Es ist eine Öffentlichkeit entstanden, die es vorher so nicht gegeben hat. Aber in der ganzen frühen Zeit wurden solche Dinge im Grunde außerordentlich verdrängt. Und zum Teil waren diese Übungen, daß Adenauer oder Heuss oder so da auftauchten, natürlich sehr wichtig – das sah im Ausland gut aus. Das muß man auch dazu sagen.

Wie siehst du in diesen frühen Jahren die Rolle der Juden, die an diesen Veranstaltungen teilgenommen haben? Nahum Goldmann fuhr mit Adenauer nach Bergen-Belsen, die Jüdi-

sche Gemeinde in Köln lädt bei der Synagogeneröffnung Lübke ein usw. Die jüdischen Gemeinden waren hingegen in den ersten 20 Jahren in der Öffentlichkeit nicht präsent. Wie beurteilst du das Verhalten der jüdischen Gemeinden gegenüber der deutschen Öffentlichkeit in diesem Zusammenhang?

Die jüdischen Gemeinden waren gegenüber der Außenwelt abgeschlossen, das ist ganz wichtig. Es gab immer den großen Repräsentanten, keine Repräsentantinnen, eine sehr männlich orientierte Kultur, es ist auch wichtig das zu sehen, aber das war nach außen abgeschlossen. Die Juden in Deutschland haben sich nach außen abgekapselt. Es gab ganz wenige Mittler zwischen dieser jüdischen Gemeinschaft, die mit der Umwelt nichts oder ein Minimum zu tun haben wollte; diese Mittlerfunktion wurde eben durch diese jüdische Führung – Galinski, van Dam – eingenommen. Und die haben zu den Gedenkfeiern, die von der Jüdischen Gemeinde organisiert wurden, Politiker eingeladen – gerade in den ganz frühen Jahren. Heute ist das ja fast umgekehrt. Und wie wir es zur 50. Wiederkehr der »Reichskristallnacht« gesehen haben, mußte Galinski ja dann quasi darum betteln, daß er an der Gedenkfeier teilnehmen konnte. Und er hätte ja selber eine Rede gehalten, wenn es ihm nicht verwehrt worden wäre. Das Verhältnis hat sich seit früher völlig verändert, das Gleichgewicht hat sich ganz umgedreht.

Hatten diese Veranstaltungen in den frühen Jahren, wo die großen Staatspolitiker teilgenommen haben, eine Wirkung auf die deutsche Öffentlichkeit?

Die hatten überhaupt keine Wirkung auf die deutsche Öffentlichkeit. Das wurde völlig abgeblockt, man sieht das in den Berichten, in den Zeitungen steht ganz wenig über diese Veranstaltungen. Und das hat sich erst später geändert, erst Mitte der siebziger Jahre. Man muß sich doch überlegen, was das bedeutet, wenn in den ganzen Jahren nichts geschehen ist oder diskutiert wurde in dieser Richtung. Und was es dann bedeutet, daß diese Feier nun plötzlich '78 und '88 und '98 ein großes Theater, ein großes Spektakel wird. Das hat doch was zu tun mit der deutschen Identität. Der Holocaust ist in die Öffentlichkeit gerückt, ein Teil der nationalen Debatte geworden. Er hat mit dieser nationalen Identität ganz viel zu tun. Wenn dann nachher, wie in der Debatte jetzt mit Martin Walser, der Dohnanyi davon spricht, daß er – wir, die deutsche Seite – auch verletzlich ist, dann hat es ja damit zu tun, daß die Umdefinierung der Identitäten stattfindet. Daß man nun auch wieder eine Art von Opferrolle übernimmt.

Was ist '78 passiert – für dich das Stichjahr –, daß sich ein Wechsel im Bewußtsein durchsetzen konnte? Hat das mit der sozialliberalen Koalition zu tun, mit Willy Brandt?

Ganz zweifellos bedeutsam ist der Wechsel in den Generationen: Eine neue Generation hat die politische Macht übernommen und schlägt einen neuen Ton an, kann Sachen aussprechen, die vorher nicht ausgesprochen wurden, und muß wiederum eine deutsche nationale Identität für sich definieren, die vorher anders aussah. Deshalb verändert sich viel. Interessant ist dabei vor allem, daß sich die Stadien der Erinnerung an den Holocaust nicht nur in Westdeutschland finden, sondern auch in Israel. Es ist also nicht nur ein nationales deutsches Phänomen, sondern ein internationales.

Kann es sein, daß die Hinwendung zur Auseinandersetzung mit dem Holocaust durch den Umweg über Polen, die Ostpolitik der siebziger Jahre, leichter gefallen ist, als in der direkten Auseinandersetzung mit den Juden?

Denkbar. Daß der Blick sich auf Polen, das heißt also auch auf die KZs gerichtet hat, kann durchaus damit zu tun haben.

Was löste Bewegungen in den Gemeinden aus?

Ich sehe da drei Faktoren, speziell für Berlin: Der erste für die Redynamisierung der Gemeinden war die russische Einwanderung, und die begann recht deutlich schon Anfang der Achtziger. Das sind Russen, die heute schon recht wichtige Plätze in den Gemeinden einnehmen und in Zukunft ganz stark repräsentiert sein werden. Sie kamen aus der SU, waren ein bis zwei Jahre in Israel und sind dann nach Deutschland gekommen. Schon '89 war die Berliner Gemeinde mit ihren 6000 Juden zur Hälfte russisch. Sie hatte sich bereits damals stark verändert.

Der zweite Grund hatte damit zu tun, daß diese Auswanderung von Deutschland gefördert wurde, teils ambivalent, aber insgesamt war der Tenor auf Bonner wie Berliner Seite: Ja, wir heißen die Juden hier willkommen. Zum Teil sogar anfangs gegen die Meinung der Gemeinde selber.

444

Und der dritte Punkt ist, daß die Frauen in der Gemeinde in die Öffentlichkeit gegangen sind.

Welche Rolle spielten die jüdischen Intellektuellen bei dieser Öffnung und Veränderung der Gemeinden – Broder, Brumlik, auch Wolffsohn und du selbst? Ihr seid in den siebziger/achtziger Jahren mit bewußt jüdischen Beiträgen in die deutschen Medien gegangen ...

Ja, über die eigenen Leute, die eigene Gruppe zu sprechen, ist immer schwer. Ich glaube, es finden auch hier interessante Veränderungen statt, und ich weiß nicht, ob ich hier der Richtige bin, der das am besten beantworten kann. Zunächst glaube ich, daß die Frankfurter Gruppe – Diner, Brumlik, Koch etc. – für lange Zeit tonangebend war. Die hatten eine Zeitschrift: *Babylon* – das heißt Exil. Das ist aus einer Erfahrung der Sechziger gewachsen, aus einer Enttäuschung gegenüber der Linken, als sich zum Teil eine besondere Position herausgearbeitet hat gegenüber der nichtjüdischen deutschen Linken. Und natürlich gab es eine immer noch große Distanz zur deutschen Gesellschaft und der deutschen Politik. Man hat sich bewußt davon abgesetzt. Ich glaube, das ist unter den jüngeren jüdischen deutschen Schriftstellern und Intellektuellen anders. Man stimmt mit dieser Orientierung und dieser Diagnose der Frankfurter jüdischen Intellektuellen nicht mehr überein. Und diese neue Gruppe ist amorph, ein paar in München, Hamburg, Berlin, das hat sich noch nicht konsolidiert, und hoffentlich konsolidiert sie sich auch gar nicht, das ist eben eine diverse, breitgestreute Gruppe, die sich mit verschiedenen Positionen Deutschland gegenüber präsentiert.

Ein Blick zum Walser-Bubis-Streit, zu Dohnanyi – eine ziemlich typische Diskussion seit dem Historikerstreit, diese Umstilisierung des deutschen Volkes hin zu den Opfern. Glaubst du, daß das eine Tendenz ist, die sich in der neuen Berliner Republik durchsetzen wird?

Es gibt diese Stilisierung als Opfer ja schon von Anfang an, wenn man zum Beispiel an die populäre Literatur der fünfziger Jahre denkt, etwa Albrecht Goes: *Das Brandopfer*, ein Bestseller, der zu den »Wochen der Brüderlichkeit« erschien, Wochen der Schwesterlichkeit gab es ja damals noch nicht. Da findet auch dieser Wechsel von Opfer und Täter oder Opfer und Helfer statt. Und nicht zu vergessen: das Selbstmitleid. Andererseits werden wesentliche Teile des eigenen Leids verschwiegen, bis heute ja vielleicht. Wenn ich an die Flucht der elf Millionen aus den Ostgebieten denke! Und was bedeutet in diesem Zusammenhang, daß die Deutschen ihre eigenen Leiden so wenig thematisieren?

Wie erklärst du dir das?

Ich habe keine Antwort darauf. – Normalerweise sind einem die eigenen Leiden doch näher, man hat ein besseres Verständnis, einen besseren Zugang dazu. Warum wird das nicht thematisiert, warum wird das Leiden der anderen so stark thematisiert, was bedeutet das?

Im Grunde hieße das für Deutsche: Jetzt setzen wir uns mit den Juden auseinander, und das ist auch wieder nicht recht?

Mir geht es nicht darum, wie Leute auf dieses Argument antworten, sondern darum, zu versuchen zu verstehen, was da abläuft. Um jedoch einmal diese sehr abstrakte Ebene zu verlassen: Ich hatte gerade gestern die Chronik einer kleinen Stadt in Ostdeutschland in der Hand, da wird sehr fleißig über alles mögliche geschrieben, was wie passiert ist. Wenn es zur Zeit von '33 bis '45 kommt, in der auch Juden in diesem Ort, in Templin in diesem Fall, gewohnt haben, wird darüber kein Wort verloren. Diese Zeit wird in wenigen Sätzen abgetan, und dann geht es detailliert auf die Folgezeit über. In dem Ort gab es aber eine Synagoge, einen Friedhof, und es ist außerordentlich schwer, etwas davon zu finden. Die Synagoge ist heute ein normales Wohnhaus, der Friedhof ein fahler Hügel, da steht ein Stein mit der Inschrift: Hier wohnt die jüdische Gemeinde von Templin.

Auf dieser konkreten Ebene, dort wo Menschen leben, ist das jüdische Gedächtnis in einem viel größeren Maße verschwunden, vergessen. Und wo es erinnert wird, werden die Opfer mythisiert, aber die Täter werden verschwiegen.

Dem Templinbeispiel kann man viele Beispiele entgegensetzen, kleine Städtchen in Westdeutschland, die für teueres Geld Synagogen renoviert haben, auch wenn es keine Juden dort mehr gibt, um sich dieser jüdischen Geschichte in dem eigenen Ort zu erinnern. Was glaubst du, wie wird sich die Entwicklung einer neuen nationalen Identität auf das Verhältnis zwischen Juden und Nichtjuden hierzulande auswir-

446

ken und wie werden sich die Juden dann in diesem Land fühlen?

Auf jeden Fall hat sich die politische Atmosphäre geändert, und zwar zugunsten der jüdischen Gemeinschaft in Deutschland. Es wird offen diskutiert, gerade wenn wir diese Walser-Bubis-Debatte ansehen, der Ton hat sich geändert. Es ist eine Tendenzwende da, die Juden werden nun nicht mehr mit so großer Angst und Vorsicht behandelt. Und ich glaube, daß eine Normalisierung stattfindet, wenn man hier überhaupt von einer Normalisierung sprechen kann. Entscheidend bleibt die Frage, die Bubis gestellt hat, die Frage nach den geistigen Brandstiftern und in welcher Weise sich hier etwas ändert. Mit Walser kommt diese ältere Generation zu Wort. In der jüngeren Generation sieht die Sache völlig anders aus, meine ich. Aber eine nationale Identität ist nichts Fixes, sondern ein dauernder Prozeß des Sich-Darstellens. Es geht mal nach rechts, mal nach links. Das muß so gehen, und man sollte es vielleicht auch etwas gleichmütiger sehen.

Ich danke dir für dieses Gespräch.

Julius Schoeps

»ES WIRD ZU NEUEN DISKURSEN KOMMEN.«

Als Professor für Geschichte hat Schoeps schon vor vielen Jahren ein Institut für deutsch-jüdische Geschichte in Westdeutschland gegründet. Inzwischen ist er nach Potsdam gegangen, wo er an der dortigen Universität das Moses-Mendelsohn-Institut geschaffen hat, das wiederum jüdische Geschichte, europäisch-jüdische Geschichte, zum Forschungsthema hat. Schoeps, Sohn eines berühmten Vaters, deutscher Jude, im schwedischen Exil geboren, ist begeistert von der Wiedervereinigung und hat ganz bewußt den Osten für sein neues Wirken gewählt. Hier müsse noch viel Aufbauarbeit geleistet werden, und er wolle dabei mit aller Kraft helfen. Inzwischen ist Schoeps auch im Vorstand der Jüdischen Gemeinde Berlin aktiv, wird aber dort mitunter wegen seiner allzu freundlichen Haltung gegenüber Deutschland und den Deutschen schief angesehen. Man spürt, daß es Mentalitätsunterschiede zwischen ihm und den zahlreichen Juden osteuropäischer Provenienz gibt. Ich traf Schoeps in den neuen Räumen seines Instituts in Potsdam gleich neben dem Marstall des Großen Friedrich im Herbst 1998.

Du bist von jüdischen Gemeinden für deine prodeutsche Haltung gescholten worden. Fühlst du dich durch die Entwicklungen in Deutschland bestätigt?

Sicher hat sich einiges geändert in den allgemeinen Ansichten. Ein deutsches Judentum gibt es heute nicht mehr, das hat '33 aufgehört zu existieren. Andererseits besteht die Chance durch die Zuwanderung der Juden aus Osteuropa, spezifisch aus Rußland, daß ein neues deutsches Judentum entsteht, aber es wird ein anderes als das vor '33. Es bleibt abzuwarten, wie das aussehen wird.

Wie könnte es aussehen?

Ich glaube, es könnte ein Judentum sein, das in die deutsche Gesellschaft integriert ist. Aber es wird seine kulturellen und geistigen Wurzeln nicht bei Goethe, Schiller und anderen Vertretern des deutschen Geisteslebens haben, sondern in der osteuropäischen Tradition.

Wie wird sich das Verhalten und das Gefühl einer neuen jüdischen Generation, die hier geboren ist und langsam in den Gemeinden politisch verantwortlich wird, gegenüber der Shoah und gegenüber Deutschland verändern?

Voraussetzung ist, daß man hier in den Gemeinden akzeptiert, daß man in Deutschland lebt. Das bedeutet, daß man bestimmte Sprachwendungen ändern muß. Man darf nicht sagen: Wir und die Deutschen, sondern: Wir sind auch Deutsche. Hier existieren noch manche Hürden.

Wie kann man die überwinden, und was muß von deutscher Seite dafür geschehen?

Man muß zwei Ebenen sehen. Einerseits die Umgebungsgesellschaft, die immer Probleme mit Minderheiten hatte, bis zum heutigen Tag. Aber auch da gibt es Veränderungen. Die Generation derer, die in Deutschland zwischen '33 und '45 handelnd bestimmt hat, existiert nicht mehr. Die Nachgeborenen wissen zwar um die Untaten ihrer Vorfahren, aber sie müssen das Recht zugestanden bekommen, daß auch sie Fehler machen dürfen. Ich bin daher positiv gestimmt.

Jüdischerseits müssen Abstriche gemacht werden. Man darf nicht so tun, als ob man auf gepackten Koffern säße, was sowieso nie stimmte, sondern muß dazu stehen, daß man hier lebt und wird sich mit diesem Land und seiner Gesellschaft arrangieren müssen. Ich glaube, das wird über kurz oder lang alles kommen.

Du bist einer der ersten, der sich hier in Deutschland als Wissenschafler mit jüdischer Geschichte befaßt hat. Mittlerweile gibt es an vielen Universitäten judaistische Studiengänge. Ist das nicht ein krasses Mißverhältnis, einerseits so viele Institute für Judaistik zu haben, andererseits aber so wenige Juden, die daran teilnehmen?

Auch das muß man differenziert betrachten. Es geht ja nicht darum, daß Juden in Deutschland damit befaßt sein müssen. Als Historiker ist es ein Problem, daß jüdische Geschichte Teil der deutschen Geschichte ist. Diese Botschaft versuchte ich in den letzten Jahren zu vermitteln. Ich bin sehr zufrieden mit der Entwicklung, daß es immer mehr Institute für Judaistik in allen Bundesländern gibt. Ich glaube, daß diese Aktivitäten dem Normalisierungsprozeß weiterhelfen. Auch wenn es eine andere Frage ist, ob es eine richtige Normalität jemals geben wird. Ich denke da etwa an die Diskussion über das Holocaust-Mahnmal, in der es eigentlich um den Umgang mit der deutsch-jüdischen Geschichte geht.

Inwiefern sind diese Institute wirklich in der öffentlichen Diskussion präsent und können darauf hinwirken, daß differenziertes Wissen und Nachdenken über Juden in diesem Land Allgemeingut wird?

Voraussetzung dafür müßte ein vernünftiges Konzept sein. Manche Institute sind eher theologisch oder historisch orientiert. Das Moses-Mendelssohn-Institut versucht jetzt zum Beispiel, den europäischen Kontext der jüdischen Geschichte aufzuhellen. Das scheint mir – im Hinblick auf Europa – eine wichtige Angelegenheit zu sein, vor allem auch im Hinblick auf Osteuropa, daß Westeuropa jetzt wieder zuwächst.

Du sagtest, ein deutsches Judentum gibt es nicht. Es gibt aber an vielen Instituten auch den Schwerpunkt deutsch-jüdische Geschichte. Ist da nicht ein Mißverhältnis zwischen dieser Aufarbeitung – die spätestens 1933/45 endet – und der demographischen Realität der jüdischen Gemeinden, die besagt, daß der Großteil der Mitglieder aus dem Osten kommt und mit deutschem Judentum nichts zu tun hat?

Das kommt darauf an, wie wir deutsches Judentum definieren:

Deutsches Judentum war immer von dem Zuzug der Juden aus Osteuropa bedingt. Das war auch im 19. Jahrhundert so. Die Frage ist, ob deutsch-jüdische Geschichte tatsächlich für sich allein stehen kann. Daran habe ich inzwischen große Zweifel, obwohl ich selber ein deutsch-jüdisches Institut gegründet und geleitet habe.

Ich glaube, die Juden sind das europäische Volk par excellence. Man muß andere Zugangsweisen versuchen. Wenn man Juden als europäisches Volk definiert, ergeben sich ganz andere Fragestellungen. Dann fragen wir nicht mehr nach den Problemen der Emanzipation in einem Land, sondern nach der Rolle der Demokratie in Europa, ein Prozeß, der sehr unterschiedlich verlaufen ist. Und dann können wir die Frage stellen, welche Rolle die Juden dabei spielen.

Wie wird deine Arbeit mit diesem Europabezug hier in Berlin-Potsdam aufgenommen? Bist du in der Lage, auch auf die momentan laufenden Diskussionen über jüdische Themen in Berlin positiv einzuwirken?

Wir beschäftigen uns mit vielen Fragen und mischen uns soviel es geht ein in die Diskussion. Ich halte nichts von einer Elfenbeinturm-Wissenschaft. Wissenschaft muß sich einmischen.

Du warst ursprünglich im Westen Deutschlands und bist als westlicher Professor in den Osten gekommen. Was hat dich dazu bewogen?

Ich war 22 Jahre Professor an einer westdeutschen Universität, davon hatte ich genug. Dann dachte ich, es ist eine große Herausforderung, in den neuen Bundesländern das Zusammenwachsen der beiden deutschen Teilstaaten zu befördern. Und dann hatte ich noch einen privaten Grund: Meine Familie kommt aus dieser Gegend.

Der Großteil deiner Studenten war überwiegend jüdisch. Gibt es einen unterschiedlichen Zugang zu dem Thema zwischen Ost und West?

In den Anfängen gab es sicher einen großen Unterschied. Ich erinnere mich an eine Vorlesung, als ich hierher kam. Wie üblich sagte ich am Ende der Vorlesung, daß wir jetzt diskutieren. Da stand ein Student auf und meinte: »Wir wollen nicht diskutieren, wir wollen Informationen.« Das war eine typische Haltung in Ostdeutschland nach '89: Die Unsicherheit, in einen freien Diskurs einzutreten. Das hat sich geändert, Ost und West haben sich sehr angeglichen.

Hat es so etwas wie einen unbeschwerteren Umgang mit dem jüdischen Thema im Osten gegeben?

Es hat überhaupt keinen Zugang gegeben, wenn man es so sehen will. Von Juden hat man gehört, aber sie waren kein Thema – Thema waren die Antifaschisten und der Antifaschismus. Von Juden wußte man nur, daß manche Funktionäre einen jüdischen Hintergrund hatten, mehr nicht.

Interessant wurde das Thema erst nach 1989, als aus der Humboldt-Universität die ersten Juden hinausflogen, und als klar wurde, daß viele derjenigen, die in der West-Immigration, in New York oder London geboren waren und mit ihren Eltern, die nach '45 zurückgekommen sind, ziemlich systemkonform gingen, daß die nach '89 ein Problem hatten. Das wurde komischerweise nie richtig thematisiert in der deutschen Gesellschaft.

Inwiefern hatten diese Leute ein Problem?

Einerseits brach für sie das sozialistische Weltbild zusammen, und andererseits hatten sie ein Problem mit ihrem Judentum. Denn sie waren zwar als Juden privilegiert, nicht wegen ihres Judentums, sondern weil sie aus der Westemigration kamen. Und jetzt wurden sie darauf aufmerksam gemacht, daß sie Juden sind.

Kannst du aus der Beobachterposition einschätzen, wie sich diese Verunsicherung, plötzlich als Juden geoutet zu werden, auf diese Menschen auswirkte?

Das war für viele zum Teil sehr schwierig. Viele wurden unsicher, hatten Schwierigkeiten, sich ihrer jüdischen Herkunft zu versichern. Man versuchte daher in Kulturvereine zu gehen oder dabei mitzuarbeiten, ging aber nicht soweit, in die Jüdische Gemeinde einzutreten. Andere flüchteten sich von einer Orthodoxie in die andere, und aus orthodoxen Kommunisten wurden orthodoxe Juden.

Wie ging die Jüdische Gemeinde in Berlin damit um?

Die Jüdische Gemeinde Berlin hat ein sehr gespaltenes Verhältnis zu den Juden der DDR an den Tag gelegt. Dazu muß man sagen, daß die Mitglieder der Jüdischen Gemeinde in Westberlin in ihrer Einstellung nicht anders waren als ihre Umgebungsgesellschaft und Vorbehalte hatten gegenüber denjenigen, die auf sie zukamen.

Und wie sahen die Integrationsprobleme aus?
Die Probleme lagen im Bereich des Denkens, der Sprache, des Gestus, des Auftretens. Etwas sehr Typisches, was zum Vorschein kam, als ich auf einem Begräbnis in Weißensee war: Man konnte genau erkennen, wer woher kam. Die Juden aus der damaligen DDR tragen Baskenmützen, die Juden aus Westberlin die Kipa. Das ist ganz interessant.

Weißt du warum?
Ich glaube, das sind unbewußte Verhaltensweisen. Ich glaube auch, daß das DDR-Judentum sehr viel deutscher ist als die Juden im Westen.

Glaubst du, daß das deutsche Element der Juden aus der DDR in die Gemeinde hineingetragen werden kann?
Ich hoffe es und habe den Eindruck, daß man viel voneinander lernen kann.

Zum Beispiel?
Die deutsch-jüdischen Traditionen, die in den Gemeinden nach '45 faktisch vergessen wurden. Vom Ritus bis zu der Art, Feste zu feiern, erleben wir heute hier Osteuropa und nicht Deutschland.

Du bist in die öffentliche Diskussion in Berlin stark involviert, etwa in die über das Holocaust-Mahnmal. Erlebst du die Art der Diskussion als typisch deutsch? Gibt es da Verdrängungsmechanismen?
Zunächst: Ja, es stimmt: Die Deutschen sind Weltmeister im Gedenken und Erinnern, das wird ihnen niemand streitig machen können. Andererseits wird deutlich, welche Probleme die Mehrheitsbevölkerung mit ihrer Geschichte hat, mit diesem Zivilisationsbruch. Das ist eine der Schwierigkeiten. Ich bin davon überzeugt, daß diese Diskussion auf einem hohen Niveau ablief – es wurde vieles artikuliert – aber das Problem wurde nicht gelöst.

Du bist selber einmal aus der Diskussion gegangen?
Ich bin gegangen.

Warum?
Weil ich die Debatte in manchen Teilen als würdelos empfinde. Man gedenkt nicht mehr der Toten, sondern denkt nur noch an sich.

*Das scheint mir ein Widerspruch zu sein: Hohes Niveau,
aber würdelos?*

Das eine schließt das andere nicht aus. Es wird nachgedacht über
Probleme der Ästhetik, darüber, ob man die Shoah ästhetisch so
fassen kann, daß man ein Mahnmal bauen kann. Das sind die Debatten, die mich intellektuell interessieren. Ich habe anfangs mitgewirkt, weil ich dachte, ich bin das meinen ermordeten Vorfahren schuldig. Aber ich stellte fest, daß es um etwas anderes ging:
Es ging der deutschen Gesellschaft darum, Frieden mit sich zu
schließen, einen Schlußstrich unter die Vergangenheit zu ziehen.
Und ich kann das sogar verstehen.

*Bist du über diese Erkenntnis enttäuscht, oder fühlst du dich
bestätigt?*

Ich fühle mich weder enttäuscht noch bestätigt. Ich meine, daß
man das Grauen nicht perpetuieren kann. Es muß irgendwann ein
Schlußstrich gezogen werden, das heißt aber nicht, daß an die Untaten und Verbrechen nicht mehr gedacht werden soll. Es heißt,
daß mit dem eigenen schlechten Gewissen Schluß gemacht werden muß. Wir müssen nach vorne blicken. Es gibt genug Probleme auf der Welt, die gelöst werden müssen. Wenn man wie ein
Kaninchen auf die Schlange starrt, ist man zu eigenem Denken
nicht mehr fähig und in seinem Handeln beschränkt. Insofern
glaube ich, muß heute umgedacht werden.

Was heißt das für die jüdische Seite?

Das gilt für die jüdische Seite genauso. Die ist ebenso deformiert
in der Psyche und in der Art, wie man über die Shoah denkt, und
darüber vergißt man die Gegenwart und die Zukunft.

*Welche Aufgaben kommen auf die Gemeinden zu, die ein jü-
disches Leben in dieser Stadt garantieren?*

Ich meine, jüdische Gemeinden müssen sich neu definieren, das
heißt definieren, wo ihr Ort in der deutschen Gesellschaft ist. Es
kann nicht mehr sein, daß diese jüdischen Gemeinden im Grunde
nur der Politik als Legitimation dienen, daß jüdisches Leben hier
vorhanden ist, daß also Demokratie möglich ist. Viele Führer jüdischer Gemeinden wurden mißbraucht und haben sich mißbrauchen lassen. Ich habe das immer als ein Problem gesehen. Ich be-
grüße insofern eine Normalisierung und wünsche mir, daß sie
sich nicht von einer Kirchengemeinde unterscheiden.

Kannst du Beispiele für diesen Mißbrauch nennen?
Jüdische Gemeindeführer müssen sich nicht zu allem und jedem öffentlich äußern. Das ist nicht ihre Aufgabe, sondern die der Politiker. Sie sind per se nicht Politiker, sondern vertreten die jüdischen Gemeinden.

Ist es denn nicht auch ein Zeichen für mangelndes demokratisches Selbstbewußtsein, wenn sich die deutsche Gesellschaft immer wieder den Juden als moralische Stimme sucht?
Drehen wir den Spieß einmal um. Ein Gemeindevertreter oder Vorsitzender des Zentralrats wie Bubis kann sich als FDP-Politiker äußern, soll er auch, aber er hat eine Schwierigkeit, wenn er, als Vorsitzender des Zentralrats, sich als FDP-Politiker äußert. Normalerweise läßt ein Politiker, wenn er ein Mandat übernimmt, bestimmte Mitgliedschaften ruhen. Wenn ein Politiker den Vorsitz des DGB übernimmt, läßt er seine Parteimitgliedschaft ruhen. An solche Gepflogenheiten müssen sich auch jüdische Vertreter langsam gewöhnen.

Das hieße, daß ein Mann wie Galinski seine Funktion besser erfüllt hat als Bubis?
Galinski war ein Überlebender, er hatte große Verdienste in den Jahrzehnten geleistet. Er war kein einfacher Mann. Viele haben sich mit ihm gerieben. Ich selbst wurde mehrfach von ihm mit Schreibverbot belegt. Aber wir haben uns auch wieder vertragen. Das gehört auch zum innerjüdischen Geschäft.

Andreas Nachama ist als Gemeindevorsitzender und Historiker auch in einer schwierigen Situation. Wenn sich Nachama heute äußert – zum Mahmal oder zum Jüdischen Museum – wie siehst du seine Verbindung von Beruf und Vorsitz?
Zunächst einmal: Wenn sich Andreas Nachama in der Öffentlichkeit äußert, hat das nicht mehr das Gewicht wie einst bei Galinski, und zwar deswegen, weil Galinski ein Überlebender war. Und er hatte eine andere moralische Legitimation, als es Nachama haben kann. Er operiert mit einer geliehenen Legitimation. Das betrifft alle in diesem Alter. Die Nachgeborenen müssen ihre Rolle überdenken, genauer definieren, fragen, was möglich ist, wozu man sich äußern oder worüber schweigen soll.

Du sagst, er operiert mit einer geliehenen Legitimation. In-
wiefern sollten Juden dann überhaupt an der Mahnmal-Dis-
kussion teilnehmen? Soll sich Nachama da überhaupt ein-
mischen, ist das Mahnmal überhaupt eine jüdische
Angelegenheit?

Völlig richtig. Ich meine zunächst: Ein Holocaust-Mahnmal,
wenn es gebaut werden soll, ist wessen Angelegenheit? Die der
Juden, der Opfer? In der Weltgeschichte gab es noch nie ein Gedenken an die, die sie umgebracht haben. Das ist völlig absurd. Die
Konzepte, die gedacht wurden, sind alle falsch. Man fordert jüdische Künstler auf, für die deutsche Mehrheitsbevölkerung ein
Mahnmal zu bauen, anstatt Nichtjuden zu fragen. Das war aber
ein Thema, das nur beiläufig eine Rolle spielte, das aber von zentraler Bedeutung ist.

Wieso eigentlich? Man muß sich doch bewußt machen, was
man da eigentlich macht. Konntest du den nichtjüdischen
Diskussionsmitgliedern dieses Grundproblem bewußt ma-
chen?

Mir wurde von der Vorsitzenden des privaten Fördervereins dieses Mahmals gesagt – es liegt gedruckt vor – : »Wir werden dieses
Mahnmal auch gegen den Widerstand der Juden durchsetzen.«

Was könnte die deutsche Öffentlichkeit tun, um dieser Falle
zu entgehen?

Ich glaube, die deutsche Gesellschaft wäre gut beraten, von bestimmten symbolischen Akten Abstand zu nehmen. Man muß
nicht Mahnmale bauen, die in ihrer Gigantomanie Schrecken und
Furcht einflößen. Mir ist es wichtiger, daß man das Gespräch
sucht, in die Schulen geht, die Stätten, die es noch gibt und in denen Verbrechen stattgefunden haben, nicht verfallen läßt. Ich sehe nicht den Anlaß für diese symbolischen Akte und dafür, daß
man unbedingt Kranzabwurfstellen bauen muß.

Kranzabwurfstelle ist ja auch die »Neue Wache«, die ein we-
nig ja auch schon fast das erfüllte, was Micha Brumlik fürch-
tete: Brumlik sagte, daß er das Land verläßt, wenn es ein ge-
meinsames Denkmal der Täter und Opfer gäbe. Das ist mit
der »Neuen Wache« ja eigentlich passiert. Warum ist in den
jüdischen Gemeinden der Aufschrei dagegen so leise gewe-
sen? Warum hat Bubis sich da politisch einspannen lassen?

Wahrscheinlich waren das politische Absprachen. Mein Vorwurf, den ich den jüdischen Vertretern mache, ist sehr viel härter. Nämlich, daß sie zulassen, daß die Opfergruppen hierarchisiert werden. Die Juden waren nicht die einzigen Opfer. Sie waren die größte Opfergruppe der Shoah, aber es gab auch andere. Und wenn das ganze Morden einen Sinn haben soll, einen späteren, dann doch den, daß man deutlich macht, daß die Nazis gemordet haben, und zwar nicht nur Juden, sondern auch Roma und Sinti, Kommunisten, Schwule, Bibelforscher. Und wenn ein Mahnmal gebaut wird, dann für alle Opfer des Nationalsozialismus. Da kann ich keine Abstriche machen. Wenn die Juden selbst ein Mahnmal bauen, dann können sie ein Mahnmal bauen für die Opfer der Shoah, für die Juden. Aber hier haben Nichtjuden ein Mahnmal gebaut. Also ist es die Aufgabe der jüdischen Vertreter, dafür zu sorgen, daß an alle Opfer gedacht wird.

Was ist davon zu halten, wenn eine offizielle jüdische Seite, wenn Bubis sich im Namen des Zentralrats für eine solche Forderung ausspricht? Mit der Argumentation, daß spätere Generationen keine jüdischen Rituale vollziehen könnten, wenn da auch der Sinti und Roma mitbedacht würde. Ist das Mahnmal etwa ein Friedhof?

Ein Mahnmal ist kein Friedhof. Wenn ein Totengebet gesprochen werden soll, dann bitte auf dem jüdischen Friedhof Weißensee, wo es einen Gedenkstein gibt für die Opfer der Shoah.

Scheint da nicht ein elitäres Selbstbewußtsein der Juden in Sachen Shoah durch?

Die Juden instrumentalisieren selbst die Shoa für ihre Zwecke. Das ist einer der Vorwürfe, die ich ihnen mache. Das halte ich für sehr problematisch, weil das Konsequenzen haben kann, die jetzt noch keiner voraussehen kann. Juden sind Menschen wie andere auch. Es ist gleichgültig, ob es sechs Millionen Opfer waren oder nur eines. Alle waren Opfer.

Jetzt sind wir beim springenden Punkt. Die Shoah wurde immer von den jüdischen Gemeinden instrumentalisiert, um bestimmte Dinge zu erreichen. Du sprachst von der Legitimation bei den Überlebenden. Aber verbietet es sich nicht von selbst, das zu tun? Welche Partnerschaft sind Juden und Deutsche da nach dem Krieg eingegangen?

Das ist eine sehr interessante Frage. Sicher ist die Shoah auch für die Juden eine Art Legitimation, ist Identität und Selbstverständnis. Streichen wir die Shoah aus dem jüdischen kollektiven Denken heraus, was bleibt dann eigentlich? Das ist ein großes Problem, noch mehr in den USA. In Deutschland sind wir aber auf dem besten Wege zu Deformationen, die meiner Meinung nach irreparabel sind. Man kann seine Identität nicht auf einer Negativerfahrung aufbauen, das ist der Anfang vom Ende. Man muß positive Visionen aufbauen. Religion ist per se nicht negativ.

Inwiefern ist die Wissenschaft des Judentums eine positive Alternative zur Shoah-Identität oder eine Alternative zum Glauben?

Formulieren wir es so: Es ist sicherlich ein Problem der Moderne, daß alle Religionen Schwierigkeiten haben. Vernunft, Aufklärung, rationales Denken haben Glaubensfragen in den Hintergrund treten lassen. Nur mit Glauben kann man die moderne Welt nicht verstehen. Das gilt für alle, für Juden und Nichtjuden. Ich habe zunehmend Schwierigkeiten, wenn ich sehe, daß jüdischerseits nicht die richtigen Antworten gegeben werden. Es fehlen mir die Denker, die sich dieser Fragen annehmen und Vorschläge machen. Da gibt es viele offene Fragen. Und auf der christlichen Seite sind sie genauso vorhanden.

Das ist ja die Problematik der Jüdischen Gemeinde in Berlin heute. Wir hören von einem Pluralismus, von Kulturvereinen, egalitären Gottesdiensten, der Lauder-Foundation ...

Für mich sind das alles ziemlich obsolete Erscheinungen, sind das alles Ausweichmanöver vor der eigentlichen Frage: Was heißt eigentlich Judentum in der modernen Welt? In jüdischen Gemeinden habe ich oft den Eindruck, daß das Vereine zur Organisierung von Folklore sind. Und es fängt an zu stören, weil jeder merkt, daß das alles zu kurz greift. Es wird vom »Höchsten Wert von Jüdischkeit« gesprochen. Wenn du aber nachfragst, gibt es nur wirre Antworten, selbst von den Rabbinern. Auch wenn ich sagen muß, daß die Rabbiner, die heute den deutschen Gemeinden vorstehen, nicht mehr den Zuschnitt haben wie die der Gemeinden vor '33.

Das ist ja die eigentliche Frage: Der Begriff Jude oder Israel ist eigentlich eine Definition des Verhältnisses zwischen diesen Menschen und Gott. Wie kann – in der heutigen Situation in

*Berlin – diese Frage angegangen werden und wie kannst du
als säkularer Wissenschaftler zu dieser Frage hinführen?*
Ich habe mich immer als Agnostiker bekannt. Ich schließe ja nicht
aus, daß es eine Instanz gibt im Weltengeschehen, die alles steuert. Mag sein, mag nicht sein. Ich weiß es nicht. Ich bin aber davon
überzeugt, daß der Mensch, das Individuum, der Orientierung bedarf und darüber muß nachgedacht werden, zunehmend in einer
Gesellschaft, die uns fordert und Probleme macht und wo uns
Antworten fehlen.

*Umgesetzt in praktisches Handeln: Was kann eine jüdische
Gemeinde in Berlin bei diesen neuen Entwicklungen in
Deutschland tun?*
Meine Erwartung an eine jüdische Gemeinde ist die, daß sie Le-
benshilfe leistet. In vielerlei Hinsicht praktische Hilfe, aber auch
geistige Orientierung. Und daran mangelt es.

*Was können die Gemeinden dazu leisten, wo müssen sie an-
setzen, um dies zu ermöglichen?*
In der Organisation von Kulturarbeit, in der Organisation des
Diskurses. Die Gemeindemitglieder müssen reden über sich, ihr
Verhältnis zur Umwelt, und vielleicht zu Gott.

Diese Ansätze fehlen in Deutschland?
Vollständig.

*Es gibt diese Ansätze in Israel und in Amerika. Warum wir
innerjüdisch im Ödland leben, ist klar. Glaubst du, daß es die
Möglichkeit, das zu überwinden, überhaupt gibt?*
Ich bin davon überzeugt, daß, wenn das Judentum hier wieder Fuß
faßt, neue Generationen heranwachsen und Sinnfragen gestellt
werden, und es wird zu neuen Diskursen kommen. Die Schwierigkeit in den letzten fünf Jahrzehnten bestand darin, daß dies Ab-
bruchgemeinden waren. Niemand gab zu, daß er hierbleiben wolle, bis auf ganz wenige. Das hat sich geändert. Daraus ergeben sich
neue Konsequenzen.

Was kann die jüdische Wissenschaft dazu beitragen?
Ich mag die Bezeichnung »jüdische Wissenschaft« nicht. Es gibt
auch keine jüdische Musik.

Auch keine jüdische Literatur?
Es gibt keine jüdische Literatur, gute oder schlechte, es gibt Literatur die sich mit jüdischen Themen befaßt. Aber keine spezifisch

jüdische Literatur. Auch keine jüdische Philosophie. – Es gibt jüdische Religionsphilosophie, das ist klar, das ist etwas anderes. Über all das muß man sich klar werden, sprechen, nachdenken.

Genau diese Problematik. Es gibt hier in Berlin eine Gruppen von jungen Menschen, die neue Inhalte des Judentums finden will, außerhalb der Religion. Und eine Vernetzung von Juden in Europa. Da frage ich mich, wie definiert man beispielsweise einen jüdischen Literaten? Sind das Nebenkriegsschauplätze, ein Sich-drücken vor der eigentlichen Auseinandersetzung mit den Urtexten?

Ich glaube ja. Wenn man heute über jüdische Existenz nachdenkt, muß man zu einem Ergebnis kommen. Ich werde zu einer Vernissage eingeladen: Ein jüdischer Maler stellt aus – ein Jude, der malt, oder ein Maler, der jüdische Themen aufgreift. Diese Debatten führten wir beispielsweise im Jüdischen Museum in Wien, bei der Max-Liebermann-Ausstellung. Er war Maler und Jude, aber kein jüdischer Maler. Kommen wir zurück auf die eigentliche Frage. Das Problem ist: Was sagen uns die ursprünglichen Texte, die Bibel, die Schriften? Haben sie noch eine Aussage oder nicht? Ist das Festhalten an Traditionen, die jahrhundertealt sind, richtig? Wer gibt die Antwort darauf? Haben wir die Antwort? Ich habe viele Zweifel.

Du meinst also, daß die Auseinandersetzung mit dem Judentum eine universelle Frage ist, um derentwillen sich die Juden in Deutschland auch von Deutschland abwenden müssen, um sich wieder einer inneren Auseinandersetzung hinwenden zu können?

Das würde ich in der Tat so sehen. Es ist ein universelles Problem. Im Mittelpunkt steht die Frage: Mensch – gleich, ob Christ, Jude oder Moslem. Wir alle haben eine Vergangenheit, müssen uns dieser Vergangenheit bewußt sein. Nur die Frage, um die es letztlich geht: Können wir mit den Traditionen und Erfahrungen unserer Vorväter heute noch etwas anfangen? – diese Frage ist offen und unbeanwortet.

Ich bedanke mich für dieses Gespräch.

Daniel Libeskind

»Die gegenseitige Verflechtung der Kulturen zeigen«

Als ich 1998 in Daniel Libeskinds Berliner Atelier kam, beeindruckte mich zunächst die unglaubliche Geschäftigkeit, die seine Mitarbeiter an den Tag legten. Es war ein hektisches Kommen und Gehen, die Telefone klingelten unablässig, und ich hatte schon Angst, daß das Interview im Wust dieser Hektik wohl ganz oder allzu kurz ausfallen könnte. Seine Frau, die zugleich seine engste Mitarbeiterin ist, begrüßte mich herzlich, meinte, daß Daniel gleich komme, etwas Geduld solle ich schon mitbringen. Nach einer Weile tauchte Daniel auf: Der Schöpfer des einzigartigen Gebäudes des Jüdischen Museums – ein Star, eine internationale Größe, das war beim ersten Händedruck sofort zu spüren. Keine Allüre, aber etwas Kosmopolitisches umgab diesen Mann, was sich in der zwar großen, doch kleinbürgerlichen deutschen Hauptstadt wohltuend vom Alltagsgrau Berlins unterschied. Zwischen den Kontinenten pendelnd und lebend, entschieden wir uns, das Gespräch in einem Gemisch aus Englisch, Deutsch, Jiddisch und Hebräisch zu führen. Es wäre interessant gewesen zu untersuchen, an welchen Stellen er die Sprachen wechselte. Als wir uns endlich gegenübersaßen, wurde Libeskind ganz ruhig, nahm sich alle Zeit der Welt, Hektik hatte keinen Platz mehr, und er war sehr konzentriert und ruhig. Ein Visionär, mitten in Berlin.

Herr Libeskind, was hat Sie veranlaßt, sich am Wettbewerb für das Jüdische Museum zu beteiligen?

Das Thema hat eine grundsätzliche Bedeutung für mich, und als ich zum Wettbewerb eingeladen wurde, merkte ich: Das ist gar kein neues Projekt für mich. Im Grunde arbeite ich schon seit vielen Jahren daran, wenn auch auf anderen Ebenen. Deshalb war es für mich ganz selbstverständlich, mich an diesem internationalen Wettbewerb zu beteiligen.

Was hielten Sie von der Idee, daß Berlin ein Jüdisches Museum will – hat Sie das als Architekt gereizt?

Es war sicherlich wichtig, als das Projekt '88/'89 nach der Wiedervereinigung ausgeschrieben wurde, aber die Diskussion über ein jüdisches Museum in Berlin lief ja schon seit einem Vierteljahrhundert. Es gab Politiker, Historiker, Holocaust-Überlebende, die sich alle an der Diskussion über die Funktion eines solchen Museums beteiligten: Wie soll man die Geschichte von Leuten darstellen, die ausgerottet wurden, aber für die Zukunft der Stadt und des Landes nach wie vor eine Rolle spielen?

Können Sie in Ihren eigenen Worten noch einmal die Philosophie Ihres Museums erklären?

Die Philosophie ist einfach: Wie zeigt man das Leben der Berliner Juden in diesem Land, in dem sie stark assimiliert waren, in gewisser Weise sogar integriert, und gleichzeitig auf verhängnisvolle Weise zurückgewiesen wurden, was schließlich in der Ermordung von 200 000 Berliner und insgesamt sechs Millionen europäischer Juden endete? Die Aufgabe ist also einfach: Wie läßt sich das in einem architektonischen Raum darstellen? Wie soll man die unterschiedlichen Abteilungen behandeln und gleichzeitig die Zentralität des verbindenden Themas zeigen, nämlich das Verhältnis zwischen Juden und Deutschen? Ich war der einzige Architekt, der das Ganze als Einheit in einem einzigen Gebäude gestalten wollte, alle anderen Architekten isolierten das Jüdische Museum von der Geschichte Berlins und sagten: Das ist unsere Tür, unser Schlüssel, unser jüdisches Museum. Aber wenn man sich das Programm vor Augen hält, geht es ja nicht einfach um ein Heimatmuseum, sondern um Kino, Theater, Mode, um die Geschichte der Stadt, des intellektuellen Lebens. Mir wurde klar, daß man nicht einfach sagen kann: Wir wollen uns das alles anschauen, und dann wollen

462

wir das Jüdische Museum anschauen. Denn die jüdische Kultur in Berlin läßt sich davon ja gar nicht trennen. Deshalb habe ich das ganz stark in eine entäußerte Leere integriert – das ist der Schnitt in dem Bau, der den abwesenden Raum trennt, in dem nichts gezeigt werden kann, da alles zu Asche reduziert ist. Ein einzelnes Exponat verrät nichts über die Ausrottung von Leuten, die die geistigen Träger jüdischer Kultur in dieser Stadt und in diesem Land waren. Das ist, kurz gesagt, meine Aufgabe und mein Ansatz: Ich zeige die organische Verbindung zwischen jüdischer und deutscher Kultur in dieser Stadt und andererseits ihre verhängnisvolle Trennung, die sich nie wieder vollständig in die Stadtstruktur wird integrieren lassen.

Können Ihrer Ansicht nach Juden tatsächlich nie wieder zu einem Teil der Stadt werden?
Nein, das meine ich nicht. Natürlich wächst die jüdische Gemeinde, und das Jüdische Museum, das ich entworfen habe, ist ja nicht nur ein Museum, das auf diese Geschichte, diese Jahre der Zerstörung zurückblickt, es blickt auch nach vorne, auf die Zukunft der Stadt. Natürlich besteht die Hoffnung, daß jüdisches Leben sich hier von neuem entwickelt, aber nie mehr auf dieselbe Weise. Gar keine Frage: Man kann die Stadt, den städtischen Raum und die Kultur der Stadt nicht mehr in derselben Weise denken wie vor 1933 – diese Möglichkeit ist ein für allemal dahin.

Julius Schoeps kritisiert Ihre Konzeption des Jüdischen Museums, weil Sie seiner Meinung nach in diesem Bau zeigen, daß die jüdische Geschichte zerstört worden ist, und nicht die deutsche Geschichte.
Ich glaube, er versteht nichts von Museen, er ist Historiker, er hat sich den baulichen Raum nie angeschaut. Das Gebäude zeigt ja gerade auf sehr radikale Weise, daß durch die Vernichtung der jüdischen Kultur auch die tieferen Wurzeln der deutschen Tradition zerstört wurden. Beides ist eng miteinander verflochten, beides bedingte sich gegenseitig. Das Museum behandelt nicht nur den völkerkundlichen Aspekt der Juden, es ist nicht einfach ein Völkerkundemuseum, das zeigt, wer sie waren und vielleicht in der Zukunft sein werden, sondern es zeigt die Juden im lebendigen Kontext einer kulturellen Tradition.

Nein, ich glaube, die Aufgabe des Museums besteht gerade darin, die gegenseitige Verflechtung der Kulturen zu zeigen, ihre Untrennbarkeit – bis auf das verhängnisvolle Ende. Als Juden erstmals wirklich zu Juden wurden. Als Walter Benjamin sich umbrachte. Als Walther Rathenau ermordet wurde. Als Einstein und andere aus der Stadt weggingen, da gingen sie tatsächlich als Juden weg, zum ersten Mal. Denn solange sie hier waren, hatten sie ein anderes Selbsverständnis, einen anderen Traum davon, was es hieß, ein deutscher Jude zu sein.

Der Bau, das Konzept des Baus haben eine Menge Proteste, Schwierigkeiten, Spannungen, Streitigkeiten ausgelöst. Mit welchen Problemen waren Sie konfrontiert, und wie viele dieser Probleme waren zum Teil auch antisemitisch bedingt?
Ja, ich hatte eine Menge Spannungen auszuhalten, und natürlich gab es Kräfte, die der Sache eine bestimmte Richtung geben wollten, die interpretierten sie religiös, politisch, israelisch, antijüdisch oder jüdisch.

Aber ich habe mich immer in der Mitte gehalten, durch diese Leere, durch die sehr prekäre Gleichgewichtslinie, die meiner Meinung nach zur Aufgabe der Museumsbesucher gehört. Von außen wirkt das Museum ja sehr massiv, aber innen muß der Besucher die verschiedenen Elemente im Auge behalten, um sich zu orientieren. Natürlich gab es Angriffe – antisemitische und andere –, aber davon habe ich mich nicht beirren lassen.

Was für antisemitische Angriffe?
Also, das erste Mal, das war sehr komisch, das passierte, als die Ergebnisse der Ausschreibung veröffentlicht wurden. Als die Dokumentation herauskam, sah ich sie mir an, und ich stellte fest, jedes Mal, wenn mein Name erwähnt wurde, stand da ein Kreuz – wie bei einem toten Architekten. So was Komisches, dachte ich. Jemand in der Setzerei oder in der Druckerei, wo das Buch gedruckt wurde, hatte die Typen ersetzt, so daß es aussah, als wäre ich schon gestorben. Natürlich habe ich den Senator angerufen, der war auch sehr nett und hat gesagt, wir ziehen die ganzen Bücher zurück und drucken sie neu. Das war das erste Mal... Ich sagte mir: Da muß sich jemand ganz schön Mühe gemacht haben in der Setzerei, das braucht schließlich eine ziemliche Zeit, bis man alles umgesetzt hat, um zu zeigen, daß der Architekt gestorben ist. Aber das hat mich weiter nicht gestört, das gehört zur Vergangenheit.

Mit wem hatten Sie größere Probleme, mit der nichtjüdischen deutschen Seite oder mit der Jüdischen Gemeinde?
Schauen Sie, man darf ja nicht vergessen, daß Herr Galinski in der Jury saß, und der hatte ziemlichen Einfluß auf die Entscheidung. Er war ein Mann von ungeheurer Integrität und Vision und ein Pionier. Er war 1945, 1946 hergekommen und hatte sich an ein scheinbar hoffnungsloses Unterfangen gemacht, nämlich zu sehen, ob es für Juden eine Möglichkeit gäbe, hier zu leben. Dieser Mann war also in der Jury und stimmte für das Projekt – ein Projekt, das ohne sein Engagement nie zustande gekommen wäre. An der Haltung der Jüdischen Gemeinde bestanden also nie Zweifel. Natürlich haben später manche gesagt, das sei ein Projekt der Jüdischen Gemeinde, aber ich habe immer dagegen gehalten: Sicher, das ist ein wichtiges Element, aber das Museum ist für alle Berliner und für alle Besucher. Es muß eine Öffentlichkeit repräsentieren und gehört nicht irgend jemandem. Es ist ein Projekt des Berliner Senats, das aus Steuermitteln der Stadt und des Landes finanziert wird, deshalb habe ich die Pflicht, ein gutes Museum zu bauen, das für alle da ist.

Es bestand sogar die Idee, das Jüdische Museum zum eigentlichen Holocaust-Mahnmal zu machen. Was halten Sie davon? Es entspricht ja nicht Ihrer Konzeption oder Absicht, aber gibt es nicht irgend etwas an diesem Bau, das eine solche Idee hätte auslösen können?
Ich war anfänglich entschieden gegen das Holocaust-Mahnmal in Berlin. Aber als ich merkte, wie der Druck auf das Museum zunahm, wie alle Welt plötzlich sagte: »Weshalb machen wir diesen Bau nicht einfach zum Mahnmal?«, da habe ich meine Position noch einmal überdacht und bin zu der Auffassung gekommen, daß es richtig ist, ein Mahnmal zu bauen. Man sollte ein lebendiges Museum, das die jüdische Kultur in dieser Stadt und in diesem Land zeigen will, nicht mit einem Mahnmal verwechseln. Natürlich gibt es bestimmte Aspekte in meinem Entwurf, die dem Museum innewohnen, die mit ihm zusammenhängen – etwa die Holocaust-Leere. Es sind große leere Räume, die den Besuchern bei Ausstellungen eine merkwürdige Sackgasse signalisieren, denn da gibt es nichts auszustellen, weil ja auch Berlin irgendwie an ein Ende gekommen ist. Aber die Holocaust-Leere ist kein Mahnmal,

465

sie ist Teil des Rundgangs, des Stroms der Besucher und ihres Interesses, die vielfältige Geschichte Berlins zu begreifen.

Wieso waren Sie eigentlich gegen das Mahnmal, und was hat Sie zu Ihrer Meinungsänderung bewogen?

Da ich an der Renovierung der Gedenkstätte Sachsenhausen, dem ehemaligen SS-Lager arbeite, meinte ich, diese Stätten müßten mit Geld vor dem Verfall gerettet werden, es sind heikle, gigantische Dokumente der Unmenschlichkeit, und man muß ja auch ihren Standort berücksichtigen: Sie befinden sich mitten in städtischen Regionen und sind sehr repräsentativ. Deshalb glaubte ich, die Leute würden da hingehen und sich einen Eindruck davon machen, und deswegen sollten wir da Geld investieren, da diese Bauten verfallen, Ravensbrück zum Beispiel, viele solcher Stätten ... Aber dann wurde mir klar: Das stimmt ja gar nicht, die Leute gehen da niemals hin! Sie kommen nach Berlin, aber wer will schon nach Ravensbrück? Es muß etwas in der Stadt geben, um die Leute wenigstens an das Problem heranzuführen, das ja unmittelbar mit dem Holocaust zu tun hat und mit der Rolle dieser Stadt, der Hauptstadt, vor allem in der Zukunft und gegenüber der Geschichte.

Das war meine erste Überlegung: Es ist unrealistisch zu glauben, die Leute besuchten diese Gedenkstätten nicht. Und meine zweite Überlegung war die Idee, daß das Jüdische Museum selbst das Mahnmal sein könnte. Aber das ist, wie gesagt, falsch. Im Jüdischen Museum geht es nicht nur um Tod und Vernichtung, sondern auch um Kreativität, Kontinuität und andere Dinge, nicht nur um die Geschichte jener schrecklichen Jahre von '33 bis '45.

Wie sieht Ihre Konzeption eines Mahnmals aus?

Ganz einfach: vertikal und gut sichtbar. Ich glaube, mein Entwurf ist der einzige dieser Art. Alle anderen sind niedrig, horizontal und nicht in eine sichtbare Komposition integriert, in der das Brandenburger Tor und der Reichstag Elemente einer Trias wären, einer Komposition also, die die wechselseitige Beziehung dieser Bauten zueinander verdeutlichen würde. Ich war der Meinung, dieses Mahnmal sollte wie ein Eingangstor zur Stadt sein. Ein sehr anderes Stadttor, das ins Zentrum führt und zum Tiergarten – für diejenigen, die nicht unbedingt kommen, um das Mahnmal zu sehen, also Autofahrer, Passanten usw. Deshalb habe ich einen Entwurf vorgelegt, der das Mahnmal nicht künstlich isoliert, sondern es sehr nachdrücklich öffnet, so daß es wirklich sichtbar, zu einem Teil des Alltags wird, und nicht diese traurige Rolle spielt, wo vielleicht einmal im Jahr irgend jemand einen Kranz niederlegt. Nein, es soll ein Bild sein, das leuchtet, eine Komposition, die der Stadt selbst angemessen ist.

Daß ein Jude ein jüdisches Museum baut, kann man durchaus nachvollziehen. Aber halten Sie es für sinnvoll, wenn ausgerechnet ein Jude dem Land der Täter ein Mahnmal errichtet?

Diese Frage habe ich mir natürlich auch gestellt. Wer bin ich? Ich wurde in Polen geboren, habe in Israel gelebt, bin in New York aufgewachsen, in England zur Schule gegangen, und den größten Teil meines Lebens war ich woanders, in Italien, Finnland. Was ist ein Deutscher? Wer ist heute Deutscher? Was ist ein Jude? Das sind die Fragen, über die das Mahnmal uns unter anderem aufklären soll. Aber ich stimme Ihnen zu, es ist ein Dilemma, ein Problem, da gibt es keine einfache Antwort. Ich glaube, letzten Endes habe ich den Mahnmal-Entwuf als Mensch gemacht. Es kam mir nicht in den Sinn, es als Jude zu tun. Im wesentlichen habe ich es wohl gemacht, weil ich hier in Berlin bin, weil ich involviert bin. Und ich würde es auch nicht für irgend jemanden sonst machen. Ich mache es nicht für die Deutschen oder trotz der Deutschen, sondern als jemand, der hier seit vielen Jahren unmittelbar betroffen ist.

Lassen Sie uns über die Mahnmal-Entwürfe der drei anderen Mitbewerber sprechen: Wo sehen Sie den großen Unterschied zu Ihrem Konzept? Und gibt es irgend etwas, das Sie an dem Entwurf von Eisenman kritisieren würden, der ja vermutlich realisiert werden wird?

Ja, zu kritisieren gibt es schon etwas. Es ist witzig, aber Peter Eisenman rief mich doch tatsächlich an und fragte mich: »Werden Sie den Garten des Berlin-Museums für das Mahnmal benutzen?« Ich sagte nur: »Nein, besten Dank!« Damit kenne ich natürlich die Grundlagen von Eisenmans Entwurf – sie sind ja ganz eindeutig. Was ich aber an allen Entwürfen zu kritisieren habe: Sie stehen wie eine künstliche Präsenz völlig losgelöst in einer Stadtlandschaft und weder zum Brandenburger Tor noch zum Reichstag stellen sie irgendeine Art von Beziehung her. Ich glaube, das ist

467

meine grundsätzliche Kritik: Ein Projekt von dieser Bedeutung für eine wirklich neue Republik muß eine gewaltige Vision der Stadt in einem urbanen Raum eröffnen. Das darf doch nicht zu einem Pseudo-Friedhof werden, auf dem niemand begraben liegt, zu einer künstlichen Trauerzone; nein, das muß ein klar ersichtlicher Raum sein, den die Leute durchqueren, der sozusagen in der Luft widerhallt, in der Atmosphäre der Stadt.

Wenn wir darüber nachdenken, wie wir selbst uns gegenüber Mahnmalen verhalten, die vor fünfzig oder hundert Jahren erbaut wurden: Glauben Sie, daß die Menschen sich auch in hundert Jahren noch an den Holocaust erinnern werden? Oder wird das Mahnmal einfach nur ein Bauwerk sein, an dem die Menschen vorbeigehen, wie wir selbst es ja bei so vielen anderen Denkmälern tun?

Eine sehr gute Frage. Robert Musil hat einmal gesagt, daß Denkmäler zu vergessen helfen. Mit dem Bau eines Mahnmals erwerben wir das Recht zu vergessen, wofür es eigentlich steht. Andererseits denke ich, daß es die tiefere Natur des Mahnmals, seine tiefe künstlerische, poetische, imaginative Natur ist, die es im Laufe der Zeit in etwas verwandeln würde, was uns erlaubt, seine eigentliche Bedeutung zu verstehen. Ich glaube also nicht ohne weiteres, daß ein Mahnmal nach ein paar Jahren zwangsläufig altern muß und irrelevant wird.

Lassen Sie mich die Frage noch einmal in Zusammenhang mit Ihrem Museum stellen: Könnte es nicht sein, daß in hundert Jahren das ganze Konzept anachronistisch geworden ist? Daß der Holocaust den Leuten völlig fremd geworden sein wird? Könnte es nicht sein, daß Juden wie Nichtjuden denken werden: Was hat das Ganze überhaupt zu bedeuten?

Nein, ich glaube nicht. Bauwerke, Architektur, Räume – und vor allem dieser – sind ja nicht nur beliebige Bauten, und das Jüdische Museum ist ja nicht irgendein neutraler Kasten, der mit Kunstwerken vollgestopft ist, keine plastische Umsetzung irgendeiner willkürlichen Idee. Der Bau steht in unmittelbarer Beziehung zu seinem Genius loci, in gerader Flucht zur Oranienstraße 1, zu Rahel Varnhagen, zu Heinrich Heine, zu den Tausenden vielfältiger Berliner Namen, die umherschwirren in der Leere des grauen Himmels von Berlin. Ich glaube, diese Situation wird immer bleiben, die Leere wird nie gefüllt werden. Egal, wie viele Häuser in Berlin wiederaufgebaut werden und an wie vielen Plätzen Wolkenkratzer entstehen mögen – ich glaube, die Leere wird bestehen bleiben und man wird einen Führer brauchen, der einen durch diese komplexe Geschichte geleitet. Und natürlich wird der Bau ein bestimmtes Datum in dieser Geschichte haben. Jedes Werk hat ein Datum in ihr. Aber ein Datum im doppelten Sinne: Es altert, und es datiert ein bestimmtes Ereignis, eine Zeit, eine Verantwortlichkeit – immer und immer wieder. In diesem Sinne müßte man wohl auch über das spezifische Licht des Baus reden, über seine Proportionen, seine Stofflichkeit. Ebenso wie natürlich über die Menschen, die es mit Leben erfüllen. Ein Gebäude ist nicht einfach nur eine leere Abstraktion. Es ist eine Bühne, auf der Ereignisse stattfinden, Diskussionen, Gespräche, Meditationen, Beobachtungen. Es braucht also Leben, das weiß jeder Architekt: Das Gebäude ist nur der erste Schritt, dann kommen die Arbeiter, die es bauen und sich ihr Werk betrachten, und dann kommt das Publikum, das die Arbeit sieht, die in dem Gebäude steckt, und das ist viel mehr als einfach nur einen leeren Raum zu konstruieren.

Zum Schluß die Frage eines Ewigen Juden: Wenn Ihre Arbeit hier beendet ist, werden Sie dann in Berlin bleiben?
Ach, wissen Sie, ich habe mir angewöhnt, nie langfristige Pläne zu machen. Vor einigen Wochen bemerkte jemand über meine achtjährige Tochter Rachel: Ist es nicht merkwürdig, daß Rachel in einem Zimmer schläft, in dem es keinen Schrank gibt? Ihre Sachen sind auch nach so vielen Jahren noch immer in reisefertigen Koffern. Nein, ich habe eine ganze Zeit in Berlin gelebt, und ich mag Berlin. Aber es wäre töricht von mir, wenn ich sagen würde: Ich werde hier auch in den nächsten zehn oder zwanzig Jahren noch leben. Wer kann das schon sagen?
Ich danke Ihnen für das Gespräch.

(Übersetzung aus dem Englischen: Matthias Wolf.)

Hanno Loewy

»Einen Ort in der Gesellschaft suchen«

*Sein Wuschelkopf ist sein Charakteristikum und gibt
diesem jungen, sehr ernsten und nachdenklichen Mann
ein schelmenhaftes Aussehen, das im krassen Widerspruch zu seinem anspruchsvollen Job zu stehen
scheint: Loewy ist Leiter des Fritz-Bauer-Instituts in
Frankfurt, das sich der Aufarbeitung der Geschichte des
Holocaust widmet. Bis zu unserem Treffen im Herbst
1998 hatten wir voneinander nur gehört. Um so neugie-
riger war ich, was er zu erzählen hatte. Ich traf da auf
einen etwas jüngeren Vertreter meiner eigenen Generation, der in ähnliche Richtungen denkt wie ich. Insofern war dieses Gespräch eine Art Rückbestätigung für
meine eigene Wahrnehmung der politischen Situation
in Deutschland. Obwohl wir stets beim förmlichen
»Sie« blieben, fand unser Gespräch in einer sehr vertrauten Atmosphäre in seinem winzigen Arbeitszimmer statt.*

Herr Loewy, welche Aufgabe hat das Fritz-Bauer-Institut?
Die Aufgabe ist – wenn man so will – die Wirkung des Holocaust
auf die Gegenwart zu untersuchen, interdisziplinär, in praktischer
und theoretischer Arbeit. Nicht nur, um Geschichte zu dokumen-
tieren, sondern um herauszufinden, wie sie auf uns heute wirkt.
Und das heißt natürlich, daß man sich theoretisch und praktisch

agierend in die Konflikte um die Vergangenheit hineinbegeben muß, um zu verstehen, wie sie weiterwirkt.

Wie sieht dies konkret aus? Wie können Sie sich als Institut in bestehende Auseinandersetzungen um die Vergangenheit einmischen?

Die Rolle eines Instituts wie unserem ist es, ein Stück weit so etwas wie ein Stachel im Fleisch zu bleiben, der verhindert, daß auch noch dieses Ereignis, dieser Bruch in der Geschichte quasi in eine neue Traditionsbildung subsumiert wird.

Wie schätzen Sie den Umgang in der BRD mit dem Holocaust generell ein? Kann man den Holocaust in das öffentliche Bewußtsein, in die Tradition dieser Gesellschaft integrieren?

Die Auseinandersetzung um die Erinnerung an den Holocaust verändert sich in der Gesellschaft laufend. Was gleich bleibt, ist, daß sie sich nicht auflöst. Und daß sie auch nicht aufgelöst werden kann in Identitäten, in Bekenntnisse eines vereinigten Deutschlands. Das wird ständig versucht, immer wieder auf andere Weise. Und es führt immer wieder dazu, daß das Ereignis selbst, die Vernichtung, zugedeckt wird mit Sinnstiftung, mit Bildern, mit Monumenten, mit Versuchen, ihm irgendeinen Sinn zu unterlegen. Und insofern muß sich Erinnerung an den Holocaust heute mindestens ebenso gegen das Vergessen, wie gegen die falsche Erinnerung, gegen die Vereinnahmung wehren.

Wie wehrt man sich dagegen?

Erstens, indem man versucht, die Widersprüche, die in solchen Debatten enthalten sind, möglichst offen zu artikulieren. Indem man versucht, immer wieder zurückzugehen zu Quellen, die wenigstens eine Ahnung davon vermitteln, was die Erfahrung dieser Geschichte für die Opfer bedeutet hat. Zurückzugehen zu Quellen wie Tagebüchern aus den Ghettos, Texten, die damals geschrieben worden sind, Briefe, Erfahrungsberichte. Ein Stück weit immer wieder festzuhalten, daß in ihnen eine radikal uneinholbare Erfahrung vorliegt.

Halten Sie die Art und Weise, wie die Goldhagen-Diskussion verlief, für symptomatisch für das, was Sie hier beschreiben?

Die ganze Diskussion um das Buch von Goldhagen verlief ja in einer seltsamen Wellenbewegung. Anfangs wurde das Buch annonciert und war wenigen bekannt. Und die Zunft hat zunächst mal beleidigt darauf reagiert, daß ein junger Historiker aus den USA mit großsprecherischen Aussagen behauptet, er hätte den Stein der Weisen gefunden. Und gleichzeitig war allen klar, daß das Buch einen wunden Punkt berührt, nämlich die Frage des engen Zusammenhangs von Antisemitismus, Nationalbewußtsein und nationaler Identität. Und die Debatte um das Buch hat letztlich das Problem wiederholt und nochmals deutlich gemacht. Wie sehr die »Judenfrage« für die Deutschen in ihrer Selbstwahrnehmung offenbar zu einer traditionellen Existenzfrage eigener nationaler Identität geworden zu sein scheint.

Und die Wut und gleichzeitig, als er nach Deutschland kam, die ganz seltsame Begeisterung für ihn, ist überhaupt nicht anders zu verstehen, als daß von ihm affirmativ ganz stark besetzte Tabuzonen berührt worden sind. Und interessant war für mich gar nicht so sehr die Ablehnung des Buches auf der wissenschaftlichen Ebene. Sondern interessant war eigentlich die positive Energie, die da plötzlich ausbrach, als er kam, und man sich dann doch wiederum freute, daß jemand so deutliche Worte spricht, die gleichzeitig aber das Ereignis ganz weit weg von den jetzt Lebenden brachten. Das war ja nicht nur seine Fußnote, daß die Deutschen nach 1945 natürlich ganz viel gelernt hätten und der Antisemitismus hier irgendwie besiegt worden sei durch die *re-education* oder durch die Läuterung, die das Verbrechen bewirkte. Sondern es war ja sein Ansatz von Anfang an: Man muß über die Deutschen der damaligen Zeit so reden wie über ein Volk von einer primitiven Insel.

Er sagte nicht: über die Deutschen, sondern: über die Deutschen der damaligen Zeit. Das heißt, er hat einen ganz tiefen Schnitt gemacht. Er hat den Holocaust ganz weit weggeschoben von unserer Gegenwart und von den Menschen, die heute hier leben. Und das war eine ungeheure Entlastung. Und so glaube ich, gibt es auch Gründe, warum der Empfang für ihn auch eine emphatische, begeisterte Seite hatte. Ich glaube, das Buch war letztlich für diese Gesellschaft, jedenfalls für die Nachgeborenen, die Jungen heute, auch in mancher Hinsicht ein ganz seltsames Entlastungsangebot. Und nicht nur die Provokation, als die es angekündigt war, die es natürlich auch erst mal war.

Glauben Sie, daß die Diskussion um das Goldhagen-Buch anders verlaufen wäre, wenn es keine Wiedervereinigung gegeben hätte, also in der alten BRD?

Die Wiedervereinigung hat natürlich alle Koordinaten verändert, die das Verhältnis der Deutschen zu ihrer Vergangenheit angeht.

Können Sie das erläutern?

Und zwar hat sie aus den Deutschen wieder die Deutschen gemacht. Die Deutschen sind plötzlich wieder in der Situation, nach ihrer Mitte zu suchen, nach ihrer Identität, in einem Maße, wie es zur Zeit der als System definierten Zweistaatlichkeit, zumindest an der Oberfläche, nicht so deutlich war. Die staatlichen Identitäten, die Identitäten der Gesellschaften, waren nicht in erster Linie durch ihr Deutschsein geprägt, sondern durch die Zugehörigkeit zu bestimmten politischen Blöcken, zu bestimmten Bündnissystemen, zu bestimmten gesellschaftlichen Vorstellungen, zu einem System. Das war ein Mix von unterschiedlichen Identitätsangeboten, an denen man sich orientieren konnte, der aber auch eine große Offenheit besaß.

Seit 1989, seit es wieder ein gemeinsames Deutschland gibt, versuchen die Deutschen, sich erneut in der Mitte Europas zu positionieren. Und sie probieren – jedenfalls viele Intellektuelle tun das heute – wieder so etwas wie die Substanz des Deutschen, der deutschen Kultur zu finden. Und das ist ein sehr gefährlicher Prozeß, weil es eine Ethnisierung der Identität bedeutet, eine Nationalisierung der Identität, die immer auf Ausschluß beruht. Und das Verrückte ist, daß der Holocaust, die Verbrechen – zumindest in einem Teil der deutschen Öffentlichkeit – zu etwas Verbindendem wird, zu einer gemeinsamen Erfahrung. Das Sich-Verstricken in Schuld, das tatsächlich ein gemeinsames Problem darstellt, wird von ganz vielen Seiten mittlerweile wieder positiv zu besetzen versucht.

Und ein anschauliches Beispiel dafür war die Rede von Klaus von Dohnanyi in der Frankfurter Paulskirche zu einer Ausstellung über Wehrmacht und Widerstand, wo er in dieser Rede die »Größe der Verbrechen«, die »Einmaligkeit der Verbrechen« mit der »Einzigartigkeit des deutschen Widerstands« verrechnete. Die Deutschen waren auf jeden Fall einmalig, die Verbrechen waren einmalig und einzigartig. Der Widerstand war auch innerlich viel heroischer als der Widerstand anderer, weil es ein Ringen mit sich selber darstellte, so sagte er. Und es heißt, die Deutschen sind vor allem eins: nämlich groß und tief. Im Verbrechen und im Widerstand, das heißt im Heroismus. Daraus wird letztlich wieder ein moralisches Großmachtsgehabe, das eigentlich nur gefährlich sein kann. Und darin spielt der Holocaust mittlerweile auch eine affirmativ besetzte Rolle, das ist das Seltsame.

Wenn Sie sagen, daß der Holocaust diese Rolle für das neue nationale Bewußtsein spielt, welche Rolle spielen dann die heute hier lebenden Juden dafür und für diese Gesellschaft?
Das ist schwer zu beschreiben. Lange Zeit war es so, daß es für die deutsche Öffentlichkeit sehr praktisch war, daß die Judenfrage scheinbar mit der Existenz des Staates Israel gelöst war. Das war für große Teile der deutschen Öffentlichkeit ein sehr bequemes Angebot. Sozusagen: Die Juden sind jetzt auch eine Nation geworden, und als solche haben sie mit uns nicht mehr viel zu tun. Und da kann man Freundschaft pflegen und sie unterstützen und nett sein zueinander. Aber man hat eine Distanz hergestellt, die sehr entlastend war.

Nur in diesem Kontext kann man verstehen, daß jemand wie Axel Springer und andere aus diesem Spektrum sehr viel dafür getan haben, die deutsch-israelischen Beziehungen zu verbessern und zu stärken.

Und jetzt ist dies – und das ist innerlich sehr widersprüchlich – auf mehrere Arten ganz anders geworden: Erstens haben die Juden in Deutschland begonnen, sich doch sehr offensiv nicht mehr als »Exil-Israelis«, die zufällig gerade hier sind, oder noch hier sind, zu definieren, sondern suchen einen eigenen Ort in dieser Gesellschaft. Und das immer noch sehr tastend und sehr unsicher, was das für ein Ort sein kann.

Und nun suchen die Deutschen wieder nach ihrer Mitte, nach ihrer Identität. Und in dieser deutschen Identität sind die Juden eigentlich als Holocaust präsent. Also etwas Vergangenes, radikal Zerstörtes, als die eigene Schuld. Die in Deutschland lebenden Juden sind für diese Versuche, deutsche Identität zu konstituieren, schon eher wieder eine Belastung und werden eher als ein Problem empfunden. Und da gibt es auch aggressive Reaktionen. Es ist ein sehr widersprüchlicher Prozeß, weil da zwei Bewegungen gleichzeitig, aber gegenläufig stattfinden. Denn der Versuch von Juden in Deutschland, einen Ort für sich zu finden, birgt gleichzeitig die Forderung an die Gesellschaft, sich nicht mehr substantiell als eine Identitätsgesellschaft zu begreifen, sondern eher als eine plurale offene Zivilgesellschaft. Und diese Forderung, die auch immer selbstbewußter vorgetragen wird, die stößt genau auf einen gegenläufigen Prozeß in dieser Gesellschaft. Und stößt gleichzeitig in eine Situation hinein, wo es ja auch noch ganz andere Menschen in dieser Gesellschaft gibt, die eine solche Öffnung der Gesellschaft fordern. Nämlich die Arbeitsemigranten, die mittlerweile hier in zweiter oder dritter Generation leben. Die suchen mittlerweile auch ihren Ort und erwarten zu Recht von dieser Gesellschaft, daß sie sich stärker als eine Einwanderungsgesellschaft begreift und Integrationsangebote macht, für die, die wirklich hier bleiben und ihre Existenz hier aufbauen und definieren wollen.

Das sind also drei Bewegungen von drei unterschiedlichen Gruppen in diesem Land, die nicht in dieselbe Richtung gehen, nicht ineinander aufgehen.

Und wie das ausgeht, das weiß keiner.

Eine vierte Bewegung: Inwiefern wird die Bewegung der Europäischen Union in diesem Land für Minderheiten, auch für Juden, ein Vorteil sein?

Das Wort Europa kann viel bedeuten. Zum einen schafft es natürlich Integration. Es wird zumindest ein Rahmen gesteckt, damit dieser Konflikt in der Schwebe bleibt, damit es keine Radikallösung in irgendeine Richtung gibt. Andererseits gibt es deutliche politische Interessen in Deutschland, die europäische Union zum Vorhof der eigenen Identitätspolitik zu machen. Siehe Italien und die albanischen Flüchtlinge ...

Deutlich wird, daß es auch ein Konzept der EU in Deutschland gibt, die – böse gesagt – Festung Europa, mit Deutschland als mächtige Mitte. Das hatten wir schon mal, daß man den anderen erklärt, wie man mit den Grenzen umgeht. Es geht nicht um Europa oder nicht Europa, sondern darum, welches Europa sich gestaltet!

Die Bedeutung des Holocaust für die Neuentwicklung der deutschen Identität haben Sie bereits beschrieben. Es gibt aber auch die negative Identität der Juden via den Holo-

caust. Welche Bedeutung hat er für die Zweite und Dritte Generation hier in Deutschland?

Unterschiedlich. Es hängt stark davon ab, welche Geschichte hinter den Menschen steht. Es ist nicht immer »der Holocaust«. Welche Entscheidungen wurden getroffen, war man etwa in Israel?

Viele leben immer noch in einem sozialen Ghetto. Es gibt andere, die wenig Kontakt mit dem jüdischen Gemeindeleben haben, die versuchen, Identitätsfragen zu umgehen und die eigene Rolle in der Gesellschaft anders zu definieren: über den Beruf, den Alltag etc. Das ist sehr unterschiedlich. Ich glaube, die Heftigkeit der Diskussion wird sich immer wieder neu entzünden, ob es um neue Gemeindegründungen, um politisches Engagement oder um Versuche einer Rückkehr zu den religiösen Wurzeln gehen wird, die Optionen sind unterschiedlich.

Der Spielraum ist größer geworden, weil die Zahl der Juden in Deutschland größer geworden ist, es gibt mehr Aktionsmöglichkeiten. Weil auch die Lebenslügen, mit denen man gelebt hat, nicht mehr funktionieren, weil man merkt, daß man sich hier etabliert hat.

Und auch, weil der Anspruch Israels, die Identitätsfrage der Juden geklärt zu haben, sich als absolute Schimäre erwiesen hat. Nicht nur, weil Israel in den Status eines Dauerkriegs eingetreten ist und offensichtlich konfliktfrei nicht mehr existieren kann. Sondern weil die zentrifugalen Kräfte Israels selbst so groß geworden sind, daß man den Eindruck hat, daß ein Frieden den Zusammenhang der Gesellschaft bedrohen kann. Die Spannungen, die zwischen den Religiösen und Säkularen herrschen, sind kaum noch zu beschreiben.

Das wirft einen als Juden wieder dorthin, wo man gerade ist: in die Diaspora, sei es in Deutschland, in Frankreich oder in den USA. Manche dieser Fragen stellen sich wegen des Holocausts in Deutschland einfach dringender. Natürlich, da existiert ein moralisches Problem. Aber diese Dinge haben sich aufgeweicht. Der gelebte Alltag wiegt mehr als die Moral oder die Lebenslüge.

Diese Aufweichung, der Einfluß des Alltags auf das Leben der Juden – ist das gleichzusetzen mit der von deutscher Seite viel geforderten Normalität?

Das ist etwas sehr Ambivalentes. Sich-Einlassen auf den Alltag hier, die Beziehungswelt, die politische Wirklichkeit konfrontiert einen mehr damit, was nicht normal ist. Die Umrisse werden schärfer, das ist nicht »normaler«. Das Bewußtsein wird klarer. Die Spannungen werden offen artikuliert, das alles ist weit weg von einer Normalität.

Das Fritz-Bauer-Institut ist keine jüdische Einrichtung und doch steht ihm mit Ihnen ein Jude vor, der sich einmischen will in die Diskussion um den Holocaust in der Gesellschaft heute. Ist das doch nicht wieder »der Jude«, der zum Mahner wird? Wäre es nicht besser, einen nichtjüdischen Leiter zu haben?

Die Frage stellt sich hier bei der Arbeit oft: Warum muß es ausgerechnet ein Jude sein? Da mischen sich berechtigte Überlegungen mit Ressentiments.

Das Institut befindet sich zwischen allen Stühlen: sowohl Forschung als auch Dokumentation als auch Erinnerungskultur. Es leistet also symbolische und ästhetische Arbeit. Das ist ein permanenter produktiver Konflikt. Es ist auch eine Institution, in der Staat, Stadt und Land etwas zu sagen haben, aber es gibt einen Verein, der das Institut auch voll mit trägt, der offen ist, der nicht an den deutschen Grenzen haltmacht, in dem sich jüdische und nichtjüdische Deutsche und deutsche und nichtdeutsche Juden engagieren. Insofern sind wir im Brennpunkt unterschiedlichster Perspektiven dieser Geschichte.

Ich stehe auch persönlich zwischen den Stühlen: Mit jüdischem Hintergrund, aber in Deutschland aufgewachsen, aus einer deutsch-jüdischen Familie. Diese Situation ist schwer zu ertragen, auch von den anderen, birgt aber gleichzeitig eine gewisse Freiheit. Eine Beweglichkeit, für unterschiedliche Fragestellungen offen zu sein. Man muß aus der Not eine Tugend machen, vielleicht ist es eine Chance …

Wie halten Sie die Anfeindungen aufgrund ihres aktiven Engagements aus?

Mit Bloch zu sagen: Egal, wo man ist, man nimmt sich mit. Das sind Konflikte, die mit meiner Existenz zu tun haben. Ich kann also nicht davor weglaufen. Ich bin hier aufgewachsen, habe hier die stärksten Beziehungen. Ich wüßte nicht, warum man weglaufen soll, solange man noch kämpfen kann. Und davon sind wir glücklicherweise auch weit entfernt. Aber das Existieren ist auch ein Kampf, nichts ist selbstverständlich. Man kann nur sagen, man will das nicht, und geht. Aber woanders wird man dasselbe oder andere Probleme haben. Oder man bleibt und setzt sich auseinander. Und ich glaube, die Auseinandersetzung hat für alle etwas Produktives. Die Auseinandersetzung erfolgt durch das Institut, wissenschaftlich, pädagogisch, ästhetisch etc. Dazu gehört auch, sich in den öffentlichen Streit mit der Gesellschaft zu begeben.

Eine Gelegenheit für das Institut war natürlich auch die Hamburger Ausstellung über den Vernichtungskrieg, die von München nach Frankfurt zog. In Frankfurt haben wir die Ausstellung als Gelegenheit für eine Auseinandersetzung mit den Besuchern genutzt. Das war auch schmerzhaft, was da ablief. Aber es war spannend.

Das heißt auch, daß man nicht die Hände in den Schoß legt und definiert, wer »wir Deutsche« sind, wie Dohnanyi in der Paulskirche.

Paßt Dohnanyis Ansatz Ihrer Meinung nach zusammen mit dem Versuch, 1995 bei den Feierlichkeiten zum Kriegsende, den 8. Mai 1945 als Befreiung der Deutschen von den Nazis zu sehen?

Es ist ja tröstlich, daß es nicht geklappt hat. Viele versuchten, den 8. Mai '45 als Befreiungstag zu sehen. In der Diskussion ging alles durcheinander. Das war ja eine Befreiung der Welt von den Nazis. Aber in der ganzen Diskussion um den Nationalsozialismus hat man immer wieder den Eindruck, daß es populär ist, die Nazis als *aliens* zu sehen, die die Deutschen besetzten und dämonisch verführten, und von denen man 1945 wie von einem Fluch befreit wurde. Mit dieser Interpretation, die die Nazis ganz von sich wegschiebt, konkurriert mittlerweile die andere Variante, sich im Bekennen zur eigenen Täterschaft wieder als ethnisches Kollektiv zu definieren. Das ist das Neue.

Das Verrückte ist, daß dieser Vorgang eine linke nationale Variante ist, das Pathos der Sühnenden: Wir sühnen und sind daher besonders gut. Das alte Projekt der Nazis, das wirklich auserwählte Volk zu werden: Man nimmt die Stelle der Juden ein. Man errichtet einen Opferaltar, mit dem man an das Opfer der Juden erinnert und man selbst an deren Stelle tritt. Das ist die andere Variante des Umgangs mit der Nazierinnerung in der deutschen Gesellschaft.

Beides macht eine Integration dieser Gesellschaft, die wir real vorfinden, völlig unmöglich. Hier leben nicht nur Deutsche, Täter oder Heroen, sondern ganz unterschiedliche Menschen. Wollen wir eine Gesellschaft sein und nicht ein ethnischer Kampfbund, dann müßten wir uns auf andere Werte konzentrieren als gemeinsame Schuld. Das können wir gerade in der pädagogischen Arbeit sehen. Wenn in den Schulklassen, wo die Hälfte der Schüler Ausländer sind, ein Lehrer an die gemeinsame Schuld appelliert, wird die Hälfte der Schüler von einer Beschäftigung mit dem Thema ausgeschlossen, bzw. die Deutschen werden zusammengeschweißt und die anderen ausgeschlossen.

Wenn dem so ist, daß die Sehnsucht nach Erlösung zu einer neuen Ausgrenzung führt, was bleiben dann der deutschen Gesellschaft noch für Wege offen, auch von jüdischer Seite, in dieser Gesellschaft zum Pluralismus zu kommen?

Es gibt wenig Allheilmittel. Einzig: Die unterschiedlichen Erinnerungen als unterschiedlich anzuerkennen und nicht zu einer Erinnerung zu vermischen. Das kann darin bestehen, nationale Symbole und die Erinnerung an den Holocaust zu trennen.

Also nicht ein Nationaldenkmal zu bauen, sondern dort Denkmäler, wo sie an konkrete Menschen, Orte, Bedeutungen erinnern. Nicht ein universelles Symbol. Das heißt im Unterricht: Sich den historischen Prozeß anzuschauen, sich mit den konkreten Menschen zu beschäftigen und die Perspektiven, die die verschiedenen Schüler haben, erst zur Sprache kommen zu lassen, als gleich eine Synthese zu sehen.

Und vor allem nicht immer so zu tun, als wäre es heute hie und da wie damals, so eine falsche Aktualisierung. Das widerspricht dem naturwüchsigen Bedürfnis, allem einen Sinn zu geben, eine Lehre zu ziehen, universell zu machen. Also muß man gegen diese Bedürfnisse arbeiten.

Das ist eine Arbeit, die nicht endet. Und sie wirft einen hin und her zwischen dem Tun und dem Reflektieren über das Tun. Das ist mühsam. Das genaue Gegenteil von einer symbolischen Lösung.

Es ist so mühsam wie zivilisatorische Lösungen, die nicht die

Erlösung bringen, die jedoch ermöglichen, weniger konfliktreich zu leben, aber kein Heil bringen. Es ist so langweilig, wie Demokratie langweilig ist. Es geht einfach nur weiter.

Sie haben Ihre Aufgabe als Jude in der Gesellschaft beschrieben, gegen Strömungen anzukämpfen, mitzugestalten. Jeder Zionist würde Ihnen sagen, Sie haben nichts aus der Diaspora gelernt, Sie wiederholen nur, und man sieht ja, wo das endet. Wo ist in Ihrer Sicht ein Neuansatz für die jüdische Gemeinschaft in Deutschland heute gegenüber der Situation der Juden in der Diaspora vor der Shoah?

Es gibt viel, das ist nicht anders. Aber das ändert nichts daran, daß das Heilsversprechen des Zionismus genauso wenig trägt wie das Heilsversprechen des Kommunismus. Ich denke, es hat sich längst erwiesen und wird noch deutlicher: Der Zionismus hat keine der entscheidenden Fragen des Judentums zur Identität gelöst. Die Vision des Zionismus war, die Spannung, die im Judentum zwischen Volk und Religion herrscht, aufzulösen. Daß ein Mensch, der nicht aus dem Volk stammt, Jude werden kann, weil er der Religion beitritt, und der aus dem Volk stammt, sagen kann, Religion spielt keine Rolle mehr, aber ich bleibe trotzdem Jude.

Der Zionismus wollte diese Spannung in der Neuschöpfung einer Nation, eines Staatsvolkes auflösen. Wir brauchen nicht lange zu überlegen, ob das aufging. Es ging nicht auf. Die Tatsache, daß das Judentum als Religion und Volk fortbesteht, hat aus der zweipoligen Spannung eine dreipolige gemacht, drei Definitionen konkurrieren nun.

Da ist eine Konstruktion entstanden, die in sich keine Stabilität besitzt, die aus sich heraus nicht existieren kann, die davon lebt, daß das andere weiterhin fortbesteht. Das geht nicht gut auf Dauer. Ein Staat ist entstanden, der alles andere als normal ist, ein Staat, der auf die wichtigsten Dinge verzichtet, wie Souveränität als säkularer Staat, und die Definition, wer ihm angehört, den Rabbinern überläßt, überlassen muß. Der Staat kann ja nicht definieren, was ein Jude ist. In Deutschland hat man ja nach acht Jahren Aufenthalt das Recht, den Staatsbürgerschaftsantrag zu stellen, das ist noch die schwierigste Variante. In Kanada kann man sich die Staatsangehörigkeit kaufen. In Frankreich und den USA reicht die Geburt dort. Das ist eine säkulare Form des Erringens von Staatsbürgerschaft. In Israel braucht man zur Definition, wer der Staat ist, die alte Definition. Man kann sie also nicht abschaffen. Die Spannung wird also immer größer, zwischen denen, die sich religiös definieren, die sich als Staatsbürger Israels definieren, und denen, die sich militant ethnisch definieren …

Es wird immer wieder von Juden im Ausland kritisiert, daß Juden hier leben. Auch wenn es Versuche gibt, das endlich zu sanktionieren. Ist es noch ein langer Weg, bis Juden in Deutschland zu einer Selbstverständlichkeit geworden sind?

Das wird ein langer Weg sein, weil es noch lange Interessen geben wird, zu denen es paßt, die Existenz von Juden in Deutschland zu skandalisieren. So ein Auftritt wie der von Ezer Weizmann hier in Deutschland hat eine Funktion für die israelische Identitätsbildung, auch für die israelische Innenpolitik: In die Höhle des Löwen zu fahren und denen Bescheid zu sagen. Das kann auch in 20 Jahren noch eine attraktive Inszenierung eines israelischen Politikers sein.

Aber von der Tendenz her ist es so, daß in Deutschland ein Pluralismus jüdischer Gemeinden entsteht. Und das ist der stärkste Ausdruck dafür, daß der Druck, alles unter den Teppich zu kehren, schwächer geworden ist. Juden werden nicht mehr so monolithisch wahrgenommen, auch aus dem Ausland. Das dividiert sich auseinander. Ist aber ein langsamer Prozeß. Wo wir stehen, darüber kann man streiten, oder welche Parameter wichtig sind. Das Problem, daß man sich als Jude in Deutschland rechtfertigen muß, das nimmt auch ab, nicht zuletzt deshalb, weil man immer weniger Leuten begegnet, die das Trauma selbst erlebt haben.

Wie wird der Jude in Deutschland von innen heraus sein Stigma los, wie kann er das abschütteln?

Das kann er ja gar nicht alleine, das kann er nur mit der Gesellschaft, die ihn stigmatisiert. Das Stigma hat er nicht einfach, sondern es wird permanent erzeugt.

Wenn Stigma nicht mehr meint als eine Differenz, die man weiterhin empfindet, dann würde ich sagen: Das Stigma wird bleiben. Ob es ein Makel ist, ist eine andere Frage. Aber die Differenz wird nicht aufgehoben. Die Gesellschaft wird keine Verschmelzung erleben. Die Hoffnung, die es im deutschen Judentum gab, auf so etwas wie die vielbeschworene Symbiose, die mehr war in der Vorstellung als bloß das Aufgehen in der Gesellschaft und der Kultur, wird sich nicht erfüllen. Dahinter steckte ja die Vorstellung, daß es eine besondere Verwandtschaft zwischen Deutschen und Juden gäbe: Das findet man von Heinrich Heine bis Arnold Zweig oder Hermann Cohen. Und diese Vorstellung gipfelt in der Utopie, daß aus der Symbiose auch etwas Neues entstehen könnte. Ich glaube, das ist nach Auschwitz nicht mehr möglich.

Das war nicht nur eine jüdische Hoffnung, sondern auch eine deutscher Intellektueller, die eine diffuse Nähe zu den Juden haben. Sie meinten, daß man von ihnen lernen, ihr Erbe antreten, ihre Rolle spielen müsse. Die am existentiellsten darüber nachdachten, wer wir Deutschen sind, unsere Substanz, unser Wesen, von Fichte über Kant, Goethe, Thomas Mann bis hin zu Luther, der die deutsche Sprache mit schöpfte, alle jagten dem Phantom nach, daß man die Juden und das Verhältnis zu ihnen verstehen müsse, um sich als Deutsche selbst zu verstehen und zu definieren.

Selbst bei Hitler sind die Juden nicht nur das perfekte Gegenteil des deutschen Menschen, sondern auch unser Bruder, etwas Nahes. Das ist auch eine Vorstellung, die tiefe Wurzeln im deutschen Antisemitismus hat, in der intellektuellen deutschen Nationenbildung, und damit ist sie ein zentraler Teil der Vorgeschichte von Auschwitz. Radikal an die Stelle des Vernichteten zu treten.

Das ist geschehen, ist historisches Faktum, ist also nicht vorbei, aber alles Emphatische, Utopische, das ist vorbei. Man lebt mit dem, was es produziert hat.

Unter dieser Hypothek Normalität herzustellen, ist schwierig. *Es gibt den Witz mit dem Nazi und dem Juden nach 1945. Ein Jude begegnet einem Nazi, der ihm zuruft: »Heil Hitler!« und der Jude antwortet nur lakonisch: »Bin ich sein Psychiater?« – Müssen Juden in Deutschland heute die Psychiater der Gesellschaft sein?*
Es gibt das verrückte Phänomen, daß das in manchen Fällen ganz konkret so ist, nur funktioniert es nicht. Diese jüdischen Psychiater und Psychologen leben aber nicht in Deutschland, sondern in Kalifornien oder in Israel. Und die kommen regelmäßig nach Deutschland und machen Gesprächstherapien und Psychodramaseminare mit Täterkindern, teils sogar mit prominenten Täterkindern. Mit Martin Bormann, mit dem Neffen von Heydrich, al-

so mit solchen, die was hermachen. Das klingt jetzt so böse, ist aber für sie selber nur schrecklich und traurig. Ich sage das jetzt nur aus der Perspektive des Juden, der von außen kommt und dem Deutschen begegnen möchte. Da ist der Bormann-Sohn besser als einer, der im Wohnungsamt arbeitet. Und die spielen wirklich die Rolle von Gurus, die es deutschen Täterkindern, die sich als solche selbst definieren, erlauben, Dinge auszusprechen, die sie woanders nicht aussprechen können und anstatt bestraft zu werden, dafür noch belobigt werden. Da gibt es ganz diffuse Bedürfnisse, auch auf jüdischer Seite, wieso soll es die nicht geben? Aber interessant ist, daß die Rolle eher von Juden gespielt werden kann, die von woanders herkommen.

Ich danke Ihnen für dieses Gespräch.

Joel Levy

»Eine Renaissance jüdischen Lebens«

Bevor Joel Levy Direktor der Ronald-Lauder-Foun-
dation in Berlin wurde, kannte er die Hauptstadt bereits
recht gut, da er die Berliner Außenstelle der US-Bot-
schaft geleitet hatte. Und als Ronald Lauder, der ameri-
kanische Millionär und ehemalige Botschafter in
Österreich, ihn bat, seine Stiftung zu leiten, sagte der
engagierte, drahtige Mann sofort zu. Ronald Lauder
unterstützt mit seiner Stiftung den Wiederaufbau jüdi-
schen Lebens in Mittel- und Osteuropa und Levy fand
die Idee faszinierend, Berlin wieder zu einem jüdischen
Zentrum zu machen. Sein Büro ist in der Oranienbur-
ger Straße in einem wuderschön renovierten Jugend-
stilhaus, und als wir uns 1998 zu diesem Interview tra-
fen, war die Foundation zwar bereits etabliert, aber
immer noch dabei, mehr und mehr zu expandieren. Zu
gleicher Zeit eröffnete auch das American Jewish Co-
mittee in Berlin ein Büro, ein weiteres Zeichen dafür,
daß die amerikanische Judenheit die Stadt an der Spree
als wichtiges jüdisches Zentrum der Zukunft in Europa
ansieht. Im Herbst 1999 richtete Levy am Prenzlauer
Berg ein jüdisches Lehrhaus ein. 50 Jahre nach dem Ho-
locaust scheint jüdische Gelehrsamkeit allmählich nach
Deutschland zurückzukehren.

Herr Levy, Sie sind der Vertreter der Ronald-Lauder-Foundation hier in Berlin. Was ist das Ziel Ihrer Stiftung?

Die Stiftung wurde vor etwas mehr als zehn Jahren gegründet. Sie will dabei helfen, das jüdische Leben in Mittel- und Osteuropa wiederaufzubauen. Wir haben das Büro hier in Berlin 1997 eröffnet, um uns auch hier in Deutschland dieser Aufgabe zu widmen.

Warum, glauben Sie, ist Deutschland ein guter Platz für Ihre Arbeit?

Es ist ein wichtiger Ort wegen der enormen Einwanderungswelle von Juden aus der ehemaligen Sowjetunion. Die Wachstumsrate der jüdischen Gemeinschaft in Deutschland ist die höchste in Europa. Wir denken, daß jene Menschen eine jüdische Identität erhalten sollen, daß sie eine jüdische Erziehung bekommen müssen und damit die Gelegenheit erhalten, hier in Deutschland ein normales jüdisches Leben zu führen.

Was für Aktivitäten haben Sie diesbezüglich entwickelt?

Einige. Die meisten zielen auf die Erziehung. Wir arbeiten direkt mit Schulen in Deutschland zusammen. Es gibt jüdische Schulen in Berlin, Frankfurt, München und Düsseldorf. Wir bauen hier ein »Lehrhaus« auf, eine Institution, die Lehrer ausbilden soll.

Wie weit wird Ihre Arbeit von den Juden hier in Deutschland angenommen? Werden Sie, als ein Jude aus den USA, als Fremder angesehen, der sich hier einmischen will?

Überhaupt nicht. Es geht hier nicht um einen Fremden. Wir sind alle Brüder und Schwestern. Es entwickelt sich eine rasch wachsende jüdische Gemeinde in Deutschland. Wir arbeiten mit dem Zentralrat ebenso zusammen wie mit den Gemeinden. Die Akzeptanz ist hervorragend.

Was für Eindrücke haben Sie hier als ein Jude aus den USA? Was halten Sie von den Entwicklungen hier?

Ich kam 1993 zunächst als Diplomat nach Deutschland. Als Jude hatte ich damals große Vorbehalte. Ich war dann sehr glücklich, die Aufgabe hier in der Stiftung übernehmen zu können, da ich meine Meinung über das jüdische Leben in Deutschland geändert habe. Jetzt sehe ich die Entwicklung sehr positiv. Vielleicht können wir mit unserer Arbeit ja auch etwas zur Normalisierung in diesem Lande beitragen.

Sie hatten zunächst die Vorstellung, es sollten keine Juden in Deutschland leben. Was hat Ihre Meinung geändert?
Nun, ich bin schließlich auch ein Demokrat. Die Leute haben die unterschiedlichsten Gründe, warum sie hier leben. Und wir können ihnen die Mittel geben, hier ein jüdisches Leben zu führen.

Wie empfinden Sie die deutsche Öffentlichkeit?
Ich glaube, sie ist am Judentum interessiert. Ab und zu spreche ich mit nichtjüdischen Gruppen. Sie sind wirklich sehr interessiert und freuen sich darüber, daß das jüdische Leben sich in ihrem Lande wieder entwickelt.

Wie äußern sie sich diesbezüglich?
Sie sind neugierig, sie kommen zu unseren Veranstaltungen. Manchmal müssen wir sie sogar abweisen, weil unsere Aufgaben ja primär innerjüdisch sind.

In keiner anderen deutschen Stadt spürt man das Fehlen der Juden so sehr wie in Berlin. Geht es Ihnen da ähnlich?
Ja, sehr sogar. Wir haben unser Büro hier in der Oranienburger Straße, und ich bin mir sehr bewußt, daß das hier einst ein großes Zentrum jüdischen Lebens war. Es gab hier 170 000 Juden, 120 Synagogen. Heute sind es nur noch 11 000 Juden, zwei Drittel davon stammen aus der ehemaligen UdSSR. Es gibt da ein merkwürdiges Gefühl in den leeren Gebäuden ...

Inwieweit sind die Berliner sich dessen bewußt?
Nie genug. Außer denen, mit denen ich arbeite. Aus diesem Grund bin ich auch für das Holocaust-Mahnmal.

Glauben Sie denn wirklich, daß dieses Mahnmal die Schrecken des Holocaust verdeutlichen kann?
Nein, das kann es nicht. Aber es ist immerhin ein sichtbares Erinnerungszeichen. Die KZs sind viel signifikanter, aber sie sind nicht sichtbar. Es gibt keine adäquate Form der Erinnerung, aber ich denke doch, daß das Mahnmal wichtig ist.

Es gibt in den Gemeinden ja unterschiedliche religiöse Entwicklungen. Welche Form des Judentums bringen Sie hierher?
Unterschiedliche. Zunächst wollen wir das Wissen der Leute vertiefen. Wir ermöglichen ihnen, das ganze Spektrum des Judentums zu erforschen. Es gibt orthodoxe Synagogen, aber nur weni-

ge orthodoxe Juden. Wir haben da unsere ganz eigene Philosophie: Alles, was das jüdische Wissen verbessert, ist gut.

*Wie sehen Sie die Zukunft dieser Gemeinden hier im Ver-
gleich zum übrigen Europa?*

Nun, überall in Europa gibt es eine Renaissance jüdischen Lebens.
Unsere Stiftung spielt darin auch eine wesentliche Rolle. In Polen
– einst als jüdischer Friedhof verschrien – gibt es eine Wiederauferstehung jüdischen Lebens. Es ist fast ein Wunder. Krakau, Warschau, auch in Rumänien, in Bulgarien, in der Ukraine ist es so.
Und nun auch in Deutschland. Es ist schon wahr: Das große geistige Zentrum, das gibt es nicht mehr hier in Europa. Die jüdischen Zentren befinden sich jetzt in den USA und in Israel. Dennoch gibt es hier eine Wiederauferstehung.

*Bis jetzt lebten Juden in Deutschland stets mit einem
Schuldgefühl. Ihr Judentum bezog sich vor allem auf die
Vergangenheit und eine totale Unterstützung des Staates Israel. Diese zwei Säulen jüdischen Lebens in Deutschland
scheinen nun zu verschwinden ...*

Nein, sie werden auch weiterhin wichtig bleiben. Aber für die
Menschen, die jetzt aus Osteuropa hierherkommen, ist das natürlich anders. Sie haben den Holocaust nicht erlebt. Darum wird
sich hier eine neue Art von Gemeinschaft entwickeln. Aber der
Holocaust wird wichtig bleiben. Es wird nur zusätzlich neue An-
satzpunkte geben.

*Glauben Sie, daß die Juden in Deutschland sich allmählich
zu deutschen Juden entwickeln?*

Eine wunderbare Frage. Ich weiß es nicht. Vielleicht sollte das der
Titel Ihres nächsten Buches sein. Wir müssen die Entwicklung beobachten ...

Was würden Sie vorschlagen?

Nun, wir sehen, daß sich in vielen Gemeinden jüdisches Leben
wieder entwickelt. In Dresden, Rostock, Schwerin, wo es praktisch
keine Gemeinden gegeben hat, entstehen Synagogen und die
Menschen versuchen, sich dort wieder eine jüdische Identität an-
zueignen. Das ist schon sehr erstaunlich.

*Wie sehen Ihre ganz konkreten Bemühungen aus, russische
Juden wieder ihrem Erbe näher zu bringen?*

Diese Menschen sind außerordentlich gebildet. 70 Prozent der Erwachsenen haben einen Universitätsabschluß. Sie sind sehr offen und begierig auf unser Angebot.

Wie nähern sich diese Menschen dem Judentum?

Auch das ist unterschiedlich. Vor allem die Kultur ist unter russischen Juden äußerst wichtig. Kultur ist eine Annäherungsmöglichkeit an das Judentum, aber nicht die einzige. Wir organisierten hier etwa einen Schabbat. Zehn wurden erwartet, dreißig kamen. Und alle riefen hinterher den Rabbiner an und hinterließen ihm eine Nachricht auf dem Anrufbeantworter und bedankten sich. So sah das ganz zu Beginn unserer Arbeit aus. Es geht immer weiter.

Die religiöse Entwicklung in Israel steuert ja in Richtung Fundamentalismus. Sie scheinen eher das amerikanische Konzept des Judentums nach Deutschland zu bringen: liberal, pluralistisch. Ist das überhaupt die Zukunft der jüdischen Diaspora?

Wir müssen zurückgehen zu den historischen Wurzeln des liberalen Judentums. Es begann ja hier in Deutschland, in Berlin. Selbst das konservative amerikanische Judentum hat seine Wurzeln in Deutschland. Es ist also ganz normal, wenn sich diese Strömungen hier wieder ausbreiten. Aber nicht ausschließlich. Es gibt auch das orthodoxe Judentum. Es ist Platz für alle da.

Ich selbst war kurze Zeit in Israel. Dort gibt es, meiner Meinung nach, eine große Toleranz. Solch eine Atmosphäre möchten wir hier auch schaffen. Wir betonen nicht die Unterschiede, sondern die Gemeinsamkeiten. Ich hoffe, daß die Brüche in der israelischen Gesellschaft sich nicht in der Diaspora wiederholen. In den USA kommen orthodoxe und liberale Gruppen ganz gut miteinander aus. Ich glaube, hier wird es genauso sein.

Mit Andreas Nachama ist ja nun eine jüngere Generation innerhalb der Jüdischen Gemeinde Berlin am Ruder. Welche Unterschiede sehen Sie zu seinem Vorgänger Jerzy Kanal?

Die Biographien sind unterschiedlich. Nachama war selbst kein Holocaust-Opfer, auch wenn diese Geschichte sein Hintergrund ist. Daher ist sein Verhältnis zu Deutschland natürlich auch anders. Nach dem Krieg war es die Hauptaufgabe der Gemeinden, der jüdischen Präsenz in Deutschland ein Gesicht gegenüber dem deutschen Visavis zu geben. Jetzt geht es darum, das innere jüdische Leben wieder aufzufüllen. Leute wie Nachama tun das.

Lassen Sie uns mal über die negativen Aspekte sprechen, die einem Juden in Deutschland auch begegnen. Wie schätzen Sie den Antisemitismus hier ein?

Deutschland hat diesbezüglich viele Probleme, aber das drückt sich nicht nur im Antisemitismus aus. Ich will das aber gar nicht schönreden. Antisemitismus ist ein spezifisches Charakteristikum europäischer Gesellschaften. Es existiert überall in Europa und selbst in den USA. Es ist daher wichtig, welche Stellung die Regierung dazu einnimmt, etwa was die Neonazis in der Bundeswehr angeht. Ich denke, die Bundesregierung hat da generell schon die richtige Haltung. Selbst wenn einige wenige ziemlich widerliche Anschauungen haben. Es gibt Erziehungsprogramme, aber es müßte noch viel mehr getan werden. Es geht ja generell um Ausländerhaß, nicht nur um Antisemitismus.

Haben Sie keine Angst, daß mit größerer zeitlicher Distanz zum Holocaust der Ausländerhaß zunehmen wird?

Nein, das muß nicht notwendigerweise geschehen. Europa befindet sich in einer Umbruchphase. In einem Vereinigungsloch, wenn man so will. Schauen Sie nur New York an: Das ist eine tolerante Gesellschaft, trotz der Probleme. Daß Deutschland kein Einwanderungsland ist, steht im krassen Widerspruch zur Realität. Jeder zwölfte Mensch in Deutschland ist Ausländer, und das wird zwangsläufig die Grenzen der Gesellschaft aufsprengen. Diese Gesellschaft muß das endlich anerkennen.

Aber die Regierung sagt doch, daß dies keine Einwanderungsgesellschaft sein wird …

Ja, das sagt sie, aber sie agiert anders. Es ist ein langer Erziehungsprozeß, den die Regierung da vornehmen muß, um der deutschen Öffentlichkeit klar zu machen, daß es eine offene Gesellschaft ist. Das ist ein Fakt.

Nochmals zurück zur jüdischen Gemeinde. Über Jahrzehnte hatten die Juden in Deutschland ja Schwierigkeiten, mit Gemeinden im Ausland in Kontakt zu treten. Wird sich das ändern?

Ja, das ist sehr wichtig. Eines der größten Probleme der Juden hier war ihre internationale Isolation. Sie wurden von den Juden in den USA und in Israel gemieden. Das ändert sich langsam. Wir helfen da aktiv mit. Wir machen Workshops, und wir helfen, Kontakte zu knüpfen, damit diese Isolation endlich aufhört.

Glauben Sie, daß die jüdischen Vorurteile gegenüber Juden in Deutschland endlich verschwinden werden?

Das American Jewish Comittee ist eine der führenden Organisationen, die den Dialog seit 25 Jahren führt, schon zu einer Zeit also, als andere Organisationen noch keinen Kontakt mit Deutschland haben wollten. Jetzt hat das AJC ein Zentrum hier in Berlin. Ein sehr positiver Schritt...

Wird das irgendeine Auswirkung auf das Judentum in Deutschland haben?

Ja, es wird eine sehr positive Auswirkung haben, selbst wenn der Hauptgesprächspartner die deutsche Regierung ist und diejenigen Deutschen, die etwas gegen Juden haben. Aber jegliche Verbesserung des Klimas zwischen den USA, den jüdischen Gemeinden in den USA und der deutschen jüdischen Gemeinde wird einen Einfluß auf die Juden hier haben.

Ich danke Ihnen für das Gespräch.

(Das Interview wurde auf Englisch geführt. Übersetzung von Richard Chaim Schneider.)

Paul Spiegel

»Das ist ein Wunder.«

Am 9. Januar 2000 wurde Paul Spiegel in Berlin zum Nachfolger von Ignatz Bubis als Vorsitzender des Zentralrats der Juden in Deutschland gewählt. Spiegel tritt damit das Amt des »obersten Juden« in Deutschland an und wird die jüdische Gemeinschaft, die sich in einer enormen Umbruchphase befindet, in das neue Jahrtausend führen müssen. Die zunehmende Pluralisierung des Judentums in Deutschland durch das Entstehen liberaler Gemeinden sowie die Eingliederung der sowjetischen Juden, werden den Führungskräften neue Konzepte abverlangen. Dieses kurze Interview gab mir Paul Spiegel wenige Minuten nach dem Ende der offiziellen Pressekonferenz im Anschluß an seine Wahl im Berliner Leo-Baeck-Haus, wo der Zentralrat tagt. Aus der ganzen Welt waren Journalisten angereist, um zu erfahren, wer denn nun der neue Vorsitzende wird. Daß diese Wahl ein Medienereignis wurde, hat einerseits mit der großen Popularität und dem Wirkungsgrad von Spiegels Vorgänger, Ignatz Bubis, zu tun, andererseits zeigt es auch, daß Juden in Deutschland ganz offensichtlich wieder zu einer politischen Größe geworden sind, die man zunehmend beachten wird, auch wenn sie in Wirklichkeit, in diesem wiedervereinten Deutschland, eine quantité négligeable darstellen.
Zu diesem ganz kurzen Gespräch zogen Paul Spiegel

und ich uns in ein kleines Nebenzimmer zurück. Doch
vor der Tür wartete noch ein Dutzend weiterer Journa-
listen, die den neuen Vorsitzenden interviewen wollten.

Wir haben dieses knappe Interview in die Sammlung
aufgenommen, weil Paul Spiegel einen Neuanfang,
weil er die Zukunft symbolisiert. Die Zukunft der Juden
in Deutschland im 21. Jahrhundert.

Erst einmal herzlichen Glückwunsch zu deiner Wahl. Es
wird viel darüber geredet: Du trittst in die Fußstapfen von
Ignatz Bubis, was wirst du anders machen?
Ich werde zunächst einmal alles versuchen, daß die Fußstapfen,
die er hinterlassen hat, nicht allzu groß sind – aber sie sind sehr
groß. Was ich anders machen werde, ist vor allem, daß ich mich
nicht so persönlich, zeitlich, gesundheitlich einbringen kann, und
auch nicht will, wie Ignatz Bubis es getan hat. Ich werde aber versuchen, in seinem Sinne zu arbeiten, die Probleme anzupacken,
die da sind, die dringend bewältigt werden müssen, und werde
versuchen, mehr die Kollegen des Präsidiums in das Geschehen,
in das Tagesgeschäft einzubinden. Ich bin froh, daß die Kollegen
im Präsidium das akzeptiert haben. Wir haben ein wirklich wun-
derbares Team. Wir haben heute die verschiedenen Ressorts ein-
geteilt, und ich bin sehr optimistisch, daß wir die gesamte Arbeit
auch packen können.

Du sagst, du wirst die Arbeit verteilen, heißt das, daß der
Zentralrat jetzt mit mehreren Stimmen sprechen wird?
Nein, das wird nicht der Fall sein. Die Zuständigkeiten innerhalb
des Präsidiums sind klar geregelt. Ich möchte das, ohne anmaßend
sein zu wollen, in etwa vergleichen mit der Arbeit eines Ministerpräsidenten mit seinen Ressortministern. Selbstverständlich wird
es auch vorkommen, daß, wenn in einem einzelnen Ressort Infor-
mationsbedarf ist, auch ein einzelnes Präsidiumsmitglied zu Wort
kommen wird, warum nicht? Es muß nicht immer der Präsident
zu Wort kommen. Aber die Gesamtverantwortung, auch in der
Vertretung nach außen, liegt – das liegt so in der Natur der Dinge
– beim Präsidenten. Und wenn der nicht zur Verfügung steht, bei
einem oder beiden Vizepräsidenten.

*Wo siehst du denn die dringendsten Aufgaben in deiner er-
sten Amtszeit?*
Die jüdische Gemeinschaft in Deutschland hat sich seit 1989 mehr
als verdreifacht. Das ist natürlich schön, wenn man weiß, daß sie
die drittgrößte jüdische Gemeinschaft in Westeuropa ist. Das hätten wir 1945 nicht geglaubt, daß es dazu kommen würde. Das ist
ein Wunder. Viele Politiker sagen, es sei gut so, nach allem, was
geschehen ist, nach dem größten Völkermord der Geschichte, daß
sich Juden in nennenswertem Ausmaße wieder in Deutschland
ansiedeln. Aber das bringt für unsere Gemeinschaft auch erhebliche Probleme. Denn um diese Menschen zu betreuen, bedarf es
viel mehr Personal. Und das wiederum bedarf erheblicher finanzi-
eller Mittel, die uns nicht zur Verfügung stehen. Wenn uns die
Mittel fehlen, können wir diese Menschen nicht betreuen und ihnen nicht helfen bei der Integration. Wir wollen das aber machen,
und deswegen werden wir in Gesprächen mit der öffentlichen
Hand, sei es Bund, Länder oder Gemeinden, versuchen, Wege zu
finden, daß sie uns bei dieser Aufgabe helfen, indem uns mehr finanzielle Mittel zur Verfügung gestellt werden.

*Ignatz Bubis war ja ein Mann, der den Dialog mit der nicht-
jüdischen Umwelt gesucht hat. In dem letzten Interview vor
seinem Tod meinte er gegenüber der Zeitschrift* Stern, *daß er
fast nichts erreicht habe. Wie siehst du deine Aufgabe im
Dialog mit der nichtjüdischen Bevölkerung?*
Wir stehen nach wie vor, selbstverständlich, zum Dialog mit der
nichtjüdischen Bevölkerung zur Verfügung, ohne Einschrän-
kung. Natürlich können wir nicht – wir sind 80 000 Menschen, im
Verhältnis zur Gesamtbevölkerung 0,1 Prozent – jeden Tag Tausende von Menschen erreichen. Wenn man will, stehen wir zur
Verfügung. Das muß auch so sein, das Gespräch muß weiterge-
führt werden. Nur durch Gespräche, nur durch Information kommen wir vielleicht eines Tages dazu, daß die Normalität in der Begegnung zwischen Juden und Nichtjuden, die noch nicht
vorhanden ist, irgendwann doch realisiert werden kann. Aber ich
bezweifle, daß wir das in dieser oder in der nächsten Generation
erreichen werden.

Ich habe Ignatz Bubis kurz vor seinem Tod noch gesagt, daß ich
mit seinen Äußerungen nicht einverstanden bin. Er hat nicht *alles*

erreicht, aber er hat sehr viel erreicht. Viel mehr als jeder andere jüdische Repräsentant seit 1945 vor ihm, obwohl die auch sehr viel, wie Heinz Galinski, getan haben. Aber Ignatz Bubis war eine Ausnahmeerscheinung, und er hat so viele Leistungen vollbracht, bis zur persönlichen Aufopferung.

Bundeskanzler Schröder ist ja der erste Kanzler, der einer Nachkriegsgeneration angehört. Siehst du darin eine Schwierigkeit, mit einem Kanzler zusammenzuarbeiten, der während des Krieges noch nicht gelebt hat?

Überhaupt nicht. In Gesprächen mit Bundeskanzler Schröder habe ich den Eindruck gewonnen, daß er sehr viel Verständnis für uns hat und daß er jederzeit gesprächsbereit ist. Und ich bin sicher, daß schon in absehbarer Zeit ein Gespräch mit ihm stattfindet und sehe dem mit großem Interesse entgegen.

Vielen Dank für das Gespräch.

GLOSSAR

Adass Jisroel: Orthodoxe Austrittsgemeinde in Ostberlin. Wurde zu DDR-Zeiten wiedergegründet.

Alijah (hebr. »Aufstieg«): Einwanderung nach Israel.

American Jewish Comittee (AJC): Größte jüdische Organisation in den USA, Mitglieder haben ihre Wurzeln zumeist in Deutschland. Das AJC eröffnete 1998 ein Büro in Berlin.

American Jewish Joint Distribution Comittee (Joint): Größte jüdische Hilfsorganisation in den USA.

Bar Mitzwa (hebr. »Sohn des Gebots«): ein Junge, der seinen dreizehnten Geburtstag hat und damit nach dem Religionsgesetz volljährig geworden ist. Auch Bezeichnung für die mit diesem Ereignis verbundene Feier.

Bet Midrasch: Bethaus.

Bracha: Segensspruch.

Brichah (hebr. »Flucht«): zionistische Untergrundorganisation, die nach dem Krieg Juden aus Osteuropa die Flucht nach Deutschland in den amerikanischen Sektor ermöglichte. Leiter der Brichah war Asher Ben Nathan.

Bundeslade: das biblische Heiligtum in Kastenform. Der Inhalt der Bundeslade ist unbekannt, angeblich enthielt sie die steinernen Gesetzestafeln. Sie wurde bei der Wanderung durch die Wüste Sinai vor dem Volk hergetragen. Nach wiederholter Änderung ihres Standortes (Sichem, Silo u.a.) wurde sie von David nach Jerusalem gebracht. Seit der Zerstörung Jerusalems 587 v. Chr. ist sie verschwunden.

Chanukka: Achttägiges Lichterfest im Winter. Erinnert an die Wiedereinweihung des Tempels in Jerusalem und die Vertreibung der hellenistischen Seleukiden durch die Makkabäer.

Chassidismus (Chassid – hebr. »der Fromme«): religiöse Bewegung in Osteuropa seit dem 18. Jahrhundert, begründet durch den Baal Schem Tow.

Cheruth: israelische Partei, die den zionistisch-revisionistischen Lehren von Zev Jabotinsky folgte, lange Jahre von dem späteren Ministerpräsidenten Menachem Begin geleitet. Die Cheruth ging später in der Likud-Partei auf.

Claims Conference: siehe *Conference On Jewish Material Claims Against Germany*.

Conference On Jewish Material Claims Against Germany (auch *Jewish Claims Conference* oder nur *Claims Conference, CC*, genannt): amerikanische Organisation, die sich um Wiedergutmachungsforderungen kümmert, vor allem von Holocaust-Opfern, die keine Nachkommen hatten. Die CC verwaltet unter anderem jüdischen Besitz in Deutschland, der herrenlos geblieben ist.

DP-Camp: Lager in der britischen und amerikanischen Zone in Nachkriegsdeutschland für »Displaced Persons«, sowohl für jüdische wie nichtjüdische DPs. »Displaced Persons« waren von den Nazis verschleppte Deportierte.

Europäisch-Jüdischer Kongreß: Unterorganisation des World Jewish Congress (WJC).

»Exodus«: Schiff, das 1947 unter der Führung der Haganah illegal jüdische DPs nach Palästina bringen sollte. Die Briten brachten das Schiff auf, dabei wurde ein KZ-Überlebender getötet, die meisten Flüchtlinge wurden zurück nach Hamburg gebracht, da die Briten den Holocaust-Überlebenden die Einwanderung nach Palästina verwehrten.

El-Fatah: Kampforganisation der palästinensischen Befreiungsbewegung PLO.

Goj (hebr. »Volk«): Begriff für Nichtjuden. Im Hebräischen wird für das jüdische Volk der Begriff »Am« gebraucht.

Hachschara (hebr. »Vorbereitung«): kulturelle, landwirtschaftliche, handwerkliche und sprachliche Vorbereitung auf die Einwanderung nach Israel.

Halacha (hebr. »Der Weg): das jüdische Religionsgesetz.

Hallstein-Doktrin: Deutsche Nachkriegspolitik, nach der von der Bundesrepublik nichts unternommen werden durfte, was die Wiedervereinigung gefährden könnte. Aufgrund dieser Doktrin wollte in den fünfziger und auch sechziger Jahren das Auswärtige Amt die Aufnahme diplomatischer Beziehungen mit Israel verhindern, da die arabischen Staaten drohten, in diesem Falle die DDR diplomatisch anzuerkennen.

HIAS (Hebrew Sheltering and Immigrant Aid Society): amerikanisch-jüdische Hilfsorganisation.

Histadruth: israelische Gewerkschaft.

Holocaust: Das aus dem Griechischen stammende Wort bezeichnet ursprünglich ein vollständig vom Feuer verzehrtes Opfer (Genesis 22). Seit der Ausstrahlung der amerikanischen TV-Serie »Holocaust« wird dieser Begriff auch in Deutschland als Terminus für den nationalsozialistischen Massenmord an den europäischen Juden verwendet, obwohl er durchaus problematisch ist. Wenn die ermordeten Juden lediglich »Brandopfer« waren, dann war die SS die »Priester«, die dieses Opfer ihrem »Gott« dargebracht haben. Viele jüdische Wissenschaftler und Autoren verwenden daher lieber den hebräischen Begriff »Shoah«.

Intifada (arab. »Abschütteln«): palästinensischer Aufstand gegen die israelische Besatzung; begann im Dezember 1987 und zog sich über mehrere Jahre hin.

Jeckes: liebevoll-spöttische Bezeichnung für deutsche Juden.

Jewish Agency: die 1922 aufgrund des Palästina-Mandats errichtete, öffentlich anerkannte Vertretung der Juden.

Jewish Brigade: Jüdische Kampftruppe in Palästina, die der britischen Armee unterstand. Die Jewish Brigade kämpfte in Europa gegen die Nazi-Diktatur, vor allem in Italien.

Jewish Restitution Successors Organisation (JRSO): jüdische Organisation, die nach dem Krieg in der amerikanischen Zone die Aufgaben übernahm, die später die CC verwaltete.

Jischuw: prästaatliche jüdische Siedlung in Palästina.

Joint: siehe *American Jewish Joint Distribution Comittee*.

Jom-Kippur-Krieg: Nahost-Krieg 1973, der von Ägypten und Syrien am höchsten jüdischen Feiertag, Jom Kippur, gegen Israel begonnen wurde.

Kibbuz (hebr. »Sammlung«): Siedlungsform auf kollektivistischer Grundlage in Israel.

Kipa: religiöse Kopfbedeckung für jüdische Männer.

Klezmer: traditionelle Instrumentalmusik jiddischsprachiger Juden Ostereuropas, die vor allem an Freudenfesten gespielt wurde, etwa bei Hochzeiten.

Knesseth (hebr. »Versammlung«): das israelische Parlament.

Luxemburger Abkommen: 1952 geschlossenes Abkommen zwischen der Bundesrepublik und Israel zur »Wiedergutmachung«.

ORT (Organization for Rehabilitation Through Training): amerikanisch-jüdische Organisation zur handwerklichen Fachausbildung.

Magen David: Davidstern

Mazza (jiddisch: Mazze): ungesäuertes Brot, das am Pessach-Fest gegessen wird.

Pejes, jiddisch (von hebräisch: Pejot): Schläfenlocken.

PFLP (Palestinian Front for the Liberation of Palestine): palästinensische Untergrundorganisation, in Opposition zur PLO.

PLO: Palästinensische Befreiungsorganisation, von Jasir Arafat geführt.

Purim: jüdisches Fest, das an die Rettung der persischen Juden durch Königin Esther zu Zeiten des Königs Ahasveros (wahrscheinlich: König Xerxes) erinnert.

Rabbi: Kurzform für Rabbiner. Ein Rabbiner ist ein besonders ausgebildeter Schriftgelehrter, der eine jüdische Gemeinde religiös leitet.

Ronald-Lauder-Foundation: Konservative US-Organisation, die von dem jüdischen Industriellen und Diplomaten Ronald Lauder gegründet wurde, um vor allem Juden in Mittel- und Osteuropa beim Aufbau jüdischen Lebens zu unterstützen.

Rosch Haschana (hebr. »Kopf des Jahres«): jüdisches Neujahrsfest.

Sabra und Shatila: palästinensische Flüchtlingslager im Libanon, in denen christliche Falangisten 1982 sämtliche palästinensischen Bewohner ermordeten. Die Lager waren damals unter israelischer Militäraufsicht. Das israelische Militär beteiligte sich zwar nicht an den Morden, ließ aber die Falangisten gewähren.

Schächter: ein Mann, der Tiere nach dem koscheren Ritual schlachtet.

Schlichim: Plural von Scheliach. Abgesandte einer religiösen oder zivilen jüdischen Organisation.

Sechs-Tage-Krieg: Nahostkrieg 1967. Damals schlug Israel in nur sechs Tagen die vereinten arabischen Armeen.

Schabbat: der jüdische Ruhetag am Samstag, nach dem biblischen Gebot, am siebten Tag zu ruhen.

She'erit Haplejta (hebr. »Rest der Geretteten«): biblischer Begriff aus dem Buch Esra. Die Überlebenden in den jüdischen DP-Lagern in Deutschland nannten sich so.

Shoah (hebr. »Vernichtung«, »Katastrophe«, »Zerstörung«): bereits bei Jesaia verwendeter Terminus, der in der jüdischen Welt für den Holocaust benutzt wird.

Simchat Thora: jüdischer Feiertag der Gesetzesfreude.

Stetl: Jiddischer Begriff für die jiddischsprachige Welt in Osteuropa vor dem Krieg. Mit Stetl sind die kleinen Dörfer vor allem in Polen, Ungarn, Galizien, Rußland und Rumänien gemeint, in denen überwiegend Juden lebten.

Talit: Gebetsschal.

Talmud (hebr. »Lehre«): Lehrbuch der mündlichen Überlieferung, bestehend aus Gemara und Mischna.

Tefillin: Kästchen an Lederriemen, die man beim Morgengebet auf Stirn und linken Arm bindet. In den Kästchen befinden sich Zitate aus der Thora. Das Legen der Tefillin geht auf ein biblisches Gebot zurück.

Thora (hebr. »Weisung«): Die fünf Bücher Mose. Im weiteren Sinne: die heiligen Schriften.

UNRRA (United Nations Relief and Rehabilitation Administration): Hilfsorganisation der UN, die für die Erfassung, Betreuung und Repatriierung der in den Mitgliedsstaaten der UNO beheimateten Displaced Persons, einschließlich der Überlebenden der KZ, zuständig war.

Uzi: israelische Maschinenpistole – eine der besten der Welt. Die Bundeswehr kaufte kurz nach ihrer Gründung Uzis von den Israelis.

VdN: Organisation der Verfolgten des Nationalsozialismus.

World Jewish Congress (WJC): internationale jüdische Organisation mit Sitz in den USA, die alle jüdischen Gemeinden der Welt vereinigt und vertritt.

World Zionist Organization: weltweite zionistische Organisation, die bereits von Theodor Herzl 1897 beim ersten Zionistischen Kongreß in Basel gegründet wurde.

Yad Vashem: nationale Gedenkstätte in Israel zur Erinnerung an die Shoah.

Zentralkomitee der befreiten Juden in der britischen (bzw. amerikanischen) Besatzungszone: Organisation, die von den jüdischen DPs gegründet wurde, um ein politisches Sprachrohr gegenüber den Alliierten Truppen zu haben.

Zentralrat der Juden in Deutschland: 1950 gegründet als Zentralorgan der jüdischen Gemeinden in Westdeutschland, mittlerweile in Gesamtdeutschland.

Zionismus: Befreiungsbewegung des jüdischen Volkes mit dem Ziel, im Land der Vorfahren, in Eretz Israel, eine nationale Heimstätte zu errichten.

2. Auflage März 2000

Der Ullstein Berlin Verlag ist ein Unternehmen
der Econ Ullstein List Verlag GmbH & Co. KG

ISBN 3-89834-006-6

Umschlaggestaltung: Büro Meyer Schmidt, München – Tabea Dietrich
Umschlagbild: »Zurückgekehrter jüdischer Lehrer
mit seiner Tochter vor der Schule«, 1945, © DHM, Gronefeld

Gesetzt aus der Aldus bei
Franzis print & media GmbH, München
Druck und Bindung: Grafischer Großbetrieb Pößneck